Guntram Schulze-Wegener

Die deutsche Kriegsmarine-Rüstung 1942–1945

Guntram Schulze-Wegener

Die deutsche Kriegsmarine-Rüstung 1942–1945

Seit 1789

Verlag E. S. Mittler & Sohn GmbH
Hamburg · Berlin · Bonn

Die Deutsche Bibliothek – CIP-Einheitsaufnahme

Guntram Schulze-Wegener
Die deutsche Kriegsmarine-Rüstung
Hamburg; Berlin; Bonn: Mittler 1997
ISBN 3-8132-0533-9

ISBN 3-8132-0533-9

Umschlaggestaltung: Alexandra Busch
Layout und Produktion: Inge Mellenthin
Druck und Bindung:
Clausen & Bosse
Printed in Germany

Inhaltsverzeichnis

Vorwort 7

Einleitung 8

Thematische Zielsetzung 8

Forschungsstand und Quellenlage 9

Zur Einführung: Kriegsmarine-Rüstung 1935–1941 11

I. Voraussetzungen 14

1. Die strategische und rüstungswirtschaftliche Lage des Deutschen Reiches bei Jahreswechsel 1941/42 14
1.1 Die strategische Lage 14
1.2 Die Rüstungslage 17

2. Die Umstrukturierung der deutschen Rüstung 21
2.1 Richtlinien für die Rüstung 1942 21
2.2 Die Anfänge des Systems Speer 23

II. Die Organisation des deutschen Kriegsschiffbaus 1942–1945 . . . 30

1. Hauptamt Kriegsschiffbau und Marinewaffenhauptamt im OKM 30

2. Neue Wege: Die Schiffbaukommission und ihre Aufgaben 34

3. Das Hauptamt Kriegsschiffbau: Kompetenzverlust und Frage der Auflösung 41

III. Kriegsschiffbau 1942: Zwischen Hoffen und Bangen 44

1. Bau und Entwicklung der U-Boote 44

2. Bau von Überwasserschiffen 61
2.1 Die leichten Seestreitkräfte 61
2.2 Die Schlachtschiff-Frage 71
2.3 Die Flugzeugträger-Frage 78

IV. Kriegsschiffbau im Zeichen des Flottenbauprogramms 43 96

1. Der Weg zum Flottenbauprogramm 43 96

2. Das Flottenbauprogramm 43 111

3. Modifizierungen und Neuentwicklungen im Rahmen des Flottenbauprogramms 43 129
3.1 Neue U-Boote – Wiedergeburt des U-Boot-Krieges? 129
3.2 Neue Zerstörer und Torpedoboote? 147
3.3 Die Bemühungen um gepanzerte Schnellboote und neue Mehrzweckfahrzeuge 167
3.4 Gleichstellung des Handelsschiffbaus mit dem U-Boot-Bau und alternative Betonkonstruktionen 181

V. Kriegsschiffbau im Zeichen der Niederlage 186

1. Die Kleinkampfmittel 186

2. Konzentration der Rüstung und die neuen Schiffbauprogramme 192

Schluß 209

Anhang 212

Anmerkungen 224

Abkürzungen 257

Quellen- und Literaturverzeichnis 260
Ungedruckte Quellen 260
Gedruckte Quellen und Literatur 261

Personen- und Ortsregister 271

Vorwort

Für die vielseitige Hilfe bei der Entstehung dieser Arbeit, die im Februar 1996 von der Philosophischen Fakultät der Christian-Albrechts-Universität zu Kiel als Dissertation angenommen wurde, bin ich zu Dank verpflichtet: Meinem verehrten akademischen Lehrer, Herrn Professor Dr. Michael Salewski, der die Arbeit angeregt, ihr Werden aufmerksam verfolgt, weiterführende Hinweise und kritische Anmerkungen gegeben hat, dem Amtschef des Militärgeschichtlichen Forschungsamtes, Herrn Kapitän zur See Dr. Werner Rahn, für die selbst in Zeitnot gewährten Gespräche und den Herren Bodo Herzog, Dr. Richard Lakowski und Eberhard Rössler für die bereitwilligen Auskünfte. Priv. Doz. Dr. Jürgen Elvert war mir in allen Fragen der Textverarbeitung eine große Hilfe – vor allem hat er mir trotz der vielfältigen Verpflichtungen am Lehrstuhl immer die nötige Zeit für diese Arbeit gelassen.

Ein besonderer Dank geht an meine Eltern. Ohne ihre großzügige finanzielle und materielle Unterstützung, die fleißige Korrekturarbeit und ihr herzliches, immer witziggutgelauntes und aufmunterndes Wesen wäre die Arbeit nie zustande gekommen. Ihnen sei sie daher gewidmet.

An dieser Stelle möchte ich auch meiner Verlobten Gabriele Mühlen danken, die es nicht immer ganz leicht mit mir gehabt hat: Meine Gedanken waren oftmals bei Schlachtschiffen, Zerstörern und U-Booten und so nicht eben zutiefst romantisch; doch sie hat in jeder Phase vollstes Verständnis gezeigt und war mir ein Rückhalt, der sich nicht liebenswerter denken läßt.

Kiel, März 19967

Dr. Guntram Schulze-Wegener

»Was eben nicht geht, geht nicht«[1]

Einleitung

Thematische Zielsetzung

Eine aus den Akten erarbeitete Studie zur Geschichte der deutschen Kriegsmarine-Rüstung im Zweiten Weltkrieg, welche die Interdependenz von Politik, Militär und Rüstungswirtschaft zum Gegenstand hat, ist in der Forschung seit Jahren ein Desiderat[2]. Die vorliegende Arbeit will diese Lücke für die Jahre 1942-1945 schließen. Sie versteht sich nicht als Beitrag zur Technikgeschichte, sondern als eine politisch-militärische Geschichte der Kriegsmarine-Rüstung 1942-1945 unter Beachtung technischer Aspekte. Eine Betrachtung zur Rüstung der Kriegsmarine erschöpft sich keineswegs in Produktionszahlen und technischen Details, sondern hat den gesamten politischen, militärischen und rüstungswirtschaftlichen Überbau miteinzubeziehen. Nur unter Berücksichtigung des Zusammenspiels der drei Säulen der Gesamtkriegführung – Politik-Militär-Rüstungswirtschaft – werden die einzelnen Schritte von den militärischen Forderungen über die Verabschiedung der Schiffbauprogramme bis hin zur Umsetzung der Planungszahlen in schwimmendes Kriegspotential nachvollziehbar.

Das »System Kriegsrüstung« ist im Prinzip simpel: Die Rüstung gibt, in Abhängigkeit von den Kapazitäten, die Voraussetzung für die Kriegführung, die Front fordert – je nach Lage und Dringlichkeit – die zur weiteren Kriegführung notwendigen Mittel von der Rüstungsindustrie, und das Militär unterbreitet der Führung Vorschläge zu Fahrzeugtypen und Ablieferungszahlen; diese entscheidet und unterzeichnet das Bauprogramm. Die Kriegsmarine-Rüstung im Zweiten Weltkrieg folgte dem, jedoch mit einem entscheidenden Kontinuitätsbruch: Zwar war die deutsche Werftindustrie zu keinem Zeitpunkt 1939-1941 in der Lage, das monströse Schiffbauprogramm »Z-Plan« vom Februar 1939[3] zu verwirklichen, noch aber waren die Rohstoffe nicht das ausschlaggebende Problem – erst 1942 traten hier die ersten ernsthaften Engpässe auf. Grund dafür war nicht eine verfehlte Rohstoffpolitik in den ersten drei Kriegsjahren, sondern das für die deutsche Führung unerwartete Festfahren des Rußlandfeldzuges im Dezember 1941[4]. Nach der kalkulierten raschen Beendigung von »Barbarossa« hätte das Deutsche Reich durch die konsequente Nutzung des immensen Rohstoffpotentials der dann besiegten Sowjetunion voraussichtlich einen langen Krieg führen und der Kriegsmarine jenes Material zur Verfügung stellen können, das sie für den Ausbau ihrer Streitkräfte benötigte. Der Zwang der Lage trieb indes die Marine und ihre Rüstung in die Improvisation, die sich bis zum schließlichen Zusammenbruch kontinuierlich verschärft hatte. Das stete Ringen um Rohstoffe und Kapazitäten nahm 1942 seinen Anfang, fortan ist die Geschichte der Kriegsmarine-Rüstung eine Geschichte von der Verwaltung des Mangels.

So steht im Zentrum dieser Studie die Frage, welche Über- und Unterwasserkriegsschiffe in welcher Stückzahl mit den vorhandenen Kapazitäten 1942-1945 gebaut werden konnten und welche Wege beschritten wurden, um der Seekriegführung eine sichere Grundlage verschaffen zu können. Dabei scheint es sinnvoll, die Geschichte der Marinerüstung 1935-1941 zur thematischen Komplettierung kurz anzureißen und überblicksartig einführend voranzustellen[5].

Angesichts der inhaltlichen Zielsetzung gilt den Entscheidungen auf der Führungsebene – Oberster Befehlshaber der Wehrmacht, Oberkommando der Wehrmacht, Oberkommando der Kriegsmarine, Seekriegsleitung – und in den Rüstungsgremien Albert Speers die ganze Aufmerksamkeit; die Kriegslage findet insofern immer Behandlung, als sich aus ihr die Forderungen für den Bau von Seestreitkräften ergab. Politik und Organisation des Mittelbaus, also der Werften und Betriebe, waren für die Bearbeitung des Themas hingegen nur von geringer Relevanz. Eine Gesamtdarstellung aller Werften und deren organisatorischer Strukturen im Dritten Reich bliebe einer weiterführenden Untersuchung mit anderem Schwerpunkt vorbehalten[6], wobei auch sozialhistorische Aspekte (Situation der Werftarbeiter, Zwangsarbeiter, Ausländer, Stellung der Frau) thematisiert werden müßten; auch die Auswirkungen der alliierten Bombardements auf sämtliche Werftanlagen und Betriebe im deutschen Machtbereich harren noch der eingehenden Behandlung.

Auf die Erörterung finanzieller Apekte wurde in dieser Arbeit ganz verzichtet, da die Rüstungsfinanzierung zu keinem Zeitpunkt des Krieges das eigentliche Problem war: »Geld war genug da«[7], der Rüstungsetat der Kriegsmarine ist weder in den Vorträgen des Oberbefehlshabers der Kriegsmarine vor Hitler noch in den einschlägigen Akten je thematisiert worden. Freilich nahmen Reichsschuld und Belastung der Reichsbank mit fortschreitendem Krieg zu, das Finanzvolumen der Wehrmacht und die Steigerungsquote der Staatsausgaben kletterten gerade in der zweiten Kriegshälfte, doch die Höhe der Staatsverschuldung spielte für das kriegführende Deutsche Reich bei alledem nur eine untergeordnete Rolle[8].

Forschungsstand und Quellenlage

»Über den Krieg zur See von 1939 bis 1945 ist schon viel geschrieben worden«[9], so konstatierte der Kieler Historiker Michael Salewski im Jahre 1970. Ein Vierteljahrhundert später ist die Fülle an Literatur zur Geschichte der Kriegsmarine im Zweiten Weltkrieg beinahe unübersehbar: Quelleneditionen, Memoiren, wissenschaftliche Untersuchungen und populäre Querschnitte erbringen den Beweis, daß das Interesse an der deutschen Marinegeschichte nach wie vor ungebrochen ist. Die Kriegsmarine-Rüstung ist dabei stets nur gestreift worden, sie wird berührt und in einigen Bereichen vertieft, aber nie umfassend unter Auswertung der Aktenbestände dargestellt.

Das dreibändige Werk von Michael Salewski ist die grundlegende Voraussetzung für jede Beschäftigung mit der Kriegsmarine. »Die deutsche Seekriegsleitung 1935-1945«[10] bleibt das maßgebliche Werk für die Geschichte der Kriegsmarine vor und im Zweiten Weltkrieg; was speziell die Kriegsmarine-Rüstung anbetrifft, so konnte Michael Salewski den Komplex naturgemäß nicht erschöpfend behandeln. Ohne Kenntnis seiner zahlreichen zur Geschichte der Kriegsmarine verfaßten Aufsätze[11] wird man in diesem Bereich nicht arbeiten können – sie bilden den wesentlichen Grundstein zum Verständnis.

Zum U-Boot-Bau liegt die detailreiche Arbeit von Eberhard Rössler vor, die sämtliche U-Boot-Typen und deren Entwicklung darstellt[12]. Werner Rahn hat in seinem Aufsatz zu den materiellen Voraussetzungen des U-Boot-Krieges nach dem Kriegseintritt der USA den Problemkreis weiter vertieft[13]. Das vom Militärgeschichtlichen Forschungsamt edierte Reihenwerk »Das Deutsche Reich und der Zweite Weltkrieg«[14] ist in jeder Hinsicht eine unverzichtbare Grundlage für die Durchdringung des Zweiten Weltkrieges, wenn auch in den entsprechenden Kapiteln die Heeres- und Luftwaffenrüstung in den Mittelpunkt gestellt wird und die Probleme der Kriegsmarine-Rüstung weitgehend ausgeblendet sind, bzw. sich nur auf die Realisierung des U-Boot-Bauprogramms konzentrieren.

Der insgesamt geleisteten Erforschung des Baus von U-Booten und Kleinkampfmitteln im Zweiten Weltkrieg steht die gänzliche Vernachlässigung einer auf den Quellen beruhenden Untersuchung zum Bau von Überwasserkriegsschiffen im Zweiten Weltkrieg gegenüber. Für diesen Bereich gibt es eine Vielfalt an populären Darstellungen, die von der Forschung meist verschmäht werden, weil sie dem wissenschaftlichen Anspruch nicht Genüge leisten. Doch gerade für die Erörterung der Kriegsmarine-Rüstung sollten sie nicht zu gering geachtet werden; deren Seriosität ist zwar oftmals nur schwer abzuschätzen, da es an der stichhaltigen Beweisführung mangelt, doch Überblicksdarstellungen, Schaubilder, tabellarische Übersichten und Auflistungen leisten im kritischen Vergleich mit den dem Verfasser vorliegenden Akten zum Bau von Überwasserschiffen im Zweiten Weltkrieg Anschauliches und geben so wertvolle Ergänzungen.

Schließlich sei auch die »erzählende Geschichte« erwähnt. Freilich, ein Roman ist Fiktion, und die Prosa bleibt häufig hinter der historischen Wahrheit zurück. Doch die Lektüre lohnt immer, da die Sicht aus dem Mannschaftsdeck maritime Atmosphäre vermittelt und einen Einblick in das Selbstverständnis in »Wassernähe« gewährt, dort, wo auf den Schiffen gefahren und mit den Waffen gekämpft wurde, die für Führung und Seekriegsleitung jahrelang Anlaß zur Diskussion gewesen sind. Hier, in letzter Instanz sozusagen, zeigte sich, ob das Kriegsgerät taugte, ob es hielt, was es versprach.

Die wichtigste Grundlage für die vorliegende Studie sind die unveröffentlichten Quellen des Oberkommandos der Kriegsmarine (OKM) und der Seekriegsleitung (Skl), die im Bundesarchiv-Militärarchiv (BA-MA) unter der Signatur RM 7 in Freiburg i.Br. vollständig lagern. Spezielle Marine-Rüstungsakten wurden jedoch nicht geführt, und die Quellensituation im gesamten Wehrmacht-Rüstungsbereich ist völlig desolat, da ein großer Teil der Akten durch Bombenschäden und Selbstvernichtung verlorengegangen ist. So mag die Scheu vor der intensiven Suche nach entsprechenden Hinweisen zur Kriegsmarine-Rüstung in den genannten Akten des OKM und der Seekriegsleitung Grund für die bisherige Vernachlässigung des Gegenstandes in der Forschung sein[15].

Der »Nachlaß Ruge«, die »Sammlung Raeder« sowie die Akten verschiedener Abteilungen im OKM (General-Referate, Handakten, Tabellarische Übersichten) sind von ebensolcher Bedeutung für die thematische Erfassung wie das Kriegstagebuch der Seekriegsleitung (KTB Skl, Teil A), das in Kürze vollständig gedruckt vorliegen wird[16]. 1993 wurden Reste der Marineakten des Amtes Kriegsschiffbau aus dem Zwischenarchiv Potsdam in das Bundesarchiv-Militärarchiv nach Freiburg überführt, wo sie zum Zeitpunkt der Niederschrift dieser Arbeit noch nicht systematisch erfaßt und umsigniert waren. Da der Prozeß der Umsignierung noch auf sich warten läßt, ist damit zu rechnen, daß die hier angegebenen Signaturen »W« in BA-MA-Signaturen umgewandelt werden.

Die wichtigste gedruckte Quelle sind die »Lagevorträge des Oberbefehlshabers der Kriegsmarine vor Hitler 1939-1945«[17] und für den gesamten Rüstungsbereich die Protokolle von »Hitlers Konferenzen mit Albert Speer«[18]. Von größtem Wert bleiben die Memoiren von Großadmiral Raeder[19], Großadmiral Dönitz[20] und Reichsminister Speer[21], die festhalten, was auf höchster Ebene entschieden wurde und darüber hinaus dem nachkommenden Betrachter Einblicke in die Verknüpfung von Führung, Militär und Rüstungswirtschaft geben.

Zur Einführung: Kriegsmarine-Rüstung 1935–1941[22]

Für die Kriegsmarine standen die Jahre von 1935 bis Kriegsanfang im Zeichen des Aufbaus einer Weltmachtflotte. Der Marine wurde in den ersten Jahren von Hitlers Herrschaft als Faktor in einem möglichen Krieg eine steigende Bedeutung beigemessen, und im Rüstungsplan vom 12. Mai 1934 war dem Schiffbau höchste Priorität eingeräumt worden[23]. Im gleichen Jahr strebte Hitler ein bilaterales Flottenabkommen mit England an, mit dem Ziel, die eigene Flottenstärke auf ein Drittel der englischen anzuheben. Das am 18. Juni 1935 geschlossene Flottenabkommen zwischen England und dem Deutschen Reich begrenzte die deutsche Überwasser-Gesamttonnage auf 35 Prozent, die U-Boot-Gesamttonnage auf 45 Prozent der englischen[24] – abgesehen von einigen leichten Fahrzeugen, die der 35-Prozent-Bindung nicht unterlagen. Während Hitler den 18. Juni als »glücklichsten Tag« feierte, der ihn nunmehr von den »Fesseln des Versailler Vertrages« befreit habe[25], reagierte die deutsche Marineführung verhalten auf das Flottenabkommen, da ihr mit der Begrenzung die Chance auf eine eigenständige und völlig unabhängige Marine-Rüstungspolitik genommen war. Das Flottenabkommen von 1935 war freilich keine endgültige Regelung der Stärkeverhältnisse zur See, sondern nur eine vorläufige – so sahen es Hitler und der Oberbefehlshaber der Kriegsmarine (Ob.d.M.) Erich Raeder. Bis 1942 sollten nach dem Flottenabkommen von 1935 zu den bereits vorhandenen drei Panzerschiffen fünf weitere, davon drei Schlachtschiffe mit 35.000 Tonnen, fünf 10.000 Tonnen-Kreuzer, zwei Flugzeugträger, 22 Zerstörer, 22 U-Boote und zahlreiche leichte Seestreitkräfte, gebaut werden[26]. Die Zahlen waren zu hoch angesetzt, und so verursachten Kapazitätsmängel Störungen in den vorgesehenen Ablieferungsterminen. Die kontinuierliche Rüstungsplanung der Marine schien gefährdet zu werden, als Reichskriegsminister Blomberg am 18. Oktober 1935 auf Forcierung des Rüstungstempos drückte[27]. Unbeirrt von der Überzeugung der Marine, »alle Maßnahmen, die Hitler durch Blomberg forderte, für undurchführbar [zu halten]«[28], wurde der Umfang der Baupläne erhöht (neben den sechs fertigen kleinen Kreuzern waren neun weitere zu bauen und die Zahl der U-Boote bis 1940 auf 64 zu steigern).

Ablieferungstermine nach dem »Mob-Schiffs-Neubauplan 1936«[29]

Panzerschiff »D« *(Scharnhorst)*	1. 6. 1938
Panzerschiff »E« *(Gneisenau)*	30. 12. 1937
Schlachtschiff »F« *(Tirpitz)*	15. 3. 1940
Schlachtschiff »G« *(Bismarck)*	1. 4. 1940
Schlachtschiff »H«	1. 5. 1941
Kreuzer »G« *(Blücher)*	1. 9. 1938
Kreuzer »H« *(Hipper)*	14. 7. 1938
Kreuzer »I« *(Prinz Eugen)*	15. 5. 1939
Flugzeugträger »A« *(Graf Zeppelin)*	1. 4. 1939
Flugzeugträger »B«	15. 11. 1939
Zerstörer *Z 1–Z 22*	10. 12. 1936–1. 10. 1938
Flottenbegleiter *F 7*–F 10	29. 10. 1936–31. 1. 1937
U-Boote *U 21–U 44*	1. 8. 1936–15. 5. 1938
Torpedoboote *T 1–T 8*	1. 11. 1937–15. 2. 1938
Minensuchboote *M 1– 9*	1. 8. 1937–1. 12. 1937

Bis 1943 waren ferner zu bauen: Schlachtschiff »I«, Schwere Kreuzer »K« und »L«, 19 Zerstörer *Z 23 – Z 42*, 23 U-Boote, 40 Torpedoboote, 57 Minensuchboote einschließlich 16 U-Boot-Jäger, 38 Minenräumboote und 44 Schnellboote[30].

Wesentlich bei den operativen Überlegungen der Kriegsmarine war, daß sich die Planungen in erster Linie auf den möglichen Gegner Frankreich ausrichteten und nicht auf England. Noch 1937 schloß Hitler eine Konfrontation mit England aus, selbst, als in demselben Jahr Überlegungen zum Bau von weiteren sechs Großkampfschiffen angestellt wurden. Erst mit Beginn des Jahres 1938 wurde auch die Insel mit in die deutschen Kriegsplanungen einbezogen[31]. Die beginnende Wendung gegen England implizierte eine Änderung in der Flottenbaupolitik: »Nun folgten die Entscheidungen und die Umstellung der Kriegsmarine auf einen Kriegsfall unter Einschluß Englands Schlag auf Schlag«[32]. Mit der Forcierung des U-Boot-Baus, der geforderten raschen Fertigstellung der Schlachtschiffe und der Planung weiterer Großkampfschiffe bewegte sich die Marineführung zwar noch in den Rahmenbedingungen des Flottenabkommens von 1935, doch der Drang nach weiterem Ausbau der Seestreitkräfte wurde erkennbar, als Großadmiral Raeder im Juni 1938 die Operationsabteilung beauftragte, eine Denkschrift über die Möglichkeiten einer »Seekriegführung gegen England und die sich daraus ergebenden Forderungen für die strategische Zielsetzung und den Aufbau der Kriegsmarine«[33] auszuarbeiten. Die Ergebnisse der Denkschrift waren gleichsam der Kern für eine neue Flottenbauplanung. Die dort entwickelte Kreuzerkriegführung, der sich auch Raeder anschloß, wurde von Hitler nicht akzeptiert, der nach wie vor auf dem beschleunigten Aufbau der Schlachtschiffe beharrte.

Die geplanten Ablieferungszahlen gemäß »Z-Plan« vom 9. Februar 1939[34] – wobei »Z« vermutlich für die Endgültigkeit der Planung steht – konnte von den Werften nicht annähernd erfüllt werden, obwohl Hitler der Marinerüstung im Januar 1939 die höchste Priorität eingeräumt hatte. Der utopische Charakter des »Z-Plans« wird in der Forschung als sicheres Anzeichen für die von Hitler später anvisierte Wendung gegen die USA gewertet.

Nachdem Hitler das deutsch-englische Flottenabkommen von 1935 am 28. April 1939 gekündigt hatte, gab er dennoch dem Ob.d.M. die Versicherung, daß es nicht zum Krieg gegen England kommen werde. Als England dem Deutschen Reich am 3. September 1939 den Krieg erklärte, zog Raeder Bilanz der Marinerüstung in den Vorkriegsjahren: »Was die Kriegsmarine anbetrifft, so ist sie selbstverständlich im Herbst 1939 noch keineswegs für den großen Kampf mit England hinreichend gerüstet (...). Die Überwasserschiffe aber sind noch so gering an Zahl und Stärke gegenüber der englischen Flotte, daß sie – vollen Einsatz vorausgesetzt – nur zeigen können, daß sie mit Anstand zu sterben verstehen und damit die Grundlage für einen späteren Wiederaufbau zu schaffen gewillt sind«[35]. Bei Kriegsbeginn verfügte das Deutsche Reich nur über zwei Schlachtschiffe, drei Panzerschiffe, einen Schweren Kreuzer und sechs Leichte Kreuzer, 21 Zerstörer, 12 Torpedoboote und 57 U-Boote – die Engländer waren zehnfach überlegen!

Die Kriegsmarine hatte nach der Weisung Nr. 1 vom 31. August 1939[36] Handelskrieg mit dem Schwerpunkt gegen England zu führen, und früh zeichnete sich der Gegensatz zwischen Raeder und dem Befehlshaber der U-Boote (B.d.U.) Karl Dönitz ab: Während Raeder für den Einsatz aller Seestreitkräfte zur Diversion des Gegners plädierte, sah Dönitz in der U-Boot-Waffe den entscheidenden Hebel gegen die gegnerische Handelsflotte.

Der »Z-Plan« vom 9. 2. 1939[37]

Typ	Bis Ende 1943	Endziel 1947
Schlachtschiffe	6	10
Panzerschiffe	3	3
Kreuzer	3	10
Flugzeugträger	2	4
Schwere Kreuzer	5	5
Leichte Kreuzer	3	12
Spähkreuzer	2	20
Zerstörer	44	58
Torpedoboote	44	78
U-Boote	161	249
Schnellboote	48	75
Minensuchboote	64	112
Minenräumboote	49	50
U-Boot-Jäger	4	12

I. Voraussetzungen

1. Die strategische und rüstungswirtschaftliche Lage des Deutschen Reiches bei Jahreswechsel 1941/42

1.1 Die strategische Lage

Nach dem Zusammenbruch des deutschen Blitzkriegskonzeptes mit der am 5./6. Dezember 1941 begonnenen sowjetischen Gegenoffensive vor Moskau war Hitlers Strategie gescheitert, in einer Reihe kurz aufeinanderfolgender militärischer Schläge die für den Kampf um die Vormachtstellung in der Welt notwendigen Voraussetzungen zu schaffen[38].

Das Ende des »improvisierten Kriegsplans«[39] bedeutete zugleich die Aufkündigung der Konzeption, ein »Großdeutsches Reich« als »blockadefestes, räumlich geschlossenes, autarkes, kontinentaleuropäisches Imperium«[40] zu realisieren, das nach der Niederringung der Sowjetunion wehrwirtschaftlich, machtpolitisch und militärisch den Vorstellungen der deutschen Führung entsprechend in der Lage sein sollte, einen auf die Dauer angesetzten Krieg gegen die angelsächsischen Mächte zu führen. In einer dem »Unternehmen Barbarossa« folgenden zweiten Etappe des Konzeptes vom »Weltblitzkrieg« waren Operationen gegen den Vorderen Orient, Einzelvorstöße bis nach Afghanistan und Nordwestafrika sowie die Besetzung der Azoren geplant[41], um durch die Gewinnung von Stützpunkten England endgültig zum Frieden zu zwingen und den USA die Zusicherung ihrer Neutralität abzuringen[42].

Die strategische Lage änderte sich mit dem Mißerfolg der deutschen Wehrmacht an der Ostfront nicht grundsätzlich, denn das von Hitler gesteckte Ziel – das Erreichen der Linie Vologda-Gor'kij-Kaukasus – wurde in das Jahr 1942 projiziert. Gleichwohl gelangte die deutsche Führung zu der Erkenntnis, daß der Krieg nun anders verlaufen und zu Ende zu führen sei, als es das »Programm« vorgesehen hatte. Zeitlich verschoben, war der Kampf gegen die Sowjetunion nun die vordringliche Aufgabe für das Jahr 1942[43].

Mit dem japanischen Angriff auf Pearl Harbor am 7. Dezember 1941[44] war der europäische Krieg mit dem Krieg im Pazifik zum Weltkrieg ausgeweitet. Am 4. Dezember 1941 stand – auf Anregung der Japaner, ein Militärbündnis für einen gemeinsamen Krieg der Achsenmächte gegen die USA und Großbritannien zu paraphieren[45] – Hitlers Entschluß zum Kampf gegen die USA fest. Obgleich nach dem »Dreimächtepakt« ein deutsches Eingreifen an der Seite Japans nur für den Fall eines amerikanischen Angriffs verbindlich und Deutschland somit formal nicht zum Kriegseintritt verpflichtet war, erklärte Hitler in seiner Reichstagsrede vom 11. Dezember 1941 den Vereinigten Staaten von Amerika als »Feind Nr. 4 von Weltrang« den Krieg[46]. Durch den japanischen Angriff sah der »Führer« die USA in einem langfristigen Krieg im Pazifik gebunden und folgerte in völliger Verkennung des gewaltigen US-Rüstungspotentials, daß die Amerikaner – und somit auch ihre Verbündeten Großbritannien und die Sowjetunion – für eine wirkungsvolle Atlantik-Europa-Kriegführung entscheidend geschwächt waren; der Kriegszustand mit den USA hatte zudem deutschen U-Booten die – nunmehr legitimierte – Torpedierung amerikanischer Rüstungsgeleitzüge, Lebensmittel- und Rohstoffkonvois in Richtung Großbritannien und Sowjetunion ermöglicht[47]. Außer der zur Bekämpfung von US-Hilfskonvois fehlte jegliche Planung, wie die Auseinandersetzung gegen den neuen Feind praktisch zu führen sei, und Hitler gestand in einem Gespräch mit dem japanischen Botschafter Oshima freimütig ein, daß er nicht wisse, wie man die USA besiegen solle[48]. Da Hitler jede Alternative zur Blitzkriegführung fehlte, erfolgte auch nach der Änderung der gesamtstrategischen Situation durch die Ausweitung zum Weltkrieg keine Neukonzeption – der Kriegsplan basierte nach wie vor auf der Theorie des Blitzkrieges, dessen entscheidendes Moment, der Überraschungsschlag als Mittel gegen ein ungleiches militärisches Kräfteverhältnis, nicht mehr griff. Die sich überschlagenden, schicksalhaften Ereignisse im Dezember 1941 schienen Hitler überfordert zu haben[49], und seine Planung, den Kampf um die Vorherrschaft in der Welt nach der räumlichen und rüstungswirtschaftlichen Ausdehnung des Deutschen Reiches aufzunehmen, mußte angesichts der schwerwiegenden Verzögerungen an der Ostfront in Frage gestellt werden.

Die entscheidende Zäsur des Zweiten Weltkrieges – die Ausweitung zum Weltkrieg – wurde von der deutschen Ohnmacht begleitet, auf die neue gesamtstrategische Lage nicht mit einer militärischen Neukonzeption adäquat reagiert zu haben, wenngleich die Wehrmachtführung erkannt hatte, daß das Deutsche Reich unabhängig vom Ausgang der Kämpfe im Osten die Initiative auf dem europäischen Kontinent bei einer angloamerikanischen eurozentrischen Kriegführung langfristig verlieren werde und daher Überlegungen zur strategischen Defensive anstellen müsse[50]. Das Oberkommando der Wehrmacht (OKW) formulierte in seiner Denkschrift vom 14. Dezember 1941 den entscheidenden Gedanken: »Während Deutschland in der Hauptsache mit der Weiterführung des Ostfeldzuges belastet ist, erlaubt den Feindmächten der Rüstungsstand der USA (...) vorbereitende Schritte«[51]. Als Gewinn würde sich die zeitliche Frist auswirken, die dem Deutschen Reich bis zur Herstellung voller amerikanischer Kriegsbereitschaft bleibe, um den Feldzug im Osten, der zur Arrondierung eines »wirtschaftlich lebensfähigen und militärisch und politisch verteidigungsfähigen Machtbereichs erforderlich [ist]«[52], zu Ende zu führen. Würde, so der Umkehrschluß, es nicht möglich werden, »Barbarossa« im Jahr 1942 siegreich zu beenden, wäre der Krieg bei realistischer Einschätzung der westalliierten Operationsmöglichkeiten und bei nun mit voller Wucht geführtem Zweifrontenkrieg verloren. Dennoch äußerte sich das OKW optimistisch und stützte sich dabei im wesentlichen auf vier Punkte:

1. *Bis die volle amerikanische Kriegsbereitschaft hergestellt sei, würde das Deutsche Reich seine Ziele im Osten, im Mittelmeer und im Atlantik erreicht haben.*
2. *Die Verbündeten des Deutschen Reiches würden ihr Kriegsengagement verstärken und die bis dato neutralen Mächte an der Peripherie, Türkei, Spanien, Portugal und Schweden, in die deutsche Kriegführung als Bausteine des kontinentalen Abwehrblocks miteinbezogen werden.*
3. *Durch japanische Offensiven gelänge die Bindung beträchtlicher anglo-amerikanischer Kräfte im Pazifik, daher sei*
4. *kaum zu erwarten, daß die USA langfristig die Zweiozeankriegführung durchstehen könnten*[53].

Entscheidend aber blieb als Zielsetzung der schnellstmögliche Erfolg an der Ostfront, deren operative Stabilisierung sich infolge krampfhaften Verharrens in überkommenen Strukturen immer problematischer gestaltete. Der sinnentleerte »Haltebefehl« vom 16. Dezember 1941[54] als Reaktion auf die schwierige Lage des Ostheeres war Ausdruck der Konzeptionslosigkeit und bestätigte die Führungs- und Vertrauenskrise im Oberkommando[55]. Folgenreich waren schließlich die als unmittelbare Konsequenz aus der Dezemberkrise überhastet getroffenen Personalentscheidungen: Am 15. Dezember wurde der

Oberbefehlshaber der Heeresgruppe Nord, Generalfeldmarschall Ritter von Leeb, von dem bisherigen Oberbefehlshaber der 18. Armee, Generaloberst von Küchler, ersetzt; am 18. Dezember löste der bisherige Oberbefehlshaber der 4. Armee, Generalfeldmarschall von Kluge, den Oberbefehlshaber der Heeresgruppe Mitte, Generalfeldmarschall von Bock, ab. Mit der Übernahme des Oberbefehls über das Heer am 19. Dezember vereinigte Hitler fortan die Führung der Wehrmacht in seiner Hand[56] und beschnitt den Generalstab des Heeres in seinen Kompetenzen durch dessen nunmehr lediglich auf das Führen des Ostfeldzuges beschränkte Zuständigkeit[57].

Anders als das Heer betrachtete die Seekriegsleitung die neue Gesamtlage als Chance zur strategischen Neuorientierung. Die Konzeptionen der deutschen Marineführung hatten sich seit 1935[58] aufgrund historischer Erfahrungen, der besonderen geographischen Lage Deutschlands und der für die Führung der deutschen Seestreitkräfte schmerzlichen Empfindung, als Dritter hinter Luftwaffe und Heer auf die unmittelbare Kriegführung nur marginal einzuwirken, auf das Grundschema beschränkt, einen Sieg über Großbritannien nur durch die Abtrennung der Inseln von den atlantischen Zufuhren erringen zu können. Daß der Oberbefehlshaber der Kriegsmarine und Großadmiral Raeder das Ziel durch Kampf gegen die englische Homefleet, Admiral Dönitz hingegen den einzig gangbaren Weg im verschärften Kampf der U-Boote gegen die Handelsflotte zu erreichen sah, führte zu unterschiedlichen taktischen und operativen Sachurteilen, tastete das Grundschema jedoch nicht an[59]. So betrachtete die Marineführung die Schlacht im Atlantik – den Zufuhrkrieg gegen die englische Handelstonnage – als *das* Operationsfeld der deutschen Kriegsmarine schlechthin und als »ihren Krieg«, während sich die Marine im Kampf gegen die Sowjetunion nach den operativen Vorgaben der Wehrmachtführung auf Kampfunterstützung im Nordmeer, in der Ostsee und im Mittelmeer zur Erreichung der kontinentalen Zielsetzung zu beschränken hatte[60].

Vor diesem Hintergrund der begrenzten Verwendungsfähigkeit der deutschen Marine im Gesamtkonzept der Wehrmachtführung erschien der Seekriegsleitung der Kriegseintritt Japans begrüßenswert, eröffnete er doch mit neuen strategischen Perspektiven zugleich neue maritime Handlungsmöglichkeiten. Als erste Auswirkung erfolgreichen Operierens japanischer Kräfte im Pazifik würde sich, so die zutreffende Einschätzung des Ob.d.M., die Lage im Atlantik zu deutschen Gunsten merklich entspannen. Informationen über die bevorstehende Überführung einiger amerikanischer Schlachtschiffe, Zerstörer und Handelsschiffe aus dem Atlantik bei zugleich steigender Gefahr für den englischen Handelsschiffsraum lagen am 12. Dezember vor und erlaubten der Seekriegsleitung die optimistische Beurteilung, daß der U-Boot-Krieg gegen englische Tonnage effizienter geführt werden könne als bisher[61]. Die grundsätzliche Entlastung der Lage im Atlantik und im Mittelmeer infolge notwendig werdender Kräfteteilung englischer und amerikanischer Seestreitkräfte wurde von der Marineleitung nicht nur als Vorteil für die Kriegführung der Achsenmächte, sondern als Chance zur weitergehenden Diversion der gegnerischen Kräfte gewertet. Das gemeinsame Ziel der Achsenmächte müsse daher sein, »mit allen Mitteln dahin zu wirken, daß diese Zersplitterung der Kräfte beim Gegner erhalten bleibt und eine einseitige Schwerpunktbildung, unter zusammengefaßtem Einsatz aller verfügbaren amerikanischen und englischen Kräfte in *einer* Richtung (z.B. Ostasien/Pazifik oder Atlantik/Westafrika) verhindert wird, da eine solche gegnerische Schwerpunktbildung sowohl für die italienisch-deutschen Operationen auf dem europäischen, als auch für die japanischen Operationen auf dem indisch-pazifischen Kriegsschauplatz eine erhebliche Erschwerung bedeuten würde«[62].

Die Seekriegsleitung sah die euro-japanische Kriegführung gegen den anglo-amerikanischen Gegner als eine planmäßige und mit Erfolg durchführbare Perspektive für das

Jahr 1942: Der deutsche Marineattaché in Tokio, Admiral Wennecker, formulierte das Ziel einer nunmehr möglichen strategischen Neuorientierung: »Gelingt den Achsenmächten in diesem Jahr die Verbindung über den Indischen Ozean, ist der Krieg zu ihren Gunsten entschieden. Alle Kräfte sollen daher zu diesem Ziel eingesetzt und der Angriff gleichzeitig von Norden durch Deutschland und Italien und von Süden durch Japan mit dynamischer Wucht geführt werden«[63].

Hitler verhielt sich gegenüber den Gedankengängen der Seekriegsleitung nicht grundsätzlich ablehnend, merkte aber an, daß die momentane Kräftesituation die Durchführung des Projektes nicht gestatte[64]. Überdies, und das war das schlagende Argument des monomanisch auf die Sowjetunion fixierten Hitler, war der Sieg im Osten das vordringliche Kriegsziel im Jahre 1942; demgegenüber hatten alle anderen Vorhaben in den Hintergrund zu treten. So wichen von der Seekriegsleitung als durchführbar erachtete Operationsmöglichkeiten im Indischen Ozean den realen Erfordernissen der kontinentalen Kriegführung auf dem euro-atlantischen Kriegsschauplatz.

Die Marine hatte ihre Operationswünsche hinter die Notwendigkeit des mit allen Mitteln zu führenden U-Boot-Krieges gegen englische Tonnage zu stellen und mehr denn je ihre Unterstützungsfunktion für das Heer anzuerkennen und zu akzeptieren, was Hitler nicht deutlicher hätte ausdrücken können: »Der erste Träger des Kampfes ist das Heer«[65] – bis eine Entscheidung im Osten gefallen war. Dennoch blieb Hitler zunächst seiner Konzeption treu, langfristig das Hauptgewicht der Rüstung auf dem Ausbau von Luftwaffe und Marine zu belassen[66], um für den »Endkampf« gegen den anglo-amerikanischen Feind gewappnet zu sein.

1.2 Die Rüstungslage

Die Wende vor Moskau und der Kriegseintritt der USA trafen die deutsche Wehrmacht und die deutsche Rüstung zu einem kritischen Zeitpunkt[67].

Es stand außer Zweifel, daß der direkte Vergleich der materiellen und personellen Ressourcen zwischen den Achsenmächten und den Alliierten eindeutig zugunsten der Anti-Hitler-Koalition ausfiel. Noch bevor der begrenzte Krieg zum Weltkrieg ausgeweitet war, erließ Hitler am 3. Dezember 1941 die Weisung zur »Vereinfachung und Leistungssteigerung unserer Rüstungsproduktion«[68], in der die Umstellung auf Massenfertigung mit wesentlich vereinfachten Fabrikationsmethoden befohlen wurde, wobei simpelste Formgebung nun die »technisch und schönheitlich vollkommene Ausrüstung bester Werkmannsarbeit«[69] zu ersetzen hatte.

Die Aufforderung zur Rationalisierung der Fertigung, Vereinfachung der Konstruktionen sowie Einsparung von Arbeitskräften durch »Aufgabe von übertriebenen, mehr dem Auge als dem nützlichen Zweck dienenden letzten Überarbeitungen nicht wesentlicher Konstruktionsteile bei Waffen und Geräten«[70] entsprach der Dringlichkeit, in kurzer Zeit möglichst robustes und den Anforderungen des Winterkrieges genügendes Material zu produzieren. Die punktuellen, »chirurgischen«, Eingriffe räumten jedoch die grundsätzlichen Engpässe insbesondere in der Rohstoff- und Arbeitseinsatzlage nicht aus dem Weg. Den erhöhten Rüstungsforderungen stand der merkliche Einbruch in der Wirtschaft durch die angeordneten Neueinziehungen gegenüber. Erhebliche Rückgänge wurden in Kürze auf fast allen Rüstungssektoren erwartet: Bis zum 1. Februar 1942 war die Einberufung von 282.300 Mann befohlen, von denen zwei Drittel aus der Rüstungswirtschaft zu stellen waren, da zum einen die Heranziehung der Jahrgänge 1910 und jünger zur Erfüllung der Sollzahl nicht genügte und zum andern der zivile

Sektor fast gänzlich ausgeschöpft war[71]. Die Zahlen für Februar und März würden »ausschließlich aus der Rüstungswirtschaft entnommen werden«[72], was unweigerlich zu einer Zuspitzung der Arbeitseinsatzlage führen werde. Zwar könne mit der Zuführung einiger hunderttausend russischer Kriegsgefangener ein drastischer Einbruch verhindert werden, die grassierende Flecktyphusepidemie ließ einen Einsatz in der genannten Höhe jedoch mehr als fraglich erscheinen. Das Wehrwirtschafts- und Rüstungsamt (WiRüAmt) forderte daher die Schaffung der notwendigen politischen Voraussetzungen für die Anwerbung französischer Facharbeiter, die wegen der zunehmenden Arbeitslosigkeit in Frankreich als aussichtsreich galt.

Nachdem Hitler den Befehl erteilt hatte, die Schlagkraft der verlustreichen Landstreitkräfte bis zum Frühjahr 1942 wiederherzustellen, war offensichtlich, daß die Lage an der Ostfront eine Verstärkung der Heeresrüstung – zwangsläufig unter Vernachlässigung der beiden anderen Wehrmachtteile – verlangte. Das WiRüAmt überprüfte im Dezember die materiellen und personellen Ressourcen des Reiches[73] und errechnete die Grundlagen für die Rüstungswirtschaft 1942. Danach ergab sich ein ungedeckter Kräftebedarf für die Rüstungsindustrie von 800.000 Mann bis zum Frühsommer 1942. Um den Anforderungen des Jahres 1942 gerecht zu werden, schlug General Thomas, Vertreter der Wehrmacht in allen Fragen der Wirtschaft und Rüstung, massive »Auskämmaktionen« und umfassende Rationalisierungsmaßnahmen vor allem in den Bereichen Partei und öffentlicher Dienst vor[74], wodurch der für die Rüstungsindustrie drohende Entzug von 200.000 Mann vermieden werden könne.

Neben der bedenklichen Situation im Arbeitseinsatz und der Munitionsfertigung[75] führten die neuen Anforderungen des Heeres zu erheblichen Schwierigkeiten auf dem Rohstoffsektor. Während sich die Erzeugung von Eisen und Stahl in der erträglichen Höhe von 2,2 Millionen Tonnen Walz- und Gußgewicht bewegte und die Versorgungslage bei den Leichtmetallen noch keine dramatische Verschlechterung erfuhr, hatte sich die Lage auf dem NE-Metallgebiet weiterhin verschärft. Vor allem die Versorgung mit Kupfer mußte, so der »Kriegswirtschaftliche Lagebericht Nr. 28«[76], zum großen Teil aus Mobilisierungsmaterial erfolgen: Durch Einschmelzen von Glocken, von Kupferwalzen aus Textilbetrieben und Schriftmetall hoffte das WiRüAmt, den eklatanten Rohstoffengpaß zu überbrücken. Weitergehende Maßnahmen wurden zur Erfassung von Mangelmetallen in Frankreich, Belgien und Holland eingeleitet: Neben den festgesetzten Lieferungen und der Abnahme von Kirchenglocken war in Belgien eine Metallkriegssteuer zu entrichten, falls die Haushaltungen die festgesetzte Metallmenge nicht lieferten, und unter Androhung hoher Strafen wurden holländische Haushalte zur Ablieferung entbehrlicher Gegenstände aufgefordert. Trotz solcher teilweise drakonischen Maßnahmen prognostizierte das Wehrwirtschafts- und Rüstungsamt eine 25prozentige Senkung der Kupferkontingente ab dem I. Quartal 1942. Entgegen der düsteren Vorausschau auf eine Verschlechterung der Kohlenversorgungslage in den Wintermonaten war die Behebung der Kohlenmangellage »bei einzelnen Werken mit wichtigster Fertigung«[77] noch möglich; aber auch hier war der baldige Einbruch zu erwarten.

Eine dem Bedarf der Heeres entsprechende zusätzliche Rohstoffzuteilung konnte sich bis zum Frühjahr 1942 nur auf einzelnen Gebieten der Massenfertigung – Munition und kleine Geräte – auswirken, hingegen würden Zuteilungen für die Produktion schweren Gerätes wegen der ausgedehnten Fertigungsdauer im Ausstoß erst frühestens im Herbst 1942 wirksam werden. In der Konsequenz bliebe somit die geforderte erweiterte Zuteilung an Rohstoffen für das Heer ohne Einfluß auf die Kriegführung im Frühjahr 1942. General Thomas forderte daher, »dem Heer Rohstoffe für solche Fertigungen zusätzlich zuzuteilen, die noch für den Sommerfeldzug 1942 zur Auswirkung kommen können«[78]. Die einzige Möglichkeit, den erweiterten Rohstoffbedarf des Heeres zu decken, sah Thomas im Eingriff in die bisherige Rüstungsplanung »mit dem Ziel einer gewissen Verlagerung zum Heere«[79]. Der General unterstrich, »daß kleine Mittel nicht mehr ausreichen, um den Erfordernissen der nunmehrigen Lage gerecht zu werden. Neue einschneidende Weisungen sind daher notwendig, die klar die Aufgabe der Rüstung für das Jahr 1942 herausstellen«[80]. Die für das 1. Quartal 1942 beabsichtigten Rohstoffzuteilungen für die übrigen Bedarfsträger der Wehrmacht – Luftwaffe und Marine – wurden daraufhin geprüft: Thomas konstatierte, daß bei der Kriegsmarine mit den laufenden zugeteilten Rohstoffkontingenten nur noch der Bau von U-Booten durchführbar war, »dagegen genügen die Kontingente für die zur Führung eines über den reinen U-Boot-Krieg hinausgehenden Seekrieges erforderlichen sonstigen Fertigungen nicht«[81]. Daher würde der Bau von Kriegs- und Hilfsschiffen, das Küstenartillerie- und Küstenflakprogramm und Hafen-, Werft- und Rüstungsbauten einschneidenden Kürzungen zu unterziehen sein. Die Marine reagierte resignierend mit der schlichten Einschätzung, die Lage sei schlechter als je zuvor[82]. Für die Luftwaffe galt die ernüchternde Feststellung, daß die zugewiesene Rohstoffmenge nur hinreiche, um eine 60prozentige Durchführung der Bauprogramme zu ermöglichen, und dies auch nur bei erheblichen Kürzungen des Flakprogramms.

Die Prüfung, inwieweit Abzweigungen von Rohstoffkontingenten der Luftwaffe zugunsten des Heeres möglich seien, ergab, daß lediglich die Abgabe von Aluminium an das Heer in beschränktem Maße erwartet werden könne, zumal der Luftwaffe nach dem Sieg über die Sowjetunion erhöhte Bedeutung zugemessen wurde. Die Schlußfolgerung lag auf der Hand: »Demnach bleibt für die Gewinnung weiterer Rohstoffe für das Heer lediglich die Kriegsmarine übrig«[83]. Thomas begründete sein Urteil unter Hinweis auf die eingeschränkte Bedeutung des U-Boot-Krieges im Jahre 1942. Wenngleich der General dem Kampf der U-Boote gegen die Versorgung Großbritanniens grundsätzliches Gewicht beimaß, würde er doch im Jahre 1942 nicht von ausschlaggebender Bedeutung sein können. Der Großeinsatz der Überwasserflotte sei aus Gründen der mangelhaften Treibstoffversorgung ohnehin nicht möglich, so daß das Programm der Marine so zugeschnitten werden müsse, daß

»gerade noch der Ausstoß der U-Boote und der dazugehörigen kleinen Begleitschiffe, ferner die laufenden Instandsetzungen der vorhandenen Kriegsschiffe und der Bau der kleinen Transporter für den Nachschubbedarf in Afrika und im Schwarzen Meer im Rahmen des bisherigen Programms aufrecht erhalten werden kann. Völlig abzustoppen sind, mindestens vorläufig, der Weiterbau anderer Schiffe aller Art (derzeit über 500 geplant oder im Bau), alle für ‚Seelöwe' vorgesehenen Schiffs- und sonstigen Bauten, der weitere Ausbau der Hafen- und Küstenverteidigung, die weitere Schaffung von Kapazitäten für den U-Boot-Bau, der derzeit laufende Ausbau von Häfen, Werften, Schulen und Rüstungsbetrieben, soweit hierfür Rohstoff-Kontingente der Zuteilung 1942 in Anspruch genommen werden können«[84].

Auf den Punkt gebracht bedeuteten Thomas' Überlegungen eine radikale Reduzierung des Marine-Bauprogramms auf die Fertigung von U-Booten; der General forderte eine neue Weisung dahingehend, die Aufgaben der Marine in diesem Sinne und unter weitgehendem Verzicht auf andere Einsatzabsichten zu beschränken.

Hitler reagierte zunächst nicht auf die Forderungen und blieb über die Jahreswende bei seiner Konzeption der Verlagerung des Rüstungsschwerpunktes von Heer auf Luftwaffe und Marine. In einer am 3. Januar verfaßten Denkschrift[85] unternahm das OKW einen erneuten Versuch, Hitler von der Notwendigkeit einer Umstellung zu überzeugen. Mit Nachdruck konstatierte das OKW, daß die Schwerpunktverlagerung auf Luftwaffe und Kriegsmarine auf Kosten der Heeresrüstung überholt sei und forderte die Kräftekonzentrierung ausschließlich auf das Kriegsnotwendige, also das Heer. Der »Zielsetzung für die Rüstung 42« ging eine Zusammenfassung der Aufgaben von Heer, Luftwaffe und Kriegsmarine für die Kriegführung 1942 voran. Die Luftwaffe habe sich auf den operativen Luftkrieg im Rahmen der Operationen des Heeres, Unterstützung der Landstreitkräfte und den Ausbau des Flakschutzes zu konzentrieren. Die vordringlichen Aufgaben der Kriegsmarine seien die Durchführung des U-Bootkrieges unter Verzicht auf größere Unternehmungen im Atlantik, die Geleitsicherung und die Sicherung Norwegens und des Küstenvorfeldes. Daraus ergebe sich für die Rüstungsplanung, daß

1. *der »Rü-Schwerpunkt zunächst«*[86] *eindeutig beim Heer liege,*
2. *die Rohstoffzuteilung entsprechend zu erfolgen habe,*
3. *die Programme der Luftwaffe und Kriegsmarine nach den Gegebenheiten der Rüstungslage auszurichten seien, wobei es bei den jeweiligen Oberbefehlshabern liege, »nach den ihnen gestellten Kriegsaufgaben und im Rahmen der ihnen gegebenen Möglichkeiten aus der Fertigung das Bestmögliche herauszuholen«.*

Wenn auch die zeitliche Begrenzung der Maßnahmen hervorgehoben wurde und die Betonung auf der Einmaligkeit der zu Lasten von Luftwaffe und Kriegsmarine fallenden vermehrten Zuteilung für das Heer bis zum Abschluß der Ostoperationen lag, so war die Möglichkeit zumindest nicht ausgeschlossen, daß weitere laufende Zuteilungen, wenn es die Kriegführung erfordere, Luftwaffe und Kriegsmarine zu entnehmen seien. Selbst bei maximaler Ausschöpfung aller Rationalisierungs-, Verteilungs- und Umschichtungsmaßnahmen blieb noch immer eine deutliche Diskrepanz zwischen Bedarf und Zuteilung von Rohstoffen für das Heer, insbesondere bei den Mangelmaterialien Kupfer und Aluminium. Um der weiterhin abfallenden Tendenz wirksam entgegentreten zu können, müsse Hitler, der die Denkschrift aufmerksam und eingehend studiert hatte[87], eine »entsprechende einschneidende Weisung«[88] zur Revidierung aller Rüstungsprogramme erlassen.

Anforderung und Zuteilung der Wehrmacht an Rohstoffen im I. Quartal 1942, Stand: 3. Januar 1942 (Auszug)[89]

t/Monat	Heer		Luftwaffe		Marine	
	Bedarf	Zuteilung	Bedarf	Zuteilung	Bedarf	Zuteilung
Eisen	364.170	350.000	449.360	259.000	304.000	157.033
Kupfer	3.382	2.200	9.125	3.200	7.733	2.650
Aluminium	4.423	2.350	27.750	17.480	5.230	1.840
Zinn	256	145	425	180	541	160
Blei	1.215	1.015	4.003	2.000	6.410	2.925
Chrom	575	460	1.192	650	535	350
Kautschuk	230	100	1.100	850	550	450

2. Die Umstrukturierung der deutschen Rüstung

2.1 Richtlinien für die Rüstung 1942

Offensichtlich erkannte Hitler in der ersten Januarwoche des neuen Jahres die Notwendigkeit der Umstellung und mit ihr die Unumgänglichkeit einer Schwerpunktverlagerung der deutschen Rüstung auf die Landstreitkräfte.

In seinem auf den 10. Januar 1942 datierten Befehl zur »Rüstung 1942«[90], der für das gesamte Jahr Richtschnur für alle rüstungswirtschaftlichen Arbeiten wurde, kam der »Führer« den Forderungen des OKW nach, wenn auch als Zielsetzung gemäß »Weisung Nr. 32« vom 11. Juni 1941 auf weite Sicht unverändert der Ausbau der Luftwaffe und Kriegsmarine zum Kampf gegen die angelsächsischen Mächte bestehen blieb[91]. In Übereinstimmung mit den Überlegungen des OKW verfügte Hitler, daß die Kriegführung im Jahre 1942 ein Absinken der Heeresrüstung zugunsten dieser Zielsetzung verbiete und ordnete an, die Mittel der Rüstung bevorzugt den gesteigerten Bedürfnissen des Heeres dienstbar zu machen. Die Rohstoffverteilung war unter Kürzung bei Kriegsmarine und Luftwaffe gemäß »Anforderung und Zuteilung der Wehrmacht im I. Quartal 1942« vom 3. Januar 1942 durchzuführen. Der Hinweis, daß der Ausgleich zwischen den Forderungen der Kriegführung und den durch die angespannte Rohstofflage bedingten Möglichkeiten durch verschiedene Maßnahmen »gefunden werden muß« mittels Schwerpunktbildung innerhalb der Rüstung der Wehrmachtteile, Einstellung der Fertigungsprogramme auf Überwindung von Engpässen durch Ersatzstoffe, Ausweichkonstruktionen und allgemein gemäßigte Ansprüche, lassen Ratlosigkeit und Ohnmacht gegenüber der katastrophalen Rohstofflage erahnen.

Hitler legte für die Rüstung der Wehrmachtteile im einzelnen fest:

Heer:

»*a) Die Einsatzbereitschaft des Heeres in dem vom Oberkommando des Heeres vorgesehenen und von mir genehmigten Umfang muß bis 1. 5. 1942 mit dem notwendigen Nachschub für mindestens 4 Monate sichergestellt sein.*

b) Die Ausrüstung der Verbände hat sich den Eigenarten der Kriegsschauplätze, auf denen sie Verwendung finden, und den jeweils für sie vorgesehenen Aufgaben hinsichtlich Beweglichkeit, Stoßkraft, Luft- und Panzerabwehr und Nachschuborganisation anzupassen. Abgesehen von einer Anzahl für den Einsatz an verschiedenen Fronten geeigneter Schneller Verbände, müssen die im Osten eingesetzten Teile des Heeres beweglich sein und über ausreichende Versorgungstruppen verfügen, während auf die Beweglichkeit der in der Küstenverteidigung im Westen einschließlich Norwegen eingesetzten Verbände weitgehend verzichtet werden kann.

c) Neben der 1. Ausstattung ist eine BEVORRATUNG *an Munition in Höhe des sechsfachen Monatsverbrauches auf der Grundlage des Ostfeldzuges [Verbrauch August 1941] wenigstens bei den Hauptwaffen zu erreichen, abgestellt auf das Waffensoll des Feldheeres vom 1. 5. 1942.*

d) Der Umbau des Heeres unter Schwerpunktverlagerung auf die SCHNELLEN TRUPPEN *ist über den 1. 5. 1942 hinaus im Rahmen der gegebenen Möglichkeiten fortzuführen.*

e) WAFFEN-SS:

Die Stärke- und Ausrüstungsnachweisungen des Heeres sind auch für die einzelnen Einheiten der Waffen-SS maßgebend. Dementsprechend sind die Sollstärken im Rahmen der Heeresrüstung aufzufüllen. Über die künftige Gestaltung der Kriegsgliederung der mot.

SS-Divisionen behalte ich mir Entscheidung vor. NEUAUFSTELLUNGEN *unter Beanspruchung zusätzlichen deutschen Gerätes entfallen. Für Leibstandarte ‚Adolf Hitler' gilt die neue Kriegsgliederung.*
Kriegsmarine:
Im Rahmen der zur Verfügung stehenden Rohstoffe liegt der Schwerpunkt der Rüstung in der KONZENTRIERUNG AUF BAU UND UNTERHALTUNG DER U-BOOT-WAFFE. *Daneben bleiben die Erhaltung des Geleitdienstes und die Sicherheit Norwegens sowie des Küstenvorfeldes wichtig. Die hinsichtlich der Rohstoffzuteilung unvermeidlichen Beschränkungen müssen auf den übrigen Fertigungsgebieten und im Hafenbauprogramm im Wege der Selbsthilfe überwunden werden. Die Munitionsbestände lassen eine Drosselung zu Gunsten der Heeresfertigung zu.*
Luftwaffe:
Das Flugzeugbeschaffungsprogramm 21/2 und das Flakprogramm sind im Rahmen der ROHSTOFFZUTEILUNG *durchzuführen; eine Kürzung des Flakprogramms bedarf meiner Zustimmung.*
Eine vorübergehende Drosselung der Fertigung von Munition und Bomben auf allen hinreichend bevorrateten Gebieten muß in Kauf genommen werden, solange Umstellung auf Ersatzstoffe für mangelnde NE-Metalle die Produktionsleistung hemmt.«

Proteste gegen die geplanten Kürzungen bei Luftwaffe und Kriegsmarine waren aussichtslos. Bereits am 6. Januar wurde der Versuch des Chefs des Marinewaffenhauptamtes, Hitlers Entscheidung zu ändern, von der Seekriegsleitung als zwecklos erachtet[92]. Die Anordnung Hitlers, die Oberbefehlshaber der Wehrmachtteile hätten »ihre Rüstungen selber in eigener Verantwortlichkeit« zu steuern, konterkarierte die unter den geänderten Kriegsbedingungen notwendig gewordene einheitliche Koordinierung und Lenkung der deutschen Rüstung. Nach wie vor war das OKW für die Rohstoffverteilung als Ausgangsbasis für die Rüstungsaufgaben der Wehrmachtteile verantwortlich, und der »Kompetenzwirrwarr in der Rüstung, das gegenseitige Sichbekämpfen und der Versuch, durch Verlagerung der Schwerpunkte aus der Rüstung das meiste herauszuholen, blieb erhalten«[93]. Die verschiedenen Organisationen zeigten sich nicht in der Lage, zu einer einheitlichen kriegswirtschaftlichen Führung zusammenzufinden: Zwischen der Organisation des Vierjahresplans unter Reichsmarschall Göring, der zivilen Wirtschaft unter dem Generalbevollmächtigten Funk, der Rüstungsindustrie, um deren Steuerung Wehrmacht und Rüstungsministerium ständig wetteiferten, und der Wehrmacht selbst mit ihrer eigenen Wirtschaftsverwaltung, bestand eine permanente Rivalität.

Die Zentralisierung der Rüstungswirtschaft und die Schaffung einer straffen Organisation wurden unter dem Eindruck eines langandauernden Krieges eine Dringlichkeit. Die Einheitlichkeit der Planung, die Konzentrierung auf das Kriegsnotwendige und die Zusammenfassung der wirtschaftlichen Führung in einer Hand unter Ausschaltung des lähmenden Rivalitätsverhaltens zählten nach der Überzeugung Todts zu den Voraussetzungen für eine effiziente Rüstungsproduktion. Nach dem Vorbild des Kriegsamtes im Ersten Weltkrieg war an die Stelle des Ministeriums für Bewaffnung und Munition ein zentrales Organ unter der Leitung eines Mannes zu setzen, der »den obersten Auftrag der staatlichen Wirtschaftsführung und den obersten Auftrag der wirtschaftlichen Selbstverwaltung, gegebenenfalls einschließlich des obersten parteipolitischen Wirtschaftsamtes«[94], auf sich vereinigen sollte. Die Suche nach einem omnipotenten »Top-Manager« und nach Lösungsvorschlägen für die Neuregelung der deutschen Rüstungswirtschaft führte zwar zu Initiativen und geschäftigem Aktionismus, die jedoch mehr unter dem Eindruck der persönlichen Profilierung als dem des uneigennützigen Einsatzes für ein grundlegend neues Rüstungskonzept standen[95]: »Die Wehrmachtführung war tief zerstritten. Die neue Schwerpunktbildung beim Heer schuf neue Spannungen und Rivalitäten. Marine und Luftwaffe widerstrebten aus verständlichen Eigeninteressen, das OKW betrieb diese ‚Umsteuerung' ohnehin nur halbherzig, da man bereits an die übernächsten Aufgaben im Jahre 1943 dachte, und dem Heer genügten die Zugeständnisse bei der Rohstoffplanung bei weitem nicht«[96].

2.2 Die Anfänge des Systems Speer

Es ist hier nicht der Ort, einen tieferen Einblick in die deutsche Rüstungswirtschaft unter Minister Todt zu geben. Das ist an anderer Stelle kompetent und unter Auswertung umfangreichen Quellenmaterials erschöpfend geleistet worden[97]. Ein knapper Ausgriff ist dennoch geboten, um den Übergang der Rüstungsorganisation von Fritz Todt zu Albert Speer im Februar 1942, in den Gesamtkontext eingebettet, nachvollziehen zu können.

Das herausragende Merkmal der deutschen Kriegswirtschaft seit Dr. Todt als RMfBuM[98] bestand in der Kontrolle der Rüstungsindustrie durch eine Vielzahl von Ausschüssen. Der »Prototyp« des Ausschußsystems wurde erstmals erfolgreich in der Munitionsindustrie – da gerade auf diesem Sektor Schwierigkeiten bereits Ende 1939/Anfang 1940 offen zu Tage traten – eingesetzt, mit dem Auftrag, die leistungsfähigsten Kräfte der Industrie des Produktionszweiges Munition zusammenzufassen und technische Fragen der Erzeugung der entsprechenden Bereiche zu koordinieren. Der Industriezweig wurde von einem Hauptausschuß und einer Anzahl von Sonderausschüssen kontrolliert. Die Kontrollbefugnisse gingen über bloßen Prüfungscharakter weit hinaus: Anweisungen zu Rationalisierungsmaßnahmen etwa oder Änderung von Produktionsmethoden waren von den zuliefernden Firmen zu befolgen. Direkte Eingriffe in die Personalpolitik der Industrie zum Ziel der Produktionssteigerung waren ebenso gängig wie Weisungen zur Konzentration bestimmter Munitionstypen auf solche Werke, die unter Einsparung von Kräften und Material am rationellsten zu produzieren vermochten. Mit der Auslieferung war die Aufgabe des Hauptausschusses beendet. Die Sonderausschüsse – in ihrer Funktion dem Hauptausschuß als Unterausschuß unterstellt – waren in ihrer Zuständigkeit für die einzelnen Munitionstypen verantwortlich.

»Das System sollte folgendermaßen funktionieren: Munitionsanforderungen mußten zunächst vom Führer gutgeheißen werden. Dann wurden sie dem Hauptausschuß für Munition vorgelegt. Später, als die Macht des Ministeriums für Bewaffnung und Munition wuchs, wurde es ein unumgänglicher Vermittler, aber 1940 und 1941 wurden die Anforderungen von der Wehrmacht direkt dem Hauptausschuß vorgelegt. Der Hauptausschuß, dem natürlich auch Vertreter der Wehrmacht angehörten, entschied, wie die Anforderungen am besten ausgeführt werden könnten. Der Ausschuß verteilte dann den Auftrag an die unter seiner Kontrolle stehenden Werke nach Maßgabe ihrer Produktionskapazitäten und benachrichtigte die auftraggebende Wehrmachtstelle darüber, welche Quoten des Auftrages an die verschiedenen Werke verteilt worden waren. Die Wehrmachtstelle schrieb dann Einzelaufträge für diese Firmen aus, so daß die Firmen nach Erfüllung der Aufträge unmittelbar von der auftraggebenden Stelle bezahlt werden konnten. Die zur Erfüllung der Aufträge notwendigen Rohstoffzuteilungen wurden vom Hauptausschuß immer streng überwacht, desgleichen die Einhaltung der Lieferfristen«[99].

Das bisherige System, Rüstungsaufgaben ausschließlich durch militärische Dienststellen im OKW zu steuern[100], war durch Einführung der Ausschüsse für den Bereich Munitionsfertigung ausgeschaltet und die unmittelbare Beteiligung der Militärs an der Richtlinienkompetenz weitgehend beschnitten worden. Das in der Munitionsindustrie erprobte und erfolgreiche »neuartige Verbundsystem technisch-industrieller Verfahrensweisen«[101] anstelle militärischer Kommandostruktur sollte nach gewisser Anlaufzeit auf die gesamte Kriegsproduktion übergreifen. Kerngedanke Todts war die Aufnahme führender Industrieller als Experten in die Entscheidungsgremien der Rüstungswirtschaft, mit dem Ziel, »den Soldaten allmählich aus der Rüstung herauszudrücken und den Ingenieur dafür einzusetzen«[102]. Freilich wuchs der Widerstand innerhalb des OKW gegen den Kompetenzverlust der Militärs, Todts »Beziehungen zum WiRü Amt und zum OKW waren schwieriger Natur«[103], und die zunehmende Mißgunst gegenüber dem RMfBuM – er hatte als enger Vertrauter unmittelbaren Zugang zu Hitler und somit einen unbestrittenen Vorteil gegenüber den konkurrierenden Rüstungsdienststellen im OKW – mündete gar in offene Opposition[104]. Dennoch setzte Todt gegen den wachsenden Widerstand und persönliche Empfindlichkeiten im OKW das »System der industriellen Selbstverantwortung« durch. Die Organisation der deutschen Rüstung war auf die Vertreter der Industrie übertragen worden, und das für die zähflüssige Rüstungsproduktion mitverantwortliche Übel, »die von den Militärs grundsätzlich und für alle Belange reklamierte Führungsfähigkeit aufgrund der Offizierserziehung«[105], war für den Bereich der Munitionsfertigung zu großen Teilen ausgeschaltet.

Nach erfolgreichem Anlaufen des »Systems der industriellen Selbstverantwortung« übertrug Todt das Prinzip auf andere Produktionszweige: Im September 1940 wurde der »Hauptausschuß Panzerwagen« unter der Leitung von Walter Rohland, im November 1940 ein »Sonderausschuß Waffen« mit fünf Hauptgruppen gebildet. Dem folgten am Tage vor dem Angriff auf die Sowjetunion, am 21. Juni 1941, die Einsetzung des ersten »Entwicklungsausschusses«, der »Entwicklungskommission für Panzerwagen« unter Ferdinand Porsche, und am 11. Dezember die Gründung der »Entwicklungs- und Produktionsausschüsse« für die »Allgemeine Heeresrüstung«[106]. Die Heeresrüstung gelangte auf diese Weise allmählich in den Kompetenzbereich des RMfBuM, jedoch hatte es Todt nicht vermocht, die Rüstungsverantwortung für Luftwaffe und Kriegsmarine dem OKW zu entwinden und seinem Ministerium zu unterstellen. Hingegen war die Gründung des sogenannten Dreierausschusses zur gemeinsamen Koordinierung der Rüstungsaufträge ein Meilenstein auf dem Wege von Todts Bemühungen um eine zusammengefaßte Rüstung: Die Vertreter der Wehrmachtteile Luftwaffe und Kriegsmarine, General von Leeb und Admiral Witzell, arbeiteten unter der Regie von Generalluftzeugmeister Milch, der beste Kontakte zu Hitler und Göring unterhielt[107]. Es lag daher auf der Hand, daß der Dreierausschuß in entscheidender Weise unter dem direkten Einfluß Görings stand, der freilich bemüht war, »seiner Luftwaffe« größtmögliche Rüstungskapazitäten zuzuschanzen, so daß die im Dreierausschuß angestrebte gleichberechtigte Verteilung der Rüstungsaufträge eine Wunschvorstellung blieb.

Neben der Übernahme der Verantwortung für die Heeresrüstung und dem Bemühen um zusammengefaßte Koordinierung der Rüstungsaufträge durch die Bildung des Dreierausschusses galt die Einführung des »Systems der Festpreise« statt der bisherigen »Leitsätze für die Preisermittlung auf Grund der Selbstkosten bei Leistungen für öffentliche Auftraggeber« als das herausragende Verdienst des RMfBuM. Dieses herkömmliche Prinzip des »L.S.Ö.«, so die Kurzbezeichnung, ging davon aus, daß nach Erfüllung des Vertrages die Kosten der Herstellung plus 3–6prozentigem Gewinn vom Auftraggeber an die Industriefirma gezahlt wurden. Freilich zeigte kein Industrieller irgendein

Interesse, die Produktionskosten zu senken, da mit der Höhe der im Kontrakt festgesetzten Kosten prozentual auch die Gewinnspanne stieg. Da eine der dringenden Forderungen die Senkung der Produktionskosten war, führte Todt in einigen Bereichen das Festpreissystem ein, das die Industrie bei der Wahl zwischen drei Preisklassen[108] zur Konkurrenz antrieb. Wollte eine Firma »marktfähig« bleiben oder werden, mußte sie nunmehr kostengünstiger und rationeller produzieren.

Der von Todt eingeschlagene Weg der »Selbstverantwortung der Industrie«, die im »Dreierausschuß« zumindest angestrebte zusammengefaßte Steuerung von Rüstungsaufträgen, die eingeleiteten Maßnahmen zur »Vereinfachung und Leistungssteigerung unserer Rüstungsproduktion« und das »System der Festpreise« wiesen zweifellos in die richtige Richtung, zumal sich die Erkenntnis Bahn gebrochen hatte, daß die unter dem Eindruck der Blitzkriege funktionierende militärische Kommandowirtschaft der ersten beiden Kriegsjahre überholt war[109].

Doch innerhalb des nach militärischen Prinzipien aufgebauten und funktionierenden Führerstaates begann sich das Ministerium für Bewaffnung und Munition als Schaltstelle der deutschen Rüstung nicht etwa als militärfreie Insel zu etablieren; vielmehr schlug hier wie in den meisten Institutionen des Deutschen Reiches das Prinzip des »militanten Zivilismus« durch. Neben dem Einsatz von Zivilisten in der deutschen Rüstungswirtschaft strebte Minister Todt eine Zentralinstanz zur Kontrolle über die deutsche Kriegswirtschaft an. Ende Januar legte der RMfBuM Hitler seinen Vorschlag zur Zentralisierung der deutschen Rüstungswirtschaft unter seiner Federführung vor[110], und am 6. Februar 1942 zeigte die erste gemeinsame Konferenz zwischen Todt und den Ausschußvorsitzenden, daß sich der Schwerpunkt der deutschen Rüstungsorganisation gegen alle Widerstände des OKW vom WiRüAmt auf das Ministerium für Bewaffnung und Munition übertragen hatte. Noch immer aber stand die Mehrgleisigkeit der deutschen Rüstung – Verantwortung für die Heeresrüstung durch den RMfBuM auf der einen, Steuerung der Rüstung von Luftwaffe und Kriegsmarine durch die jeweiligen Oberbefehlshaber »auf dem Wege der Selbstverantwortung« auf der anderen Seite – einer klar umrissenen, einheitlichen und zentral gesteuerten Koordinierung deutlich entgegen. Daran änderte auch die Tatsache nichts, daß »das Ende einer selbstherrlichen, offenkundig gescheiterten militärischen Rüstungsbürokratie und des Primats der Wehrmacht in der Kriegswirtschaft«[111] besiegelt war.

Am 8. Februar 1942 stürzte Dr. Todt mit einer Maschine vom Typ Heinkel 111 nahe dem Führerhauptquartier »Wolfsschanze« bei Rastenburg ab. Eine letzte Klärung der Absturzursache[112] hat sich bis zum heutigen Tage in der Forschung nicht ergeben. Die unmittelbar nach dem tödlichen Unfall vom Deutschen Nachrichtenbüro (DNB) offizielle Verlautbarung, Todt sei »in soldatischer Pflichterfüllung (...) bei Durchführung seiner militärischen Aufgaben durch Flugzeugabsturz tödlich verunglückt«[113], wurde schon bald von der Vermutung ersetzt, Todt sei einem Attentat zum Opfer gefallen[114]. Erhärtet wird die Attentatsthese durch Albert Speer, der sich eindeutiger Worte Hitlers erinnert: »Als ich später erste Erfolge hatte, betonte er [Hitler, d. Vf.] oft, daß Todt verunglücken mußte, um die Rüstung auf eine erhöhte Leistung zu bringen«[115]. Hitlers Aussage klingt widersprüchlich, denn Todts Bemühungen galten der Effizienz und der Steigerung der Rüstungsproduktion; der RMfBuM hatte sich Hitler gegenüber jedoch zuweilen zu System, Politik und Kriegführung scharf geäußert. Daher mag es sein, daß Todt als unbequemer Kritiker und unerwünschter »Defaitist« Hitler lästig wurde[116]; ferner läßt sich die Vermutung nicht ausschließen, Todt drohte Hitler in seiner angestrebten Funktion als Chef der deutschen Rüstung schlicht zu mächtig zu werden. Mutmaßungen, nach denen Reichsmarschall Göring – als Leiter des Vierjahresplans in Konkurrenz zu Todt

– und auch Speer an dem Attentat direkt oder indirekt beteiligt sein könnten, sind rein spekulativ. Zwar ist es eine eigentümliche Anhäufung von Zufällen, daß Göring sich unmittelbar nach dem tödlichen Absturz aufdrängte, die Aufgaben Todts im Rahmen des Vierjahresplan zu übernehmen[117] – wenn auch einschränkend darauf verwiesen werden kann, daß Görings Verhalten ganz seiner Ämtergier entsprach – und Speer zum Zeitpunkt des Unglücks einen Zwischenstop in Rastenburg einlegte. Sicherheit aber läßt sich in der Frage der mittelbaren oder unmittelbaren Beteiligung von Göring oder Speer oder gar beiden aus Mangel an Beweisen nicht erzielen. Für die gewaltsame Ausschaltung Todts per Befehl von oberster Stelle spricht schließlich Hitlers Reaktion auf die Nachricht vom Tode seines Rüstungsministers: Hitler »reagierte (...) fast unmerklich. Als einziges sagte er nach wenigen Minuten, daß für die Nachfolge nur Professor Speer in Frage kommen würde«[118].

Hitler verband mit Speer über Jahre hinweg ein beinahe freundschaftliches Verhältnis[119], und der »Führer« konnte sich dessen Loyalität und unbedingter Gefolgschaftstreue sicher sein. Die offizielle Ernennung des »Generalbauinspektors für die Reichshauptstadt«, der als glänzendes Organisationstalent und begnadeter Architekt geschätzt war, zum »Reichsminister für Bewaffnung und Munition«, »Generalinspektor für das deutsche Straßenbauwesen« und zum »Generalinspektor für Wasser und Energie«[120] am 9. Februar 1942[121] bedeutete eine gewaltige Machtballung in den Händen Speers und versprach dank dessen Manager-Qualitäten eine Beschleunigung der angekurbelten Umorganisation der Rüstungswirtschaft.

Am Tage vor der ersten Sitzung mit den Vertretern der Wehrmachtteile am 13. Februar wünschte Göring Speer zu sprechen, und in herzlicher Atmosphäre[122] unterbreitete der Reichsmarschall dem neuen Rüstungsminister seine Forderung, nicht in Fragen des Vierjahresplans einzugreifen. Speer war sich nach nur kurzer Einarbeitungszeit in seinem neuen Ressort sehr wohl darüber im klaren, daß er nach der von Göring vorgesehenen Übereinkunft praktisch zur Handlungsunfähigkeit gezwungen worden wäre. Um in der Sitzung am 13. Februar von Göring nicht überfahren zu werden, versicherte sich Speer des Rückhaltes bei Hitler[123] und brauchte nunmehr eine Auseinandersetzung mit dem um seine Kompetenzen fürchtenden Göring nicht zu scheuen. In der Sitzung wurde der Wunsch nach einer einheitlichen Spitze der deutschen Rüstung unter der Führung eines Mannes unterstrichen, der mit den notwendigen Vollmachten und Entscheidungskompetenzen ausgestattet sein sollte. Zwar hatte Hitler Speer eine Generalvollmacht erteilt, er vermied es aber, »das Problem einer einheitlichen Spitze für die Gesamtrüstung zu berühren; wie er auch nur von der Heeres- und Marinerüstung sprach, die Luftrüstung also bewußt ausklammerte«[124]. Offensichtlich war Hitler die Vorstellung von der Machtkonzentration in der Hand einer Person an der Spitze einer einheitlich geführten Rüstung weiterhin unangenehm – auch wenn die Person Albert Speer hieß. Zum anderen scheute er wohl Meinungsverschiedenheiten mit Göring, dem der »Führer« noch zu unterbreiten hatte, was er in der Besprechung am 19. Februar erstaunlich offen erklärte: »Dieser Mann kann nicht im Rahmen des Vierjahresplans die Rüstung wahrnehmen«[125]; die Aufgabe, so fuhr Hitler fort, sei vom Vierjahresplan zu trennen und Speer zu übereignen. Eine gütliche Einigung wurde schließlich mit der Ernennung Speers zum »Generalbevollmächtigten für Rüstungsaufgaben im Vierjahresplan« erzielt, eine Konstruktion, die Göring als Vorgesetzten Speers bestätigte und zufriedenstellte und Speer die entsprechenden Vollmachten übertrug, die notwendig waren, um »der Rüstung (...) im gesamten Wirtschaftsleben den Vorrang zu geben, der ihr im Kriege zukommt«[126].

Mit der Verfügung Hitlers vom 19. Februar, »daß die Friedensplanungen und Entwicklungen bei allen Firmen ab sofort eingestellt werden«[127], zeichnete sich der Weg zur totalen Kriegswirtschaftsführung ab, und am 21. März 1942 erging Befehl zur Umstellung der Wirtschaft auf die Belange des Krieges: »Beim Einsatz der vorhandenen Arbeitskräfte muß der kriegswichtige Bedarf den unbedingten Vorrang haben. Das gleiche gilt für die Verteilung der für die Rüstungswirtschaft wichtigen Rohstoffe, Materialien und Erzeugnisse«[128]. Mit der Unterordnung der Wirtschaft unter die Erfordernisse der Kriegsrüstung war – wenn auch unausgesprochen – die Ausrichtung des gesamten Volkes auf den für Deutschland entscheidenden Krieg um »Sein oder Nichtsein« vollzogen. Speer war ein eifriger Vertreter des »totalen Kriegswirtschaftsgedankens« und bekam von Hitler die notwendige Rückendeckung durch schriftlich fixierte Vollmachten, um die Umorganisation der Rüstungswirtschaft konsequenter vorantreiben zu können als Todt. Das Prinzip der von Todt initiierten »Selbstverantwortung der Industrie« wurde von Speer übernommen und in ein eindeutig abgegrenztes System von »Ausschüssen« und »Ringen« eingebettet.

»So verblüffend es auch erscheinen mag: das Grundsätzliche war mir klar. Vom ersten Tag an steuerte ich wie nachtwandlerisch einem System zu, durch das allein ein Rüstungserfolg zu erzielen war. Allerdings hatte ich bereits während meiner zweijährigen Tätigkeit für die Rüstung auf der unteren Ebene einen Einblick ‚in viele grundsätzliche Fehler' erhalten, ‚die mir in der Spitze verborgen geblieben wären'. Ich fertigte einen Organisationsplan an, dessen vertikale Linien die einzelnen Fertigprodukte, wie Panzer, Flugzeuge oder U-Boote, also die Rüstung der drei Wehrmachtteile umfaßten. Diese senkrecht stehenden Säulen wurden von zahlreichen Ringen umschlossen, von denen jeder eine Gruppe der für alle Geschütze notwendigen Zulieferungen darstellen sollte. Hier, in diesen Ringen, dachte ich mir beispielsweise die Fertigung der Schmiedestücke oder der Kugellager oder der elektrotechnischen Ausrüstung zusammengefaßt. Als Architekt an dreidimensionales Denken gewohnt, zeichnete ich dieses neue Organisationsschema perspektivisch auf«[129].

Daß Speer »nachtwandlerisch« einem völlig neuen System zusteuerte, ist etwas übertrieben, denn das eigentlich Neue lag in der Schaffung der Ringe, die für die Bereitstellung der Zulieferungen zuständig waren, und in dem konsequenten Zusammenspiel von Ausschüssen und Ringen. Bis Anfang April sind von Speer 4 Hauptringe mit einer Vielzahl von Sonder- und Arbeitsringen geschaffen worden. »Dreizehn Hauptausschüsse bildeten schließlich als vertikale Bauglieder die Säule meiner Rüstungsorganisation. Sie wurden von ebensovielen Hauptringen zusammengehalten (...). Die Leiter der Hauptausschüsse und Hauptringe hatten – als erste Voraussetzung einer Rationalisierung – dafür zu sorgen, daß in einem Betrieb nur noch ein Gegenstand, dafür aber in höchster Zahl gefertigt wurde«[130].

Die Vollzugsorgane – Ausschüsse und Ringe – des Ministeriums Speer erhielten uneingeschränkte Befehlsbefugnis gegenüber der Industrie. Speer ließ sich seinen Führungsanspruch in der deutschen Rüstungswirtschaft bestätigen und rang darüber hinaus den Wehrmachtteilen die Versicherung ab, die Verteilung der Rüstungsaufträge und die Leitung der Produktion dem System der Ringe und Ausschüsse seines Ministeriums zu überlassen. Durch diesen Schritt wurde zum einen die Übersicht über den gesamten Rüstungsbedarf der Wehrmacht möglich und zum anderen die Steuerung einer gleichmäßigen Belastung der Firmen unter optimaler Ausnutzung der Industriekapazitäten. »Hitler war mit allem einverstanden«[131], und die Vertreter der Wehrmacht wagten trotz größter Bedenken gegen Speers errungene Machtposition keinen Einspruch. Die Kompetenzen des Ministeriums für Bewaffnung und Munition reichten über den Heeressektor hinaus auch in den Bereich Marine- und Luftwaffenrüstung, denn Speer baute die unter Todt ins Leben gerufenen »Entwicklungskommissionen« weiter aus, in denen die Entscheidung über Neukonstruktionen gefällt wurde. Am 19. März 1942 teilte Speer Hitler mit, daß er Staatsrat Blohm als Vorsitzenden des geschaffenen Hauptausschusses Marine eingesetzt habe und bat den »Führer«, Blohm gelegentlich zu empfangen[132].

Maßgeblich für das Funktionieren der Rüstung auf sämtlichen Gebieten war die Frage der Rohstoffverteilung – von ihr hing letztlich die Produktion und somit die Versorgung der Wehrmachtteile mit Kriegsgerät ab. Um die Verteilung der Rohstoffkontingente und zugleich die Rüstungsaufträge für die Wehrmachtteile und den zivilen Sektor in einer Hand zu koordinieren, griff Speer Todts Bemühungen um den Dreierausschuß auf, mit dem Unterschied, daß dem Rüstungsminister selbst die Leitung obliegen sollte. Mit der Zentrale Planung (ZP) genannten Dienststelle wurde der lähmende Konkurrenzkampf ausgeschaltet, und das Wirtschaftsministerium, die Organisation des Vierjahresplans sowie das WiRüAmt waren fortan weitgehend zur Bedeutungslosigkeit verurteilt. Die neue Institution nahm darüber hinaus unmittelbaren Einfluß auf die Rüstungsplanung bei Luftwaffe und Marine. Hitler erklärte sich in der Besprechung mit Speer am 4. April 1942 mit der Schaffung des Zentralen Planungsamtes einverstanden[133], und am 22. April unterschrieb Göring als Chef des Vierjahresplans den von Speer entworfenen Erlaß zur Errichtung der Zentralen Planung, in welcher der Rüstungsminister, Milch und der Staatssekretär des Vierjahresplans, Körner, wenigstens auf dem Papier, gleichberechtigt nebeneinander standen[134].

Als Aufgaben der Zentralen Planung wurde im einzelnen formuliert:

»a) *die Entscheidung über die Notwendigkeit oder Weiterführung vorhandener Planungen,*
b) *die Entscheidung über die Schaffung neuer oder im Ausbau vorhandener Rohstofferzeugungsstätten,*
c) *die Verteilung der vorhandenen Rohstoffe, insbesondere von Eisen und Metall, auf alle Bedarfsträger,*
d) *den Einsatz der Kohle und Energie in der Fertigung und*
e) *die Abstimmung der Forderungen der Gesamtwirtschaft an das Transportwesen*«[135].

Göring versäumte dabei nicht den Hinweis, daß ihm im Einzelfall die Entscheidungsbefugnis vorbehalten blieb: Ansonsten »entscheidet die ‚Zentrale Planung' endgültig in eigener Zuständigkeit kraft der mir verliehenen Vollmachten«[136].

Mit der Zentralen Planung, »der wichtigsten Einrichtung unserer Kriegswirtschaft«[137], war zwar endlich eine Dienststelle geschaffen, die das Problem einer fehlenden einheitlichen Steuerung der Rüstung zumindest teilweise gelöst hatte. Die Dreigleisigkeit – Heer-Luftwaffe-Marine – blieb aber auch weiterhin bestehen, und dem latenten Rohstoffmangel sowie der prekären Situation in der Arbeiterfrage[138] konnte auch die neue Institution keine Abhilfe verschaffen.

Der Wandel der deutschen Kriegswirtschaft als Reaktion auf die geänderte gesamtstrategische Situation war zugleich Ausdruck des Bewußtseins, sich auf einen langandauernden Krieg einzustellen. Die Ausschaltung jeglicher Gedanken an Friedenswirtschaft unter gleichzeitig beginnender Totalisierung der Kriegswirtschaft zeigte erste deutliche Spuren jener fanatischen Kriegs- und Kriegswirtschaftsführung, wie sie erst nach der Katastrophe von Stalingrad offen proklamiert wurde. Die deutsche Führung hatte mit der Umsteuerung der deutschen Rüstung als Reaktion auf die neue Situation bei Jahreswechsel 1941/42 durchaus gezeigt, daß es auch innerhalb des eher statischen und nach festgesetzten militärischen Prinzipien organisierten »Führerstaates« möglich war, situationsbedingte, zukunftweisende Umstrukturierungen vorzunehmen – nicht zuletzt dank Albert Speer, der als »Top-Manager« und Organisationstalent den von Todt eingeschlagenen Weg konsequent weiterverfolgte und seine eigenen Ideen zur Steigerung der Effizienz in der deutschen Rüstungswirtschaft rasch umzusetzen vermochte.

Schema für die Organisation der Rüstung[139]
Stand 1942

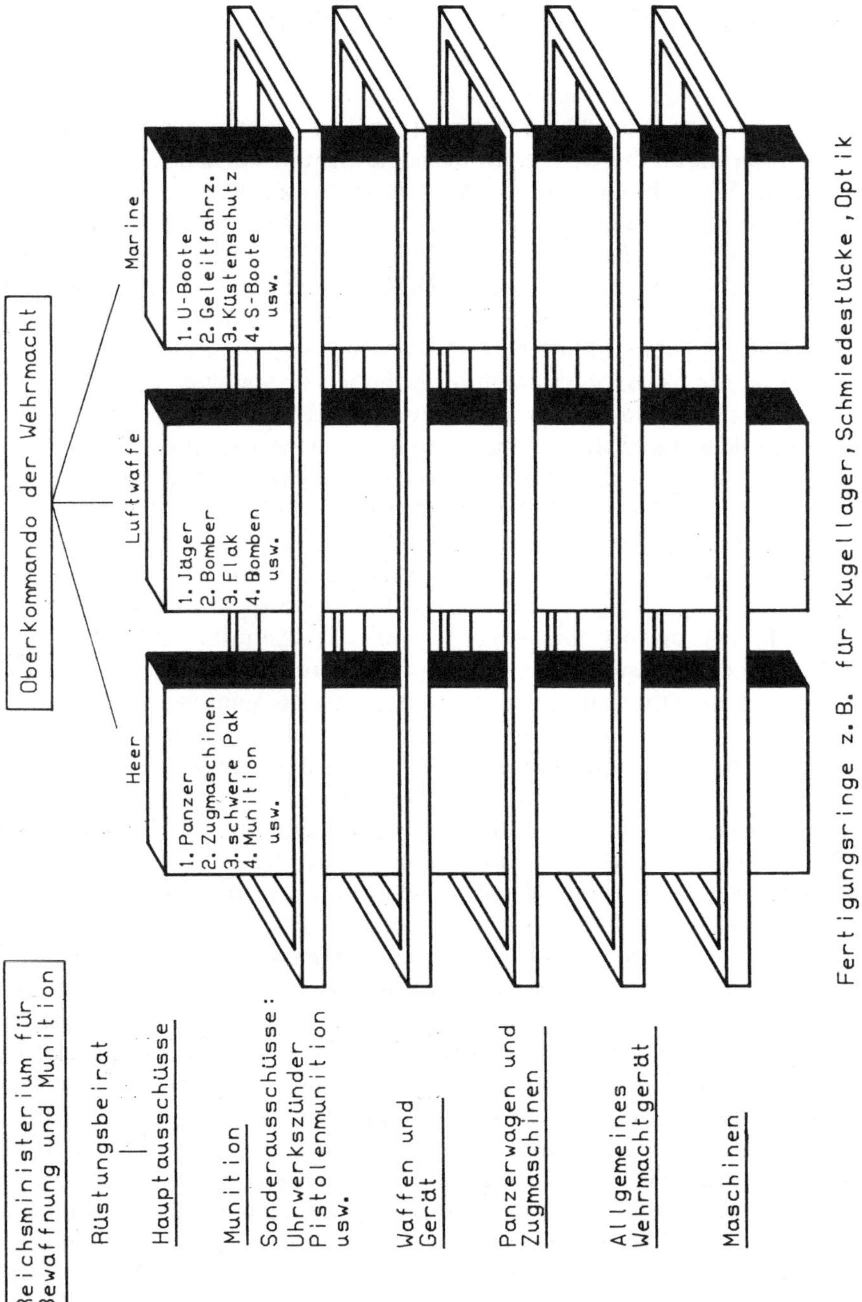

II. Die Organisation des deutschen Kriegsschiffbaus 1942-1945

1. Hauptamt Kriegsschiffbau und Marinewaffenhauptamt im OKM

Die Organisation der deutschen Kriegsmarine-Rüstung und das System des Kriegsschiffbaus wurden durch die Übernahme des Reichsministeriums für Bewaffnung und Munition durch Albert Speer und die Schaffung des Zentralen Planungsamtes 1942 zunächst prinzipiell nicht angetastet.

Wenn die Verteilung der Rohstoffkontingente, die Zuteilung von Fachkräften und die Vergabe der Rüstungsaufträge nun Sache des RMfBuM und nicht mehr des Wehrwirtschafts- und Rüstungsamtes im OKW waren, so war dies für die Marine nur insofern von Belang, als bei »gutem Draht« des Ob.d.M. zum neuen Rüstungsminister Wünsche der Kriegsmarine stärker Berücksichtigung zu finden versprachen als zuvor. Bürokratisches Dickicht, persönliche Empfindlichkeiten und Rivalitäten, die militärische Kommandostruktur und schließlich der lähmende Kompetenzwirrwarr im OKW brauchten die Kriegsmarine nun nicht mehr zu tangieren. Der direkte Weg zu Albert Speer würde, so die Hoffnungen der Marineführung, leichter und erfolgreicher zu beschreiten sein als der zum OKW. Die aus Sicht der Kriegsmarine erfreuliche Tatsache, daß das OKW bei den Rüstungsplanungen künftig keine gewichtige Rolle mehr spielte, wurde durch den neuen und belastenden Umstand relativiert, daß kein Vertreter ihres Wehrmachtteils in die Zentrale Planung berufen war und somit die Kriegsmarine in dem Planungsamt, das die Verteilung der Rohstoffe vornahm, keine Stimme hatte – eine Entscheidung, die, auch aus der Retrospektive kaum verständlich, sich als folgenreich und für die Organisation der deutschen Kriegsmarine-Rüstung maßgeblich erweisen sollte.

Die Verantwortung für die deutsche Kriegsmarine-Rüstung lag bis Sommer 1943 im OKM und somit direkt beim Ob.d.M. Der Marine standen für die Produktion bestimmte Werften, industrielle Kapazitäten und – jeweils auf ein Quartal berechnet – eine festgesetzte Zahl an Facharbeitern zur Verfügung. Die Forderung auf Zuteilung bestimmter Stahlmengen wurde vom OKM schriftlich an die Zentrale Planung gerichtet; diese prüfte und befand über Billigung oder Ablehnung der Forderung. Die Dienststellen von Heeres- und Luftrüstung rangen bei der Verteilung der Rohstoffe und Zuteilung industrieller Kapazitäten weitgehend für ihr Eigeninteresse, und da Speer als Chef der Heeresrüstung und die Luftwaffe mit dem von Speer geschätzten Milch am längeren Hebelarm saßen, war die Marine in ihrem Rüstungsbedarf bisher ständig zu kurz gekommen.

Bevor Speer das Reichsministerium für Bewaffnung und Munition übernommen und die Zentrale Planungsstelle geschaffen hatte, waren Beschwerden der Seekriegsleitung über die stiefmütterliche Behandlung der Kriegsmarine bei der Rohstoffzuteilung durch das OKW an der Tagesordnung gewesen[140]. Hitler lehnte jedoch einen Eingriff in den Rohstoffbestand zugunsten der Kriegsmarine mit dem Hinweis ab, die Wehrmachtteile hätten sich selbst zu helfen, zumal ihnen bereits 1936 aufgetragen worden sei, bei den Rüstungsvorbereitungen die im Kriegsfalle schwer oder gar nicht zu ersetzenden Rohstoffe zu berücksichtigen[141]; daß derlei überflüssige Hinweise in der Seekriegsleitung nur zu Irritationen führten und kaum über die eklatanten Materialengpässe hinwegzutrösten vermochten, braucht nicht näher erläutert zu werden. Die Kriegsmarine hatte im Kampf um die Verteilung der Rohstoffkontingente und Facharbeiter auch nach Errichten des Zentralen Planungsamtes kaum Erfolg, und die von Hitler geforderte Lösung des Problems auf dem Wege der »Selbsthilfe« war nicht mehr als eine Hohlformel.

Die Organisation der deutschen Kriegsmarine-Rüstung im OKM war in zwei Bereiche untergliedert: Das *Marinewaffenhauptamt* (MWA) unter Gen.Admiral Witzell (bis August 1942), Admiral Schmundt (bis März 1943) und Admiral Backenköhler und das *Hauptamt Kriegsschiffbau* (K) mit seinem Amtschef Admiral Fuchs (bis Oktober 1944), das, seit November 1944 in *Amt Kriegsschiffbau* umbenannt, bis Kriegsende Vizeadmiral Ruge unterstand.

Das Marinewaffenhauptamt umfaßte neben dem Stab und angegliederten Abteilungen 7 Ämter: Das *Artilleriewaffenamt* (AWa), Das *Amt Torpedowaffe* (TWa), die *Amtsgruppe Sperrwaffen* (SWa), die *Amtsgruppe Technisches Nachrichtenwesen* (NWa), die *Amtsgruppe Pioniere und Festungen* (PiWa), das *Amt Rüstung und Wehrwirtschaft Kriegsmarine* (RüWi) und die *Amtsgruppe Forschung, Erfindungs- und Patentwesen* (FEP)[142].

Das Hauptamt Kriegsschiffbau (K) im OKM war das Zentrum, in dem die Fäden der deutschen Kriegsmarine-Rüstung bis zum Sommer 1943 zusammenliefen. Im Zuge der Umorganisation des OKM im Oktober/November 1939 wurde aus dem bisherigen Amt Kriegsschiffbau[143] das Hauptamt Kriegsschiffbau geschaffen. K waren 6 Amtsgruppen angegliedert: Die *Amtsgruppe Gesamtentwurf und Schiffbau* (KI) (Min. Direktor Dipl.-Ing. Lottmann, M.Ob.Baudirektor Dipl.-Ing. Reich, Min. Direktor Dr. Ing. e.h. Schürer), die *Amtsgruppe Maschinenbau* (KII) (Min. Direktor Dipl.-Ing. Brandes), die *Militärische Amtsgruppe* (KIII)[144] (Kapt. z.S. Topp), die *Amtsgruppe Schiffsmaschinenbetrieb* (KIV) (V.Adm. Ing. Stiegel), die *Amtsgruppe Werften* (KV) (Min. Direktor Dipl.-Ing. Just, K. Adm. Ing. Topp, zugl. Chef KIII) und die *Amtsgruppe Werft-, Hafen- und Strombau* (KVI) (Min. Direktor Dipl.-Ing. Eckhardt).

Der Arbeitsschwerpunkt der genannten 6 Ämter mit ihren einzelnen Abteilungen[145] lag bei Schiff- und Maschinenbau, der Konstruktion, der Bauaufsicht, der Instandhaltung und der Betreuung der Werften. Die Zusammenfassung der verschiedenen Abteilungen in einer Organisationseinheit gestattete ein reibungsloses und zügiges Arbeiten, wobei sich drei Grundsätze der Arbeit im Hauptamt Kriegsschiffbau als maßgeblich erwiesen:

1. Keine organisatorische Trennung zwischen Konstruktion und fertigem Schiff[146],
2. enge Zusammenarbeit zwischen Militär und Techniker[147] und die
3. schnelle Weitergabe von Erfahrungen aus Erprobungs- und Flottendienst in den Bereich Neukonstruktion[148].

Ein offensichtlicher Mangel in der Organisation war die fehlende Zuständigkeit des Hauptamtes Kriegsschiffbau für die Waffen: K bearbeitete Schiffskörper, Antriebsmaschinen und Schiffselektrotechnik, nicht aber Torpedos, Artillerie, Sperrwaffen u.ä. Es liegt auf der Hand, daß das enge Zusammenarbeiten zwischen Waffenamt und Schiffbauamt für die Fertigstellung und Einsatzfähigkeit eines Schiffes von entscheidender Bedeutung war. Es bleibt daher unverständlich, daß beide Institutionen getrennt voneinander arbeiteten, wenn auch Schwierigkeiten bei der Zusammenarbeit oder gar Reibungen zwischen beiden Ämtern nicht bekannt wurden[149].

Team-Work – also die Zusammenarbeit zwischen Technikern und Marineoffizieren – galt als Problem, denn das Denken der verantwortlichen Offiziere wurde vielfach von der Vorstellung geprägt, neue Schiffstypen seien allein Produkte militärischer Erfordernisse; »der Techniker glaubt alles rein technisch durch einen Chefkonstrukteur zu erreichen, der Marineoffizier stellt die rein militärischen Belange in den Vordergrund«[150].

Die Frage der reibungslosen Zusammenarbeit von Ingenieur und Soldat ist nach dem Kriege lebhaft diskutiert worden[151] und kommt zu dem letztlich übereinstimmenden Ergebnis, daß das im Hauptamt weitgehend verwirklichte Teamwork von Soldaten und Technikern eine der tragenden Säulen war: Die kategorische Forderung nach militärischer und technischer Zusammenarbeit und Gleichberechtigung von Ingenieur und Offizier als Kern erfolgreicher Arbeit setzte sich erst mit fortschreitender Dauer des Krieges durch. Während noch in der ersten Kriegshälfte der Techniker häufig Befehlsempfänger des Militär war, so galt für die letzte Phase des Krieges eher das umgekehrte Verhältnis: Man denke etwa an die Vorschläge von Professor Walter für die Konstruktion von Kleinst-U-Booten[152].

Dennoch: Der Kriegsschiffbau war und ist von militärischen Forderungen bestimmt, und der Einsatz von Wissenschaft und Technik diente und dient allein dem militärischen Endzweck; folglich waren Hauptamt Kriegsschiffbau und Marinewaffenhauptamt so gekadert, daß die Leitung und somit Entscheidungsbefugnis den Militärs oblag, im Mittelbau hingegen »einerseits geeignete Front- und operativerfahrene Seeoffiziere und im Frontmaschinenbetrieb bewährte Ingenieuroffiziere[153] und andererseits in der technischen Entwicklung und Bauausführung erfahrene und wissenschaftlich hochwertige Werftfachleute des Schiffbaus und Schiffsmaschinenbaus K zur Verfügung stehen und in einer vertrauensvollen Gemeinschaft zusammengefaßt werden«[154]. Das prinzipiell ausgewogene Verhältnis von Soldat und Ingenieur schuf eine wesentliche Voraussetzung für die zielsichere Ausführung des Auftrages. Der Auftrag, Entwurf und Bau von Kriegsschiffen, war das Ergebnis einer vom »Fernstehenden schwer zu übersehenden Zusammenfassung militärischer und technischer Überlegungen und Arbeiten«. Es erscheint daher zweckmäßig, die Ausführungen von Admiral Fuchs[155], der von 1935 bis 1944 als K-Chef an maßgebender Stelle im Kriegsschiffbau arbeitete, zu Entwurf und Bau von Kriegsschiffen hier in Auszügen einzufügen. Admiral Fuchs unterteilt in vier Arbeitsschritte:

1. Die militärischen Forderungen,
2. die Typskizze,
3. die Konstruktion und
4. den Bau

Ein Schritt bleibt von dem Admiral unerwähnt: Zunächst stellte die Seekriegsleitung lose umrissen die Forderung nach einem neuen Schiffstyp, danach erfolgte von K die Prüfung aller technischen Möglichkeiten, die als »militärische Forderungen« ausgearbeitet wurden:

»Diese Forderungen enthalten außer der Größe genaue Angaben über Bewaffnung, Panzerung, Geschwindigkeit, Fahrbereich usw. und sind auf ihre technische Durchführbarkeit geprüft. Diese militärischen Forderungen werden der Operationsabteilung vorgelegt, und es wird festgestellt, wie die vorgeschlagene Lösung oder die Lösungen beurteilt werden, ob und welche Änderungen gewünscht werden und gegebenenfalls erfüllt werden können. Es wird dabei leicht übersehen, daß auch hier, wie überall im Bereich menschlicher Entscheidungsmöglichkeit, in der Regel jegliche Verbesserungen mit anderweitigen Mängeln erkauft werden müssen. K ist verantwortlich für die Durchführbarkeit und Zweckmäßigkeit der Vorschläge, die Operationsabteilung für die Ablehnung oder Billigung. Sobald die militärischen Forderungen festliegen, fertigt K die Typskizze. Sie ist ein Entwurf des Schiffes, der seine äußere Gestalt, die Raumverteilung, die Anordnung der Bewaffnung und Panzerung zeigt. Auch die Raumverteilung im Innern und die Gewichtsrechnung müssen durchgeführt sein. Erst die Typskizze gibt der Operationsabteilung den endgültigen Begriff von dem neuen Schiffstyp. Es muß erneut geprüft werden, ob der Typ den Absichten der Operationsabteilung entspricht, und es müssen solange Änderungswünsche geprüft werden, bis der bestmögliche Kompromiß erreicht ist, denn ein Kompromiß zwischen teils sich wider-

sprechenden, teils unerfüllbaren Forderungen bleibt ein Kriegsschiff immer. Verantwortlich für die Typskizze ist K, für die Billigung die Operationsabteilung. Mit dieser Festlegung der Typskizze endet die Mitarbeit der Operationsabteilung an einem neuen Schiffstyp.

Die Durchführung der Konstruktion fällt in der Hauptsache den Werften zu. In der Regel wird es so gehandhabt, daß eine Werft mit der Durchführung der Konstruktion beauftragt wird und die anderen beteiligten Werften lediglich nachbauen. Zugleich wird damit die Einheitlichkeit des Schiffstyps sichergestellt. (...) Bei der Konstruktion von Kriegsschiffen kommt es (...) darauf an, die ständige Mitarbeit von K sicherzustellen und die in unendlicher Kleinarbeit in Zusammenarbeit mit der Front gesammelten Erfahrungen auszuwerten. Die Akten über diese unersetzlichen Erfahrungen sind, soweit mir bekannt, verloren oder nicht mehr erreichbar[156]*. (...)*

Die Durchführung des Baus ist allein Sache der Werften. Es ist aber selbstverständlich, daß der Bau ständig von einer Bauaufsicht von K überwacht wird. Mit der Abnahme des Neubaus übernimmt dann K die Verantwortung für die Bauausführung«.

Gliederung des Hauptamtes Kriegsschiffbau[157]

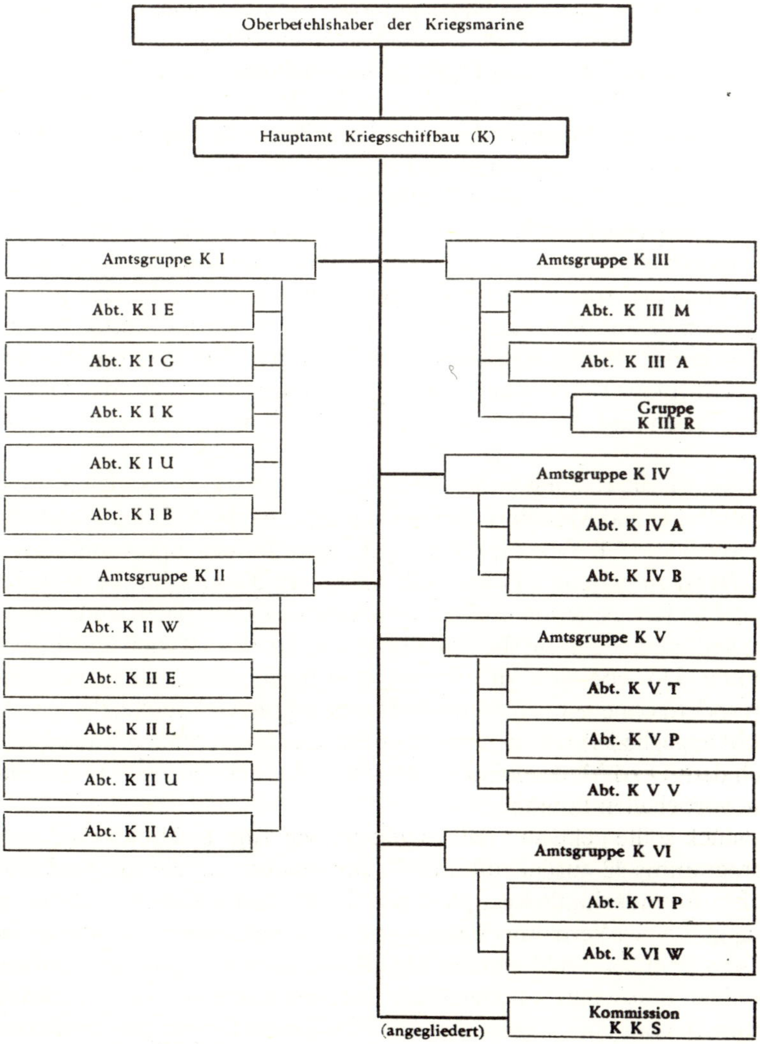

2. Neue Wege: Die Schiffbaukommission und ihre Aufgaben

Eine qualitative Veränderung im Organisationssystem Kriegsschiffbau setzte mit der Schaffung der sogenannten Planungskommission für Kriegsschifftypen, kurz Schiffbaukommission, im Sommer 1943 ein.

Die Schaffung der Schiffbaukommission war das Ergebnis von Überlegungen in der Marineführung zum auf Dauer inakzeptablen Zustand, daß die Kriegsmarine in der Zentralen Planung des RMfBuM keine Stimme hatte und folglich bei der Verteilung der Rohstoffe und der Arbeitskräfte stets zu kurz gekommen war. Die Realisierung der im Flottenbauprogramm 43[158] neu definierten Bauzahlen war bei den vom Zentralen Planungsamt vorgesehenen Material- und Personalzuweisungen für die Kriegsmarine kaum gewährleistet; würde die geforderte Zahl an Schiffskategorien nicht mehr gebaut werden können, überträfen die Verluste die Neubauten, und der Krieg zur See müsse in Kürze verlorengegeben werden, so die kurze wie deutliche Lageeinschätzung durch Admiral Dönitz[159]. Der am 30. Januar 1943 zum Ob.d.M. ernannte Dönitz[160] vertrat daher vehement die Forderung, erhöhten Einfluß der Marine in Fragen der Rohstoff- und Facharbeiterverteilung geltend zu machen, mit dem Ziel einer den Bedürfnissen der Kriegsmarine, genauer: des Flottenbauprogramms 43 entsprechenden Menschen- und Materialzuteilung. Speer hatte als Verantwortlicher für die Heeresrüstung 83,3 Prozent der gesamten industriellen Kapazität in seiner Hand; die verbleibenden 16,7 Prozent entfielen auf Luftwaffe und Marine. Zudem war der Minister in der Lage, »bei Ausfällen von Produktionsstätten mit der Fertigung in andere Fabriken auszuweichen, während die Marine (...) an bestimmte Werke und Werften gebunden war, so daß die Marinefertigung bei Ausfällen zum Erliegen kommen mußte«[161]. Daß Speer überdies die Restaurierung von gebombten Fabriken, die für das Heer produzierten, vorantrieb, »hatte unausweichlich einen Interessengegensatz zwischen dem Rüstungsminister und der Marine zur Folge. Ich [Dönitz, d.Vf.] kam nach gründlicher Prüfung zu der Überzeugung, daß dieser Zustand falsch und der Marinerüstung und den Aufgaben der Kriegsmarine schädlich war«[162].

Wenn aber die Marinerüstung in den Verantwortungsbereich von Albert Speers Ministeriums für Bewaffnung und Munition übergehen würde, sei der Minister gezwungen, der Marine als verantwortlicher Chef für die Rüstung die erforderlichen personellen wie materiellen Mittel in die Hand zu geben[163]. Dönitz sah sehr wohl die Gefahr, die seine Überlegungen in sich bargen: Die Kriegsmarine mußte automatisch die bisherige Richtlinienkompetenz für ihre Rüstung verlieren, wenn sie die Verantwortung für den eigenen Rüstungssektor an das RMfBuM abtrat. Um ebendies zu vermeiden, war eine Dienststelle zu schaffen, die das eine mit dem andern ohne nennenswerte Reibungsverluste verknüpfte, d.h. ein Amt, das zwar dem RMfBuM angegliedert war und somit in den Genuß erhöhter Materialzulieferung kam, aber dennoch dem Ob.d.M. disziplinar unterstand, der sich die letzte Entscheidung, etwa in Typenfragen, vorbehalten konnte.

Das Kunststück sollte gelingen; daß es gelang, war zum einen auf die Dringlichkeit des Flottenbauprogramms 43 zurückzuführen[164], zum andern auf die Kongenialität von Dönitz und Speer. Ein freundschaftliches, gleichwohl stets distanziertes und von gegenseitiger Hochachtung geprägtes Verhältnis bahnte sich zwischen Speer und Dönitz bereits an, als dieser noch sein Amt als B.d.U. versah. Der Rüstungsminister lernte Dönitz im Juni 1942 persönlich kennen und schätzte neben seiner simplen Lebensweise[165] »fachmännische Entschiedenheit und technische Argumentation«[166], wiewohl Dönitz die Omnipotenz des Technokraten Speer sofort erfaßte. In beiden »Spitzenmanagern« zeigte sich eine neue Generation von Führungskräften des Dritten Reiches, die in fortschrittlichen, dem Wandel der Zeit adäquaten Strukturen dachte und in diesem Sinne zu handeln entschlossen war. Organisationstalent, ein hohes Maß an Abstraktionsvermögen und Managementqualitäten modernen Zuschnitts vereinten das »Dioskurenpaar« und ließen die Phalanx der in überkommenen Denkkategorien verhafteten Generalität und Admiralität demgegenüber in einem fahlen Licht erscheinen[167].

So fruchtbar die Zusammenarbeit zwischen den »Modernisten« Dönitz und Speer werden sollte, so wenig erfreulich und vertrauensvoll hatte sich das Verhältnis zwischen Raeder und dem Rüstungsminister gestaltet. »Hier trafen nicht nur unterschiedliche Organisationskonzeptionen und Sachurteile aufeinander, sondern zwei diametral verschiedene Charaktere und – was wohl alles verschärfte – Generationen. Raeder gehörte der traditionell-konservativen Führungsschicht an, wie sie die Kaiserliche Marine geprägt hatte«[168] und stand Innovationen, so sehr die Gegebenheiten der Zeit sie auch einfordern mochten, reserviert gegenüber. Die Frage nach Einbeziehung der Marinerüstung in den Verantwortungsbereich des Reichsministeriums für Bewaffnung und Munition, die schon 1942 nuanciert angeklungen war, stieß bei Großadmiral Raeder, der den Bereich Rüstung als Ob.d.M. ohne Konzessionen auch in Zukunft vollständig in den Händen der Kriegsmarine hatte wissen wollen, auf Unverständnis und Ablehnung. Raeder betrachtete mit Mißtrauen, daß sich Speer bereits im Frühjahr 1942 »in Einzelheiten der Waffenausrüstung und Verlagerung der Verantwortlichkeit in diesem Sektor von Waffenämtern auf Waffen und Munitionsministerium«[169] eingeschaltet hatte. Als der Reichsminister auf »Antrag des Staatsrats Blohm eine Kommission mit der Nachprüfung der Schifftypen der Kriegsmarine und ihrer Zweckmäßigkeit«[170] beauftragte – was K-Chef Fuchs schärfstens abgelehnt hatte – sah Raeder die ureigensten Marineinteressen berührt: »Es handelt sich hier um eine reine Marineangelegenheit, da Notwendigkeit und Zweckmäßigkeit der Schiffstypen grundsätzlich nur vom Oberkommando der Marine übersehen werden können, auch wenn die Gedankengänge, die zu einer solchen Überprüfung führen oder die Ergebnisse der Überlegungen in den vorstehend aufgeführten Fällen[171], richtig sind. Chef Skl. stimmt dieser Auffassung voll zu und ordnet an, in seinem Namen nachdrücklichst, eine derartige Einmischung in die Belange der Kriegsmarine abzulehnen«[172].

Es gleicht einer schlechten Inszenierung: Gedanken, die logisch entwickelt den Erfordernissen der Situation entsprachen und zu einem schlüssigen Urteil gelangten, wurde a priori die Möglichkeit zur praktischen Umsetzung geraubt, weil sich kleinliche Empfindlichkeit samt purer Naivität dagegen sträubten. Speer entzog sich den Zurechtweisungen der Seekriegsleitung und ihres Chefs und suchte in der Folgezeit Dönitz auf, um Probleme der Marinerüstung zu erörtern. »Raeder (...) schien das nicht gern zu sehen; kurzerhand untersagte er Dönitz, technische Fragen mit mir [Speer, d.Vf.] direkt zu besprechen«[173]. Der Ob.d.M., der seine Autorität in jeder Hinsicht untergraben sah, wies den B.d.U. in einem auf den 4. September 1942 datierten Schreiben[174] scharf zurecht. Raeder legte dar, daß ihm verschiedene Vorfälle Anlaß gäben, die Befugnisse des B.d.U. eindeutig festzulegen; da Dönitz Fragen des U-Boot-Baus, der Reparaturen und des Arbeitereinsatzes mit Speer und dem Hauptausschuß Kriegsschiffbau eigenmächtig besprochen habe, seien die zuständigen Stellen des OKM »ausgeschaltet«[175]. Der Großadmiral verbat sich, daß der Befehlshaber der U-Boote und seine Dienststellen »organisatorische Vorschläge einschneidender Art« unterbreiteten, die den Intentionen des Ob.d.M. offensichtlich zuwiderliefen. »Ich ordne daher an, daß der B.d.U. und seine Organe Verhandlungen oder Gespräche in dieser Richtung mit den genannten Aussenstellen zu unterlassen[176], und daß sich der B.d.U. in der Zukunft lediglich mit den Aufgaben der Führung[177] des Ubootskriegs zu befassen hat«. Raeder fügte hinzu, daß die sich aus dem U-Boot-Krieg ergebenden Forderungen ausschließlich an das OKM zu richten seien und schloß mit der handschriftlichen Bemerkung, er werde in dieser Angelegenheit auch an Herrn Blohm herantreten und sich vorbehalten, »organisatorische Änderungen vorzunehmen«.

Erst mit der Übernahme des Oberbefehls über die Kriegsmarine durch Dönitz waren die Möglichkeiten einer zukunftweisenden Zusammenarbeit zwischen Marine und Ministerium für Bewaffnung und Munition im Sinne der schon 1942 angestellten Überlegungen zur Umstrukturierung des Systems Kriegsschiffbau gegeben. Nach Gesprächen zwischen Dönitz und Speer »stimmten [wir] bald überein, die Marinerüstung meiner Organisation zu übertragen«[178], jedoch galt es zunächst, Bedenken einiger im Hauptamt Kriegsschiffbau arbeitenden Seeoffiziere zu zerstreuen und sich Klarheit über die Verteilung der Kompetenzen zu verschaffen.

In den Reihen der Kriegsmarine hatte sich durchaus Widerstand gegen die bevorstehende Umorganisation geregt, da der damit verbundene Kompetenzverlust des Hauptamtes Kriegsschiffbau von den zuständigen Marineoffizieren ohne Gegenwehr kaum hingenommen werden konnte. Eine Aussprache u.a. zwischen Admiral Fuchs und Speer[179] unterstrich dessen Forderung, »in Bezug auf den Kriegsschiffbau ein unteilbares Ganzes« zu bilden, wohingegen Fuchs die vorgesehenen und zukünftigen Schiffbauprogramme nur als durchführbar erachtete, wenn das K-Amt wie bisher die Bearbeitung der Entwürfe, die Baudurchführung und Steuerung der Reparaturen behalte. Das Ministerium Speer forderte jedoch, daß für die Baudurchführung die entsprechenden Abteilungen von KI und KII, für die Steuerung der Reparaturen die Amtsgruppe KIV und für die Steuerung des Gesamtprogramms die Gruppe KV dem Hauptausschuß zu unterstellen seien. Dieselbe Ansicht herrschte darüber, daß die größeren Möglichkeiten des Ministeriums innerhalb der gesamten Rüstungsindustrie vieles leichter würde lösen können, als es dem OKM in seinem begrenzten Rahmen möglich sei, »dass aber durch vorstehende Regelung die Selbständigkeit der Marine stark eingeschränkt würde«[180]. Übereinstimmend beurteilten die Anwesenden die bisherige Arbeit des Hauptausschusses, der »seinen Aufgaben nicht gewachsen war und mehr hemmend als fördernd gewirkt habe«[181]. Die Ursache dafür wurde neben persönlichen Gründen in der Unmöglichkeit der gleichzeitigen Steuerung der Werften durch den Hauptausschuß und das OKM gesehen, woran sich die Forderung knüpfte, dem Hauptausschuß die volle Verantwortung für die Durchführung des Programms zu übertragen. Die grundsätzliche Durchführbarkeit dieser Absicht wurde durchaus konzediert, es bestanden aber Bedenken hinsichtlich der damit »unvermeidlich verbundene[n] Aufgabe der Selbständigkeit der Marine im Kriegsschiffbau (...). Diese Entwicklung hat K seit langem kommen sehen und bereits vor 2 Jahren Grossadmiral Raeder gemeldet, daß nach Ansicht von K Minister Todt die Übernahme des ganzen Kriegsschiffbaus anstrebe«[182].

Es bestand kein Zweifel, daß es in der »augenblicklich schwierigen Rüstungslage für die Marine eine grosse Erleichterung«[183] sei, von der Verantwortung für die Durchführung des Kriegsschiffbaus entbunden zu sein, nur müsse geprüft werden, »ob es nicht auch einen anderen Weg gibt, und dazu sind zweckmäßig die bisherigen Erfahrungen (...) heranzuziehen«[184]. Anstatt die ganze Verantwortung abzugeben, sei es vielmehr sinnvoll, dem K-Chef die notwendigen und umfassenden Vollmachten zu erteilen. Beinahe trotzig verwiesen die Fürsprecher dieser Alternative auf die Tatsache, daß die Kontingente so oder so gestellt werden müßten, wenn das Bauprogramm durchgeführt werden solle, »und Arbeiter können in gewissem Umfang auch von der Marine durch Weiterführung der mit bestem Erfolg laufenden Rationalisierung noch eingespart werden«; wohl habe das Ministerium Speer die größeren Möglichkeiten, gravierender sei jedoch die Einschränkung der Befugnisse des OKM. »Wir wissen dagegen, was die Organisation von K geleistet hat und leisten kann. (...) Das Ministerium Speer glaubt allerdings erheblich mehr leisten zu können, wobei es aber nicht sicher ist, ob es gelingt, die neue Organisation ohne Rückschläge anlaufen zu lassen«.

Schließlich entschied der Ob.d.M. in der Aussprache, in der insonderheit die Freiheit der Marine in der Wahl der Schiffstypen, die Erhaltung des K-Amtes und der – bewährten – Reparaturorganisation als unbedingt notwendig eingestuft wurden, daß die Verantwortung für den Kriegsschiffbau mit seiner vollen Zustimmung an das Ministerium Speer überzugehen habe. »Das Programm ohne Speer durchführen zu wollen, heiße, es gegen Speer durchzuführen«[185], wurde knapp wie zutreffend befunden, und Dönitz beschwichtigte die aufgebrachten Gemüter mit der Garantie, er werde sicherstellen, daß die Marine über Schiffstypen zu bestimmen habe, die Kommission von einem Seeoffizier geleitet und dem Ob.d.M. unterstellt werde, und er, Dönitz, die letzte Entscheidung behalte, das K-Amt überdies als Ganzes erhalten bleibe, auch wenn es in die Aufgaben der Kommission und des Hauptausschusses eingespannt werde. In der auf den 5. Juli 1943 anberaumten Sitzung erklärte sich Speer mit den Forderungen des Ob.d.M. einverstanden, allerdings mit der Einschränkung, daß vom K-Amt bestimmte Abteilungen[186] und KIV nur fachlich dem Hauptausschuß unterstellt werden sollten, disziplinar hingegen dem Oberbefehlshaber der Kriegsmarine unterstünden. Gebetsmühlenartig wurde nochmals im Schlußsatz des Gesamterlasses als das eigentlich Wesentliche herausgestellt, »daß die Fertigung der Typskizze dem O.K.M. verbleibt und daß die Kommission eine Dienststelle des Ministers Speer ist«.

K hatte zweifellos seine Selbständigkeit eingebüßt und war zum Zuarbeiter für Speer degeneriert. Dönitz, der offensichtlich keine Diskussion mehr um das Für und Wider wünschte, schuf endgültige Klarheit: »Sie arbeiten in diesen Aufgaben im Auftrage und für[187] das Reichsministerium für BuM (Hauptausschuß). An der bisherigen truppendienstlichen und fachlichen Unterstellung ändert sich dadurch nichts«.[188] Die Seeoffiziere im Hauptamt Kriegsschiffbau gaben sich fürs erste zufrieden, und »nachdem Hitler seine Genehmigung erteilt hatte, schloß ich [Dönitz, d.Vf.] mit Speer einen Marine-Rüstungsvertrag ab«[189]. Dönitz hatte erreicht, was er wollte: Der Rüstungsminister war für die Verwirklichung des Schiffbauprogramms verantwortlich, ohne über den Kopf des Ob.d.M. hinweg Entscheidungen treffen zu können.

Organisationsplan Kriegsschiffbau[190]

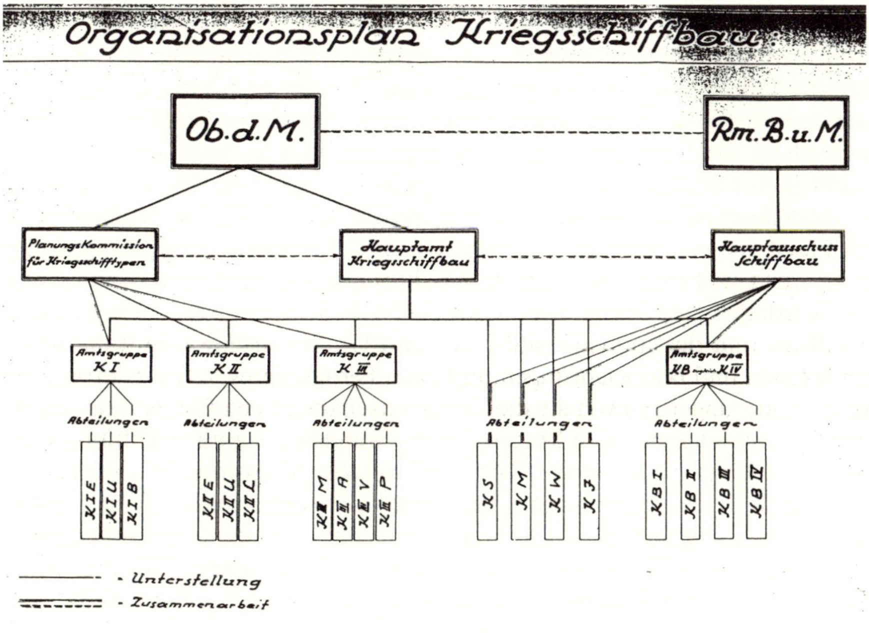

Die neugeschaffene »Planungskommission für Kriegsschifftypen« war der Überbau, der die von der Seekriegsleitung nach den operativen und militärischen Möglichkeiten abgestimmten Forderungen an Neubauten in Übereinstimmung zu bringen suchte, die Unterkommissionen der Schiffbaukommission waren die eigentlichen Arbeitsstellen, in denen von Wissenschaftlern und Militärs über die Realisierung der Forderungen beraten und entschieden wurde. Wesentlich dabei war – hier entsprach das System der Kommissionen durchaus den Gepflogenheiten des modernen Managements – die Tatsache, daß der bisherige zeitraubende und nervenstrapazierende Schriftwechsel zwischen Ämtern und Amtsgruppen im Hauptamt Kriegsschiffbau durch das konstruktive Gespräch ersetzt wurde und die Entscheidungskompetenz unter Ausschaltung des arbeitshemmenden bürokratischen Dickichts auf zwei Personen reduziert wurde: auf Speer und Dönitz.

Am 22. 7. 1943 trafen der Ob.d.M. Dönitz und der RMfBuM die Vereinbarung »Durchführung Flottenbauprogramm 43«[191], die zugleich diese Umstellung der Organisation Kriegsschiffbau vorsah. Die »schärfste Konzentration und engste Zusammenarbeit der Kräfte der Kriegsmarine und des Reichsministers für BuM« waren als Sicherstellung der gesteigerten Rüstung der Kriegsmarine innerhalb des Flottenbauprogramms 43 artikuliert worden. Für die Durchführung des Programms erließ Dönitz in Übereinstimmung mit Speer die Direktive, zur Bearbeitung der Typskizzen[192] – bis dahin Gegenstand der Arbeit im Hauptamt Kriegsschiffbau – und Fertigentwürfe neuer Kriegsschifftypen und der notwendigen Änderung an vorhandenen Kriegsschifftypen jene Schiffbaukommission zu bilden, deren Leitung Konteradmiral Topp übernahm. Zusammengesetzt war die neue Dienststelle aus Offizieren, Ingenieur-Offizieren, Baubeamten, Wissenschaftlern, Konstrukteuren und Fertigungsfachleuten[193]; zudem gehörten der Kommission ein Vertreter des Reichskommissars für Seeschiffahrt (ReKoSe), der Leiter des Hauptausschusses Kriegsschiffbau, die Amtsgruppenchefs für Entwicklung und Fertigung des RMfBuM und der Beauftragte für das Schiffbau- und Marineprogramm an. Obgleich die Kommission eine Dienststelle des RMfBuM war, unterstand sie disziplinar dem Ob.d.M., dem die letzte Entscheidung im Falle fehlender Einigung Vorbehalten war. »Hierdurch war sichergestellt, daß das, *was* gebaut wurde, von der Marine bestimmt wurde«[194].

Die Aufgaben der Schiffbaukommission umfaßten ein beachtliches Arbeitsspektrum[195]. Ihr oblag die Überprüfung der vom Hauptamt Kriegsschiffbau des OKM und vom Reichskommissar für die Seeschiffahrt vorgelegten Typskizzen für Schiffsneubauten und die Ausarbeitung der Fertigentwürfe, wozu die Kommission das Hauptamt Kriegsschiffbau mit der Durchführung von Prüfungen, Berechnungen und Entwurfsausarbeitungen und der Aufstellung von Bauvorschriften beauftragte. Die von K vorgeschlagenen und sich aus der aktuellen Seekriegslage ergebenden Änderungen an und von vorhandenden Schifftypen wurden ebenso von der Schiffbaukommission einer Überprüfung unterzogen wie die Forderungen und Anregungen von seiten der Bedarfsträger, des Hauptausschusses Kriegsschiffbau und der Industrie auf Neu- und Umkonstruktion und die während des Baus von Werften und Baubelehrungen und nach Fertigstellung von den Frontdienststellen geforderten Änderungen, soweit sie die Typeigenschaften beeinflußten oder einen großen Arbeitsumfang erforderten; auch Fragen der Notwendigkeit und Durchführbarkeit zusätzlicher Ein- und Umbauten waren Sache der Schiffbaukommission. Ferner wirkte die neue Dienststelle bei der technischen und militärischen Erprobung bis zur Fabrikationsreife und bei der Freigabe für die Serienfertigung mit, wobei die Entscheidung, ob eine Konstruktion den militärischen Erfordernissen entsprach und frontreif war, Sache der Bedarfsträger unter Mitprüfung der Kommission war.

Die Entscheidung, ob eine Konstruktion vom technischen Niveau her fertigungsreif war, behielt sich der RMfBuM selbst vor, freilich in Absprache mit den Bedarfsträgern. Speer räumte sich überdies die Option ein, die Schiffbaukommission in »gewissen Fällen« beauftragen zu können, die Entscheidung in seinem Namen zu fällen. Darüber hinaus hatte das neue Amt Vorschläge für die Typenbereinigung[196] zu unterbreiten und Entwicklungsarbeiten, die bei Dienststellen der Kriegsmarine oder staatlichen Instituten liefen und zunächst nicht von der Industrie übernommen wurden, zu unterstützen. Vorschläge zur Einreihung von durchzuführenden Entwicklungen in eine Dringlichkeitsstufe – Begriff für mit größter Beschleunigung vor allen anderen Bauvorhaben zu fertigenden Projekte – waren ebenfalls Aufgabe der Schiffbaukommission[197]. Neben Mitprüfung der Entwicklungsaufträge der Fachdienststellen der Bedarfsträger an die Industrie und der firmeneigenen Entwicklungsarbeiten im Bereich der Rüstung – sofern die Firmen dazu Arbeitskräfte und kontingentierte Materialmengen benötigten – wurden von der Kommission Anregungen und Beteiligung »betreffend Entwicklungsaufträge für Kriegs- und andere Schiffe mit ihren Waffenanlagen und Einrichtungen«[198] erwartet.

Über diese in der »Dienstanweisung für die Schiffbaukommission« formulierten Pflichten hinaus wurde dem Amt eine Anzahl von Rechten eingeräumt. So etwa war ihr von der Kriegsmarine und den anderen Bedarfsträgern, z.B. der Handelsmarine, in die laufenden und künftigen Entwicklungen jederzeit Einblick – auch in alle die Rüstung betreffenden Geheimpatente – zu gewähren. Ferner wurde die Schiffbaukommission an der Entscheidung über die Lizenzfrage, beim Nachbau und beim Ausgleich von Differenzen über Priorität von Verfahren oder Anwendung von Entwicklungsarbeiten anderer beteiligt. Während des Entwicklungsstadiums der Schiffe hatte sich die Schiffbaukommission »auf dem laufenden« zu halten und Einfluß auf die »möglichst weitgehende Verwendung von vereinheitlichten Bauelementen und auf wirtschaftliche Fertigungsmöglichkeiten« zu nehmen und dafür zu sorgen, daß ausreichend Fertigungskapazität für die beschleunigte Erstellung der Versuchsgeräte bereitgestellt wurde und die notwendigen Kontingente zur Verfügung standen. Bemerkenswert war, daß der Schiffbaukommission das Recht eingeräumt wurde, »alle für die Rüstungsforschung arbeitenden oder dafür geeigneten Institute von amtlichen oder privaten Stellen für die vordringlichen Aufgaben heranzuziehen. Ebenso kann sie in diesen Instituten vorhandene Apparaturen mit solchen Arbeiten belegen oder sie ganz oder vorübergehend anderen Entwicklungsstellen für solche vordringlichen Zwecke zur Verfügung stellen«[199].

Zur reibungslosen Aufnahme der Serienfertigung war die enge Zusammenarbeit zwischen Schiffbaukommission und Hauptausschuß Kriegsschiffbau bereits während der Entwicklung und Erprobung eines zur Einführung bestimmten Schiffstyps notwendig. Dem Hauptausschuß Kriegsschiffbau im RMfBuM oblag die »Sicherstellung« der Bauprogramme, d.h. die Durchkonstruktion der Fertigentwürfe auf den Werften, die Bauausführung, Durchführung von Änderungen und Instandhaltung von Kriegs- und Hilfskriegsschiffen. Der Hauptausschuß hatte die Schiffbaukommission über die Belegung der einzelnen Werften, Kapazitätsausweitungen und Neuplanungen ständig zu unterrichten und über die von den Arbeitsbüros der Ausschüsse zusammen mit den Bedarfsträgern durchgeführten Leistungsvereinfachungen zu informieren[200].

Die Umsetzung der von der Schiffbaukommission ausgearbeiteten Fertigungsentwürfe in den Bau war Aufgabe des neugegründeten Ingenieurbüros »Glückauf« in Blankenburg, das amtlich dem Hauptausschuß Kriegsschiffbau unterstand und drei Hauptabteilungen betrieb:

1. die Konstruktion bis zur letzten Werkstattzeichnung,
2. die Fertigungsplanung mit dem Auftrag, neue Wege für eine schnellere und zahlreichere Fertigung zu finden und
3. die Bestellplanung, die die gesamte Zulieferindustrie vom Stahlwerk bis zum Kleinhandel steuerte.

Das Ingenieurbüro beschäftigte mehr als 1.000 Konstrukteure, Ingenieure und Betriebsfachleute und spielte bei der Sektionsbauweise der neukonstruierten U-Boote XXI und XXIII eine Schlüsselrolle, auf die später näher einzugehen sein wird[201].

Das Hauptamt Kriegsschiffbau, so ordnete Dönitz an, stand sowohl der Schiffbaukommission als auch dem Hauptausschuß Schiffbau zur Erledigung aller anfallenden Aufgaben zur Verfügung und wurde zu diesem Zweck in einen »entwurfsbearbeitenden« und einen »die Bauausführung und Instandsetzung bearbeitenden« Teil untergliedert. Dönitz unterstrich, daß das Hauptamt Kriegsschiffbau geschlossen ein Hauptamt des OKM unter dem Amtschef Admiral Fuchs bleiben werde.

Mit der Aufgabenteilung der Zuständigkeit für die Marinerüstung zwischen Kommission und Hauptausschuß ging die Durchführung[202] von Neubauten und Instandsetzungen auf den Werften und bei der Werftzulieferindustrie in den Verantwortungsbereich des Hauptausschusses und somit Speers über. Der Kriegsmarine fielen mit den Bauaufsichten die Aufgaben der Erprobung und Abnahme von Schiffen und Booten nach Fertigstellung und Überwachung der technischen Ausführung von Neubauten und Änderung in Übereinstimmung mit dem Fertigentwurf und der Bauvorschrift zu. Entscheidend bei der Neustrukturierung war die Tatsache, daß der Kriegsmarine das Recht auf Eingriff in die Fertigung und den Fertigungsablauf genommen war.

In Anknüpfung an den Erlaß zur Bildung bzw. Neubildung einer Schiffbaukommission und eines Hauptausschusses Schiffbau verfaßte Dönitz in Absprache mit Speer einen weiteren Gemeinschaftserlaß zur Durchführung des Marinerüstungsprogramms 43, in dem u.a. die beteiligten Dienststellen des OKM aufgefordert wurden, »in enger Zusammenarbeit untereinander und mit den Dienststellen des RM.f.BuM, seinen Kommissionen, Ausschüssen und Ringen alle Voraussetzungen zu schaffen, die es dem Reichsminister für Bewaffnung und Munition ermöglichen, die erhöhten Rüstungsforderungen der Kriegsmarine zu erfüllen«[203].

Dönitz griff auch die Frage nach der bislang mangelhaften Zusammenarbeit zwischen Kriegsschiffbau und Waffenentwicklung auf und forderte die schärfste Konzentrierung aller Kräfte zur Erfüllung des Flottenbauprogramms. Zur Erreichung des Ziels »Einheit Schiff-Waffe-Gerät« – eine grundlegende Voraussetzung für den Erfolg des Krieges zur See – ordnete der Ob.d.M. an[204], daß alle »Entwicklung treibenden« Dienststellen der Kriegsmarine unverzüglich eine Übersicht über die zur Zeit in Vorbereitung bzw. in Auftrag befindlichen Entwicklungen bei der Schiffbaukommission einzureichen hätten. Die Schiffbaukommission war über Bauschritte und den Entwicklungsgang ständig zu unterrichten; falls die Kommission »einzelne Entwicklungsaufgaben zum Zwecke der Konzentration der Kräfte gestrichen haben möchte, ist meine Entscheidung einzuholen«. Überdies, so verfügte der Oberbefehlshaber, sei die Schiffbaukommission von Beginn an bei den laufenden Entwicklungen zu beteiligen und die Zustimmung für Entwicklungsaufträge von ihr einzuholen.

In der Folgezeit trat jedoch immer wieder in Erscheinung, daß Stellen der Kriegsmarine Änderungen an Entwürfen neuer Kriegsschiffe und an im Bau befindlichen Fahrzeugen durch unmittelbare Anweisungen an Werften, Ingenieurbüros und Ausschüsse verfügten, ohne die Schiffbaukommission zuvor zu konsultieren oder zumindest von den geplanten Schritten zu unterrichten. Die obligatorische Forderung, die Schiffbaukommission und auch den Hauptausschuß *in jedem Falle* anzuhören und deren Zustimmung einzuholen, wurde von einzelnen Stellen des Hauptamtes Kriegsschiffbau vielfach unterlaufen, wobei der Gedanke naheliegt, daß sich die Kriegsmarine mit der Beschneidung ihrer Kompetenzen hinsichtlich des Kriegsschiffbaus nie recht abgefunden hat und infolgedessen andere, inoffizielle Wege beschritt. Generaldirektor Merker, seit Juli 1943 Leiter des Hauptausschusses, gebot daher die peinlichste Einhaltung des Dienstweges und die straffe Disziplin von allen entsprechenden Stellen, um derlei Vorkommnisse zu vermeiden. »Die Änderungswünsche und -anordnungen nehmen in letzter Zeit wieder einen Umfang an, der in keiner Weise der Lage der Rüstungsindustrie im 5. Kriegsjahr entspricht, wo neben dem Neubauprogramm der Kriegsmarine die umfangreichen Instandsetzungen durchgeführt werden müssen«. Für die Instandsetzungsarbeiten galt es, Werftkapazität freizumachen, die durch überflüssige Schönheitskorrekturen an im Bau befindlichen Fahrzeugen in Anspruch genommen wurde; der Zustand mangelnder Werftkapazität konnte nur gebessert werden, wenn die Werften, Ingenieurbüros und Ausschüsse sich strikt an die Weisungen hielten. Merker wies daher an etwaige Änderungsanordnungen in jedem Fall zurückzuweisen, wenn nicht eindeutig geklärt sei, daß die Direktiven von Hauptausschuß und Schiffbaukommission unterschrieben wären. Um jedes Mißverständnis diesbezüglich in Zukunft zu vermeiden, hatte die Zustimmung von Hauptausschuß und Schiffbaukommission Bestandteil der Änderungsverfügung zu sein[205] – zwar arg kleinlich, aber wirkungsvoll, denn wiederholte eigenmächtige Handlungen in Änderungsfragen durch Kriegsmarine-Dienststellen im Hauptamt Kriegsschiffbau haben sich nach den deutlichen Anweisungen Merkers, soweit bekannt, nicht mehr ergeben. Die Offiziere im Hauptamt müssen die Zurechtweisung durch den »Zivilisten« Merker als Affront und geradezu Entmündigung empfunden haben – wohl nicht ganz zu Unrecht, denn kaum ein Militär möchte, zumal in Kriegszeiten, von einem Nichtmilitär Direktiven entgegennehmen, noch dazu in Befehlsform.

Dönitz äußerte sich trotz solcher »Zwischenfälle« insgesamt zufrieden über die Arbeit des neuorganisierten Kriegsschiffbaus, wobei vor allem die Schiffbaukommission herausgehoben wurde, die sich bei der Abwicklung des Bauprogramms besonders bewährt hatte[206].

3. Das Hauptamt Kriegsschiffbau: Kompetenzverlust und Frage der Auflösung

Im April 1944 wurde der Leiter des Marinewaffenhauptamtes, Admiral Backenköhler, zugleich Chef der Kriegsmarine-Rüstung (Chef Mar Rüst). Auswirkungen auf Unterstellungsverhältnisse hatte die Nominierung Backenköhlers nicht; sie kann lediglich als Ausdruck der allgemeinen Zentralisierungsbestrebungen gewertet werden.

Die Bedeutung von K war seit Schaffung der Schiffbaukommission, wie schon mehrfach angeklungen, deutlich zurückgegangen, und die Kompetenzeinbußen des Hauptamtes hatte die Kriegsmarine verbittert zur Kenntnis genommen; wie aus einem Schreiben Admiral von Friedeburgs, Kommandierender Admiral der U-Boote, an Admiral Fuchs ersichtlich[207], hatte Konteradmiral Topp einen Plan zur weiteren Vereinfachung des Systems Kriegsmarine-Rüstung ausgearbeitet. Die Vereinfachung sah die Zusammenfassung der verbliebenen vier Amtsgruppen des Hauptamtes zu zwei Abteilungen vor: die *Amtsgruppe Schiffbau und Schiffsmaschinenbau (KI/II)* und die *Amtsgruppe Fertige Schiffe und Werften (KIV)*. Der Plan wurde ob der angestrebten Simplifizierung zwar grundsätzlich gelobt, dessen Mangel war jedoch offensichtlich: »die Marine [begibt] sich damit völlig in die Hand des Ministers Speer«.

Von Friedeburgs Ausführungen hatten alarmierenden Charakter: »In diesem Falle [dem Fall, daß Topps Planung vom Ob.d.M. angenommen und umgesetzt werde, d. Vf.] aber müsste K als Treuhänder des Ob.d.M. eingeschaltet werden und die Berechtigung haben, sich an allen Stellen und zu allen[208] Zeiten einschalten zu können. K wäre dann die Bauaufsicht des Ob.d.M., die schon bei den ersten Planungen wirksam wird und bis zur Fertigstellung unablässig am Werke ist (draussen durch ihre Organe, die Bauaufsichten, drinnen durch den Stab des K-Chefs)«. Trefflich war die Umschreibung, mit der Admiral von Friedeburg den dann eintretenden Zustand erklärte: »Es würde also so sein, dass die Marine sich bei einem Architekten ein Haus bestellt und der Besteller – der Ob.d.M. – hat sich einen Sachverständigen genommen, der die Berechtigung hat, diesen Architekten laufend[209] zu kontrollieren[210]«.

Angedacht war offensichtlich eine Lösung, nach der das Hauptamt Kriegsschiffbau im Falle der Schrumpfung auf lediglich 2 Amtsgruppen zur übergeordneten, letzthin entscheidenden und mit allen Vollmachten ausgestatteten Kontroll-Instanz avancierte! Würde diese Alternative – wie immer sie en detail aussehen mochte – nicht ernsthaft in Betracht kommen, und »will der Ob.d.M. sein Vertrauen noch weiter[211] ausdehnen und sich nur[212] auf die Schiffbaukommission verlassen, dann ist für K kein Raum mehr und die Offiziere und Beamten dort müssten zum Teil auf die Schiffbaukommission aufgeteilt werden«. Diese konsequente Ansicht muß vielen Offizieren und Ingenieuren im Hauptamt Kriegsschiffbau aus der Seele gesprochen haben, nur hatte keiner sie bislang artikuliert. Von Friedeburg schloß mit der Bemerkung, es komme »jetzt auf eine klare Entscheidung des Ob.d.M. an, welchen Weg er beschreiten will. Danach muß K entweder diese große Macht erhalten oder es ist überflüssig geworden«[213], zumal nach Topps Vorstellungen auch die Verantwortung für die Typenzeichnungen an Speers Ministerium gehen sollte.

Bevor diese Frage dem Ob.d.M. zur Disposition gestellt werden konnte, bedurfte es einer kritischen Bestandsaufnahme[214] zu Arbeitsumfang und verbliebenen Kompetenzen des Hauptamtes. Es stand außer Zweifel, daß sich die Kriegsmarine die Stoßkraft und die Mittel der seit September 1943 in Reichsministerium für Rüstung und Kriegsproduktion (RMfRuK) umbenannten Speer-Dienststelle hatte zunutze machen können und sowohl die Intensivierung des Kriegsschiffbaus als auch die Zentralisierung der Kräfte begrüßte.

Im Jahre 1944 beschränkten sich die Aufgaben des K-Amtes neben den allgemeinen Werftaufgaben auf

- *Fertigung der Typskizzen*
- *Prüfen der Fertigungsentwürfe*
- *Prüfen der Konstruktionsunterlagen*
- *Überwachung der Bauausführung*
- *Abnahme der Neubauten*
- *Erprobung der Neubauten*
- *Grundsätzliche Fragen des Schiffbaus und Schiffsmaschinenbaus*
- *Sicherstellen der Reparaturen*

Wenn nun neben der Anfertigung der Typskizze auch die Bauaufsicht in die Verantwortung des RMfRuK überginge, blieben dem K-Amt keine tragenden Aufgaben mehr, zumal sich die Schiffbaukommission bei Übernahme von Typskizzen und Bauaufsicht zwangsläufig »wesentlich mehr als bisher mit den grundsätzlichen Fragen militärischer und technischer Art« auseinanderzusetzen hätte. Für K gäbe es für diesen Fall nur noch eine Alternative: »Es wäre aufzulösen«. Um die Existenz des Hauptamtes nicht zu gefährden, wurde die Notwendigkeit herausgestellt, die Anfertigung der Typskizzen in der Verantwortung von K zu belassen: »Bei den Typskizzen hat sich die Zusammenarbeit mit dem Hauptausschuss und der Schiffbaukommission gut eingespielt. (...) Zu berücksichtigen ist hierbei auch, daß das Fertigen der Typskizzen eine gute Vorarbeit für das Prüfen der Konstruktionsunterlagen ist und daher beide Arbeiten am besten in einer Hand bleiben. Behält das K-Amt die Verantwortung für die Konstruktionsunterlagen, dann muss es auch an den Typskizzen beteiligt bleiben. Deren Abgabe an die Schiffbaukommission ist daher unzweckmäßig«. K-Chef Ruge, dem die Schrift vorgelegt wurde, war gegenteiliger Ansicht, denn als Marginalie fügte er hinzu: »Nein! Fertigen der Typskizzen ist gute Vorarbeit für den Fertigentwurf. Also beides in die Hand der Schiffb.[au] kom.[mission]«. Auch die abschließende Feststellung der »Meldung an den Oberbefehlshaber der Kriegsmarine«, daß die Marine auf die Beteiligung an den Grundlagen der Konstruktion und auf eine genaue Kontrolle der Konstruktionsunterlagen und des Baus nicht verzichten könne und eine wesentliche Änderung der Organisation bei K nicht erforderlich sei, vermochte Vizeadmiral Ruge, der offensichtlich von der Existenz-Notwendigkeit des Hauptamtes nicht mehr überzeugt war – er hatte ohnehin wenig Drang verspürt, das K-Amt als Chef zu übernehmen[215] – kaum zu beeindrucken.

Das K-Amt wurde nicht aufgelöst, die Fertigung der Typskizzen ging jedoch gemäß dem Vorschlag von Konteradmiral Topp[216] gegen die ohnehin ausklingenden Widerstände in den Verantwortungsbereich der Schiffbaukommission über. K wurde wie geplant auf die beiden Abteilungen *Amtsgruppe Schiffbau und Schiffsmaschinenbau* und *Amtsgruppe Fertige Schiffe und Werften* zusammengestrichen[217] und im November 1944 in *Amt Kriegsschiffbau* umbenannt; signifikanterweise waren die Abteilungen K-Chef Ruge personell, aber nicht fachlich unmittelbar unterstellt[218]. Dadurch und äußerlich durch die Wegnahme des Epithetons »Haupt« war nunmehr offiziell, was inoffiziell keineswegs neu war: Das Amt Kriegsschiffbau hatte seine Funktion als Haupt-Relaisstelle der Kriegsmarine-Rüstung verloren.

Übersicht über den Rüstungssektor (Kriegsschiffbau)[219] Stand: Februar 1945

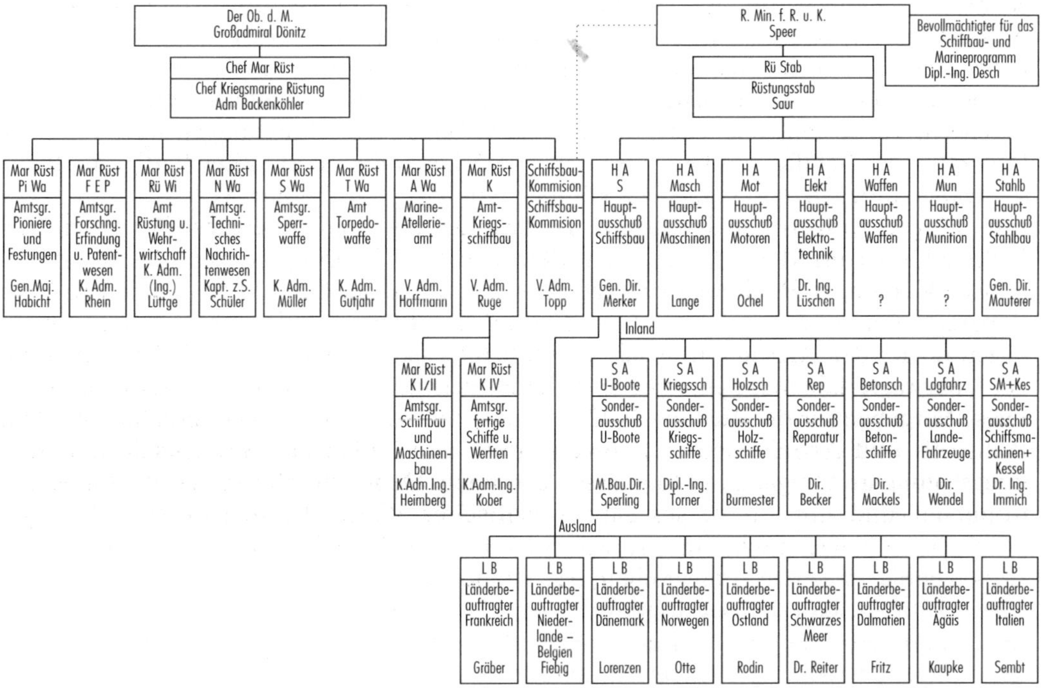

III. Kriegsschiffbau 1942: Zwischen Hoffen und Bangen

1. Bau und Entwicklung der U-Boote

Das Jahr 1942 kann in der Gesamtschau als einheitliches, abgeschlossenes und somit separat zu behandelndes Ganzes betrachtet werden. Dies gilt für die Kriegführung zur See wie für die Rüstung, die von der Hoffnung getragen wurde, nach dem im Jahr 1942 zu erwartenden erfolgreichen Abschluß von »Unternehmen Barbarossa« die Mittel in die Hand zu bekommen, um den Ausbau der Seestreitkräfte nach den programmatischen Vorgaben realisieren zu können.

Die Marine hatte mit Improvisationen zu leben – das war ihr spätestens seit dem 10. Januar einsichtig – doch je mehr dies im Bewußtsein der Seekriegsleitung verankert war, desto stärker prägte sich das, im Verlauf des Jahres dann abebbende, Zuwarten auf Erholung und Besserung auf dem Arbeiter- und Rohstoffsektor aus – den beiden neuralgischen Punkten der deutschen Rüstungswirtschaft. Man wird sich vorstellen können, wie sehr die Seeoffiziere das Ende der Ostoperationen ersehnt haben mögen, hing doch von ihm letztlich das Schicksal des deutschen Kriegsschiffbaus ab.

Die Rüstung mit ihren beiden Hauptengpässen Mensch und Material blieb 1942 das »Kernproblem der gesamten Seekriegführung«[220]; die Marine hatte mehr denn je zu improvisieren, die knapp bemessenen Rüstungsmittel in den eigenen Reihen umzuschichten, zu kürzen und schließlich Schwerpunkte dort zu setzen, wo Erfolge zu erwarten waren.

Großadmiral Raeder verfügte in seinem Erlaß zur Rüstung 1942[221] die grundsätzliche Richtlinie, keine weiteren Kürzungen in U-Boot-Reparatur, U-Boot-Bau, Torpedofangboot-Reparatur, Torpedofangboot-Bau und in der Reparatur leichter Seestreitkräfte vorzunehmen; »möglichst keine oder nur geringe Einschränkung« hätten im Neubau von Schnell-, Räum- und Minensuchbooten, Zerstörern, Torpedo- und Geleitbooten, Sperrbrechern, Vorposten- und U-Jagdbooten zu erfolgen. Einschränkungen waren bei der Reparatur der Schiffe, Umbau oder Bau von Hilfsschiffen und in der Fertigung diverser Waffen möglich, und schließlich könnte – vorübergehend – der Weiterbau von Kreuzern, Flugzeugträgern, Spähkreuzern, Troßschiffen und Tankern eingestellt werden. Als Leitsatz für das im Mai 1942 verabschiedete neue Schiffbauprogramm[222], das den aufgeführten Kürzungen Rechnung zu tragen hatte, verfügte der Ob.d.M., daß in jedem Falle Reparatur vor Neubau ginge und der U-Boot-Bau keinesfalls Einschränkungen unterliegen dürfe; der Arbeiterausgleich sei schließlich so zu steuern, »daß der Weiterbau der Überwasserfahrzeuge entsprechend der festgelegten Reihenfolge sichergestellt ist«[223]. Diese Vorgaben für die Rüstung 1942 setzten gemäß der schwierigen Situation auf dem Rohstoff- und Arbeitersektor Schwerpunkte und ließen das Bewußtsein der Seekriegsleitung im Umgang mit Engpässen erkennen. Dennoch schwankten 1942 in eigentümlicher und nur für dieses Jahr spezifischer Weise die maritimen Rüstungsvorstellungen wie auch die strategischen Planspiele zwischen Hypertrophie und Hypotrophie, zwischen strategischem wie schiffbaulichem Größenwahn – auf die Denkschrift zum Ausbau der Seestreitkräfte nach dem Kriege vom Juli 1942 wird noch zurückzukommen sein – und ernüchterter realistischer Einschätzung von der Verwaltung des Mangels, zwischen geblendeter Euphorie und niedergeschlagenem, allmählich durchsickerndem Bewußtsein um die heraufziehende Katastrophe; die war freilich noch nicht greifbar, kündigte sich aber im beginnenden Wechsel der Initiative bereits an. Die Achsenmächte wurden im Jahr 1942 zusehends in die Defensive gedrängt, während die Offensivkraft der Alliierten Konturen annahm: Der britische Raid gegen St.-Nazaire am 27./28. März 1942 kann als erster Schritt in diese Richtung gewertet werden, und die anglo-amerikanische Landung in Französisch-Nordafrika am 7. und 8. November 1942[224] war sicheres Anzeichen für die beginnende offensive Aktivität der alliierten Streitkräfte.

Das Gewicht der deutschen maritimen Strategie für das Jahr 1942 lag nach wie vor auf der Bekämpfung feindlicher Handelstonnage durch die U-Boote, die Konzentration auf den Ausbau der U-Boot-Waffe als einzig wirksamem Mittel, dem Gegner spürbare Verluste beifügen zu können, war kategorische Forderung. Die U-Boote hatten zusätzlich Geleit- und Sicherungsaufgaben wahrzunehmen, die jedoch, »soweit sie nicht in der Abwehr einer akuten, den Verlust des Krieges herbeiführenden Gefahr bestehen«[225], hinter der Versenkung der feindlichen Tonnage zurückstanden.

Das U-Boot war »im Grunde nur ein bewegliches Torpedoboot, das aufgrund seiner robusten Antriebsanlage (Dieselmotoren) eine große Seeausdauer hatte und darüber hinaus für relativ kurze Zeit von der Wasseroberfläche verschwinden konnte. Unter Wasser war das Boot dann mit seinem Elektroantrieb sehr langsam und in seiner Reichweite von der Batteriekapazität abhängig. Die Kampfkraft des Bootes zeigte sich in der Fähigkeit, die eigene Hauptwaffe, den Torpedo, überraschend gegen Kriegs- und Handelsschiffe einsetzen zu können, und in der Standfestigkeit, die Angriffe der gegnerischen U-Boot-Abwehr ohne größere Schäden zu überstehen«[226]. Die mit Abstand in der höchsten Zahl gefertigten U-Boote waren die Typen VII C und IX B bzw. IX C[227], die nach Ansicht von Seekriegsleitung und B.d.U. den hohen Anforderungen der modernen Kriegführung bis weit in das Jahr 1942 hinein genügten[228].

Der deutschen U-Boot-Führung standen am 1. Januar 1942 von den 249 in Dienst gestellten Booten nur 91 de facto zur Verfügung. Von diesen 91 Front-Booten waren 23 im Mittelmeer stationiert, 3 weitere hatten auf Befehl der Seekriegsleitung ins Mittelmeer zu marschieren, 6 U-Boote standen bei Gibraltar und 4 Boote im Norwegenraum, so daß für den Kampf gegen die feindliche Tonnage im Atlantik – die tragende Säule der deutschen Seekriegführung – abzüglich der 33 wegen Reparaturen in den Werften liegenden Booten nur noch 22 wirklich in See standen![229] Bei dieser ernüchternden Zahl an tatsächlich für die U-Boot-Kriegführung zur Verfügung stehenden Fahrzeugen sowie der Aussichtlosigkeit, zusätzliche Arbeitskräfte für die Erhöhung der Bauzahlen zu erhalten, kam Großadmiral Raeder am 9. Januar 1942 zu dem Entschluß, künftig die Facharbeiter für die Instandsetzungen aus dem Bereich des U-Boot-Neubaus abzuzweigen. Bis zum 1. Oktober 1942 würden so dem U-Boot-Neubau 6.200 Arbeiter entzogen werden, schlußfolgerte der Chef Skl-U, Konteradmiral Lange, im Rahmen einer umfangreichen Denkschrift[230].

Laut Führerbefehl vom 30. Juni 1941 war auf Dauer eine monatliche Ablieferung von 25 Booten zu erzielen[231]. Für den Bau von 25 U-Booten waren 20.000 Tonnen Stahl (bei einer Gesamtzuteilung von 153.000 Tonnen im I. Quartal 1942) und 450 Tonnen Kupfer (bei einer Gesamtzuteilung von 2.650 Tonnen im I. Quartal) erforderlich. Vom Rohmaterial her konnten die Vorgaben durchaus realisiert werden, jedoch ließ der Mangel an Arbeitern die Zahl von 25 Booten/Monat zu einer Illusion werden. Die vollmundige Einschätzung durch das OKW[232], der Kriegsmarine stünden für den Ausbau der Flotte die notwendigen Kapazitäten zur Verfügung, »Arbeiterschwierigkeiten werden überwunden«[233], und allein die prekäre Rohstofflage setze Grenzen, war nicht nur eine gedankenlose Überschätzung der Mittel, sondern schlicht falsch. Der für die Auslieferung von 25 U-Booten/Monat notwendige Einsatz von 60.000 Mann bei einem geschätzten Gesamtbestand von ca. 150.000[234] Arbeitern im ersten Quartal 1942 war wegen der zunehmenden Reparatur- und Instandsetzungsaufgaben nicht möglich. Konteradmiral Lange urteilte entsprechend lakonisch, »daß sich das U-Boots-Neubauprogramm in der seiner Zeit auf Grund der Kriegserfordernisse aufgestellten und vom Führer befohlenen Höhe (25 U-Boote je Monat) nicht durchführen lassen wird«[235].

Die unweigerliche Einschränkung des U-Boot-Programms würde, das lag offen zu Tage, von einschneidender Bedeutung für die deutsche Seekriegführung sein. Großadmiral Raeder wies in der Lagebesprechung am 13. Februar[236] Hitler darauf hin, daß alles auf die verfügbaren U-Boot-Zahlen ankomme, um den feindlichen Frachtraum zu schädigen; »Churchill erwähnt diesen immer wieder als größte Sorge. England und USA bauen 1942 7 Millionen Br.R.T. Deutschland und Japan müssen also monatlich 600.000 Br.R.T. versenken, um diesen Zuwachs auszugleichen«[237].

Besorgniserregend war für den »Führer« die Meldung, daß die Zahl der monatlich abgelieferten Boote (nur!) auf 19-20 fallen würde, »wenn nach Abstimmung des Bauprogramms auf die verringerte Rohstoffzuteilung und Neuverteilung der Arbeiter auf Neubau und Reparatur der Arbeiterbestand stabil geblieben wäre«; da jedoch der Arbeiterbestand durch Einziehungen zur Wehrmacht[238] erhebliche Einbußen erlitt, stünde nur noch ein Ausstoß von durchschnittlich 16-17 Booten/Monat im Laufe des Jahres zu erwarten, »was als unzureichend anzusehen ist«, da bei dieser geringen Anzahl von neuen U-Booten die operativen Aufgaben kaum mehr zu erfüllen waren. Die U-Bootslage hatte sich gegenüber dem Vormonat im Februar auf 106 Front-U-Boote bei einer Verlustrate von im Schnitt 2,5 Booten/Monat gebessert, die deutschen U-Boote versenkten oder beschädigten im Januar 58, im Februar 79 feindliche Fahrzeuge[239]; den Ob.d.M. bewogen die Meldungen zu einer insgesamt positiven Beurteilung des U-Boot-Krieges trotz der mehr als mäßigen Aussichten auf dem Neubau-Sektor.

Im Frühjahr 1942 kristallisierte sich immer deutlicher heraus, daß sich die beschriebenen Verhältnisse zugunsten des U-Boot-Baus in naher Zukunft nicht ändern würden. An die monatliche Ausbringung von 25 U-Booten war bei realistischer Einschätzung der Lage nicht mehr zu denken. Im ersten Monat des Jahres konnten nur 15 Boote zur Auslieferung gelangen, im Februar erhöhte sich zwar die Zahl auf 19, es galt aber zu befürchten, daß sich die Ausstoßziffer vom Februar keineswegs stabilisieren oder gar nach oben verändern würde; entsprechend fielen die Prognosen aus: »Die für 1942 und 1943 zu erwartenden Verhältnisse im einzelnen sind noch nicht zu übersehen, es kann aber mit Bestimmtheit gesagt werden, daß ab Mitte des Jahres 1942 bis auf weiteres kaum noch mit einer Ausbringung von mehr als 15 U-Booten je Monat gerechnet werden kann«[240]. Das ehemalige Ziel, ständig über 300 Boote zu verfügen, war bei den gegebenen Baumöglichkeiten nicht mehr zu erreichen.

Im März 1942 wurde Hitler der »mögliche Schiffbauplan für die kommenden Jahre«[241] vorgelegt, der zum einen die Zahlen des ursprünglichen Bauplans der für die Kriegsmarine notwendigen Neubauten enthielt und zum zweiten jene, »die auf Grund der im Dezember befohlenen Rohstoffkürzungen für die kommenden Vierteljahre noch fertiggestellt werden können«, kurz: ein eingeschränkter Bauplan. Schließlich waren die Zahlen bei angekündigter Kürzung aufgeführt, also die letzthin realistischen. Nachdem das WiRüAmt am 5. März die voraussichtliche Zuteilung der Rohstoffe für das 2. Quartal 1942 mit 150.000 Tonnen Eisen (Bedarf: 172.000 Tonnen), 1.600 Tonnen Kupfer (Bedarf: 3.100 Tonnen) und 1.600 Tonnen Aluminium (Bedarf: 2.300 Tonnen) als gegenüber dem ersten Vierteljahr erheblich gekürzt bekanntgab, schien nunmehr definitiv, daß die künftige Neubaurate auf ein militärisch nicht mehr zu verantwortendes Maß herabsinken würde: »Die Zahl der monatlich fertigwerdenden U-Boote ist so gering, daß bei Anwachsen der gegnerischen Abwehr, womit gerechnet werden muß, diese Zahl nicht mehr langen wird, um die Verluste zu ersetzen, also ein allmähliches Absinken der einsatzmäßigen U-Boote eintreten wird. Dabei muß bemerkt werden, daß die Zahl 15 zur Voraussetzung hat, daß nur die Boote 7c und 9c (Serientypen) gebaut werden, da aber auch andere Boote (U-Tanker, Fernkampf-U-Boote) benötigt werden, die rohstoffmäßig erheblich mehr Material verlangen, wird die Zahl faktisch tatsächlich auf 12-13 Boote im Monat absinken«[242]. Die militärischen Mindestforderungen, so das Fazit, würden somit nicht mehr erfüllt werden können. Katastrophal für den U-Boot-Bau war die aus dem Rohstoffmangel resultierende Konsequenz: »Ist eine Erhöhung nicht mehr möglich, muß zur Erhaltung der fertigen Marine[243] vom U-Bootsbau der fehlende Rohstoff genommen werden. Auswirkung etwa 1 bis 2 U-Boote im Monat weniger«[244]. Das hieß, daß bei dem derzeitigen Stand die U-Boot-Führung auf die Dauer nur noch mit einem monatlichen Ausstoß von 10-11 Booten zu rechnen hatte!

Die Seekriegsleitung wurde dabei nicht müde, mit Nachdruck auf die »kriegsentscheidende« Bedeutung der U-Waffe hinzuweisen, um eine Mehrzuteilung vor allem an Kupfer zu erwirken, sie vermochte Hitler jedoch nur die der Marineführung sattsam bekannte Reaktion abzuringen: »Führer ist bezüglich Erhöhung der Kontingente völlig ablehnend, erklärt immer wieder, daß mehr als vorhanden nicht gegeben werden könne und daß daher das Cu [Kupfer, d.Vf.] noch mehr ausgeschaltet werden müsse an Stellen, wo es nicht unbedingt nötig sei«[245].

Die fatalen Prognosen wurden von der Seekriegsleitung umso schmerzlicher empfunden, als sich der Kampf der U-Boote in amerikanischen Gewässern nach der Freigabe vom 9. Dezember 1941 in den ersten Monaten des neuen Jahres überaus vielversprechend angelassen hatte[246], jedoch nunmehr eine Konzentrierung der Unterwasser-Operationen vor der US-Küste mangels produzierter Masse nicht mehr in Aussicht stand[247].

Übersicht über fertigwerdende U-Boot-Neubauten 1942[248] (Planung)

Quartal	ursprünglicher Bauplan	eingeschränkter Bauplan	Bauplan bei angekündigter Kürzung
I	53	53	53
II	61	57	50
III	63	61	45
IV	76	62	45

Im vierten Quartal 1942 war nach diesem – realistischen – »Bauplan bei angekündigter Kürzung« nur noch mit 11,25 Booten im Durchschnitt zu rechnen; dennoch wurde sowohl am Interimsziel, wenigstens 15 Fahrzeuge (12 VII C und 3 IX C-Typen) im Monat zu produzieren, als auch am »kleinen« Programm von 20 U-Booten und der ursprünglichen »großen« Planung festgehalten, »wonach weiterhin anzustreben sei, die monatliche Ablieferungszahl der U-Boote entsprechend dem bisherigen Ziel auf 25 zu steigern. (...) Wenn sich Skl. U auch darüber im klaren ist, daß es selbstverständlich nicht ohne weiteres gelingen wird, innerhalb einer kurzen Zeitspanne das Endziel von 25 U-Booten im Monat zu erreichen, so erscheint es doch notwendig, darauf hinzuweisen, daß jedes[249] Boot im Monat mehr[250] schon einen beträchtlichen Gewinn darstellt«[251]. Die Feststellung korrespondierte mit der von Konteradmiral Lange schon im

Januar vertretenen Auffassung, »noch möglichst lange möglichst viel zu bauen«[252], bis eine merkliche Erholung der Lage eingetreten sei, oder – im Umkehrschluß – bis die spärlichen Mittel restlos verbraucht seien. Langes Aussage schließt eine Doppeldeutigkeit nicht aus.

Die Seekriegsleitung kalkulierte, so entsteht der Eindruck zumindest für die erste Jahreshälfte 1942, stets mit der baldigen Erholung auf dem Materialsektor. Als hinderlich, aber von kurzer Dauer galt in Verkennung der zwar nicht gänzlich hoffnungslosen, dennoch kritischen Lage des Ostheeres die erforderliche Herabsetzung der U-Boot-Neubauzahlen nur für die Zeit, in der gemäß der Führerweisung vom 10. Januar 1942 die Mittel der Rüstung bevorzugt den gesteigerten Bedürfnissen des Heeres dienstbar gemacht wurden – im Einklang mit der Äußerung des Ob.d.M. am 15. März, der »das 25-Boote-Programm als Ziel selbstverständlich im Auge behalte«[253].

Am 15. Mai 1942 lag das U-Boot-Programm als Teil des Schiffneubauplans vor und wurde vom Hauptamt Kriegsschiffbau sieben Tage später, am 22. Mai, bestätigt. Entgegen den bisherigen Gepflogenheiten, in einem Programm verbindliche Zahlen als Richtschnur für die Bauausführung zu nennen, wurde in Analogie zu den latent unsicheren und schwankenden Äußerungen bezüglich der U-Boot-Ablieferungszahlen die vage Feststellung getroffen, »daß der Führer z.Zt. nur mit dem 20-Boots-Programm rechnet«[254], während Raeder die Aussprache über die Höhe des monatlichen U-Boot-Baus am 15. Mai mit der Bemerkung geschlossen hatte, daß das Programm wieder auf 25 U-Boote zu steigern sei, »sobald und sofern (...) material- und arbeitermäßig durchführbar (...). Dies ist bei der jetzigen Lage nicht möglich, besonders bei der augenblicklich noch ungeklärten Arbeiterlage, deren Ablauf noch gar nicht zu übersehen ist«[255]. Da im Mai die über den gegebenen Rahmen hinausgehende Zuführung von Facharbeitern ausgeschlossen war[256], überdies die Gefahr von Einberufungen zur Wehrmacht zusätzlich Spannungen erzeugte, avancierte die Arbeiterfrage zur »z.Zt. entscheidende[n] Frage. Ihr wird von K jede erdenkliche Aufmerksamkeit gewidmet. K beabsichtigt, auch besondere Schritte[257] zu unternehmen, um den noch drohenden Abzug von Arbeitern von den deutschen Werften zu verhindern«[258]. Dazu zählte der verstärkte Einsatz von Ausländern auf deutschen Werften, die jedoch »qualitativ die deutschen Werftarbeiter nicht werden ersetzen können«[259], da der gesundheitliche Zustand vor allem von Kräften aus den Ostgebieten bedenklich war; zudem hatten kriegswirtschaftlich bedingte Rationskürzungen Einbußen in der Arbeitsleistung zur Folge.

Ein Silberstreif am Horizont war bei der insgesamt äußerst angespannten Rohstofflage die für die beiden letzten Quartale 1942 zu erwartende Erholung im Kupferbereich. Reichsminister Speer stellte vermehrte Zuweisungen in Höhe von 500 Tonnen für das dritte Vierteljahr in Aussicht, wodurch sich das Gesamtkontingent auf 2.500 Tonnen Kupfer erhöhte[260]. Die von Hitler geforderten Einsparungen gerade auf diesem Gebiet hatten zweifellos zu erfreulichen Ergebnissen geführt: Wurden noch 1939 durchschnittlich 36,0 Tonnen Cu für ein Boot vom Typ VII C und 54,0 Tonnen für ein IX C-Boot verarbeitet, benötigten die Werften Anfang 1942 bei einer prozentualen Einsparung von 35,6 Prozent nur noch 23,2 Tonnen für ein VII C- und bei 28,4 Prozent Materialgewinn 38,7 Tonnen Kupfer für ein IX C U-Boot[261]. Die Sparmaßnahmen reichten bei alledem jedoch nicht weit genug, um die steigenden Defizite ausgleichen zu können, zumal gerade die Fertigung von Torpedos und Minen – relativ betrachtet – eine Unmenge des wertvollen Sparstoffs verschlang[262], so daß jede sich bietende Kupferquelle zu nutzen war[263]. Die Beschaffung etwa aus japanischen Beständen war wenig zukunftsträchtig, da »bei dem gegenwärtigen Stand der japanischen Kupferversorgung nicht damit gerechnet werden kann, daß Japan in der Lage ist, nennenswerte Mengen für die Versorgung

Deutschlands zur Verfügung zu stellen«[264]. Die Lieferung kleinerer Mengen Kupfer aus Japan – etwa 5.000 Tonnen – fiel bei dem immensen Verbrauch im deutschen Schiffbau kaum ins Gewicht. Die Marine hoffte auf eine weitere spürbare Steigerung für das vierte Quartal 1942, da sich zu diesem Zeitpunkt die Kupfergewinnung aus Mittel- und Niederspannungsleitungen[265] auswirken würde, und stützte sich dabei auf Speers Angaben, wonach auf diese Weise noch vor Jahresende rund 50.000 Tonnen Kupfer für die Belange der Wehrmacht würden freigemacht werden können[266], wobei freilich völlig offen war, wieviel Tonnen der Kriegsmarine dann zufielen. Angesichts des unerwarteten Kupfersegens urteilte die Seekriegsleitung voreilig, daß die »Kupferfrage[267] nicht mehr den Hauptengpaß für die Marine darstellt«[268], verkannte aber, daß die vermehrte Zuteilung nur einen Teil des Einbruchs in die bisher zugrunde gelegten Kupferkontingente aufzufangen vermochte und neue Bauplanungen in größerem Stil keineswegs zuließ; wird zudem in Rechnung gestellt, daß der Gesamtbedarf an Kupfer 1942 in Höhe von 3.100 Tonnen Kupfer nur 60 Prozent der 1941 de facto zugeteilten Menge entsprach, dann erscheint jede Euphorie unangebracht, doch mit jener erhöhten Kupferzuteilung hoffte man zugleich die Frage aufwerfen zu können, »ob und wieweit schon jetzt eine Möglichkeit besteht, die Zahl der U-Bootsneubauten zu erhöhen«[269]. Und in der Tat: Durch die Kupfermehrzuteilung pendelte sich der U-Boot-Ausstoß 1942 mit 238 U-Booten[270] zumindest auf durchschnittlich 19,83 Boote/Monat ein und blieb somit doch wesentlich über den düsteren Erwartungen der ebenso düsteren ersten Monate des Jahres: Das kleine Programm – 20 Boote/Monat – wurde bis auf minimale 0,17 Prozent (=0) erfüllt.

U-Boot-Produktion 1942[271]

Monat	I	II	III	IV	V	VI	VII	VIII	IX	X	XI	XII
Boote	15	19	16	20	17	22	22	21	20	20	22	24

Gesamt: 238 U-Boote. Das Gesamtbaugewicht von U-Booten im Jahre 1942 betrug 161.600 t.[272] Insgesamt sind 77 Millionen Arbeitsstunden aufgebracht worden[273].

Am 17. April ordnete der Ob.d.M. die Aufschlüsselung der zu bauenden U-Boot-Typen an: In Auftrag gingen: 14 VII C-Boote, 3 IX C-Boote, 1 IX D-Boot (Fern-U-Boot), 1 Sonder-Boot vom Typ X B (Minen-U-Boot), VII F (Torpedo-U-Boot) oder XIV (Transport- oder U-Tanker-U-Boot)[274].

Die sich einpendelnde, aber keineswegs zufriedenstellende Zahl von annähernd 20 Booten im Monat ließ den B.d.U. immer wieder die »Ergreifung aller Maßnahmen fordern, die zur Erhöhung der in See befindlichen U-Bootezahlen notwendig sind, insbesondere die Erhöhung der Arbeiterzahlen auf den U-Bootsreparaturwerften in der Heimat zur notwendigen Verkürzung der Restarbeiten und die Beibehaltung und Erhöhung der personellen Werftkapazität auf den Westfrankreichwerften«[275].

Dönitz hatte damit ein aktuelles Problem angesprochen, das sich als Konsequenz aus dem Werftarbeitermangel ergab und sich umso belastender zeigte, je geringer der veranschlagte Ausstoß an neuproduzierten U-Booten war: die Schwierigkeit, notwendige Reparaturkapazitäten zur Verfügung zu stellen, ohne die Neubaurate merklich sinken zu lassen[276]. Die erforderlichen Instandsetzungsarbeiter seien, so hatte bereits die Amtsgruppe U-Bootswesen erbeten, allein der U-Boot-Instandsetzung verfügbar zu machen, ohne daß der U-Bootsneubau darunter zu leiden hätte[277].

Nachdem mittlerweile Restarbeiten auf Neubau-U-Booten nicht selten 6-8 Wochen dauerten – lediglich 3-4 Wochen waren veranschlagt – mit der Folge des Mangels an einsatzbereiten U-Booten und Verstopfung der Werften, war es die dringliche Aufgabe, zusätzliche räumliche Kapazitäten U-Boot-Bau und -Reparatur dienstbar zu machen. Seit dem Vorjahr wurde durch werftinterne Umschichtungen Abhilfe in begrenztem Maße geschaffen: Die Überführung von im Schiff- und Maschinenbau eingesetzten Werftarbeitern in den Instandsetzungsbereich konnte als Übergangshilfe verstanden werden, nicht aber als eine auf die Dauer akzeptable Lösung[278], da unter den ergriffenen Maßnahmen der Neubau von Überwasserschiffen, Instandsetzungen von Überwasserschiffen und der Neubau von U-Booten merklich zu leiden hatten.

Diese grundsätzliche Schwierigkeit – Neubau bei paralleler Gestellung von Instandsetzungskapazitäten auf einer Werft – war nicht neu. Schon 1939 waren zur Durchführung des im Herbst aufgestellten U-Bootprogramms alle verfügbaren Werften einzusetzen, und bis auf wenige, die auf U-Boote spezialisiert waren, mußten sich die Betriebe umstellen, waren ausschließlich auf den Neubau konzentriert und zeigten sich nicht in der Lage, zusätzlich Instandsetzungsarbeiten zu übernehmen. Schon zu diesem Zeitpunkt galt es für die kommenden Kriegsjahre zu prüfen, in welchem Umfang das Anwachsen des U-Boot-Bestandes eine Vermehrung der Instandsetzungsmöglichkeiten erforderte und welche Werften hierfür in Betracht kämen[279]. Den am 8. Januar 1940 angestellten Überlegungen für den Stichtag 1. Januar 1942 – das U-Boot-Programm von 1939 war zunächst auf diesen Termin befristet – lag die Gesamtzahl von 280 U-Booten zugrunde (einschließlich Versuchs- und Schulbooten), eine Zahl, die von den tatsächlich 249 abgelieferten Booten nicht allzu weit entfernt war. Der Bereitstellung der Instandsetzungsplätze wurde ferner die Annahme zugrunde gelegt, daß jeweils die Hälfte der U-Boote in der Werft liegen würde; folglich müßten ständig 140 Instandsetzungsmöglichkeiten zur Verfügung stehen. Da die Nordseehäfen besonderer Luftgefährdung ausgesetzt waren, kamen für diese Zwecke nur Ostseehäfen in Betracht. Die drei Kieler Werften *Deutsche Werke*, *Howaldtwerke* und *Germania* waren mit 39 Plätzen Grundlage für die weitere Aufteilung. Zunächst war der Instandsetzungs-Ausbau nachfolgend aufgeführter Betriebe vorgesehen:

Werft	**Zahl der U-Boote**
Lindenau, Memel	4
F. Schichau GmbH, Königsberg	20
Holmwerft, Danzig	30
Deutsche Werke, Werk Gotenhafen	14
Stettiner Oderwerke	10
Lübecker Flenderwerke	6
Flensburger Schiffbau-Gesellschaft	10
Howaldtwerke, Hamburg	7
Kieler Werften	39
Gesamt	**140**

Die Entscheidung über die Umwandlung des befristeten in ein weiter laufendes und gegebenenfalls nachträglich zu modifizierendes Bauprogramm erging am 31. Juli 1940[280] und zog vorsorgliche Erwägungen zur Gestellung von Instandsetzungsraum im Falle eines unbefristeten Bauprogramms nach sich. Danach sollte die *Deutsche Werft* in Hamburg neben ihren Aufgaben als Neubauwerft für die Instandsetzung der U-Boote zweier U-Flottillen (20 Instandsetzungsboote) ausgebaut werden, die *Howaldtwerke* in Hamburg um drei auf eine Kapazität von 10 U-Booten erweitert werden und die *Neptunwerft* in Rostock zwei Plätze zur Verfügung stellen, so daß sich durch die so hinzugewonnenen 25 zusätzlichen Gestellungsräume eine Gesamtzahl von 165 Instandsetzungsplätzen ergab, deren Ausbau bis 1942 im wesentlichen auch durchgeführt wurde[281].

Im Laufe des Jahres 1941 waren Überlegungen angestellt worden, inwieweit der Weiterbau der U-Boot-Instandsetzungswerften in Deutschland bei zunehmender Bereitstellung von Werften in deutsch-besetzten Gebieten zweckmäßig sei. Hitler verfügte – zu einem Zeitpunkt, da das nahe Ende des Ostfeldzuges zu Gunsten der deutschen Wehrmacht erwartet wurde – die Freigabe von 29.000 Arbeitern aus dem Heer und der Heeresfertigung unmittelbar nach Ende des Rußland-Krieges. Der Fehlbedarf von 25.000 Arbeitern[282] für die Durchführung des U-Boot-Programms wäre auf diese Weise nicht nur gedeckt worden, »sondern der Neubau von U-Booten hätte planmäßig ab Frühjahr 1942 auf eine monatliche Ausbringung von 24–25 U-Booten gebracht werden können«[283]. Die Prüfung der Ausbauplanung deutscher Instandsetzungswerften ergab, daß die vorgesehenen Instandsetzungsmöglichkeiten bei diesen in Aussicht stehenden Arbeiterzahlen ausreichten und darüber hinaus noch Reserven blieben.

Der Ausbau ausländischer Werften hingegen war mit erheblichen Verzögerungen verbunden[284] – ein rascher Rückgriff auf deutsche Werke mußte daher stets gewährleistet sein. In der Weiterführung des Ausbaus deutscher Instandsetzungswerften wurde zudem umso weniger ein Risiko gesehen, als bei dem immer schärfer werdenden Mangel an Werftraum schlechthin jede frei werdende Werftkapazität jederzeit für andere Zwecke ausnutzbar war. Außerdem bestand auf diese Weise die Möglichkeit, »aus bereitgestellten, im Augenblick nicht benutzbaren Werftbetrieben die Werkzeugmaschinen, deren Beschaffung heute nur auf lange Sicht möglich ist, in auf Grund der operativen Gegebenheiten im Auslande neu einzurichtenden U-Boots-Instandsetzungsbetrieben aufzustellen«[285].

Die Planungen galten wohlgemerkt für den Fall der Freiwerdung von Arbeitern, die das Jonglieren mit den Instandsetzungswerften erlaubte. Da sich die Versprechungen des Vorjahres im ersten Quartal 1942 jedoch nicht erfüllten, gebot die sich ständig verschlechternde Lage auf dem Arbeitersektor den weitgehenden Rückgriff auf den U-Boot-Neubau, der mit Ingrimm von der U-Boot-Führung zur Kenntnis genommen wurde.

Die schnellstmögliche Gestellung von Instandsetzungsplätzen im Reich wie in den besetzten Gebieten war eine dringliche Forderung, um den U-Neubau nicht unter der Last der anstehenden Reparaturarbeiten einbrechen zu lassen. Östlich gelegene Werften kamen für diesen Zweck wegen der eklatanten Minengefahr nicht in Frage, folglich beschränkte sich die Freigabe auf solche im Raum Hamburg.

Die für die Instandsetzung von ständig 10 U-Booten vorgesehenen *Howaldtwerke* in Hamburg wurden nur mit laufend einem Boot für Restarbeiten belegt, wodurch sich ein Gewinn von neun Plätzen ergab; 19 Möglichkeiten wurden von der *Deutschen Werft in Hamburg, Betrieb Finkenwerder* – ebenfalls mit nur einem Restarbeits-U-Boot belegt – bereitgestellt[286]. Durch die *Flensburger Schiffbaugesellschaft* erhöhte sich die Zahl der Plätze um acht, die *Flenderwerke* in Lübeck steuerten weitere vier bei, die drei Kieler Werften stellten insgesamt 31 Gelegenheiten zur Verfügung, so daß unter Verzicht auf die *Stettiner Vulkan-Werft* 71 U-Boot-Instandsetzungsplätze in Planung standen, von denen der Hauptteil 1942 bereits genutzt wurde.

Als Endziel bis zum 1. Januar 1944 strebte das Amt U-Bootwesen bei 20 Neubauten im Monat 90 ständige Instandsetzungsplätze an, bei einer Ablieferungzahl von 18 U-Booten monatlich 83 und bei 15 Booten 73 Plätze an, wobei bemerkenswert ist, daß die U-Boot-Führung nicht ernsthaft mit einer wesentlich höher liegenden Neubau-Zahl als 20 Boote rechnete, andernfalls wäre das Ziel nicht mit 90 Instandsetzungsplätzen angegeben worden.

Die Aufschlüsselung der Planung[287] nach Grundüberholungsbooten, Werftliegezeiten für Schul- und Versuchsboote, Maschinenüberholungen und Restarbeits-U-Booten soll nicht unerwähnt bleiben, da ein interessanter Einblick in die Instandsetzungsorganisation des U-Boot-Amtes gewährt wird – eine Planungsarbeit, die unmittelbar mit dem monatlichen Neu-Ausstoß von U-Booten verknüpft war.

Bei der Aufstellung des Verteilungsplans wurde grundsätzlich davon ausgegangen, daß Neubauwerften möglichst von Belegungen durch Instandsetzungs-U-Boote freizuhalten waren. Die Heranziehung von Neubau-Werften zu Restarbeiten wurde demnach in einem geringen Umfang gehalten. Überdies galt der Grundsatz, wenn irgend möglich den Neubauwerften tatsächlich allein den Neubau zu überlassen und jeden auf eine U-Boot-Werft neu hinzuversetzten Arbeiter dem Neubau zuzuteilen.

1. *Für die Instandsetzungsarbeiten auf Werften im Reichsgebiet kamen nach den errechneten Grundlagen 2/3 der zur Grundinstandsetzung heranstehenden U-Boote der Front in Frage. Das waren bei einem monatlichen Zuwachs von 20 U-Booten 30, von 18 Booten 29 und von 15 Fahrzeugen 25 U-Boote.*
2. *Für die ca. 60 Schul- und 10 Versuchs-U-Boote waren jeweils bei einer zweimonatigen Werftliegezeit je Boot pro Jahr 12 Instandsetzungsplätze bereitzustellen; für zwei 14-tägige Maschinenüberholungen wurden je Boot im Jahr ständig sechs Instandsetzungen benötigt.*
3. *Die Restarbeiten der Neubauten erforderten dieselbe Anzahl an Instandsetzungsplätzen wie monatlich U-Boote abgeliefert wurden – also 20, 18 bzw. 15. Da jedoch die ersten Kriegsjahre gelehrt hatten, darüber hinaus weitere Reserve-Instandsetzungsräume für Restarbeiten zu stellen – als Gründe waren Typboote, Stauungen infolge Stockungen in der Ausbildung u.ä. aufgeführt – sollte diese Reserve mit 1/3 der Zahl an im Monat zur Ablieferung gelangten U-Boote veranschlagt werden, so daß laufend auf 30 bzw. 25 bzw. 20 Plätze für anstehende Restarbeiten Rückgriff genommen werden konnte. Es schien im März 1942 unter den gegebenen Umständen nicht mehr vertretbar, die Instandsetzungskapazitäten für U-Boote auf deutschen Werften weiterhin als totes Kapital in Reserve zu halten. Vielmehr galt es, die überschießenden Plätze so lange für andere Zwecke zur Verfügung zu stellen, bis die Notwendigkeit der Nutzung durch die U-Boot-Waffe wieder offen zu Tage trat.*

Der Bedarf an Instandsetzungsplätzen errechnete sich im Reichsgebiet danach – in eine Tabelle umgesetzt – bis zum 1. Januar 1944 wie folgt[288]:

Monatlicher Zuwachs	**20**	**18**	**15**	**U-Boote**
1. Grundüberholungs-U-Boote	30	29	25	Instandsetzungsplätze (IP)
2. Werftliegezeiten der Schul- und Versuchs-U-Boote	12	12	12	IP
3. Maschinenüberholungen etc.	6	6	6	IP
4. Restarbeits-U-Boote	30	25	20	IP
5. + 25 Prozent der unter 2–4 aufgeführten Plätze[289]	12	11	10	IP
Zusammen	**90**	**83**	**73**	**IP am 1. Januar 1944**

Die Werftzuteilung im Reichsgebiet im einzelnen:

A. Grundüberholungen/Werftliegezeiten/Maschinenüberholungen

Werft	**U-Boote**
Lindenau, Memel	2
Schichau, Königsberg	10
Holmwerft, Danzig	16
Deutsche Werke, Gotenhafen	8
Stettiner Oderwerke	8
Flenderwerke, Lübeck	1
Flensburger Schiffbau-Gesellschaft	1
Deutsche Werke, Kiel	1
Friedrich Krupp Germaniawerft A.G., Kiel	1
Gesamt	**48**

B. Restarbeiten

Schichau, Königsberg	4
Holmwerft, Danzig	6
Stettiner Oderwerke	3
Neptunwerft, Rostock	2
Flenderwerke, Lübeck	1
Flensburger Schiffbau-Gesellschaft	1
Kriegsmarinewerft, Kiel	2
Deutsche Werke, Kiel	3
Germaniawerft, Kiel	1
Kriegsmarinewerft, Wilhelmshaven	2
Blohm & Voss, Hamburg	2
Howaldtwerke, Hamburg	1
H. C. Stülcken Sohn, Hamburg	1
Deutsche Werft, Betrieb Finkenwerder	1
Gesamt	**30**

C. Laufende kleine Instandsetzungsarbeiten

Lindenau, Memel	2
Schichau, Königsberg	4
Holmwerft, Danzig	4
Deutsche Werke, Gotenhafen	2
Gesamt	**12**

Bei der Aufteilung waren einige Werften nicht gänzlich ausgenutzt worden, da durch die Hinzunahme der Bauwerften zur Ausführung von Restarbeiten eine gleichmäßigere Belastung der Werften erreicht werden sollte:

Werft	Plätze
Schichau, Königsberg	2
Holmwerft, Danzig	4
Deutsche Werke, Gotenhafen	4
Gesamt	**10**

Da die *Oderwerke* in Stettin die Hauptinstandsetzungswerft für die U-Boote vom Typ IX waren, hatte der Betrieb fortan die Instandsetzung von 11 statt der bisher geplanten 10 Boote auszuführen.

Die Gesamtaufteilung aller Instandsetzungsplätze im Deutschen Reich bis zum 1. Januar 1944 zeigte danach folgendes Bild:

Verwendung	Plätze
Vorgesehen	**165**
+ 1 in Stettin und 5 auf den Werften in Hamburg	6
Gesamt	**171**
Verteilt	**90**
Reserve	10
Freigegeben für anderweitige Verwendung	71
Gesamt	**171**

Es liegt auf der Hand, daß mit fortwährender Dauer des Krieges die Baumöglichkeiten in den westlich besetzten Gebieten in steigendem Maße für die Belange des deutschen Kriegsschiffbaus zu nutzen und somit in die Planung miteinzubeziehen waren. Gerade die U-Werften in Frankreich erlangten für Instandsetzungen und Reparaturen der frisch von der Front in die Häfen einlaufenden Boote erhebliche Bedeutung: Mit der Kürze der Anlaufwege sank die Gefahr der Versenkung durch in erster Linie feindliche Zerstörer und Flieger.

Die Instandsetzungsplanung auf ausländischen Werften – parallel zu der auf deutschen Werften ausgearbeitet und ebenfalls mit dem Stichtag 1. Januar 1944 – basierte auf der Relation Neubau/Front-Boote und berechnete sich bei einer monatlichen Verlustrate von 5 Prozent:

Neubau/Monat	20	18	15
Front-U-Boote	299	288	250

Von diesen Front-Booten, so die aus der Erfahrung resultierende Überlegung, stünde ein gewisser Prozentsatz nach längerer Verwendung in See zur Grundüberholung an, die grundsätzlich auf deutschen Werften durchzuführen war, um durch die mehrere Monate währende Arbeit die ausländischen Werften nicht zu überlasten; diese hatten kleinere Reparaturen an U-Booten vorzunehmen, mit dem Ziel, sie nach kurzer Arbeitszeit wieder der Front verfügbar zu machen. Etwa 15 Prozent der Front-Boote standen nach den Berechnungen ständig in der Grundüberholung. Die sich daraus ergebende Zahl war von dem Front-Boot-Bestand abzuziehen, um das Stärkeverhältnis von am Feind stehenden und den zu kleiner Instandsetzung in den Werften liegenden Booten (50 Prozent) aufrechterhalten zu können (Einsatz-Boote).

So ergab sich folgende Aufstellung:

Neubau/Monat	**20**	**18**	**15**
Front-Boote	299	288	250
Grundüberholungs-Boote (ab 15 Prozent)	45	43	38
Einsatz-Boote,	254	245	212
von denen 50 Prozent in ausl. Werften	127	123	106

Bei dieser Aufstellung galt es zu berücksichtigen, daß nicht alle zur Grundüberholung heranstehenden Boote in die Werften des Reichsgebietes einlaufen konnten – zumeist wegen schwerer Beschädigungen infolge Feindeinwirkung – und darum die nächst erreichbare Werft anzusteuern gezwungen waren. Das bedeutete, daß die ausländischen Werften stets mit Instandsetzungsarbeiten »außer der Reihe« zu rechnen hatten, was neben einer allgemeinen Ungewißheit die Gefahr der Verstopfung in den Betrieben in sich barg. Etwa 1/3 der Grundüberholungs-Boote hatte aus dem genannten Grunde die Inspektion auf ausländischen Werften durchzuführen; dieses Drittel wurde den in den ausländischen Werken liegenden Einsatz-Booten zugezählt, um die Summe der auf den 1. Januar 1944 festgesetzten Instandsetzungsplätze aufrechtzuerhalten:

Neubau/Monat	**20**	**18**	**15**
Instandsetzungs-Boote	127	123	106
zzgl. 1/3 der Grundüberholungs-Boote	15	14	13
Erforderliche ausl. Inst.-Plätze	142	137	119

Für die U-Boot-Führung galt erfreulicherweise die Einschätzung, daß die im Ausland vorgesehenen Instandsetzungsplätze allen bauspezifischen Anforderungen gerecht wurden, selbst wenn sich die monatliche Auslieferung erhöhen sollte.

Mit dieser Planung für den Ausbau ausländischer U-Boot-Werften bis zum 1. Januar 1944 war die von Dönitz gestellte Forderung erfüllt, alle Einsatz-U-Boote im Westraum (Frankreich, Norwegen, Mittelmeer) instandsetzen zu können. Kritisch war die Hinzuziehung der vor Fliegereinwirkung ungeschützten Liegeplätze auf den französischen Werften – gegebenenfalls aber konnten auch sie, wenigstens vorübergehend, als zusätzlicher Raum genutzt werden.

Die Instandsetzungs-Verteilung auf die ausländischen Werften ergab im einzelnen[290]:

Werft	**IP-geschützt**	**IP-ungeschützt**	**Summe**
Brest	20	(6)[291]	20 (6)
Lorient	30	(12)	30 (12)
St. Nazaire	20	(7)	20 (7)
La Pallice/La Rochelle	13	-	13
Bordeaux	15	-	15
Bergen	9	3	12
Drontheim	13	-	13
La Spezia	-	10	10
Pola	-	4	4
Salamis (Reserve)	-	6	6
Summe	**120**	**23 (25)**	**143 (25)**

Die »Instandsetzungspolitik« 1942 verdeutlicht die enge Verzahnung von Neubauten, Front- und Einsatz-Booten, den zu überholenden und solchen zu kleineren Routinearbeiten anstehenden Unterwasserfahrzeugen. Wie in einem System kommunizierender Röhren stand eines vom andern in absoluter Abhängigkeit. In dem Verhältnis Rohstoff-Arbeiter-Boot-Instandsetzung-Arbeiter spiegelt sich ein Teufelskreis, aus dem die Marine trotz vielerlei Verbesserungs- und Änderungsvorschläge[292] bis Kriegsende nicht mehr herauskam.

Die Gesamtentwicklung des U-Boot-Krieges jedoch, die präzise Instandsetzungsplanung und die im ersten Halbjahr 1942 erfreulich niedrige Verlustquote ließen Dönitz Überlegungen zur Nutzung der derzeitig günstigen Situation im U-Boot-Krieg anstellen. Der B.d.U. erhob zunächst zur weiteren Leistungssteigerung der U-Instandsetzung die grundsätzliche Forderung, »daß jedes Boot nur solange im Hafen liegen darf, als es aus Gründen der Erholungsbedürftigkeit der Besatzung unbedingt erforderlich ist«[293]. Der B.d.U. sah die anzustrebende Lösung im Verhältnis von 60 Seetagen zu 40 Hafentagen: Jedes U-Boot erhielt nach einer Feindfahrt eine sogenannte kleine Instandsetzung, d.h. eine Maschineninspektion (28 Tage), nach jeder dritten Fahrt eine große Instandsetzung mit umfangreicher Maschinenüberholung (42 Tage) und nach 15-monatiger Frontzeit eine Grundüberholung (3 Monate). Es war nicht die Kapazitätsfrage der West-Werften, sondern vielmehr die sattsam bekannte Facharbeiterknappheit, welche die Instandsetzung in der genannten Zeit zum Problem werden ließ: Der Bestand von Facharbeitern je Instandsetzungsboot auf den West-Werften betrug 76 Mann, von denen 25 dem Schiffbau, 35 dem Maschinenbau einschließlich Elektrotechnik und 16 für diverse Waffeninstandsetzungen zugeteilt waren. Diese ohnehin knapp bemessene Zahl wurde nach einer neuen Anordnung um 10 gekürzt. Sollten jedoch in der veranschlagten Zeit von 28 bzw. 42 Tagen kleine und große Inspektionen durchgeführt werden, so waren nach den Berechnungen der Kriegsmarinewerft Lorient neben dem erforderlichen Aufsichtspersonal 40 Schiffbauer, 60 Maschinenbauer einschließlich Elektrotechniker und 25 Waffenspezialisten zuzüglich 50 französische Arbeiter[294] notwendig, also pro Boot 175 Köpfe[295]. Dabei stellte diese Zahl den Mindestsatz dessen dar, was zur Erreichung des gesteckten Ziels unbedingt benötigt wurde und durfte keinesfalls Einschränkungen erfahren, da keine nennenswerten Reserven für eventuelle Ausfälle zur Verfügung standen: »Mit geringeren Zahlen sei das vom B.d.U. geforderte Verhältnis nicht zu erreichen«[296].

Der kategorischen Forderung von Dönitz, die kleinen und großen Instandsetzungen in den Front-Werften erledigen zu lassen und lediglich die Grundüberholungszeiten in die Heimatwerften zu legen, stimmte der Ob.d.M. am 14. Juli 1942 mit der Einschränkung zu, daß sie nur in »Ausnahmefällen (...) auf einer Frontwerft zuzulassen [sind]«[297], darüber hinaus sei die Herabsetzung der Restarbeitszeit von Neu-U-Booten auf nur noch 21 Tage anzustreben. Der Oberbefehlshaber teilte bei dieser Gelegenheit mit, daß nach einer Besprechung mit Speer der Minister keine Aussicht sehe, der Kriegsmarine deutsche Werftarbeiter zuzuteilen, »ferner habe der Führer kürzlich die bekannte Verfügung[298] über den Arbeiterbedarf der Werften für Kriegsschiffbau und Reparatur unterschrieben, in der auf Grund der Angaben des OKM. für die U-Bootsinstandsetzung geringere Zahlen enthalten sind, als sie jetzt als Forderung des B.d.U. von Skl. vorgetragen worden seien. Nach Lage der Dinge und nach seiner Kenntnis der Verhältnisse sei im Augenblick nicht damit zu rechnen, daß eine Forderung des OKM auf Freigabe von Werftarbeitern aus der Front genehmigt würde«[299].

Nach einer Auflistung vom Juni 1942[300] fehlten der U-Boot-Instandsetzung insgesamt 2.200 Mann und ferner der Ersatz für alle Arbeitskräfte, mit deren Einziehung durch die Wehrmacht in Höhe von ca. 20.000 Mann gerechnet werden mußte, worunter zwangsläufig auch der U-Sektor zu leiden hatte. Zwar rang Raeder dem »Führer« in seinem Vortrag vom 15. Juni 1942 die Anerkennung der Unabkömmlichkeit aller in U-Boot-Bau und -Reparatur Beschäftigten ab[301], das OKW hatte sich jedoch mit Kräften gegen die Extra-Behandlung von Werftarbeitern gesträubt und Einspruch bei Hitler eingelegt, der sich daraufhin die letzte Entscheidung noch vorbehielt und sich vorerst nicht dazu äußerte[302]. Überdies traf er die grundsätzliche Feststellung, daß in erster Linie die Intensität der Arbeitsleistungen und »Einschränkungen der Verwaltung« Abhilfe zu schaffen hätten, bevor über Fragen wie etwa die der Befreiung von Marinefacharbeitern vom Dienst in der Wehrmacht zu befinden sei. Generalfeldmarschall und Chef des Oberkommandos der Wehrmacht Keitel ließ Raeder wissen, daß nach seinen Informationen »nicht nur das Tempo und die Intensität der Arbeitsleistung ganz erheblich hinter den gebotenen Anforderungen zurückbleibe, sondern dass auch die Verwaltung bürokratisch schwerfällig, personell stark überbesetzt und in keiner Weise ausgelastet sei. Es lägen Berichte vor, dass Werftbetriebe mit der Hälfte an Beamten und Angestellten auskommen könnten, ohne dass der Betrieb im geringsten leiden werde. Man brauche in einem halben Jahr bei der Kriegsmarinewerft zusammengenommen nicht soviel zu arbeiten, wie in einem Privatbetrieb in etwa 3 Wochen«[303]. Die harschen Vorwürfe waren nicht nur fadenscheinig begründet[304] – vielmehr war es kein Geheimnis, daß Keitel Gelegenheiten zum Seitenhieb gegen die Kriegsmarine selten ungenutzt ließ.

Derartige Schwierigkeiten, evoziert durch die ablehnende Haltung des OKW gegenüber der Kriegsmarine insbesondere in Fragen der Material- und Arbeitergestellung, demonstrieren ihre Sonderstellung in der Wehrmacht. Immer mehr verstand sich die Marine als »Einzelkämpfer« in der steigenden Überzeugung, kaum auf Unterstützung von höchster Stelle hoffen zu können[305]. Wenigstens hatte die Seekriegsleitung als Erfolg verbuchen können, daß in der Führung die Akzeptanz der U-Boote als »kriegsentscheidende« Waffe im Kampf gegen die angelsächsischen Mächte proportional zu ihren Erfolgen stieg. Die Steigerung der Einsatzmöglichkeiten ihrer Fahrzeuge, abhängig von technischer Optimierung, Typveränderungen und Entwicklung neuer U-Boot-Typen, war der Seekriegsleitung Gebot der Stunde, um weiterhin erfolgreich mit der U-Boot-Waffe operieren zu können.

Die laufende Anpassung von Waffen und Gerät an die Anforderungen des Krieges war und ist eine Konstante. Der Weiterentwicklung und dem Ausreifen von Waffensystemen während des Krieges kam eine entscheidende Bedeutung zu und zwang die kriegführenden Mächte zur aufmerksamen Beobachtung technischer Verbesserungen des Feindes, die eine Qualitätssteigerung der Waffen und mit ihr die Nutzung neuer strategischer wie taktischer Einsatzmöglichkeiten nötig machten. Die dauernde, auf Aktion und Reaktion beruhende wechselseitige Optimierung von Angriffs- und Abwehrmaterial wurde gerade in der zweiten Kriegshälfte greifbar. Die Luftwaffe hat in besonderem Maße durch technische Höchstleistungen – etwa die ersten Strahlflugzeuge oder die V-Waffen – für die Luftfahrt in der zweiten Jahrhunderthälfte bahnbrechend gewirkt und den Grundstein für die Raketenarsenale der Supermächte gelegt. Das Heer lieferte mit den Kampfpanzern Tiger II (»Königstiger«) und Panther grundlegende Bausteine für die Panzerentwicklung nach dem Zweiten Weltkrieg, und die Kriegsmarine hat mit technischen Innovationen zumal auf dem U-Boot-Sektor gewichtige Beiträge zur modernen Unterwasser-Kriegführung geleistet, die oftmals hinter den Leistungen der deutschen Luftfahrttechnik während des Zweiten Weltkrieges zurückstehen.

Der Verlauf des U-Boot-Krieges 1942[306] zeigt, daß die Unsichtbarkeit als entscheidender Vorteil des U-Bootes durch entsprechende Gegenmaßnahmen des Feindes drohte aufgehoben zu werden. Die verstärkte alliierte Abwehr mit Zerstörern, Sicherungsfahrzeugen und Fliegern mit präzis arbeitender Ortung hatte der deutschen U-Waffe steigende Verluste zugefügt[307] und die Seekriegsleitung die Gefahr erkennen lassen, daß die Verwendungsmöglichkeit der U-Boote unzumutbare Einschränkungen erfahre, wenn nicht sofort gehandelt werde. Die Entwicklung und Verbesserung der gegnerischen Ortungsmittel auf dem Gebiet des Funkmeßwesens[308] schränkte die Unsichtbarkeit der U-Boote erheblich ein und schien dazu geeignet, den einzigen Schutz des U-Bootes und das Überraschungsmoment als wesentlichen Teil seiner Kampfkraft herabzusetzen. Die Gefahren, die den deutschen U-Booten durch die gegnerische Ortungstechnik erwuchsen, wurden 1942 durchaus erkannt[309]. Die Ausrüstung der Boote mit Funkmeßbeobachtungsgeräten war die erste Reaktion auf die feindliche Ortung aus der Luft und ermöglichte rechtzeitige Warnung und Ausweichen vor einem Angriff. Würde »Funkmeß« jedoch auch auf Fahrzeugen der Sicherung zum Einsatz gelangen – worüber in der U-Führung nur Vermutungen geäußert wurden – sei der Gegner in der Lage, das U-Boot, noch bevor es auf Schußentfernung herangelaufen war, nach Peilung und Abstand festzustellen und abzudrängen oder zum Tauchen zu zwingen und mit Wasserbomben zu bekämpfen. Tagsüber hatten U-Boote größere Chancen, der Bombardierung zu entgehen, da sie an der feindlichen Funkmeßortung Fühlung halten und sich so außer Sicht- und Meßweite vorsetzen konnten. »Durch gute Funkmeßdisziplin wird der Gegner jedoch auch diese Taktik sehr erschweren, wenn nicht unmöglich machen können«[310].

Das Überdenken der Problematik führte zu der Erkenntnis, daß weniger durch aktives Bekämpfen der Sicherungsfahrzeuge, etwa durch Zerstörerabwehrgeschosse, als vielmehr durch erhöhte Unterwassergeschwindigkeit der U-Boote der Versenkungsgefahr entgangen werden konnte. Entscheidend war die geringe Unterwassergeschwindigkeit der gängigen Typen VII C und IX B bzw. IX C, die nahezu chancenlos waren, im Falle die feindliche Unterwasserortung ASDIC[311] den U-Boot-Standort eingepeilt hatte. Ausweichmöglichkeiten versprachen wegen der gesteigerten Waffenwirkung der gegnerischen U-Abwehr, der mangelhaften Eigengeschwindigkeit unter Wasser[312] und der unzureichenden Bewaffnung kaum Erfolg. »Nur ein grundsätzlicher Schritt konnte hier Wandel schaffen und die Lage zugunsten des U-Bootes wieder herstellen. Es galt, die taktische Beweglichkeit des U-Bootes in das Wasser hinein zu verlegen, d.h. zu einem unter Wasser schnellen Boote zu kommen«[313].

Bevor jedoch kosten- und materialverbrauchende Neuentwicklungen in Auftrag gegeben würden, waren mit den vorhandenen Mitteln Abhilfe zu schaffen und Modifizierungen insbesondere an dem erfolgreichen VII C-Boot vorzunehmen, ohne allerdings auf die laufende Produktion störenden Einfluß auszuüben[314]. Die leicht verbesserten Typen mit der Bezeichnung VII C/41 bzw. VII C/42 waren nur unwesentlich schneller als der Grundtyp VII C, und die Ablieferung verzögerte sich zwangsläufig infolge der baulichen Änderungen: Das erste Boot vom Typ VII C/42 gelangte erst am 29. August 1944 zur Auslieferung![315]

Wesentliche Umkonstruierungen an den vorhandenen Booten hatten nicht vorgenommen werden können, denn bereits der Wunsch nach größerer Tauchtiefe blieb wegen erheblicher Gewichtszunahme, die durch Druckkörper und Armaturverstärkungen eintraten, unerfüllt[316]. Überdies waren schon aus Planungsgründen grundlegende Eingriffe nicht möglich – der Bauplan stand fest, und die Aufträge waren erteilt. Es bleibt allerdings die berechtigte Frage, warum nicht die Batteriekapazität der vorhandenen Typen und die Sauerstoffzufuhr für die Dieselmotoren erhöht wurden, um eine Steigerung der Unterwassergeschwindigkeit zu erzielen. »(...) obwohl diese Lösung kurzfristig mit den bekannten Konstruktionsprinzipien realisierbar war und keine technischen

Neuerungen mit hohem Entwicklungs- und Erprobungsaufwand erforderte«[317], wurde eine solche Möglichkeit weder von der U-Führung noch den Schiffstechnikern in Betracht gezogen.

Das Ziel schien für die Ingenieure nur mit einer Neuentwicklung erreichbar, die aus Gewichtsgründen mit einer Antriebsmaschine, sowohl für die Überwasser- als auch für die Unterwasserfahrt, auszustatten war. Der Hamburger Ingenieur Hellmuth Walter entwickelte bereits in den dreißiger Jahren eine Gasturbine als Einheitsantrieb für U-Boote[318]. Mit der neuartigen Maschine erhielt das Boot bei Unterwasserfahrt (↓-Fahrt) den notwendigen Sauerstoff durch Zersetzung von hochprozentigem Wasserstoffperoxyd ($H_2 O_2$), so daß Höchstgeschwindigkeiten von bis zu 30 kn unter Wasser in Aussicht standen. Auf die Dringlichkeit der Serienfertigung war schon 1940 hingewiesen worden, allerdings fehlte es zum einen an den technischen Voraussetzungen und zum andern an der Akzeptanz seitens des OKM, Baukapazitäten auf Kosten der laufenden Produktion vor allem der VII C-Boote für ein Verfahren zur Verfügung zu stellen, dessen Erfolg zu diesem Zeitpunkt keineswegs sichergestellt war[319]. So wurde lediglich in Versuchsreihen die Brauchbarkeit des neuen U-Boot-Typs getestet. Offensichtlich erkannte die Seekriegsleitung im zweiten Kriegsjahr nicht die sich – zumindest technisch – bietende Chance, bloße Tauchboote durch »echte« Unterseeboote zu ersetzen. Dieser »radikale Übergang«[320], erkannt und mit allen Mitteln in der frühen Kriegsphase mit entsprechender Stückzahl vollzogen, hätte den U-Boot-Krieg von Beginn an in anderen Bahnen verlaufen lassen[321], worüber zu sinnieren freilich müßig bleibt. Versuchsboote mit der Bezeichnung V 80[322] wurden 1941 erprobt und lieferten mit einer Unterwassergeschwindigkeit von 28,1 kn überzeugende Ergebnisse. Trotz der Erfolge in den Testserien entschloß sich das OKM erst Ende 1941 zum Bau größerer Versuchsboote, und es dauerte noch bis zum Februar 1942, ehe das Vorantreiben des Walter-Systems eine feste Größe in der Marine-Baupolitik wurde.

Dönitz beurteilte »das Projekt sehr positiv und hält seine Durchführung für entscheidend wichtig. Er steht auf dem Standpunkt, daß für diese Boote gar ein Bauverlust von C VII Booten in Kauf genommen werden muß«[323]. Auch Hitler zeigte sich den neuen Unterseebooten gegenüber aufgeschlossen, er drängte, »neue technische Entwicklungen rechtzeitig zur praktischen Ausführung zu bringen«[324], da nur auf diese Weise der Vorteil der neuen Erfindung voll ausgenutzt werden könne. Mit der dem »Führer« eigenen Art, neue Errungenschaften mit exaltiertem Überschwang zu begleiten, beschied er der deutschen U-Waffe mit der Einführung des neuen U-Boot-Typs »einen umstürzenden Erfolg«[325].

Die Seekriegsleitung hatte sich am 4. Februar 1942 für das Walter-Boot entschieden, obgleich die Frage aufgeworfen wurde, »ob ein praktischer Einsatz in diesem Kriege noch in Frage kommt«[326], und wenige Tage später, am 23. Februar 1942, das K-Amt angesichts der kritischen Fertigungslage auf dem U-Sektor forderte, sich auf die Typen VII C und IX C zu konzentrieren: »Jeder Sondertyp störe den glatten Ablauf der Serienproduktion und zwar um so mehr, je höher die Stückzahl des Sondertyps sei, ohne daß eine Serienfertigung wie bei den Standardtypen möglich sei«[327]. Dennoch: Das Walter-Projekt »mit allen Mitteln vorwärts zu treiben«, wog schwerer als die vom K-Amt vorgebrachten Bedenken, so daß zwei Versuchsboote V 200 bei *Blohm & Voss* und ein Versuchsboot V 300 bei der *Germania-Werft* in Auftrag gingen, wohlgemerkt mit dem Zusatz, auf den Bautakt der VII C-Boote durch die neue Produktion keinesfalls störend einwirken zu wollen[328]; als Ablieferungstermin für die Versuchsboote wurde der 1. Januar 1944 festgesetzt. V 300 – die Zahl steht für sein Gewicht – verfügte über zwei Turbinen mit insgesamt 4.000 PS für die schnelle ↓-Fahrt, über einen

Elektromotor für ↓-Schleichfahrt und erhielt als Antrieb für die Überwasser-Fahrt (↑-Fahrt) zwei Dieselmotoren mit je 300 PS, so daß über Wasser bei einer Reichweite von 3.500 sm 9,5 kn und unter Wasser bei einer Reichweite von 205 sm 19 kn erzielbar waren. Bei einer Unterwasser-Marschgeschwindigkeit von 10 kn erhöhte sich die Fahrtstrecke auf 450 sm[329].

Neben dem Projekt V 300, das zunächst als Schulboot und späterhin als atlantikfähiges U-Boot Verwendung finden sollte, arbeiteten die Konstrukteure an einem wesentlich kleineren Projekt mit den Bezeichnungen Wa 201 (Walter) für das bei *Blohm & Voss* in Auftrag gegebene und WK 202 (Walter-Krupp) für das bei der *Germania* zu bauende Boot. Die Maschinenanlage leistete mit zwei Turbinen 2.180 PS (bei 12 m Tiefe eine ↓-Höchstgeschwindigkeit von 25,2 kn), ein Dieselmotor mit 210 PS (9 kn) sorgte für die Überwasserleistung, und die Elektromaschine mit 50 PS (5 kn) ermöglichte die ↓-Schleichfahrt. Da bezüglich Bauweise und Einrichtungen der Maschinenanlage des kleinen Typs neue Erkenntnisse zur Konstruktion eines atlantiktüchtigen Bootes gewonnen werden konnten, wurde der Bauauftrag für V 300 kurzerhand annulliert[330]. Die Entwurfbearbeitung war bis August 1942 abzuschließen, wobei *Blohm & Voss* und die *Germania* unabhängig voneinander den gleichen Boot-Typ bearbeiteten. »Beide Firmen arbeiten in Konkurrenz und haben auch bezüglich der Bauausführungen gewisse Verschiedenheiten. Blohm und Voss lehnt seine Konstruktion in vielen Punkten dem Flugzeugbau an (Stromlinienform und Ruderanlage). Germaniawerft baut mehr nach u-bootstechnischen Gesichtspunkten (z.B. Torpedoluk, Brückenform). Beide Bauweisen haben ihre Vorteile, erst die praktische Erprobung wird die zweckmäßigste Konstruktion erkennen lassen. Den Firmen wird bewußt möglichst weitgehende Freiheit bei den Entwürfen zugestanden«[331]. Das bei *Blohm & Voss* durchkonstruierte Boot wurde gegenüber WK 202 günstiger beurteilt, weil eine um 3 kn höhere ↓-Geschwindigkeit in Aussicht stand[332]. Sorgen bereitete der U-Führung die Frage der Ablieferung, denn bis eine Serienfertigung zur Diskussion stand, würden Monate ungeduldigen Zuwartens vergehen. So konnte erst im Dezember mit dem Bau von vier 300-t-Booten begonnen werden. »Mit den vier in Auftrag gegebenen Walter-Booten war die angestrebte Breitenentwicklung nur unzulänglich zu erreichen. Je 6 Boote erschienen jetzt als das Minimum, das man brauchte, um unter Kriegsbedingungen Erfahrungen sammeln zu können, die sich auf Fertigung, Prüfstand, Bordbetrieb, Ausbildung, Umgang mit H_2O_2 an Land und an Bord erstrecken mußten«[333].

Betrachtet man den Zeitraum vom Entschluß für die Walter-Boote (4. Februar 1942) bis zur Inbaugabe (Dezember 1942) in Relation zur formulierten Dringlichkeit, ein derartiges Unterwasser-Boot schnellstmöglich der Front zu liefern, so zeigt sich deutlich das Auseinanderklaffen von theoretischer Planung und praktischer Ausführung im vierten Kriegsjahr, das offensichtlich die sofortige bauliche Umsetzung technischer Innovationen infolge des Materialnotstandes nicht mehr zuließ. Dönitz' Anweisung vom Herbst 1942, eine Serie von 24 Booten in Bau zu geben[334], wenn erste praktische Erfahrungen mit der Walter-Turbine eingeholt seien, erscheint als hektische und den baulichen Möglichkeien unangemessene Treiberei, mit der die Werftindustrie nicht Schritt halten konnte. Die Seekriegsleitung war sich der Problematik bewußt und konstatierte: »Die Boote sollen fertig sein im Herbst 1943. Wegen Erprobung der neuartigen Anlage ist jedoch selbst bei günstigem Verlauf mit diesen Booten praktisch vor Frühjahr oder Sommer 1944 kaum zu rechnen[335]. Es erstaunt daher, daß entgegen dieser Feststellung die ersten beiden Walter-Boote, U 792 und U 794, bereits im Oktober 1943 ausgeliefert wurden. Aus dem Erprobungsstadium herausgetreten, erhielten die Typen Wa 201 und WK 202 die der Serie entsprechenden Bezeichnungen XVII B bzw. XVII G.

Parallel zur Konstruktion von Wa 201 und WK 202 gingen die Schiffstechniker Mitte des Jahres 1942 an die ersten Entwürfe zu einem großen Boot mit 800 t, das bei einem Fahrbereich von 7–8.000 sm und einer ↓-Geschwindigkeit von 15 kn zu einer durchschnittlichen ↑-Geschwindigkeit von 26-27 kn kam[336]. Der Entschluß für den Versuch mit dem V 301 genannten Boot ging auf die Notwendigkeit eines schweren, atlantiktüchtigen, aber dennoch unter Wasser schnellen Bootes zurück. Als Planungszeitraum wurde ein halbes Jahr angesetzt, etwa im November war über den Serienbau des großen Typs zu entscheiden. Hitler unterstrich in der Lagebesprechung am 28. September 1942 »nochmals die Tatsache, eine solche Neuentwicklung möglichst bald zur Auswirkung zu bringen«[337]; daß Hitler in gleichem Atemzug die »kriegsentscheidende Bedeutung des U-Bootkrieges« hervorhob, untermauerte den Entscheid für ein solches großes 800-t-Boot.

Als problematisch für die Serienfertigung von V 301 erwiesen sich die Unumgänglichkeit einer erheblich stärkeren Turbine und die mit ihr verbundenen umfangreichen Konstruktionsaufgaben, denn »die Planung bei der Firma Walter stößt z.Zt. wegen Personalmangels auf gewisse Schwierigkeiten. 20 Ingenieure, die von der Firma Walter hierfür namhaft gemacht worden sind, sollen nach Möglichkeit von der Kriegsmarine freigestellt werden«[338]. Das OKM stellte sich jedoch solchen Forderungen entgegen, so daß erst die Intervention durch den B.d.U. die Freistellung von Ingenieuren für die Firma Walter von der Front erwirkte. Nach zwischenzeitlichen Abstimmungsschwierigkeiten in der Konstruktion für das große Boot wurde am 4. Januar 1943 der Bauauftrag für zwei Boote bei *Deutsche Werke, Kiel* mit der Serienbezeichnung XVIII erteilt. Die Serienboote sollten im Mai 1943 in Auftrag gegeben werden, deren Fertigstellung Mitte 1945 und die Indienststellung von zwei Atlantik-Versuchsbooten April-Mai 1945 erfolgen[339]. (Abb. Walter-U-Boot[340], Entwurf Walter-U-Boot [341])

2. Bau von Überwasserschiffen

2.1 Die leichten Seestreitkräfte

Leichte Seestreitkräfte umfassen im Kern Zerstörer, Torpedoboote[342] (T-Boote), Minensuchboote (M-Boote)[343], Minenräumboote (R-Boote)[344], Schnellboote (S-Boote)[345] und Torpedofangboote (T-Fang-Boote)[346].

Daneben zählt zu den leichten Seestreitkräften ein enormer Bestand an kleineren Fahrzeugen, die unverzichtbare Rädchen im System waren und massenhaft die Werften verließen. In der Frage der Produktion kleinerer und für den Gesamtüberblick kaum ins Gewicht fallender Typen wie Begleitschiffe, Betriebsfahrzeuge, Schlepper und die wenigen im Ausland gefertigten Kanonenboote usw. wird sich keine Sicherheit erzielen lassen[347]; sie sind daher in den nachfolgenden Übersichtstabellen nicht aufgeführt.

Die Notwendigkeit des Baus leichter Seestreitkräfte stand zu keinem Zeitpunkt im Kriege zur Disposition, da ihre Unterstützungsfunktion für jede Art der Seekriegführung unerläßlich war – ob Zerstörer, Minenräumer oder Kriegsfischkutter. Die ausreichende Produktion dieser zum Kreis der Hauptkriegsschiffe gehörigen Fahrzeuge war Voraussetzung für eine funktionierende Kriegführung zur See.

Der in der zweiten Kriegshälfte 1942 zutage tretende Mangel an geeigneten Streitkräften im Vorposten-, Minensuch- und Geleitdienst ermöglichte dem Gegner eine zunehmende Aktivität, und die Gefahr, laufend ernste Verluste an Schiffsraum zu erleiden, nur weil die notwendige Sicherung nicht mehr garantiert war, führte in der Seekriegsleitung zu einer Überprüfung der Lage der leichten Seestreitkräfte[348]. Die Seekriegsleitung wehrte sich nach Kräften gegen die von K vorgelegte neue Terminliste vom Mai 1942, in der eine »erschreckende Anzahl von Neubauten leichter Seestreitkräfte als ‚stillgelegt' verzeichnet ist«. K argumentierte mit der Verabschiedung der neuen U-Boot-Zahlen, die eine Verringerung des Baus anderer Seestreitkräfte nach sich ziehen würde. Die Seekriegsleitung führte ihrerseits eine Anzahl von schlagkräftigen Argumenten an, um nicht nur den Bau leichter Seestreitkräfte auf die Dauer sicherzustellen, sondern um eine Erhöhung der Ausstoßzahlen zu erwirken.

Skl stellte dazu fest, daß die Verluste an Schiffsraum nicht nur den Nachschub der deutschen Kriegsmarine beträfen, sondern sich schädigend auf den »gesamten großdeutschen Wehrmachts- und Wirtschaftsnachschub« auswirkten. An der sicheren Durchführung von Seetransporten an der Atlantik- und Kanalküste, in der Nord- und Ostsee und in den norwegischen Gewässern war nicht nur die Wehrmacht, sondern naturgemäß die deutsche Wirtschaft rege interessiert. Jeder Verlust wirkte sich unmittelbar auf die Bedarfsträger aus, die sich auf die Kriegsmarine als schutzbietende Einheit verlassen mußten. En passant nutzte die Seekriegsleitung die Gelegenheit zur Forderung nach Erhöhung der Schnellboot-Zahlen[349] und führte die katastrophale Minenlage ins Feld, die genügend Anlaß gebe, die Lage der leichten Seestreitkräfte von Grund auf zu überdenken.

Die Tatsache, daß gegnerische Einheiten mit steigender Intensität einen offenen Mineneinsatz gegen die französische Kanal- und Atlantikküste mit Erfolg durchgeführt hatten, war ein schlagender Beweis für den eklatanten Mangel an Streitkräften zur Beobachtung und Sicherung des Küstenvorfeldes und zur Freihaltung von Geleitwegen. Zeitweise, so die Seekriegsleitung, war die Minenlage nicht mehr beherrscht worden, und Resultat könnte die erhebliche Gefährdung des U-Boot-Krieges sein, wenn es nicht gelänge, den Geleit- und Vorfeld-Sicherungsdienst in dem Maße auszubauen, um sämtliche Aufgaben und Anforderungen zu erfüllen. Deutsche Beobachtungsstreitkräfte waren teilweise nicht mehr in der Lage, englische Raids rechtzeitig zu erkennen und zu bekämpfen.

Ein verminderter Ausstoß an leichten Seestreitkräften würde die Lahmlegung der deutschen Gesamtkriegführung bedeuten, daran gab es in der Spitze der Marine keine Zweifel: Der umfangreiche Bestand an Sicherungsfahrzeugen war die grundlegende Voraussetzung für die Weiterführung des U-Boot-Krieges – die U-Waffe war nur dann stark, wenn die entsprechenden Unterstützungs-, Geleit- und Sicherungsfahrzeuge in stattlicher Anzahl zur Verfügung standen. Es lag auf der Hand, daß alle Anstrengungen unternommen werden mußten, um die Anzahl an leichten Überwasserstreitkräften so zu erhalten, daß die Führung des U-Boot-Krieges weiterhin sichergestellt sein würde. Wohlgemerkt war zu diesem Zeitpunkt lediglich die Rede von der Fortführung des U-Boot-Krieges als Seekrieg – die Miteinbeziehung schwerer Einheiten war offenbar nicht mehr Gegenstand ernsthafter Diskussion – doch wie im folgenden Kapitel zu zeigen sein wird, liefen die Planungen auch dieser Streitkräfte fernab von den eigentlichen kriegsbedingten Notwendigkeiten zeitgleich auf Hochtouren.

Wert und Notwendigkeit von leichten Seestreitkräften hatten schon in den Vorkriegsplanungen Berücksichtigung gefunden[350]. Unmittelbar nach dem Kriegseintritt Englands wurde der Mob-Bauplan aufgrund der veränderten Situation überprüft und modifiziert; auch im weiteren Verlauf des Krieges mußten in regelmäßigen

Abständen Änderungen und Einschränkungen des Bauplans vorgenommen werden, die immer zu Lasten des Baus von Zerstörern, T-Booten und M-Booten gegangen sind. Eine gewichtige Änderung des Mob-Bauplans bedeutete die Planung und Durchführung des U-Boot-Programms, das den Bau von leichten Seestreitkräften erheblich verringerte[351]. Die Seekriegsleitung steckte zum damaligen Zeitpunkt zugunsten des U-Boot-Baues ihre Forderungen nach Ausbau der leichten Überwasserstreitkräfte zurück und verlangte nur noch den regelmäßigen Ersatz für entstehende Verluste. Als Mindest-Endziffern waren 36 Zerstörer, 20 T-Boote, 64 M-Boote, 64 R-Boote und 40-50 S-Boote festgelegt worden, wobei vorausgesetzt wurde, daß die Fahrzeugtypen betriebssicher und voll einsatzbereit waren.

Die durch die Ausweitung des Krieges allmählich eintretenden Schwierigkeiten auf den altbekannten Gebieten Rohstoffe, Arbeiter und Werftkapazität machten ständige Eingriffe in das laufende Bauprogramm, dann auch Einschränkungen, Kürzungen und rigorose Abstriche notwendig, wobei auf der Hand lag, daß alle Kürzungen automatisch zu Lasten dieser Schiffskategorie gingen, da der U-Boot-Bau außer Konkurrenz stand und andere Objekte für nennenswerte Sparmaßnahmen nicht zur Verfügung standen. Die Situation wurde kritisch, als der Bedarf an leichten Seestreitkräften mit der Inbesitznahme des Nord- und Westraumes »in vorher nicht erwartetem Maße«[352] stieg. Der von der Seekriegsleitung bereits 1940 mit Vehemenz verfochtenen Forderung, dem U-Boot-Bau gleichberechtigt den Bau von Fahrzeugen zur Beherrschung des Küstenvorfeldes an die Seite zu stellen, lagen einleuchtende Gesichtspunkte zugrunde: »Für die Wehrmacht besteht der Kampf gegen England nicht mehr im alleinigen Ansatz der U-Boote gegen den englischen Seehandel; diese Aufgabe wird vielmehr in erheblichem Umfange durch die Luftwaffe mit ihren Einwirkungen gegen Geleitzüge, Schiffe in den Häfen und Hafenanlagen des Gegners ergänzt. Daneben gewinnt der Ansatz von Überwasserstreitkräften und die offensive Minenverwendung nach der Inbesitznahme der französischen Kanal- und Atlantikhäfen erheblich an Bedeutung. Mit dem Zuwachs neuer Küsten sind auch die Schutzaufgaben gegen Minen- und U-Bootsgefahr erheblich vergrößert worden. Es muß z.B. betont werden, daß allein zum Schutz der norwegischen Küsten mit ihren zahlreichen Fjorden und Schlupfwinkeln die aus dem bisherigen ‚eingeschränkten U-Bootsprogramm' anfallenden M-, R- und S-Boote vom normalmilitärischen Standpunkt aus beurteilt nicht ausreichen«[353].

Es ist bemerkenswert, daß von der Seekriegsleitung bereits 1940 ein militärisch befriedigendes Verhältnis zwischen Unter- und Überwasserstreitkräften gefordert und eine über kurz oder lang notwendig werdende Einschränkung des U-Boot-Baus ins Auge gefaßt wurde, um dem immer bedrohlicher werdenden Mangel an leichten Streitkräften zu begegnen. Da die Gesamtlage zum damaligen Zeitpunkt eine Einschränkung des U-Boot-Baus jedoch nicht zuließ, klaffte die Spanne zwischen Bedarf und Bestand der leichten Überwasserfahrzeuge immer weiter auseinander[354]. Die stetig steigenden Anforderungen an Neubau von Vorposten- und Hilfsminensucheinheiten, an Sperrbrechern, an Herrichtung von Hilfskreuzern und Blockadebrechern, insbesondere die erhöhten Reparaturforderungen für Über- und Unterwasserstreitkräfte, führten zu Spannungen, die Terminverschiebungen und sogar vereinzelt Stillegungen nach sich zogen.

Am 5. März teilte OKW WiRüAmt die voraussichtlichen Rohstoff-Zuteilungen für die kommenden Quartale mit (153.000 Tonnen Eisen/Monat, 1.600 Tonnen Kupfer/Monat und 1.600 Tonnen Aluminium/Monat bei einem Bedarf von 172.000 Tonnen Eisen, 3.100 Tonnen Kupfer und 2.300 Tonnen Aluminium)[355]. Skl ließ auf dieser Grundlage die mögliche Baurate der leichten Seestreitkräfte für 1942 und 1943 errechnen und kam zu dem ernüchternden Ergebnis, daß an Überwasserstreitkräften nur noch der Teil fertiggestellt werden könne, der bereits im Bau befindlich und fortgeschritten war. »Mit Beendigung des Jahres 43 müssen zwangsläufig alle Überwasserfahrzeuge mit Ausnahme von monatlich einem S-Boot und 2 R-Booten ausfallen«[356]. Da bereits im März 1942 die vorhandenen Zahlen an leichten Seestreitkräften unzureichend waren, durch die ständigen Rohstoffkürzungen in absehbarer Zeit keine neuen Boote gebaut werden konnten und mit laufenden Kriegsverlusten zu rechnen war, »kann der Zeitpunkt übersehen werden, wo die Aufgaben im Geleit- und Sicherungsdienst für den U-Bootskrieg wie für den Nachschubdienst nicht mehr erfüllt werden können«. Als fatal erwies sich dabei, daß ein Teil der zugewiesenen Rohstoffe für Objekte verbraucht wurde, die aus verschiedenen Gründen nicht fertiggebaut werden konnten und abgewrackt werden mußten, so daß wertvolles Material völlig fehlgeleitet und nicht mehr nutzbringend verwendbar war.

Skl stellte auf der Basis des zugeteilten Materials einen »möglichen Schiffbauplan« für die Jahre 1942 und 1943 auf. Spalte a) enthielt die für die Kriegführung notwendigen Neubauten nach dem ursprünglichen Bauplan, in Spalte b) waren jene Neubauten aufgelistet, die gemäß der im Dezember 1941 befohlenen Rohstoffkürzungen in den kommenden Quartalen fertiggestellt werden konnten, und in Spalte c) war der Bauplan bei angekündigter Kürzung verzeichnet, der die Differenz zwischen ursprünglichem und noch möglichem Bau verdeutlicht.

Möglicher Schiffbauplan leichte Seestreitkräfte (Haupt) 1942 und 1943[357]

Jahr Quartal	Zerstörer			T-Boote			S-Boote			M-Boote			R-Boote			T-Fang-Boote		
1942	a	b	c	a	b	c	a	b	c	a	b	c	a	b	c	a	b	c
I	2	–	–	3	3	1	10	8	8	48	9	9	14	15	15	3	3	3
II	4	3	3	3	3	3	9	13	10	42	42	41	16	16	15	2	2	2
III	3	2	2	2	1	2	9	8	3	14	23	23	14	13	6	2	–	–
IV	3	2	2	1	1	1	9	7	3	6	31	23	6	14	6	5	3	3
1943																		
I	1	1	–	4	1	2	9	6	3	8	7	–	1	15	6	5	5	3
II	1	1	–	6	1	2	9	9	3	2	9	–	–	13	6	4	–	–
III	1	2	–	5	1	–	9	8	3	6	7	–	–	7	6			
IV	1	1	–	3	1	–	4	3	3	6	5	–						
ohne Termin								8									24	
Gesamt	16	12	7	27	12	11	68	70	36	132	132	96	51	93	60	21	37	11
Kürzung um		9			16			34			36			33			10	

Unter der Voraussetzung, daß die 1. Vierteljahrszuweisung an Rohstoffen auch für die weiteren Quartale in ungefähr gleicher Höhe erfolgen konnte, stellte Skl den Bauplan auf lange Sicht, d.h. bis einschließlich 1944, auf. Danach ergab sich in der tabellarischen Übersicht folgende Bauquote:

Bauübersicht über die leichten Seestreitkräfte (Haupt) 1942-1944[358]

1. Bauübersicht nach: »Alter Fertigungsplan, milit. erforderlich zur Durchführung der Kriegsaufgaben gem. Führerweisung jedes Jahr«

Schiffstyp	monatlich	jährlich
Zerstörer	1/2	6
T-Boote	1	12
M-Boote	9	108
S-Boote	4	48
R-Boote	6	72
T-Fang-Boote	–	31

2. Bauübersicht nach: »Fertigungsplan nach Kürzung im Dezember Lfd. Zuteilung im I. Vj. 42 (noch gerade tragbar) jedes Jahr«[359]

Schiffstyp	monatlich	jährlich
Zerstörer	1/3	4
T-Boote	1/2	6
M-Boote	8	96
S-Boote	3	36
R-Boote	3	60
T-Fang-Boote	–	31

3. »Herabgesetzte Fertigung gem. Mitteilung vom 5. 3. (Kriegsaufgaben nicht mehr durchführbar)«[360]

Schiffstyp	1942		1943		1944	
	monatlich	jährlich	monatlich	jährlich	monatlich	jährlich
Zerstörer	1/3	4	1/4	3	–	–
T-Boote	1/2	6	1/3	4	–	–
M-Boote	8	96	–	–	–	–
S-Boote	1+1/2	18	1	12	1	12
R-Boote	2+1/3	28	2	24	2	24
T-Fang-Boote	–	11	–	–	–	–

Im Mai 1942 konstatierte die Seekriegsleitung, daß »durch die aus der eingangs erwähnten Terminliste ersichtlichen Stillegungsaktionen größeren Ausmaßes (...) nunmehr eine[361] operativ endgültig untragbare Situation[362] entstanden [ist]«.

Der Bestand an leichten Seestreitkräften (Haupt) belief sich im Mai 1942 auf:[363]

Zerstörer	T-Boote	M-Boote	R-Boote
16	24	63	102

Bei der Aufstellung für 1942 waren Verluste oder natürlicher Verschleiß nicht miteingerechnet; wesentlich war mithin die Feststellung, daß die für das Jahr 1943 zugeteilten Rohstoffe[364] weitere Neubautätigkeit mit Ausnahme des U-Boot-Baus nicht mehr zulassen würden, so daß die im Mai 1942 genannten Zahlen zum Bau von leichten Seestreitkräften für die Jahre 1942 und 1943 endgültige waren! Das bedeutete, daß die ohnehin geringe Anzahl nicht nur nicht gehalten (geschweige denn gesteigert), sondern infolge Feindeinwirkung und natürlicher Abgänge rasch absinken würde. Zwar lieferte die ansehnliche Quantität an Hilfsminensuch- und Vorposten-Fahrzeugen eine gewisse Unterstützung der Kriegführung im Küstenvorfeld; da solche Boote jedoch ortsgebunden und nur eingeschränkt verwendungsfähig waren, war eine wesentliche Erleichterung nicht zu erwarten. Der Einsatz von Sicherungskräften brachte ohnehin Schwierigkeiten mit sich, da die Verlegung schwerer Einheiten nach Norwegen und die Bewegungen der Schiffe für die Verteilung der leichten Fahrzeuge die schwierigsten Rechenexempel einforderten, um die geringste Sicherung zu garantieren. Um spürbare Erholung zu erwirken, galt es, die Baurate auf ein befriedigendes Maß hochzufahren, doch die Seekriegsleitung war in einem Teufelskreis gefangen: Die angedachte Lösung, die Neubauquote der U-Boote zugunsten der Produktion leichter Streitkräfte zu senken, verbot sich schon allein wegen der Schwerpunktbildung der Seekriegführung auf den U-Krieg. So blieb nur die bittere Erkenntnis, daß unweigerlich der Zeitpunkt kommen würde, da weder U-Boote noch Überwasserschiffe operieren könnten, da die notwendigen Voraussetzungen für deren Operationen wegen des Fehlbestandes an Sicherungsfahrzeugen nicht mehr zu schaffen waren. In der Konsequenz bedeutete dies früher oder später – eben wenn die letzten Sicherungsstreitkräfte aufgebraucht wären – die Einstellung des Seekrieges.

Die Seekriegsleitung sah zur punktuellen Besserung der Lage nur die Möglichkeit

1. *die in Auftrag befindlichen Typen beschleunigt fertigzustellen,*
2. *den Bau von T-Booten, M-Booten, R-Booten, Zerstörern und S-Booten im bisherigen Rhythmus, d.h. Ausstoß von jährlich 4 Zerstörern, 6 T-Booten, 50 M-Booten und 50 R-Booten, weiterzuführen,*
3. *ausländische Fahrzeuge (französische, dänische, finnische, spanische) aufzukaufen und ggf. umzubauen und*
4. *»wirklich ausreichende« Mengen von Rohstoffen und Arbeitskräften regelmäßig zuzuteilen.*

Wiewohl die Seekriegsleitung wußte, daß gerade die unter Punkt 4) genannte Forderung kaum umgesetzt werden konnte, präzisierte sie dennoch ihre Vorschläge. Die bereits in Auftrag befindlichen Typen möglichst schnell zur Ablieferung zu bringen, erforderte die Prüfung und Durchführung von Maßnahmen, die die Bauarbeiten vorantreiben und die Ausbildungszeiten unter eventueller Inkaufnahme militärischer Unzulänglichkeiten[365] verkürzen sollten. Die unter 2) aufgeführte Maßnahme stand in Abhängigkeit von der Verlagerung der notwendigen Rohstoffe und Arbeiter. Einschränkungen an anderen Stellen mußten dafür notwendigerweise in Kauf genommen und die unbedingte Kriegsnotwendigkeit anderer Objekte strengster Prüfung unterzogen werden (z.B. Umarmierung schwerer Einheiten). Das Hauptaugenmerk lag auf der Vermeidung sprunghafter Entwicklung und Änderungen in der laufenden Produktion. Nicht mehr Vollkommenheit und Überlegenheit der einzelnen waren das primäre Ziel, sondern die quantitative Auffüllung infolge des zahlenmäßigen Fehlbetrages, wobei als Maxime galt, daß viele nicht vollkommene Boote wertvoller seien als ein einziges überlegenes Fahrzeug.

In Anbetracht der bestehenden Notlage machte die Seekriegsleitung Konzessionen und zeigte sich bereit, die Bauquote der T-Boote auf 12 pro Jahr[366] herunterzuschrauben und parallel dazu 75 M-Boote[367] zu fordern, vor dem wohlüberlegten Hintergrund, »daß dann die Zerstöreraufgaben von den sich hoffentlich bewährenden Torpedobooten und die Geleit- u. Sicherungsaufgaben von M-Booten ‚40' übernommen werden müssen«[368] – sicherlich in der Hoffnung, dadurch eine merkliche Erholung im Bauplan erzielen zu können. Die entsprechenden Rohstoffe und Arbeiter sollten durch Umverteilung in der Marine-Baupolitik gewonnen werden – würde eine solche Umverteilung nicht möglich sein, so waren die Zulieferungen von K zu errechnen und der Marine zusätzlich zur Verfügung zu stellen. Das schien überhaupt die einzige Möglichkeit zu sein, um eine schnelle und gründliche Besserung der Lage der leichten Seestreitkräfte zu erzielen: »Eine kategorische Forderung auf sofortige Zuteilung von Material und Arbeitskräften zu Wiederausweitung des auf ein unerträgliches Maß zusammengestrichenen Schiffbauplans«. Es bedarf eigentlich kaum der Erwähnung, daß eine drastische Erhöhung der Materialzulieferung nicht erfolgte; wenigstens konnte sozusagen aus eigener Kraft eine momentane Besserung durch den am 2. Juni 1942 befohlenen Weiterbau einer Anzahl stillgelegter Kriegsschiffneubauten erwirkt werden[369], der jedoch im Verhältnis zu den »Programmzahlen« nicht mehr als ein Tropfen auf den heißen Stein war. Es fehlte zwar nicht an der Deutlichkeit des Ob.d.M. gegenüber seinem »Führer« hinsichtlich der miserablen Situation der leichten Seestreitkräfte. Doch Hitler, der die lapidare Feststellung traf, daß er die Einstellung des Baus von Zerstörern für bedenklich halte[370], ließ sich vom Ob.d.M. nur die Bestätigung abringen, daß Geleit- und Sicherungsfahrzeuge »vom Zerstörer abwärts« in der Dringlichkeit unangetastet bleiben sollten[371], worüber es ohnehin keine Diskussionen gab.

Fertigwerdende Neubauten leichter Seestreitkräfte (Haupt) 1942 und 1943 (nach dem Fertigungsplan von 1942)[372]

Typ	Fertigbauplan	Stillegung aus Materialmangel	Abwracken bzw. Verzicht auf Inbaugabe
Zerstörer	7 (+1 holl.)	2 (+2 norw.)	9
T-Boote	10 (+1 franz.)	6	38
T-Fang-Boote	11	8	12
S-Boote	30	–	49
M-Boote	96	20	28
Geleitboote	–	–	30
R-Boote	52	–	49
KM-Boote	33	–	–
KU-Jäger	4	4	17
Sonst. Schiffe einschl. Neubauten	ganz zu streichen		

Die in der voranstehenden Tabelle aufgeführten Bauten waren allerdings nur Planungszahlen des Jahres 1942. Der Schiffbau unterlag, wie jeder andere Produktionszweig, den Bedingungen des Krieges. Ausfälle durch in erster Linie feindliche Luftangriffe wurden 1942 ebensowenig in den Planungen berücksichtigt, wie eventuelle Neuplanungen – ob politisch-militärisch oder bauwirtschaftlich motiviert – miteinbezogen werden konnten.

Die »Dc-facto Endfertigung« der deutschen Rüstung leichter Seestreitkräfte 1942 kann daher nur solchen tabellarischen Übersichten entnommen werden, die zum Ende des Krieges bzw. nach Kriegsende verfaßt worden sind. Die tatsächlichen Produktionszahlen ließen sich schwerlich ermitteln, wenn nicht Vize-Admiral Topp im Auftrag der englischen Admiralität nach Kriegsende eine Ausarbeitung zum »Überwasserkriegsschiffbau während des Krieges 1939-1945«[373] vorgelegt hätte, aus der die minutiöse Aufschlüsselung nach Typen, Werften und Monatslieferungen hervorgeht. Auf dieser Basis, »die Angaben sind mit Sicherheit richtig«, läßt sich ein lückenloses Bild von den 1942 abgelieferten leichten Seestreitkräfte erstellen.

Die Endfertigung leichter Seestreitkräfte im Jahre 1942[374]

1. Zerstörer

	April	Juli	September
	Z 31	Z 37	Z 32
Werft		Deschimag Bremen	
Gesamt		**3**	
Arbeitsstunden[375]		3 x 1.780.000 = 5.340.000	

Nicht enthalten sind die beiden in den besetzten Gebieten beschlagnahmten und fertiggestellten Zerstörer »Z H 1«, Niederlande, abgeliefert etwa 1942/43 und »Hermes«, Griechenland, fertiggestellt etwa Herbst 1942.

2. Torpedoboote

Monat	**Februar**	**Mai**	**Juli**	**August**	**Oktober**	**Dezember**
Bezeichn.	T 22	T 20	T 21	T 23	T 24	T 25
Typ	(Typ 39)	(Typ 37)	(Typ 37)	(Typ 39)	(Typ 39)	(Typ 39)
Werft			Schichau Elbing			
Gesamt			**6**			
Arbeitsstunden[376]			Typ 37: 2 x 1.040.000 = 2.080.000 Typ 39: 4 x 840.000 = 3.360.000			

3. Minensuchboote

Monat	**Typ 35**	**Typ 40 (Ausland)**	**Typ 40 (Inland)**
Januar	3	-	-
Februar	1	-	-
März	-	-	1
April	3	-	1
Juni	1	-	3
Juli	-	-	1
August	2	1	1
September	1	1	2
Oktober	-	4	1
November	1	7	3
Dezember	1	6	3
Gesamt	13	19	16
Gesamt		**48**	
Arbeitsstunden[377]	13 x 430.000 = 5.590.000	35 x 220.000 = 7.700.000	

4. Schnellboote

Monat	Lürssen-Werft	Schlichting-Werft
Januar	1	1
Februar	2	-
März	2	1
April	2	1
Mai	1	1
Juni	5	-
Juli	2	1
August	1	1
September	2	1
Oktober	3	1
November	2	-
Dezember	2	1
Gesamt	**34**	
Arbeitsstunden[378]	34 x 40.000 = 1.360.000	

5. Minenräumboote[379]

Monat	Burmester Swinemünde/Bremen	Abeking & Rasmussen Lemwerder	Ausland
Januar	2	2	1
Februar		1	
März	1	4	
April	4	2	
Mai	2	2	1
Juni	2	3	
Juli	2	1	
August	1	3	
September	3	2	
Oktober	3	2	1
November		3	
Dezember	2	2	
Gesamt		**52**	
Arbeitsstunden[380]		52 x 40.000 = 2.080.000	

6. Kriegsfischkutter

Monat	
Oktober	5
November	5
Dezember	8
Gesamt	**18**
Arbeitsstunden[381]	18 x 20.000 = 360.000

7. Vorposten-Boote und U-Jäger

Monat	Inland	Ausland
Januar	2	1
Februar	1	
März		1
April	1	1
Juni	1	
August	3	
Oktober	1	
Gesamt	**12**	
Arbeitsstunden[382]	12 x 150.000 = 1.800.000	

8. Landungsfahrzeuge (Marine-Fährprähme, MFP; Marine-Artillerie-Leichter, MAL; Marine-Nachschub-Leichter, MNL)

Monat	
Januar	23
Februar	12
März	11
April	46
Mai	36
Juni	23
Juli	39
August	44
September	10
Oktober	22
November	38
Dezember	7
Gesamt	**311**

Das Gesamtbaugewicht für die aufgeführten Typen leichter Seestreitkräfte betrug im Jahre 1942: 115.120 t[383].

Material für weitere Neuproduktion war nach den Planungen von 1942 erst wieder 1944 zu erwarten. Da aus dem Bereich U-Boot-Bau Materialabzweigungen nicht möglich waren und das verbleibende Restmaterial aus dem Bau der Überwasserschiffe kaum für die Instandhaltung hinreichte, blieb für den Neubau von leichten Seestreitkräften oder den Fertigbau stillgelegter Fahrzeuge kein Material mehr übrig.

Die katastrophale Situation der leichten Seestreitkräfte machte das umgehende Freiwerden von Rohstoffen aus anderen Kontingenten nötig, wenn der Seekrieg nicht in Kürze zum Erliegen kommen sollte. Materialgewinn stand nur dann in Aussicht, wenn sich die Marineführung dazu durchringen sollte, auf den Bau von großen Schiffen in Zukunft zu verzichten.

Die Frage des Baus von Großkampfschiffen und Flugzeugträgern ist im Jahre 1942 Zankapfel in der Marineführung gewesen und erst nach langem Abwägen entschieden worden. An der Großkampfschiff-Frage schieden sich die Geister im OKM, und sie ließ schließlich den Großadmiral zu der Überzeugung gelangen, seinen Platz als Oberbefehlshaber zu räumen – doch bis zum 30. Januar 1943, dem Tag der Ernennung Großadmiral Dönitz' zum Nachfolger Raeders als Oberbefehlshaber der deutschen Kriegsmarine, wurden im Oberkommando sowie im Führerhauptquartier aufgeregte Diskussionen um das Für und Wider großer Typen geführt, bis Hitler den entscheidenden Entschluß faßte.

2.2 Die Schlachtschiff-Frage

Während die Unterseeboote (und also auch die leichten Seestreitkräfte als in erster Linie unterstützende Einheiten) zunächst keine Änderung ihres Kampfauftrages für das Jahr 1942 erfuhren – auch wenn sich die operativen Möglichkeiten durch den Kriegseintritt der USA erweitert hatten und das Mittelmeer Kriegsschauplatz der Kriegsmarine wurde, blieb das vorrangige Ziel nach wie vor die Bekämpfung feindlicher Handelstonnage im Atlantik – ergab sich für die deutschen schweren Überwasserstreitkräfte eine grundsätzliche Wendung.

Das Ziel, die Engländer aus dem Mittelmeer herauszuhalten und – als dies zu spät war – zu vertreiben, war mit dem maritimen Konzept der strategischen Wechselwirkung zwischen Mittelmeer und Atlantik von 1940/41[384] artikuliert worden, bislang aber ohne den erhofften Erfolg geblieben. So wurde die bestehende Zielsetzung der alternativen Mittelmeerstrategie in das Jahr 1942 hineingetragen und blieb für die Seekriegsleitung Aufgabe und Teil des strategischen Konzeptes.

Die schwere Überwasserflotte, die sogenannte Kernflotte, hatte sich mit Beginn des Jahres 1942 neuen Herausforderungen im Nordmeer zu stellen[385]. Zur Abwehr einer drohenden Invasion im Nordraum[386] und zur Bekämpfung alliierter Hilfskonvois für die Sowjetunion forderte Hitler die Verlegung sämtlicher schwerer Überwassereinheiten aus dem Atlantikraum nach Norwegen. Nachdem sich die Marineführung nur zögernd der kategorischen Forderung Hitlers gebeugt hatte[387], traf das Schlachtschiff »Tirpitz« am 16. Januar 1942 in Drontheim ein, der schwere Kreuzer »Prinz Eugen« und das Panzerschiff »Admiral Scheer« folgten am 20. Februar, die schweren Kreuzer »Admiral Hipper« und »Lützow« im Laufe des März 1942[388].

Die Präsenz der schweren Einheiten blieb zwar nicht ohne Wirkung auf die englische Admiralität, die im Frühjahr angesetzten Operationen verliefen jedoch enttäuschend[389], und Hitler, der im Rahmen des strategischen Gesamtkonzeptes die gewinnträchtige Einsatzmöglichkeit und somit eine tragende Rolle von Schlachtschiffen und Kreuzern für den Seekrieg in Frage zu stellen begann, bekam nunmehr Gelegenheit, die Existenzberechtigung von großen Kampfschiffen im Laufe des Jahres 1942 grundsätzlich zur Disposition zu stellen. Mit fortschreitender Dauer des Krieges war immer weniger mit einer englischen Invasion im Nordraum zu rechnen, und so kam den »Dampfern« in ihrer Verwendung in Norwegen nicht jene Bedeutung zu, die Hitler von der Notwendigkeit und Zweckmäßigkeit der material- und kostenverschlingenden »Dickschiffe« zu überzeugen vermochte.

Weitere Nordraum-Unternehmungen schwerer Einheiten konnten wegen Ölmangels[390] nicht anlaufen, so daß die Seekriegsleitung auf den Einsatz von leichten Seestreitkräften und U-Booten zum Kampf gegen die Geleitzüge zurückgreifen mußte. Es wurden lediglich Gelegenheitserfolge[391] erzielt, und die Marineführung zog das ernüchternde Resümee: »Es bleibt also letzthin der Einsatz von Luftkampfstreitkräften als einziges Mittel, durch das Erfolge gegen die Geleitzüge wirklich erkämpft werden können«[392].

Für den Augenblick galt jedoch, den Diktator mit einem durchschlagenden Erfolg die Daseinsberechtigung der Kernflotte unter Beweis zu stellen. Unter Aufbietung der gesamten Norwegeneinheit sollte einem feindlichen Geleitzug ein vernichtender Schlag versetzt werden, der »besonders große Auswirkungen für den Gesamtverlauf des Seekrieges gewinnen [könnte]«[393]. Die unter der Deckbezeichnung »Rösselsprung«[394] im Juli 1942 gegen den Geleitzug »PQ 17« gefahrene Unternehmung führte hingegen exakt zum Gegenteil: Träger der Operation waren U-Boote und die Luftwaffe, die Großkampfschiffe hatten, wenn überhaupt, nur Unterstützungsfunktion. Die grassierende Furcht vor eigenen Schiffsverlusten durch eine fernsichernde Flugzeugträgerkampfgruppe ließ das Unternehmen vorzeitig zum Abbruch gelangen – allein Flugzeugen und U-Booten blieb die Bekämpfung des Geleitzuges vorbehalten, die mit einem überragenden Erfolg abgeschlossen wurde[395].

Durch den Abbruch von »Rösselsprung« brach sich in der Seekriegsleitung die schmerzliche Erkenntnis Bahn, daß der Kernflotte im Krieg offensichtlich keine Bedeutung mehr zukam: »Es bedarf keiner Betonung, daß der Abbruch der aussichtsvollen Unternehmung, die den Überwasserstreitkräften der Flotte endlich einmal wieder eine ohne allzu großen Einsatz lösbare, offensive Kriegsaufgabe zu bringen versprach, von mir [Admiral Schniewind, d.Vf.] und den Besatzungen (...) mit einem Gefühl der Enttäuschung empfunden wird«[396]. Das war noch gelinde ausgedrückt: »Wie die begossenen Pudel«[397] sollen die Seeoffiziere den Rückzug angetreten haben, »und jeder reagierte auf die ihm charakteristische Art«[398], war ihnen allen doch klar, daß nunmehr eine entscheidende Wende in der Seekriegführung, genauer: im Selbstverständnis der Kriegsmarine überhaupt, vollzogen war.

Es lag auf der Hand, daß sich Hitler »noch mehr als bisher (...) gegen [den] Einsatz der großen Schiffe sperren«[399] würde. Die Aufgaben der schweren Überwasserstreitkräfte wurden vom »Führer« nach dem mißlungenen Versuch der Rehabilitierung auf die Verstärkung der Verteidigung Norwegens beschränkt. Das Schicksal der Kampfschiffe als Einheit mit ausschließlich defensiven Aufgaben war nunmehr besiegelt, und Hitler, der sich durch den Ausgang von »Rösselsprung« in seinem Urteil bestätigt sah, ließ nicht einmal mehr wenigstens die Option auf einen offensiven Einsatz der großen Schiffstypen offen. Schlagende Argumente für den Diktator waren neben der mangelhaften Einsatzmöglichkeit von schweren Einheiten im Gesamtkonzept der Wehrmachtführung und der sogenannten »Risiko-Bindung«, unter allen Umständen eigene Schiffsverluste zu vermeiden, die enormen Material- und Instandsetzungskosten; zudem blockierten die ausgedehnten Liegezeiten Neubau- und Reparaturkapazitäten auf den Werften und verursachten empfindliche Verzögerungen im Ablieferungsplan der Schiffsneubauten. Hitler mag bei solchen zweifellos richtigen Argumenten die strategisch wertvolle Wirkung einer »Fleet in being« zwar verkannt haben[400], vor dem Hintergrund der angespannten Situation an der Ostfront und der damit verbundenen zwingenden Konzentration auf die Interessen des Heeres erschienen dem »Führer« die Belange der über Wasser operierenden schweren Marine demgegenüber als schlicht unangemessen und bedeutungsarm. Zudem hat Hitler wohl die beleidigten Empfindlichkeiten der Admiralität, die in der »Kabinettsfrage Großkampfschiffe« stets mitschwangen, nicht nur ignoriert und mit gereizter Verständislosigkeit quittiert, sondern im Laufe des Jahres mit zum Anlaß für heftige Wutausbrüche genommen[401].

Die deutsche Kriegsmarine verfügte 1942 über drei Schlachtschiffe: »Tirpitz«[402], »Gneisenau«[403] und »Scharnhorst«[404]. Zur Kernflotte zählten des weiteren das Panzerschiff »Admiral Scheer«[405] und die schweren Kreuzer »Lützow«[406], »Seydlitz«[407], »Prinz Eugen«[408] und »Admiral Hipper«[409], die allesamt zur Tatenlosigkeit verurteilt waren; jedoch ergaben sich für einige – wie noch zu zeigen sein wird – unterschiedliche, konzeptionell neue, alternative Verwendungmöglichkeiten durch entsprechende Umbauten.

Es besteht kein Zweifel, daß der praktische strategische Nutzen von Großkampftypen bereits im Jahre 1942 in Frage gestellt werden muß und das krampfhafte Festhalten eines Teils der Marineführung an der überkommenen Tirpitzschen Überwasser-Tradition im Zeitalter der hauptsächlichen Unterwasserkriegführung unangemessen erscheint. Der Wert der deutschen Flotte und somit die Aussicht auf eine sinnvolle Seekriegführung lagen in Qualität und Quantität von U-Booten, nicht in denen von Schlachtschiffen. Das Ende des Schlachtschiffzeitalters, das für die deutsche Seite seit dem Untergang der »Bismarck« am 27. Mai 1941 eingeläutet wurde, war das Produkt des erfolgreichen U-Kampfes gegen die englische Handelsflotte, richtete sich also gänzlich nach den Erfordernissen der Seekriegführung, die im wesentlichen von U-Booten und, wie im vorangehenden Kapitel aufgetan wurde, von dem sichernden Einsatz von leichten Seefahrzeugen bestimmt war.

Hitler hatte erkannt und die Seeoffiziere wissen lassen, daß die schweren Schiffe für die momentane Kriegführung nutzlos waren – es war nur eine Frage der Zeit, wann das wertvolle Schiffsmaterial einer anderen, vermeintlich brauchbareren Verwendung zugeführt würde, wobei zwei Optionen offenstanden: entweder Abwrackung und Nutzung von freiwerdendem Personal und Material und/oder Umbau zu Schifftypen, für die sich eine konkrete Einsatzmöglichkeit zeigte.

Die Außerdienststellung hätte zweifellos die deutsche Seeführung tief erschüttert, denn »es fiel der Kriegsmarine wohl schwerer als anderen Marinen, auf das Schlachtschiff in Zukunft bewußt zu verzichten, weil sie sich durch einen solchen Verzicht wieder in die Rolle einer zweitklassigen Küstenmarine zurückgeworfen glaubte«[410]. Die Seekriegsleitung sah sich daher bemüßigt, in Denkschriften die Bedeutung der deutschen Überwasserschiffe allgemein und aus Prestigegründen insbesondere die der Schlachtschiffe darzutun, zumal nach der mißglückten Aktion gegen »PQ 17« die Gefahr der Desarmierung unmittelbarer denn je wurde. Die Seekriegsleitung hatte dabei offensichtlich nicht begriffen, daß Hitler eine feine Trennlinie zwischen momentan Notwendigem und in Zukunft Möglichem zog: Wenn er Großkampfschiffe jetzt, im Jahr 1942, ablehnte, hieß das nicht, daß er auf sie auch künftig verzichten wollte, im Gegenteil: Großkampfschiffe sollten Kernstück der deutschen Nachkriegsflotte, vielleicht der deutschen Wehrmacht überhaupt werden. So wenig Hitler der bestehenden Kernflotte strategisches Gewicht beimaß und realen Nutzen für die Kriegführung einräumte, desto euphorischer erging er sich in Vorstellungen vom Aufbau einer Flotte nach dem Krieg, oder besser: nach dem Ostkrieg, der den Zugang zu einem gewaltigen Rohstoff-Potential sicherte und alle diesbezüglichen Engpässe vergessen ließ.

Namentlich in der Denkschrift »Aufbau der Flotte nach dem Kriege«[411] vom Juli 1942 wurden solche Vorstellungen geäußert, die konform mit Hitlers Kriegsschiff-Wünschen gingen, aber zum gegebenen Zeitpunkt völlig illusorisch waren, worauf mit keiner Silbe hingewiesen wurde. Die Denkschrift spiegelt in trefflicher Weise das Selbstverständnis des den klassischen Seekrieg-Traditionen verhafteten Teils der Marineführung wider und verdeutlicht die tiefe Kluft zwischen dem (Un-) Bewußtsein um schiffbauliche Realisierungsmöglichkeiten und dem strategischen Denken der Seekriegsleitung. Mit keinem Wort fand dabei Erwähnung, daß der Ostkrieg der Schlüssel für alle weiteren Planungen war – auch für die Marine-Bauprogramme. Der Zukunfts-Bauplan der Seekriegsleitung stand hingegen in enger Verzahnung zu den aufgeblähten operativen und strategischen maritimen Vorstellungen vom Sommer 1942. Mit den Ausführungen zum sogenannten »Großen Plan«[412] – den hybriden deutsch-japanischen strategischen Konstruktionen zu einer Mittelmeer-, Nahost- und Indienseekriegführung gegen die englische Orientstellung – strebte das strategische Denken der Seekriegsleitung dem absoluten Höhepunkt des Krieges zu. Die Formulierungen zum »Aufbau der Flotte nach dem Kriege« als letztlich bauwirtschaftliche Konsequenz aus dem »Großen Plan« korrespondierten mit den hochfliegenden Absichten der Seekriegsleitung und lassen den Sinn für die realen Gegebenheiten – denen hätte die alleinige Aufmerksamkeit gelten müssen – vermissen. Hitler, dem keine Armierung stark genug, keine Tonnage groß genug und kein Aktionsradius weit genug sein konnte, sah die Großkampfschiff-Frage immer in unmittelbarer Verkettung mit dem Ostproblem: Solange an der Ostfront keine Entscheidung gefallen war, waren alle Gedanken zum Flottenaufbau gänzlich indiskutabel. Die Seekriegsleitung aber zeigte sich von den Vorgängen an der Ostfront unbekümmert, plante unter dem Eindruck des »Großen Plans« munter drauflos und hätte vorzugsweise noch im Sommer 1942 mit der Umsetzung des Bauprogramms in reale Tonnage begonnen!

Die Seekriegsleitung wies zunächst wenigstens darauf hin, daß die Herausgabe einer umfangreichen Ausführung zur Zusammensetzung der Nachkriegsflotte zur Zeit nicht beabsichtigt sei, da die Erkenntnisse zu operativen und taktischen Forderungen an die einzelnen Schiffstypen aufgrund der Kriegserfahrungen ständigen Änderungen unterlägen, verbot sich jedoch nicht eine solche Aufstellung – noch dazu kategorisch gefordert –, die nichts weiter als ein Ausdruck phantastischer Wunschvorstellungen der maritimen Dickschiffenthusiasten war: Die Nachkriegsflotte müsse die folgenden sechs Typen enthalten: Schlachtschiffe, große Flugzeugträger, kleine Flugzeugträger (Flugdeckkreuzer), Kreuzer, T-Boote (bzw. Zerstörer). Erst an letzter Stelle waren in der Folge die U-Boote genannt.

Zu den Schlachtschiffen stellte die Seekriegsleitung fest, daß sogleich nach Kriegsende drei der Kategorie »H 41«[413] auf Stapel gelegt werden könnten (vorgesehen waren dafür *Blohm & Voss*, *Deschimag* und *Deutsche Werke, Kiel*), denen sich etwa ein Jahr später ein viertes im neuen Baudock der *Kriegsmarinewerft, Wilhelmshaven,* anschließen sollte. Was die Flugzeugträger anbetraf, so bedurfte es nach den geäußerten Vorstellungen eines gegenüber »Graf Zeppelin« wesentlich verbesserten Neuentwurfes mit Kreuzergeschwindigkeit und Atlantikfähigkeit. Erfahrungen mit »Graf Zeppelin« könnten bei den Entwürfen unmöglich abgewartet werden, da unmittelbar nach Kriegsende mit dem Flugzeugträgerbau begonnen werden müsse. Für die Baumöglichkeiten stünden *Blohm & Voss*, *Deschimag*, *Deutsche Werke, Kiel*; *Kriegsmarinewerft, Wilhelmshaven*; *Kriegsmarinewerft, Kiel,* und die *Howaldtwerke, Hamburg,* zur Verfügung.

K wurde dazu angehalten, umgehend Angaben zu einem praktisch möglichen Bauplan vorzulegen und entsprechende Typskizzen zu erstellen, wobei offen bleibt, ob tatsächlich von K an weiterführenden Unterlagen gearbeitet worden war. Neben den großen Flugzeugträgern waren kleine Flugzeugträger, sogenannte Flugdeckkreuzer, gefordert, für die der Einsatz als Handelsstörer geplant war. Immerhin sollte diese Version 34 kn erzielen, 12 MZ-Flugzeuge (Mehrzweck), 9 Jäger mit einer Gesamtlast von 100 Torpedos, 100 Bomben zu 500 kg und 200 Bomben zu 250 kg tragen können. Ein Projekt mit der Bezeichnung E V war 1942 in der Durchkonstruktion. K hatte auch hierfür einen Bauplan und eine neue Typskizze mit sämtlichen Änderungsmöglichkeiten, gerade Kaliberfragen für schwere und leichte Flak, Seeziel-Artillerie[414] und Torpedoarmierung betreffend, baldmöglichst vorzulegen.

In der Dringlichkeit folgte der Kreuzerbau, wobei als operative Eigenschaften gute Seefähigkeit, d.h. Atlantiktüchtigkeit, und ein den Schlachtschiffen analoger Aktionsradius angedacht waren. Auf die Fertigung von Spähkreuzern war nach dem Kriege zu verzichten, da die von den Spähfahrzeugen geforderten operativen Einsatzmöglichkeiten sowie ausreichende Haupt- und Flak-Armierung nicht zu erreichen waren.

Nur knapp wurde die Frage nach der Zweckmäßigkeit von Fahrzeugen zur U-Boot- und Flak-Sicherung angerissen. Die Erörterung einer schlagkräftigen U-Boot-Flotte nach dem Kriege blieb bei der Andeutung, daß mit »Abschluss des Krieges die U-Bootswaffe bereits in dem Masse ausgebaut sein wird, dass eine Steigerung zunächst nicht notwendig sein wird«[415]. Der Bau von U-Booten, so weiter, könne sich auf den Ersatz veralteter oder aus anderem Grunde unbrauchbar werdender Boote beschränken; »hierfür werden 50 bis 60 Boote je Jahr angesetzt«[416].

Interessant ist die Hinzufügung, daß sich die Verhältniszahlen der Nachkriegs-Großschifftypen 1:1:1:4 verhalten würden, d.h. ebensoviel Schlachtschiffe wie große und kleine Flugzeugträger zu bauen seien und die Zahl der Kreuzer das Vierfache demgegenüber betragen werde. Diese Schwerpunktbildung der deutschen Nachkriegsflotte auf Großkampfschiffe läßt einen gegenüber dem Kriegseinsatz geänderten Auftrag erkennen: Nach dem siegreichen Ende des Krieges lag die Aufgabe der Kriegsmarine in hemmungsloser Demonstranz von maritimer Stärke – mit welcher eigentlichen strategischen Aufgabe auch immer[417].

Die Vorstellungen zum deutschen Flottenaufbau nach dem Krieg scheinen kaum überboten werden zu können, doch hat es die Seekriegsleitung vermocht, mit Gedanken zum Schlachtschiffneubau[418] – wohlgemerkt noch für die Zeit während des Krieges – ihre ganze Maßstablosigkeit in den Sommermonaten 1942 ins Phantastische ausgleiten zu lassen. Weitsichtig zu planen – ob im Kriege oder im Frieden – gehört zum festen Auftrag der Militärs. Doch Großschiff-Überlegungen zu einem Zeitpunkt anzustellen, da, wie gesehen, neue U-Boot-Entwicklungen als unabdingbare Notwendigkeiten in fieberhafter Arbeit vorangetrieben wurden, und dies zeitlich nur mit mäßigem Erfolg, und der Bestand an leichten Seestreitkräften in Kürze zu versiegen drohte, war unangebracht. Daß die Seekriegsleitung in einer Situation in Schlachtschiffkategorien gedacht hat, in der die Planungsvorgaben der ersten Dringlichkeitsstufe (25 U-Boote/Monat) schon nicht eingelöst werden konnten, weil die beiden General-Notstände Mensch und Material die Realisierung des ohnehin eingeschränkten Programms nicht zuließen, ist verantwortungslos gewesen. Die Admiralstabsoffiziere um ihren Oberbefehlshaber Raeder haben nicht annähernd die dringlichen Erfordernisse der Landkriegführung in der richtigen Relation zu den im Jahre 1942 zweitrangigen Belangen der Marine gesehen oder wollten nicht sehen, daß an unangefochten erster Stelle der Ostkrieg mit all seinen Konsequenzen stand, gefolgt vom Unterwasserkampf gegen die feindlichen Handelsschiffe. Vom »Großen Plan« geblendet, konnte sich zu Großkampfschiffträumerei nur hinreißen lassen, wer den Krieg nicht verstanden hatte.

Für das die Anweisungen der Seekriegsleitung bearbeitende Hauptamt Kriegsschiffbau stand die Notwendigkeit außer Zweifel, zur Ausnutzung der vorhandenen Hellinge und der Leistungsfähigkeit der Werften neben dem Bau der Schlachtschiffe »H« weitere kleinere Schlachtschiffe oder Schlachtkreuzer oder auch Flugzeugträger zu bauen. Für solche Projekte kam als Armierung der bewährte 38cm Doppelturm in Frage, als Maschinenanlage sollte eine dem Stand der Technik gemäße Neuentwicklung zum Zuge kommen. Das entscheidende Argument im Vergleich zu dem Typ Antriebsanlage, wie ihn die »Bismarck« hatte, war die Breite: Während der »Bismarck«-Motor 27m breit war, erforderte die Motorenantriebsanlage des Schlachtschiffs »O« nur 21m.

Als Bauwerften standen zur Auswahl: *Kriegsmarinewerft, Wilhelmshaven,* mit einer Helling-Breite von 36m und einer Länge von 245m; *Deschimag* konnte Helling und Baudock zur Verfügung stellen, wobei der sichtbare Nachteil in der Tiefgangbeschränkung durch das Fahrwasser der Weser lag. Daneben kamen die *Howaldtwerke* in Hamburg in Betracht, ihr dafür bestimmter Helling hatte jedoch nur eine Breite von 30m, und auch die *Deutschen Werke, Kiel,* kamen über eine Breite von 30m nicht hinaus. Die bautechnischen Gegebenheiten für neue Schlachtschiffe waren durchaus vorhanden, so daß an die Phase der Entwurfsarbeiten der Schiffe herangegangen werden konnte. Signifikant für die Denkmuster der die Schlachtschiffe bejahenden Teile der Marineführung war der Rückgriff auf die Tirpitzschen Worte als Ausgangspunkt für weitere Überlegungen: »Man muß zunächst den strategischen Zweck eines Schiffes bestimmen, bevor man an seinen Bau herangeht«. Tirpitz beim Wort genommen, hätte für K in strenger Konsequenz bedeuten müssen, jede weiterführenden Überlegungen zum Bau von Schlachtschiffen 1942 ff. augenblicks einzustellen, doch weit gefehlt.

Bislang hatte die Seekriegsleitung beabsichtigt, das Schlachtschiff »O« als Handelsstörer einzusetzen. Der durchkonstruierte und schließlich genehmigte Entwurf wurde als »O 39« bezeichnet. Ein weiterer Entwurf unter Verkleinerung des Schiffes auf ca. 26.000 Tonnen Typverdrängung bei gleichzeitigem Verzicht auf einen dritten schweren Turm erhielt die Benennung »O 40«. Trotzdem blieb »O 39« mit seinen drei schweren Türmen das kleinste Schiff, dessen mangelhafter Panzerschutz eine angemessene Änderung erforderlich machte, die das Schiff auf eine Breite von über 30m anwachsen ließ und den Bau nur in Wilhelmshaven und in Bremen erlaubte. Die mit verbesserter Panzerung versehene Version bezeichnete K im Entwurf mit »O 41«.

Am 26. Mai hatte eine Aussprache zwischen der Seekriegsleitung und dem Hauptamt Kriegsschiffbau ergeben, daß die Marineführung nicht nur den Einsatz der Schlachtschiffe als Handelsstörer plante, sondern auch wenigstens eines für die Verwendung als »reines« Kampfschiff. Dazu mußte zunächst festgestellt werden, welche Größe ein Schlachtschiff mit Kampfauftrag erforderte. Eindringliche Erörterungen zeigten, daß die Armierung von »Bismarck«, die Maschinenanlage von »O« und die Panzerung von »H 41« zu einem neuen Typ mit der Bezeichnung »O 42« zu verschmelzen waren, der nur wenig kleiner war als die »H«-Schiffe, dafür aber wesentlich schneller, und für den nur der Bau bei *Deschimag* möglich war. Überlegungen zu Entwürfen für weitere Schiffe gingen von dem Grundsatz aus, ein möglichst kleines Schlachtschiff mit schwerer Armierung und guter Standfestigkeit zu bauen. Dabei galten als Grundlagen die Armierung von »O«, die Panzerung von »H 41« und die rechtzeitige Bereitstellung der gängigen 12,7 cm Seeziel- und Flak-Doppeltürme; dieser Typ wurde als »P I« bezeichnet. Ferner war ein Entwurf unter denselben Bedingungen, jedoch mit vier schweren Doppeltürmen in Prüfung mit der Konstruktionsbezeichnung »P II«. Am 23. Juni 1942 gab K den Bauplan für die Schlachtschiffe weiter. Danach waren außer den beiden bei *Blohm & Voss* und den *Deutschen Werken, Kiel,* noch ein drittes Schlachtschiff »im ersten Jahre nach der Demobilmachung aufzulegen und ein weiteres im vierten Jahre, so dass nunmehr etwa folgende Fertigstellungszeiten frühestens nach der Demobilmachung möglich sind«[419]:

1. Schlachtschiff bei *Blohm & Voss*	nach 60 Monaten
2. Schlachtschiff bei *Deschimag*	nach 63 Monaten
3. Schlachtschiff bei *Deutsche Werke, Kiel*	nach 67 Monaten
4. Schlachtschiff bei *Kriegsmarinewerft, W'haven*	nach 74 Monaten
5. Schlachtschiff bei *Blohm & Voss*	nach 84 Monaten
6. Schlachtschiff bei *Deschimag*	nach 90 Monaten
7. Schlachtschiff bei *Deutsche Werke, Kiel*	nach 97 Monaten
8. Schlachtschiff bei *Kriegsmarinewerft, W'haven*	nach 104 Monaten

Nach dieser Planung, welche die Entwürfe bereits während des Krieges fertigte und die entsprechenden vorbereitenden Maßnahmen traf, sollte die deutsche Kriegsmarine im 9. Nachkriegsjahr über weitere acht Schlachtschiffe verfügen!

Im Zuge dieser Überlegungen wurde auch die Frage nach überschweren Kalibern für Kriegsschiffneubauten erörtert[420]. Die Verwendung großer Armierung, die schon 1937 verhandelt wurde und bei Hitler auf reges Interesse stieß, war aufgrund zahlreicher Bedenken immer wieder zerstreut und hinausgezögert worden. 1942 kalkulierte die Seekriegsleitung erneut mit überschweren Kalibern, und diesmal konnte sie auf eine dreijährige Kriegserfahrung zurückgreifen. Probleme mit einer Kaliberstärke ab 40,6 cm waren nach wie vor vorhanden, gerade die geringe Lade- und Feuergeschwindigkeit[421] gaben zu Bedenken Anlaß. Zwar arbeitete die Firma Krupp an dem Problem, auch an dem des Munitionstransportweges, der bei einer Kalibergröße von 40,6 cm und mehr auf eine völlig neue Basis gestellt werden mußte, aber: »Ob und wie Krupp diese Aufgabe lösen wird, steht noch dahin«[422]. Die größte Schwierigkeit, das Anwachsen des Artilleriegewichts bei Erhöhung des Kalibers, war kaum lösbar. Es blieb somit vorerst bei vagen Entwürfen, die erst dann Hitler entschlußreif vorgelegt werden sollten, wenn alle Hindernisse ausgeräumt waren. »Wir werden niemals beim Führer durchkommen, wenn wir von vornherein zu große technische Schwierigkeiten annehmen; auch darf man seine Entschlüsse nicht von vornherein auf mutmaßlichen Störungen aufbauen. Allerdings muß die Konstruktionsfirma die einzelnen Fragen lösen«[423].

Die hypertrophen Planungen der Seekriegsleitung betreffs Schlachtschiffneubauten blieben allesamt Wunschträume, und die Realität hatte die phantastische Vorstellungswelt der Admiralität rasch eingeholt. Und die Realität war: Kapazität für die ausgedehnten Werftliegezeiten der großen Schiffe zu schaffen, ohne die laufende Produktion zu blockieren. »Tirpitz« (drei bis vier Monate ab Ende Oktober bei *Deutsche Werke, Kiel*), »Admiral Hipper« (drei bis vier Monate im Anschluß an »Tirpitz« ebenfalls bei *Deutsche Werke, Kiel*) und »Admiral Scheer« (vier Wochen Maschinenüberholung, danach voraussichtlich zwei Monate)[424] standen zum Herbst und Winter 1942 zur Überholung an[425]. Die Planung war noch nicht endgültig, denn bevor die schweren Schiffe die Werftliegezeit antreten konnten, mußte die generelle Werftbeanspruchung geklärt sein, die unter Kriegsbedingungen naturgemäß ständigen Schwankungen unterlag. Es dauerte noch bis Jahresende, bis sich die voraussichtliche Werftliegezeit der Schiffe definieren ließ. Das OKM verfügte am 9. Dezember 1942 im einzelnen: »Admiral Scheer« stand von Mitte Dezember 1942 bis Ende März 1943 zur Werftliegezeit an, »Admiral Hipper« von Januar bis April 1943, wobei zu diesem Zeitpunkt werftseitig noch keineswegs zugestimmt worden war. »Tirpitz« sollte die Sommermonate über im Nordraum verbleiben, um nach der Rückführung Anfang Oktober von etwa Mitte dieses Monats bis Mitte Januar in die Werft zu gehen; an »Tirpitz« sollte sich die »Prinz Eugen« und dieser die »Scharnhorst« anschließen. Für »Lützow« bemerkte das OKM, daß eine Werftliegezeit während der Sommermonate unerwünscht sei und schlug die Rückverlegung zu Ende September vor, wobei sich die Liegezeit in der Werft von Oktober bis Dezember erstrecken sollte[426].

Es bedarf keiner näheren Erläuterung, daß derartige kostenintensive Liegezeiten der schweren Schiffe von durchschnittlich drei Monaten Hitler in seinem Vorhaben bestärkten, deren Abwrackung zu befehlen, zumal die Kriegsmarine das gesamte Jahr 1942 den praktischen Beweis von der Zweckmäßigkeit der Schlachtschiffe nicht hatte antreten können. So war die Chance des Ob.d.M., Hitlers Gedanken zur Desarmierung der »Prestigeobjekte Schlachtschiff« zu zerstreuen, auf ein verschwindend geringes Maß gesunken – es bedurfte nur noch einer Weisung zur Außerdienststellung.

Technische Daten zu den Schlachtschiffentwürfen »O« und »P«[427]

	O 39	O 40	O 41	O 42	P I	P II
Länge zw. d. Loten	246,00 m	232,00 m	248,00 m	268,00 m	240,00 m	247,00 m
Breite	30,00 "	28,00 "	33,50 "	36,50 "	30,00 "	30,00 "
Seitenhöhe	14,50 "	14,50 "	15,40 "	17,80 "	15,80 "	15,80 "
Freibord (Konstr.)	6,10 "	6,50 "	6,40 "	6,80 "	5,80 "	5,80 "
" (voll beladen)	5,25 "	5,85 "	5,50 "	—	—	—
Tiefgang (Konstr.) 40 %	8,40 "	8,00 "	9,00 "	11,00 "	10,00 "	10,00 "
" (voll beladen)	9,25 "	8,65 "	9,90 "	—	—	—
Deplacement (Typ)	30 600 t	26 000 t	37 400 t	57 700 t	35 200 t	38 900 t
" (Konstr. 40 %)	33 450 t	28 000 t	40 400 t	61 700 t	37 800 t	41 800 t
" (75 %)	35 900 t	29 750 t	43 000 t	65 200 t	40 100 t	44 350 t
" (voll beladen)	37 650 t	31 000 t	44 900 t	67 700 t	41 700 t	46 150 t
Zuladung	7 050 t	5 000 t	7 500 t	10 000 t	6 500 t	7 250 t
Maschinenanlage	2 × 60000 Motoren 1 × 60000 Dampf			3 × 60 000 bis 70000 Mot.	2 × 15 000 Mot. 1 × 60 000 Mot.	
Maschinenleistung (W.P.S. max)	180 000			180 000	90 000	
Geschwindigkeit (bei 40 % Zul.)	33,5 Kn	~ 33,5 Kn	32,1 Kn	30,5 Kn	27,9 Kn	27,5 Kn
Artillerie	6-38 cm SKC 34e	4-38 cm SKC 34e	6-38 cm SKC 34e	8-38 cm SKC 34e	6-38 cm SKC 34e	8-38 cm SKC 34e
	6-15 cm Tbts. K C 36 i. Doppellaf.			12-15 cm SKC 28	16-12,7 cm SKC L/34 i. Doppellafette	
	8-10,5 cm SKC 33 n. T. i. Doppell.			12-10,5 cm		
	8-3,7 cm SKC 30 i. Doppell.			16-3,7 cm SKC 30	8-3,7 cm SKC 30 i. Doppell.	
	16-MG C/30 i. Vierlingl.			24-MG C/30 i. Vierlg.	16-MG C/30 i. Vierlingl.	
	4-MG C/30 (Einzel)			—	4-MG C/30 (Einzel)	
Torpedobewaffnung	6-↑ (Drilling) fest			6-↓-Rohre	Keine	
Flugzeuge	4				Keine	
Panzerschutz, Gürtel	180/80 m/m		240 m/m	300 m/m		
" Zitadelle	30 m/m			145 m/m		
" Oberdeck	50 m/m					
" Panzerdeck	60 m/m		110 (120)	150 m/m		
" do. Böschung	ohne		140 (120)	150 m/m		
" Torp. Schott	45 m/m					
Größter Torpedoschottabstand	4,50 m	3,50 m	6,25 m	6,50 + 1,25 m	6,00 m	

2.3 Die Flugzeugträger-Frage

Flugzeugträger und Hilfsflugzeugträger wurden – anders als die schweren kämpfenden Überwassereinheiten – von Hitler als zentraler Bestandteil der deutschen Flotte 1942 akzeptiert und ihr Ausbau als förderungswürdig eingestuft.

Hatte der »Führer« im Grunde längst seine Entscheidung gegen die Schlachtschiffe gefällt, maß er hingegen dem Gegenstand Flugzeugträger einen großen Stellenwert bei. So sehr es auch zunächst als Widerspruch aufgefaßt werden mag, die Schlachtschiffe zwar abzulehnen, den Flugzeugträgern aber zuzustimmen, so klärt sich der scheinbare Gegensatz beim Blick auf deren unterschiedliche operative Verwendung. Durchschlagendes Argument für den Flugzeugträger als operatives Werkzeug war seine gegenüber den Schlachtschiffen erweiterte konzeptionelle Einsatzmöglichkeit durch die mitgetragenen Bordflugzeuge, die kurzfristig überraschende Luftschläge ermöglichten[428].

Der Bau von Kriegsgerät steht in unmittelbarem Zusammenhang mit und in zwingender Abhängigkeit von den operativen, strategischen und taktischen, somit letzthin den allgemeinen übergeordneten kriegspolitischen Konzeptionen. Es ist daher unumgänglich, der folgenden Erörterung der Flugzeugträger-Frage die noch im Jahre 1941 und vor allem 1942 angedachten »alternativen« Überlegungen der Seekriegsleitung zur maritimen Überwasserstrategie in groben Zügen voranzustellen, um die Einbeziehung der Flugzeugträger in das Marine-Konzept nachvollziehbar zu machen.

Deutschland verfügte mit »Graf Zeppelin«[429] über einen potentiellen Flugzeugträger. Als Träger »A« lief Zeppelin am 8. Dezember 1938 bei der *Germania-Werft* in Kiel vom Stapel, wurde jedoch nicht fertiggestellt. Ein zweiter Träger »B« war ebenfalls bei *Germania* in Kiel auf Stapel gelegt, der Weiterbau wurde infolge Materialmangels eingestellt; der Bau eines weiteren Flugzeugträgers – die Planung sah die Indienststellung für 1940 vor – wurde nicht mehr begonnen. Mit dem Auftakt des Atlantik-Krieges 1940 war auch die Frage des Weiterbaus von »Graf Zeppelin« wieder aufgenommen worden, und Raeder ließ prüfen, unter welchen Voraussetzungen und Bedingungen das Schiff noch binnen Jahresfrist fertiggestellt werden konnte. Die Seekriegsleitung kam zu dem Schluß, daß noch zu Beginn des Jahres die »Einsatzmöglichkeiten dieses Schiffes im gegenwärtigen Krieg (...) nicht zu erkennen«[430] gewesen waren, doch die Lage hätte sich geändert, und ein Träger könne die großräumige atlantische Kriegführung vorzüglich unterstützen. Doch die Arbeiten an »Graf Zeppelin« waren nicht ernsthaft wieder aufgenommen worden, da die U-Boote erfolgreiche Arbeit geleistet hatten und die Notwendigkeit eines Trägers nicht zwingend erschien. Nachdem mit dem Untergang der »Bismarck« 1941 das faktische Ende der atlantischen Kriegführung mit schweren Einheiten eingeleitet war, wurde der Gedanke an die Fortsetzung der Arbeiten an »Graf Zeppelin« vorerst begraben.

Der Fertigbau des Flugzeugträgers konnte erst dann wieder Gegenstand der Überlegung werden, wenn sich eine adäquate Einsatzmöglichkeit, eingebunden in eine taktisch-operative Neuorientierung, zeigte. Diese taktische Neuorientierung wurde am 27. Oktober 1941 artikuliert[431]. Hitler griff weit aus und leitete aus dem noch günstig, wenn auch nicht mehr programmgemäß verlaufenden Ostfeldzug ab, daß England derzeit zur Handlungsunfähigkeit gezwungen sei. Es habe »im Osten die Gelegenheit verpaßt«, könne weder an Rußland umfangreiche Materialmengen liefern, noch im Westen Entscheidendes ausrichten. Der Schluß lag daher für Hitler nahe, daß die Aussichtslosigkeit der Lage England dazu zwingen werde, sich auf das Mittelmeer zu konzentrieren. Hitler führte aus, daß die Lage dort durchaus kritisch sei, denn die Versorgung der eigenen Nordafrika-Kräfte war ständiger Gefahr ausgesetzt, und das verbündete Italien wurde politisch zunehmend unsicherer[432]. Es komme nunmehr darauf an, so Hitler, »den Schwerpunkt auf einen neuen Kriegsschauplatz zu verlegen. Das Mittelmeer sei jetzt der für die Fortführung des Krieges entscheidende Raum, weil die Ausschaltung der Achsenmächte vom Mittelmeer die Sicherheit des Kontinents gefährde«.

Generalfeldmarschall Kesselring war bereits mit der Verlegung von Luftwaffeneinheiten in das Mittelmeer beauftragt worden, und nun müsse »unbedingt auch die Kriegsmarine in den Mittelmeerraum eingreifen«. Dortiger Kern der deutschen Seestreitkräfte sollte das U-Boot sein. Der Abzug von Atlantik-U-Booten jedoch würde sich fatal auf die U-Boot-Kriegführung gegen die englische Handelstonnage auswirken. Es blieb bei dem Versuch, Hitler davon zu überzeugen, daß der Schwerpunkt der deutschen Seestrategie auf der Unterwasserkriegführung im Atlantik lag; doch Hitler ließ sich nicht beeindrucken und verfügte den verstärkten U-Boot-Einsatz im Mittelmeer, wobei er dem Mittelmeer nunmehr den Stellenwert eines Hauptkriegsschauplatzes einräumte und gar das Ansinnen erkennen ließ, bis zur Bereinigung der Mittelmeer-Frage den U-Boot-Krieg im Atlantik völlig zu ignorieren.

Am 13. November erzielte »U 81« mit der Versenkung des britischen Flugzeugträgers »Ark Royal« den ersten spektakulären Erfolg des deutschen Marineeinsatzes im Mittelmeer[433]. Die dann einsetzenden Ereignisse lassen eine Art Kettenreaktion erkennen: Sechs Tage nach der Aktion von »U 81«, am 19. November 1941, verfügte Hitler per Befehl den Weiterbau von »Graf Zeppelin« [434], drei Tage darauf wurde der Einsatz der U-Boote im Mittel- und Südatlantik gestoppt und damit faktisch die Einstellung des Atlantik-Krieges vollzogen. Am 2. Dezember erließ der »Führer« die »Weisung Nr. 38«[435], in der es hieß: »Als Grundlage für die Sicherung und Erweiterung der eigenen Mittelmeerstellung und zur Bildung eines Kraftzentrums der Achsenmächte im mittleren Mittelmeer befehle ich nach Einvernehmen mit dem Duce [Benito Mussolini, d.Vf.], daß Teile der im Osten frei gewordenen Verbände der deutschen Luftwaffe in Stärke etwa eines Fliegerkorps und der erforderlichen Luftverteidigungskräfte in den süditalienischen und nordafrikanischen Raum zu überführen sind«. Unter anderem sollte die Luft- und Seeherrschaft im Raum zwischen Süditalien und Nordafrika »zur Herstellung gesicherter Verbindungswege nach Libyen und der Cyrenaika, hier insbesondere Niederhaltung Maltas«, erzwungen werden.

Der Entschluß, den U-Boot-Krieg ins Mittelmeer zu verlagern, gilt neben der Verlegung der Kernflotte in den Nordraum als maßgebliche Zäsur in der deutschen Seestrategie. »Vom Nordkap bis nach Sizilien und Salamis waren die deutschen Seestreitkräfte zersplittert, das Zentrum, der Atlantik, blieb praktisch frei. Hand in Hand mit dieser Entwicklung ging die Aufgabe einer selbständigen operativen Seekriegführung. Ende 1941 sah es so aus, als sei die Marine überall zum taktischen Aushilfsmittel der kontinentalen Kriegführung Hitlers geworden«[436].

Es drängt sich der Schluß auf, daß Hitler im Zusammenhang mit dieser kurzfristig angesetzten Mittelmeerstrategie die verlockende Einsatzmöglichkeit von Flugzeugträgern vorgeschwebt haben mußte, zudem sein Befehl vom 19. November 1941 zum Weiterbau von Zeppelin etwa zeitgleich zu den ersten Marineeinsätzen im Mittelmeer erfolgte. Nachdem aber in der ersten Jahreshälfte 1942 trotz beachtlicher Erfolge im Mittelmeer das Unternehmen »Herkules« – die Eroberung der Insel Malta durch eine deutsch-italienische Luftlandeoperation – überraschend von Hitler abgesagt wurde[437] und dies unter Hinweis auf die Wiederaufnahme der Ostoffensive unter gleichzeitiger Vernachlässigung aller anderen Kriegsschauplätze, war deutlich, daß Hitler nun dem Kriegsschauplatz Mittelmeer zunächst keine Relevanz mehr zubilligte. Der »Führer« wußte nur zu gut um die Wichtigkeit der Machtposition im Mittelmeer und war sich durchaus darüber im klaren, daß man sich bei Verzicht auf den Stützpunkt Malta über einen Zusammenbruch in Afrika nicht wundern durfte – für den »Größten Feldherrn aller Zeiten« aber mußte unter allen Umständen das Ostproblem als vordringliche Aufgabe gelöst werden, ehe andere Unternehmen in Angriff genommen werden konnten. Auch die Vorstellungen der Seekriegsleitung zum sogenannten »Großen Plan«, dem Hitler prinzipiell offen gegenüberstand, platzten allesamt mit Hitlers Fixierung auf die Sowjetunion, der er in der »Weisung Nr. 41«[438] verschärft Ausdruck gab. Das Kernstück des Krieges war der bolschewistische Feind, und die Kräfte-Konzentration im Osten ließ für andere Unternehmungen keinen Spielraum mehr zu.

Hitlers Überlegungen zum Flugzeugträger-Einsatz im Mittelmeer waren kurzlebig gewesen, sie bezogen sich auf die euphorischen und von praktischen Erfolgen begleiteten Planungen vom Herbst 1941 bis Frühjahr 1942, von denen im Sommer 1942 nichts mehr blieb. Trotzdem: Der Befehl zum Weiterbau von »Graf Zeppelin« war erteilt und am 16. März 1942 unterstrichen worden: »Der Flugzeugträger ‚Graf Zeppelin' ist in Anbetracht der Unentbehrlichkeit einer solchen Einheit für Seeoperationen in mögichst kurzer Zeit fertig zu stellen«[439]. Nur: für welche Seeoperationen? Es drängt sich ler Schluß auf, daß »Graf Zeppelin« neben dem Einsatz im Mittelmeer und der ırsprünglich vorgesehenen Verwendung im Atlantik-Krieg auch für einen möglichen Schlachtflottenkampf in den nördlichen Gewässern miteinkalkuliert war – so hatte Hiter seinem Marineadjutanten bedeutet[440]. Da im Sommer die Mittelmeer-Frage »geklärt« var und der Nordhafen Drontheim als Stützpunkt für »Zeppelin« gewählt wurde, liegt ıuf der Hand, daß die Verwendung von »Graf Zeppelin« und – wie noch zu zeigen ist - von mehreren Flugzeugträgern im Nordmeer und Atlantik erfolgen sollte.

Die Träger, deren Indienststellung ohnehin erst Ende 1944 in Aussicht stand, waren fester Bestandteil der Hitlerschen Strategie; bis dahin war die Schlacht im Osten geschlagen, o daß mit geballter Kraft und mithilfe der unendlichen Materialressourcen des russischen Riesenreiches der entscheidende Schlag gegen die westlichen Alliierten geführt werden önne, wozu Flugzeugträger als unentbehrliche Komponente miteingeplant wurden.

Aus den Höhen der »Königsebene« zurück in die Niederungen der bautechnischen, 'or allem der flugtechnischen und taktischen Schwierigkeiten, die sich nun nach dem Führerbefehl« zum Weiterbau von »Graf Zeppelin« in der Folgezeit für die praktische Jmsetzung der Order ergaben.

Die Verwendung von Flugzeugen der Luftwaffe aus der laufenden Produktion war entegen Hitlers Erwartungen vom Luftwaffenstab zunächst als unmöglich gewertet worlen. Die voreilige und inkooperative Aussage entsprach ganz den ständigen Animoitäten zwischen den beiden Wehrmachtteilen Luftwaffe und Kriegsmarine. Bereits im)ezember aber hatte das OKM die Zusage erreicht, die Luftwaffe könne für den Träer 50 Jäger (Typ Messerschmitt Me Bf 109 T), 4 Sturzkampfbomber (Stuka vom Typ unkers Ju 87 C) und 13 MZ-Flugzeuge (Mehrzweckflugzeuge vom Typ Fiseler Fi 167) urch Abzug von der Front zur Verfügung stellen[441]. Im ungünstigsten Fall bedeutete ies die Bereitstellung bei Beendigung der Erprobungen ohne Flugzeuge – dessen ungechtet unterstrich Hitler nochmals seinen Befehl zur Fertigstellung. Hitler ignorierte die Llagen der Luftwaffe gänzlich und ordnete kurzerhand an, daß die Flugzeugausstattung us Jägern, Aufklärern und Torpedoflugzeugen zu bestehen und der Ob.d.L. für die eitgerechte Bereitstellung von geeigneten Maschinen und Besatzungen zu sorgen habe. Die Einzelheiten sind in sofort einzuleitender Zusammenarbeit zwischen Ob.d.M. und)b.d.L. zu regeln«[442].

Die zuständigen Luftwaffenbehörden gingen zunächst daran, die Wiederaufnahme des aus alter Flugzeugmuster zu prüfen und kamen zu dem Ergebnis, daß die Me 109 T, ie Ju 87 C und die Fi 167 leistungsmäßig und landetechnisch nicht das erforderliche liveau besaßen und daher zumindest Verbesserungen an den vorhandenen Typen vorenommen werden mußten[443]. Die Seekriegsleitung hatte bei den bisher von der Luft'affe vorgeschlagenen veralteten Typen Grundsätzlichkeiten bemängelt, die Bedenken egen die Verwendung der genannten Muster konnten nach Auffassung der Luftwaffe doch beseitigt werden: »Auf Grund dieser Darstellungen sind die Hauptgründe der Seeriegsleitung, die die Unzweckmäßigkeit des Einsatzes der beiden Flugzeugmuster an ord ‚Graf Zeppelin' betrafen, in Fortfall gekommen, da mit den jetzt gegebenen Flugeugtypen

1. der Einsatz des Torpedos und des Nebelgeräts sichergestellt ist,
2. in gewissem Rahmen Radstart für Aufklärer gegeben ist,
3. die Landegeschwindigkeit der Bf 109 F (in aptierter Ausfertigung) nicht über den Wert der Bf 109 Tonnen hinausgeht, dafür aber durch das Breitspurfahrwerk verbesserte Landeeigenschaften aufweist, abgesehen von der verbesserten Kampfleistung,
4. die Ju 87 voll klappbar ist,

5. eine Änderung der Schleudern und damit des Vorschiffs in Fortfall kommt,
6. die Anzahl der unterzubringenden Kampfflugzeuge wieder erheblich vermehrt werden kann[444]*«.*

Diesen Maßgaben folgend unterbreitete die Luftwaffe den Vorschlag: »Als Träger-Jagdflugzeug wird die Bf 109 F in einer Spezialausführung geliefert mit einer Flügelfläche von 19 qm statt bisher 16 qm und einem Breitspurfahrwerk. Ferner erhält das Flugzeug Landehilfen über die ganze Flächenausdehnung (...) Als Träger-Stuka wird die Ju 87 D zur Verfügung gestellt, die hierzu voll klappbar geliefert wird wie die Ju 87 C«[445]. Die Marine würde somit bei geringstem Aufwand an Änderung der flugtechnischen Anlage am schnellsten erprobte und kampfbereite Flugzeuge mit Leistungen erhalten, »die auf Jahre hinaus denen der Gegner überlegen sind«[446].

Dieser in seiner Vorausschau etwas überschwengliche Verwendungsvorschlag diente als Grundlage für die Übereinstimmung zwischen den beteiligten Dienststellen der Marine und der Luftwaffe. Am 6. Mai 1942 wurde festgelegt[447], als Trägerflugzeuge nur die aptierten Rüstmuster Ju 87 D für Aufklärer-, LT- und Stuka-Einsatz und die Bf 109 für den Jagdeinsatz zu verwenden. Selbstverständlich wurden auch Planungen zu Neuentwicklungen eigens für den Flugzeugträgereinsatz durchgespielt, jedoch kam die Luftwaffe nicht ganz überraschend zu dem Ergebnis, daß – selbst wenn die dafür erforderliche Entwicklungs- und Beschaffungskapazität zur Verfügung gestellt würde – mit der Frontreife kaum vor dem Jahre 1946 zu rechnen sei; im übrigen müsse bedacht werden, daß mangels jeglicher eigenen praktischen Erfahrung mit Trägerflugzeugen keine Gewähr für den Erfolg einer Sonderentwicklung gegeben werden könne. In anderem Zusammenhang[448] war betreffs Neu- oder Spezialentwicklungen von Trägerflugzeugen darauf hingewiesen worden, daß die Lebensdauer eines Flugzeugträgers mit mindestens 10 Jahren angesetzt werden könne, die Luftwaffe in ihrer Entwicklung ständigen Schwankungen unterliege und noch längst nicht zum Abschluß gekommen sei. Daher schien es unmöglich, den allgemeinen Fortschritten auf dem Gebiet der Luftfahrttechnik durch laufende Änderung der flugtechnischen Anlagen zu entsprechen. »Die Flugzeugträger in heutiger Form stellen insofern einen Entwicklungsabschluß dar, als die als zweckmäßig gefundene Tonnage zwischen 20 und 25.000 Tonnen eine Grenze hinsichtlich Flugzeuggröße, Start- und Landeeigenschaften setzt«. Ein Leistungsoptimum für die Trägerflugzeuge konnte somit nur in einer Spezialentwicklung liegen[449], die aber zum aktuellen Zeitpunkt nicht zur Diskussion stand. Vielmehr habe, so die Überzeugung des Chefs des Generalstabes der Luftwaffe, die Luftwaffe bei der Entwicklung von Flugzeugen für andere Wehrmachtteile die Politik des »armen Mannes« zu verfolgen, was konkret hieß, durch entsprechende Abwandlungen Flugzeuge erprobter und geeignet erscheinender Muster für Spezialzwecke verwendungsfähig zu machen.

Die technischen und taktischen Leistungen der so aptierten Flugzeugmuster Ju 87 D und Bf 109 F bzw. G mußten den zum Zeitpunkt der Einsatzbereitschaft von »Graf Zeppelin« zu stellenden Anforderungen genügen, da bessere und leistungsfähigere Typen bis dahin nicht geboten werden konnten, wobei bemerkt werden muß, daß sowohl die »Messerschmitt« als auch die »Junkers« durchaus den gegnerischen Entwicklungen dieser Art ebenbürtig, wenn nicht gar in manchen Punkten, z.B. Landegeschwindigkeit überlegen waren. Beide Typen hatten ihre Truppenbrauchbarkeit über Jahre hinweg unter Beweis gestellt, und so stimmte das OKM der grundsätzlichen Auffassung der Luftwaffe zu, daß es auch künftig vorteilhafter und vom wirtschaftlichen Standpunkt her effizienter sei, für in Planung stehende Flugzeugträger keine Spezialanfertigungen von Flugzeugen zu fordern, sondern geeignete, in Großserie laufende und überdies fronterprobte Flugzeuge der Luftwaffe zu übernehmen, »wenn diese Flugzeugmuster in einer Teilsrie dafür hergerichtet werden und wenn beim Übergang auf verbesserte oder neue Flugzeugmuster die schiffbaulichen Veränderungen an den Flugzeugträgern je nach Umfang, Zeitbedarf und Lage durchführbar sind«[450].

Für Frühjahr 1943 waren die ersten Erprobungen und Vorversuche mit den zur Verwendung anstehenden Flugzeugmustern angesetzt, bis Mitte 1943 sollten jedoch noch die Trägerschulflugzeuge vom Typ Ar 96 (Arado) für die Ausbildung und Schulung von Nachwuchspersonal in angemessener Stückzahl beschafft werden. Der Serienlauf der aptierten Muster Me 109 Bf G und Ju 87 D war daher zeitlich so zu planen, daß mit Ende der Fahrerprobung von »Graf Zeppelin« die Aufstellung der Flugzeugträgerstaffeln durchgeführt sein sollte und bis dahin die Trägerflugzeuge mit demselben Motormuster auszurüsten waren. Es lag auf der Hand, daß für die technische Einsatzbereitschaft der Flugzeuge an Bord Wartung, Instandsetzung und Nachschub motorseitig erheblich vereinfacht würden. Die Erörterung derartiger Detailfragen hatte recht eigentlich erst Sinn, wenn die Terminangaben des OKM über die Fertigstellung von »Graf Zeppelin« verbindlich und sowohl der Beginn der Fahrerprobung als auch die tatsächliche Einsatzbereitschaft festgelegt waren. Das OKM kam dem Anliegen der Luftwaffe nach, »diese Angaben baldmöglichst an Generalluftzeugmeister und Generalstab der Luftwaffe zu geben«[451].

Am 30. Mai teilte das Marine-Oberkommando mit, »daß der Flugzeugträger ‚Graf Zeppelin' am 1. 4. 1943 werftseitig fertiggestellt ist«[452] und anschließend im Zeitraum von drei Monaten die Werfterprobungen der Betriebsanlagen im Hafen erfolgen könnten: »(...) die Aufnahme der Flugerprobungen in Fahrt des Schiffes ist ab 1. August 1943 möglich«. Als Träger-Heimathafen und Friedenshorst war Pillau vorgesehen, als Einsatzstützpunkt Drontheim. Die Seekriegsleitung führte bei dieser Gelegenheit ihre Vorstellung von der Standardausrüstung für den Träger aus. Danach waren vorgesehen: Eine Jagd-Staffel mit 12 einsatzbereiten Bf 109 G, eine Aufklärer-Staffel mit neun Ju 87 D, eine Stuka-Staffel mit neun Ju 87 D und eine Torpedo-Staffel mit 10 Ju 87 D. Zu diesen insgesamt einzuschiffenden vier Staffeln waren zusätzlich an Bord ein weiterer einsatzbereiter Jäger und zwei stockierte Jagdflugzeuge unterzubringen. Somit würde die an Bord zu gebende »normale Gesamtflugzeugausrüstung« des Trägers 15 Me 109 Bf G und 28 Ju 87 D (letztere in verschiedenen Rüstzuständen) umfassen.

Die Seekriegsleitung stellte unter Verweis auf die eigene seestrategische Lage, die in der Mehrzahl der Fälle die Aufgabe des Flugzeugträgers defensiver Natur festschrieb, weitere Forderungen auf, da aus taktischen Notwendigkeiten heraus die Zahl der einzuschiffenden Jäger auf Kosten der Mehrzweckflugzeuge zu erhöhen war. Insgesamt forderte die Marine für »Graf Zeppelin« an fliegendem Personal und Material: zwei Jagd-Staffeln mit je 18 Bf 109 G und Personal + sechs Flugzeuge Parkreserve = 48 Bf 109 G und drei Mehrzweck-Staffeln mit je 12 Ju 87 D mit Personal + sechs Flugzeuge Parkreserve = 54 Ju 87 D. Für die Beschaffung und den Nachschub war daher die Zahl von 50 Bf 109 G und 60 Mehrzweckflugzeugen Ju 87 D zu Grunde zu legen – freilich unter Berücksichtigung eines Zuschlags wegen laufender Ausfälle bei Ausbildung und Einsatz, »der zweckmäßigerweise hoch anzusetzen ist«.

Hinsichtlich der Besatzungen der Ju 87-Staffeln forderte die Seekriegsleitung eine Mehrzweckausbildung, die das Personal befähigen sollte, gleicherweise Aufklärungs-, Stuka-, Torpedo- und Nebeleinsätze zu fliegen, »nur unter diesen Umständen kann der gegebene günstige Umstand der Ausrüstung des Trägers mit einem einheitlichen Kampfflugzeugtyp voll ausgenutzt werden«. Die Frage der Flugzeugausrüstung hatte mehrere Monate verstreichen lassen, die sich unmittelbar auf die Bauzeit des Trägers auswirkten, denn bevor nicht eindeutig festgesetzt war, welche Muster tatsächlich eingeschifft würden, war auch die Eventualität schiffbaulicher Änderungen offen. Nach abschließender gemeinsamer Prüfung durch die Seekriegsleitung wurde mit Erleichterung konstatiert, daß auf »Graf Zeppelin« bei Anbordgabe der beiden für die Trägerverwendung abgewandelten Flugzeugtypen B 109 G und Ju 87 D keine schiffbaulichen Änderungen erforderlich seien[453] und der Flugzeugträger programmgemäß ohne zeitraubende Zwischen- oder Umbauten fertiggestellt werden könne, zumal die Gestellung von Material und Arbeitern für den Weiterbau ohne Abstriche zu erwarten war.

Am 11. März 1942 hatte das WiRüAmt des Oberkommandos der Wehrmacht dem OKM ein Schreiben[454] zukommen lassen, mit der Bitte, den erforderlichen Bedarf an Eisen und Stahl, die wichtigsten Mangelrohstoffe in moto und die voraussichtliche Anzahl von Facharbeitern anzugeben. Welche Rohstoff-Zahlen das OKM dem WiRüAmt übermittelte, ist bislang nicht nachweisbar; es kann lediglich der Beweis geführt werden[455], daß 15 Tonnen Kupfer aus dem Marinekontingent bereits für »Graf Zeppelin« eingesetzt wurden, nachdem die Kupferzuteilung für die Kriegsmarine im II. Quartal von 1.600 auf 2.300 gegen die bisherigen 2.650 Tonnen heraufgesetzt worden war[456]. Der Zusatz, »Bedarf an übrigen Rohstoffen unwesentlich«, läßt die Annahme zu, daß zu diesem Zeitpunkt materialseitig für den Fertigbau des ersten deutschen Flugzeugträgers kein Mangel bestand. Was den Arbeiterbedarf anbetraf, so ergab sich eine genaue Aufschlüsselung nach Errechnungen von MWaWi vom 19. Juni 1942[457]:

Schiffbaubetrieb

Bereich	Mann
Kesselschmiede und Brennerei	35
Schiffbauhalle	30
Elektroschweißer	100
Feinblechwerkstatt	160
Schiffsschlosserei	141
Dreherei	25
Tischlerei	30
Schiffszimmerei	40
Malerei	88
Segelmacherei und Taklerei	21
Schiffbauer	115
Nieterei, Bohrerei, Stemmerei	63
Verschiedene	32
Gesamt	**880**

Maschinenbau und Elektrotechnik

Bereich	Mann
Elektriker	280
Außenbetrieb	225
Kesselschmiede	25
Kupferschmiede	106
Mechanische Werkstatt	17
Verschiedene	22
Gesamt	**675**

Zusammengerechnet ergab sich ein Gesamtbedarf an zusätzlichen Arbeitern für die Fertigstellung von »Graf Zeppelin« von 1.555 Mann.

Da zunächst aus Material- und Kapazitätsgründen an den Weiter- bzw. Fertigbau nur eines Flugzeugträgers zu denken war, entschied sich Hitler am 13. Mai 1942 für den Umbau der schweren Schiffe »Europa« *(Blohm & Voss)*, »Potsdam« *(Howaldtwerke AG, Hamburg)*, des Schlachtschiffes »Gneisenau«[458] *(Kriegsmarinewerft, Wilhelmshaven)* und des schweren Kreuzers »Seydlitz« *(Deschimag, Bremen)* zu sogenannten Hilfsflugzeugträgern, die das Operieren von Überwassereinheiten unter Flugzeugschutz begleiten sollten[459]. Diese Schiffe kamen zur Herrichtung in Betracht, einschränkend wurde jedoch im KTB der Seekriegsleitung darauf verwiesen, daß für das Zusammenwirken in längeren Operationen mit Kreuzern der »Scheer«-Klasse (25 sm) und »Tirpitz«/»Hipper«-Klasse (30 sm) nur »Europa« geschwindigkeitsmäßig den Umbau rechtfertigte, nicht jedoch vom Aktionsradius her. »,Europa' würde infolge ihrer Größe und Brennstoff und Bedienungsbedarfs mehr Schutzobjekt als Hilfskampfmittel sein, wäre operativ gesehen also Belastung, die nicht in Kauf genommen werden kann«[460]. Der Einsatz der genannten Schiffe als Hilfsflugzeugträger war daher von vornherein nur begrenzt möglich und für folgende Aufgabenbereiche vorgesehen:

»a) bei Vorliegen besonders günstiger Verhältnisse zum Zusammenwirken mit Seestreitkräften für begrenzten Einsatz z.B. gegen Murmanskgeleite. Dabei in erster Linie Schutz der Seestreitkräfte gegen fdl. Luftstreitkräfte, danach Aufklärung und Einsatz von Kampfflugzeugen

b) zur Vergrößerung Einsatzdauer von Flugzeugen z.B. im Nordraum durch Vorschieben in loser Anlehnung an eigenes Küstenvorfeld

c) als Hilfsflugplatz, wenn Flugzeugeinsatz von Land behindert ist

d) als Ausbildungsschiff für Trägerverbände«[461].

Zur Erfüllung der Aufgaben zu a, b und c hatte die Ausrüstung mit Jägern erste Priorität, die Verwendung als schwimmender Flugplatz war hingegen beschränkt auf Trägerflugzeugtypen mit demgemäß ausgebildetem Personal. »Aufgabe gemäß d) wird dringendem Bedüfnis entsprechen, da ‚Zeppelin' alsbald nach Herstellung Gefechtsbereitschaft zum Einsatz kommen wird«[462]. Unter Berücksichtigung der genannten Aufgabengebiete für die Hilfsflugzeugträger wurde die Forderung erhoben, die Flugzeugzahlen möglichst hoch zu veranschlagen, eine starke Flak-Armierung mit Kalibern über 10,5 cm zuzüglich leichter Flak und die Ausrüstung mit Ortungsgeräten gegen Luft- und Seeziele sicherzustellen[463].

Obwohl neben der nur bedingten Einsatzmöglichkeit von Hilfsflugzeugträgern die Baudringlichkeit hinter der von U-Booten, Torpedobooten, Geleitfahrzeugen usw. stand, leitete K die Ausarbeitung der Umbaupläne sofort ein[464]. Über die Projekte wurde dem »Führer« am 23. Juni 1942 Vortrag gehalten, woraufhin Hitler den Umbau aller vier »Dampfer« befahl[465]. »K. III stellt Entwurf in 3 Monaten in Aussicht, Bau in ca. 12 Monaten nach Vorliegen des Materials«[466]. Die Entwurfsskizzen sollten noch in der 3. Juniwoche vorgelegt werden[467], nach 4 weiteren Wochen galt die Konstruktion als soweit fortgeschritten, daß die Materialbestellungen erfolgen konnten. Tatsächlich waren die Entwurfsarbeiten in der zweiten Junihälfte im wesentlichen abgeschlossen, die genauen Termine über die Gesamtdauer des Umbaus, die u.a. von der rechtzeitigen Zulieferung der Hilfsmaschinen für den Flugbetrieb abhingen, konnten zu diesem Zeitpunkt nicht gegeben werden. Es stand aber fest, daß der Umbau von »Seydlitz« erhebliche Zeit in Anspruch nehmen würde, da über dem Panzerdeck das gesamte Oberschiff erneuert werden mußte[468]; die Notwendigkeit, das Schiff bis zum Panzerdeck wegzubrennen, ließ die Seekriegsleitung zu der Überzeugung gelangen, daß sich der Umbau von »Seydlitz« kaum lohnte – trotzdem wurde am »Führerbefehl« vom 23. Juni festgehalten.

Nach der Planung für die vier Hilfsflugzeugträger kamen folgende Flugzeugzahlen in Frage:[469]

»Europa«: 18 Bomber, 24 Jäger
»Potsdam«: 8 Bomber, 12 Jäger
»Seydlitz«: 12 Bomber, 6 Jäger
»Gneisenau«: 8 Bomber, 12 Jäger

Da die flugtechnischen Einrichtungen in enger Anlehnung an die des Flugzeugträgers »Graf Zeppelin« standen, ist zu vermuten, daß die Hilfsflugzeugträgerausstattung mit den für »Graf Zeppelin« geplanten Flugzeugen erfolgen sollte.

Die zusätzlich notwendige Arbeitergestellung war ein Problem, aber Raeder erreichte bei Minister Speer erst die Zusagen, nachdem der Oberbefehlshaber seinen Forderungen Nachdruck verliehen hatte: »Der Führer hat bei meinem Vortrage am 15. 6. -1942 im Beisein von Generalfeldmarschall Keitel angeordnet, dass der Arbeiterkräftebedarf (...) sofort zusätzlich gestellt wird. Generalfeldmarschall Keitel hat Ihnen [Speer, d.Vf.] mit Fernschreiben[470] vom 15. 6. die entsprechende Führerweisung übermittelt«[471]. Für die Herrichtung der vier Schiffe war ein Arbeitermehrbedarf von insgesamt 6.507 Mann notwendig[472]. Exemplarisch sei die Arbeiteraufschlüsselung für den Umbau des Schlachtschiffes »Gneisenau« bei *Deutsche Werke, Kiel* und *Werk Gotenhafen* aufgeführt:

	Normalbedarf	Zusatzbedarf
Schiffbaubetrieb	453	201
Maschinenbetrieb	125	-
Elektrischer Betrieb	278	150
Nebenbetriebe	64	-
Aufsicht und Büro	36	-
Gesamt	**956**	**351**

Der beginnende Umbau zu Hilfsflugzeugträgern und die Bemerkung Hitlers, »daß bei Vorhandensein von vier Flugzeugträgern Frage der Serienherstellung von geeigneten Typen leichter zu lösen ist als bei nur einem«[473], rief in der Seekriegsleitung augenblicklich einen geschäftigen Aktionismus hervor. Die Frage wurde aufgeworfen, ob sich die Verwendung des französischen Flugzeugträgers »Joffre« und der Umbau vom französischen Kreuzer »De Grasse« zum Flugzeugträger lohne. Am 12. November 1942 wurden die Projekte als aussichtsreich eingestuft, und am 3. Dezember des Jahres befahl Hitler den Umbau von »De Grasse«[474].

Die Marineführung zeigte sich hocherfreut über die Ansichten ihres »Führers« und nutzte die Gelegenheit, über den weitergehenden Bau von Flugzeugträgern in einer Nachkriegsmarine nachzudenken, wobei grundsätzlich von zwei divergierenden Einsatzmöglichkeiten ausgegangen wurde: Falls eine solche Marine noch gegen England zu bauen sei, stünde der Handelskrieg mit sogenannten Handelsflugzeugkreuzern und U-Booten im Vordergrund; kämen hingegen in erster Linie die USA als Gegner in Betracht, so gelte dem Ausbau von Schlachtschiffen und Flugzeugträgern die ganze Aufmerksamkeit. Das OKM arbeitete eifrig an Plänen und legte am 29. Juni 1942 seine Vorstellungen zum Bau von Flugzeugträgern vor[475], in denen die Frage geprüft wurde, ob der Umbau von Hilfskreuzern und Kreuzern zu Hilfsträgern überhaupt möglich war.

Der qualitative Quantensprung der Schrift bestand in der voraussetzenden Feststellung, daß in jedem Falle »irgendwann« wieder ein neuer Krieg zu führen sei: »Sicher ist (...), daß wir eines Tages wieder mit den uns zur Verfügung stehenden Mitteln auf den Ozeanen werden Krieg führen müssen« – eine Annahme, für die es zum gegebenen Zeitpunkt nicht den geringsten Anlaß gab. Die Seekriegsleitung bewegte sich bereits in der imaginären Welt zukünftiger Auseinandersetzungen, um der so ersehnten Erhaltung und dem Ausbau der Flotte eine feste Grundlage zu verschaffen.

»Welche Aufgaben uns dieser Krieg stellen wird, kann heute noch nicht gesagt werden. Wenn England wieder unser Gegner ist, so wird der Kampf gegen die Überseeverbindungen der von ihren Zufuhren abhängigen Inseln eine der Hauptaufgaben in diesem Kriege werden. Tritt Europa gegen einen in sich wirtschaftlich unabhängigeren Gegner zum Kriege an, z.B. gegen die Vereinigten Staaten von Nordamerika, so wird der Handelskrieg nicht die kriegsentscheidende Rolle spielen, wie in diesem Kriege. Immerhin wird der Handelskrieg auch hier ein Bestandteil der Kriegführung sein«. Aus der Einschätzung ergaben sich umfangreiche Forderungen zur technischen Optimierung und Erhöhung der Sicherheit der operierenden Einheiten, »um den ausserheimischen Handelskrieg, mit dem in jedem Fall zu rechnen ist, durch Einsatz von Flugzeugen wirkungsvoller zu gestalten«. Die bisherigen flugzeugseitigen Mängel (hinsichtlich der flugtechnischen Anlage) sollten durch die Installierung von Schleudern und Landedecks abgestellt werden, um Start und Landung vom Seegang des Trägers unabhängig zu machen[476].

Die durch die Ein- und Umbauten verursachte erhebliche Tonnagevergrößerung und die daraus resultierende Geschwindigkeitsminderung waren Anlaß, um von Landedeck und Schleudern abzusehen und an Schwimmerflugzeugen für Hilfskreuzer als Träger festzuhalten, »bis neuartige technische Lösungen (Hubschrauber grosser Leistungsfähigkeit) zur Verfügung stehen«.

Anders lagen die Verhältnisse bei Flugdeck-Kreuzern, also solchen zum Flugzeugträger umzubauenden Kreuzern, die eine gewisse Tonnagevergrößerung zuließen, ohne Geschwindigkeitseinbußen hinnehmen zu müssen. Um einem Kreuzer durch den planmäßigen Einsatz von Flugzeugen stärkere Kampfkraft und Sicherheit zu verleihen, mußten folgende Bedingungen erfüllt werden: »Ausreichende Flugzeuganzahl, Schwerpunkt der Flugzeugverwendung: Lösung von Kampfaufgaben. Ausrüstung mit den Funkmitteln, die sicheres Führen der Flugzeuge in der Aufklärung und im Kampf und Zurückführen zum Schiff gewährleisten«[477]. Als Leitgedanke für den Bau vom Kreuzer als Flugzeugträger galt die Ausrüstung mit »so vielen Flugzeugen (...), daß dadurch seine Kampfkraft und abstossende Wirkung so erhöht werden, daß ihm Kriegsfahrzeuge des Gegners ohne[478] Flugzeugausrüstung (Landedeck, Schleudern, Fliegerbetriebsstoff, Flugzeuge in Hallen), die weniger verletzlich und daher im Kampf Schiff gegen Schiff überlegen sind, nicht gefährlich werden können. Die Mindestzahl an Flugzeugen ist hierfür etwa 12 Mehrzweckflugzeuge mit 50prozentiger Materialreserve«. Die zusätzliche Verwendung von Jagdflugzeugen zu wirkungsvollem Jagdschutz erforderte mindestens eine Staffel von neun Jägern und entsprechenden Hallenraum. Trotz Jagdschutz war der Flugdeck-Kreuzer im Kampf Schiff gegen Schiff hoffnungslos unterlegen, die Artillerie- und Torpedobewaffnung war daher nur zur endgültigen Vernichtung eines durch die Flugzeuge angeschlagenen Gegners zu verwenden und diente zur Abwehr von leichten Seestreitkräften, wenn ein Ausweichen nicht mehr möglich war.

Die Version eines Schiffes mit schwerer Seezielbewaffnung – unterstützt durch einige Kampfflugzeuge – schied völlig aus, denn zum einen stieg mit der flugtechnischen Anlage die Empfindlichkeit bei Beschuß, und zum anderen war bei wirksamer Ausrüstung mit Seekampfmitteln die Kapazität für Flugzeuge derart geschmälert, daß der eigentliche operative Wert des Flugdeck-Kreuzers in Frage gestellt war. Die technische Unmöglichkeit, mit dem Flugdeck-Kreuzer die Verbindung von Kampfschiff und Kampfflugzeug zu schaffen, führte zwangsläufig wieder zurück zum eigentlichen Flugzeugträger, der Kampfkraft und Abwehrkraft vereinigte: »Also nicht Kreuzer mit Flugzeugausrüstung, sondern Flugzeugträger mit ausreichender Bewaffnung muss das Ziel sein«[479]. Die Befähigung zu hoher Geschwindigkeit, einwandfreie Seetüchtigkeit, starke Seeziel- und Fla-Bewaffnung und darüber hinaus eine ausreichende Torpedoarmierung waren die Grundelemente des zukünftigen Flugzeugträgers. Die Offensivkraft lag zweifellos in seinen Flugzeugen, die Bestückung mit Verteidigungswaffen mußte dennoch so stark sein, daß gegen feindliche Flugzeuge – dem gefährlichsten Gegner des Flugzeugträgers – Schutz gewährleistet war. Sekundäre Bedeutung hatten artilleristische Seezielaufgaben, die von kombinierten Fla-Seezielgeschützen mit einem Kaliber von 12,7 cm[480] zu übernehmen waren. Bei den Überlegungen war davon ausgegangen worden, daß der Bau eines oder mehrerer solcher Schiffe erst nach Beendigung des Krieges möglich sein würde, die Seekriegsleitung versäumte jedoch nicht den Hinweis, »dass das Ende des Krieges nicht abzusehen ist und dass wir vielleicht noch in seinem Verlauf in der Lage sein werden, unsere Kraft auf die Seerüstung zu konzentrieren. Da der Krieg sehr lange dauern kann und in seinem Urgrund ein Seekrieg ist, ist die Planung eines solchen Schiffes also durchaus nicht Zukunftsmusik, sondern muß sehr bald zu einem Abschluss gebracht werden, da die praktische Durchführung noch im Verlauf und zur Beendigung dieses Krieges von Bedeutung sein kann«[481].

Die aus technischen Gründen zwangsläufig nur marginale Bedeutung von Seezielartillerie auf Flugzeugträgern – von schwerer Artillerie konnte erst gar nicht die Rede sein – nahm die Seekriegsleitung zum Anlaß, Gedanken über die Kombination Schlachtschiff/Flugzeugträger als separat und doch in Abhängigkeit zu im Flottenverband operierenden Einheiten zu entwickeln. Während die bisherigen Flugzeugträger-Planungen vom »rassereinen« Handelskrieg ausgingen, arbeitete die Seekriegsleitung nun an Einsatzmöglichkeiten von Flugzeugträgern im Verbund mit Schlachtschiffen – und zwar mit Kampfauftrag gegen feindliche Kriegsschiffe. Die Aussicht, durch den Fertigbau von »Graf Zeppelin« und weiterer vier Einheiten – bei günstiger Entwicklung der Arbeiterfrage – der Kriegsmarine Ende 1944 fünf Flugzeugträger verfügbar zu machen, wirkte belebend auf die Planungsarbeiten in den Marinestäben. Der Seekriegsleitung war klar, daß die Abwrackung der Schlachtschiffe im Grunde beschlossene Sache war und der Schwerpunkt des Baus von schweren Schiffen auf den Flugzeugträgern liegen würde. Dennoch untermauerte die Seekriegsleitung ihre Forderung nach Schlachtschiffen[482], wofür sie in Verbindung mit den Flugzeugträgern einsichtige Argumente vorbrachte.

Es gab keine Diskussion über eine Art Zwitter zwischen Schlachtschiff und Flugzeugträger, »die Fantasiegebilde fremder Staaten, wie sie kürzlich in der Illustrierten Presse Englands erschienen, sind, soweit sie das Schlachtschiff als solches betreffen, abzulehnen«[483]. Die Gründe waren einleuchtend, denn der zum Durchstehen eines Artilleriekampfes bestimmte Schiffstyp mußte allen Forderungen gerecht werden und war nicht in der Lage, die zusätzliche Belastung durch mitgetragene Flugzeuge zu kompensieren; die Seezielartillerie blieb bestimmend für die Typeigenschaften eines Großkampfschiffes und nicht die Flugzeuge, die dann nur in geringer Zahl an Bord gegeben werden könnten, wodurch wiederum der gestellten Forderung, »planmäßiger Einsatz von Flugzeugen zur Steigerung von Kampfkraft«, nicht ausreichend Genüge getan würde. Ebenso indiskutabel war die Version eines Flugdeck-Schlachtschiffes, also eines Flugzeugträgers mit Schlachtschiff-Funktion. Zunächst hätte dies eine grundsätzliche Verwässerung des Großkampfschiff-Typs bedeutet, der »zu einem gewissen klaren und ausgewogenen Abschluß gekommen ist«[484]. Ein solches Flugdeck-Schlachtschiff hätte kaum imstande sein können, ein scharfes Gefecht längere Zeit durchzustehen: »Die Führung eines ernsthaften Artilleriekampfes mit laufendem Betrieb auf dem Flugdeck dürfte reichlich problematisch sein, andererseits wird kein Flugbetrieb aufrecht erhalten werden können, wenn sich das Schiff im Artilleriekampf befindet. Eine klar abgegrenzte zeitliche Reihenfolge: Aufklärung – Ansatz der Kampfflugzeuge – Rückkehr der Aufklärer, Kampfflugzeuge und Begleitjäger – Landung und Verstauen aller Maschinen – anschließend Beginn des Artilleriekampfes wird sich im Ernstfalle nicht durchführen, gegenseitige schwerste Behinderung nicht vermeiden lassen. Es wird aber gerade das Ansetzen von Kampfflugzeugen während des Hauptgefechts angestrebt, um eine zusätzliche Waffenwirkung zu erzielen. Der kombinierte Schlachtschiff-Träger-Typ, wie er von englischen Journalisten bereits im Bilde vorgeführt worden ist, kann also nicht als zweckmäßig angesehen werden. Es wird wie jedes Zwittergebilde als unharmonisch und nicht lebensfähig angesehen«[485].

Es liegt auf der Hand, daß die im Zusammenhang mit Handelskrieg behandelten Fragen zu Kreuzern und Hilfskreuzern als Hilfsflugzeugträger nicht ohne weiteres auf die Kategorie »Schlachtschiff im Flottenverband« zu übertragen waren, da bei der Lösung »Schlachtschiff mit ausreichender Flugzeugausrüstung« diese ausreichende Flugzeugausrüstung umfangreiche Einrichtungen erforderlich machte, die den Schlachtschiffeigenschaften diametral gegenüberstehen würden. Da umgekehrt auch die Lösung »Flugzeugträger mit ausreichender Seezielbewaffnung« abgelehnt wurde, weil ein solcher Träger nie ein Gefecht etwa mit einem feindlichen Schlachtschiff durchzustehen in der Lage war, kam die Seekriegsleitung zu einem einfachen und genauso einsichtigen wie spektakulären Urteil: »Es ist vielmehr erforderlich, daß nach dem Grundsatz ‚suum cuique' eine klare Trennung der Aufgaben und der zu ihrer Lösung erforderlichen Schiffstypenentwicklung innegehalten wird: Für den Artilleriekampf das Schlachtschiff, für den Einsatz von Flugzeugen den reinen Flugzeugträger«. Das hieß: Sollen die Flugzeugträger überhaupt zu einem sinnvollen Einsatz gelangen – vom Handelskrieg abgesehen – so nur in Verbindung mit Schlachtschiffen. Konsequent weitergeführt hatte die Seekriegsleitung blendende argumentative Mittel in der Hand, den Schlachtschiffen das Wort zu reden und überzeugend darzulegen, daß eine Marine ohne Schlachtschiffe nicht zu denken war. Wollte Hitler Flugzeugträger – und die wollte er – dann mußte er auch die Schlachtschiffe wollen, ohne die der Flugzeugträger ein hilfloses Opfer feindlicher Bomben und Artillerie war. Interessant ist dabei die Tatsache, daß diese Überlegungen keineswegs nur auf eine Nachkriegsmarine abzielten, sondern sich auf das Jahr 1944 bezogen, wenn nach den Planungen die fünf deutschen Flugzeugträger zum Einsatz freigegeben würden.

Die Verwendung der Flugzeugträger an der Seite von Schlachtschiffen im Flottenverband war ein genialischer Schachzug, der, militärisch sinnvoll und in sich konsistent, zudem den unbedingten Willen der Marineführung zum Ausdruck brachte, sich nicht mit dem zu erwartenden Schicksal der Schlachtschiffe als Materiallieferanten für U-Boote und Küstenartillerie abzufinden. Die Seekriegsleitung scheute sich nicht davor, das zahlenmäßige Verhältnis zwischen Großkampfschiffen und Flugzeugträgern mit 1:1 anzugeben: »Es müßte also, rein zahlenmäßig gerechnet, jedes Schlachtschiff seinen eigenen Flugzeugträger haben, der ihm seine Flugzeuge bereithält, für dessen Schutz es andererseits eingesetzt werden muß und kann«[486]. Die Gefahr, daß durch das Zahlenverhältnis 1:1 einzelne Kampfverbände zu groß und infolgedessen für die Führung unhandlich und unübersichtlich würden, zwang zu der Überlegung, die Zahl der Träger zu verringern und dafür ihre Größe zu steigern und dabei die für mehrere Schiffe zuständigen Flugzeuge auf einem großen Träger zu vereinigen.

Das Für und Wider und das Abwägen von Vor- und Nachteilen führten schließlich zu dem Ergebnis, besser eine größere Anzahl kleinerer, als ein geringe Anzahl größerer Träger einzusetzen. Dennoch wurde der Gedanke an den Bau großer Träger nicht beiseite geschoben, ihr Verhältnis zu den kleinen Flugzeugträgern sollte sich im Rahmen von 1:5 bewegen. Da mit »Graf Zeppelin«, »Potsdam«, »Gneisenau«, »Seydlitz« und »Europa« fünf große Flugzeugträger Ende 1944 voraussichtlich zur Verfügung stehen würden, waren dem Rechenexempel zufolge nicht weniger als 25 kleine Flugzeugträger[487] in die Bauprogramme aufzunehmen – die Seekriegsleitung bestimmte allerdings weder den ungefähren Zeitpunkt des Baus noch jedwede Vorstellungen zu Material- und Arbeiterfragen.

Nachdem im Sommer und Herbst 1942 die Planungen zu Flugzeugträgern im Handelskrieg und Flottenverband auf Hochtouren gelaufen waren und die vorbereitenden Hilfsflugzeugträger-Arbeiten begonnen wurden, kam die Ernüchterung im Spätherbst des Jahres mit ersten Unmutsäußerungen und kritischen Anmerkungen Hitlers: Der »Führer« erwog hinsichtlich der Herrichtung der Flugzeugträger die Beschränkung auf »Graf Zeppelin«, »Seydlitz« und »De Grasse«. »Potsdam« und »Gneisenau« waren nur noch als Ausbildungs- und Schulschiffe fertigzustellen[488]. Am 24. November schlug das K-Amt vor, den französischen Flugzeugträgerneubau »Joffre« abzuwracken, da er für die eigene Verwendung nicht mehr in Frage kam[489].

Die Schlinge zog sich im Januar 1943 zu und machte alles Planen der Seekriegsleitung zu Schlachtschiffen und Flugzeugträgern in der Kriegs- wie in der Nachkriegsmarine mit einem Male zunichte. Das alte Problem – Arbeiter und Material – war die unüberwindliche Hürde, die Notwendigkeiten des Krieges hatten Priorität, und im Bereich Marinerüstung standen an erster Stelle Bau und Inbetriebnahme von U-Booten und kleinen Fahrzeugen, welche die Stillegung der Großschiffsneu- und Umbauten unumgänglich machten, um material- und arbeiterseitig zusätzliche Kapazitäten freizubekommen. Die Ausbauarbeiten der »Großen« waren zum Teil bereits erheblich vorangetrieben[490], doch der Entschluß zur Abwrackung war irreversibel. Daran änderte auch Raeders Bemühen nichts, den »Führer« doch noch zum Umdenken in der Frage der Großschiffe zu bewegen.

In einer Ausarbeitung[491] zu Nutzen und Unentbehrlichkeit der Kernflotte unternahm der Oberbefehlshaber der Kriegsmarine den ultimativen Versuch, eine Kehrtwendung herbeizuführen. Beinahe beschwörend hob er an, daß es der Kriegsmarine im »Großdeutschen Freiheitskampf« nicht vergönnt war, mit der entscheidenden Schlagkraft der Flotte die britischen Seeverbindungen zu zerschlagen und dadurch den Krieg schnell zu beenden. Als sei es ein schwer zu ertragendes Los, war die deutsche Marine gezwungen, das Schwergewicht ihrer Rüstung auf die U-Boote zu verlagern, alle übrigen Kampfmittel des Seekrieges wären zur bloßen Ergänzung der U-Boote degeneriert. Etwas platt wirkte dabei die Feststellung, »daß die mit größtem Offensivgeist durchgeführten Unternehmungen« der großen Schiffe neben sicherlich beachtenswerten Versenkungserfolgen außerordentliche strategische Wirkung erzielen konnten, welche die englische Flotte erheblich abgenutzt habe. Die Gefährdung der englischen Seeverbindungen hatten die Engländer in Wirklichkeit nicht in den »offensiv und überraschend operierenden« Überwasserschiffen erblickt, sondern in erster Linie in den U-Booten, die den Lebensnerv zur britischen Mutterinsel abzuschneiden drohten; doch Raeder und somit die Seekriegsleitung erhoben eine Vermehrung solcher großer Schiffe zur kategorischen Forderung und werteten sie als »unerträgliche Bedrohung« für die Alliierten, insbesondere für die Engländer. Gerade das Vorhandensein großer Schiffe an der »tiefgegliederten und an Landverbindungen armen, langgestreckten norwegischen Küste« wirke auf Invasionsabsichten abschreckend, was sicherlich nicht zu leugnen war.

Wehmütig blickte der Ob.d.M. der vertanen Chance hinterdrein, keine Kampfgruppe schwerer Einheiten an der westfranzösischen Küste als wirksames Mittel gegen eine Nordafrika-Landung eingesetzt zu haben. Nicht ohne Geschick wurde dieser Mangel, der aus der Verlegung der Kernflotte durch den Kanal in den Norwegenraum resultierte, mit den nun dort präsenten großen Schiffe verknüpft. Der Feind, so die Schlußfolgerung, betrachte die im Norden konzentrierte deutsche Kernflotte als »ebenso große[492] Bedrohung«, durch die erzwungen worden sei, die Rußlandgeleitzüge mit schweren Schiffen zu sichern und zur Deckung ihrer nordatlantischen Heimatflotte moderne Schlachtschiffe, Flugzeugträger und eine Anzahl Kreuzer zuzuteilen[493]. Die sich daraus ergebende Konsequenz sei die Entlastung des U-Boot-Krieges, da sich somit die zahlreichen bei der englischen Homefleet gebundenen Zerstörerflottillen, Minensucher und U-Jäger nicht zur Bekämpfung deutscher U-Boote einsetzbar zeigten.

Es mochte dem Großadmiral in dem Bemühen um Verteidigung seiner »Dickschiffe« nicht gegenwärtig gewesen sein, daß er – bei näherem Zusehen – seinem eigenen Wunsch nach Existenzsicherung, ja Vergrößerung der Kernflotte in den Rücken fiel: Die vorausgeschickten Argumente waren recht eigentlich eine Bestätigung des reinen U-Boot-Krieges, denn von der Notwendigkeit operativer Aufträge für die großen Typen wurde nur noch oberflächlich im Zusammenhang mit »Ausspähen aller Möglichkeiten und Abwarten der günstigen Gelegenheit« gesprochen, und es war bei einer solchen schwachen Argumentationsbasis Hitler nicht zu verdenken, wenn er einer stillstehenden, lediglich Präsenz zeigenden und kostentreibenden Überwasserflotte eine klare Absage erteilen würde.

Mit dem Verweis auf das bloße Vorhandensein der italienischen großen Schiffe im Mittelmeer als Magnet für Geleitzugsicherung durch die Schlachtschiffe »Nelson«, »Rodney« und »Renown« mit drei Flugzeugträgern und 10 Kreuzern, in Gibraltar stationiert, war Hitler schon gar nicht zu imponieren, zumal er im Verlauf des Jahres 1942 dem italienischen Verbündeten und seinen strategischen Leistungsmöglichkeiten zunehmend Mißtrauen entgegenbrachte. Auch griff die Behauptung ins Leere, England hätte 1941 gerade bei der Auslieferung von leichten Seestreitkräften die Hilfe der USA anrufen müssen, da die Homefleet aufgrund der von der Achse mit ihren Überwasserschiffen in Szene gesetzten strategischen Wechselwirkung keinen Ausweg mehr sah. Raeder zog den beinahe trotzigen Schluß: »Die Schlachtschiffe selbst und damit ihre strategische Wirkung bleiben erhalten«[494] – nur zu welchen unermeßlichen Materialkosten und Bedingungen, das verschwieg der Oberbefehlshaber der Marine.

Nicht nur, daß die Desarmierung von »Tirpitz«, »Scharnhorst«, »Gneisenau«, »Scheer«, »Lützow«, »Prinz Eugen« und »Hipper« einen erheblichen Feinderfolg darstellen würde, sondern auch, daß mit den durch Abwrackung gewonnenen Geschützen als stationäre Küstenbatterien[495] nur bedingt Wirkung erzielt werden könne, müßte doch, so erhoffte sich Raeder, Hitler zumindest zum Überdenken der angestrebten Desarmierung drängen. Die 13 in monatelanger Montagearbeit aufzustellenden Batterien könnten die Defension der mehrere 1.000 sm langen Küsten nur punktuell verstärken, wohingegen Seestreitkräfte in der Lage seien, die artilleristische Kampfkraft im Schwerpunkt zur Wirkung zu bringen – ein Argument, das zweifelsfrei seine Berechtigung hatte. Es war auch nicht von der Hand zu weisen, daß der Fortfall der »Dampfer« eine zukünftig vermehrte Bedrohung des lebenswichtigen Seeverkehrs nach sich ziehen würde, zumal sich die Luftwaffe immer weniger imstande zeigte, an sämtlichen Stellen ausreichende Schutzkräfte zur Verfügung zu stellen; ganz abgesehen vom ohnehin krassen Mangel an marineeigenen Sicherungsstreitkräften. Nur: die für Führungscrew und Besatzung erniedrigende Vorstellung vom Einsatz ihres Schlachtschiffes zum Handelsschutz hätte allein ein solches Ansinnen eklatreif gemacht und eine eventuelle Unternehmung kaum anlaufen lassen. Schlachtschiffe als Ergänzung und Ausgleich für die zu schwachen Sicherungseinheiten war eine theoretische Einsatzmöglichkeit, die praktisch wohl an dem stolzen Widerstand der Seeoffiziere gescheitert wäre.

Schließlich kam Raeder auf die allgemeine Lage im Falle des Verzichts auf die »Dickschiffe« zu sprechen: »Der Fortfall der deutschen großen Schiffe hat aber über die Auswirkung auf unsere eigene Lage hinaus schwerste Folgen für die seestrategische Gesamtlage, die sich schnell und nachdrücklich auf die übrigen Kriegsschauplätze und unsere Verbündeten auswirken müssen. Das Schwinden jeder Bedrohung im atlantischen Ozean gibt dem Feind, ohne daß es eines Einsatzes seinerseits für diesen entscheidenden Erfolg bedurft hätte, die Möglichkeit zur Konzentration seiner Kraft an anderer Stelle. Entweder kann er diese Gelegenheit zur endgültigen Bereinigung der Lage im Mittelmeer benutzen oder er versammelt die Kampfkraft seiner besten Schiffe zum entscheidenden Schlag gegen die japanische Seemacht. Auf jeden Fall gewinnt er die verloren gegangene bezw. nur beschränkt vorhandene Initiative in entscheidendem Ausmaß zurück«[496]. Knapp urteilte die Schrift mit dem Zusatz: »Die Folgen sind nicht abzusehen«.

Bei alledem bleibt die Frage offen, ob die den Großkampfschiffen verbundenen Teile der Marineführung wirklich im Glauben standen, ihre schweren Einheiten könnten aufgrund bloßer Existenz in einem bestimmten Abschnitt strategische Wunder vollbringen und den Feind zu spektakulärer Umorientierung zwingen. War alles nicht vielmehr Vehikel, um Hitler umzustimmen und für die eigenen Ansichten der Marine zu gewinnen? Das bewußte Herunterspielen der personellen und materiellen Auswirkungen der Abwrackung »unserer Schiffe« ist dafür beredtes Zeugnis: Durch das Freiwerden der Besatzungen könnten zwar rund 300 Offiziere und Mannschaften gewonnen werden, was bei einem Gesamtpersonalbestand der Kriegsmarine allerdings nicht mehr als nur 1,4 Prozent entspräche; im übrigen waren die Besatzungen Spezialpersonal, das für die Zwecke der großen Schiffe eigens ausgebildet wurde – eine Wiederaufstellung würde Jahre dauern, und von den genannten 300 Offizieren könnten aus Alters- und U-Boot-Tauglichkeitsgründen nur etwa 50 für die U-Boot-Waffe gewonnen werden. Auswirkungen auf den Nachwuchs aller Dienstzweige, besonders der Offiziere und Unteroffiziere, seien unausweichlich. Auch materiell ließe sich durch die Desarmierung nicht viel gewinnen, lediglich eine Eisenmenge von 125.800 Tonnen könne anderen Zwecken zur Verfügung gestellt werden; das waren nach den Berechnungen der Seekriegsleitung nicht mehr als 1/20 des monatlichen deutschen Eisenverbrauchs. Korrekt war der Hinweis, daß dieser Betrag »nicht einmal einen eingeschränkten Monatsbedarf der Kriegsmarine« deckte.

Wie stand es jedoch mit Rohstoffen, Betriebsmitteln, mit der Werftkapazität für Routineinspektionen und den ausgedehnten Liegezeiten für Reparaturen, letzthin mit den Arbeitskräften und den Hilfsfahrzeugen (Schleppern, Versorgern etc.), die für den Betrieb eines Schlachtschiffes ständig verfügbar sein mußten? Lapidar wurde über diese Problematik mit der schlichten Bemerkung hinweggegangen, daß ein erheblicher Teil des Gewinns durch die Schiffsartillerie an Land, die Bauarbeiten und die Versorgung der Batterien nach ihrer Fertigung aufgezehrt werde, eine Einschätzung, die unhaltbar war, denn die Werftliegezeit allein eines Schlachtschiffes blockierte über Monate hinweg wertvolle Neubaukapazitäten, worauf freilich Raeder in anderem Zusammenhang umso deutlicher hinwies: Das Abwracken erfordere bei Inanspruchnahme von fünf Großwerften etwa 18 Monate und einen Bedarf von 7.000 Arbeitern; »entsprechend der Zahl der abzuwrackenden Schiffe wird eine Anzahl großer Docks belegt. Das anfallende Material umfaßt ca. 7.000 Waggonladungen; es muß umgeschmolzen werden«[497]. Der Fingerzeig fehlte nicht, daß der U-Boot-Neubau, der ja programmgemäß dann eine Steigerung erfahren sollte, wenn dies durch entsprechende Rohstoffe und Arbeiter gewährleistet war, für die Dauer der parallelen Abwrackarbeiten und der Aufstellung der freiwerdenden Geschütze an Land keine Erhöhung würde erfahren können. Der Großadmiral hatte hier einen neuralgischen Punkt berührt: Wenn Hitler für die Marinerüstung Ende 1942 überhaupt Interesse aufbrachte, so für den Bau von U-Booten, denn deren Einsatz versprach meßbaren Erfolg. Doch die Botschaft von der Dock-Blockierung und der daraus sich ergebenden Senkung der U-Boot-Neubaurate würde bei Hitler auf energischen Widerstand treffen.

Spekulationen zu den potentiell freiwerdenden Materialmengen lassen erstaunliche Ergebnisse erkennen: Der Wegfall der Großschiff-Reparaturen hätte zu einem Baumaterial-Gewinn von 6.000 jato geführt, was unter Berücksichtigung der Materialabgabe an die leichten Seestreitkräfte die Erweiterung des U-Boot-Bauprogramms um 1/2 Boot/Monat hätte ermöglichen können. Wenn jedoch die gesamte Materialmenge ausschließlich dem U-Boot-Bau zugeflossen wäre, hätte dies den Mehrbau von immerhin 7 Booten im Monat unter der Voraussetzung der Zuteilung weiterer 13.000-14.000 Facharbeiter bedeuten können! Für den Zeitraum von 18 Monaten war auf diese Weise der U-Boot-Ausstoß von ca. 20/Monat im Jahre 1942 auf 27/Monat zu erhöhen, eine Zahl, die gerade von der ständig um die Ablieferungsquote besorgten U-Führung mit Aufatmen zur Kenntnis genommen worden wäre. Um die wohl Hitler allzu verlockende Aussicht auf die sich aus dem Abwracken ergebende Steigerung des U-Boot-Baus zu zerstreuen, machte der Ob.d.M. mit Nachdruck auf die singuläre 18-monatige Kurzfristigkeit aufmerksam, der sich allgemeine schwere Bedenken gegen die Desarmierung anschlossen: »Die Abschaffung unserer großen Schiffe ist eine einmalige und endgültige Maßnahme; ihr Wiederaufbau dauert Jahre. Das Verschwinden der Kernflotte wirkt sich deshalb nicht nur für die Kriegsdauer aus, sondern auch in die Jahre des Friedens hinein. Der Vollständigkeit halber sei deshalb erwähnt, daß es der Kriegsmarine in den ersten Jahren nach Kriegsende nicht möglich sein wird, die Flagge des Reiches in Übersee zu zeigen«[498].

Als sei es das letzte noch verbleibende Argument, wurden sowohl die politische als auch die psychologische Wirkung des Verschwindens der Kernflotte auf das eigene Volk und die Verbündeten ins Feld geführt, das als untrügliches Schwächezeichen der deutschen Gesamtkriegführung aufgefaßt werden würde, und dies auch von den Neutralen. Die Schrift schloß mit einer wegweisenden Bemerkung: »Als Oberbefehlshaber der Kriegsmarine kann ich ohne die Kernflotte die im großdeutschen Freiheitskampf der Kriegsmarine gestellten offensiven und defensiven Aufgaben nicht mehr lösen«[499], was erkennen ließ, daß der Oberbefehlshaber sein Amt bei Desarmierung der schweren Überwassereinheiten zur Verfügung zu stellen bereit war.

In den maritimen Vorstellungen vom Sommer 1942, in der Denkschrift wie in einem Brennglas gebündelt, spiegelt sich das Bewußtsein eines Marine-Führungsteils aus, der sich unbelehrbar eng an die klassischen Tirpitzschen Traditionen gebunden fühlte, und Raeder selbst war deren kräftigster Exponent, der ganz offensichtlich um kein Jota von seiner Überzeugung abzuweichen gewillt war. Die neue Generation hingegen, Dönitz, Speer und in gewisser Hinsicht auch Göring, der sich modernen, richtungweisenden Tendenzen im Gegensatz zu seinem Amtskollegen nicht versperrte, zeigten für Raeders überkommenes Festhalten an den Traditionen vergangener Tage kein Verständnis. Die

Ablösung des Großadmirals und Oberbefehlshabers der Kriegsmarine durch Dönitz am 30. Januar 1943 war ein Reflex auf das Zerwürfnis zwischen Hitler und Raeder in der Frage der Großkampfschiffe, und Raeder hatte noch im Januar 1943 nicht erkennen wollen, was die Stunde geschlagen hatte, sondern verharrte noch immer mit verbitterter Engstirnigkeit in der Vorstellungswelt des längst Vergangenen. Er ließ Hitler ein letztes Mal wissen: »Nachdrücklich bitte ich nochmals darauf hinweisen zu dürfen, dass nach meiner Auffassung gerade bei der heutigen militärischen Gesamtlage die Ausserdienststellung der großen Überwasserschiffe – als ein mühelos dem Gegner zufallender Erfolg – einen Jubelschrei bei unseren Gegnern, eine schwere Enttäuschung dagegen bei den Achsenmächten, insbesondere bei den Japanern – als Zeichen der Schwäche und des Nichtverstehens der überragenden Bedeutung der Seekriegführung, vor allem im kommenden Endstadium des Krieges – auslösen würde«[500].

Hitlers Entschluß zur Außerdienststellung der »Großen« stand gegen alle Widerstände und Beteuerungen – fürs erste – fest. Am 17. 1. 1943 bekundete er gegenüber Raeder, »daß er keine Verwendung der großen Schiffe in diesem Kriege mehr sehe. Die Lage im Osten sei so kritisch, daß er alle Kräfte zusammenkratzen müsse, um zu helfen«[501]. Die Panzer und deren Fertigungszahl waren entscheidend, das mußte auch der scheidende Oberbefehlshaber der Kriegsmarine erkennen. Hitler ging in seiner Eindeutigkeit so weit, daß er alle Arbeitskräfte in die Panzerproduktion einzubinden gedachte, die an Objekten arbeiteten, deren Einsatz erst 1945/46, »also vielleicht nach Kriegsende«, zum Einsatz kämen. Das hieß in der Konsequenz, daß alle Um- und Fertigbauten, die nicht unmittelbar den U-Boot-Krieg und den erweiteren Sicherungsdienst (R-Boote, Zerstörer) anbetrafen, einzustellen und die freiwerdenden Fachkräfte der Panzerfertigung zuzuteilen wären. Raeders Einwand, die Zahl der freiwerdenden Arbeiter mit 20.000 sei doch eher übersichtlich, hielt Hitler – der offensichtlich die ständige Diskussion der vergangenen Monate um unzeitgemäße Marinebauvorstellungen und -baufragen leid war – brüsk entgegen: »Auch wenn es nur 5000 sind, hilft es schon«, fand sich aber doch im weiteren Verlauf der Unterredung mit dem Ob.d.M. zu moderaten Tönen bereit. Hitler führte die Nutzlosigkeit einer Verwendung und Unterhaltung einer Flotte großer Schiffe auf das Fehlen außerheimischer Stützpunkte zurück, die Deutschland weder hätte noch in diesem Kriege schaffen könnte. Die Durchführung seines ehemaligen Vorhabens, solche Stützpunkte auf Island oder den portugiesischen Inseln auszubauen, waren von der Seekriegsleitung für unmöglich erklärt worden. Das unzweifelhaft richtige Argument gegen derartige Stützpunkte hatten die Marineoffiziere in der Verwendungsunfähigkeit großer Schiffe in Küstennähe aufgrund der daraus resultierenden Fliegergefahr – ein Argument, das auch der »Führer« eingesehen und somit die Gedanken nicht weiter vertieft hatte.

Hitler ließ es sich in dem Zwiegespräch mit Raeder nicht nehmen, noch einmal zu einem derben Schlag gegen die Kriegsmarine auszuholen. Die deutsche Flotte sei, abgesehen von der Schaffung der T-Boote, vom englischen Vorbild nur einmal unter Zwang des Versailler Vertrages in der Frage der Panzerschiffe abgewichen, »sonst sei alles, auch in der inneren Organisation der Schiffe, der englischen Marine nachgemacht«[502]. Das hieß nichts anderes, als daß die deutsche Kriegsmarine eine reine Imitation der englischen war – und nicht einmal eine besonders gelungene. Raeder, der als Oberbefehlshaber seit 1928 den Aufbau der deutschen Flotte maßgeblich miterwirkt hatte, traf das Hitlersche Verdikt hart. Der »Führer« hatte spektakuläre Einsätze und freilich Siege im Kampf Schlachtschiff gegen Schlachtschiff sehen wollen und vergaß dabei offensichtlich seine eigene Weisung von der Risiko-Bindung, die er bezüglich der Vermeidung von Schiffsverlusten erteilt hatte, die ihn nun nicht mehr interessierte: »Das sei eben der falsche Dreh, daß die Erhaltung der Schiffe aus strategischen Gründen es nie zum Durchschlagen eines Kampfes und damit Erringen eines Erfolges gegen die gegnerische Kampfkraft kommen lasse. Wenn es zum Gefecht käme, müsse, das sei jedem Soldaten selbstverständlich, durchgeschlagen werden. Das hätte sich bei den großen Schiffen nie gezeigt«; daß Hitler sich in gleichem Atemzug über die übrigen Schiffsarten – insbesondere die U- und Vorposten-Boote – anerkennend äußerte, war ein schwacher Trost für Raeder, der genau wußte, daß die Erfolge im U-Krieg nicht die seinen, sondern die des B.d.U. waren. Nochmals unterstrich Hitler die Bedeutung des Kampfes gegen die angelsächsischen Mächte als kriegsentscheidend, »man müsse sich aber klar sein, daß uns das alles nichts nütze, wenn wir nicht im Osten den Russen zum Erliegen brächten«[503].

Den abrupten Stopp aller Großschiffbauten – Schlachtschiffe und Flugzeugträger – faßte Raeder als Befehl auf und zog die Konsequenzen: »Ich fühlte, daß der Augenblick gekommen war, in dem ich mich von Hitler trennen mußte«[504]. Mit dem Abgang des Oberbefehlshabers der Kriegsmarine am 30. Januar 1943[505] waren die Würfel gegen die großen Schiffe gefallen. Daß 1943 die »Pötte« dennoch zum Einsatz kommen sollten, war auf das hartnäckige Engagament des neuen Oberbefehlshabers der Kriegsmarine zurückzuführen – was nichts an dem Entschluß änderte, während des Krieges weder Großkampfschiffe noch Flugzeugträger mehr in Bau zu geben.

Technische Daten zu Flugzeugträgern/Hilfsflugzeugträgern[506]

Schiff	Europa	Gneisenau	Potsdam	Seydlitz	Graf Zeppelin	De Grasse
Erbauer	Blohm & Voss	Deschimag	Blohm & Voss	Deschimag	Deutsche Werke	?
Länge über Alles	285m	203m	197m	216m	262,5m	192,5m
Länge i.d.WL	280m	191m	189m	201,5m	250m	180,4m
Breite über Spanten	37m	26,8m	26,8m	21,7m	31,5m	24,4m
Tiefgang	10,3m	8,85m	8,848m	6,645m	7,35m	5,6m
Verdrängung	56.500t	18.160t	17.527t	17.139t	20.090t	11.400t
Maschinenanlage	Turbinen mit Rädergetriebe	2 Getriebe-Turbinen	Elektro-Turbo-Antrieb	3 Getriebe-Turbinen	4 Getriebe-Turbinen	2 Getriebe-Turbinen
Kesselanlage	24 Wasserkessel	4 HD-Kessel	4 HD-Kessel	12 HD-Kessel	16 HD-Kessel	? HD-Kessel
W.PS.	105.000	26.000	26.000	132.000	200.000	110.000
Schrauben	4	2	2	3	4	2
kn/h	27kn	19kn	19kn	33,6kn	33,75kn	ca. 32kn
Fahrbereich[507]	10.000sm	9.000sm	10.000sm	6.500sm	8.000sm	7.000sm
Bewaffnung	16-10,5 cm Flak	12-10,5cm Flak	?-10,5cm Flak	10-10,5cm Flak	16-15cm, 12-10,5cm Flak	10-10,5cm Flak
Flugzeuge	18 Bomber 24 Jäger	12 Bomber 11 Jäger	12 Bomber 11 Jäger	10 Bomber 10 Jäger	28 Bomber 12+3 Jäger	12 Bomber 11 Jäger
Flugdeck in Länge u. Breite	271,5m 24m	197m 24m	187m 21m	181m 24m	240m 24m	177m 24m

IV. Kriegsschiffbau im Zeichen des Flottenbauprogramms 43

1. Der Weg zum Flottenbauprogramm 43

Die Ernennung zum Oberbefehlshaber der deutschen Kriegsmarine kam für Dönitz überraschend[508]. Neben dem Befehlshaber der U-Boote hatte Großadmiral Raeder auch Generaladmiral Carls als Nachfolger vorgeschlagen[509], den er »nach seiner Persönlichkeit und seinen umfassenden Erfahrungen in der Führung der Operationen und auf vielen anderen Gebieten (Schiffstypen, Organisation) für besonders geeignet« hielt, und dessen Ernennung ohne Reibungen würde verlaufen können, »da kein Offizier von Verdienst zu überspringen wäre«. Das Pendel schlug dennoch zugunsten Dönitz' aus, da mit seiner Kommandoübernahme der Bedeutung des U-Bootkrieges jener Rang eingeräumt würde, der ihm zum gegebenen Zeitpunkt zukam und schon längst hätte zukommen müssen. Dönitz zögerte, denn als Oberbefehlshaber würde sein eigentliches Metier – die Führung der U-Boote – für ihn in die zweite Reihe zurücktreten, »vielleicht ließe sich dieser Nachteil aber durch organisatorische Maßnahmen mildern«. Das sollte gewiß das geringste sein.

»Ich bitte Sie, mein Führer, hiernach eine Entscheidung zu treffen«, so der scheidende Raeder, und Hitler entschied sich wohl ohne längeres Zögern für Dönitz, von dem er sich für den U-Boot-Krieg als dem maßgeblichen Hebel gegen die angelsächsischen Mächte entscheidenden Auftrieb und in seinem neuen Ob.d.M. vor allem einen unerschütterlichen Verbündeten für den nunmehr unvermeidlichen »totalen Krieg« erhoffte. Bei der Berufung mag auch die aktuelle, leidige Frage der Außerdienststellung der großen Schiffe eine Rolle gespielt haben, denn Dönitz war prominentester Vertreter der alleinigen Unterwasserkriegführung. Hitler wußte zudem genau, daß er mit Dönitz einen Mann an die Marinespitze berufen hatte, der als treuer Gefolgsmann in den Diensten des »Führers« vorbehaltlos hinter den nationalsozialistischen Idealen stand und als modernistischer Admiral fern ab vom längst überholten Standpunkt kaiserlich-raederscher Marinephilosophie neuen und vermeintlich zukunftsträchtigeren Gefilden der Seekriegführung zusteuerte.

Dönitz, der fortan den Posten als Ob.d.M. und B.d.U. in Personalunion vereinte, hatte keine »Großen Pläne« wie einst die Herren um den Traditionalisten Raeder Mitte des Jahres 1942, er brauchte keine Schlachtschiffe und schweren Kreuzer um der »guten alten Marine« willen, keine Flugzeugträger oder hypertrophen Schiffbauprogramme, schon gar nicht für irgendwelche rein hypothetischen Operationskonstrukte für die Zeit nach dem Krieg. Der neue Oberbefehlshaber hielt nichts vom Vergangenen, die Beschwörung der weltbedeutenden Großartigkeit einer deutschen Marine galt ihm nicht das mindeste. Er hatte die gegenwärtigen Kriegsnotwendigkeiten vor Augen und sonst nichts. Sein Orientierungspunkt war der Krieg im Jahre 1943, zu dem die Marine ihren Anteil zum Erfolg beizusteuern verpflichtet war, und dies nach dem Willen des »Führers« und Obersten Befehlshabers der Wehrmacht. Persönliche Empfindlichkeit und beleidigte Gereiztheit, wie sie in der Seekriegsleitung unter Raeder immer wieder hervorgetreten waren, verbat sich fortan der Großadmiral unter Hinweis auf die alleinige Konzentrierung auf das Kriegswichtige. Dönitz hat nie eine Denkschrift zu einer

Nachkriegsmarine verfaßt, nie einen Gedanken an Dinge verschwendet, die nicht unmittelbar mit der momentanen Kriegführung verknüpft waren.

Dem Reiz der sachlichen Leistung erlegen, angepaßt kriegsvernünftig und so vielleicht skrupellos, so ließen sich die Charakterzüge des 51-Jährigen umschreiben: »Schon äußerlich war Dönitz der Antipode Raeders: groß, hager, etwas schlaksig, kleine blaue Augen in einem merkwürdig flachen Gesicht, abrupt in seiner Redeweise, die nie den militärisch-knappen Ton zu unterdrücken vermochte. Er sprach selten, dann aber voller Leidenschaft, ohne Gefühl für äußeren Stil oder sprachliche Form, in derben, ‚volkstümlichen' Ausdrücken, die alle verstanden, von vielen begrüßt, von wenigen, denen ästhetische Gesichtspunkte nicht gleichgültig waren, abgelehnt wurden. Seine Gedanken waren einfach, gerade, holzschnittartig«[510].

Raeder hingegen, Grandseigneur und charmanter Vertreter der kaiserlich-klassischen deutschen Marine, hatte sich seinen Untergebenen gegenüber stets mit dem ihm gebührenden Abstand geriert, war eben in jeder Lage »der Herr Großadmiral«, der für derlei Gesten, wie sie Dönitz etwa den U-Boot-Besatzungen in rührend väterlicher Art entgegenbrachte, wenig Vermögen erkennen ließ. Dönitz sah in den Männern der Kriegsmarine und vor allem in denen der U-Boote – gleich welchen Dienstranges oder Alters – »seine Leute«, Kameraden und allem voran: Leidensgenossen. Er fühlte geradezu mit ihnen und war im tiefsten Innern dabei, wenn die U-Boot-Rudel ausliefen und zupackten. Gleichwohl oder gerade deshalb verlangte er »seinen Männern« alles ab. Der unbeugsame Wille zum Sieg, der bedingungslose Gehorsam gegenüber Vorgesetzten und die Erziehung seiner Soldaten zu einer verschworenen, führertreuen Gemeinschaft – das war ihm oberstes Gebot. Wenn es die Situation erforderte, wenn es sein mußte, dann war das Leben für die »Sache« hinzugeben. Dönitz personifizierte die unzerbrechliche Volksgemeinschaft, die seit der Proklamierung des »totalen Krieges« am 18. Februar 1943 durch Goebbels das Selbstverständnis von Wehrmacht und Volk stärker bestimmte als je zuvor.

Dönitz erinnerte sich Jahre später in bemerkenswert offener Weise seiner Einstellung zu Hitler, zum Nationalsozialismus und seiner Auffassung vom Soldatentum. Dönitz hatte nach Kriegsbeginn eine eindeutige und entschlossene Haltung eingenommen. Für ihn als Soldaten gab es nur den Kampf gegen den äußeren Feind, er suchte nach seelischer Geschlossenheit seiner Truppe als Faustpfand gegen vermeintlich stärkere feindliche Kräfte: »Zu dieser seelischen Einstellung gehörte, daß die Soldaten ohne Vorbehalt hinter der Staatsführung ihres im Kriege befindlichen Vaterlandes stehen«[511]. Der Soldat hatte nicht über Sinn und Unsinn, nicht über den Charakter der Staatsführung als Rechts- oder Unrechtssystem zu sinnieren, noch weniger zu debattieren, er hatte zu gehorchen. Jedes Abweichen von dieser Maxime war Dönitz gleichbedeutend mit Schwächung der eigenen Kampfkraft und Stärkung feindlicher militärischer Potenz. »Es war im Kriege meine wie unser aller Pflicht als Soldaten, unter vollem Einsatz alles zu tun, um ihn militärisch zu gewinnen. Hierzu gehörte auch, daß ich an meiner Stelle dafür sorgte, daß die Einheit zwischen Staat und Wehrmacht erhalten blieb«. Und weiter: »Jede Nation fordert diese Haltung von ihren Soldaten und bindet sie an diese Pflicht durch die am schwersten wiegende Form der Verpflichtung, den Eid. Diese Pflicht ist unabdingbar. Sie ändert sich auch nicht, wenn die militärische Lage aussichtslos wird. Ein Staat, der zuläßt, daß seine Soldaten nicht mehr ihre volle Kraft im Kampf einsetzen, wenn die militärische Lage ungünstig oder hoffnungslos wird, und der etwa das Urteil darüber, ob das der Fall sei, in das Ermessen eines jeden Soldaten stellt, rüttelt an den Grundlagen seiner eigenen Existenz. Die Wehrmacht wird nicht gefragt, wann und gegen wen sie zu kämpfen hat. Das ist Sache der politischen Führung, die das Primat gegenüber dem Soldaten hat«.

Mit anderen Worten: Dönitz war überzeugter Nationalsozialist und blieb es bis zum Ende, als er und starr in seinem unerschütterlichen Glauben an das nationalsozialistische Deutschland sein letzter Präsident wurde.

Für Hitler war Dönitz ein Glücksfall, denn es stand für ihn außer Frage, daß dieser Mann in den kritischen Tagen um den 30. Januar 1943 den Seekrieg im Sinne der nationalsozialistischen Führung und nicht in den obsoleten Denkkategorien der Tirpitz-Lehren konzipieren und zu einem erfolgreichen Ende bringen würde. Erfolgreich, weil die Kriegsmarine nun explizit nationalsozialistisch geführt wurde und die kaiserlichen Köpfe endgültig vom gebrechlichen Rumpf getrennt würden. So einfach war das für Hitler, der sich dank Dönitz' als ihrem Kommandierenden von der Marine eine wahrhaft nationalsozialistische Durchdringung erhoffte, wie sie weder beim Heer noch bei der Luftwaffe je tiefgreifend erfolgt war.

Ebenso war es ein Glücksfall für Dönitz, künftig das Amt des Oberbefehlshabers zu bekleiden. So hatte er jede Handhabe, den Seekrieg und seine Voraussetzungen – die Rüstung – nach den unbedingten Erfordernissen des Krieges auszurichten. Daß Dönitz ein Verfechter des ausschließlichen U-Boot-Kampfes war, verdient kaum mehr der Erwähnung. Seekrieg war für Dönitz U-Boot-Krieg, er hätte es nach seinen Vorstellungen schon seit Kriegsbeginn sein sollen, spätestens aber im Jahre 1942, und dies konsequent. Aber all das war nicht eingetreten, vielmehr hatte sich die Seekriegsleitung, wie in den vorstehenden Kapiteln dargetan, in tollen Planungen zum Schlachtschiff- und Flugzeugträgerbau ergangen und die Verantwortung für die Dringlichkeiten des Krieges vermissen lassen. Im Befehlsstand für die Koordinierung der U-Boot-Einsätze war Dönitz weit ab von den Planungen im OKM gewesen, immer schon hatte er auf die U-Boote als einzig wirksamer Waffe gegen die anglo-amerikanischen Kräfte hingewiesen. Er war im OKM wohl gehört, aber als zu einseitig dem Unterwasserkampf verhaftet mehr ignoriert denn als Ideengeber für eine gewinnversprechende Seekriegführung wirklich akzeptiert worden.

Wenn sich auch während des Jahres 1942 die Überzeugung Bahn gebrochen hatte, den Engländern und Amerikanern in der Tat nur mit U-Booten beikommen zu können (»die kriegsentscheidende Bedeutung der U-Boote wird anerkannt«), so war es dennoch zu spät gewesen, 1942 völlig umzuschwenken und alle der Kriegsmarine zur Verfügung stehenden Rüstungskapazitäten auf den Bau von U-Booten, Sicherungs- und Geleitfahrzeugen zu verlagern.

Rüstungsmäßig war das Jahr 1942 eine glatte Katastrophe gewesen, das zeitraubende Geplänkel um Bau und Erhaltung von schweren Kreuzern und Schlachtschiffen sowie das unentwegte Planen von Flugzeugträgern hatten aufgehalten und den alleinigen Blick auf den U-Boot-Bau und die leichten Seefahrzeuge verstellt. Wertvolle Zeit war vertan worden, und es sollte sich erweisen, daß dieser Mangel bis zum Kriegsende nicht mehr wettgemacht werden konnte. Es war sträflich gewesen, daß 1942 die praktische Umsetzung vielversprechender Entwicklungen auf dem U-Sektor im Schatten theoretischer Diskussionen um große Kriegsschiffe in den Hintergrund getreten war. Dönitz, der sich jener Versäumnisse der letzten Jahre wie wohl kein anderer im OKM bewußt war, versuchte in den ersten Monaten seiner Amtszeit als Oberbefehlshaber, das Ruder kraftvoll herumzureißen. Die Uhr ließ sich, das sei vorweggenommen, trotz seiner auf ganzer Linie erzielten Erfolge nicht mehr zurückdrehen. Dönitz, der Mann der Tat, war 12 Monate zu spät an die Spitze der Kriegsmarine berufen worden.

Dönitz ging sein Amt schwungvoll an: »Informationsaustausch und darauf aufbauend Neuorganisierung des Seekrieges in materieller, personeller, technischer und führungsmäßiger Hinsicht, Neuverteilung der Schwerpunkte, Neuformulierungen der

Dienstanweisungen, der Arbeitsaufträge – dies waren die ersten Maßnahmen, die der ObdM zu treffen hatte«[512].

Einige Tage nach dem Kommandowechsel, am 5. Februar 1943, erließ Dönitz eine Weisung an das OKM, in der er deutlich machte, worum es ihm in der Sache ging[513]: »Der Führer hat mich an die Spitze der Kriegsmarine gestellt. Ich werde die Kriegsmarine nach den Befehlen des Führers mit rücksichtsloser Entschlossenheit führen. Zu dieser Führung habe ich folgendes zu sagen: Es handelt sich allein darum, diesen Krieg zu gewinnen. Überlegungen und Gründe, wie etwa die Kriegsmarine nach diesem Krieg aussehen soll, dürfen daher keine Geltung haben.« Damit erteilte er eine deutliche Absage an jene Offiziere in der Seekriegsleitung, die sich angeschickt hatten und eventuell wieder anschicken wollten, voreilige Gedanken zu einer Nachkriegsmarine zu entwickeln. Dönitz handelte kriegslogisch, wenn er die ganze Energie für die momentane Kriegführung einforderte – alles andere war überflüssig[514].

Unmißverständlich umriß er den Aufgabenbereich der Marine in diesem Krieg mit Küstenschutz, Geleitsicherung und Kampf gegen die feindliche Tonnage, also U-Boot-Krieg. Dönitz machte nochmals deutlich, was für ihn seit Jahren festgeschrieben stand: »Nur mit dem Ubootkrieg kann die Kriegsmarine einen entscheidenden Beitrag zur Gesamtkriegführung leisten«, und diese war nach wie vor gekennzeichnet vom Ringen an der Ostfront, nur: Das Ringen war in eine qualitativ neue Phase getreten. Die Katastrophe der 6. Armee in Stalingrad war weniger die Wende des Krieges – die war mit dem Scheitern der Offensive vor Moskau im Dezember 1941 faktisch vollzogen – als vielmehr symbolträchtiger Ausgangspunkt für das »neue Deutschland« im totalen Krieg. Der »Vernichtungsfeldzug«, zum »Verteidigungskreuzzug« gegen die »bolschewistischen Untermenschen« mutiert, war strategisch von ebensolcher Bedeutung wie die propagandistische Vorbereitung auf die »Festung Europa«, in der das Deutsche Reich fortan einen zähen und willensstarken Verteidigungskampf zu führen hatte.

Die Seekriegsleitung hatte sich mit ihrem neuen Chef an der Spitze strategisch ebenso umzuorientieren. Von Raeder noch zur Überzeugung gebracht, der Krieg sei recht eigentlich ein Seekrieg, stand für sie der Kampf gegen die angelsächsischen Mächte, in erster Linie gegen England, ungetrübt der Vorgänge im Osten noch im Vordergrund. Die Lahmlegung der industriellen Versorgung und damit der Rüstungsindustrie, die merkliche Herabsetzung englischen Offensiv-Potentials und schließlich die drastische Verschlechterung der Ernährungslage sollten Meilensteine auf dem Weg zum Sieg über England sein, der »nach Ablauf von 3-4 Monaten [also spätestens im Sommer 1943, d.Vf.] mit absoluter Sicherheit«[515] erreicht sei, wenn marineseitig unter Einbeziehung aller Kräfte daran gearbeitet werde. Dezidiert legte die Seekriegsleitung dar, daß mit der U-Boot-Waffe, vor allem aber mit schweren Einheiten (!), ein Erfolg gezeitigt sei, denn »für die Engländer ist nicht Dünkirchen, sondern die Versenkung der ‚Hood' der bisher schwärzeste Tag dieses Krieges gewesen. Dies ist bei uns noch immer nicht richtig erkannt worden«, und infolgedessen »der Wiedereinsatz deutscher schwerer Einheiten (...) die Admiralität zur Wiederverwendung von Schlachtschiffen und Flugzeugträgern zur Konvoisicherung am Nordatlantik zwingen« werde, was seit dem Abzug von »Gneisenau« und »Scharnhorst« aus den Bretagnehäfen nicht mehr der Fall war. So forderte die Seekriegsleitung »schnelle, kurzbefristete Vorstösse«. Falls der Gegner jedoch eine Zusammenziehung seiner Kräfte beabsichtige, war umgehend zum Rückzug zu blasen, um Verluste zu vermeiden: »Feindberührung ist nicht Ziel solcher Einsatzfahrten sondern muss möglichst vermieden werden. Nur unter günstigen Umständen hat eine Gefechtsberührung zu erfolgen«.

Zweck solcher Einsätze war die Bindung starker gegnerischer Flotten- und Luftstreitkräfte, die Behinderung der Operationen in anderen Gebieten sowie die Schwächung des Konvoischutzes. Die Verzögerungen der Konvoifahrten, aber vor allem der gesteigerte Brennstoffverbrauch durch den ständigen Einsatz der schweren Einheiten würden den Gegner auf diese Weise in eine auf die Dauer aussichtslose Lage bringen – durch den Einsatz deutscher Schnellboote gegen Konvois beschleunigt.

Die Gedanken der Seekriegsleitung, so schlüssig sie auch sein mögen[516], kollidierten mit der Auffassung ihres Chefs, unter Anerkennung der Priorität der Ostfront die ganze Kraft sowohl auf die Bekämpfung der Geleitzüge (»es mußte gelingen, die Unterstützung Rußlands durch die Westalliierten effektiv zu unterbinden«[517], und zwar solange, wie es um das Ostheer unverändert schlecht stand) als auch auf den U-Boot-Kampf gegen die angelsächsische Tonnage zu konzentrieren. Freilich unter Ausschluß schwerer Einheiten, das war beschlossene Sache, in Kürze auch für die Traditionalisten in der Seekriegsleitung.

Diese ging mit der Erkenntnis in den zweiten Monat des neuen Jahres, nach dem Zusammenbruch der 6. Armee in Stalingrad[518] und der sich abzeichnenden Katastrophe des Afrika-Korps[519], sich aus der totalen kontinentalen Abhängigkeit nicht mehr lösen zu können. Das Heer war, wo immer es stand, marineseitig zu unterstützen[520], und das »Engagement für die Belange der Landkriegführung mußte sich sogar noch steigern, vor allem im Schwarzen Meer rückten immer zahlreichere Aufgaben in der Sicherung der Transporte, der Räumungsbewegungen, der Unterstützung der Landfronten in den Mittelpunkt«[521].

Der Wunsch, den Hauptgegnern der Kriegsmarine, England und USA, auf dem Wasser das Handwerk zu legen, war zwar nicht in weite Ferne, jedoch gleichwertig an die Seite der Geleitzugsbekämpfung im Nordraum gerückt. Die Kriegsmarine degradierte so zum Zuspieler des Heeres; die kritische Lage verlangte immer mehr die Kraft der gesamten Wehrmacht, und Sonderwünsche konnten nicht berücksichtigt werden. Aber genau genommen wußte die Seekriegsleitung darum, all das kam im Grunde nicht überraschend. Der Vernachlässigung des Mittelmeeres – trotz seiner Bedeutung für die strategische Gesamtkonzeption, worauf Raeder 1942 gebetsmühlenartig hingewiesen hatte – als drittem maritimen Schauplatz konnte die Marineführung überdies nicht wirksam entgegentreten[522].

Mit der strategischen Konzentration auf die Bekämpfung der Geleitzüge und der angelsächsischen Handelstonnage war prinzipiell auch die Frage der Rüstungspriorität geklärt. Dönitz verlangte nur noch den Bau von U-Booten und leichten Seestreitkräften. Alle anderen Bauten, über die noch 1942 verhandelt worden war, sollten aus den Rüstungsprogrammen der nächsten Jahre herausgebrochen werden. »Wenn Forderungen, die der Ubootkrieg zur Erfüllung seiner Kampfaufgabe braucht, in Konkurrenz mit anderen Forderungen stehen, so hat die Entscheidung zu fallen für den Ubootkrieg, d.h. die Ubootwaffe und alles was für ihre Kriegführung erforderlich ist, z.B. leichte Seestreitkräfte, Werften, Stützpunkte«[523].

Auch Waffenentwicklung und technische Optimierung der Fahrzeuge hatten sich diesen Bedürfnissen nicht nur anzupassen, sondern waren »mit fanatischer Energie« voranzutreiben. Und mit ebenso fanatischer Energie war bei den eingeschränkten Mitteln, die der Kriegsmarine-Rüstung zur Verfügung standen, nur das absolut Wesentliche zu bauen. Tödliche Effizienz sollte an die Stelle ästhetischer Gesichtspunkte treten, auch dies sprach Dönitz unumwunden aus: »Wenn wir also vor die Wahl gestellt werden, unsere Mittel für Kampfkräfte zu verwenden, die an Hand der nun einmal gegebenen Lage im großen ganzen nur bedrohen, oder für solche, die totschlagen können, so ist es richtig, unsere Kräfte in die Totschläger hineinzustecken, denn durch Drohungen allein ist noch niemand gestorben«[524].

Dönitz' Kriegsphilosophie, so brutal und pervertiert sie auch in der Retrospektive erscheinen mag, entsprach exakt den momentanen Bedürfnissen des Krieges, der seit dem Angriff auf die Sowjetunion ohnehin kein »herkömmlicher Krieg« mehr war. Nach dem Jahr der Vielplanerei war es an der Zeit zu handeln, und so war es zwingend kriegslogisch, wenn Dönitz Waffen forderte, die effizient arbeiteten, um den Feind entscheidend, das hieß: tödlich zu treffen.

Diesem Stil, wie er in Dönitz' Erlaß so treffend zum Ausdruck kommt, paßte sich die Kriegsmarine im Verlauf der nächsten Monate chamäleonartig an. »Die U-Bootmarine, wie sie Dönitz verstand, war ganz bewußt die Marine des neudeutschen Staates, das Kampfmittel des ‚Führers', kein Wehrmachtteil, der seine esoterische Uninformiertheit als Überlegenheit interpretierte, sondern ein Teilstück der Gesamtwehrmacht«[525]. Dönitz hatte die Kriegsmarine ihrer Sonderstellung enthoben und sie in das Gesamtgefüge Wehrmacht implantiert. Die Kriegsmarine war fortan Werkzeug Hitlers, nicht mehr und nicht weniger.

Dönitz hatte in den ersten Tagen seiner Amtszeit mit Routine-Aufgaben weit mehr zu tun als mit übergreifenden strategischen Neubestimmungen der Seekriegführung. Freilich sollte sich dies bald ändern und der Ob.d.M., noch immer für viele nicht mehr als der ausschließlich U-Boot-Kategorien verhaftete B.d.U., seinen Charakter als »bloßer U-Boot-Mann« ablegen und sich innerhalb kürzester Zeit zum umsichtigen »Feld«herrn aufschwingen, dem es an Hartnäckigkeit und bestimmtem Auftreten gegenüber seinem »Führer« nicht mangelte.

Die praktische Umsetzung von Hitlers lange erwogener Außerdienststellung der schweren Einheiten, in seiner Überzeugung genährt durch den Mißerfolg der Operation »Regenbogen« am 31. 12. 1942[526], wurde die erste Amtshandlung Dönitz' von größerer Tragweite.

Am 26. Januar übermittelte Dönitz an C/Skl (Admiral Fricke) den Befehl Hitlers, alle Neu- und Umbauten an großen Schiffen unverzüglich einzustellen[527]: Schlachtschiffe, Panzerschiffe, schwere Kreuzer, leichte Kreuzer, Flugzeugträger und Hilfsflugzeugträger. Von der Außerdienststellung ausgenommen waren »Admiral Scheer«, die weiterhin als Schulschiff Verwendung finden sollte, und »für Schulzwecke in Dienst zu haltende Schiffe«, die soweit zu reparieren waren, »als es für den Verwendungszweck notwendig ist«[528].

Der Zeitpunkt zur Außerdienststellung war noch nicht befohlen, er sollte nach dem Vorschlag des Ob.d.M. durch Führerbefehl festgelegt werden. Die durch den Baustopp freiwerdenden Kapazitäten – Werften, Arbeiter, Soldaten und Waffen (in der Hauptsache Flak-Geschütze) – waren der U-Boot-Reparatur und dem U-Boot-Neubau zur Verfügung zu stellen. Die Seekriegsleitung hatte bis zum 2. Februar 1943 Zeit, Vorschläge zur Ausführung des Befehls zu unterbreiten[529].

Dönitz hatte der Abwrackung der großen Schiffe noch am 26. Januar das Wort geredet und sich mit Hitlers Weisung einverstanden gezeigt, doch »erst nach und nach, genauer: in der Woche vom 1. bis 8. Februar 1943, erkannte Dönitz die Außerdienststellungsfrage in ihre ganzen Tragweite«[530] und führte eine spektakuläre Kehrtwendung herbei. Ausgangsposition war die von 1/Skl am 29. Januar 1943 vorgelegte Bearbeitung der Weisung[531].

Die Seekriegsleitung – ganz abgesehen davon, daß sie ohnehin nur schwer den Verlust der großen Schiffe verschmerzen konnte – griff zu einer Argumentation, der sich weder Hitler noch Dönitz würden versperren können. Der Gesichtspunkt, daß bei der geforderten Zusammensetzung des zukünftigen Ausbildungsverbandes »unter dem Zwang der Verhältnisse die vorhandenen Ausbildungsschiffe zu Kampfaufgaben eingesetzt werden müssen«, der Verband folglich kampfkräftige Schiffe umfassen müsse, die in der Lage seien, im scharfen Gefecht zu bestehen und deren materielle Einsatzfähigkeit deshalb unbeschränkt sein müsse, war ein gewitzter Schachzug. Man könne so Hitlers Befehl nachkommen und ihn doch in gewisser Weise umgehen, denn der »Führer« konnte kaum etwas dagegen einwenden, wenn ein Ausbildungsverband zumindest theoretisch auch an einen Kampfauftrag gebunden wäre, denn schlagen sollten sich die »Dickschiffe«, wenn sie schon eingesetzt würden, allemal. Als weitere Richtlinie für die Zusammensetzung des Verbandes war nach 1./Skl zugrunde zu legen, daß der verstärkte Nachschub an U-Boot-Besatzungen die Ausbildung technischen Personals nicht nur an Motorenanlagen sondern auch die Einweisung an Schiffen mit HD-Anlagen (Hochdruckheißdampf) erforderlich machte. Das hieß, daß im geplanten Ausbildungsverband beide Antriebsarten vertreten sein mußten: »Es konnten also nicht nur die Panzerschiffe als Ausbildungseinheiten in Frage kommen, sondern es mußte wenigstens ein schwerer Kreuzer („Prinz Eugen") erhalten bleiben. Natürlich hätte man ‚Tirpitz' oder ‚Scharnhorst' vorgezogen, doch so weit wagte sich die Seekriegsleitung zu diesem Zeitpunkt nicht vor«[532].

Diese Voraussetzungen berücksichtigend, legte die Seekriegsleitung ihrem Ob.d.M. gemäß Weisung den Ausführungsplan am 2. Februar 1943 vor. Danach würde der Ausbildungsverband aus »Prinz Eugen«, »Scheer«, »Lützow«, »Nürnberg« und »Emden« bestehen. Schlachtschiff »Gneisenau« befand sich bereits außer Dienst, »Graf Zeppelin« war noch nicht fertiggestellt, konnte also noch in der Werft stillgelegt werden. Die Kreuzer »Leipzig«[533], »Köln« und »Hipper« waren sofort außer Dienst zu stellen[534], »Schleswig-Holstein« und die »Schlesien« sollten am 1. April bzw. 1. Mai folgen. »Die Außerdienststellung ist in unauffälliger, dem Gang der Arbeiten angepaßter Form durchzuführen, die Besatzung in einzelnen Zeitabschnitten nach Vorschlag des Kommandos abzukommandieren«[535].

Für die verbleibenden Schlachtschiffe waren spätere Daten zur Außerdienststellung anberaumt. Für »Scharnhorst« wurde der 1. Juli als Termin festgesetzt, die »Tirpitz« sollte erst im Herbst des Jahres »zur Ausschlachtung« freigegeben werden.

Die im Sommer bzw. Herbst vorgesehene Stillegung der beiden Schlachtschiffe bot sich an, um sie in der noch verbleibenden Zeit für eventuelle Operationen in der Ostsee vorzusehen; das war mithin das Argument für Dönitz, auch die Abwrackung von »Schlesien« und »Schleswig-Holstein« zu überdenken, da sie sich für den Einsatz als Eisbrecher in der Ostsee vorzüglich eigneten[536]. Da der Ostsee ein erheblicher strategischer Nutzen beigemessen wurde[537], »und da die großen Schiffe hier doch noch eine nützliche Funktion erfüllen konnten, begann Dönitz auf die Linie der Seekriegsleitung umzuschalten, die eine Rückgängigmachung des Hitlerschen Außerdienststellungsbefehls anstrebte«[538].

Am 9. Februar wurde Hitler Vortrag über die Außerdienststellungsplanung gehalten, bemerkenswerterweise nicht vom Ob.d.M. selbst, sondern von Vizeadmiral Krancke »auf Anordnung des Ob.d.M.«[539]. Dönitz wollte offensichtlich seine Kehrtwendung nicht sofort offenkundig machen. Wie von Hitler gewünscht, trug Krancke über diejenigen Schiffe vor, die von der Anordnung erfaßt waren, führte im weiteren Verlauf des Lagevortrages die Verteilung der freiwerdenden Flak-Geschütze auf und referierte die Vorstellungen der Seekriegsleitung zur Verwendung der nun zur Verfügung stehenden Schiffsbesatzungen[540]. Hitler wußte an diesem 9. Februar noch nichts von Dönitz' allmählich steigender Überzeugung, daß der Einsatz der Schiffe auch weiterhin sehr viel mehr Nutzen für die Kriegführung bringen würde als ihre Außerdienststellung und materielle Verwertung.

Erst am 26. Februar, nachdem der Ob.d.M. verschiedene Entwürfe – unter anderem eine neue Weisung für den Einsatz der Überwasserschiffe[541] – hatte ausarbeiten lassen und im Marinestab konstruktive Gespräche über die Zukunft der großen Schiffe geführt wurden, ging Dönitz gegenüber seinem »Führer« in die Offensive. Tragendes Argument für den Oberbefehlshaber war der mögliche und gewinnversprechende Einsatz von »Tirpitz« und »Scharnhorst« gegen Geleitzüge im Nordraum, der Hitler überzeugen mußte, denn keinem anderen war so sehr an der Entlastung der Ostfront durch Bekämpfung der für die Sowjetunion bestimmten Zufuhren gelegen wie Hitler selbst. Würde er zustimmen, hätte Dönitz gleich dreierlei in einem Zuge erreicht: 1. die großen Schiffe bekämen die Chance zum Kampf, der 2. in direktem Zusammenhang mit dem Schicksal der Ostfront stünde. Drittens schießlich wäre die psychologische Schubwirkung eine ungeheure, wenn der Marine wenigstens ein Teil der »Dickschiffe« erhalten bliebe.

Noch bevor Hitler über Zustimmung oder Ablehnung befand, wurde am 24. Februar die Kampfgruppe von der Seekriegsleitung zusammengestellt: Mit »Tirpitz«, »Scharnhorst«, »Lützow« und 6 Zerstörern würde im Nordraum ein Verband im Einsatz stehen, der stark genug wäre, um erfolgreich gegen die Geleitzüge vorzugehen. Argumentativ war für die entscheidende Unterredung mit Hitler alles glänzend vorbereitet und inhaltlich stimmig; hinzu kam, daß der erst seit knapp einem Monat an der Spitze der Kriegsmarine stehende Oberbefehlshaber in jeder Hinsicht das Wohlwollen des »Führers« genoß. »Dönitz hatte nun zum ersten Mal zu beweisen, daß aus dem BdU ein Ob.d.M. geworden war«[542].

Dönitz begann in Anwesenheit von Vizeadmiral Krancke, General Jodl und Kapitän von Puttkamer behutsam mit der Feststellung, daß sich die deutsche Kriegsmarine gemäß Führerentscheid das nutzlose Brachliegen der großen Schiffe schlicht nicht leisten könne – darin waren sich alle einig. Er meldete Vollzug in der Außerdienststellung von »Hipper«, »Leipzig« und »Köln« und legte dar, daß die von »Schlesien« und »Schleswig-Holstein« bald folgend würden. Für die großen Schiffe jedoch, und das war Dönitz' erster Vorstoß, gäbe es sehr wohl Kampfmöglichkeiten – nämlich gegen die Archangel'sk-Geleitzüge.

Geschickt führte der Ob.d.M. das Argument ins Feld, daß er es für seine Pflicht halte, »in Anbetracht der schwer kämpfenden Ostfront, diese Möglichkeiten durch den Einsatz der großen Schiffe mit allen Mitteln auszunutzen«[543]. Die Verstärkung der im Nordraum liegenden Schiffe hielt Dönitz daher für notwendig. Der forsche Vorstoß des Ob.d.M. schien in dem schon Raeder bekannten Hinweis Hitlers zu versanden, er lehne jegliches Kämpfen von Überwasserschiffen ab, »da dieses Kämpfen vom ‚Graf Spee'-Fall angefangen, bisher lediglich das Gegenteil von Erfolgen gebracht hätte«[544]. Die Zeiten der großen Schiffe seien vorbei, so hatte Hitler schon Raeder gegenüber bekanntlich mit Nachdruck betont, und ihm sei der Stahl und das Nickel, das man aus den Schiffen gewinnen könne, weitaus lieber als die Vorstellung von einem erneuten Kampf mit den großen Schiffen; das hatte freilich nichts mit Hitlers grundsätzlicher Überzeugung zu tun, daß die Schiffe die Schlacht schlagen müßten, sobald sie am Feind stünden – doch jetzt hielt er nichts mehr vom Schlagen, die Zeiten hätten sich eben geändert.

Wie wertvoll Dönitz' Hinweis auf die schwierige Lage an der Ostfront war, zeigte der nunmehr beginnende Meinungsumschwung Hitlers, nachdem er den unerträglichen Umstand erwähnt hatte, daß die Kraft der Russen, »wie jetzt wieder durch den Geleitzug von 25 Schiffen«, ständig zunehme. Dönitz schlug augenblicks in die gleiche Kerbe und erwirkte tatsächlich von Hitler das Unmögliche: Er stimmte der Verlegung von »Scharnhorst« in den Nordraum und der Bildung einer Kampfgruppe unter Einsatz der beiden Schlachtschiffe »Scharnhorst« und »Tirpitz« zu. Dönitz veranschlagte eine Zeitspanne von drei Monaten für die Unternehmung, und freigebig verlängerte Hitler die »Frist« auf ein halbes Jahr. Doch Hitler war sich seiner Sache sicher: »Wenn es auch sechs Monate sein sollten, Sie werden dann zu mir kommen und einsehen, daß ich recht gehabt habe«[545].

Es waren großzügige Konzessionen Hitlers an den neuen Ob.d.M. gewesen – Raeder gegenüber hätte sich der »Führer« selbst bei ähnlicher oder auch gleicher Argumentation sicherlich verschlossen. Die kühne und belebende Art, mit welcher der neue Chef der Seekriegsleitung Rückgrat gezeigt hatte, schien imponierend auf Hitler gewirkt zu haben. Doch bei alledem kann man sich nicht des Eindrucks erwehren, daß Hitler im Grunde genommen die ganze Thematik nicht mehr wahrhaft interessierte. Das einzige, was Hitler aufhorchen ließ, war die Aussicht auf Schädigung feindlicher Geleitzüge zur Entlastung »seiner« Ostfront und nicht das Schicksal zweier stolzer deutscher Schlachtschiffe – zu U-Booten würden sie ohnedies bald verarbeitet werden, und bis es soweit sein sollte, durfte Dönitz noch seine Freude haben und die Seekriegleitung ihr Riesenspielzeug behalten.

Die Achtung, die Dönitz nach seinem Erfolg allseits entgegengebracht wurde, erscheint vor dem Hintergrund der grundsätzlichen Hitlerschen Gleichgültigkeit in dieser Frage einigermaßen übertrieben. Dennoch: Dieser »Sieg« des Ob.d.M. über Hitler war der Anlaß für eine grundlegende Zäsur in der Haltung der Marineführung gegenüber ihrem Chef: Er hatte für sie und ihre Schlachtschiffe, und dies als ehemaliger B.d.U., gefochten. Dönitz konnte sich sicher sein, daß er fürderhin auch von kritischen Köpfen in der Seekriegsleitung vollends als ihr Oberbefehlshaber akzeptiert war.

Der Problematik um die Außerdienststellung der schweren Einheiten und deren schließliche Teil-Lösung im Sinne der Seekriegsleitung haftet im Nachhinein etwas Tragisches an, denn immerhin war es ebendiese Problematik gewesen, die sich als unüberwindbare Wand zwischen Raeder und Hitler geschoben hatte und den Großadmiral den Abschied nehmen ließ. Freilich, Dönitz hatte anders als Raeder argumentiert; ihm ging es nicht um den Erhalt der alten Marine, wenn er an den Einsatz der beiden Schlachtschiffe dachte, sondern um Kampf mit höchstmöglicher Aussicht auf Erfolg, der beim Ansatz auf Geleitzüge durchaus gegeben war[546]. Gleichwohl, die Sache, um die es ging, war dieselbe, und der mit forscher Nonchalance vorpreschende Dönitz hatte an einem einzigen Tag bei Hitler erreicht, worum Raeder ein ganzes Jahr vergeblich gerungen hatte.

Der Achtungserfolg, den Dönitz am 26. Februar 1943 eingespielt hatte, sollte sich künftig noch in anderer Hinsicht positiv auswirken. Dönitz hatte das Vertrauen seines »Führers« – das war entscheidend –, und er war so in der Lage, mit Forderungen an Hitler heranzutreten, die bislang unerfüllt blieben, wenn nicht gar undenkbar waren. Dies galt für den sensibelsten Bereich der Rüstungswirtschaft: Arbeiter und Rohstoffe.

Mit dem teilweise vollzogenen Außerdienststellungsbefehl vom 26. Februar 1943 war insofern eine Änderung in der Rüstungspolitik herbeigeführt, als künftig auf den Bau von schweren Schiffen definitiv verzichtet wurde und das ganze Gewicht auf die Fertigung von U-Booten und leichten Seestreitkräften verlagert werden konnte. Zwar hatte sich nicht erfüllt, die Schlachtschiffe »Scharnhorst« und »Tirpitz« als Materiallieferanten für den U-Boot-Bau bzw. die U-Boot-Reparatur auszuschlachten, noch dazu kamen wahrscheinliche Reparaturen an den beiden »Dickschiffen«, doch war die Richtlinie für die kommenden Jahre gegeben und die Voraussetzung geschaffen, Klarheit in den Bereich der Marinerüstung zu bringen.

Acht Tage nach seinem Dienstantritt rang Dönitz Hitler eine Versicherung ab, die Raeder trotz zahlreicher Bemühungen nie hatte einholen können und die eine wesentliche Grundlage für ein neues Marine-Rüstungskonzept wurde: »Die größeren Bootszahlen sind (...) abhängig von einer möglichst kurzen Werftliegezeit der Boote und möglichst raschen Erledigung der Restarbeiten der Neubauboote. Ob.d.M. legt dar, daß daher die Reparaturwerftfrage für eine Intensivierung des U-Bootskrieges von ausschlaggebender Bedeutung ist, und bittet deshalb, die U-Bootswaffe und ihre Waffen sowie die Überwasserkriegsschiffe, die dem U-Bootskrieg dienen, von der Einziehung für das Heer total und grundsätzlich zu befreien«[547]. Nachdem Speer, der neben Vizeadmiral Krancke der Sitzung beiwohnte, die Bitte des Ob.d.M. unterstützt hatte, vorausgesetzt, er müsse »die dann ausfallenden Kopfzahlen nicht an anderen Stellen herauspressen«, gab Hitler seine Einwilligung. Er versicherte überdies Dönitz, für die U-Boot-Waffe alles zu tun, was möglich wäre.

Das war neu. Es mag sein, daß Hitler seinen neuen Ob.d.M. bei dessen erster Lagebesprechung nicht gleich mit einer derben Absage verprellen wollte, die ihm vielleicht ein Stück seiner Willenskraft geraubt hätte, wie sich übrigens auch Göring bemerkenswert konziliant gegenüber seinem Amtskollegen verhielt, indem er »jegliche Unterstützung durch Schaffung von Fernaufklärern für den U-Bootkrieg zu[billigte]«[548]. Aber wie dem auch sei: Dönitz hatte tags darauf, am 9. Februar 1943, den von ihm vorbereiteten Schutzerlaß in der Tasche, und der Vorstoß konnte als erster Schritt in die richtige Richtung gewertet werden. Wie in einer Art Stufenprogramm ging Dönitz das nächste und zweifellos schwerwiegendste Problem an: die Frage der zukünftigen Stahlzuteilung. Und auch hier errang der Oberbefehlshaber einen Erfolg, den er vielleicht nur zu hoffen gewagt, aber nicht erwartet hatte.

Die der Kriegsmarine für das erste Quartal 1943 zugeteilten Rohstoffe waren unzureichend, um das laufende Programm erfüllen zu können. Von seiten der Marine waren alle Möglichkeiten zur Senkung des Rohstoffbedarfs und er Einsatzgewichte sowie zur weitergehenden Verwendung von Austauschstoffen durch fertigungstechnische und betriebswirtschaftliche Maßnahmen ausgeschöpft worden. Auch der Bedarf an Waffen, Gerät und Munition ist immer wieder überprüft und auf das militärisch tragbare Mindestmaß heruntergeschraubt worden. Die Heranziehung von Lagerbeständen bei Rüstungsbetrieben und Werften zur Überbrückung des Materialnotstandes, der sich für das I. Vierteljahr anbahnte, war vollends ausgereizt.

Am 11. Dezember 1942 waren für die wichtigsten Rohstoffe Kontingente festgesetzt worden, die – gegenüber dem Bedarf stark gekürzt – Fertigungseinschränkungen im ersten Vierteljahr 1943 nötig machten.

	Bedarf	**Zuteilung**
Stahl	183.000 t/Mon	137.550 t/Mon
Kupfer	2.200 t/Mon	2.028 t/Mon
Aluminium	2.200 t/Mon	1.661 t/Mon
Zink	3.000 t/Mon	1.684 t/Mon
Blei	2.600 t/Mon	1.727 t/Mon
Baueisen	41.000 t/Vierteljahr	18.000 t/Vierteljahr

Auf der Grundlage der zugeteilten Materialien wurden in der Dringlichkeitsfolge Einschränkungen im Bereich des Überwasserkriegsschiffbaus formuliert, wohingegen der U-Boot-Bau unangetastet blieb[549]:

1. *U-Boot-Reparatur und U-Boot-Neubau (Einhalten des Programms von 1942, den U-Boot-Bau auf 25/Monat hochzuziehen)*
2. *Einschneidende Einschränkungen bei Neubau und Umbau von Überwasserkriegsschiffen und Hilfsschiffen*

a) *Umbau der Hilfsflugzeugträger mit ganz geringer Materialzuteilung*[550]
b) *Kürzung des Marinefährprahmbaus um 1/3 (Neubau von 16 Artillerie-Leichtern und 45 MFP geriet in Wegfall)*
c) *Keine Inbaugabe von KU-Jägern*
d) *Streckung der Fertigstellung von Kriegsfischkuttern*
e) *Einschränkung beim Bau von Hilfsschiffen*
f) *Hinauszögern der Fertigstellung von 39 Fischdampfern in Holland*
g) *Kürzung im Bau von Betriebsfahrzeugen*
h) *Verminderung der Vorräte für Schiffsausrüstung, Verzögerung der Rückgabe von Schiffbaumaterial an Finnland und Dänemark*

Dönitz war bei seinem Dienstantritt am 30. Januar 1943 gemeldet worden, daß die Marine für den Monat Februar 40.000 Tonnen Stahl Mehrzuteilung erreichen müsse, um nur die dringendsten Rüstungsforderungen erfüllen zu können. Dönitz trug die Forderung an Hitler heran, und der zögerte überraschenderweise keinen Augenblick mit der sofortigen Bewilligung[551]. Damit war zwar das Stahlproblem für Februar gelöst, es bedurfte aber eines weitergehenden und hartnäckigen Engagements, um die Versorgung mit diesem elementaren Stoff für das gesamte Rüstungsjahr zu erwirken: Das Stahlproblem konnte »selbstverständlich (...) auf die Dauer nicht durch allmonatliche Vorträge bei Hitler gelöst werden«, daher ließ Dönitz »eine genaue Untersuchung über den Stahlbedarf der Kriegsmarine anstellen und in einer Denkschrift niederlegen«[552].

Die Stahlzuteilung hatte nach der am 1. März 1943 vorliegenden Studie[553] für die Kriegsmarine bei Kriegsbeginn 160.000 moto betragen, die im Jahresdurchschnitt 1942 auf 177.300 moto anstieg, um 1942 trotz steigender deutscher Stahlerzeugung rückläufig zu werden. Die für das II. Quartal 1943 veranschlagten 119.795 moto stellten nunmehr einen untragbaren Tiefstand dar. Etwa 50 Prozent der Zuteilung wurden für den Kriegsschiffbau direkt verbraucht, 25 Prozent entfielen auf die Fertigung von Artillerie-, Torpedo- und Sperrwaffen einschließlich Munition, und die übrigen 25 Prozent wurden auf den Ausbau von Stützpunktanlagen (Werften, Festungen, Schulen, Ausrüstung, Verpflegung- und Lieferindustrie) verwendet.

Die Mindestforderung (gesamt) betrug 181.483 t, die tatsächliche Zuteilung hingegen war auf 119.795 Tonnen beschränkt, das bedeutete ein Minus von ca. 62.000 t, das von der Marine nicht zu verkraften war. Auf den Bereich Schiffbau entfielen nur 58.000 Tonnen bei einer Mindestforderung von 85.000 t.

Bei einer derartigen Zwangslage konnten die erforderlichen Kürzungen nicht gleichmäßig vorgenommen werden. So mußten etwa bei Artilleriewaffen bestimmte Fertigungen eingestellt werden (schwerste Artillerie 40,6 cm, Küstenbatterie 38 cm), um die Artilleriebewaffnung für die U-Boote und die dazu erforderliche Munition bereitstellen zu können. Katastrophal war die Torpedo-Produktion. Ohne Torpedos waren U-Boote totes Eisen, und es mußte alles daran gesetzt werden, 600 Torpedos des Typs G 7a und 1.400 des moderneren Typs G 7e zu fertigen. Die im II. Quartal in Aussicht stehende Produktion von nur 440 G 7a und 730 G 7e Torpedos war völlig unzureichend, da der Verbrauch bereits zum Zeitpunkt der Niederschrift der Studie bedeutend größer war als der Ausstoß und die Bestände nicht in der notwendigen Höhe gehalten werden konnten. Würde dieses verheerende Niveau nicht drastisch nach oben verändert werden, käme der U-Boot-Krieg aufgrund des eklatanten Torpedo-Mangels in Kürze zum Erliegen.

Durch rigorose Maßnahmen sollte der U-Boot-Bau im Jahre 1943 auf 25/Monat heraufgeschraubt werden, um der einzigen Offensivwaffe der Kriegsmarine die Wirkamkeit zu erhalten. Die Zahl der Frontboote nahm allerdings selbst beim Bau von 25 U-Booten/

Monat wegen der Verlustrate und der Abgabe abgewirtschafteter Boote für Schulzwecke – wo sie für die Ausbildung unentbehrlich waren – von durchschnittlich einem Boot/Monat nur langsam zu. Da der Stahl in voller Höhe dem U-Boot-Bau zugeteilt werden mußte, woran sich auch in der Zukunft nichts ändern würde, wirkten sich die Kürzungen auf dem Rohstoffsektor logischerweise »in mehrfacher Höhe«[554] auf den Bau leichter Seestreitkräfte aus. Aus den bekannten Gründen war eine Einschränkung im Bereich der leichten Seestreitkräfte von katastrophaler Folge.

Am 1. 3. 1943 waren an leichten Seestreitkräften (Haupt) vorhanden:

Zerstörer	T-Boote	S-Boote	M-Boote	R-Boote
19	25	101	116	129

Überdies war der Bau von Marinefährprähmen und Kriegstransportern eine unerläßliche Konstante und durfte keineswegs irgendwelche Einschränkungen erfahren, da deren Einsatz für das Halten des Brückenkopfes in Nordafrika und die Versorgung der Kräfte in Afrika nicht wegzudenken war.

Würde sich an der zugeteilten Stahlmenge nichts ändern, müßten die Kürzungen im Bereich der leichten Seestreitkräfte vorgenommen werden – der U-Boot-Bau mußte unter allen Umständen unangetastet bleiben, und andere Bereiche außer dem der leichten Seestreitkräfte gab es nicht. Die fehlende Stahlmenge würde den Neubau leichter Fahrzeuge nach den Errechnungen der Seekriegsleitung um 46 Prozent einschränken, »da Ubootsbau und Mittelmeeraufgaben volle Zuteilung erhalten müssen«[555].

Ein negativer Begleitumstand dieses unverkraftbar hohen Prozentsatzes würde in den Werften in einem erschreckenden Maße zu einer Desorganisation führen, da von Quartal zu Quartal, fast von Monat zu Monat, immer mehr in Bau gegebene Fahrzeuge aus Materialmangel gestrichen werden müßten. Ein beträchtlicher Teil der Sicherungsfahrzeuge bestand zudem aus alten, ausgemusterten fremden und/oder ehemaligen Handels- und Privatschiffen, die nach jahrelanger Indiensthaltung nur noch bedingt einsatzfähig waren[556]. Ihr Ersatz durch Neubauten war »dringende Notwendigkeit«.

Die Seekriegsleitung führte nachdrücklich die ungeheure Bedeutung der leichten Seestreitkräfte für die Gesamtkriegführung aus. Um eine zusätzliche Erhöhung von Stahl zu erwirken, verwies Dönitz nicht nur auf die Unentbehrlichkeit von leichten Seestreitkräften als Komponente im U-Boot-Krieg, sondern auch auf deren Funktion als Schutzfahrzeuge für die kriegswirtschaftlich unentbehrlichen Einfuhren. »So wurde zum erstenmal das Problem des kriegswirtschaftlich notwendigen Seeverkehrs im Gesamtzusammenhang der deutschen Seekriegführung dargestellt – ein weiteres Anzeichen für die ‚moderne' Einstellung des ObdM«[557]. Die Seekriegsleitung führte Zahlen auf, die in der Tat beeindruckend waren und die Forderung nach Mehrzuteilung von Stahl unterstrichen. Die Aufgabe der leichten Fahrzeuge auf dem Gebiet des Wehrmachtnachschubes und generell im Wirtschaftsverkehr rückte umso mehr in den Vordergrund, als die Güter mit fortschreitendem Krieg knapper und deren Schutz somit dringender wurde – woran nicht zuletzt Hitler lebhaft interessiert war. So war die Sicherung des lebenswichtigen Wehrmachtnachschubes für den gesamten norwegischen Raum[558], der Erz-Schiffahrt aus Kirkenes, Narvik und Mittelnorwegen und der Zufuhr der NE-Metalle[559] und der Fischerei[560] nicht mehr wegzudenken. Ohne den entsprechenden Geleitschutz hätten 1942, so die Seekriegsleitung, kaum 7.000 Handelsschiffe ihren Auftrag ausführen können.

Was die Sicherung des Ostsee-Raumes anbelangte, so waren zwei Gesichtspunkte ausschlaggebend: Zum einen Schutz der Ostsee als Ausbildungsterrain für U-Boote. Den

Ausfall der Ostsee konnte sich die deutsche Seekriegsleitung keinesfalls leisten – die in den Heimatwerften gebauten U-Boote konnten nur hier eingefahren werden, und es lag auf der Hand, daß bei starker Einschränkung des Ausbildungsbetriebes durch Feindeinwirkung oder gar Wegfall des gesamten Gebietes der »Tod des Ubootkrieges«[561] die unmittelbare Folge wäre. Zum anderen: Schutz des Wehrmachtnachschubes im Raum Finnland-Baltische Länder, der Eisenzufuhr aus Schweden (der kriegsentscheidende Bedeutung beigemessen wurde) und des Wirtschaftsverkehrs an den deutschen und dänischen Küsten. In der Nordsee galt die sichere Einbringung des im Überseeverkehr eingeführten Eisenerzes, »das zu 2/3 in die nordwestdeutschen und holländischen Häfen eingeführt werden muss«[562] neben der Kohlen- und Koksausfuhr als vordringlich – von letzterem hing immerhin die Wirtschaft des gesamten nordeuropäischen Raumes ab.

Auch für das Mittelmeer war die Nachschubfrage von herausragendem Interesse für die deutsche Kriegführung. Die Sicherung des Transportverkehrs nach Tunesien und Kreta, innerhalb der Küsten des deutschen Machtbereichs (Südfrankreich, Ägäis) und die Unterstützung der italienischen Kräfte stand in Verkettung mit dem Brückenkopf in Nordafrika: »Mit dem Nachschub über See steht und fällt unser Brückenkopf in Nordafrika; Lufttransport kann ihn nicht ersetzen«[563].

Der Schutz des »Lebensnervs Nachschub« galt in gleicher Weise auch für das Schwarze Meer: Sicherung und Unterstützung von Transportaufgaben des Heeres, Geleit des Wirtschaftsverkehrs über See aus dem ukrainischen Raum ins Schwarze Meer kam allein den Seestreitkräften zu, die hier 1942 nicht weniger als 1.294.983 Tonnen Güter transportiert hatten.

Die Sicherung der Ein- und Auslaufwege für U-Boote[564] und Schnell-Boote im Atlantik-Küstenbereich war nach wie vor eine der Hauptaufgaben für leichte Seestreitkräfte. Die abermalige Erwähnung verdeutlichte jedoch die grassierende Furcht vor einem Minderbestand an Geleitfahrzeugen, da sich die Auswirkungen auf den U-Boot-Krieg augenblicklich zeigen würden.

Das war die Bestandsaufnahme der Aufgaben leichter Seestreitkräfte, deren Zahl so knapp bemessen war, daß jede Schwerpunktbildung ein Loch an anderer Stelle aufriß, das wiederum mit den bescheidenen Mitteln kaum zu stopfen war. Hatte die Seekriegsleitung mit der Erwähnung transportierter Tonnage auch eindrucksvolle Zahlen beigebracht, so blieb dennoch der Beigeschmack, daß ca. 30 Prozent der deutschen Handelsflotte 1942 ausgefallen waren[565] und sich der Bestand am 1. Januar 1943 nur auf 1.133 Schiffe mit 3,6 Millionen BRT belief. Weitere Verluste waren unerträglich, der Neubau hatte die Ausfallrate bereits im Frühjahr 1943 nicht mehr erreichen können, »sodass eine ernste Verknappung von Schiffsraum eingetreten ist«[566].

Abhilfe schien hier zunächst nur durch Schwerpunktbildung der Geleitfahrzeuge in Aussicht, doch der Check, an welcher Stelle der Abzug einer bestimmten Zahl an Geleitfahrzeugen möglich war, fiel ernüchternd aus[567]: Nur die Ostsee konnte in näheren Betracht gezogen werden. Die völlige Ausschaltung der sowjetischen Ostseeflotte durch Wegnahme der gesamten Küsten des finnischen Meerbusens war die einzige potentielle Erleichterung. Dadurch wäre jede Bedrohung der Ostsee durch feindliche Seestreitkräfte hinfällig, die eingesetzten deutschen Kräfte könnten schließlich herausgezogen und anderen Orten verfügbar gemacht werden. Eine Entscheidung hierüber mußte so schnell wie möglich gefällt werden, da eine weitere Abnahme an Handelsschiffkapazität nicht hinnehmbar war.

Bevor die Vorstellungen der Seekriegsleitung zur künftigen Mehrzuteilung an Stahl konkret wurden, »setzte sie noch eins drauf«. Um ihren schließlichen Forderungen den rechten Nachdruck zu verleihen, wies der Chef der Seekriegsleitung auf die absolute

Abhängigkeit Deutschlands vom Seetransport hin, der 43 Prozent der gesamten Roheisenerzeugung sicherte[568]. Hinzu kam die deutlich bessere Qualität der über See transportierten Erze (phosphorarmes Erz aus Spanien und Skandinavien), die als hochwertige Materialien Grundlage für die Rüstungsendfertigung waren[569]. Die Schlußfolgerung lag auf der Hand: »Die Aufrechterhaltung der Einfuhr hochwertiger Eisenerze auf dem Seewege ist daher für Deutschland kriegsentscheidend«[570], womit Dönitz keineswegs übertrieb. Der Großadmiral bewies darüber hinaus sein ganzes Geschick, indem er sich von der Fixierung auf die Rüstungsbelange der Kriegsmarine löste und die Bedeutung der leichten Seestreitkräfte vor allem für die deutsche Gesamtstahlproduktion herausstellte: »Die Mehrforderung an Stahl für den Schiffsneubau der Kriegsmarine steht demnach in keinem Verhältnis zu den Gefahren für unsere gesamte Stahlproduktion, die durch unzureichende Bereitstellung von Sicherungsstreitkräften eintreten«.

Das waren deutliche Worte, die ihren Eindruck bei Hitler kaum verfehlen würden, wie auch die Einschätzung, daß bei der gegebenen Zwangslage die Herabsetzung des U-Boot-Baus trotz der damit verbundenen Schwächung des U-Krieges unvermeidlich sei, Hitler in Aufregung versetzen würde, denn auf den U-Boot-Krieg konnte er nicht verzichten. Allein die Vorstellung, daß von den Kontingenten des U-Boot-Baus ein Teil für die Produktion von Sicherungskräften abgezweigt werden müßte, würde bei Hitler Widerstand hervorrufen und ihm so den Gedanken an »freiwillige« Mehrzuteilung von Stahl näherbringen, welche die Lösung des Problems bedeuten würde. Dönitz ging noch einen Schritt weiter und berührte bei Hitler einen seiner wundesten Punkte: Die Rückbesinnung auf die Verhältnisse im Ersten Weltkrieg, als es der Entente gelang, einen starken Abwehrwall durch Minensperren vor den Küsten zu legen – ähnliche Verhältnisse würden nun wieder eintreten, wenn die Küstensicherung nicht mehr stark genug wäre.

Dönitz tastete sich an das Ziel heran: Es käme in Kürze zur Zerreißprobe, wenn die für das II. Quartal angeordnete Herabsetzung der Stahlzuteilung auf 119.000 moto unkorrigiert bliebe. Die Waffenfertigung und die Leistungen der Industrie würden auf eine untragbar geringe Stufe herabsinken und der Schiffbau in einen Zustand geraten, »der der Desorganisation nahe kommt«. Der Erhalt der Seeverbindungen hatte Schlüsselcharakter sowohl für die Wehrmacht als auch für Rüstung und Wirtschaft – nicht zuletzt hing von den Seeverbindungen die gesamte Kriegführung ab.

Dönitz forderte daher eine Erhöhung der monatlichen Stahlzuteilung um 62.000 Tonnen (also die Differenz zwischen Bedarf und tatsächlicher Zuteilung), um wenigstens am eingeschränkten Bauprogramm festgehalten zu können. Diese relativ betrachtet bescheidene Menge stand in keinem Verhältnis zu den Nachteilen, die zu erwarten waren, und auch nicht zur Gesamtstahlerzeugung des deutschen Reiches, von der die Kriegsmarine selbst bei Erfüllung ihrer Mindestforderungen nur 7,3 Prozent erhalten würde.

Als mahnenden Schlußsatz vermerkte Dönitz: »Ohne Mehrzuteilung aber müsste in Kürze eine Schädigung des Ubootsneubaus und damit des Ubootskrieges eintreten«[571].

Auch wenn die Kriegsmarine im Endeffekt nur 45.000 Tonnen zusätzlich erhielt[572] – Hitler hatte am 6. März grünes Licht gegeben[573] –, war dennoch Dönitz ein weiterer beachtlicher Erfolg gelungen. Die »Stahldenkschrift«[574] war kein theoretisches Konstrukt, sondern ein auf schlüssigen Argumenten beruhendes Papier, an dessen Ende die Forderung auf Erhöhung um 62.000 Tonnen Stahl stand, nicht mehr und nicht weniger – schlicht, konkret, prägnant und daher einsichtig, wenn auch mit einigen durchdachten »Kniffen« versehen.

In der Denkschrift spiegelt sich das Wesen von Dönitz wider, der seine im persönlichen Gespräch mit Hitler gezeigte Geradlinigkeit auch im Schriftlichen zum Ausdruck brachte und sich auch darin von seinem Vorgänger wesentlich unterschied: Ohne Rückgriff auf glücklichere Tage der Marine, ohne Schnörkel und ausschweifendes Sinnieren über das Schicksal der Kriegsmarine wurde formuliert, was den Umständen angemessen war. Das war für Hitler erfrischend neu: die Konzentration auf das Wesentliche und nicht das Abgleiten in persönliche Betroffenheit, wie sie Raeder in der Endphase seiner Amtszeit nicht mehr hatte verbergen können.

So war durch Dönitz' Geschick die drohende unheilvolle Entwicklung abgewendet worden. Die 45.000 Tonnen Stahl glichen »die am lebensnotwendigen Mindestbedarf der Kriegsmarine fehlende Menge«[575] wenigstens zum Teil aus, denn es bestand auch nach der Erhöhung noch ein Fehlbedarf von fast 16.000 t/Monat. Die folgende Zusammenstellung gibt genauen Aufschluß[576]:

Erste Zuweisung für 2. Quartal 1943	119.796 t/mtl.
Zusätzliche Zuweisung gem. »Führerbefehl« v. 6. 3. 1943	45.000 t/mtl.
Gesamtstahlkontingent	164.795 t/mtl.
Milit. notweniger Mindestbedarf	180.691 t/mtl.
Verbleibender Fehlbedarf	15.896 t/mtl

Zur »weitestgehenden Erfüllung« des Schiffbauprogramms wurde die zusätzliche Stahlmenge wie folgt eingesetzt, wobei vor der Aufstellung Artillerie, Sperrwaffen, Torpedos und sonstige militärisch vordringlicher Aufgaben berücksichtigt worden waren[577]:

U-Boote	Erhöhte Zuteilung zur beschleunigten Steigerung des U-Boot-Baus (U-Boote und Transport-U-Boote vom Typ XX)
Zerstörer	Z 43 – Z 45: volle Zuteilung Z 46 – Z 47: Zuteilung 85 Prozent
Torpedoboote	T 37 – Tonnen 42: Zuteilung 90 Prozent T 44 – Tonnen 48: Zuteilung 60 Prozent
Torpedofangboote	Voller Fertigungsanlauf (bislang nur Kontingentierung der Maschinenanlagen)
Schnellboote	Volle Zuteilung
Minensuchboote	Volle Zuteilung
Minenräumboote	Volle Zuteilung
Geleit-Boote	G 1 und G 5 volle Zuteilung
Marinefährprähme	Zuteilung für 130 MFP/Quartal (einschl. Italien und Südfrankreich)
KT-Schiffe	Erhöhte Zuteilung für 20 KT-Schiffe
Fischdampfer	Erhöhte Zuteilung für 39 Schiffe
KU-Jäger	Volle Zuteilung, keine weiteren Neubauaufträge
MZ-Boote	Keine Neubauaufträge
Kriegssperrbrecher	Volle Zuteilung
Hilfsschiffe	Zuteilung zu 85 Prozent
Betriebsfahrzeuge	Zuteilung zu 65 Prozent

2. Das Flottenbauprogramm 43[578]

Dönitz hatte an den beiden neuralgischen Stellen der deutschen Kriegsmarine-Rüstung – Arbeiter und Rohstoffe – beachtliche Zusagen einholen können, doch alles Material, das der Kriegsmarine nun zusätzlich zur Verfügung stand, war nicht mehr als nur grobe Handhabe, um die weitklaffenden Lücken behelfsmäßig zu schließen. Wie die vorstehende tabellarische Aufschlüsselung zeigt, wurden die 45.000 Tonnen Baueisen sorgsam aufgeteilt. Von großzügigem Umgang mit dem Wertstoff konnte ebenso wenig die Rede sein wie von der Aussicht auf eine Produktionssteigerung – die aber war das Ziel aller Bemühungen des Großadmirals.

In der rückschauenden Betrachtung wird offenbar, daß Dönitz eine Art Stufenprogramm von Beginn seiner Amtszeit an verfolgte. Stück um Stück hatte er sich vorgetastet und von Hitler Zubilligungen da erhalten, wo er es selbst kaum vermutet hätte. Angefangen von der teilweise rückgängig gemachten Außerdienststellung der großen Schiffe über die Unabkömmlichkeitsbescheinigung von Werftarbeitern für den Dienst mit der Waffe bis hin zur Bereitstellung von 45.000 Tonnen Baueisen zusätzlich hatte der Ob.d.M. – immer mit guten Gründen in der Tasche – schrittweise eine Basis geschaffen, von der aus er nun den entscheidenden Sprung wagen konnte. Daß Dönitz mit diesem fugenfesten Programm seinen Dienst als Oberbefehlshaber angetreten hat, ist kaum anzunehmen, denn schließlich konnte er vorab nicht ahnen, daß Hitler all seinen Anliegen mit Großmut begegnen würde. Vielmehr ist zu vermuten, daß Karl Dönitz sukzessive vorging und den jüngsten Erfolg gleichsam als Sprungbrett für weitergehende Forderungen nahm, denen – in geschickte Argumentationen verpackt – Hitler schließlich nachkam.

Mit dem Status quo, nur eingeschränkt zu bauen, war es Dönitz keineswegs getan. Der Oberbefehlshaber hatte ein weit ehrgeizigeres Ziel vor Augen: Die Steigerung der Marinerüstung[579], welche die Endstelle, das Produkt der Kettenreaktion sein sollte. Dönitz hatte einer Rüstungssteigerung mit den eingeholten Zusagen im ersten Vierteljahr 1943 ohne Zweifel den Weg bereitet. Weitergehende Konzessionen von seiten Hitlers, zusätzlich bereitgestelltes Material, Arbeiter, Industrie- und Werftkapazität und schließlich die Abzeichnung eines gezielten Bauprogramms würden vielleicht nur noch eine Frage der Vortragsweise, überzeugender Gründe, seines Auftretens und seiner Hitler gewinnenden Art sein – schließlich hatte Dönitz beste Erfahrungen gemacht.

Um die grundsätzliche Erhöhung der Rüstung auf dem Marine-Sektor bei Hitler anzuschneiden, bedurfte es einsichtiger Gründe – ähnlich derer, mit denen der Großadmiral über seinen »Führer« in der Außerdienststellungsfrage triumphiert hatte. Für den Ob.d.M. stand fest, daß die Offensivmittel verstärkt werden mußten, um den Wirkungsgrad zu erhalten. Die Versenkungserfolge waren zwar noch immer beachtlich, sie hatten aber im Vergleich zum Jahr 1942 merklich abgenommen[580]. Nun mußte eine größere Anzahl von Booten in See geschickt werden, um ebensolche Erfolge zu erzielen wie früher. Die Schlußfolgerung war simpel: »Es mußten entsprechend mehr Boote gebaut werden als bisher und sie mußten schneller gebaut werden«[581] – was so auch für die Schnellboote galt, für die bereits Ende Januar eine neue Regelung[582] getroffen wurde.

Für den Bau von Schnellbooten und Räumbooten kamen danach nur noch die Spezialwerften in Frage. Das waren für die Schnellboote *Lürssen* (als Vorbauwerft) und *Schlichting* (als Nachbauwerft), für die Räumboote *Abeking & Rasmussen* (als Vorbauwerft) und *Burmester* (als Nachbauwerft). Zu einem erheblichen Problem entwickelte sich die Motorenfrage[583], denn der Ausstoß von Motoren erlaubte ursprünglich eine monatliche Schnellboot-Ausbringung von drei Fahrzeugen. Da jedoch die Überholung dieser qualitativ hochwertigen Motoren nach einer gewissen Betriebsstundenzahl relativ lange Zeit in Anspruch nahm, mußte im Hinblick auf die möglichst schnelle Wiedereinsatzbereitschaft der Schnellboote dazu übergegangen werden, den monatlichen Anfall in sogenannte Einbau-Motoren und Reserve-Motoren aufzuteilen. Zur Verringerung der Überholungszeiten war es dabei notwendig, von der Gesamtausbringung 50 Prozent als Reserve-Motoren zu bestimmen, wodurch ein Rückgang der S-Boot-Produktion auf zwei Neubauten besiegelt war. Nachdem das Motoren produzierende Daimler-Benz-Werk in Berlin-Marienfelde auf eine monatliche Ausbringung von acht Stück gekommen war, konnte die Neubaurate auf die ursprünglichen drei S-Boote wieder heraufgeschraubt werden. Da aber das Werk in Berlin-Marienfelde der Marine im Frühjahr 1943 für die Motorenfertigung genommen wurde, ließ sich die monatliche Produktion von drei Schnellbooten auf die Dauer nicht mehr realisieren.

Im weitesten Sinne war auch die Räumboot-Frage abhängig von den gelieferten Motoren, denn die Zweiteilung beim Bau von R-Booten (Voith-Schneider-Antrieb und Schrauben-Antrieb) führte die Kapazität der Motorenwerke (MAN und MWM) an den Rand des Machbaren, das gerade noch ausreichte, um die Einbaumotoren für die Neubauten zu fertigen. Die Schaffung von Reserve-Motoren war angesichts der simplen Motorenkonstruktion für Räumboote bislang zwar nicht für nötig gehalten worden, doch eine Verschiebung in der Motorenfertigung trat dennoch ein, da neben den beiden gängigen R-Boot-Typen eine Serie von 20 größeren Geleit-R-Booten in die Fertigung ging. Der Bau zwang MWM zur Fertigung von sieben statt der bisherigen vier Motoren, wodurch bei MAN eine gewisse Lose entstand, die dahin ausgenutzt werden sollte, auch für R-Boote eine bestimmte Zahl von Reserve-Motoren zu schaffen, um damit bei Überholungen der Boote die Einsatzbereitschaft zu beschleunigen. Würde allerdings auf den Reserve-Motoren-Bau verzichtet werden, bestünde immerhin die theoretische Möglichkeit, ein bis zwei R-Boote monatlich mehr vom Stapel laufen zu lassen. Doch diese Frage hing von der Zuteilung entsprechender Menschen- und Materialkapazitäten ab, wo sich der Teufelskreis wieder schloß. Am Motorenbeispiel für Schnell- und Räumboote läßt sich gut demonstrieren, daß – egal, welcher Produktionszweig auch immer – es stets diese beiden Engpässe waren, die geradewegs in die Sackgasse führten. Für Dönitz war die Erhöhung der Schnellbootzahlen ein Muß, um von der Kanalküste aus die englischen Geleitzüge zu bekämpfen – dies war bisher nur mit wenigen Booten der Fall gewesen, da die Neubauten kaum die Verluste deckten.

Am 14. März erreichte Dönitz zunächst die Zustimmung Hitlers zum Hochziehen des U-Boot-Baus[584] – in welcher Höhe, das wurde während des Zwiegesprächs nicht bestimmt. Acht Tage später, am 22. März 1943, vermerkte das KTB der Seekriegsleitung die Bauzahl von 30 U-Booten (27 Typ VII C, drei Typ XX). Nach Aussage von K am 23. März lag den bisherigen Leistungsanforderungen an Industrie und Werften der noch 1942 festgesetzte Maximalbau von 25 Booten monatlich zugrunde. »Dieses Ziel wird nach Angaben von K im Laufe des Jahres 1943 erreicht und darüberhinaus der Bau der Transport-Uboote des Typs XX bis zu einer monatlichen Lieferung von 3 Booten gesteigert«[585]. Die Mehrbelastung der Werften würde sich durch den Übergang auf das VII C 42-U-Boot, so die Berechnungen von K, auf 20-30 Prozent Tagewerke erstrecken. Bis Ende 1943 war eine Durchschnittsfertigung von 27 Booten dieses Typs anzustreben. Bei einer sukzessiven Produktionssteigerung der XX-er Typen sollte die Zahl von 27 VII C-Booten im 2. Halbjahr 1944 und im 1. Halbjahr 1945 gehalten werden, um im 2. Halbjahr 1945 auf 30 Boote VII C und eine geringe Anzahl von Transport-Booten anzusteigen.

Neben dem gesteigerten U-Boot-Programm waren ferner die im Mai 1942 formulierten Ablieferungszahlen der leichten Seestreitkräfte auf jährlich 4 Zerstörer, 9 T-Boote, 75 M-Boote und 50 R-Boote zu erhöhen[586]. Das waren lediglich Interimszahlen, denn innerhalb der folgenden vierzehn Tage wurden andere, sehr viel weitergehende Ausstoßzahlen zur Grundlage des erweiterten Rüstungsprogramms gemacht. Dönitz in seinen Memoiren: »Es [das Programm, d.Vf.] erhöhte den Bau von Schnellbooten von 24 auf 72 im Jahr. Es enthielt die jährliche Bauquote von 18 Torpedobooten, 74 M-Booten, 72 Räum-Booten, 300 Vorposten und Sicherungsfahrzeugen, 38 Sperrbrechern und 900 Marinefährprähmen«[587]. Wesentlich dabei war, daß die Produktionszahlen nicht blindlings geplant wurden sondern durchaus im Einklang mit den industriellen und werftseitigen Kapazitäten standen; dennoch war es notwendig, als Voraussetzung für den Bau weitere 30.000 Tonnen Stahl[588] monatlich und insgesamt 55.000 Facharbeiter zusätzlich zu erhalten[589].

Dönitz und Speer trafen am 23. März 1943 zusammen. Der Oberbefehlshaber der Kriegsmarine erhielt im wesentlichen die Zusagen von Speer. Dieser zeigte sich in der Arbeiterfrage zuversichtlich, und noch am gleichen Tage bewilligte er dem Ob.d.M. 20.000 Tonnen Stahl zusätzlich und versprach immerhin die eingehende Prüfung von weiteren 8.000 Tonnen Baueisen. Beide kamen überein, daß die Forderung nach einer Mehrzuteilung von 40.000 Tonnen Stahl beim »Führer« in Kürze zum Vortrag kommen müsse.

Wegweisend war aber ein anderes Versprechen, das Dönitz Speer abrang: Die Gleichstellung des U-Boot-Programms mit den Prioritäten des Heeres, das hieß: Gleichstellung mit dem Panzerprogramm! Dönitz' Leistung war enorm gewesen: Er hatte nach nur einem Vierteljahr seiner Amtszeit die höchste Priorität für die Marinerüstung buchstäblich eingeworben und nicht nur bei Hitler in jeder Hinsicht überzeugend gewirkt, sondern auch bei Speer, zu dem er kameradschaftliche Kontakte pflegte, was weiter oben im Zusammenhang mit der »Organisation des deutschen Kriegsschiffbaus 1942–1945« bereits Beachtung fand[590].

Am 11. April hielt Dönitz bei Hitler Vortrag[591] über die geplanten Bauprogramme, die dem späteren Flottenbauprogramm 43 die Grundlage gaben. Der Ob.d.M. wußte, daß er Hitler mit zwingenden Argumenten kommen mußte, wollte er von ihm die Bewilligung seines erweiterten Programms.

Die schmerzlichen U-Boot-Verluste (Februar 19, März 15 und bis zum 11. April 6 Boote) und die damit verbundene Einschätzung, die Verluste seien zu hoch und der Kampf der U-Boote sei schwer, nahm der Großadmiral als Basis für seinen Lagevortrag. Dönitz traf mit den Hiobsbotschaften bei Hitler einen blanken Nerv: Eine derart hohe Verlustrate bedeutete, das Ziel des Tonnagekrieges – mehr zu versenken als der Gegner bauen konnte – auf die Dauer kippen zu müssen. Dönitz versicherte seinem »Führer«, er wolle ein »allmähliches Ausbluten des Gegners hinsichtlich seiner Tonnage«[592]. Die Diktion gefiel Hitler (derartiges wie »Ausbluten« wäre Raeder nie über die Lippen gekommen), die Nüchternheit und Prägnanz seiner Vortragsweise bestachen Hitler einmal mehr, und der von Dönitz gezogene Schluß traf ins Schwarze: »Meine große Sorge ist daher, daß der Ubootkrieg ein Fehlschlag wird, wenn es uns nicht gelingt, dieses Mehr zu versenken, was über der Neubaumöglichkeit des Gegners liegt«[593]. Dönitz setzte seine Forderungen nicht einmal hoch an, denn er glaubte, daß dieses »Mehr« nur gering zu sein brauchte, denn auf Dauer wäre der Gegner schließlich nicht in der Lage, einen monatlichen absoluten Verlust von 100.000–200.000 BRT zu verkraften. »Es darf nicht sein, daß wir uns später einmal den Vorwurf machen müssen, daß wir das Ziel erreicht hätten, den Gegner zum Bluten zu bringen, wenn wir uns im Tonnagekrieg nur noch etwas mehr angestrengt hätten«[594]. Es galt, das Verhältnis zwischen Verlust und Neubau erträglich zu halten. Gut gerüstet, legte der Ob.d.M. den beabsichtigten Plan für das Hochziehen des U-Boot-Programms vor[595]:

1943	**1944**	**1944**	**1945**	**1945**
2. Halbjahr steigend auf 27/Monat	1. Halbjahr 27/Monat trotz Übergang auf Typ VII C 42	2. Halbjahr 27 + 3 Typ XX je Monat	1. Halbjahr 27 + 3 Typ XX je Monat	2. Halbjahr 30 je Monat

Für die U-Boote wurde ein monatlicher Eisenbedarf von 4.500 Tonnen veranschlagt und für das Hochziehen der Torpedofertigung 1.500 Tonnen, gesamt also 6.000 Tonnen im Monat. Der »Führer« stimmte den Ausführungen des Ob.d.M. zu[596] und unterstrich die Notwendigkeit, die U-Boot-Rüstung heraufzuziehen.

Nun war es für Dönitz ein leichtes, auch den Plan zur Erhöhung der Bauzahlen leichter Seestreitkräfte mit Aussicht auf Bewilligung vorzulegen. Auch hier war Dönitz argumentativ bestens vorbereitet. Der Oberbefehlshaber hob den besonders dringenden Bau von Schnellbooten hervor, »deren Aufgaben (Bindung engl. Geleitkräfte an der engl. Küste, um deren Angriffe auf unsere Geleite zu verhindern; Ergänzung des Ubootskrieges durch Vernichtung der zahlreich unter der engl. Küste laufenden Tonnage) auf der Hand liegen«[597]. Ferner wies er auf die Unumgänglichkeit einer hohen Ausstoßzahl von Marinefährprähmen hin, über deren Notwendigkeit es nie zu Diskussionen gekommen ist. Doch letztlich entscheidend war, daß aus bloßem Mangel an Sicherungsstreitkräften die latente Gefahr des Zusammenbruchs der lebensnotwendigen Seeverbindungen herrschte: »Tunis sollte uns ein warnendes Beispiel sein«[598], und hinzu käme, daß jede Erweiterung des Machtbereichs in Europa unweigerlich eine Erweiterung der Nachschubaufgaben mit sich brächte.

Nach seinen bodenbereitenden Ausführungen legte der Großadmiral Hitler den Plan mit der Bemerkung vor, die Tabelle enthalte keine utopischen Zahlen – derlei kannte Hitler von den Dickschiffenthusiasten vom Vorjahr noch zur Genüge –, sondern die für die Führung des Seekrieges unbedingt notwendigen materiellen Forderungen.

Dönitz war richtig vorgegangen. Der »Führer« gab seinem Ob.d.M. vorbehaltlos plein pouvoir. Hitler war von der Stichhaltigkeit der Ausführungen des Oberfehlshabers beeindruckt, das Beispiel Afrika war dabei »für ihn der schlagendste praktische Beweis«[599]. Allein die Frage blieb offen, woher das Baueisen für die Erweiterung des Bauplans genommen werden sollte. Freilich konnte Hitler, wie er selbst sagte, in einem autoritären Staat befehlen, die erforderliche Menge zur Verfügung zu stellen, doch sie mußte dann notgedrungen an anderer Stelle herausgebrochen werden. Bei der »Dringlichkeit der Forderungen an allen Stellen (Heer: Panzer, Pak; Luft: Flak usw.)« war das auf die Dauer nicht machbar. Die Lage stünde für ihn, Hitler, nun einmal so, daß er sowohl das Heer mit modernsten Waffen in genügender Zahl versehen müsse als auch die Luftwaffe »materiell riesig« aufgerüstet werden müßte, um im Luftkrieg nicht schon bald zu unterliegen. Schließlich mußte er auch die Kriegsmarine materiell so ausstatten, daß die Aufgaben noch wahrgenommen werden konnten.

Um der Eisennot entgegenzutreten, mußte das Eisenprogramm von 2,6 auf 4 Millionen Tonnen moto erweitert werden, worüber er in den nächsten Tagen mit Albert Speer und den Vertretern der deutschen Rüstungswirtschaft, den Herren Röchling und Duisberg, sprach[600]. Wesentlich für den Augenblick war Dönitz jedoch, daß ihm Hitler die zusätzlichen 30.000 Tonnen Stahl, den das erweiterte Bauprogramm verschlang, zusagte. Dönitz hatte nun alles bekommen, was er haben wollte: Mit 30.000 Tonnen Stahl und den beiden abgesegneten erweiterten Bauprogrammen im Gepäck verließ er den Berghof.

Der Ob.d.M. verbuchte damit gleich drei Erfolge mehr auf seiner Habenseite, und sie waren nicht von ungefähr gekommen, denn er hatte mit scharfen Klingen gefochten, die nervösen Punkte bei Hitler getroffen und ihn auch mit seinen eigenen Waffen geschlagen. Hitler horchte auf, wenn es um »Ausbluten des Feindes« ging, wenn in übergeordneten Dimensionen und nicht im verengten Horizont überholter Marine-Traditionen gedacht wurde.

Bau von leichten Seestreitkräften nach dem erweiterten Programm[601]

Leichte Seestreitkräfte — Tafel 3

Typen	Frontklar am 1.4.43.	Werft, Erprobung Ausb. (Schulen)	Verluste vom 1.9.39-31.3.43	Neubau 1943	Neubau 1944	Notwendig/Jahr	Schiffbaueisenbedarf/Monat	In II/43 verfügbar	Also mehr
Zerstörer	13	8	16	5	4	6 } oder 18	} 4 800	} 1 730	} 3 070
T-Boote	12	18	8	5	15	9 } 18			
S-Boote	35	60	19	36	31	72	800	340	460
M-Boote	78	39	5	80	24	74	4 010	1 100	2 910
R-Boote	78	59	23	70	51	72	800	900	- 100
Vp u. Sich. Fahrz.	1351	667	159	326	234	300	1 500	1 800	- 300
Sperrbrecher	21	20	23	29	14	35	5 750	700	5 050
M.F.P.	153	180	48	370	102	900	15 000	8 650	6 350
T.F.-Boote	24	19	1	11	10	15	550	400	150

Summe Schiffbau: 17 590
Dazu Ausrüstung und Bewaffnung: 3 000
Gesamtbedarf: 20 590

Dönitz hatte all das gewußt und wahrscheinlich auch, daß dem eine schier überwältigende Überzeugungskraft innewohnte, die er – auch das war für Dönitz typisch – gekonnt für Forderungen einsetzte, die sich im realisierbaren Rahmen hielten, den Kriegsnotwendigkeiten angepaßt und nicht übertrieben waren.

Vieles von dem, was Dönitz erreicht hatte, war ohne Zweifel seinem geschickten Vorgehen und seiner Überzeugungskunst zuzuschreiben, doch Hitler hätte sich in jenen Kriegsmarine-Rüstungsfragen kaum bewegt, wenn er nicht gewollt hätte. Gegen ein klares »Nein« Hitlers hätte auch der gewandte Dönitz nichts ausrichten können. So sollen und dürfen die Zusagen Hitlers nicht etwa als Anzeichen von Führungsschwäche gedeutet werden. Vielmehr anerkannte Hitler die Kriegsmarine als entscheidendes Instrument zur Bekämpfung der Westalliierten. Die Masse des Heeres war im Osten gebunden, und die Luftwaffe hatte mit der Verteidigung des Reichsgebietes gegen anglo-amerikanische Luftangriffe Defensiv-Aufgaben zu übernehmen. Was noch blieb, um Amerikaner und Engländer zu schwächen, war die Kriegsmarine mit ihren U-Booten.

Ende Mai 1943 stellte der Hauptausschuß Schiffbau die Werftverteilung auf der Grundlage von 30 Booten in Monat fest. Ein Jahresdurchschnitt von 30 Booten 1943 war nicht mehr zu erreichen, da im ersten Quartal des Jahres noch nach dem Programm von

1942 gebaut worden war. Erst 1944 sollte sich der Ausstoß im Jahresdurchschnitt auf 30 Boote einpendeln.

Obwohl Dönitz grünes Licht von Hitler erhalten hatte und der Bau des erweiterten Programms sofort hätte beginnen können, erwiesen sich die Schwierigkeiten bei der Bereitstellung des zusätzlichen Stahls als Hemmnis. Die im Zentralplan für die Kriegsmarine veranschlagte Eisenmenge von 179.500 Tonnen monatlich ermöglichte gerade die Durchführung des Mindestprogramms vom Jahre 1942[602]; an die Realisierung des erhöhten Neubauprogramms war bei dieser Eisenmenge nicht zu denken. Wegen der Mangelzuweisung durch die Zentrale Planung drohte das Bauprogramm zu platzen, und Dönitz konnte nur im Schulterschluß mit Albert Speer jene Instanz zu umgehen versuchen, die in der Stahlzuteilung die Entscheidungen traf und in der die Kriegsmarine keinen Vertreter und somit kein direktes Mitspracherecht besaß.

Für Dönitz war die Situation über die Maßen ärgerlich. Er hatte ein Vierteljahr lang mit Erfolg um die Gunst des »Führers« gerungen und all die Zusagen erhalten, die er benötigte, um das Hochfahren der Marinerüstung und damit sein eigentliches Ziel zu verwirklichen. Allein der Verteilungskampf zwischen den Wehrmachtteilen und die Unnachgiebigkeit der Zentralen Planung schienen alles Rüstungsplanen der Marine mit einem Male zunichte zu machen, da es an der erforderlichen Stahlmasse fehlte. Dönitz tat in der mißlichen Situation das einzig richtige: Er trat die Flucht nach vorn an und verkündete am 11. Mai, er werde Hitler melden, daß er das Neubauprogramm ohne jede Rücksicht auf die schmale Eisenzuteilung in Auftrag gegeben habe[603].

Soll-Planung für das 30-Boote-Programm vom Frühjahr 1943[604]

Bauwerft	Liefer-Ist	Liefer-Soll			
	1942	1943	1944	1945	1946
GW	18 VII C	19 VII C	22 VII C	24 VII C	24 VII C
	+ 2 X B	+ 3 X B	+ 9 XVII G	+ 3 XVII G	
		+ 2 WK 202			
Br. Vulkan	21 VII C	23 VII C	15 VII C	11 VII C	26 VII C
			+ 6 XX	+ 9 XX	
Flender W.	10 VII C	14 VII C	19 VII C	22 VII C	26 VII C
Howaldt-Kiel	8 VII C	11 VII C	15 VII C	18 VII C	18 VII C
DWK	6 VII C	12 VII C	4 VII C	–	–
	+ 5 XIV	+ 3 XIV	+ 7 XIV	12 XIV	12 XIV
Danziger W.	12 VII C	17 VII C	25 VII C	26 VII C	26 VII C
Schichau, Danz.	16 VII C	25 VII C	36 VII C	36 VII C	36 VII C
B & V	54 VII C	60 VII C	54 VII C	54 VII C	56 VII C
		+ 2 Wa 201	+ 9 XVII B	+ 3 XVII B	
Flensb. SBG	7 VII C	9 VII C	9 VII C	9 VII C	9 VII C
Nordseewerke	7 VII C	10 VII C	11 VII C	12 VII C	12 VII C
Howaldt-Hbg	9 VII C	12 VII C	15 VII C	15 VII C	15 VII C
Stülcken	8 VII C	10 VII C	12 VII C	12 VII C	12 VII C
KMW W'haven	5 VII C	9 VII C	19 VII C	26 VII C	26 VII C
Oderwerke, St.	–	1 VII C	2 VII C	1 VII C	–
Stettiner Vulcan	–	1 VII C	1 VII C	–	–
Neptun Rostock	–	4 VII C	9 VII C	9 VII C	9 VII C
AG Weser	12 IX C	15 IX C	20 IX C	20 IX C	20 IX C
	+12 IX D	+15 IX D	+20 IX D	+20 IX D	+20 IX D
Seebeck	4 IX C	5 IX C	7 IX C	7 IX C	7 IX C
DW, Hbg	23 IX C	25 IX C	18 IX C	17 IX C	25 IX C
			+ 7 XX	+ 8 XX	
Gesamtzahl	239	307	373	374	379
Monatsdurchschnitt	19,9	25,6	31,1	31,2	31,6

Der Oberbefehlshaber spielte bewußt Vabanque, denn die Inbaugabe des Programms ohne das dazu notwendige Eisen ließ nur zwei Wege offen: entweder Rückgängigmachung des erweiterten Programms oder Druck auf die Zentrale Planung – und zwar durch den »Führer« selbst. Da die Rücknahme eines Befehls im Hitlerstaat kaum zu denken war, blieb nur diese Alternative, und auf die setzte Dönitz.

Doch bis es soweit kommen konnte, war mit anderen Mitteln Abhilfe zu schaffen. Der Ob.d.M. erreichte bei Speer die Vorwegnahme der Stahlzuteilung für das dritte Quartal 1943, auf deren Grundlage er den Bau der geplanten U-Boote und leichten Seestreitkräfte am 18. Mai 1943 befahl. Wenn erst einmal die Neubauten in Produktion waren, so mögen die Überlegungen des Großadmirals gewesen sein, war Hitler geradezu gezwungen, die Zentrale Planung anzuweisen, den Werften die notwendigen Mittel zum Fertigbau der Schiffe in die Hand zu geben. Nichts wäre schließlich rüstungswirtschaftlich unsinniger als der Abbruch halbfertiger Produktionen.

Zu dem von Speer zugesagten Eisenvorschuß gab es recht unterschiedliche Reaktionen[605], wie auch zur Inbaugabe des Programms, das ohne eine definitive Eisengarantie für die gesamte Bauzeit fragwürdig erschien. Es ist nicht bekannt, ob Dönitz auf die kritischen Anmerkungen innerhalb der Seekriegsleitung reagiert hat – für ihn waren andere Probleme nun vordringlicher. So die allgemein mangelhafte Stahlzuteilung im zweiten Quartal, zu deren Besprechung sich Admiral Backenköhler (Chef MWa) und Vizeadmiral von dem Borne (Chef MRü) mit Vertretern des Ministeriums Speer zusammenfanden. Am 24. Mai hielten beide dem Großadmiral Vortrag über die Ergebnisse der Konferenz[606]. Da das zugewiesene Eisenkontingent 50.000 Tonnen weniger als der Bedarf betrug, war das U-Boot-Programm zwar durchführbar, der Bau leichter Seestreitkräfte aber nicht. Die ursprünglich je Monat zugesagten 30.000 zusätzlichen Tonnen würden, das hatte die Aussprache ergeben, auf eine nur einmalige Zuweisung zusammenschrumpfen, denn das generelle Hochziehen der Stahlproduktion war wegen mangelhafter Kohleförderung nicht zu erwarten. Der pessimistische Schluß lautete dementsprechend, daß »bei dieser Lage (...) das geplante Großprogramm nicht durchführbar [ist], da es außerordentlich störanfällig ist, besonders im Hinblick auf die Luftangriffe. Chef M Wa sieht zur Besserung nur den Weg, daß der Ob.d.M. beim Führer eine höhere Kontingentierung erreicht«[607].

Der Chef Qu A brachte während des Vortrages ein Problem zur Sprache, das bislang nicht Gegenstand der Diskussion gewesen war. Mit der Durchführung des Bauprogramms mußte auch personell die Marine schwerpunktmäßig Berücksichtigung finden, da andernfalls »das Material da ist und nicht die Arbeiter, um daraus Schiffe zu bauen und Schiffe entstehen und nicht die Soldaten zur Verfügung sind, um sie zu besetzen«[608]. Diese vorauszusehende Schwierigkeit war nicht von der Hand zu weisen und wurde zu Recht erwähnt. Dönitz vertiefte das Problem zunächst nicht sondern leitete zu einer anderen Frage über, die noch bedrückender war, weil sie an den Grundfesten des Bauprogramms rüttelte. War es eigentlich richtig, die beabsichtigte Zahl von Geleitstreitkräften zu bauen, wenn nicht gleichzeitig von seiten der Luftwaffe der Schutz gegen die alliierten Luftverbände aufgebaut wurde? Sollte man nicht lieber einen Teil des Kriegsmarine-Materials dem Jägerbau zur Verfügung stellen? Der Oberbefehlshaber hielt dem selbst entgegen, daß unter allen Umständen an der Notwendigkeit festgehalten werden mußte, ausreichenden Ersatz für die mit Sicherheit zu erwartenden Verluste an Geleitstreitkräften in der Hinterhand zu halten. Auch dieses Problem vertiefte Dönitz nicht weiter, aber es ist bezeichnend, daß er es überhaupt angeschnitten hatte. Die mächtige alliierte Luftwaffe und die deutsche Luftunterlegenheit waren der Angelpunkt für solche Überlegungen. Auch dies kennzeichnete den Ob.d.M.: Wo ein Mangel auftrat, da war ihm ohne Rücksicht zu begegnen, auch ohne Rücksicht auf den eigenen Wehrmachtteil. Wenn es die Situation des Reiches gebot, so durfte sich die Marine nicht zu schade sein, Material aus den eigenen Beständen der Luftwaffe zur Verfügung zu stellen, um die dort aufreißenden Löcher zu stopfen. Blieb diese potentielle kameradschaftliche Hilfe auch nur ein theoretischer Ansatz, so ist sie dennoch bezeichnend.

Dönitz hatte die Meldungen von Backenköhler und von dem Bornes zur Kenntnis genommen, und den Anwesenden war die Konsequenz aus der Besprechung mit den Vertretern des Speer-Ministeriums klar: Drastische Reduzierung des U-Boot-Programms oder Verzicht auf den Bau der leichten Seestreitkräfte. Beides würde der Seekriegführung den tödlichen Stoß versetzen. Dönitz trat wiederum mit unvergleichlicher Energie die Flucht nach vorn an und erwog, Hitler vor die Entscheidung zu stellen, entweder das U-Boot-Programm gleich auf 40 Boote im Monat zu steigern, oder das erweiterte Programm vom 11. April überhaupt fallen zu lassen. 40 Boote im Monat waren also für Dönitz Gegenstand der Überlegung zu einem Zeitpunkt, da schon das erweiterte Bauprogramm aus Materialmangel drohte nicht anlaufen zu können. Die Gedanken des Großadmirals führen zu einem Schluß, der sich zwar aufdrängt, der aktenmäßig aber nicht belegbar ist[609]: Die Erhöhung auf 40 Boote im Monat war das Ziel, das der Ob.d.M. seit langem vor Augen hatte. Die Meldung, noch nicht einmal eingeschränkt bauen zu können, rief zu raschem Handeln auf und ließ nur die Möglichkeit des »Alles oder Nichts« – und dies so schnell wie möglich, ehe es materialseitig endgültig zu spät war. Offensichtlich rechnete Dönitz den Faktor mit ein, mit dem er schon das erweiterte Bauprogramm durchgebracht hatte. Waren die 40 U-Boote erst im Bau, würde sich »irgendwie« das Material beschaffen lassen, um den Fertigbau zu garantieren. Der Abbruch von einmal in der Produktion befindlichen Fahrzeugen war ökonomisch nicht zu verantworten. Der Großadmiral wußte, daß Hitler nicht anders dachte.

Dönitz begann nun, an der Argumentation zu feilen, die Hitler von der Notwendigkeit von 40 U-Booten monatlich überzeugen sollte: »Dabei muß dem Führer gemeldet werden, daß bei der augenblicklichen Kontingentierung das Bauprogramm nicht durchführbar ist und eines Tages der Nachschub auf dem Seesektor erledigt ist«[610]. Dönitz wußte, daß ein derartiges Hochziehen des U-Boot-Programms auf 40 Boote im Monat enorme Personalanforderungen mit sich bringen würde. Die Verfolgung der klaren Linie im U-Boot-Bau, so der Ob.d.M., hätte sich aber stets als richtig erwiesen. Es gelte nun, mit allen Mitteln der Ortungsfrage Herr zu werden. Mit dem Walter-Boot war die Kriegsmarine zweifellos auf dem richtigen Wege, um die feindliche Luftbedrohung unwirksam werden zu lassen. Dönitz beabsichtigte, in den folgenden Wochen diese Fragen näher zu prüfen und zu überdenken, um dann gewohnt gestochen scharf und überzeugend Hitler Vortrag zu halten.

Dönitz erörterte wenige Tage später die Problematik mit Albert Speer, der ihm dringend riet, das Neubauprogramm zu realisieren. »Irgendwie werde die Stahlbeschaffung schon möglich gemacht werden«[611] – das versprach Speer, und damit war der Weg prinzipiell frei. Der Obd.M. hatte jenes »irgendwie« von Speer bekommen, das er so dringend brauchte, wenn das Material in der Bauphase der U-Boote zur Neige gehen würde. Dönitz wollte jedoch erst nach einer Sitzung mit Speer und den Chefs M Wa und M Rü mit der Forderung an den »Führer« herantreten.

Das KTB der Seekriegsleitung vermerkt für den 30. Mai 1943 das »Ergebnis der verschiedenen Besprechungen zwischen Ob.d.M. bzw. M.Bev.Wirü. und Minister Speer über eine Erhöhung des Stahlkontingents«. Es ist zu vermuten, daß zwischen dem 27. und 29. Mai das von Dönitz erbetene Zusammentreffen arrangiert wurde. An welchem Tage jedoch, ist bislang nicht nachweisbar. Zusammenfassend stellte das KTB heraus, daß eine Erhöhung des Stahlkontingents der Kriegsmarine im dritten Vierteljahr 1943 nicht möglich sein würde; »es bleibt bei den den Dienststellen mit Vorgangsschreiben vom 21. 5. zugewiesenen Kontingenten«[612]. Allerdings verblieb der Seekriegsleitung als »Trostpflaster«, daß über die Metallkontingente weiterverhandelt würde, so daß sich die Marine zumindest noch theoretische Hoffnungen auf eine erhöhte Zuteilung machen konnte.

Zwischen dem 27. und 29. Mai 1943 war die Entscheidung über das Bauprogramm gefallen. »Der Ob.d.M. hat in Übereinstimmung mit Minister Speer angeordnet, daß der erweiterte Kriegschiffbauplan [sic!] in dem von ihm befohlenen Umfange in Auftrag gegeben wird. Die Dienststellen haben die Verteilung ihrer Kontingente so vorzunehmen, daß der Anlauf des erweiterten Kriegsschiffbauplanes in seinem Gesamtrahmen durch Zuweisung des ersten Bedarfs gewährleistet wird und im übrigen die militärisch vordringlichsten Aufgaben bestmöglichst erfüllt werden«[613]. Dönitz wies die Chefs der Dienststellen an, bei der verbleibenden Spanne zwischen angemeldetem Bedarf und tatsächlicher Zuweisung den zweckmäßigsten und sparsamsten Einsatz der Eisenkontingente sicherzustellen, um unnötigen Materialverbrauch zu vermeiden.

Die Seekriegsleitung und das Ministerium Speer waren sich einig, doch die Rechnung war bis dahin »ohne den Wirt« aufgestellt worden. Hitler wußte von alledem am 30. Mai 1943 nichts. Dönitz und Speer hatten nicht nur die Instanz der »Zentralen Planung« durch Gemeinschaftsarbeit unterlaufen, sondern sahen es auch als zweckmäßig an, Hitler auf der Zielgeraden des Programms mit einem fait accompli zu konfrontieren. Bevor Hitler jedoch nicht sein Einverständnis erteilt hatte, waren alle Planungen und Übereinkünfte nichts wert. Offensichtlich aber war sich Dönitz seiner Sache völlig sicher, es wäre schließlich nicht das erste Mal, daß er den »Führer« überzeugt hätte. Am darauffolgenden Montag, dem 31. Mai 1943, war es an Dönitz, den Gang zu Hitler anzutreten und vom »Führer« absegnen zu lassen, was für den Oberbefehlshaber der Kriegsmarine beschlossene Sache war.

Die Erörterung dieses für den deutschen Kriegsschiffbau wesentlichen Datums muß die zum Zeitpunkt der Unterredung verheerende Lage des U-Boot-Krieges miteinbeziehen, denn von dieser Plattform aus operierte Dönitz beim Lagevortrag vor Hitler am 31. Mai.

Der Monat Mai steht für den Zusammenbruch des U-Boot-Krieges[614], nachdem die deutschen U-Boote noch im März triumphale Erfolge erzielt hatten[615], und die britische Admiralität angesichts der katastrophalen Schiffsverluste sogar willens gewesen war, den Kampf im Atlantik verloren zu geben. Zwar hatte die alliierte Abwehr schon im Dezember 1942 die deutsche Verschlüsselung geknackt und so die deutschen U-Boot-Linien aufklären können, aber die Verbesserung der Schlüsselmaschinen durch Einbau einer zusätzlichen Walze machte es der englischen Abwehr ab 10. März 1943 unmöglich, in den deutschen Funkkreis einzubrechen. Dönitz stand im Zenit des Erfolgs. Die Versenkungsrate der U-Boote, die derzeitig sichere Codierung und sein sukzessiv aufgebautes Stufenprogramm führten sein Ziel, die Marinerüstung in die Höhe zu treiben, in greifbare Nähe.

Doch innerhalb von nur 10 Tagen, vom 10. bis zum 20. März 1943, zerstoben alle Hoffnungen und brachten die entscheidende Kehrtwende im U-Boot-Krieg. Dönitz wußte zu diesem Zeitpunkt freilich nicht, daß mit der fieberhaften Arbeit der englischen Abwehrexperten der Anfang vom Ende besiegelt war. Durch Aufbieten aller 46 zur Verfügung stehenden Rechner war es gelungen, in den deutschen Funkverkehr einzudringen und die Informationen zu entschlüsseln – der Einbau einer weiteren Walze in die deutschen Schlüsselmaschinen war ein Pyrrhus-Sieg gewesen und der Vorsprung der deutschen U-Boote, der den massiven alliierten Schiffsverlust im März ermöglicht hatte, völlig zusammengeschmolzen. Nun wirkte sich aus, was sich schon seit Monaten angebahnt hatte: Die Stärke der alliierten U-Boot-Abwehr[616] durch die steigende Anzahl von See- und Luftstreitkräften, nachdem bereits im Herbst 1942 der Wettlauf zwischen deutschen Versenkungserfolgen und alliierten Neubauten eindeutig von der Anti-Hitler-Koalition gewonnen worden war. Das ausschlaggebende Moment für den Zusammenbruch des U-Boot-Krieges war aber nicht nur die Stärke der Gegenseite, sondern auch die Anhäufung zahlreicher interner Faktoren, die sich erst im Zusammenspiel zerschmetternd auf den U-Boot-Krieg auswirkten.

Die Folgen der verfehlten Rüstungspolitik im Jahre 1942 machten sich jetzt, im Jahre 1943, bemerkbar. Es rächte sich, daß dem U-Boot-Bau, viel zu spät, erst 1943 die notwendige Priorität eingeräumt wurde. Wenn im April 1943 die hohen Verlustzahlen des ersten Quartals durch den Zulauf neuer Frontboote dennoch hatten ausgeglichen werden können, so war dies allein das Ergebnis der Dönitzschen U-Boot-Baupolitik gewesen. Doch Dönitz war kein Wunderheiler und hatte zumal keinen oder nur sehr spärlichen Einfluß auf die Luftwaffe, deren Unterstützung oftmals völlig fehlte, »was dazu führte, daß die für einen Angriff auf die Geleitzüge unverzichtbare Aufklärung allein bei den Booten selbst lag, die damit eine Aufgabe übernehmen mußten, für die sie denkbar schlecht geeignet waren und bei der sie wertvolle Stehzeit im Operationsgebiet verloren«[617].

Die steigende Stärke des Gegners[618], das Unvermögen der eigenen Luftwaffe und schließlich das rüstungspolitisch konsequente Versagen von Raeder vor allem im Jahre 1942 waren das Ursachenbündel für den Zusammenbruch des deutschen U-Boot-Krieges im Atlantik. Die Verluste in den Maitagen – bis zum 22. Mai bereits 31 U-Boote – forderten zum sofortigen Handeln auf. Dönitz befahl am 24. Mai die Räumung des Nordatlantiks[619], worüber er seinem »Führer« am 31. Mai Mitteilung machte – an jenem Tag, an dem er sich zum Ziel gesetzt hatte, von Hitler die Zusage zum Bau von 40 Booten im Monat einzuholen.

Beim Vortrag, der seestrategisch und marinetechnisch sicherlich zu den eindrucksvollsten Dokumenten des Dritten Reiches zählt, kam es für Dönitz darauf an, Hitler trotz der Räumung des Atlantiks den Bau von 40 U-Booten monatlich plausibel zu machen. Allem stand die Frage voran, wie das Hochziehen des U-Boot-Bauprogramms bei gleichzeitiger Aufgabe des Hauptterrains feindlicher Geleitzugbekämpfung zu rechtfertigen sei. Immerhin konnte der Diktator allen argumentativen Bemühungen des Oberbefehlshabers der Kriegsmarine mit einem schlichten wie sachlichen Hinweis entgegentreten, der etwa so hätte lauten können: Warum soll ich wertvolles Material für den Bau von 40 U-Booten monatlich aufbringen, wenn die U-Boote nicht mehr ihrem eigentlichen Zweck, der Vernichtung feindlicher Handelstonnage und Bekämpfung der ostwärts laufenden Geleitzüge, dienen? Dönitz mußte auf derlei gefaßt sein.

Der Großadmiral wies im Beisein von Generalfeldmarschall Keitel, Generalleutnant Warlimont und Kapitän zur See von Puttkamer auf die verheerende Wirkung der feindlichen Luftwaffe hin. Der Anteil der Seestreitkräfte an den deutschen U-Boot-Verlusten war nach Dönitz' Ausführungen vergleichsweise gering (»Der weitaus größte Teil der U-Bootsverluste ist durch Flugzeuge erfolgt«), und daher hatte er sich entschlossen, den Nordatlantik zu räumen und die U-Boote in den Raum westlich der Azoren zu verlegen, wo die Luftüberwachung vermutlich geringer sein würde. »Ich erwarte dort einen nach Gibraltar gehenden Geleitzug. Mit den neu auslaufenden Booten werde ich in abgesetzte Seeräume gehen in der Hoffnung, daß die dortige Luftüberwachung noch nicht in dem Maße mit den modernen Ortungsgeräten ausgerüstet ist«[620]. Entscheidend war nun, daß Dönitz den Nordatlantik als Operationsgebiet keineswegs aufgab, sondern im Juli zur Neumondperiode erneut im Nordatlantik einen Geleitzug anzugreifen beabsichtigte, wenn nur bis dahin den U-Booten die notwendigen zusätzlichen Schutzwaffen zur Verfügung stünden[621]. Hitler unterstütze das Vorantreiben von Entwicklungen für derartige Schutzmaßnahmen, die dem U-Boot wieder ein erfolgversprechendes »Arbeiten« ermöglichen würden.

Dönitz goß Wasser auf Hitlers Mühlen, als er die Flugzeugfrage als unabdingbare Komponente im modernen Seekrieg aufwarf. Für Hitler war das Gelegenheit, auf den zwingenden Einsatz weitreichender viermotoriger Maschinen hinzuweisen, die freilich nicht nur im Atlantik, sondern vor allem gegen das britische Mutterland einzusetzen waren, um die Wurzeln der englischen Kraft zu vernichten: »Wenn die weitreichenden Kampfmaschinen vorhanden wären, stehe er vor der Frage, ob er sie in den Seekrieg oder in den Angriff auf England hineinschicken solle, um durch letzteres Mittel mittelbar unsere Städte und Industrien zu schützen«[622]. Wieder auf den Seekrieg Bezug nehmend, äußerte Dönitz sein Bedauern über das Fehlen solcher Seemaschinen, die den U-Booten den Schutz gegeben hätten, um weit mehr zu versenken als bisher geschehen.

Hitler sondierte bei alledem zweifellos in eine andere Richtung, ihm ging es – wie auch später in der leidigen Diskussion des Jahres 1944 um den Einsatz der Me 262 als Jäger oder Bomber – in erster Linie um Zerstörung und nicht um Schutz. Dönitz dachte hier anders, aber das grundsätzliche Einvernehmen war wichtiger; ob solche Flugzeuge, wenn sie denn einmal geschaffen waren, für den Seekrieg oder zum Bombardement gegen das Inselreich genutzt würden, das stand im Moment nicht zur Diskussion.

Maßgeblich war, daß Hitler in allen Belangen nickte (»Genehmigung wird vom Führer erteilt«, »Der Führer stimmt dem zu«, »Der Führer stimmt den Ausführungen durchaus zu«, »Der Führer stimmt den Ausführungen sehr zu«), und so sah Dönitz den Zeitpunkt als gegeben an, um sein eigentliches Anliegen zur Sprache zu bringen. Geschickterweise offenbarte er das nicht sofort, sondern meldete zunächst clever-pessimistisch die Aussichten des U-Boot-Krieges. Unverblümt wies er auf die Gefahr hin, daß die gegnerische Abwehr zu Wasser und in der Luft mit Sicherheit steigen werde, und ohne jede Beschönigung der Lage schätzte er den U-Boot-Krieg als derzeit an der »technischen Waffenfrage« gescheitert ein. Aber es würde Gegenmittel geben – die hatte ihm der »Führer« ja gerade eben versprochen – und daher war er der Ansicht, der U-Boot-Krieg müsse unter allen Umständen weitergeführt werden, auch wenn das Ziel, große Erfolge zu erringen, in Zukunft wohl nicht mehr zu erreichen war. Aber allein die Tatsache, daß durch den Einsatz einer möglichst großen Zahl von U-Booten gegnerische Kräfte gebunden werden könnten, rechtfertigte den Unterwasser-Krieg. Da unterbrach ihn Hitler: »Es kommt garnicht [sic!] in Frage, daß im U-Bootkrieg etwa nachzulassen sei. Der Atlantik ist mein westliches Vorfeld, und wenn ich dort auch in der Defensive kämpfen muß, so ist es besser, als wenn ich mich erst an den Küsten Europas verteidige. Das, was der U-Bootkrieg, auch wenn er auch nicht mehr zu großen Erfolgen kommt, binden würde, ist so außerordentlich groß, daß ich mir das Freiwerden dieser Mittel des Gegners nicht erlauben kann«[623].

Besser konnte es Dönitz nicht treffen, als diese gänzliche Handlungsfreiheit zu erhalten: in der Defensive zu kämpfen, wenn es denn nicht anders geht, und in der Offensive, wenn die Mittel dazu wieder zur Verfügung stehen. Man stelle sich vor: Noch genau vor einem Jahr wollte Hitler Schlachtschiffe schlagen lassen und Träger in den Kampf schicken. Was davon Ende Mai 1943 blieb, war das Eingeständnis für einen defensiven Einsatz des einzigen Offensiv-Mittels der Kriegsmarine! Dönitz kann nicht wirklich an einen solchen rein defensiven Einsatz seiner U-Boote gedacht haben. Alles war vielmehr Mittel zum Zweck, und der Zweck war, 40 U-Boote monatlich zu bekommen, um wieder an den Feind zu gehen.

Er, der U-Boot-Mann, hatte Hitler kraft seiner Verhandlungs- und Überzeugungskunst soweit, daß er ihm in dieser Situation geradezu alles hätte abverlangen können. Dennoch ging er nur behutsam weiter. »Ich bin daher der Ansicht, daß es bei dem s.Zt. gemeldeten Hochziehen des U-Bootbaues bleiben muß und glaube sogar, daß die Zahl von 30 U-Booten nicht ausreicht. (...) Ich halte es für richtig, auf die Zahl von 40 Booten zu gehen. Ich habe in Übereinstimmung mit Minister Speer das Bauprogramm für 30 U-Boote und das s.Zt. gemeldete Hilfsschiffsprogramm bereits in Auftrag gegeben und ich bitte, anliegenden Führerbefehl zu vollziehen«[624]. Der Befehl war offensichtlich schon ausgefertigt und bedurfte nur noch Hitlers Signatur.

Dönitz bekam, weswegen er Vortrag gehalten hatte. Hitler stimmte zu, änderte prompt die Zahl von 30 U-Booten auf 40 Boote pro Monat und unterschrieb. Damit war der Weg zum größten Bauprogramm der deutschen Marinegeschichte frei, und abermals verließ Dönitz den Berghof mit den gewünschten Konzessionen, die allein auf die genau getimte Zielgerichtetheit seiner Vorgehensweise zurückzuführen waren. Unmittelbar nach der Unterredung mit Hitler erließ Dönitz das »Grundgesetz«[625] der Marinerüstung kommender Jahre:

»Die Entwicklung des Seekrieges macht ein beschleunigtes Hochziehen des Baues der U-Boote und der leichten Seestreitkräfte zum Sicherungs- und Geleitdienst einschließlich des Geleitdienstes für Wehrmachtsnachschub und wehrwirtschaftliche Transporte erforderlich.

Ich befehle daher: Der U-Bootsbau ist beschleunigt auf eine Zahl von mindestens 40 U-Booten monatlich hochzuziehen. Dem Anwachsen der U-Bootsflotte ist der Bau leichter Seestreitkräfte zum Sicherungs- und Geleitdienst für Wehrmachtsnachschub und wehrwirtschaftliche Transporte in dem mir am 11. April d.J. vorgetragenen Umfange zu verstärken. Die hierfür erforderlichen Neubau- und Reparaturmöglichkeiten sowie die Ausbildungs- Versorgungs- und Stützpunktanlagen sind zeitgerecht beschleunigt zu schaffen. Der Reichsminister für Bewaffnung und Munition sorgt für die Zurverfügungstellung der erforderlichen Fertigungs- und Reparaturkapazität und für die zeitgerechte Zuweisung der Rohstoffe, Arbeitskräfte usw. im Rahmen der Sicherung der ihm übertragenen vordringlichen Rüstungsaufgaben und stellt die sonstigen wehrwirtschaftlichen Voraussetzungen für die reibungslose und fristgerechte Durchführung der Fertigung sicher«[626].

Dönitz hatte mit der Vorlage des Bauprogramms die Entwicklung der Marinerüstung in den kommenden Jahren vorgegeben, die Umsetzung des Entwurfs in schwimmendes Material lag nun in den Händen Albert Speers.

Am 2. Juni wurden die Dienststellen im OKM von Dönitz angewiesen, die erforderlichen Erhebungen über die einzuleitenden Maßnahmen vorzunehmen, und die wichtigsten Ämter – K, MWa und QuA – gingen sofort daran, Besprechungen über den Zerstörer- und Torpedobootbau anzuberaumen, um Übereinstimmung in die »dem Ob.d.M. vorzutragenden Neubauvorschläge zu erzielen«[627]. Noch am gleichen Tage fand die erste einer ganzen Reihe von Sitzungen statt, in der vor allem das Arbeiter- und Personalproblem erörtert wurde, denn es lag auf der Hand, daß eine erhöhte Schiffszahl nur dann Sinn machte, wenn die entsprechend geschulten Besatzungen vorhanden waren. Bis zum Herbst 1944, so der Chef M Wehr, Admiral Warzercha, benötigte die Kriegsmarine zusätzlich 272.000 Mann schwimmendes Personal. Um das Flottenbauprogramm 43 zu realisieren, kam es also nicht nur auf genügend Material und Arbeiter, sondern auch auf hinreichende Schiffsbesatzungen und schließlich ausreichende Werftkapazitäten an. Um letzterem Problem zu begegnen, wurde sogleich die Steigerung der Werftleistungen durch Vergrößerung einzelner Betriebe oder Wiederinbetriebnahme nicht ausgenutzer Werke angeregt, bis umfangreiche Werftneubauten in Angriff genommen werden konnten.

Es war nicht schwer zu erkennen, daß eines der vordringlichen strategischen Ziele der Alliierten die Zerschlagung der deutschen Produktionsstätten war: »Der Anfang hierzu ist mit den planmäßigen Bombenangriffen auf deutsche Industrie- und Verkehrszentren gemacht worden«[628]. Der Schwerpunkt der Bombardements lag bislang im westlichen Teil des Reiches, doch die Leistungsfähigkeit der viermotorigen Bomber und der Einsatz bei geeigneter Witterung erlaubten durchaus die Ausdehnung der schweren Angriffe auf das gesamte Reichsgebiet. In den Sommermonaten war zwar weiterhin mit dem Angriffsschwerpunkt im Westen zu rechnen, da die Verluste mit Erweiterung der Flugstrecken höher waren. Sobald aber die Nächte mit Herbsteinbruch wieder länger wurden, konnten massierte Angriffe mit hoher Aussicht auf Erfolg auch gegen Industriezentren im Osten geflogen werden. Es war eine richtige Einschätzung, daß die alliierte Zerstörungskraft im Osten nicht denselben Umfang annehmen würde wie in den westlichen Knotenpunkten – daher war bei der Ausweitung der Werftindustrie und anderer, werftzuarbeitender Betriebe in erster Linie an die Verlagerung ins Innere des Reiches und nach Osten zu denken. Auflockerung erhoffte man sich in besonderer Weise durch die Verlegung von kleineren Werken zum Bau von Schiffsteilen und kleinen Spezialfahrzeugen von der Küste in das Zentrum des Reiches, etwa entlang großer Flüsse. »Nachteile, die durch das Zufrieren der Flüsse im Winter entstehen, müssen in gewissem Umfang hierbei in Kauf genommen werden«[629].

Für die Verlegung von U-Boot-Reparaturen standen im Bereich der Ostsee noch Kapazitäten zur Verfügung, die bislang wegen der Verlegung der Instandsetzung von U-Booten ins Ausland kaum genutzt worden waren. Für die Verlegung von Reparaturen an Überwasserschiffen in den Osten waren zu jenem Zeitpunkt Werftausbauten schon in Gotenhafen, Königsberg, Libau, Riga und Reval im Gange. Im übrigen jedoch waren sämtliche Werften durch die Aufgaben der Kriegsmarine personell voll ausgelastet und nur in der Lage, solche Belegschaften aufzunehmen, deren Betriebe infolge Feindeinwirkung unbrauchbar geworden waren.

Wie in fast allen Bereichen der Rüstungswirtschaft 1943, so begann auch in der Werftpolitik notgedrungen die Flickschusterei, und es mußten eher behelfsmäßig die vorhandenen Betriebe durch Anbauten ergänzt werden. Das galt zunächst für die Werften, die wegen ihrer Lage einigermaßen geschützt waren und deren Ausbau schnellstmöglich zu Ende gebracht werden mußte, um mit den Aufträgen des Flottenbauprogramms 43 beginnen zu können[630]:

1. *Schichau, Königsberg*	Verlängerung Helling III, Bau Helling IV
2. *Danziger Werft*	Bau Helling A
3. *DWK Gotenhafen*	Bau Hellinganlage
4. *Lürssen*	Neue S-Bootswerft in Danzig
5. Geplante Werft für den Neubau von MZ-Booten	
6. Werften in Libau und Riga	Ergänzung für M-Boot-Neubau u.a. Hellinge
7. *Burmester, Swinemünde*	Bauhalle mit Slip für R-Boote und Ergänzungen für KF-Werft
8. *Bremer Vulkan*	Kranbahn am Bollwerk
9. *Elsflether Werft*	Werkstätten und Ausrüstungspier

Vor allem unter dem Eindruck der zunehmenden alliierten Bombenangriffe gegen deutsche Industrienzentren war also an ein groß angelegtes Werftbauvorhaben gar nicht mehr zu denken, lediglich an Ergänzungen und Nutzung privater Werftanlagen im Landesinnern.

Dönitz ließ keine Zweifel daran, daß er im Gespräch mit Hitler sowohl das Werft- als auch das Arbeiterproblem zu lösen gedachte, denn die Durchführung des Bauprogramms »ohne eine grundsätzliche Lösung der Menschenfrage«[631] war undenkbar, und wenn der bisher vernachlässigte Seekrieg in dem nun geplanten Umfang geführt werden solle, bedürfe es eben einer »grundsätzlichen strategischen Wendung der Einstellung des Führers«[632]. Das hieß im Klartext: die personelle Schwerpunktverlagerung von Heer auf Marine. Dönitz verlangte viel, aber es bedarf eigentlich kaum noch der Erwähnung, daß es ihm nicht allzu schwer fallen würde, auch eine sehr hoch angesetzte Arbeiterzahl bei Hitler durchzubringen. Das schien beileibe nicht mehr das Problem zu sein. Er hatte Material bekommen, so würde er auch die Arbeiter bekommen, zumal sogar innerhalb der Seekriegsleitung die Ansicht vorgebracht wurde, die Marine sei außerordentlich reich mit Personal besetzt, und die »Auskämmaktionen« von General von Unruh hatten die Überzeugung genährt, daß noch eine erkleckliche Anzahl an Personal herausgezogen[633] und dann anderen Zwecken, das hieß: der Werftarbeit, dienlich gemacht werden könnte.

Der Oberbefehlshaber wünschte die sofortige Aufstellung der zur Erfüllung des Bauprogramms erforderlichen Arbeitskräfte[634], um mit der Liste in der Hand bei Hitler vorstellig zu werden und ihm darzutun, daß das abgesegnete Flottenbauprogramm nicht durchführbar sei, wenn sich die Zahl der Arbeiter nicht drastisch nach oben hin verändern würde. Schon am 4. Juni lag eine Übersicht über den Arbeiterbedarf für die leichten Seestreitkräfte des Bauprogramms vor[635]. Der vorläufige zusätzliche Bedarf belief sich danach auf 7.800 Mann und schlüsselte sich wie folgt auf:

1. Zerstörer

a) *Bauwerft Deschimag*

112.500 Tagewerke im Schiffbau = 375 Mann/Jahr. Steigerung auf 5 Zerstörer im Jahr 1945 erforderte 1944 schiffbaulich incl. 100 Mann für die Zulieferung 500 Mann. Mit diesen zusätzlichen Arbeitern würde voraussichtlich im Jahre 1946 und in den folgenden Jahren der Bau von 6 Zerstörern (Typ »Z 42«) möglich sein.

b) *Germania-Werft*

Sollte 1946 2 Zerstörer Typ »Z 42« liefern. Da der Arbeitsbeginn für 1944 festgelegt wurde, waren schiffbaulich 750 Mann zuzüglich 200 Mann für die Zulieferung zu stellen, insgesamt 950 Arbeiter.

2. T-Boote

Die *Schichau-Werft* lieferte jährlich ca. 6 Boote. Eine Steigerung auf 7 Boote war mit dem vorhandenen Personal möglich. Für das 8. und 9. Boot in den Jahren 1945 und 1946 mußten 2 x 250 Mann schiffbaulich angefordert werden (Tagewerke je Boot 75.000 bei 300 Arbeitstagen pro Jahr 250 Mann). Die Zulieferungen erforderten etwa 150 Mann, zusammen also 650 Arbeiter.

3. R-Boote

Bisherige Lieferung 50 Boote, 96 waren nach dem neuen Programm gefordert. *Abeking & Rasmussen* baute mit 500 Mann ca. 25 Boote, mit 800 Arbeitern 42 Boote (Schiffbau und Motorenmontage). Für *Burmester* galt das gleiche, folglich benötigten beide Werften für 34 Boote zusammen zusätzlich 600 Männer, mit 200 für die Zulieferung also 800 Mann. 12 Boote sollten von *Abeking & Rasmussen* in Dänemark vom Stapel laufen, »wo mit keiner Arbeitervermehrung gerechnet wird«.

4. S-Boote

Je Boot wurden 350 Mann jährlich mehr gefordert. Für 5 Boote insgesamt 1.700 (Schiffbau und Motorenmontage). Der Arbeiterbedarf wurde zuzüglich der Zulieferanten, 400, auf 2.100 Mann veranschlagt.

5. M-Boote

1 Boot erforderte schiffbaulich und für die Motorenmontage bislang 35.000 Tagewerke, d.h. im Jahr 116 Arbeiter. Infolge des Reihenbaus würde der Bedarf auf schätzungsweise 70 Prozent = 81 Arbeiter sinken. 60 Boote im Jahr benötigten rund 4.900 Arbeiter. Auf den 11 für den M-Boot-Bau vorgesehenen Werften standen ca. 3.100 Mann zur Verfügung. Folglich fehlten 1.800 Arbeiter. Für die Zulieferungen wurde der Mehrbedarf auf 300 geschätzt. Nach Forderung von 100 Mann für die Zulieferung ergab sich eine Gesamtzahl von 2.200 Mann.

6. Torpedofang-Boote

5 Boote zusätzlich sollten pro Jahr abgeliefert werden. Je Boot waren für Schiffbau und Motorenmontage 29.000 Tagewerke, pro Jahr somit 97 Arbeiter erforderlich. Durch die Erhöhung um 5 Boote entstand ein Mehrbedarf von 600 Arbeitern einschließlich Zulieferanten.

Obwohl schon in den ersten Tagen nach der Unterzeichnung des »Flottenbauprogramms 43« durch Hitler von den zuständigen Stellen an der Erhöhung der Werftbelegschaften und dem Verlegungsplan für die Werften gearbeitet wurde, waren die endgültigen Bauzahlen weder entschieden noch genehmigt.

Erst am 7. Juni 1943 fand die Besprechung zwischen der Seekriegsleitung, K und den Waffenämtern mit dem Oberbefehlshaber statt, und der von K zum Vorschlag gebrachte Umfang des Programms wurde ohne Einwände vom Ob.d.M. unterschrieben:

Das Flottenbauprogramm 43[636]
(Fertigung: pro Jahr, Planungszeitraum: 5 Jahre)

U-Boote	480
Zerstörer	8
T-Boote	12
S-Boote	108
M-Boote	100
R-Boote	96
Sperrbrecher	35
MZ-Boote[637]	400
MFP	900
MAL	96
T-Fangboote	15

Dem Rechenexempel zufolge hätte die deutsche Kriegsmarine nach Ablauf von fünf Jahren, Verluste und natürliche Abgänge nicht berücksichtigt, eine theoretische Flotte von 2.400 U-Booten, 40 Zerstörern, 60 T-Booten, 424 S-Booten, 500 M-Booten, 480 R-Booten, 175 Sperrbrechern, 2.000 MZ-Booten, 4.500 MFP, 480 MAL und 75 T-Fangbooten. Noch eindrucksvoller ist der zusammengerechnete Gesamtbestand der deutschen Marine, hochgerechnet auf das Jahr 1948, mit 11.134 Fahrzeugen!

Auf den U-Boot-Krieg und seine Unterstützung kam es der Seekriegsleitung an – nichts weiter. Das Flottenbauprogramm ließ eventuelle Nachkriegsplanungen gänzlich unberücksichtigt. Allein das Momentane galt, und das war der Krieg, auf dessen lange Dauer sich die Seekriegsleitung, anders als 1942, offensichtlich einrichtete. Im Flottenbauprogramm 43 waren keine Riesenspielzeuge und Experimentierobjekte mehr zu finden, alles war streng nach den Bedürfnissen des Seekrieges ausgerichtet, und so wertete die Marineführung die gewaltige Rüstungsplanung nicht zu Unrecht als »bedeutungsvolle Entscheidung«[638], die das Selbstverständnis der »neuen Marine« unter Karl Dönitz trefflich widerspiegelt. Die alleinige Konzentration auf das Wesentliche war nicht von ungefähr auch in der Begründung des Programms mit Händen zu greifen. Man spürt in den paar Zeilen förmlich, wie sehr der Geist des Oberbefehlshabers die Seekriegsleitung durchdrungen hatte:

»Die Notwendigkeit dieses Programms ergibt sich aus den gesteigerten Anforderungen, die die Durchführung des vermehrten Ubootsprogramms hinsichtlich der Sicherungsaufgaben stellt. Die Vermehrung der Torpedoträger, insbesondere der S-Boote, trägt überdies den Bedürfnissen des mit allen Mitteln zu steigernden Tonnagekrieges Rechnung. Die gesteigerte Aktivität des Gegners im Angriff auf unseren Nachschubverkehr auf allen Kriegsschauplätzen macht nach den Erfahrungen im Mittelmeer und Kanal ein wesentliches Hochziehen der Zahl der Sicherungsstreitkräfte unumgänglich. Auch die steigenden Anforderungen des defensiven und offensiven Minenkrieges waren zu berücksichtigen«[639].

Nach der Verabschiedung der Programmbauzahlen mußte der realistische Arbeitermehrbedarf errechnet werden. Die Aufstellung von K, für den Bau der leichten Seefahrzeuge 7.800 Mann zusätzlich erhalten zu müssen, sollte noch weit überboten werden; auch die von Admiral Warzecha veranschlagte Zahl von 272.000 Mann zusätzlichen Schiffspersonals wich nun höheren Forderungen. Die sofortige Änderung der Personalzuteilung war die vordringliche Aufgabe, ansonsten konnte das Flottenbauprogramm nicht anlaufen. Am 15. Juni informierte Dönitz Hitler auf dem Berghof über die Notwendigkeit der sofortigen Erhöhung der Arbeiter- und Personalzahlen. Der Vortrag diente ausschließlich dem Zweck, die praktischen Folgerungen aus der Entscheidung Hitlers vom 31. Mai 1943 über das Hochziehen des U-Boot-Programms auf monatlich 40 Boote auf dem personellen Sektor darzulegen und durchzusetzen. Die von Dönitz beigebrachte Aufstellung übertraf alles bisher geforderte: Er brauchte 141.000 Arbeiter und insgesamt 335.000 Mann schwimmendes Personal zusätzlich. Die Personalforderungen wirkten auf Hitler wie ein »Bombeneinschlag«[640], und er mußte eingestehen, daß er damit überfordert war: »Ich habe dieses Personal nicht. Es ist notwendig, Flak und Nachtjäger zu vergrößern, um die deutschen Städte zu schützen. Es ist notwendig, die Ostfront zu verstärken. Das Heer braucht Divisionen für die Schutzaufgaben Europas«[641]. Dönitz wies Hitler auf die Folgen hin, die das Erliegen des U-Boot-Krieges nach sich ziehen würde, wenn das Werft- und Schiffspersonal nicht zur Verfügung gestellt würde. Wenn der Seekrieg eingestellt werde, könne der Gegner seine ganze materielle Kraft gegen Europa einsetzen, die eigenen Nachschubwege gefährden, und »hört der Seekrieg auf, ist für die Masse des englischen Volkes faktisch der Krieg zu Ende, da ihr eigenes Leben dann nicht mehr bedroht ist«[642]. Hitler erklärte, daß die Einstellung des U-Boot-Krieges auf keinen Fall in Frage käme; er sei aber nun einmal in der mißlichen Lage, hinsichtlich der Personalzuteilung von der Hand in den Mund leben zu müssen, was nichts an der Tatsache änderte, daß er die Durchführung des Bauprogramms für unbedingt notwendig hielt.

Arbeitskräfte-Mehrbedarf für das Hochziehen der Marinefertigung bis Ende 1945[643]

1. Neubau

U-Boote	25.300
Zerstörer und T-Boote	4.550
M-Boote	4.200
S-Boote	2.100
R-Boote	800
Sperrbrecher	6.700
T-Fangboote	1.050
Kriegsfischkutter	2.200
MZ-Boote	2.400

2. Reparaturen

U-Boote	8.000
Überwasserschiffe	18.000

3. Verschiedenes

Aufsichtspersonal	2.500

4. Werfthilfsindustrie

Artillerie	8.000
Torpedos	8.500
Minen und Minenabwehr	850
Nachrichtenmittel	1.150
Nautisches Gerät	500
Sonstiges	5.000

Der Gesamtbedarf von 141.800 Mann teilte sich auf in 55.500 deutsche Facharbeiter, Ingenieure und Meister und 86.300 Zwangsarbeiter. Von diesem Bedarf waren innerhalb der nächsten drei Monate 23.500 und ab Oktober 1943 bis Ende 1945 monatlich 4.400 Arbeiter zu stellen. »Neben der Zuweisung muß der volle Schutz gegen Einziehungen zum Wehrdienst und sonstigen Entzug, sowie der Ersatz für natürliche Abgänge zahlen- und gütemäßig gewährleistet sein«[644]. Hitler versicherte Dönitz, keinen Mann aus der Marinefertigung herauszuziehen. Das Ergebnis der Führerbesprechung war für Dönitz außerordentlich erfreulich, aber das Gegenteil wäre auch kaum zu erwarten gewesen. Das Flottenbauprogramm 43 konnte anlaufen, und es kam nun darauf an, die Kräfte richtig zu verteilen, »um alte Versäumnisse aufzuholen bzw. den Forderungen der Lage gerecht zu werden«[645].

Bei aller gebotenen militärischen Vernunft, im Angesicht des kräftezehrenden Kampfes zukünftig nur das zu produzieren, was den schnellen Erfolg zeitigte, war dem Flottenbauprogramm 43 das tödliche Virus von Anbeginn unauslöschlich implantiert. Das Programm kam zu spät, die alliierten Bomberströme über dem Reichsgebiet mehrten sich beinahe täglich, und es konnte der deutschen Führung nicht verborgen bleiben, daß die Zerstörung der kriegswichtigen Industrieanlagen nur noch eine Frage der Zeit war und die eilig herbeigebrachten Maßnahmen zur Erhöhung der Werftkapazität bereits Improvisationscharakter hatten. Das Bitten und Betteln um höhere Arbeiterzahlen und größere Stahlzuteilung war allein Ausdruck allerhöchsten rüstungswirtschaftlichen Notstandes und die noch so erfolgreiche Politik von Karl Dönitz letztlich die Politik des armen Mannes. Ein Flottenbauprogramm dieser Größenordnung hätte nur unter den Voraussetzungen einer reibungslos und unbeschadet funktionierenden Rüstungswirtschaft realisiert werden können. Dieses entscheidende Kriterium aber war im fünften Kriegsjahr nicht mehr gegeben und somit das Flottenbauprogramm 43 a priori zum Scheitern verurteilt.

Es gehört wohl zu einer der tragischsten Episoden der deutschen Militärgeschichte, daß ausgerechnet im Augenblick der Inbaugabe eines nach den Einschätzungen der Seekriegsleitung perfekt auf den Krieg abgestimmten Marine-Rüstungsprogramms das Herz der deutschen Seekriegführung aufgehört hatte zu schlagen. Der Zusammenbruch des U-Boot-Krieges im Mai 1943 war kein Intermezzo, sondern die faktische Kapitulation des Gesamtseekrieges. Die Katastrophe der U-Boote im Nordatlantik war paradoxerweise der letzte Schub für das Bauprogramm und Keim seines Untergangs zugleich.

Im Mai 1943 war der Punkt erreicht, den die deutsche Führung schon seit langem befürchtet hatte: Die Abwehr der beiden großen Seemächte übertraf die Kampfkraft der deutschen U-Boote. Im Juni 1943 stand Dönitz »vor der schwersten Entscheidung des ganzen Krieges«[646]. Sollte der Oberbefehlshaber den U-Boot-Krieg völlig einstellen oder »in einer den Verhältnissen angepaßten Form weiterkämpfen lassen«?[647] Dönitz befand sich in einer Zwangslage. Sein Flottenbauprogramm, auf das er ein halbes Jahr unbeirrt hingearbeitet hatte, war genehmigt, sollte er jetzt den Krieg aufgeben? Vergebens war seine Mühe der vergangenen Monate, vergessen seine Erfolge gegenüber Hitler, wenn er dem »Führer« die Aufkündigung des Seekrieges melden mußte.

Dönitz ließ seine U-Boote weiterkämpfen, und dies mit der Begründung, Feindkräfte dadurch binden und den Gegner daran hindern zu können, sein Potential an anderer Stelle gegen das Deutsche Reich einzusetzen. Dönitz' Urteil war logisch und unlogisch zugleich. Sicherlich band man Kräfte durch den Einsatz von U-Booten, doch zu welchem Preis und mit welchem endlichen Ergebnis? Die Antwort darauf ließ der Oberbefehlshaber vermissen, auch wenn sie noch so eindeutig und Dönitz wohl auch bewußt war: Die deutschen U-Boote würden über kurz oder lang der gegnerischen Übermacht erliegen. Daran konnte es keine Zweifel geben, schon gar nicht für den rationalen Dönitz, der um das Kräfteverhältnis und den mangelnden Schutz des Reichsgebietes vor Luftangriffen gegen die deutschen Industriezentren nur zu genau wußte.

Als Dönitz den Befehl zur Weiterführung des Unterwasserkampfes erließ, rechnete er offensichtlich mit dem durchschlagenden Erfolg neuer U-Boot-Entwicklungen, den Elektro-Booten, die wegen ihrer langfristigen Unterwasserfahrt große Chancen hatten, den feindlichen Wasserbomben zu entrinnen. Aber er konnte nicht an der Tatsache vorbeiblicken, daß Arbeiter- und Materialkapazitäten nie ausreichen würden, um einen langen U-Krieg führen zu können. Und so hieß Seekrieg fortan: unerbittlicher Abnutzungskampf bis zur schließlichen Ermattung, ohne Rücksicht auf Verluste und jene Männer, die dem Oberbefehlshaber so teuer waren. Doch der »Bindebefehl« war letztlich konsequentes Produkt des von Dönitz einmal beschrittenen Weges, den er in seiner Ansprache anläßlich der Übernahme des Oberbefehls mit »rücksichtslos« umschrieben hatte. Er blieb auf diesem Weg und wich um kein Jota von seinem »Programm« ab, auch wenn ihn die bittere Notwendigkeit, die U-Boot-Besatzungen einen Kampf mit ungewissem Ausgang kämpfen lassen zu müssen, sicherlich hart ankam.

Das Flottenbauprogramm 43 geht auf Dönitz und Speer zurück, der Befehl zur Weiterführung eines aussichtslosen Seekrieges – daran sollten auch die Elektro-Boote nichts mehr ändern – allein auf Dönitz und die Durchführung des Programms nach dem Übergang der Marinerüstung in den Verantwortungsbereich des Rüstungsministers allein auf Speer. Beide, das wurde schon weiter oben festgestellt, waren die Technokraten im NS-Apparat, die den starren Generalen und Beamten der Wehrmachtführung in diesem Punkte um Lichtjahre voraus waren. Das schnelle Erfassen der Situation und der konsequente Entschluß unter Umgehung des lästigen bürokratischen Netzwerkes waren ihre eigentlichen Leistungen gewesen. Sie waren es, die der alliierten Führung Furcht einflößten, weil sie – physisch und psychisch unverbraucht – fachlich kompetent in den Strukturen des modernen Managements dachten. Hitlers Gefährten aus seiner »Kampfzeit«, allen voran die rauschmittel- und ordenssüchtige Galionsfigur Hermann Göring, waren intellektuell im fünften Kriegsjahr verbraucht. Am flexibelsten von der »alten Garde« war noch Hitler selbst, der um die Schwerfälligkeit seines Apparates und um die Notwendigkeit der Neubesetzung wichtiger Posten in Wehrmacht und Partei genau wußte. Er war es schließlich, der Speer und Dönitz in der Hoffnung berufen hatte, durch sie die verkleisterten Strukturen aufweichen zu können. Das war zweifellos gelungen: Speer mit dem System der industriellen Selbstverantwortung und Dönitz mit der alleinigen Konzentration auf den U-Boot-Krieg. Und so war Hitler der eigentliche Triumphator, denn er hatte sich zwei gefügige Zöglinge an seine Seite gestellt. Er arbeitete mit ihnen im Teamwork, nicht diktatorisch, aber immer wohlwissend, daß sie die allergläubigsten Jünger und ergebensten Handlanger für seinen »totalen Krieg« waren – nun auch zur See, wofür Dönitz mit dem Flottenbauprogramm 43 die Basis schuf.

3. Modifizierungen und Neuentwicklungen im Rahmen des Flottenbauprogramms 43

3.1 Neue U-Boote – Wiedergeburt des U-Boot-Krieges?

Dönitz setzte bei der Fortführung des U-Boot-Krieges seine Hoffnungen allein auf die Neuentwicklung von solchen Fahrzeugen, die dazu geeignet waren, die Unterlegenheit gegenüber der feindlichen Abwehr wettzumachen. Die technologisch-wissenschaftliche Überlegenheit des Gegners auf dem Aufklärungs- und Ortungssektor war erdrückend, und taktische Vorteile konnten nur dann wieder erzielt werden, wenn es gelang, ein »rassereines« Unterseeboot zu konstruieren. Die Unterwassergeschwindigkeit (↓-Geschwindigkeit) mußte so verbessert werden, daß im Vordergrund nicht die höchste ↓-Geschwindigkeit, sondern vielmehr langzeitige mittlere ↓-Geschwindigkeiten standen. Der Kampf hatte künftig unter allen Umständen ausschließlich unter Wasser stattzufinden, wenn die gegnerischen Abwehrmaßnahmen umgangen werden sollten. Gerade auch durch das Verlegen von Vorsetz- und Ausweichmanövern von der Oberfläche weg unter Wasser konnten neue Möglichkeiten des unsichtbaren Kampfes geschaffen werden.

Zum Zeitpunkt, als Dönitz noch auf dem Weg zu seinem Flottenbauprogramm 43 war, sind von K Untersuchungen angestellt worden, ob und inwieweit die günstige Unterwasserform des Walter-Bootes (Typ XVIII) zum Ausgangspunkt für generelle Neuentwicklungen genommen werden konnte[648]. Im Anschluß an eine Unterredung Anfang April 1943 über die Schiffsform des Typs XVIII diskutierten die Konstrukteure die Möglichkeit, mit normalen Antriebsmitteln (Batterie, Elektro-Maschine, Diesel) einen solchen stromlinienförmigen Bootskörper zu nutzen. Mit zwei größeren oder drei kleineren Halbbatterien wäre zwar ein Boot in der Lage, 11-12 kn unter Wasser zu erreichen, doch das war noch zu gering, weil die feindlichen U-Jäger erst ab einer Geschwindigkeit über 12 kn wegen ihrer hohen Eigengeräusche außer Gefecht zu setzen waren[649]. Wollte man den Zerstörern entgehen, mußten die U-Boote mindestens 15 kn unter Wasser laufen. Von K wurden verschiedene Varianten durchgespielt – etwa der Einbau von drei Halbbatterien unterschiedlicher Größe – doch zur Reife gelangten die Überlegungen erst, als der Vorschlag geäußert wurde, die Batterien zweistöckig aufzustellen (2x2 Halbbatterien), wobei die Wohnräume der Besatzungen in einer gesonderten Abteilung unterzubringen waren. Anklang fand auch die Überlegung, zwei weitere Halbbatterien mit darüber liegenden Wohnräumen zu plazieren, wodurch sich jedoch der Druckkörper vergrößern und das Boot zu breit würde. Schließlich tauchte der Gedanke auf, zwei Halbbatterien übereinander betriebs- und ausbaufähig so vorzusehen, daß darüber noch der Wohnraum des Typs XVIII, unverändert übernommen, liegen konnte. Zur vollen Ausnutzung der geschaffenen Kapazität kamen schnellaufende über dem Getriebe arbeitende E-Maschinen hoher Leistungsfähigkeit (jeweils 2.500 PS) zum Vorschlag und für die geräuschlose Schleichfahrt der Antrieb über Keilriemen von besonders langsam laufenden Schleichfahrtmotoren.

Diese für den Entwurf wegweisenden Ideen sind im Laufe des April 1943 entwickelt worden. Im Mai, als der U-Boot-Krieg seinen Tiefststand erreicht hatte, ging das K-Amt an die intensive Entwurfarbeit. Sorgfältig wurden Vor- und Nachteile des neuen Typs XXI gegenüber seinem Vorgänger XVIII abgewogen[650]. Schlechteres Verhalten über Wasser, der um das Dreifache höhere Bleibedarf als beim Walter-Boot, die geringere Höchstgeschwindigkeit bei kürzerer Dauer, vor allem aber der erhöhte Arbeiterbedarf und die Umstellungsschwierigkeiten bei den Werften und der Zulieferindustrie zwangen zum Überdenken der Neuentwicklung. Schließlich überwogen aber die Vorteile, deren ausschlaggebender die hohe Ausdauer unter Wasser und besonders die bei Schleichfahrten war, mit der die feindliche Abwehr unschädlich gemacht werden konnte. »Etwa am 25. Mai«[651] lag ein fertiger Entwurf vor, der grundsätzlich gebilligt wurde; lediglich die Getriebeanlage und die Hauptmaschine bedurften noch der Überarbeitung. Der fertige Hauptentwurf konnte am 17. Juni 1943 dem Chef K-Amt vorgelegt werden, und zwei Tage später anerkannte Dönitz die Ausführungen und befahl die sofortige Inbaugabe dieses Typs XXI als Ersatz für die Fernboote IX C und IX D.

Am 8. Juli 1943 meldete Dönitz Hitler den erfolgreichen Entwurf des Elektro-U-Bootes[652], das mit einer ↓-Fahrt von 19 kn dem Zugriff der feindlichen U-Abwehr sicher entzogen war. Doch die von Dönitz veranschlagte Höchstfahrt von 19 kn konnte von den Booten nicht erreicht werden. Die Erprobungen zeigten, daß die Boote nur auf eine Geschwindigkeit von 16,5 bis 17,2 kn kamen[653]; doch die reichte aus, um sich der Ortung zu entziehen[654].

Das neue Konstrukt hatte entscheidende Vorteile gegenüber den bisherigen Booten, »weil es infolge seiner hohen Tauchtiefe und großen Unterwasserfahrt schneller vor angreifenden U-Jägern und Flugzeugen tauchen (...) und durch die lange Ausdauer der Unterwasserfahrt das gefährdete Gebiet im Küstenvorfeld schnell überwinden kann«[655]. Gegenüber dem Walter-Boot, mit dem es nur noch die günstige Form gemein hatte, bestand vor allem das Plus, daß Typ XXI nach Leerfahrten seine Batterie wiederaufladen und so eine erheblich längere Seeausdauer erzielen konnte. Hier wirkte sich der Einsatz des neuartigen Schnorchels aus: »Während des Unterwassermarsches mit 5 bis 5,5 kn brauchte das Boot innerhalb von 24 Stunden nur drei Stunden auf Seerohrtiefe zu gehen, um dann mit Hilfe des Schnorchels und der Dieselmotoren die Batterien wieder aufzuladen. Das Boot konnte also pro Tag etwa 120 sm zurücklegen. Die theoretische Ortungsmöglichkeit des Schnorchels durch Radar betrug dabei 12,5 Prozent. Die Boote hatten also nach damaligen Maßstäben gute Chancen, unbemerkt in den Atlantik vorzustoßen«[656].

Hitler erkundigte sich interessiert und eindringlich nach den technischen Details, wie Aktionsradius, Höchstgeschwindigkeit, Aufladebedingungen und Bewaffnung[657], und kam schließlich auf die Frage zu sprechen, wann diese neuen Errungenschaften in See gehen könnten. Das aber war das Dilemma, denn das Hauptamt Kriegsschiffbau benötigte für den Typ XXI eine Mindestbauzeit von 18 Monaten. Die ersten drei Boote waren danach im November 1944 zu erwarten und der Serienbau gar erst im März 1945. Viel zu spät also, worauf Dönitz das Hauptamt schon im Vorfeld hingewiesen und daraufhin mit Albert Speer die Möglichkeiten eines raschen Hochziehens erörtert hatte. Notfalls, so der Ob.d.M., müsse in drei Schichten gearbeitet werden, »weil dieses Vorhaben eine umwälzende Bedeutung für den U-Bootkrieg besitzt«[658]. An den kleineren Walter-Typen XVII und XXII, die wegen ihrer geringeren Größe kurzfristig zur Ablieferung gelangen konnten (April 1944), zeigte Dönitz indes wenig Interesse. Das neue U-Boot war der Kristallisationspunkt, und der Großadmiral garantierte Hitler, nur mit diesem Boot durch entsprechende Versenkungserfolge an die alliierten Neubauziffern herankommen zu können; er wiederholte seine bereits vorgebrachten Personalwünsche und forderte für das vergrößerte Programm 262.000 Mann, »und zwar junge Leute«. Hitler erkannte die Zahl nach anfänglichem Zögern an, konnte Dönitz aber nur 10.000 Techniker aus dem Jahrgang 1925 im Austausch an die Marine versprechen. Der Großadmiral bezeichnete die Maßnahme nur als »Herausschieben des Loches«, legte eine Aufstellung über den Gesamtbedarf vor und veranlaßte Hitler, seinen Entschluß nochmals zu überdenken. Als Hitler sich mit Generalfeldmarschall Keitel über die Möglichkeiten besprach, war dem abseits stehenden Dönitz klar, daß im Augenblick nicht mehr zu erreichen war. Keitel trat in Marineangelegenheiten bekanntlich als Bremser auf, wo er nur konnte. Hitler gab dem Oberbefehlshaber immerhin die Versicherung, er werde der Marine helfen, sobald sich die Lage gebessert hätte, er hänge wirklich an der Marine und werde für sie alles tun, was in seiner Macht stünde. Schließlich vertröstete er seinen Ob.d.M. mit dem Vorschlag, aus den besetzten Gebieten nach dem »Verfahren der SS« Personal auch für die Marine zu gewinnen. Er sah hier gute Möglichkeiten und war sich sicher, etwa 20.000–25.000 Menschen herausziehen zu können. Dönitz hakte sogleich nach und erklärte, daß er diesen Weg weiterverfolgen und sich auch mit dem Reichsführer SS, Himmler, ins Benehmen setzen werde – er mußte sich aber vorerst mit den 10.000 Technikern zufrieden geben. Dönitz versäumte es nicht, am Ende der Besprechung nochmals die außerordentliche Bedeutung des raschen Baus der neuen U-Boot-Typen herauszustellen, dem der »Führer« ausdrücklich beipflichtete. »Das Wichtigste ist«, so Hitler, »daß dieses neue U-Boot gebaut wird«[659], und der gerade eingetretene Rüstungsminister ließ die Anwesenden wissen, daß für das neue U-Boot bereits befohlen sei, es allen anderen Vorhaben vorzuschalten.

Die alles entscheidende Frage war nun, wie schnell der Typ XXI zur Ablieferung kommen würde. Der von K genannte Termin November 1944 war indiskutabel – der U-Boot-Krieg mußte in eine neue Phase treten, und nur der Typ XXI war dazu in der Lage, einen Umschwung herbeizuführen. Speer hatte den neuen Chef des Hauptausschusses Kriegsschiffbau, Merker, mit einem Plan zur Durchführung des XXI-Baus beauftragt. Speer wußte dabei, daß der Generaldirektor der Magirus-Werke in der Serienfertigung von Autos routiniert war, und da war es ganz gleich, ob U-Boote oder Straßenfahrzeuge gebaut wurden; von Belang waren allein Art und Weise der Produktion.

Merker kritisierte vor allem die bisherigen Methoden im U-Boot-Bau. Seiner Ansicht nach konnte an Stelle der bis dato in der Werftindustrie üblichen Einzelbauweise nur die straff gesteuerte Massenbauweise mit genau vorbereitetem Fertigablauf zu dem erstrebten Ziel führen. Konstruktion, Bestell- und Fertigplanung mußten unter einheitlicher Führung zusammengefaßt und allein nach dem Prinzip der Dezentralisierung ausgerichtet werden. Er schlug vor, »die U-Boote aus vorgefertigten völlig ausgebauten Sektionen zusammenzubauen und den Sektionsbau wiederum wie beim Automobilbau im fließbandähnlichen Taktverfahren ausführen zu lassen«[660].

Das war zwar nicht die Geburtsstunde des Sektionsbaus, denn schon vorher wurde bisweilen mit diesem Prinzip gearbeitet. Neu war aber die geplante generelle Einführung dieses Verfahrens in der U-Boot-Produktion, und sie versprach deshalb einiges, weil von nun an schnellere Ablieferungen möglich waren. Der Sektionsbau beruhte auf dem simplen Prinzip der Arbeitsteilung: Die Zulieferindustrie – vorzugsweise aus dem Binnenland – belieferte die Werften mit den Fertigbauteilen, den Rohsektionen, die von besonders erfahrenen und im Arbeitsablauf eingespielten Werftbetrieben zusammengeschweißt wurden.

Für die anfallenden Koordinierungsmaßnahmen wurde eigens ein neues Konstruktionszentrum geschaffen: Unter der Deckbezeichnung »Ingenieur-Büro Glückauf« (IBG) – wegen der Luftbedrohung sicherheitshalber im Harz eingerichtet – erarbeitete die dem Hauptausschuß Schiffbau unterstellte Institution Vorbereitung und Steuerung der neuen U-Boot-Fertigung in kürzester Zeit unter Heranziehung von ausgezeichneten Konstrukteuren, Betriebsingenieuren, Kalkulatoren, Kaufleuten der Seeschiffswerften und Marinefachleuten[661].

Der U-Boot-Typ XXI wurde in acht Sektionen aufgeteilt, wobei die einzelnen Teilstücke soweit fertigzubauen waren, daß nur noch das Zusammenschweißen auf den Hellingen blieb[662]. Zur Durchführung des Baus teilte Merker die Werften in vier Gruppen auf: Weser-Ems, Hamburg, Kiel-Lübeck und Danzig. In jeder Gruppe sollte jede Sektion nur an einer Stelle gefertigt werden und die einzelne Werft im allgemeinen zwei Sektionen bauen. In jeder Gruppe war dann eine Montagewerft für das Zusammenschweißen der Sektionen vorgesehen, wobei nach Möglichkeit die schweren Sektionen von der Montagewerft selbst oder von einem in der Nähe befindlichen Betrieb herzustellen waren, um lange Transportzeiten und damit die Gefahr der Zerstörung aus der Luft zu vermeiden.

Es galt nun, aus dem neu eingeführten Prinzip der Sektionsbauweise entstehende Probleme zu lösen[663]. Die Montage der Sektionen untereinander, das hieß: Sicherstellung der Paßgenauigkeit, mußte unter allen Umständen gewährleistet sein. War die Verarbeitung ungenau und paßten die Sektionen nicht perfekt zueinander, war das Boot untauglich. Der Transport der Sektionen im Gewicht von bis zu 150 Tonnen war eine nächste Schwierigkeit: Es mußten Hebebühnen und geeignete Fahrzeuge zur Verfügung stehen, um die Stahlkolosse zu bewegen. Merker dachte nebenbei an die Sicherung gegen Luftgefährdung, denn nichts wäre ärgerlicher, als fertige und nur noch für den Zusammenbau vorgesehene Sektionen infolge feindlicher Bombeneinwirkung zu verlieren. Für die höhere Luftempfindlichkeit des Sektionsbaus wollte der Generaldirektor jedoch nicht verantwortlich zeichnen, und Speer blieb nichts anderes übrig, als deren volle Verantwortung zu übernehmen.

Durch den Sektionsbau wurden erhebliche Arbeitskräfte eingespart – das war der Vorteil. Doch ein gewichtiger Nachteil blieb mit der extremen Luftgefährdung. Das bisherige System des U-Boot-Baus, jedes einzelne Boot als unabhängige Einheit zu fertigen, hatte die Auswirkungen der schweren Luftangriffe auf Emden, Wilhelmshaven, Vegesack, Flensburg, Kiel und Hamburg ohne merklichen Einbruch in die Ablieferungszahlen ausgleichen können. Durch das kurzfristige Einspringen einer Werft für eine beschädigte andere war es nie zu dramatischen Verlusten gekommen. Bei dem Sektionsbau hingegen konnte eine ganze Gruppe von Werften durch schwere Ausfälle an einer Stelle behindert oder völlig lahmgelegt werden[664].

Die Bedenken, die der K-Amtschef Fuchs vorbrachte, waren stichhaltig, doch erstaunlicherweise sollte sich später zeigen, daß in erster Linie die sattsam bekannten Probleme auf dem Material- und Arbeitersektor sowie eklatante Liefer- und Transportschwierigkeiten der Rüstungsbetriebe für den Minderbau der U-Boote verantwortlich waren und erst in zweiter Reihe die Luftangriffe.

Dönitz sah im Vertrauen auf die neuen technischen Wunderwerke allein die verlockende Aussicht auf hohe Versenkungserfolge und die ersten Boote durch die neue Produktionsweise schon im April 1944 einsatzbereit, der Serienbau konnte anschließend sofort beginnen. Bis zum Herbst 1944 würden 30 Boote abgeliefert sein, unter der Voraussetzung, daß die Konstruktionszeichnungen für den neuen Typ XXI in dem zentralen Konstruktionsbüro bis zum 1. Dezember 1943 fertiggestellt und der vollständige Übergang der gesamten U-Boot-Produktion auf den Sektionsbau und den neuen U-Boot-Typ vollzogen waren[665].

Dönitz ließ sich von seinem Entschluß, künftig nur noch in Sektionen zu bauen, nicht mehr abbringen. Er schreckte auch nicht vor den Warnungen der Werft *Blohm & Voss* zurück, die der neuen Produktionsweise mit Skepsis begegnete und für die Beibehaltung der alten Bauweise plädierte[666]. Die Fertigung von Einzelteilen wäre nach den Vorstellungen von *Blohm & Voss* durchaus ins Innere des Reiches zu verlegen; die Bauwerft empfahl darüber hinaus auch die straffere Zusammenfassung der Produktion solcher Einzelteile bei wenigen Firmen für alle Werften. Eine Einsparung von Arbeitsstunden aber hielt die Werftführung nur auf lange Sicht für möglich, denn der Einsatz von Hebeinstrumenten und Spezialtransportmitteln forderte zunächst ein Mehr an Arbeitskräften und einen erheblichen Aufwand.

Die kritischen Anmerkungen zum Sektionsbau blieben von Dönitz unbeachtet. Er zeigte sich begeistert von der Vorstellung, möglichst früh der Front die Boote geben zu können, die sie brauchte, um den U-Boot-Krieg mit Wucht wieder aufnehmen zu können. So verfügte der Oberbefehlshaber am 13. August die Umstellung des U-Boot-Baus von den bisherigen Typen VII und IX (Tauchboote) auf die Typen XXI und XXIII (Elektro-U-Boote)[667]. Letzteres war kleiner als Typ XXI und deshalb ohne größere Schwierigkeiten noch schneller zu bauen. Der Typ XXIII erreichte mit einem 580 PS starken Elektromotor eine Maximalgeschwindigkeit von 12,5 kn, die ohne zwischenzeitliches Aufladen der Batterie 90 Minuten lang gehalten werden konnte. Die Schwäche der zu geringen Torpedobewaffnung trug dabei nicht auf, denn für das U-Boot XXIII kam nur der kurze Einsatz in Küstennähe in Frage[668]. Im einzelnen hieß es[669]:

»*1. Das Ubootprogramm wird umgestellt auf Uboote Typ XXI und XXIII.*

2. Typ XXI Atlantikboot; Typ XXIII Küstenvorfeld- bzw. Mittelmeerboot.

3. Typ XXI tritt an Stelle bisheriger Kampfboote Typ VII, IX usw. Typ XXIII zunächst 120 Boote, und zwar ab März/April (1944) 20 Boote im Monat.

4. Ubootprogramm insgesamt auf monatlich 40 Boote halten. Durch Umstellung der Typen darf ein Loch in der Fertigung nicht entstehen. Aufgliederung einzelner Typen bei monatlicher Fertigung wird noch festgelegt. 20 Typ XXIII-Boote kosten voraussichtlich 5-6 große Boote.

5. *Typ XVII (Walter-)Uboote werden weitergebaut. 4+24=28 Boote. Entwicklung wird nicht aufgegeben. Typ XVIII (große Walter)-Uboote: Die beiden Versuchsboote werden weitergebaut.*
6. *Auf den Bau Typ VII C/42 wird verzichtet zugunsten Typ XXI.«*

Der Beginn der Lieferung war für April/Mai 1944 geplant und der volle Umfang des Programms für August/September 1944. Die Typumstellung und die gleichzeitige Steigerung der U-Boot-Produktion mußten unter erschwerten Bedingungen anlaufen: Die Unsicherheit in der Gestellung von zusätzlichen Arbeitern und die mehr als vage Aussicht auf Materialmehrzuteilung – trotz erheblicher Vergrößerung des Deplacements des neuen Typs XXI wurde keine Stahlvermehrung zugesagt[670]. Das hieß, die Spanne zwischen dem Kontingentgewicht und dem Fertiggewicht der U-Boote radikal verringern zu müssen.

Nachdem Dönitz die Marschrichtung vorgegeben hatte, ging es an die Feinarbeit, also die Aufteilung des Baus der Rohsektionen auf die Stahlbaufirmen und die Festlegung der Sektions- und Montagewerften für Typ XXI.

Der Bau ging folgendermaßen vor sich: Die Aufträge zerfielen in Sektionsaufträge und Montageaufträge. Sektionsaufträge erhielten 11 Werften, Montageaufträge drei Werften. Zunächst stellten die Stahlbaufirmen des Binnenlandes Druckkörperschüsse bzw. Teile des Bootskörpers her und lieferten an die Sektionswerften. Der überwiegende Teil der Stahlbaufirmen befand sich im Westen, ein geringer Teil in Schlesien und Danzig und der Rest in Mitteldeutschland. Für die Fertigung der Rohsektionen I-VIII waren folgende Firmen bestimmt[671]:

Sektion I (Heck mit Heckraum, Steueranlage und Werkstatt)	Hannemann & Co, Lübeck Norddeutscher Eisenbau Sande (bei Wilhelmshaven) Gresse & Co, Wittenberg (Elbe) Straßburger Werft, Straßburg-Neudorf
Sektion II (E-Maschinenraum)	Gutehoffnungshütte, Oberhausen-Sterkrade Seiber, Aschaffenburg Dellschau, Berlin Eilers, Hannover
Sektion III (Dieselmotorenraum)	MAN, Mainz-Gustavsburg Krupp-Stahlbau, Hannover Mittelstahl, Riesa Gollnow, Stettin
Sektion IV (Mannschaftswohnräume)	Fries-Sohn, Frankfurt a.M. Hein, Lehmann & Co, Düsseldorf-Oberbilk Kelle & Hildebrandt, Dresden Gebr. Heyking, Danzig
Sektion V (Zentrale und Kombüse)	Krupp-Stahlbau, Rheinhausen Eggers & Co, Hamburg H.J. Jucho, Audorf (bei Rendsburg) August Klönne, Danzig

Sektion VI (Vordere Wohnräume)	MAN, Hamburg Dortmunder Union, Gelsenkirchen (Werk Orange) Demag, Bodenwerder Krupp-Druckenmüller, Stettin
Sektion VII (Torpedolagerraum)	Schäfer, Ludwigshafen Grohmann & Frosch, Wittenberg (Elbe) Uebigau, Dresden Beuchelt & Co, Grünberg (Schlesien)
Sektion VIII (Bug mit Torpedorohren)	Hilgers AG, Rheinbrohl GHH Rheinwerft, Walsum Carl Später, Hamburg Beuchelt & Co, Grünberg (Schlesien)

Die Schwierigkeit für die Stahlbaufirmen bestand darin, ihre bisherigen Produktionen – soweit sie nicht der höchsten Dringlichkeitsstufe unterlagen – aufgeben und sich ausschließlich auf das neue Programm konzentrieren zu müssen. Immerhin machten die Firmen gemeinsam mit den Zulieferbetrieben 50 Prozent des gesamten deutschen Stahlbaus aus. Die Hälfte der Gesamtstahlbauindustrie fiel somit allein dem U-Boot-Bau zu und verdeutlicht seinen Stellenwert in der deutschen Rüstung.

Von dem ursprünglichen Vorhaben, die gelieferten Rohteile in vier Gruppen zu bauen, ging das Hauptamt Kriegsschiffbau ab und schlug statt dessen den Bau in drei Gruppen vor, von denen zwei stark miteinander gekoppelt waren. Klar lagen die Verhältnisse im Ostraum. Diese Werftgruppe bestand aus *Schichau, Danzig, Danziger Werft* und den *Deutschen Werken, Gotenhafen.* Zusammen hatte die Gruppe monatlich die Sektionen für acht Boote zu liefern. Gotenhafen war für zwei Sektionen verantwortlich, *Schichau, Danzig* ebenfalls für zwei und die *Danziger Werft* für vier Sektionen. *Schichau* hatte überdies den Zusammenbau der Sektionen durchzuführen, war also Montagewerft[672]. Diese Lösung wurde für die bestmögliche gehalten, selbst »wenn man die bisherige Unempfindlichkeit gegen Störungen bei dem arbeitssparenden Sektionsbau auch nicht erreichen kann«[673].

Wesentlich schwieriger lagen die Verhältnisse im Westen, da sich die Bildung von drei selbständigen Gruppen nicht hatte bewerkstelligen lassen. So wurde der Zusammenbau der Sektionen nur auf zwei Montagewerften erledigt. *Blohm & Voss* hatte monatlich 15 und die *Deschimag* 10 Boote im Monat fertigzustellen. Die Ballung im Raum Hamburg war zwar nicht wünschenswert, aber nicht zu vermeiden. Durch die Zusammenfassung trat eine arbeitssparende, aber doch bedenkliche Kopplung der beiden Baugruppen ein, da nur fünf Sektionen auf je einer Werft gebaut wurden: *Kriegsmarinewerft, Wilhelmshaven*; *Deschimag, Seebeck*, *Flenderwerke, Lübeck*; *Deutsche Werke, Kiel,* und *Howaldtwerke, Kiel.* Die fünf Werften bauten dieselben Sektionen je 25-mal im Monat und versorgten damit *Blohm & Voss* sowie die *Deschimag.* Trat eine Störung auf einer dieser Werften ein, bedeutete dies die Montagebehinderung bei *Blohm & Voss* und gleichzeitig bei *Deschimag,* also für 25 Boote monatlich. Zwar war es möglich, durch Reservehaltung und Umlegung der Fertigung die verheerenden Auswirkungen eines Ausfalls zu kompensieren, ein Restrisiko blieb dennoch. »Die sehr starke Ausprägung des Sektionsbaus im Nordseebereich führt zu diesem Risiko«[674].

Die möglichst schnelle Bereitstellung der beiden Typen XXI und XXIII als eine und die Verhinderung einer Senkung der monatlichen Bauzahlen als zweite Bedingung waren in der Planung des Hauptausschusses Schiffbau zweifellos erfüllt, wenn mit dem Ablieferungstermin der neuen Typen auch sicher zu rechnen war. Der Chef K-Amt bezweifelte jedoch die Einhaltung der Ablieferungstermine[675]. Die Bauteile für die ersten XXI-Boote waren von den Stahlbaufirmen vom 1. November 1943 bis zum 1. Januar 1944 herzustellen. Die ersten Aufträge gingen bereits im August 1943 an die Firmen, die ersten Stahlanforderungen wurden im September gestellt. Ende September hatte Albert Speer das benötigte Material zur Verfügung: »Das Wettrennen mit der Zeit begann«[676].

Dauer in Tagen[677]

Arbeitsvorgang	**Dauer in Tagen**
Abwalzen der Bleche und Transport zu den Stahlbauanstalten	16
Sektionsbau in den Stahlbauanstalten durchschnittlich	40
Transport zu den Sektionswerften durchschnittlich	5
Fertigbau auf den Sektionswerften durchschnittlich	50
Transport zu den Montagewerften	4
Montage, Erprobung, Abnahmen	60
Gesamtbauzeit	**175 Tage (=25 Wochen)**

Arbeitsaufwand in Stunden, verteilt auf die einzelnen Sektionen[678]

Sektions-Nummer	kalkuliert	tatsächlich
I	4.800	5.000
II	14.000	16.000
III	17.000	20.000
IV	6.000	6.000
V	25.000	26.000
VI	20.000	24.000
VII	9.000	8.500
VIII	7.000	6.000
Sektionsbau insgesamt	**102.800**	**111.500**
Montage	95.000	140.000
Werftfertigung insgesamt	**197.800**	**252.500**

Terminplanung[679]

Materialaufstellung für Druckkörper, Platten und Spanten	22. 9. 1943
Absendungen der Aufstellungen nach Düsseldorf	4. 10. 1943
Ablieferung des Druckkörpermaterials für 30 Boote	10.–15. 10. 1943
Fertigstellung der Hauptabmessungen	5. 10. 1943
Fertigstellung des Hauptspantes	9. 10. 1943
Abwicklung des Druckkörpermantels und der Spanten an die Stahlwerke	10. 10. 1943
Biegen der Spanten und Platten für den Druckkörper	15. 10.–1. 11. 1943
Materialaufstellung für das Außenschiff	23. 10. 1943
Fertigstellung der Zeichnungen für Guß- und Schmiedeteile der Hülle	25. 10. 1943
Deschimag liefert Schablonen für Außenschiffplatten	25. 10. 1943
Letzte Zeichnungen des Druckkörpers für die Flansche und Beschläge vom Konstruktionsbüro an die Stahlbaubüros	1. 11. 1943
Beginn des Rohsektionsbaus	1. 11. 1943
Zeichnungen für die Endböden vom Konstruktionsbüro an den Stahlbau	15. 11. 1943
Beginn der Materiallieferungen für 20 Außenschiffshüllen	25. 11. 1943
Letzte Zeichnung für die Außenhülle vom Konstruktionsbüro an den Stahlbau	1. 12. 1943
Kasten-Modelle für die Endböden fertig zur Verschiffung zu den Stahlwerken	1. 12. 1943
Fertigstellung des ersten vorderen Endbodens	15. 12. 1943
Rohsektionen fertig zum Transport	1. 1. 1944
Beginn des Sektionsbaus	9. 1. 1944
Fertigstellung der letzten Zeichnungen für die Bewaffnung, insbesondere der Torpedo-Nachladevorrichtung	15. 1. 1944
Ablieferung des ersten Turmumbaus bei den Montagewerften	1. 3. 1944
Beendeter Sektionsbau für das erste Boot	5. 3. 1944
Beginn des Zusammenbaus des ersten Bootes	15. 3. 1944
Ablieferung des ersten vollständigen Bootes	15. 5. 1944

Waren bis zum 1. November die Vorbereitungsarbeiten tatsächlich abgeschlossen und konnte mit dem Rohsektionsbau begonnen werden, entfielen rund zwei Monate auf die Stahlbaufirmen, zwei Monate auf die Sektionswerften und nochmals zwei Monate auf die Montagewerften, wobei die Zeiten für die Zwischentransporte hiervon abgezogen waren.

Die Terminplanung wurde abgesegnet, und Generaldirektor Merker übernahm die volle Verantwortung für die Durchführung des Sektionsbaus. Die Sektions-Bestellungen waren erfolgt und sind vom K-Amt am 9. Oktober 1943 bestätigt worden.

Am 1. November lag das Programm für den Bau der XXI-Boote offiziell vor[680].

1944	**Ablieferung Typ XXI**
April	3
Mai	9
Juni	18
Juli	27
August	33
September	33
Oktober	35
November	37
Dezember	38
Summe	233
Für 1945 monatlich geplant	**38**

Einige Tage später, am 6. November 1943, sind die ersten Aufträge für XXI-Boote auf folgende Werften im Westraum verteilt worden:

Sektionsablieferungsplan 1944 (Werften im Westraum)[681]

1944	AG Weser, Bremen	Bremer Vulkan/ »Valentin«	Blohm & Voss, Hamburg
Februar	1	-	1
März	3	-	4
April	6	-	8
Mai	8	-	12
Juni	10	-	13
Juli	10	-	13
August	10	2	13
September	8	4	13
Oktober	6	6	13
November	4	8	13
Dezember	2	10	13
1945			
Januar	-	12	13
Februar	-	12	13
März	-	12	13
April	-	12	13
Insgesamt 1944/1945	**68**	**78**	**168**

Fuchs traute dem – beschlossenen – Sektionsbau noch immer nicht recht und brachte den Vorschlag, die ersten Unterwasserfahrzeuge als Musterboote nach der bisherigen Methode zu fertigen. Die Gründe für den skeptischen Fuchs waren einleuchtend. »Die Bedenken bewegen sich nicht etwa in der Richtung, daß der Sektionsbau unmöglich oder an sich bedenklich wäre«[682], vielmehr stand für den Chef des K-Amtes zu befürchten, daß die schwierigen und zeitraubenden zusätzlichen Arbeiten den Zeitgewinn durch die Fließfertigung aufzehren oder gar zu einer längeren Bauzeit führen würden, zumal sich die Fließarbeit bei den ersten Booten noch nicht eingespielt haben konnte. Ob die Sektionen, die an verschiedenen Orten mit unterschiedlichen Mitteln und unter voneinander abweichenden Arbeitsweisen nachher auf der Montagewerft exakt zusammengefügt werden konnten, das war für Fuchs mehr als fragwürdig. Für unverantwortlich hielt der Chef des Konstruktionsamtes, daß die notwendige Druckkörperprobe künftig wegfallen sollte. Dadurch entstand die Gefahr vermehrter Ausfälle, die die Restarbeitszeit nur unnötig verlängerten. »Zur Sicherung der Termine der ersten Boote wäre es daher gut, wenn ein Vorschlag, den der Hauptausschuß bereits früher erwogen haben soll[683], verwirklicht würde, wenn nämlich die ersten Boote nach der früheren bewährten Methode zusammengebaut würden«[684]. Die Sektionswerften sollten also übersprungen und die von den Stahlbaufirmen zu liefernden ersten Druckkörperteile Anfang Januar direkt zur Montagewerft transportiert werden, um dort zusammengeschweißt zu werden. Zweifellos behielt Fuchs recht, wenn damit kaum planbare und in Bezug auf den Zeitansatz unübersichtliche Arbeiten vermieden werden konnten, aber es war zu diesem Zeitpunkt noch nicht prüfbar, inwieweit der Zeitgewinn durch die Fließarbeit zur Auswirkung käme und somit eventuell anfallende zusätzliche Arbeiten auszugleichen waren.

Der Vorschlag von Fuchs hatte nur dann Zweck, wenn er die volle Unterstützung des Hauptamtes Kriegsschiffbau fand und sich die Montagewerften sicher waren, auf diese Weise die Boote schneller liefern zu können. »Wenn diese Voraussetzungen nicht erfüllt sind, würde die Durchführung des Vorschlages somit gegenstandslos werden«[685].

In einer Sitzung des Hauptamtes Kriegsschiffbau am 13. Oktober brachte Ministerialdirektor Dr. Schürer – offensichtlich von Fuchs, welcher der Besprechung nicht beiwohnte, instruiert – den Vorschlag zu Gehör[686]. Generaldirektor Merker lehnte die Möglichkeit des vorläufigen Einzelbaus der ersten Boote zunächst glattweg ab, mit der Begründung, daß im Einzelbau eine Hellingzeit unter acht Monaten auch bei Bereitstellung aller denkbaren Mittel einfach nicht machbar wäre. Da aber der Sektions-Serienbau bereits ab April 1944 mit den ersten Lieferungen einsetzen werde, hielt er die Einzelfertigung für zwecklos. Er sagte Dr. Schürer jedoch zu, die Angelegenheit zu prüfen. Der Vorschlag, von Fuchs initiiert und von Dr. Schürer vorgebracht, wurde indes nicht weiterverfolgt. Es sollte sich erweisen, daß das vorsichtige Herantasten an die neue Serienbauweise sinnvoller gewesen wäre, denn der oben aufgestellte Zeitplan ist infolge vieler technischer und organisatorischer Mängel beim Anlaufen der Fertigung und später wegen der immer störender werdenden Luftangriffe vor allem gegen die Transportwege nie verwirklicht worden.

Immerhin waren am 1. August, also 12 Monate nach der Entscheidung und dem Eintritt in die Einzelkonstruktion und neun Monate nach Auftragserteilung, acht Boote des Typs XXI (mit Erprobungsboot) von der Marine abgenommen worden. Ende Dezember betrug die Zahl der abgenommenen XXI-Boote 80 Stück.

Übersicht über die während des Krieges abgelieferten Boote Typ XXI[687]

1944	Ablieferung
Juni	1
Juli	6
August	6
September	12
Oktober	18
November	9
Dezember	28
1945	43
Summe	**123**

Die Sektionsbauweise bei der Fertigung des Typs XXIII verlief einfacher, da nur vier Sektionen zusammengeschweißt werden mußten. (Sektion I: Heck mit Steueranlage, Schleichmotor und Getriebe; Sektion II: Hauptmaschinen; Sektion III: Zentrale und Teil des vorderen Wohnraums; Sektion IV: Bug mit Torpedorohranlage). Das erste Boot XXIII sollte bereits im Februar 1944 vom Stapel laufen, und ab März konnten nach der Planung 20 Boote monatlich in Serie folgen. Nachdem einige Fragen hinsichtlich der Schnorchelform und der Motoren geklärt waren, wurde beschlossen, den gesamten Bau des Typs XXIII der *Deutschen Werft* zu überantworten, und am 20. September 1943 gingen 140 Boote in Auftrag, die mit 50 Booten auf *Deutsche Werft, Hamburg-Finkenwerder, Hamburg*, je 30 Boote auf *Arsenal, Toulon* und *Ansaldo, Genua* und jeweils 15 Boote auf *Cantiere Riuniti, Monfalcone* (bei Triest) und *Nikolaev* aufgeteilt wurden[688].

Während der Bau des Typs XXI auf verschiedene Werften aufgesplittet war, wurde für Typ XXIII sowohl der Sektionsbau als auch die Endmontage auf den genannten Werften vorgesehen. Bei dieser Bauweise entfiel die Transportproblematik, da die Sektionen aus den Hallen direkt auf die Hellinge gefahren werden konnten, wo sie innerhalb von acht Wochen zusammengeschweißt werden sollten.

Terminplanung vom September 1943[689]

Fertigstellung der Materialaufstellung	25. 9. 43
Letzte Schiffszeichnungen	15. 10. 43
Fertigstellung der letzten Stahlbauzeichnung und Lieferung des Materials für 6 Boote an die Stahlbaufirmen, die die Rohsektionen im Januar 1944 liefern sollten	1. 11. 43
Ablieferung des gesamten Walzstahls für 120 Boote an die Stahlbaufirmen sollte abgeschlossen sein bis zum	15. 1. 44
AEG versprach Ablieferung der ersten Haupt-E-Maschine für den	15. 1. 44

Anfang Juli 1943 wurde der Werft in Hamburg-Finkenwerder die *Germania-Werft* an die Seite gestellt, da die Produktion erheblich hinter den Erwartungen zurückgeblieben war. Die oben genannten Außenstellen hatten mit der Lieferung zu diesem Zeitpunkt noch gar nicht begonnen, so daß der Weiterbau auf deutschen Werften festgelegt wurde. Später, im Frühjahr 1945, ging der Bau von Typ XXIII vollständig auf die *Germania-Werft* über[690], nachdem nach einer Verfügung vom Oktober 1943 die *Germania* künftig die einzige Werft für nicht »rassereine« U-Boot-Typen (z.B. Walter-Boote, Typ XIV und Typ XX) gewesen sein sollte[691] .

Übersicht über die während des Krieges abgelieferten Boote Typ XXIII[692]

1944	Ablieferung
Juni	1
Juli	3
August	4
September	6
Oktober	4
November	7
Dezember	6
1945	31
Summe	**62**

Nach den Erfahrungen der Anlaufzeit bestand kein Zweifel, daß sowohl die geplante Bauzeit von 25 Wochen als auch der kalkulierte Arbeitsaufwand von insgesamt 260.000 bis 300.000 Stunden (die Boote ähnlicher Größe brauchten in der früheren Bauweise bis zu 460.000 Stunden[693]) nicht nur erreicht, sondern wesentlich unterboten worden wäre, wenn der Arbeitsablauf ohne Störungen durch Luftangriffe hätte erfolgen können, wie dies beim Bau der VII C-Boote praktisch der Fall gewesen ist.

Die Zulieferungen für den Typ XXI kamen zu einem Zeitpunkt zur Vergabe an die Industrie, als die Programme der übrigen Wehrmachtteile ihre Kapazität schon aufs äußerste in Anspruch genommen hatten. Es mußten daher selbst die kleinsten und unwirtschaftlichsten Firmen und übriggebliebenen Restkapazitäten größerer Betriebe in einem Maße herangezogen werden, wie dies normalerweise bei dem Aufziehen einer wirtschaftlichen Serienfertigung nie in Frage gekommen wäre. Da die Standardparole »termingemäße Ablieferung um jeden Preis« lautete und überdies die Termine äußerst knapp bemessen waren, während andererseits für eine ordnungsgemäße Preisprüfung weder Zeit noch sachkundiges Personal zur Verfügung stand, sind bei der Zulieferindustrie erhebliche Überteuerungen zustande gekommen. Dazu gesellten sich, im Gegensatz zum Typ VII, beachtliche Ausfälle an Fertigungskapazität und dadurch bedingte Umlegung von Fertigungen infolge massiver Fliegerschäden. Es kam hinzu, daß durch das System der weitgehenden Streuung der Aufträge unverhältnismäßig hohe Transportkosten für Material, Zulieferungen, Stahlbauschüsse und Sektionen entstanden sind. Merkbare Transportverluste infolge unmittelbarer (direkte Zerstörung) oder mittelbarer Fliegereinwirkung (z.B. Zerstörung der Verkehrswege) taten ein übriges, um die Fertigung der neuen U-Boot-Typen XXI und XXIII nicht in dem Maße zu gewährleisten, wie dies ursprünglich geplant war.

Beim Blick in die Rüstungsbesprechungen des Jahres 1944[694] treten stets Transportmängel, Ausfälle durch Fliegerschäden, unzureichende Arbeitsausführungen und unzeitgemäße Materialgestellung als häufigste Verzögerungsursachen auf. Die Besprechungen lesen sich durchweg wie Konkursberichte, die keinerlei Hoffnung auf Gesundung zuließen: »Einbruch in Ausbringung«, »Absinken bei Blohm & Voss infolge Fliegerschäden«, »Durch Luftangriff Ausfall«, »Schwierigkeiten Batterieanlieferung«, »Weitere Verzögerungen wegen Binnenschiffahrtsschwierigkeiten«, »Lage schlecht« – die Reihe ließe sich beliebig fortsetzen.

Dönitz war sich dabei des völlig unzureichenden Schutzes für den neuen U-Boot-Bau bewußt und drang auf Verbunkerung wesentlicher Teile der U-Boot-Rüstung[695]. Zwar wurden Schüsse, Maschinenteile und sämtliches Zubehör bereits im Binnenland hergestellt, die Verlagerung von Sektionsbau und Montage in das Reichsinnere schied jedoch aus, da beide wassergebunden waren. Der Oberbefehlshaber wandte sich direkt an Hitler[696], dessen Hilfe ihm nie versagt geblieben war. Dönitz klagte, daß durch einen einzigen Bombenteppich 30–40 U-Boote ausfallen könnten, da auf einem Platz zugleich 30–40 Sektionen derselben Art gebaut wurden. Ähnlich verhielt es sich in der Montage, in der sich 30 U-Boote nebeneinander befanden und durch nur einen Luftschlag zerstört werden konnten. Da der gesamte Sektionsbau bloß zu einem geringen Prozentsatz unter Betonschutz lag – die Montage in Hamburg und Danzig war zum Beispiel völlig ungeschützt, in Bremen waren zwar Montagebunker im Bau, die Fertigstellung kam vor Frühjahr 1945 jedoch nicht in Frage – forderte Dönitz den flächendeckenden Schutz. »Bau dieser Schutzanlagen war kontingentsmäßig bisher nicht Sache der Kriegsmarine, sondern des Rüstungsministers. Die eigenen Marinekontingente auf dem Bausektor sind so gering, daß sie noch nicht einmal ausreichen, um die mit dem anlaufenden Kriegsschiffbau notwendig verbundene Bodenorganisation zu schaffen«[697]. Der Ob.d.M. hatte bereits mit Ministerialdirektor Dorsch gesprochen, dem die Organisation des Heimatbaus oblag, erhielt aber nur vage Zusagen. Der Großteil der Sektionen und der Montage lag daher nach wie vor ungeschützt, und Dönitz malte die Zukunft in düsteren Farben: »Wir laufen Gefahr, daß uns die neue U-Bootwaffe bereits im Bau zerschlagen wird«[698]. Dönitz meldete, daß seine Mittel erschöpft seien, und daß nur der Führer helfen könne – der aber konnte im Augenblick auch nicht mehr tun, als die Forderung nach umfassendem Fertigungsschutz »als unbedingt notwendig« anzuerkennen und Dorsch anzuweisen, die Schutzbauten vordringlich zu behandeln. Immerhin wurde daraufhin der Bunker »Hornisse« bei *AG Weser* gebaut, »Wespe« sollte nach der Planung vom 12. 10. 1944 bei der *Kriegsmarinewerft, Wilhelmshaven,* folgen. Zwar sah die Planung vor, den gesamten Sektions- und Montagebau für die U-Boote Typ XXIII in die Kieler Bunker »Kilian« und »Konrad« zu verlegen, doch es blieb bei der Planung[699].

Im Oktober 1944 ersuchte Dönitz Hitler erneut um weitergehende Weisungen für den Bunkerbau und setzte den Bedarf mit 196 Bunkerplätzen außer den bereits fertiggestellten oder in Bau befindlichen Vorhaben an. »Hauptgefahr für neue U-Bootswaffe sieht Ob.d.M. in Luftangriffen auf die Häfen. Bunkerbau im großen Stil in den Heimathäfen daher dringendes Erfordernis«[700]. Doch wie sollte angesichts der erdrückenden Luftbombardements je Bunkerbau im großen Stil betrieben werden? Die Vorhaben blieben illusorisch.

Dennoch: Die Marinefertigung ging in die Höhe, und die Ablieferungszahlen waren bei all den Widrigkeiten erstaunlich. »Interne Faktoren« sorgten indes dafür, daß trotz bisweilen pünktlicher Ablieferung die Boote erst mit erheblicher Verzögerung frontreif wurden. Die Zeit von der Werftablieferung bis zur Frontbereitschaft betrug etwa für den Typ XXI vier Monate. Abgesehen von den ersten Booten, die als Ausbildungsboote für die Lehrabteilungen vorgesehen waren, entstanden bei den folgenden ab Anfang September gelieferten und für den Fronteinsatz bestimmten Fahrzeugen unerträgliche Verzögerungen – statt Januar 1945 waren sie erst April 1945 frontklar. Neben einer Reihe von kleineren bei einem neuen U-Boot-Typ wahrscheinlich unvermeidbaren »Kinderkrankheiten« und der schon genannten Feindeinwirkung lag die Ursache für die z.T. erheblichen Verzögerungen in Konstruktionsmängeln und der Verschätzung im Zeitbedarf für die taktische Ausbildung.

Die Schwächen der Sektionsbauweise waren nun offen zutage getreten. Zwar garantierte das neue Produktionsverfahren ein schnelleres Abliefern, aber die Hasterei führte zu ungenauen Verarbeitungen[701]. Aus zunächst ungeklärter Ursache drang Wasser ins Getriebe-Öl ein. Später stellte sich heraus, daß die Öl-Wanne undicht war. Häufig traten Ruderversager auf, die auf die Kompliziertheit des Systems, vor allem aber auf die unpräzise Montage zurückzuführen waren. Auch der Schnorchel war völlig unzureichend. Mit Rücksicht auf die Stromlinienform des Bootes hatte man statt des Klappschnorchels einen Ausfahrschnorchel eingebaut. Doch dann erwies sich, daß die Dichtungskonstruktion und die Dichtungsmasse von mangelhafter Qualität waren; allein für die Neukonstruktion und den Umbau der Dichtung verging wertvolle Zeit. Am schwerwiegendsten war jedoch die beanstandete Druckfestigkeit. Die Treibölzellen des Außenschiffes neigten zu Schweißrissen, durch Vorspannungen evoziert, die nur auf die während des Sektionsbaus nicht exakt verschweißten Außenschalen zurückzuführen waren. Durch Abklopfen der Zellenhaut wurden die Spannungen zwar beseitigt, die zusätzlichen Arbeiten dauerten aber wiederum drei Wochen[702].

Abgesehen von diesen Konstruktionsmängeln wirkte sich die zunehmende Gefährung der bis dato ruhigen Seegebiete in der Ostsee auf die Erprobungsläufe hemmend aus. Im Winter 1944/45 war die Danziger Bucht als Erprobungs- und Ausbildungsgebiet mehrfach von feindlichen Flugzeuggeschwadern vermint worden; während der Räumzeit mußte der gesamte Erprobungsbetrieb eingestellt werden – mit einem durchschnittlichen Zeitverlust von zwei Wochen[703].

Ungeachtet all dieser Mängel und Zeitverluste im Stadium der Erprobung und Ausbildung hatten die neuen Typen gegenüber den Vorgängern der alliierten U-Boot-Abwehr den Schneid abgekauft: »Es war jetzt möglich, sicher und ungesehen in das Operationsgebiet zu gelangen, dort das wichtigste Ziel, den Geleitzug, aus jeder Richtung mit zahlreichen Torpedos anzugreifen und der Duellsituation mit der U-Boot-Abwehr auszuweichen. Die ersten Erfahrungen der kleineren Boote vom Typ XXIII im küstennahen Bereich bestätigen ab Januar 1945 diese positive Einschätzung«[704], die jedoch getrübt wird, betrachtet man den tatsächlichen Einsatz der ersten XXI und XXIIIer Boote: Die ersten Boote vom Typ XXIII kamen erst Ende Januar/Anfang Februar 1945 zum Einsatz, mit U-2511 lief gar erst am 30. April 1945 das erste Boot vom Typ XXI zu einer Unternehmung aus.

Gewiß, die neuen U-Boote waren technische Meisterleistungen, es wird gar von einer »genialen Lösung« gesprochen[705], aber auch ihnen war die Wunderwirkung genommen, wenn sie nicht ständig von Aufklärern begleitet und an das Ziel herangeführt wurden. Die Aufklärungskomponente war immer schon im Gespräch gewesen, und am 19. Dezember 1943 wies Dönitz den »Führer« abermals auf die Notwendigkeit weitreichender Fernaufklärer hin, »die z.Zt. und nach dem beabsichtigten Bauplan der Luftwaffe auch im kommenden Jahre in keiner Weise den Notwendigkeiten entspricht«[706]. Schließlich meldete Dönitz Hitler, daß aus dem neuen U-Boot-Krieg 1944 nichts werden könne, wenn keine Aufklärung vorhanden sei. Hitler sagte dem Ob.d.M. zu, die Angelegenheit mit Reichsmarschall Göring zu besprechen – es ging um die Verwendung der Ju 290 als Fernaufklärer und nicht als Kampfflugzeug –, aber die Luftrüstung war im Jahre 1944 nicht mehr imstande, der Marine die zur U-Boot-Kriegführung erforderlichen Langstreckenmaschinen zur Verfügung zu stellen.

Die viel zu späten Einsätze der ersten XXI und XXIIIer Boote und die fehlenden Fernaufklärer demonstrieren die Aussichtslosigkeit der Situation: Die neuen U-Boote hätten – bei entsprechender Anzahl und in Verbindung mit den Luftaufklärern – in der Tat neue Perspektiven im Seekrieg aufzeigen können, aber über allem stand das kategorische »Zu spät« – mit drei Würfeln konnten keine 19 Augen erzielt werden.

Es bleibt die Frage, warum nicht mit aller Energie unter Ausschluß anderer U-Boot-Typen (außer Versorgungs- und Transport-U-Booten) die Konzentration allein auf die Boote XXI und XXIII verlagert wurde. Die Kriegsmarine hatte zuviele Eisen im Feuer, mit dem endlichen Ergebnis, daß zu wenige frontreif geschmiedet werden konnten. Der Typ VII C, der trotz einiger kurzfristig eingebauter Maßnahmen[707] den Kampfbedingungen im Atlantik kaum mehr angepaßt war[708], wurde bis Ende 1944 noch in einer beachtlichen Stückzahl gefertigt und indienstgestellt, obwohl die Umstellung des Programms auf die neuen Typen verfügt worden war. Offensichtlich war es nicht möglich gewesen, die Umstellung auch praktisch zu vollziehen, das heißt, den Bau der VII C U-Boote generell aufzugeben und das so gewonnene Material für die forcierte Produktion der neuen U-Boot zu nutzen.

Die Frage bleibt auch, warum der Bau der U-Boote mit Walter-Turbine vorangetrieben wurde, wohlwissend, daß das Walter-System gegenüber den diesel-elektrischen neuen Booten »einen erheblich höheren technologischen, materiellen und personellen Aufwand bei der Herstellung und beim Betrieb«[709] in Anspruch nahm. Zwar wurde zwischenzeitlich diskutiert, ob nun die Walter-Boote oder die Elektro-U-Boote weitergebaut werden sollten, da bereits die berechtigte Vorahnung herrschte, mit dem Bau beider Typen die Werften hoffnungslos zu überlasten[710], doch der Ob.d.M. hatte sich sowohl für den einen wie auch für den anderen Typ entschieden. Am 22. 2. 1944 wurden vier verschiedene Entwürfe mit den Bezeichnungen XXVI B (OKM), XXVI W (Walter), XXVI E1 (Ölfken) und XXVI E2 (OKM) vorgelegt[711]; Dönitz favorisierte den Walter-Typ. Geplant wurden – wie auch bei den Elektro-Booten – zwei Varianten: einmal Typ XVII B (312 Tonnen) und zum zweiten Typ XXVI W (842 Tonnen)[712]. Die hohe Unterwassergeschwindigkeit von 25 kn mag der Ausschlag für die Entscheidung des Oberbefehlshabers gewesen sein, dem der Idealzustand vorschwebte, dermaleinst über eine »Zwei-Komponenten-U-Waffe« zu verfügen: Mit dem unsichtbaren Elektro-Boot und dem enorm schnellen Walter-Boot würde die deutsche U-Waffe nicht mehr zu schlagen sein.

Das Walter-Projekt wurde im Laufe des Jahres 1944 noch insofern modifiziert, als mit den Elektro-Booten Typ XXIX-XXXI kleinere Versionen mit E-Maschinen die zu großen XXI-Boote im Geleitzugkampf ablösen sollten. Ziel war ein Boot mit der halben Maschinenleistung von Typ XXI, »also ein kleines, handliches Hochseeboot für das Operationsgebiet zwischen Nordkap und Gibraltar«[713]. Dönitz entschied sich für den künftigen Bau dieser Walter-Boote, doch bis eine endgültige Entscheidung über den Typ fallen sollte, waren noch einige Fragen zu klären. Es mußte geprüft werden, ob der Übergang auf den kleinen Typ überhaupt zweckmäßig war und wann er vollzogen werden konnte[714]. Es folgten zahlreiche Zwischenentwicklungen[715], bis sich der Entwurf mit der Bezeichnung XXXI als Nachfolger für Typ XXI durchsetzte. In den Büros wurde an weiteren Konstruktionen gearbeitet (Schnorchel-U-Boot »Tümmler« und Projektreihe XXIX K mit Kreislauf-Antrieb als möglicher Nachfolger von Typ XXI, Umkonstruktion des Typs XXIII auf Kreislaufantrieb mit der Bezeichnung XXXIII und Typ XXXIV für den Küstenbereich, Turbinen-U-Boote mit Sauerstoff-Vorrat mit den Bezeichnungen XXXV und XXXVI[716]), sie blieben jedoch allesamt rein theoretische Reißbrett-Projekte.

Die Versorgungs- (Typ XIV, XIV B, XXI, XXI D) und Transport-Boote (Typ XX, XX B, XXI E) waren eigentlich nie Gegenstand längerer Diskussionen gewesen; lediglich was Ladefähigkeit, Torpedo- und Flak-Bewaffnung anging, sind Vor- und Nachteile zwischen einzelnen Modellen abgewogen worden[717]. So entschied sich Großadmiral Dönitz am 1. April 1944 für den Bau der Transport-U-Boote vom Typ XXI E[718], wobei das Bauprogramm der gängigen Transport-U-Boote vom Typ XX keinesfalls gestört werden durfte. Die Anzahl der zu fertigenden XXI E-Boote konnte zu diesem Zeitpunkt nicht festgelegt werden, da noch nicht zu übersehen war, wann der Typ XX von seinem Nachfolger XXI E abgelöst werden sollte. »Der Bau der Typ XX-Boote soll fortgeführt werden, solange bis Typ XXI nach Vorschlag Baudirektor Fischer die Geeignetheit erbracht hat, daß dieses Boot als Ersatz für den Typ XX in Frage kommt«[719]. Grundsätzlich war der Bau von Transport-U-Booten dem der Versorgungs-U-Boote vorzuziehen.

Die Schwerpunkte der deutschen U-Boot-Rüstung lagen Mitte 1944 jedoch auf den Typen XXI, XXIII und XXVI – neben den Kleinst-U-Boot-Projekten, auf die später noch Bezug genommen wird[720]. Am 1. Juni verabschiedete Rüstungsminister Speer ein neues Programm, das die Ablieferungszahlen für 1944 und 1945 wie folgt vorsah:

Geplante Ablieferung 1944 nach dem Ministerprogramm vom 1. Juni 1944[721]

1944	**XXI**	**XXIII**	**XXVI**
Mai	2	3	-
Juni	5	5	-
Juli	9	8	-
August	18	12	-
September	26	15	-
Oktober	29	18	-
November	33	18	-
Dezember	33	18	-
Summe	**155**	**97**	-

Geplante Ablieferung 1945 nach dem Ministerprogramm vom 1. Juni 1944[722]

1945	**XXI**	**XXIII**	**XXVI**
Januar	30	17	-
Februar	28	16	-
März	22	10	2
April	22	10	-
Mai	22	10	2
Juni	22	10	4
Juli	22	10	8
August	22	10	10
September	22	10	12
Oktober	22	10	12
November	22	10	12
Dezember	22	10	12
Summe	**278**	**133**	**74**

Nachdem der Bau auf den Auslandswerften wegen der zunehmenden Unsicherheiten sukzessive zurückgezogen und auf deutsche Werften verlagert worden war (wobei der *Deutschen Werft* und der *Germania-Werft* das gesamte Programm auferlegt wurde) und sich der Facharbeitermangel auf die Produktion hemmend ausgewirkt hatte, mußte das Programm vom Juni 1944 revidiert und in ein wesentlich kleineres umgewandelt werden. Nach diesem Programm vom 7. 9. 1944 waren im laufenden Jahr nur noch 120 XXI-Boote und 56 XXIII-Boote zu bauen, 1945 sollte die Ablieferung der U-Boote vom Typ XXI zwar auf 289 steigen, jedoch auf Kosten der XXIII-Boote mit insgesamt 129 Booten. Das Walter-Boot sollte im Jahr 1945 in einer Stückzahl von 61 die Werften verlassen.

Anfang Oktober lag der neue Verteilungsplan für die Bunkerfertigungen vor, der am 18. Oktober wiederum eingeschränkt werden mußte, wobei die Ausfälle im Jahre 1944 durch höhere Ausstoßzahlen 1945 kompensiert werden sollten.

Neubauplan für den U-Boot-Bau vom Oktober 1944[723]

Ubootyp	Bau- werft	1944 10	11	12	1945 1	2	3	4	5	6	7	8	9	10	11	12
VII C/41	Flensb. SBG	–	2	1	1	1	1	1	1	1	–	–	–	–	–	–
	versch. Werften	–	2	2	–	–	–	–	–	–	–	–	–	–	–	–
IX D/42	AG Weser	–	–	–	1	1	–	–	–	–	–	–	–	–	–	–
XVII B	B & V	–	–	1	2	2	–	–	–	–	–	–	–	–	–	–
XVII K	GW	–	–	–	–	–	–	–	–	1	–	–	–	–	–	–
XX	GW	–	–	–	–	–	–	–	–	–	–	–	–	1	1	1
XXI	B & V	9	5	12	12	12	12	.	.	.	.	–	–	–	–	–
	AG Weser	5	7	9	11	12	12	.	.	–	–	–	–	–	–	–
	Schichau	3	7	8	8	8	8	.	.	.	.	.	.	.	.	.
	Br. Vulkan	–	–	–	–	–	–	.	.	.	.	.	.	.	.	.
XXIII	DW	5	12	9	8	8	8	–	–	–	–	–	–	–	–	–
	GW	1	2	5	6	6	7	10	10	10	10	10	10	10	10	10
XXVI	B & V	–	–	–	–	–	–	1	1	–	–	2	4	8	10	12
127	GW	17	25	25	25	24	23	6	–	–	–	–	–	–	–	–
	Schichau, Elbing	17	37	45	45	45	45	45	45	45	45	45	45	45	45	45
	Klöckner, Ulm	–	3	10	10	11	12	29	35	35	35	35	35	35	35	35

Tatsächliche Ablieferung von U-Booten 1943-1945[724] (außer den Typen XXI und XXIII)

	1943	**1944**	**1945**
VII C/C 41	216	110	6
VII F	4	-	-
IX C 40	45	17	-
(IX C 40/42)	-	-	-
IX D 42	12	6	1
X B	2	1	-
XIV	3	-	-
Wa 201/ WK 202	2	2	-
XVII B	-	1	2
Summe	**284**	**137**	**9**

1945 wurden nicht mehr fertiggestellt, durch Luftangriffe zerstört und nach dem Krieg abgebrochen: 24 U-Boote Typ VII C/C 41, 6 U-Boote Typ IX C 40, 1 U-Boot Typ IX D 42, 3 U-Boote Typ XIV, 2 U-Boote Typ XVII B, 148 U-Boote Typ XXI, 59 U-Boote Typ XXIII, 4 U-Boote Typ XXVI, 2 U-Boote bei *At. et Chant. Worms & Cie.* und *Anciens Chant. Dubigeon,* Nantes.

Das Dilemma der deutschen U-Boot-Rüstung wird im Jahre 1944 offenbar: Die technischen Möglichkeiten zur Optimierung von Waffen und Gerät waren vorhanden, die hochqualifizierten Konstrukteure arbeiteten erfolgreich an Neuentwicklungen, die mit großer Wahrscheinlichkeit Einfluß auf den Seekrieg genommen hätten, wenn nur die äußeren Grundvoraussetzungen wie Werftplätze, Arbeiter, Material und Luftsicherung in ausreichendem Maße vorhanden gewesen wären. Auch der noch so rationale Dönitz neigte mit fortschreitendem Krieg immer mehr zur Illusionsbereitschaft, wenn er über »möglichst alles, und dies in kürzester Zeit und in genügender Anzahl« verfügen wollte. Der Oberbefehlshaber erkannte die Möglichkeiten der Kriegsmarine, die ihr durch den technischen Fortschritt auf dem U-Sektor gegeben waren, doch Dönitz war der Realität seltsam entrückt, wenn er glaubte, daß die zum Bau der neuen U-Flotte notwendigen Voraussetzungen noch geschaffen werden könnten. Wo die Boote pünktlich geliefert wurden, da traten Mangelerscheinungen aufgrund ungenauer Verarbeitungen zu Tage, die zu langen Restarbeitszeiten führten. Die verkrampfte Hektik, unter allen Umständen die Termine einhalten zu müssen, führte bisweilen zu grotesken Situationen: »Bei Schichau, Danzig, konnte zwar die Lieferung der Sektionen für das erste Boot am 20. März äußerlich eingehalten werden. Dieser Termin war aber nur dadurch zu erfüllen, daß statt der zum Teil fehlenden Armaturen Attrappen eingebaut wurden. Der Zusammenbau konnte wegen der verspäteten Lieferung der Dieselmotoren aber auch hier erst Anfang April beginnen. Aus Prestige-Gründen wurde jedoch das erste Schichau-Boot, U 3501, dann bereits am 19. April 1944, einen Tag vor Hitlers Geburtstag, zu Wasser gebracht. Das Boot war aber in keiner Weise fertig und auch nicht schwimmfähig. Die Öffnungen im Bootskörper waren mit Holzbolzen verkeilt, es mußte sofort ins Trockendock eingeschleppt werden«[725]. Derartige komisch anmutende Zwischenfälle verdeutlichen die tiefe Kluft zwischen technischer Höchstleistung und der Unmöglichkeit der praktischen Umsetzung in frontreifes Potential.

Mit den neuen U-Booten wäre in der Tat ein Aufbruch zum neuen U-Boot-Krieg möglich gewesen, allein die fehlenden Kapazitäten ließen alle Hoffnungen auf seine wirksame Wiederaufnahme im Baustadium veröden. Noch im Februar 1945 betonte Hitler die große Bedeutung, »die er einer Wiedergeburt des U-Bootkrieges für die Gesamtkriegslage beimißt«[726]. Es stand außer Frage, daß mit den neuen U-Boot-Typen »eine grundsätzliche Umwälzung in den Begriffen der Seekriegsführung eingetreten«[727] war und sämtliche Mittel der Abwehr durch die Eigenschaften dieser revolutionierenden Typen umgangen und ausgeschaltet werden konnten. Die Intensivierung, oder besser Neubelebung, des U-Boot-Krieges war in erster Linie eine Werftfrage gewesen – und hieran war sie gescheitert.

3.2 Neue Zerstörer und Torpedoboote?

Am 7. Juni 1943, an jenem Tage, an dem die Bauzahlen des Flottenbauprogramms 43 festgelegt worden sind, fand beim Ob.d.M. eine Sitzung zur Frage der Zerstörer- und Torpedoboot-Neubauten statt[728]. Ziel der Unterredung war eine Entscheidung über künftige Typen und Antriebsarten.

Der gängige Zerstörer-Typ 36 C, der mit Hochdruckheißdampf (HD) angetrieben die Forderungen der Seekriegsleitung weitgehend erfüllte und bereits im Bau war, sollte künftig vor allem wegen seiner Größe und der Antriebsart mit HD nicht mehr in Serie gehen. Auch der geplante Zerstörer 43 war mit annähernd 4.000 Tonnen Deplacement, bedingt durch die Anzahl der Motoren, zu groß und schon der Klasse der Kreuzer zuzurechnen. Obwohl er allen Ansprüchen der Seekriegsleitung hinsichtlich Bewaffnung und Aktionsradius Genüge leistete, wurde er von der Marineführung abgelehnt. Die vorgelegte Planskizze zum Modell Zerstörer 42, das aus dem Flotten-Torpedoboot 42 hervorgegangen war, fand dagegen die volle Zustimmung der Seekriegsleitung. Vier 12,7 cm Geschütze auf Lafette erschienen ausreichend, doch der Einbau eines zusätzlichen fünften Geschützes war von K – allerdings auf Kosten seiner Größe – durchaus für möglich gehalten worden. Die Seeoffiziere einigten sich auf den Verzicht eines fünften Geschützes und planten statt dessen mit 2–2 cm Vierlingsflak, die das Deplacement des Zerstörers nicht wesentlich beeinflussen und Platz sparen würden; für Dönitz stand die Genehmigung des Zerstörers Typ 42 fest.

Nach dem Entschluß für den Entwurf 42 stand die Torpedoboot-Frage auf der Tagesordnung. Zur Diskussion kamen Torpedoboot 41 – mit HD angetrieben – und zwei Ausführungen von Typ 43. 43 A, der in Bezug auf die Artilleriebewaffnung leichte Vorteile aufwies, war torpedoseitig ungünstig armiert. Ausreichend wurden Aktionsradius und Geschwindigkeit eingeschätzt, als zu reichlich hingegen die Artilleriebewaffnung. Statt der drei geplanten Doppellafetten genügten für ein Torpedoboot auch zwei, was sich erheblich auf die Größe des Bootes auswirken würde. Diesen Forderungen entsprach 43 B, das kleiner, allerdings auch langsamer war. Die Artilleriebewaffnung wurde mit »ausreichend« bewertet, die Torpedobewaffnung mit »gut«.

43 B vereinte die Eigenschaften eines Torpedobootes mit denen eines schnellen Geleitfahrzeuges, woran dem Oberbefehlshaber besonders lag. So entschied sich Dönitz zunächst für das T-Boot 43 B, sollte sich jedoch umentscheiden, nachdem Klarheit in die Frage der Vor- und Nachteile von HD- oder Motoren-betriebenen Fahrzeugen gebracht wurde.

An diesem Tag mußte die Antwort darauf gefunden werden, ob künftig Motoren oder Hochdruckheißdampfanlagen in Serie gehen sollten. »Qu A erklärt den Zwang, der zum Motorenbau vorliegt, um die nach Abreissen des H.D.-Baues entstandene Lücke zu schliessen«[729]. Der Bau mit Hochdruckheißdampf-Anlagen bedeutete zwar, die gefürchtete Baulücke aussparen zu können, die im Flottenbauprogramm veranschlagte Zerstörer-Zahl war aber nur, so der Chef des K-Amtes, mit dem Einbau von Motoren erreichbar. Die Zeit drängte, und Großadmiral Dönitz wurde um eine Entscheidung gebeten. Riskant war der Antrieb mit Motoren allemal, da die ersten Erfahrungen mit dem zur Zeit im Bau befindlichen »Z 51« als erstem sechsmotorigen Zerstörer erst in Kürze gesammelt werden und zur Auswertung gelangen könnten. Die Serienfertigung einer unerprobten Anlage barg ein hohes Maß an Risikobereitschaft in sich, doch Fuchs schätzte die Gefahr eines Fehlschlages gering ein, zumal der zweite Motoren-Zerstörer »Z 52« erst nach einer erheblichen Zeit fertiggestellt werden konnte, so daß die Erfahrungen mit »Z 51« in die Produktion von »Z 52« einfließen würden.

Gegen die Verwendung von Motoren wurden dennoch Bedenken angemeldet, vor allem im Zusammenhang mit Erschütterungen bei Höchstfahrt, die zur Einschränkung der Waffenverwendung, wenn nicht sogar zur Unbrauchbarkeit, führen konnten. Doch Fuchs beschwichtigte die Kritiker, da es nach den bisherigen Erfahrungen im Erprobungsstadium nie zu derartigen Erschütterungen bei Neukonstruktionen gekommen und der Motor bei Höchstleistung völlig schwingungsfrei gelaufen war. Dönitz holte sich den Rat vom Chef des K-Amtes, ob er es für richtig halte, Zerstörer und Torpedoboote sofort mit Motoren bauen zu lassen, und Fuchs entgegnete, daß die Erfüllung der im Flottenbauprogramm 43 vorgesehenen Ablieferungszahlen nur bei Verwendung von Motoren gewährleistet werden könnte. Der Chef K-Amt drängte im übrigen auf den Motoreneinbau, weil er der technischen Entwicklung angepaßt und in punkto Fahrbereich, Betriebssicherheit und besserer, leichterer Reparaturmöglichkeit gegenüber dem HD-Prinzip grundlegende Vorteile bot[730]. Vor allem aber garantierte die simplere Bauweise einen höheren Ausstoß, woran dem Oberbefehlshaber ja dringend gelegen war, und so gab es für Fuchs »keinerlei Bedenken, den Schritt zum Motorenantrieb zu tun«[731]. C/Skl, Vizeadmiral Meisel, äußerte sich zu den Ausführungen von Fuchs zustimmend und unterstrich zudem die prekäre Lage, welche die schnelle Ausbringung von Zerstörern und Torpedobooten erforderte.

Bauauftrag für »Z 48« bis »Z 50« (Typ 36 C)[732]

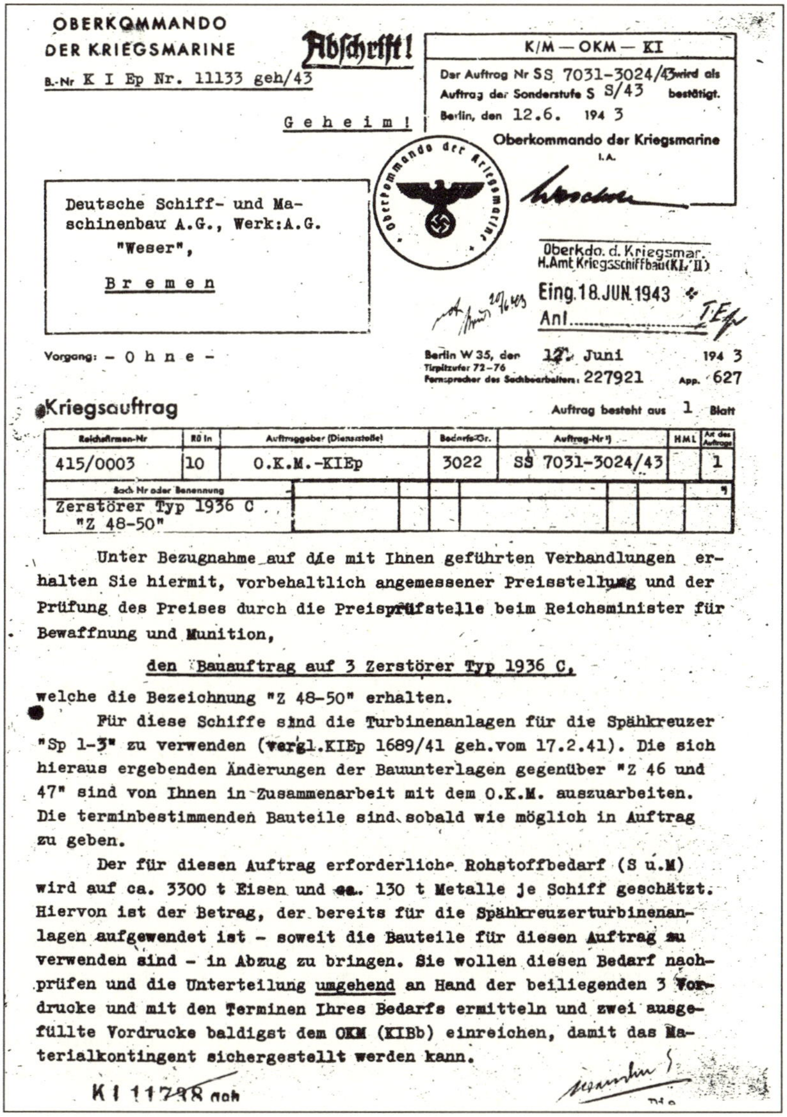

OBERKOMMANDO
DER KRIEGSMARINE
B.-Nr K I Ep Nr. 11133 geh/43

Abschrift!

G e h e i m !

K/M — OKM — KI
Der Auftrag Nr SS 7031-3024/43 wird als Auftrag der Sonderstufe S S/43 bestätigt.
Berlin, den 12.6. 1943
Oberkommando der Kriegsmarine
I.A.

Deutsche Schiff- und Maschinenbau A.G., Werk:A.G. "Weser",
B r e m e n

Oberkdo. d. Kriegsmar.
H.Amt Kriegsschiffbau(KI/II)
Eing. 18. JUN. 1943
Anl.........

Vorgang: - O h n e -

Berlin W 35, den 12. Juni 1943
Tirpitzufer 72–76
Fernsprecher des Sachbearbeiters: 227921 App. 627

Kriegsauftrag

Auftrag besteht aus 1 Blatt

Reichsfirmen-Nr	RÜ In	Auftraggeber (Dienststelle)	Bedarfs-Gr.	Auftrag-Nr	HML	Art des Auftrags
415/0003	10	O.K.M.-KIEp	3022	SS 7031-3024/43		1

Sach Nr oder Benennung: Zerstörer Typ 1936 C "Z 48-50"

Unter Bezugnahme auf die mit Ihnen geführten Verhandlungen erhalten Sie hiermit, vorbehaltlich angemessener Preisstellung und der Prüfung des Preises durch die Preisprüfstelle beim Reichsminister für Bewaffnung und Munition,

den Bauauftrag auf 3 Zerstörer Typ 1936 C,

welche die Bezeichnung "Z 48-50" erhalten.

Für diese Schiffe sind die Turbinenanlagen für die Spähkreuzer "Sp 1-3" zu verwenden (vergl.KIEp 1689/41 geh.vom 17.2.41). Die sich hieraus ergebenden Änderungen der Bauunterlagen gegenüber "Z 46 und 47" sind von Ihnen in Zusammenarbeit mit dem O.K.M. auszuarbeiten. Die terminbestimmenden Bauteile sind, sobald wie möglich in Auftrag zu geben.

Der für diesen Auftrag erforderliche Rohstoffbedarf (S u.M) wird auf ca. 3300 t Eisen und ca. 130 t Metalle je Schiff geschätzt. Hiervon ist der Betrag, der bereits für die Spähkreuzerturbinenanlagen aufgewendet ist – soweit die Bauteile für diesen Auftrag zu verwenden sind – in Abzug zu bringen. Sie wollen diesen Bedarf nachprüfen und die Unterteilung umgehend an Hand der beiliegenden 3 Vordrucke und mit den Terminen Ihres Bedarfs ermitteln und zwei ausgefüllte Vordrucke baldigst dem OKM (KIBb) einreichen, damit das Materialkontingent sichergestellt werden kann.

K I 11738 geh

- 2 -

Die vorzeitige Anforderung von Baustoffen ist nicht statthaft.

Sie werden ergebenst ersucht, dem OKM für diesen Auftrag baldmöglichst ein Preisangebot und gleichzeitig der Preisprüfstelle beim Reichsminister für Bewaffnung und Munition einen eingehend unterteilten, prüffähigen Kostenanschlag in doppelter Ausfertigung einzureichen.

[Mit der geldlichen Abwicklung und mit der Bildung der Schiffskammer ist die Kriegsmarinewerft, Wilhelmshaven beauftragt. Für die geldliche Abwicklung gelten die (Ihnen) mit KVVe Nr.20904 vom 30.10.1942 bekanntgegebenen Richtlinien betr. Finanzierung von Wehrmachtsaufträgen.

(Für diesen Auftrag sind die A B B I Nr.1 maßgebend.)

Um baldige Bestätigung dieses Auftrages in doppelter Ausfertigung sowie um Mitteilung der Bau-Nrn, der kürzesten Ablieferungstermine, der voraussichtlichen Kiellegungs- und Stapellaufstermine wird gebeten.]

Im Auftrage

[Unterschrift]

Verteiler:

Deutsche Schiff-und Maschinenbau A.G.
Werk: A.G. "Weser" Bremen durch BA.d.KM. (2 x)

Nachrichtlich:

Hauptausschuß Schiffbau b.Reichsm.f.Bew.u.Mun.
Staatsrat Blohm, Hamburg Postfach 720

Sonderausschuß Kriegsschiffbau,
Herrn Dir.Kabelac, Bremen-Vegesack, Bremer Vulkan

Germaniawerft, K i e l durch BA.d.KM. (2 x)
Kriegsmarinewerft, Wilhelmshaven
Kriegsmarinewerft, K i e l
Rü Insp. des Wehrkreises 10, Abt.Mar. Hamburg (m.N.A.für Rü Kdo.) 2 x
Reichsm.f.Bew.u.Mun. WF-AG Preispr.II, Berlin

Im Hause:

[E, Skl Qu A, Skl HM, Skl HW, AMA, MWa Stab AWa, AWa C II, TWa,
SWa, NWa, M Rü III, KI Ep,] K I Ke, IKt, IB, IBb,
K IIE 2x, K IIL, K IV, K VM, K VR, K VT, K VPa, KVVe,
K VDe.

Zu KIEp 11738 gk/43
den 3. Juli 43.

Abschr. ... KI ... bei IEpi z. V.
2.) IEpi z. V.

IEpi Epi
3/7.

Als Qu A den Vorschlag brachte, aufgrund des doch zu hohen Risikos zunächst nur einen Motoren-Zerstörer zu bauen und das HD-Torpedoboot Typ 41 solange weiter zu produzieren, »bis die Frage der Bewährung beim Motoren-Zerstörer entschieden«[733] sei, entschloß sich der Ob.d.M. zum Auslaufen des Zerstörer-Baus mit HD-Anlagen und zum Übergang auf den Motorenbau. Beim Torpedoboot-Neubau lagen die Verhältnisse insofern etwas anders, als sich wegen der Motorenlieferung die geforderten Zahlen an Zerstörern und Torpedobooten nicht gleichzeitig erfüllen ließen. Es mußte daher der Übergang zum Motorenantrieb nur für den Typ vorgeschlagen werden, der den größeren Fahrbereich hatte – und den hatten die Zerstörer: »Aus diesem Grunde kommt der Übergang [von Hochdruckheißdampf auf Motoren, d.Vf.] für Torpedoboote z.Zt. noch nicht in Frage«[734], und so kam Dönitz zu dem Entschluß, das Torpedoboot 41 weiterbauen zu lassen, allerdings mit der Maßgabe, den Übergang auf Motorenantrieb auch für Torpedoboote im Auge zu behalten und dann zu vollziehen, sobald die Motorenfertigungskapazität dies erlauben würde.

Im folgenden soll zunächst der Blick auf die Modifizierungen im Zerstörer-Bau gewendet werden[735].

Die »Marschrichtung« war von Großadmiral Dönitz vorgegeben: Der Zerstörer vom Typ 42 war favorisiert und ging nun in die Phase der Optimierung, allerdings nicht ohne alternative Möglichkeiten zu überdenken. Bei dem mit sechs Motoren geplanten Typ 42 traten verschiedene Fragen auf: Wie hoch waren Geschwindigkeit und Fahrbereich des Zerstörers mit sechs Motoren? Würde sich eine wesentliche Verbesserung hinsichtlich dieser beiden Kriterien beim Einbau von acht Motoren erzielen lassen, ohne daß Gewicht und Größe unter der Hinzunahme von zwei zusätzlichen Motoren zu leiden hätten?[736] Die Schiffbaukommission gab zur Antwort, daß der Zerstörer 42 A mit sechs Motoren von ca. 57.000 WPS eine höchste Dauergeschwindigkeit von etwa 35,9 kn erreichen konnte, und der Aktionsradius wurde bei 19 kn mit 5.500 sm veranschlagt. Beim Übergang auf acht Motoren unter Zugrundelegung der gleichen Armierung kam der Zerstörer auf ca. 38 kn, wobei die Fahrbereiche nicht voneinander abwichen[737].

Die Geschwindigkeitssteigerung um gut 1,5 kn bei Einbau zweier zusätzlicher Motoren und die sich daraus ergebende Möglichkeit, die Armierung zu verstärken, überwogen den Nachteil der Deplacement-Erhöhung von etwa 500 t. »1/Skl. hält unter diesen Umständen den 8-Motorenzerstörer für wesentlich vorteilhafter als den mit 6 Motoren«[738].

Offen blieb allerdings die Frage der Fundamentschwierigkeiten, die bei dem Entwurf mit drei Wellen erkannt wurden. Die Mittelwelle lag mit vier Motoren achtern, und die Seitenwelle mit zwei Motoren mußte unter den Fundamenten der achteren Motoren hindurchlaufen. K schlug daher vor, entweder die vier Motoren der Mittelwelle vor die zwei Motoren der Seitenwelle zu legen oder einen Neuentwurf mit zwei Wellen zu je vier Motoren zu konzipieren[739], und hatte sich verbindlich zu äußern, ob auf der Basis dieser Modifizierung bzw. eines Neuentwurfs die erwarteten Fundamentschwierigkeiten zu beheben waren. »Wenn diese Frage geklärt ist, bleibt die Entscheidung zu fällen, ob die Verminderung der Zahl der zu bauenden Zerstörer mit 8 Motoren gegenüber den mit 6 Motoren getragen werden soll«[740]. Auch der Zerstörer 43, achtmotorig mit entweder zwei oder drei Wellen, war Gegenstand der Diskussion – immerhin brachte er es aufgrund von Gewichtseinsparungen durch Vereinfachungen der Aufbauten auf durchschnittlich 37,5 kn bei einem dem Zerstörer 42 A analogen Fahrbereich. (Abb. Generalplan Zerstörer 36 C[741])

Vergleichstafel für Neubautypen[742]

Schiff	36 C	42	42 A	42 A Entwurf 1	42 A Entwurf 2	43 Entwurf 1	43 Entwurf 2
Antrieb	D	6 M	6 M	8 M (2 Well.)	8 M (3 Well.)	8 M (2 Well.)	8 M (3 Well.)
Länge	121,9	108,0	114,0	124,0	128,0	124,0	128,0
Breite	12,15	11,0	11,5	12,3	12,6	12,5	13,0
Höhe	6,65	6,5	6,7	7,0	7,15	7,0	7,15
Depl.	2.625	2.084	2.230	2.800	2.950	2.900	3.020
Anlage (WPS)	70.000	60.000	57.000	75.000	75.000	75.000	75.000
Höchstgeschw.	37,5	36,5	35,9	38-38,25	37,75-38	37,5-37,75	37,25
Fahrbereich 19 sm/h	2.000-2.500	5.500	5.500	5.500	5.500	5.500	5.500-6.000
Artillerie	6–12,8	4–12,7	4–12,8	4–12,8	4–12,8	6–12,8	6–12,8
Torpedos	2 Vierl.	2 Drill.	2 Vierl.	2 Vierl.	2 Vierl.	2 Fünfl.	2 Fünfl.

Beim Vergleich der einzelnen Zerstörertypen fällt auf, daß der Zerstörer 42 A gegenüber dem Grundtyp eine um 3.000 WPS schwächere Leistung aufwies. Geschwindigkeit, Aktionsradius und Seefähigkeit waren die wichtigsten operativen Forderungen an einen Zerstörer – diese Kriterien rangierten noch vor Bewaffnung und Standfestigkeit. In Bezug auf die Geschwindigkeit war nach den Überlegungen im OKM den 2-Wellen-Zerstörern (42 A 1, 43/2) der Vorzug zu geben; im Aktionsradius glichen sich die Typen bis auf den Zerstörer 43 mit drei Wellen. 42 A schied bei diesem Vergleich infolge seiner geringen Geschwindigkeit, die bei voller Ladung kaum 34 kn betrug, aus. Für die 2-Wellen-Zerstörer sprach neben der höheren Geschwindigkeit auch die Anordnung der Motoren; beim Zerstörer 42 A 1 und 43 mit zwei Wellen waren die Größenverhältnisse, Maschinenanlagen und die Aktionsradien deckungsgleich. Nur geschwindigkeitsmäßig war der Typ 42 A 1 um etwa eine halbe Meile voraus. Dafür – das wertete dieses Plus wieder ab – hatte er eine für seine Größe völlig unzureichende Artilleriebewaffnung und dazu noch eine schwächere Torpedo-Bestückung als der Typ 43/2. »Es ist daher letzterem der Vorzug zu geben«[743], so das vorläufige Urteil von K.

Die Seekriegsleitung prüfte die vorgelegten Entwürfe und kam zu dem Schluß, die Übernahme des achtmotorigen Zerstörers sofort einzuleiten, wobei sie am Typ 42 A festhielt. Zu klären war die Frage der zeitlichen Anlieferung der neuen Bewaffnung (12,8 cm Türme, Torpedo-Fünflinge); um auf jeden Fall den Zerstörer-Neubau anlaufen zu lassen, schlug die Seekriegsleitung vor, eine Artilleriebewaffnung von 6–12,8 cm in je einen 12,8 cm Turm und eine 12,8 cm Einzellafette vorn und achtern vorzusehen. Diese Aufstellung entsprach voll und ganz der Forderung der Front nach stärkerer Armierung, da so die Anbordgabe von 4–12,8 cm Einzellafetten im Falle der Verzögerung der Turmanlieferung gegeben war. Allerdings war das Schlußwort noch nicht gesprochen, denn: »Letzte Entscheidung abhängig von Vortrag vor Ob.d.M.«[744]. Noch am gleichen Tage ging ein Fernschreiben an die Schiffbaukommission, in dem gleichsam die Vorbereitungen für den Bau des Acht-Motoren-Zerstörers mit 2-Wellenanordnungen getroffen wurden[745].

Doch auch noch zu Beginn des neuen Jahres waren nur Absichtsbekundungen geäußert worden, den Bau des Zerstörers mit acht Motoren anstelle des anfangs geplanten sechsmotorigen in die Wege zu leiten. Ein eindeutiger Entschluß war noch immer nicht gefällt, was Marinegruppenkommando Nord und Flottenkommando (Gruppe Nord/Flotte) zum Anlaß nahmen, zu einigen Fragen Stellung zu nehmen und resultierend aus den eingeholten Erfahrungen im Zerstörerkampf weiterführende Anregungen zu geben[746].

Grundsätzlich begrüßte das Gruppenkommando den neuen Typ, weil in der Steigerung der PS-Zahl durch die Ausstattung mit acht Motoren wesentliche Vorteile erwartet werden durften. Stärkere Armierung und höhere Geschwindigkeit statteten den Zerstörer 42 A zudem mit den Bedingungen für weitreichende Operationen aus. Da das Fahrzeug bei dem herrschenden Mangel an schwereren Streitkräften weitgehend auf sich allein gestellt sein würde, gewann die Forderung nach hoher Dauergeschwindigkeit und starker artilleristischer Armierung besonderes Gewicht, wobei der Geschwindigkeit der Vorrang vor allen weiteren Forderungen eingeräumt wurde.

Bezüglich der Armierung mit je 6–12,8 cm Geschützen, davon je drei auf Vor- und Achterschiff in einem Doppelturm und einer überhöhten Einzellafette, wurden Bedenken hinsichtlich der Gewichtsverteilung der Maschinenanlage geäußert, die zu sehr hohen Geschwindigkeitseinbußen führen konnte. Daher kam als Bewaffnung vom Vertreter des F.d.Z. (Führer der Zerstörer), Kapitän zur See von Bechtolsheim, zum Vorschlag:

Back:	*1 Doppelturm*
achtern:	*entweder 1 Doppelturm + 1 überhöhtes Einzelgeschütz oder 3 Einzelgeschütze, bei entsprechender Geschwindigkeitserhöhung nur 1 Doppelturm auf dem Achterschiff.*

Das bedeutete, daß entgegen den bisherigen Absichten der Seekriegsleitung fünf bzw. sogar nur vier 12,8 cm Geschütze als Bewaffnung zur Geltung kamen. Es konnte bei alledem auf der Planskizze nicht übersehen werden, ob die Befürchtungen von Bechtolsheims bezüglich der ungünstigen Gewichtsverteilung bei der Aufstellung von drei Geschützen vorn und weiteren drei Geschützen achtern zutreffen würden. Gruppe Nord/Flotte vertrat die Ansicht, daß die Armierung eines Zerstörers dieser Größe mit 5–12,8 cm Geschützen die untere Grenze des Erträglichen darstellte und verwies dabei auf die eingeholten Erfahrungen im Zerstörerkampf. Das galt ebenso für die Flakbewaffnung, deren volle Fähigkeit sich keinesfalls nachteilig auf die Geschwindigkeit auswirken durfte. Das Marinegruppenkommando hielt es für richtiger, zugunsten hoher Geschwindigkeit Abstriche im Artilleriegewicht hinzunehmen, da die Verhältnisse auf dem Zerstörer wegen seiner Eigenschaft als Flakträger bei Seegang und Dünung den Torpedobooten sehr ähnlich waren und in Hinsicht auf mittlere und leichte Flak das gleiche galt wie für die T-Boote. Die trugen stärkere vollautomatische Kaliber, deren Verwendung auf den Zerstörern angeregt wurde. Die Bewaffnung mit acht Torpedorohren erschien dagegen ausreichend, wobei die Mitführung von vier Reservetorpedos erwünscht war.

Es sollte sich herausstellen, daß die Anregungen, die sich aus den Erfahrungen der Gruppe West/Flotte ergeben hatten, stärker Berücksichtigung fanden, als es zunächst schien, nachdem der Chef des K-Amtes auf die Bemerkungen der Frontstelle verwundert reagiert hatte: »Bei den Vorschlägen des Flottenkommandos ist es überraschend, daß die Lösung der artilleristischen Bewaffnung mit einem Doppelturm vorn und drei Einzelgeschützen hinten, die zunächst von der Front beim Zerstörer 36 A stark kritisiert wurde, jetzt doch als brauchbar anerkannt wird. Ebenso ist darauf hinzuweisen, daß eine Armierung mit je einem Doppelturm vorn und achtern in dem Entwurf des Zerstörer[s] 38 bereits verwirklicht war«[747].

Immerhin aber gaben die differierenden Forderungen der Front Anlaß für eine Sitzung, in der endgültig Klarheit geschaffen wurde[748].

Der Amtschef Skl. Qu A, Konteradmiral Machens, gab zunächst einen Überblick über die Planung des Zerstörertyps im vergangenen halben Jahr und die Gründe an, die zur Verwerfung des sechsmotorigen Ausfertigung geführt hatten. Anschließend kam er auf sämtliche Details zu sprechen:

Technische Daten Zerstörer 42 A

1. Maschinenanlage

8 Motoren mit 75.800 WPS Höchstgeschwindigkeit
Brennstoffvorrat: 600 t
Marschgeschwindigkeit: 19 sm/h
Fahrtstrecke: 6.500 sm/h

2. Abmessungen

Länge: 124 m
Breite: 12,5 m
Seitenhöhe: 7 m
Konstruktionstiefgang: 3,9 m
Wasserverdrängung: 2.860 t
Konstruktionsverdrängung: 3.170 t
Verdrängung bei voller Beladung: 3.650 t

3. Bewaffnung

4–12,8 cm in Doppeltürmen (je ein Doppelturm vorn und achtern)
2–2,8 cm Einzelflak (je eine Einzelflak überhöht vorn und achtern)
8–3,7 cm Flak in 4 Doppellafetten
8–2 cm Flak in 4–2 cm Doppellafetten
8 G 7 Torpedos in 2 Vierlingsrohrsätzen
4 Reservetorpedos

In der Diskussion erklärten sich sowohl die Seekriegsleitung als auch die Vertreter von Flotte und F.d.Z. mit Artillerie-Bewaffnung und -Aufstellung einverstanden. Allerdings gab es unterschiedliche Reaktionen auf die leichte Flak-Bestückung. Die englische Luftwaffe setzte – das hatten die Erfahrungen der letzten Monate gezeigt – nicht mehr aus geringer Höhe an, sondern bevorzugte 4.000 Meter Flughöhe und den Abwurf von Raketenbomben. Zur Abwehr derart hochfliegender Maschinen reichte die leichte Flakbewaffnung mit 2 cm bzw. 3,7 cm nicht mehr aus, die aber dennoch zur Bekämpfung von Jagd- und Torpedoflugzeugen unentbehrlich war. Der Einbau von 5,5 cm anstelle der 3,7 cm Flak barg die Schwierigkeit der Gewichtserhöhung in sich. Immerhin: eine 5,5 cm Kanone ohne Munition wog 6-7 Tonnen und somit das 2-3-fache einer 3,7 cm. So konnten anstatt der geplanten 4–3,7 cm bestenfalls 2–5,5 cm zur Aufstellung kommen. Zwei Einzelgeschütze waren jedoch zu dürftig, um wirkungsvolles Feuer schießen zu können – daran änderte auch das verstärkte Kaliber nichts. Im übrigen hatte der Zerstörer nur bedingt Platz für den Einbau der erheblich größeren 5,5 cm, so daß die Frage geprüft wurde, ob nicht anstelle der achteren 12,8 cm Einzelflak und durch Fortfall der beiden achteren 2 cm Doppellafetten Raum für zwei 5,5 cm in Mittelschiffsaufstellung hintereinander gewonnen werden konnte. Weitere 5,5 cm Geschütze waren aus Platz- und Gewichtsgründen nicht aufstellbar, und so einigte man sich auf den Einbau der achteren 12,8 cm Einzelflak – im übrigen war die 5,5 cm-Entwicklung noch nicht abgeschlossen. Die Seekriegsleitung schloß jedoch den späteren Ausbau der 12,8 cm und den Einbau der 5,5 cm Geschütze nicht aus. Es kam anschließend auch zur Diskussion über die 3,7 cm Kanonen, die zwar eine größere Reichweite als etwa die 3 cm Flak hatte, diese war hingegen sehr viel beweglicher, leichter und schneller richtbar, da sie mit einer Schulterstütze versehen war. Das waren einleuchtende Argumente für den Einbau von 3 cm Flak-Bewaffnung, und so wurde auf die 3,7 cm Kanone ganz verzichtet.

Seekriegsleitung, Flotte und F.d.Z. hatten zu sämtlichen Forderungen für den Zerstörer 42 A nichts mehr hinzuzufügen, so daß nur noch blieb, die Schiffbaukommission bzw. das K-Amt eine Typskizze erstellen zu lassen und sie dem Ob.d.M. zur Genehmigung vorzulegen – die Entscheidung durch den Oberbefehlshaber zu den vorstehenden Forderungen wurde in den nächsten Tagen erwartet.

Dönitz gab grünes Licht für den Bau von 42 A[749], nachdem die grundlegenden Schwierigkeiten der Seitenlastigkeit aus dem Wege geräumt und am 9. Februar der Entschluß gefaßt war, acht statt vier Reservetorpedos mit an Bord zu geben. Durch die Mitnahme von vier zusätzlichen Reservetorpedos trat nur eine unwesentliche Verringerung der metazentrischen Höhe ein, die ohne weiteres in Kauf genommen werden konnte[750].

In der Besprechung[751] traten dennoch einige Fragen auf, die zur Überprüfung der Entwurfskizze von Zerstörer 42 A und schließlich zur Vorstellung eines neuen Fahrzeuges mit der Bezeichnung Zerstörer 42 B führten. Ausgangspunkt für die Überarbeitung war die Idee, den Zerstörern vorn einen zweiten Doppelturm zu geben. Es entstand dadurch allerdings, so Fuchs, eine bedenkliche Vorlastigkeit, die kaum auszugleichen war, zumal der Zerstörer durch die weit vorn liegenden Motorenanlagen bereits eine Vorlastigkeit von 7 cm hatte. »Qu A bemerkt hierzu, daß es sich wohl um ein vollkommen neues Fahrzeug handle, das bisher von der Seekriegsleitung nicht gefordert sei. Es wird daher dieser Entwurf zurückgestellt, und der Zerst. 42a weiter besprochen«[752]. Im weiteren Verlauf sind nur noch für die Gesamtbetrachtung unerhebliche Nebensächlichkeiten abgehandelt worden, die hier nicht weiter interessieren. Was jedoch interessiert und unter den Anwesenden zunächst Verwirrung stiftete, war die Umbenennung des Zerstörers 42 A in 42 B. »Damit ist die Aussprache über den Zerstörer 42a, jetzt Zerst. 42b, abgeschlossen«[753].

Einen Monat später, am 10. März 1944, ordnete Dönitz die Inbaugabe des Zerstörers 42 C an[754]. Der Zerstörertyp 42 war wiederum umbenannt worden. Es war einfacher, nunmehr grundsätzlich vom Zerstörer Typ 42 zu sprechen, nachdem dieser verschiedene Entwicklungsstadien von »A-C« durchlaufen hatte.

Alle weiteren Bauten liefen unter der Bezeichnung Zerstörer 44[755] und galten für die neuen achtmotorigen Fahrzeuge »Z 52-56«. (Abb. Generalplan Zerstörer[756])

Nur sechs Wochen später kam es zum Bruch in der Fertigung. Die Seekriegsleitung stellte die »Kardinalfrage« zum Weiterbau des Zerstörers 44[757], weil Rückschläge in der Zerstörermotorenfertigung die Lieferung vor Juli ausschlossen; Spekulationen reichten gar bis zu einer Lieferzeit von einem Jahr. Die Verzögerungen bei MAN waren durch Feindeinwirkungen entstanden, »über die im Augenblick genaue Daten nicht gegeben werden können«[758]. Bei der Diskussion um Motoren oder HD-Anlagen hatte übrigens seinerzeit weder die Seekriegsleitung noch die Schiffbaukommission auf die Gefahr des Ausfalls durch Zerstörung aus der Luft hingewiesen – jetzt präsentierte sich das Ergebnis, das doppelt bitter ausfiel, denn die Motorenaufträge waren ausgerechnet an MAN gegangen, von der man in der Marineführung wissen mußte, daß die Fertigung des Betriebes nicht unter Tage verlagert werden konnte und darum die Produktion »für fest der wachsenden Luftgefährdung ausgesetzt ist«[759]. Der Zerstörerbau mit Motoren war also von vornherein diesem hohen Risiko der Bombenschäden ausgesetzt, worüber man sich offenbar beim Entschluß für den Einbau von Motoren nicht klar gewesen war.

Der Chef der Marinerüstung wollte die Uhr gleichsam zurückdrehen und forderte den Admiralquartiermeister auf, eine erneute Entscheidung der Seekriegsleitung in der Motoren-Frage herbeizuführen. Er selbst plädierte für den Rückgriff auf den Dampfzerstörer, wobei bedacht werden mußte, daß die Fertigung in wesentlichen Teilen bereits abgerissen war – das galt etwa für die Turbinen – deren Wiederankurbeln wiederum Belastungen für die Rüstungsindustrie mit sich bringen würde. Die Alternative sah der Marine-Rüstungschef nur in dem generellen Verzicht auf den Zerstörer zugunsten des Serienbaus der Flottentorpedoboote 44.

War dies bereits das Ende der Zerstörerneubauten? Zerstörer mit HD-Anlagen wieder in Produktion zu geben, hieß gleichzeitig auf das nicht mehr aktuelle Modell 36 C zurückgreifen zu müssen, da die Engpaßlage auf dem Motorengebiet zwischen dem letzten Zerstörer 36 C und dem ersten des Typs 44 eine Lücke riß, deren Größe sich nicht abschätzen ließ[760]. Der Anschluß an den ersten Motorenzerstörer (»Z 51«) war nicht mehr sichergestellt und so der Bau in eine Sackgasse geraten, die nur noch die Einstellung ließ, die – etwas positiver gewendet – als »Zurückstellung« gemeldet wurde. Am 14. Juni 1944 annullierte der Hauptamtschef K die Bauaufträge für »Z 52« und folgende[761], das hieß, den Bau von »Z 52«–»Z 56« abzubrechen, noch ehe er eigentlich begonnen hatte.

Die Entscheidung, ob endgültig Verzicht auf die Zerstörer geleistet oder der Weiterbau »nur für eine noch nicht festzusetzende Zeitspanne« unterbrochen werden sollte, mußte alsbald fallen. Es erhob sich damit die Frage, ob auch eine Annullierung aller mit dem Bau der gestrichenen Zerstörer zusammenhängenden Aufträge der technischen- und Waffenämter bezüglich Bewaffnung und Ausrüstung zu vollziehen war. Die Einstellung aller laufenden Aufträge würde gleichzeitig bedeuten, Geschützentwicklung und -fertigung, Feuerleitanlagen u.ä. zu stoppen – niemand würde schließlich an der Weiterentwicklung von neuen Geschützen arbeiten, die mutmaßlich ohnehin nicht mehr in Produktion gingen.

Der positive Nebeneffekt, der sich aus der Einstellung der Zerstörerbauten ergab – freiwerdende Werftkapazität und erhebliche Erleichterung auf dem Arbeiter- und Materialsektor – konnte zweifellos dem Ausbau der Torpedoboot-Waffe zugute kommen[762]. Recht betrachtet, war dies aber nicht mehr als ein hilfloses Herumschieben von Möglichkeiten, die keine mehr waren, und führt zu einem wichtigen Punkt, der allen Überlegungen hätte voranstehen und sozusagen »Grundsatzcharakter« haben müssen: Ein im Kriege befindlicher Staat, der aufgrund der Motorensackgasse bei MAN nicht in der Lage war, auch nur ein oder zwei moderne Zerstörer zu bauen, war zur Seekriegführung längst nicht mehr fähig.

Obwohl die Zeit drängte, verging der Juni entschlußlos. Erst am 6. Juli 1944 wurde K konkret und rechnete aus den nämlichen Gründen nicht mehr mit der Wiederaufnahme des Baus von Motorenzerstörern[763]. Die erneute Inbaugabe von Zerstörern mit Motorenantrieb würde langfristige Vorarbeiten in der Motorenfertigung voraussetzen, ehe an eine Kiellegung zu denken war. Auf eine Wiedereinführung des Baus von Typ 36 C hatte die Annullierung des Zerstörers 44 laut K keinen Einfluß, da für 36 C fast alle Einbauten und Anlagen neu bestellt werden müßten, aber das Modell 36 C kam nicht mehr in Betracht. »Falls als Dampfzerstörer ein anderer Typ als 36 C in Frage kommt, ist eine Inbaugabe erst möglich, wenn Typskizzen und Fertigentwurf genehmigt und die Konstruktionen, soweit erforderlich, durchgeführt sind«[764]. Aber auch ein kompletter Neuentwurf stand nicht mehr ernsthaft zur Diskussion. Die Vorarbeiten würden zu lange dauern und der Stapellauf wohl kaum vor Ende 1945 zu erwarten sein – selbst der Einzelgänger, »Z 51«, war aufgrund der Motorenschwierigkeiten nicht mehr pünktlich zur Auslieferung gekommen[765]. Die Planung sah vor, »Z 51« zunächst nur vier Motoren einzubauen und wenigstens bis Ende Dezember 1944 in Dienst zu stellen, um den Zerstörer nach dem Einbau des fünften und sechsten Motors im Sommer 1945 endlich fertigzustellen.

Da *Deschimag, Bremen* – neben *Germania* die einzige Zerstörer bauende Werft – mit Sonderaufträgen überfüllt war, rückte am 21. Juli auch die vorläufige Fertigstellung von »Z 51« im Dezember 1944 in weite Ferne, so daß der Vorschlag unterbreitet wurde, auf die »Zwischenfertigung« ganz zu verzichten und den Ablieferungstermin, allerdings dann auch mit den vorgesehenen sechs Motoren, für April bzw. für Mai 1945 zu avisieren. Die Flottenabteilung schloß sich dem Vorschlag an, da sie keine Möglichkeit sah, den Zerstörer früher fertigzustellen, oder – falls dies schiffbaulich wider Erwarten doch eintreten sollte – ihn nutzbringend für wenige Monate mit nur vier Motoren fahren zu lassen. »Z 51« ging nicht mehr in See. Der Bau wurde nicht vollendet und der halbfertige Zerstörer nach einem Fliegerbombenschaden vom 21. März 1945 im Jahre 1948/49 abgewrackt[766].

Unverdrossen wurde indes die Entwurfsarbeit für den Acht-Motoren-Zerstörer weitergeführt und noch am 13. Dezember 1944 gemeldet, daß bei der gewählten Anordnung – Mittelwelle vier Motoren, Seitenwellen je zwei Motoren vor Mittelwellenantriebsanlage – keine »Schwierigkeiten zu erwarten sind, da die Seitenwellen durch die Fundamente der Motoren der Mittelwelle hindurchgeführt werden müssen. Es wurde insbesondere darauf hingewiesen, daß dadurch die einwandfreie Ausführung der Fundamente der Mittelwellenanlage in Frage gestellt und weiter die Zugänglichkeit zu den Seitenwellen nicht mehr im notwendigen Maße gewährleistet sei (...). Es wird noch bemerkt, daß die Geschwindigkeit des 2-Wellen-Schiffes nach Ansicht von K etwa 1/4 bis 1/2 kn geringer sein wird als im Schreiben der Schiffbaukommission B. Nr. 2259 Gkdos vom 12. 11. 43 angegeben«[767].

Die Akribie, mit der die Schwierigkeiten der Motorenanordnungen noch im Dezember 1944 erörtert wurden, ist im Nachhinein kaum nachvollziehbar. Die Einstellung des Zerstörerbaus und die Forcierung der U-Boote und Kleinkampfmittel waren längst beschlossene Sache[768], doch die Planungen für Motorenzerstörer, für die es keine Motoren gab, gingen vier Monate vor Kriegsende unbekümmert weiter – intern sozusagen und in der stillen Hoffnung, »irgendwann« wieder mit der Lieferung von Motoren rechnen zu können.

Unterdessen nahmen die Konstrukteure auch die Arbeit an einem wieder mit Hochdruckheißdampf betriebenen Zerstörer mit der Bezeichnung Zerstörer 45 auf. »So schien es neuerdings möglich, eine sogenannte ‚Neue Deschimag-Dampfanlage' von geringerem Gewicht und etwas kleineren äußeren Abmessungen, aber mit einer deutlich höheren Leistung zu bauen«[769]. Der Zerstörer 45 kam über Planskizzen nie hinaus. (Abb. Vermutliches Aussehen der Zerstörer 45[770])

Der Grund für die Niederlegung der Zerstörerbauten lag im Bereich der Motorenfertigung. Das war in gewisser Hinsicht kurios, denn zum erstenmal in der Geschichte der Marinerüstung im Zweiten Weltkrieg war es nicht das Stahl- und auch nicht das Facharbeiterproblem, das in die Sackgasse geführt hatte, sondern die direkte feindliche Bombenwirkung gegen einen im engsten Sinne zuliefernden Industriezweig. Es ist trotzdem mehr als zweifelhaft, ob selbst bei vorausschauender »Motorenpolitik«, das heißt: Fertigung unter Tage durch einen anderen Betrieb, die Zerstörer auch tatsächlich zur Ablieferung gekommen wären. Vielmehr ist zu vermuten, daß sich an anderer Stelle Engpässe gezeigt und schließlich den Produktionsstopp verursacht hätten.

Indes bleibt die Tatsache bestehen, daß die Konstruktion eines Acht-Motoren-Zerstörers innovativ und zukunftweisend war und den Ansprüchen eines modernen Krieges gerecht wurde. So hatte die Marine während der eineinhalb Jahre der Weiterentwicklung vom ursprünglichen Zerstörertyp 36 bis zum Modell 44 auch an einem alternativen sogenannten »Landungszerstörer« gearbeitet, der sich direkt aus der Furcht vor einer alliierten Invasion ergab und in der Betrachtung zum Zerstörerbau nicht fehlen darf. Dies umso mehr, als die Gedanken zu einem solchen neuartigen Kriegsfahrzeug nicht nur die Abwehr alliierter Invasionsabsichten anbetrafen, sondern in gleichem Atemzug auch die Invasion deutscher Streitkräfte in Japan erwähnt wurde. Dem ist freilich die Sensation genommen, seit Michael Salewski schon vor Jahren die Forschung mit der These vom »maritimen Dritten Reich« überraschte, das seinen Machtanspruch auch über das verbündete Japan erhob[771].

Kapitän zur See Weygoldt, der die Denkschrift[772] verfaßte, konzentrierte sich allerdings nicht auf eine eigene Invasion in Japan – die wurde nur marginal erwähnt – sondern auf die drohenden alliierten Großlandungen an den Küsten des deutschen Machtbereichs. Ausgangspunkt war die Feststellung der eigenen Kampfkraft: Welche Mittel hatte die Marine, und welche Mittel konnte sie erstellen, um maßgeblich an einer Landungsabwehr mitzuwirken? Insbesondere war zu prüfen, ob hierbei durch ein neuartiges Kriegsfahrzeug eine taktische Überraschung des Gegners erzielt werden konnte. Die klassische Form, die feindliche Landung durch eine Seeschlacht der Kampfflotten zum Scheitern zu bringen, hatte zwar grundsätzlich noch Gültigkeit, verbot sich allerdings wegen der Schwäche eigener Überwasserstreitkräfte. »Diese Methode wird nur im Krieg gegen Japan zur Anwendung kommen«[773]. Japan war also nach dieser Einschätzung zu schwach, so daß im Falle einer deutschen Invasion das Gefecht auf offener See vorgezogen werden konnte. Die Thematik wurde nicht weiter vertieft, zu sehr stand die Stärkung der eigenen Defensive im Vordergrund.

Die Erfahrungen hatten gezeigt, daß die Abwehr mit den bisherigen Mitteln des Küstenvorfeldes, also Schnellbooten, U-Booten und Minen, unzureichend war. Die deutschen Über- und Unterwasserstreitkräfte waren zu empfindlich und die Minenwaffe nur dort wirksam, wo Sperren verteidigt wurden. Minensperren waren zu schwach, um den feindlichen Vormarsch verzögern, geschweige denn aufhalten zu können, überdies engten sie den Einsatz der eigenen Kräfte oft mehr ein, als sie den Gegner zu schädigen vermochten. Die Marineführung rechnete damit, daß die Alliierten einen Angriff gegen den deutschen Machtbereich in ähnlicher Form durchführen würden wie in Sizilien und Salerno, also unter dem Schutz von 8–10 Schlachtschiffen, einer entsprechenden Anzahl von Flugzeugträgern, etwa 20–30 Kreuzern, 50 Zerstörern und einer größeren Menge an Schnellbooten u.ä. Die Seekriegsleitung hatte erkannt, daß die Alliierten mit dem Einsatz von starken Luftwaffenverbänden die deutsche Luftwaffenorganisation zerschlagen und durch die so gewonnene Lufthoheit den eigenen Landungsflotten den nötigen Schutz geben würden, wie es durch flächendeckende Bombardements im Vorfeld der Landung am 6. Juni 1944 auch der Fall gewesen ist.

Pessimistisch wurden die Möglichkeiten der Kriegsmarine beurteilt, mit den vorhandenen Seekampfmitteln an der Landungsabwehr aktiv beteiligt zu sein[774]. Die U-Boote waren in weiten Gebieten der Nordsee und des Kanals infolge der geringen Wassertiefen nicht einsatzfähig, so daß ihre Verwendung dort nur wenig Erfolg versprach. Auch die Schnellboote konnten wegen ihrer Luftempfindlichkeit nur allzu schwer den Sicherungsgürtel der Landungsflotten durchbrechen. Was blieb, waren Zerstörer und Torpedoboote und die an der norwegischen und Nordsee-Küste liegenden Kreuzer und Schlachtschiffe, denen aber nicht mehr als nur Gelegenheitserfolge zuzutrauen waren.

Diese Einschätzung führte zu der Überlegung, auf Zerstörerbasis ein Kampfmittel in möglichst großer Zahl und möglichst kurzer Zeit zu schaffen: »Da wir nur Zeit bis höchstens Frühjahr oder Sommer 1944 haben, muß es sich um ein Kriegsfahrzeug handeln, das schnell herstellbar ist«[775]. Der Bau von kampfkräftigen Überwasserstreitkräften vom Zerstörer an aufwärts schied daher aus. Kapitän zur See Weygoldt sah die einzig verbleibende Chance in einem torpedo- und abwehrstarken Fahrzeug, das auch tagsüber zum Einsatz kommen konnte.

Dem so bezeichneten »Landungszerstörer« sollten folgende Daten zugrunde gelegt werden:

1. *Deplacement: 100 Tonnen. Das Fahrzeug mußte möglichst kleine Abmessungen haben, um sowohl von feindlichen Fliegern als auch von Überwasserstreitkräften nur schwer erkennbar zu sein.*
2. *Maschinenanlage: Motoren*
3. *Geschwindigkeit: Marschfahrt etwa 18 sm (dabei ein Aktionsradius von ca. 1.200 sm).*
4. *Bewaffnung: 2 Torpedoausstoßrohre mit 4–6 Torpedos. »Schnelles Nachladen muß gewährleistet sein«*[776]*. Als Flak-Bewaffnung war ein 3,7 cm-Geschütz in Einzel- oder Doppellafette vorgesehen, dazu ein 2-cm Vierling in einer schußsicheren Glaskanzel vor dem Kommandostand.*
5. *Besatzung: 25 Mann*
6. *Inneneinrichtung: »möglichst primitiv. Aufenthaltsraum für Mannschaften nicht erforderlich, da das Boot nur für kurzen Einsatz Besatzung an Bord hat. Bauweise möglichst primitiv, Massenanfertigung, keine Neuentwicklung«*[777].

Der Einsatz der neuen Fahrzeuge war wellenweise in mehreren Flottillen zu je 10 Schiffen vorgesehen. Weygold veranschlagte daher einen Bau von zunächst 200 »Landungszerstörern« mit einem monatlichen Nachschub von 10–15. Hochwertige Torpedos und vor allem hinreichender Schutz vor feindlicher Bombenwirkung waren die herausragenden Merkmale der neuen Seekampfmittel, die »m.E. für den Gegner eine taktische Überraschung bilden, wenn sie gegen die Luftwaffe genügend unempfindlich sind«[778]. Doch der entscheidende Vorteil lag, so Weygoldt, in der zahlenmäßig geringen Besatzung mit 5.000 Mann bei 200 Fahrzeugen.

Die Hauptschwierigkeit war allerdings die schnelle Konstruktion, ganz zu schweigen von einer Masseninbaugabe, die völlig utopisch war.

Die Ausführungen zum Bau eines »Landungszerstörers« wurden von der Seekriegsleitung hinreichend gewürdigt und die Überlegungen, die für seinen Einsatz sprachen, ausdrücklich anerkannt[779]. Die Seekriegsleitung kam jedoch schnell auf das grundlegende Problem zu sprechen, und das war der notwendige Verzicht auf andere Typen des Flottenbauprogramms 43, wenn der »Landungszerstörer« in die Serienfertigung ginge. »Eine kurze Betrachtung des Flottenbauprogramms zeigt, daß in ihm nur die augenblicklich wirklich dringend benötigten Typen berücksichtigt sind«[780], womit die Marineführung zweifellos den Nerv getroffen hatte. Ohne erhebliche Kürzungen etwa im Bau von Schnellbooten oder Räumbooten war ein neues Projekt nicht realisierbar.

Diese Zwangslage ist charakteristisch für die Marinerüstung im fünften Kriegsjahr: Neukonstruktionen konnten keine Berücksichtigung mehr finden, wenn sie nicht auf Kosten anderer Bauvorhaben gehen sollten – und dies war kategorisch ausgeschlossen. Die Idee eines »Landungszerstörers« hatte im Angesicht der drohenden Invasion ihre volle Berechtigung. Abgesehen davon, daß Forderungen, die Weygoldt für einen solchen Typus formulierte, von der Seekriegsleitung als überarbeitungsnotwendig bezeichnet wurden – Marsch- und Höchstgeschwindigkeit, Aktionsradius, Bewaffnung und Panzerung waren kaum in einem Hundert-Tonnen-Fahrzeug unterzubringen – wurde die Anregung weiter vertieft. Es war zu überdenken, ob nicht auch mit einigen Modifizierungen versehene MZ-Boote die Rolle eines »Landungszerstörers« übernehmen konnten, da in der Abwehr einer Landung das Geschütz wichtiger war als der Torpedo. Dieser Überlegung wurde das MZ-Boot gerecht: »Die Erfahrungen im Kanal und in der Nordsee zeigen außerdem immer wieder, daß in den Gefechten der kleinen Fahrzeuge bis zum Zerstörer die Artillerie und nicht die Torpedobewaffnung eine ausschlaggebende Rolle spielt«[781]. Daher schien es sinnvoller zu sein, weiterhin eine möglichst große Anzahl sogenannter »Artillerie-MFP« – eine einfache Aufrüstung von Fährprähmen mit Geschützen – zu bauen, die ihre Bewährung auf verschiedenen Kriegsschauplätzen bereits unter Beweis gestellt hatten. Man sieht deutlich, wie sehr sich die Seekriegsleitung, wohlgemerkt unter voller Anerkennung der Dringlichkeit eines Landungsabwehr-Fahrzeuges, gegen Neukonstruktionen gleich welcher Art sträubte; sie schlug vor, den Bau der Artillerie-MFP weiterhin voranzutreiben, um dadurch die Lücke bis zum Erscheinen der MZ-Boote auszufüllen. Von einer Neukonstruktion im Sinne der Weygoldtschen Vorstellungen war die Seekriegsleitung abgegangen. Der Kapitän sah die Gründe für den Verzicht auf den Bau eines »Landungszerstörers« ein, er betonte selbst, daß im momentanen Stadium die Entwicklung eines neuen Typs allzu zeitraubend wäre. Für die im Frühjahr 1944 erwartete Großlandung würde das neue Gefährt nicht mehr annähernd rechtzeitig zur Front gehen können; dennoch blieb Weygoldt bei den »Fahrzeugen im Sinne der Denkschrift«, sah den Typ nun allerdings weniger als Zerstörer, sondern vielmehr als »Defensiv-S-Boot«. Weygoldt schien die Frage prüfenswert, ob man nicht angesichts der immer dringender werdenden Landungsabwehrprobleme und der Schwierigkeit, die für deutsche Schnellboote beim Ansatz feindlicher Gunboote und Geleitzerstörer offenbar wurden, ein »Artillerie-S-Boot« als Muß an die Seite eines »normalen« Schnellbootes stellen sollte. Die Schnellboote eigneten sich wegen ihrer schwachen Armierung und Empfindlichkeit gegenüber feindlichem Bordwaffenbeschuß nur bedingt zur Landungsabwehr.

Aber auch hier schob das alte Problem den entscheidenden Riegel vor: Ohne merklichen Eingriff in die Schnellboot-Produktion war der Bau eines gepanzerten Artillerie-Schnellbootes nicht möglich. Um stark zu panzern, hätten die Werften von der für Schnellboote typischen Holzbauweise abgehen und auf Stahlkonstruktionen übergehen müssen, was sich ohnehin wegen des allgemeinen Stahlmangels verbot. Die verbleibende Alternative, andere, stahlverarbeitende Bauwerften mit den Aufträgen für ein Artillerie-Schnellboot zu belegen, schied ebenso aus, da diese bereits voll mit anderen Objekten ausgelastet waren[782]. So blieb von den Anregungen zum Bau eines »Landungszerstörers« am Ende allein die ernüchternde Einsicht, daß bis zur »voraussichtlichen Landung des Gegners (...) demnach kaum etwas geschafft werden [kann]«[783].

In der Zerstörerfrage der Jahre 1943 und 1944 bündeln sich wie in einem Brennglas die Probleme der Kriegsmarine-Rüstung, über die das Deutsche Reich nicht mehr Herr zu werden vermochte. Für den selbst mit primitiven Mitteln geplanten »Landungszerstörer« fehlten die Baukapazitäten, Umbauten anderer Typen, die an die Stelle eines »Landungszerstörers« treten konnten, waren aufgrund des Stahlmangels ausgeschlossen. Wo aber »endlich einmal« das Stahl- und Arbeiterproblem nicht den entscheidenden Engpaß bedeutete, da traten an anderen Stellen unüberwindbare Hürden auf, wie das Motorenproblem demonstriert. Man konnte drehen und wenden, wie immer man wollte und alle denkbaren Möglichkeiten durchexerzieren, am Ende blieb nur die Annullierung der Aufträge und damit die Aufkündigung des Zerstörerkrieges, der zur Weiterführung der U-Boot-Operationen eine unerläßliche Komponente war.

Geplanter monatlicher Ausstoß an Zerstörern nach dem Programm von K vom 1. 1. 1944 für den Zeitraum von Januar 1944 bis Juni 1946[784]

	1944	1945	1946
Januar	1	-	1
Februar	-	1	-
März	-	-	1
Mai	1	1	1
August	1	1	-
Oktober	-	1	-
November	1	-	-
Summe	4	4	3

Tatsächlicher monatlicher Ausstoß an Zerstörern 1943 bis Kriegsende[785]

	1943	1944
Januar	»Z 33« (Typ 36 A, *Deschimag, Bremen*)	
Februar		»Z 36« (Typ 36 B, *Deschimag, Bremen*)
März	»Z 38« (Typ 36 A, *Germania, Kiel*)	
Mai	»Z 34« (Typ 36 A, *Deschimag, Bremen*)	»Z 43« (Typ 36, *Deschimag, Bremen*)
August	»Z 39« (Typ 36 A, *Germania, Kiel*)	
September	»Z 35« (Typ 36 B, *Deschimag, Bremen*)	

Für die Flottentorpedoboote ergab sich zwar nicht jenes Motorenproblem, das sich für den Zerstörerbau als unüberwindlich erwiesen hatte, es sei jedoch vorweggenommen, daß die Torpedoboot-Neuentwicklungen allesamt nichts mehr einbrachten. Indienstgestellt wurden die »Alten« vom Typ 39, die »Neuen« Typen 41 A und 44 kamen nicht mehr zum Einsatz.

Nachdem in der Sitzung am 7. Juni 1943 der Bau von Torpedobooten des Typs 41 mit HD-Anlagen beschlossen worden war, begannen auch hier – analog zum Zerstörerbau – die Modifizierungen. In der Maschinenanlage eng an seinen Vorgänger, den Typ 39, angelehnt, war das 41er-Modell in der Länge um 5m und in der Breite um 0,70 Meter größer; die Ausdehnung des Bootes diente allein der Bestückung mit zusätzlichen Flakwaffen: Durch die Längenzunahme wurde es möglich, dem T-Boot eine dritte 3,7 cm Doppellafette mit an Bord zu geben und den Heizölvorrat zu erhöhen. Im November 1942 waren bei *Schichau, Elbing,* die ersten sechs Bootc des Typs 41 »T 37-42« in Auftrag gegangen; gerechnet wurde mit einer Ablieferung Ende Dezember 1944 bis Juli 1945. (Abb. Generalplan Flottentorpedoboote 41[786])

Für die in Auftrag befindlichen Fahrzeuge »T 37-42« stand noch nicht das neue Feuerleitsystem M/42 zur Verfügung – erst »T 43-48« und »T 49-51« sollten das neue Gerät erhalten. Der Bau dieser Fahrzeuge ist zwar 1944 noch begonnen worden, aber kein Boot hat je die Werft verlassen.

Verwirrend waren Umbenennungen und Neubezeichnungen der Schiffe. Als Flottentorpedoboote 41 A gingen bei *Schichau, Elbing,* »T 43-48« in Auftrag. Die bei *Deschi-*

mag, Bremen, im Bau befindlichen Flottentorpedoboote Typ 42, ebenfalls »T 43-48«, wurden umbenannt: »T 43« ging als Zerstörer Typ 42, »Z 51«, in Bau, »T 44-48« waren Typ 42 A mit den Zerstörer-Nummern »Z 52-56«.

Die Seekriegsleitung beschäftigte nach der Erteilung der Bauaufträge die Optimierung des Typs 41. Die Schiffbaukommission wurde am 5. November gebeten, eine Stellungnahme zu der Frage abzugeben, welcher Leistungsabfall an Geschwindigkeit und Fahrbereich für ein T-Boot 41 A (ab »T 49«) durch Ausrüstung mit 6-10,5 cm Doppellafetten gegenüber dem bisherigen Typ 41 mit 4–10,5 cm in Einzellafette unter Beibehaltung der gleichen Maschinenausrüstung zu erwarten wäre. Wichtig war dabei, ob die neue Flak-Bewaffnung bei Fertigstellung der Flottentorpedoboote auch rechtzeitig geliefert werden könnte[787].

Die Antwort fiel deutlich aus[788]. Für die Flottentorpedoboote 41 A würden sich bei gleicher Maschinenanlage erhebliche Mehrgewichte ergeben, insgesamt 61,7 t, wobei die Artilleriebewaffnung mit 42,1 Tonnen am meisten auftrug. Durch das eintretende Mehrgewicht vor allem für die verstärkte Artillerie käme es bei annähernd gleichem Fahrbereich von 2.700 sm zu einem Geschwindigkeitsverlust von etwa 0,5 kn. Wenn auf ca. 60 Tonnen Öl verzichtet würde, so die Berechnungen von K, verringerte sich zwar der Fahrbereich von 2.700 auf 2.300 sm, die Geschwindigkeit bliebe jedoch gleich[789].

Die Seekriegsleitung zog umgehend ihre Schlüsse: »Soweit es sich aus den Fragen von Skl Qu A I und den Antworten von K und der Schiffbaukommission sowie aus der Vergleichstafel für Neubautypen ersehen läßt, ist dem Flottentorpedoboot 41 A der Vorzug zu geben«[790]. Wenn auch, wie der voranstehenden Tabelle zu entnehmen ist, Aktionsradius und Geschwindigkeit etwas niedriger als beim Typ 41 angesetzt waren, so lag der entscheidende Vorteil in der verstärkten Artilleriebewaffnung. Wie die Erfahrungen mit Torpedobooten gezeigt hatten, war ihre Verwendungsmöglichkeit zwingend abhängig von der Stärke der Armierung, da die Bewaffnung in den Operationsgebieten ausschlaggebender war als die Geschwindigkeit. »Deshalb erscheint es auch richtiger, den Ölvorrat nicht zu Gunsten der Geschwindigkeit zu verringern, sondern ihn zur Erhaltung eines grösseren Fahrbereichs beizubehalten«[791]. Bevor jedoch eine endgültige Stellungnahme abgegeben werden konnte, war im einzelnen zu prüfen, ob die Verringerung des Brennstoffvorrates um 60 Tonnen durch konstruktive Veränderung des Schiffskörpers oder nur gewichtsmäßig herbeigeführt wurde.

Vergleichstafel für Neubautypen[792]

Schiff	**Typ 41**	**Typ 41 A**
Antrieb	D	D
Länge	102 m	102 m
Breite	10,7 m	10,9 m
Höhe	6,25 m	6,25 m
Typdeplacement	1.511 t	1.571 t
Konstruktionsdeplacement (40 Prozent Tonnen)	1.780 t	1.840 t
Maschinenanlage	40.000 WPS	40.000 WPS
Höchstdauer-geschwindigkeit (40 Prozent)	34,0 kn	33,5 kn
Aktionsradius (bei 19 kn)	2.800 sm	2.700 sm
Artillerie	4–10,5 Einzellafette	6–10,5 Doppellafette
Torpedobewaffnung	2 Drillinge	2 Drillinge

Wie bei den Zerstörern, so meldete sich auch in der Flottentorpedoboot-Frage der F.d.Z zu Wort. »FdZ. drahtet mit Gkdos 2588A II vom 2. 12. 43«[793] einige Vorschläge zur Verbesserung der T-Boote. So sah der Führer der Zerstörer bei gleicher Typverdrängung wie Modell 39 eine Verstärkung der Maschinenleistung auf 52.000 PS vor. Dabei war der Hinweis nicht unerheblich, daß die Erhöhung der PS-Zahl wegen Vereinfachungen und Einsparungen keinen größeren Materialaufwand gegenüber der alten Anlage bedeutete – weder Gewichtsvermehrung noch erweiterter Raumbedarf, dafür aber eine Geschwindigkeitserhöhung auf 36 bis 38 kn standen dadurch in Aussicht. Auf die Anregungen der Flotte legte die Seekriegsleitung großen Wert, da aufgrund von eingeholten Einsatzerfahrungen Rückschlüsse gezogen und praxisbezogene Vorschläge unterbreitet wurden. Das Marinegruppenkommando Nord teilte am 10. Januar der Seekriegsleitung mit[794], das Gefecht in der Biscaja am 28. 12. 1943[795] habe gezeigt, daß die Geschwindigkeit völlig unzureichend war. »Wenn diese Boote ihrer Eigenart nach auch nicht für so weit abgesetzte Operationen bestimmt waren, so wird es sich bei der geringen Zahl dafür geeigneter Einheiten garnicht [sic!] vermeiden lassen, dass diese Fahrzeuge bzw. ihre Folgetypen für Aufgaben dieser Art auch in Zukunft eingesetzt werden«[796]. Bei allen künftigen Neubauten – und zwar der Folgetypen 41 bzw. 41 A – wurde abermals die Forderung nach drastischer Erhöhung der Geschwindigkeit erhoben. So pflichtete das Marinegruppenkommando Nord dem Vorschlag des F.d.Z. bei, die Maschinenleistung bei gleicher Typverdrängung wie bei den Torpedobooten 39 auf 52.000 PS raufzuziehen. Das grundlegende Problem war die Vervollkommnung der Schiffsartillerie bei gleichzeitiger Beibehaltung von Geschwindigkeit und Gewicht, mit anderen Worten: wie konnte stärker armiert werden, ohne daß die Geschwindigkeit unter der Gewichtszunahme litt? »Wenn anders die erstrebte Lösung nicht zu finden ist«[797], so das Marinegruppenkommando, dürften nur vier statt der geplanten sechs Rohre 10,5 cm Doppelflak eingesetzt werden, und die leichten und mittleren Flakwaffen müßten sich in entsprechendem Rahmen halten. Die Hoffnung lag ganz in der Entwicklung der vollautomatischen 5 cm-Flawaffen oder von Kanonen mit wesentlich erhöhter Feuerfolge. Schnellere Feuergeschwindigkeit aber bedeutete höheren Munitionsverbrauch und somit die Mitführung zusätzlicher Munitionsreserven, die wiederum das Gewicht der Torpedoboote beeinflußten.

Die Stellungnahmen von F.d.Z. und Marinegruppenkommando Nord wurden vom Hauptamt Kriegsschiffbau in den Entwurfskizzen berücksichtigt: »Der Entwurf ist entstanden unter Zugrundelegung der Forderung in Skl Qu A I Sf 25342 Gkdos. vom 14. 12. 43 nach einem Flottentorpedoboot mit möglichst hoher Geschwindigkeit und der Hauptbewaffnung von 6–10,5 cm in Doppellafetten M 44«[798]. Als Unterlagen für dieses Typbild waren von *Schichau, Elbing,* die Entwurfszeichnung und die Gewichtsangaben für eine neue Maschinenanlage *Schichau*-Illies[799] von 52.000 PS vorgelegt worden.

Länge: 102 m
Breite: 10,7 m
Seitenhöhe: 6,25 m
Konstruktionstiefgang: 3,31 m
Typverdrängung: 1.630 t
Konstruktionsverdrängung: 1.880 t
Verdrängung bei voller Ausrüstung: 2.260 t
Besatzung: 214 Mann
Maschinenanlage: 2 Turbinen, zusammen 52.000 WPS
Höchstgeschwindigkeit bei Konstruktionsverdrängung: 36,5 kn

Brennstoffvorrat: 520 t
Marschgeschwindigkeit: 19 kn
Fahrtstrecke: ca. 2.900 sm

Die Nachprüfungen hatten ergeben, daß der dem *Schichau*-Illies zugrunde gelegte Platzbedarf sowie die errechneten Gewichte und der Ölverbrauch nicht eingehalten werden konnten, so daß statt der 52.000 PS ein wesentlich leistungsschwächerer Motor eingebaut werden mußte. Die Maschinenleistung sank daher um 12.000 WPS auf nur noch 40.000[800].

Eine Entscheidung darüber, ob die alte Maschine oder die *Schichau*-Illies-Anlage in das Flottentorpedoboot Typ 41 A eingebaut werden sollte, konnte erst aufgrund des Besprechungsergebnisses bei der Firma *Schichau* am 31. Januar 1944 fallen. Zuvor, am 22. 1., fand bei Skl Qu A eine Sitzung über die Neubauplanung der Torpedoboote 41 A statt[801], in der alle Einzelheiten des neuen Bootes erörtert wurden. Der vom F.d.Z. unterbreitete Vorschlag, auf zwei Geschütze bzw. einen Doppelturm zugunsten der Geschwindigkeit zu verzichten, wurde unter Hinweis auf die dadurch nur geringfügige Geschwindigkeitserhöhung (1/2 sm/h) von C/Skl abgelehnt. Interessanter waren die Ausführungen von Korvettenkapitän Koppenhagen[802], der in einem Gespräch mit dem *Schichau*-Direktor zwei Tage vorher, am 20. 1., darüber informiert wurde, daß die Werft in der Lage sei, ein wesentlich kleineres, vollkommen neues Boot mit nur 4–10,5 cm Rohren und einem dem Tonnen 39-Boot analogen Aktionsradius zu bauen, »das garantiert 38 sm/h Höchstgeschwindigkeit erreichen würde«[803].

Das wies in eine vielversprechende Richtung und änderte die Lage von grundauf: Plötzlich war die Möglichkeit geschaffen, ein kleines, schnelles T-Boot mit der neuen *Schichau*-Illies-Anlage in Bau zu geben. Nachdem Admiral Machens die Frage aufgeworfen hatte, welche Forderungen an dieses Boot statt des Typs 41 A zu stellen wären, legten die Frontvertreter die Daten fest:

Höchstgeschwindigkeit bei 75 Prozent Zuladung: 38 sm/h
Aktionsradius: 1.900 sm bei 19 sm/h
Artillerie: 1 Doppellafette 10,5 cm vorn, 2 Einzelgeschütze 10,5 cm achtern.
Flakbewaffnung: 6–3 cm Doppellafetten
Torpedowaffe: 2 Drillinge, keine Reserve-Torpedos, 4 Wabo-Werfer

Bei diesem neuen Typ wurde von vornherein auf alle Reservemöglichkeiten, Komplizierungen und unnötige Gewichte schiffbaulicher und maschineller Art, Schränke, Spinde usw. verzichtet. Primitiv und dabei effektiv – das war schon der Leitgedanke für den »Landungszerstörer« gewesen, und man erkennt deutlich, worauf es der Kriegsmarine ankam.

K arbeitete innerhalb der nächsten 14 Tage einen Entwurf aus, nach dem dieses T-Boot mit einer Höchstgeschwindigkeit von 38 sm bei 75 Prozent Zuladung und 4-10,5 cm Kanonen, dabei einer Doppellafette, 1.950 Tonnen groß werden würde und 58.000 PS erforderlich wären[804]. Bei einer Zugrundelegung von nur 52.000 Tonnen WPS würde 1/2 sm/h weniger erzielt werden. »K stellt fest, daß die Illies-Schichau-Maschinenanlage nicht in das kleine T-Boot 39 hineinpasst«[805].

Die Idee eines kleinen Bootes mit 38 sm/h wurde dennoch weiterverfolgt und K mit Entwürfen beauftragt, um das Optimum für ein T-Boot mit geringstmöglicher Tonnage herauszuholen. Tags darauf war bereits Klarheit geschaffen: Um auf 38 kn zu kommen, mußte man einen leichten, weichen Schiffskörper bauen, in den eine Maschinenanlage mit mindestens 58.000 PS hineinpaßte. »K und S.B.K. sind sich darin einig, daß Schichau die Illies-Anlage nicht in den vorhandenen Schiffskörper des Tonnen 41 a hineinbekommt«[806]. Daher machte K den Vorschlag, zugunsten größerer Festigkeit 1/4 bis 1/2 kn zu opfern. Die Aussprache über das Flottentorpedoboot 41 war »wieder zu keinem Entschluß gekommen«[807].

Eigentlich brauchte nur ein festerer und stärkerer Schiffskörper entworfen zu werden, in den die Illies-Anlage hineinpaßte – unter diesem Gesichtspunkt standen die Arbeiten im K-Amt, die schließlich zum Flottentorpedoboot 44 führten. Es vergingen beinahe sieben Wochen, bis die Diskussion um den neuen Bootstyp den Endpunkt erreicht hatte. Am 27. März 1944 fand die entscheidende Sitzung statt[808], zu der Dönitz alle maßgeblichen Herren[809] gebeten hatte. K legte den Entwurf des Torpedobootes 44 vor[810] und meldete, daß Übereinstimmung aller beteiligten Ämter sowie der Seekriegsleitung bestand. Das Boot war unter dem Gesichtspunkt entworfen worden, die Geschwindigkeit allen anderen Forderungen voranzustellen – mit einer Leistung von 52.000 WPS konnte das Boot bei 75 Prozent-Zuladung eine Geschwindigkeit von 37 1/4 bis 37 1/2 kn erzielen. Der grundlegende Vorteil gegenüber den bisherigen HD-Anlagen lag in den elektrisch angetriebenen Hilfsmaschinen und darin, daß die Maschinen eines Kraftwerkes ihren Strom von einem Generator erhielten. Alle Motoren waren handelsübliche einfache Drehstrommotoren, so daß sie, im Gegensatz zu denen der Zerstörer, nicht zur »Gretchenfrage« wurden. (Abb. Generalplan Flottentorpedoboot 44[811])

Die Frage war, ob man das Wagnis eingehen sollte, im 6. Kriegsjahr auf eine völlig neue Anlage überzugehen, die zumal in keiner Weise an Bord erprobt worden war. Da Fehlschläge voraussichtlich nicht ausbleiben und die Fertigungsarbeiten somit zurückgeworfen würden, wurde die Forderung nach der alten, bewährten Turbine laut. Dönitz war skeptisch: Hatte sich die bisherige Anlage wirklich bewährt oder hätten die Erfahrungen und Berichte von der Front nicht vielmehr gezeigt, daß das glatte Gegenteil der Fall gewesen war? Der Großadmiral war durchaus von der neuen Maschine angetan, da sie in der Fertigung wesentlich unkomplizierter und schneller gebaut werden konnte. Schließlich war das Prinzip ausschlaggebend, der Front möglichst rasch ein robustes, kampfkräftiges Fahrzeug zu verschaffen.

Diese drei Forderungen schien das Flottentorpedoboot 44 zu erfüllen, und so entschied der Ob.d.M., »daß das Torpedoboot 44 in dem vorgelegten Entwurf gebaut werden soll, und daß alle beteiligten Stellen mit allem Nachdruck die schnelle Fertigstellung betreiben sollen«[812]. Am selben Tage gingen die Bauaufträge für »T 52«-»T 60« an *Schichau, Elbing.* Die Ablieferung des ersten Bootes war für den 15. September 1946 vorgesehen, das letzte sollte 1947 die Werft verlassen – es kam jedoch nur noch zu den Bauvorbereitungen, beendet worden ist keines der Boote.

Geplanter monatlicher Ausstoß an Torpedobooten nach dem Programm von K vom 1. 1. 1944 für den Zeitraum von Januar 1944 bis Juni 1946[813]

	1944	1945	1946
Januar	-	1	2
Februar	1	1	1
März	-	1	1
April	1	1	1
Mai	-	1	1
Juni	1	3	3
Juli	-	1	-
August	1	1	-
September	-	1	-
Oktober	3	1	-
November	2	1	-
Dezember	2	1	-
Summe	11	14	9
Gesamt		**34**	

Tatsächlicher monatlicher Ausstoß an indienstgestellten Flottentorpedobooten 1943 bis Kriegsende (alle Typ 39 und bei Schichau fertiggestellt)[814]

	1943	1944
Februar	»T 26«	»T 31«
April	-	-
Mai	»T 27«	»T 32«
Juni	»T 28«	»T 33«
August	»T 29«	»T 34«
Oktober	»T 30«	»T 35«
Dezember	-	»T 36«

Auf ausländischen Werften wurden 1943-1945 fertiggestellt: 1943: »TA 24«, »TA 27«, 1944: »TA 26«, »TA 28«-»TA 30«, »TA 36«, »TA 45«, »TA 37«-»TA 41«, 1945: »TA 42«, »TA 46«. »T 37«-»T 45« (Typ 41) sind zwar 1944 auf deutschen Werften vom Stapel gelaufen, »T 45« als letztes Flottentorpedoboot vom Typ 41 am 7. 8. 1944, aber nicht mehr indienstgestellt worden.

Von den auf niederländischen Werften in Auftrag gegebenen Flottentorpedobooten 40[815] »T 61«-»T 84« sind nur noch »T 61« *(Wilton Frijenoord Schiedam)* im Juni 1944 und »T 63« *(Rotterdamse Droogdekmij)* im Oktober 1944 vom Stapel gelaufen, aber ebenfalls nicht mehr an die Front gegangen. »T 61«, »T 63« und das schon 1942 bei *De Schelde Vlissingen* auf Kiel gelegte »T 65« sind abgeschleppt worden, um auf deutschen Werften fertiggestellt zu werden. »T 61« wurde auf dem Wege dorthin von britischen Lufttorpedos getroffen, »T 63« und »T 65« gelangten zum Bestimmungsort *(Schichau).* »Aber viel hat man dort an ihnen nicht mehr tun können, denn das Vordringen der Roten Armee im Osten machte dieses Vorhaben zunichte. Deshalb wurden beide Rümpfe im Januar 1945 über Pillau zunächst nach Danzig abgeschleppt. Von dort aus gelangten sie weiter nach Westen, um nunmehr von der Deschimag Werk Seebeck in Wesermünde fertiggebaut zu werden. Beide wurden jedoch Beute der Alliierten«[816].

3.3 Die Bemühungen um gepanzerte Schnellboote und neue Mehrzweckfahrzeuge

Es wurde bei der Erörterung der 1942 gebauten leichten Seestreitkräfte bereits darauf hingewiesen[817], daß die Kriegsmarine über Fahrzeugtypen verfügte, die keinen oder kaum nennenswerten schiffbaulichen Veränderungen unterworfen waren, die nie ernsthafter Diskussionsgegenstand in der Seekriegsleitung gewesen sind, schon gar nicht in der Führung. Zu diesen Fahrzeugen zählten Vorposten-Boote, Kriegsfischkutter (KFK), Marinefährprähme (MFP), Marine-Artillerie-Leichter (MAL), Einheits-Leichter (EL), Siebelfähren, Motorfischlogger, Torpedofangboote, Marine-Nachschub-Leichter (MNL), Unterwasser-Leichter, Begleitschiffe, Schlepper und Betriebsfahrzeuge verschiedener Art.

1939 bis 1942 gehörten auch Schnellboote, Minensuch- und Räumboote dieser Kategorie der »routinemäßig« zu bauenden Fahrzeuge an. Es ist bemerkenswert, daß nach dem Inkrafttreten des Flottenbauprogramms 43, namentlich in der ersten Hälfte des Jahres 1944, die Marineführung das Bemühen zeigte, den M- und R-Booten durch schiffbauliche Änderungen den Charakter eines offensiven Kampfschiffes zu verleihen und der Schnellboot-Waffe durch den Einsatz von neuen, gepanzerten Stahlbooten wieder zu einem schlagkräftigen Instrument offensiver Kriegführung zu verhelfen. Je häufiger neue Entwicklungen aufgrund der bekannten Engpässe bereits im Planungsstadium verödete, desto mehr nahm die Seekriegsleitung Rückgriff auf bereits vorhandene Schiffe, die lediglich anders armiert und mit einem neuen Auftrag versehen den »Überlebenskampf des deutschen Volkes« tatkräftig zu unterstützen hatten. Das ging freilich nicht mit den herkömmlichen Minensuch- und Räumbooten, wohl aber ließen die baulichen Eigenschaften dieser Fahrzeuge eine andere Bestimmung zu, wenn sie umgerüstet würden. Das Ziel waren simple und robuste Vielzweckfahrzeuge auf der Grundlage von Minensuchern und -räumern. Die konventionellen Holz-Schnellboote hingegen sollten einem völlig neuen Typ weichen.

Der Bau von Schnellbooten war während des gesamten Krieges im wesentlichen kein Stahl- und auch kein Werftarbeiterproblem. Die bewährte Holzbauweise sparte sowohl das eine wie auch das andere, und der Ausstoß von Schnellbooten hing, analog zum Zerstörer-Bau, vielmehr von der Motorenfrage ab. Als schwerwiegend hatte sich die von Rüstungsminister Speer 1942 verfügte Abgabe des Werks Marienfelde an die Luftwaffe erwiesen. Immerhin war der Betrieb in der Lage, 22 Motoren im Monat in einer Schicht und die doppelte Anzahl in zwei Schichten zu fertigen und so den Bau von monatlich 11 Schnellbooten sicherzustellen. Da die S-Motoren-Fertigung nach der Werks-Abgabe an die Luftwaffe ausschließlich auf Daimler-Benz, Untertürkheim, angewiesen war, blieb 1943 die Zahl der auf deutschen Werften abgelieferten S-Boote ein ganzes Stück unter dem Soll.

Die Folge war unmittelbar: Der Mangel an Schnellbooten, die weitere Tätigkeitsgebiete im Mittelmeer und im Schwarzen Meer gefunden hatten und durch steigende feindliche Gegenwehr zunehmende Verluste erlitten, wurde immer merkbarer, da der Neubau die Verlustrate 1943 kaum noch zu ersetzen vermochte[818]. Dem wurde im laufenden Jahr 1943 durch die hohe Zahl abgelieferter Motoren energisch entgegengetreten – anders wäre die beabsichtigte Baurate von 108 Schnellbooten nach dem Flottenbauprogramm 43 auch nicht vertretbar gewesen. Der Führer der Schnellboote (F.d.S.), Petersen, konstatierte am 24. Dezember 1943, daß »der Aufbau der Schnellbootswaffe (...) im Jahre 1944 durch ein sehr schnelles Ansteigen der Neubauzahlen gekennzeichnet [ist]«[819]. Insgesamt 150 Boote, am 30. Dezember um ein Boot auf 151 und am 1. Januar vom Hauptausschuß auf 157 erhöht, sollten nach den optimistischen Voraussagen des F.d.S. 1944 vom Stapel laufen. Später stiegen die Forderungen gar auf 25 Boote/Monat, was einer geplanten Gesamtzahl von 300 Schnellbooten im Jahr entsprach[820]; doch 1944 verließen nur 62 Schnellboote tatsächlich die deutschen Werften.

Die Vermehrung von Schnellbooten stand freilich in Relation zu den voraussichtlichen Abgängen. Die Seekriegsleitung schätzte die Verlustrate 1944 auf 30 Boote[821], so daß nach vier Abgaben an Rumänien bei einer Neubauzahl von 157 Schnellbooten 123 zur Verfügung stehen würden. Allerdings wurde die Beeinträchtigung der Fertigung durch Luftangriffe nicht berücksichtigt, und die tatsächliche Ablieferung von nur 79 Booten im Jahre 1944 (In- und Ausland) zeigt den Einfluß der Bombardierungen auf die Schnellboot-Produktion.

Die anvisierte Neubauzahl erforderte von vornherein ein Bündel an organisatorischen Maßnahmen, um der zu erwartenden beachtlichen Schnellbootwaffe die personelle und materielle Basis zu verschaffen[822]. Der F.d.S. plante umsichtig und rechtzeitig, als er das Oberkommando der Kriegsmarine schon im Dezember 1943 darauf hinwies, daß eine große Schnellbootwaffe nichts nütze, wenn die Voraussetzungen für ihren Einsatz unzureichend wären. Der Oberbefehlshaber stimmte den Ausführungen des F.d.S. vorbehaltlos zu und plädierte überdies dafür, die Schnellboote ohne jeden Verzug den Frontverbänden zuzuführen[823].

Die Frage war, ob man am gängigen Schnellboot-Typ[824] festhalten oder durch Modifizierungen zu einem neuen Typ gelangen sollte, wobei im Vordergrund der Übergang vom Holzboot zum gepanzerten Stahlboot stand. Ausgangspunkt für derartige Überlegungen waren die schwachen Leistungen der Schnellboote im Jahre 1943. Ein Gesamterfolg von 29.000 Tonnen versenkter Tonnage, zwei Zerstörern und sechs kleineren Fahrzeugen bei 12 eigenen Verlusten war wenig überzeugend, und Dönitz befahl, »daß trotz dieser Tatsache die Schnellbootswaffe in großem Stil auszubauen ist. Es wird von diesem Ausbau erwartet, daß die Schnellbootswaffe einen namhaften Beitrag zum Tonnagekrieg liefert«[825]. Der Führer der Schnellboote war einem ungeheuren Druck ausgesetzt: Würde er eine starke Waffe bekommen, müßte er ihre Schlagkraft dann auch unter Beweis stellen. Ein »harmloses« Jahr 1943 konnte sich der F.d.S. nicht wiederholt erlauben.

Die ausbleibenden Erfolge hatten vielerlei Ursachen. Die feindliche Luftüberlegenheit und die Empfindlichkeit der Schnellboote gegen Bordwaffenbeschuß der Jabos zwangen die S-Boote »in die dunklen mondlosen Nächte«[826]. Das Operieren in mondhellen Nächten und der An- und Rückmarsch bei Tage waren ausgeschlossen, und in hellen, kurzen Sommernächten waren die Einsatzchancen so gering, daß im Jahre 1943 die Hochsommermonate für den laufenden Einsatz nicht mehr voll zur Geltung gekommen sind. Überdies war die feindliche Abwehr – ein Urproblem nicht nur für die U-Boote – auf den Geleitzugwegen so stark geworden, daß ein Herankommen der S-Boote an die Geleitzüge immer gefahrvoller wurde. Das Fehlen eigener guter Bordortungsmittel schloß auch in Nächten mit unsichtigem Wetter den Einsatz der Schnellboote aus. Die feindliche Ortung war in steter Vervollkommnung begriffen, sie peilte die S-Boote so frühzeitig ein, daß der entscheidende Vorteil der Boote, das Überraschungsmoment, beinahe gänzlich ausgeschaltet wurde. Schließlich hatte sich auch die ungenügende Luftunterstützung durch die eigene Luftwaffe negativ auf den Schnellboot-Einsatz ausgewirkt, da es zu häufigen Fehlansätzen kam.

Um eine wirksame Schnellbootwaffe aufbauen zu können, bedurfte es folglich nicht nur einer generellen Erhöhung der Bootszahlen, sondern einer qualitativen Verbesserung des Typs, der in der Lage sein mußte, auch in helleren Nächten mit einiger Aussicht auf

Erfolg die feindlichen Jabo-Angriffe zu überstehen und die gegnerische Sicherung zu durchbrechen. Die Forderung lautete daher: »Wir brauchen ein gepanzertes Boot, das gegen Bordwaffenbeschuß von Flugzeugen und gegen Splitter von Artilleriebeschuß unempfindlich ist«[827]. Zugleich mußte ein solches Boot als kampfkräftiger Artillerieträger gebaut werden, um die feindliche Sicherung kämpfend durchschlagen und seinen Torpedo an den Geleitzug heranbringen zu können. »Ich bin mir darüber im klaren«, so der Oberbefehlshaber Marinegruppenkommando West, »daß der Bau unserer jetzigen Holzschnellboote auf Spezialwerften erfolgt, die nicht oder nicht ohne weiteres für den Bau von Stahlbooten herangezogen werden können. Der Übergang auf ein gepanzertes Schnellboot würde das gesamte bisherige Schnellboots-Programm über den Haufen werfen«[828]. Das war eine treffliche Einschätzung des Marinegruppen-Chefs, der das eigentliche Problem beim Namen genannt hatte: Die Umstellung der Werften vom Holz- auf den Stahlbau war im 6. Kriegsjahr rein organisatorisch gar nicht möglich – ganz abgesehen von der kaum in Aussicht stehenden Stahlmehrzuteilung, die in nicht unerheblicher Menge erfolgen müßte, wollte man neue, gepanzerte Stahl-S-Boote bauen. Die maßgeblichen Faktoren aber – laufender Anstieg der gegnerischen Abwehrstreitkräfte und unzureichende eigene Luftaufklärung – entzogen sich ohnehin dem Einfluß der Kriegsmarine, so daß ein grundsätzlicher Wandel und eine wesentliche Änderung der Lage am Feind kaum erhofft werden konnten. Selbst mit einem neuen gepanzerten Schnellboottyp würden lediglich kleinere Korrekturen, »Kosmetik«, betrieben werden können, nicht mehr.

»Trotzdem muß unter dem Zwang der Tatsache die Konstruktion eines solchen Bootes und sein Bau ins Auge gefaßt werden unter gleichzeitiger Weiterführung des bisherigen Holzbauprogramms, sodaß [sic!] allmählich neben das Holzboot eine gewisse Quote an Stahlbooten tritt, mag der Zeitpunkt, bis derartige Boote frontreif in namhafter Zahl vorhanden sind, im Augenblick auch noch fern erscheinen«[829].

Er erschien nicht nur fern, sondern gar nicht erst greifbar, denn selbst bei Zugrundelegung ausgedehnter Fristen konnte kein Stahlboot geschaffen werden; die Kapazitätslage ließ eine auch nur langsame Umstellung nicht mehr zu. Doch die Schnellbootwaffe hatte einen offensiven Auftrag vom Ob.d.M. erhalten und Vorschläge zu unterbreiten, wie sie sich einen offensiven Ansatz künftig dächte. Die herkömmlichen Holzboote waren der massiven feindlichen Abwehr schutzlos ausgeliefert, und so blieben nur Pläne für Neukonstruktionen, die jedoch bei der angespannten Situation allesamt unrealistisch waren. Der Fehler lag also nicht beim Marinegruppenkommando West oder beim Führer der Schnellboote, sondern allein bei Dönitz. Der wollte die Schnellbootwaffe wieder zu einem gefürchteten Instrument der Geleitzugbekämpfung machen und erwartete von ihr einen namhaften Beitrag zum Tonnagekrieg, übersah aber dabei offensichtlich, daß die Grundvoraussetzungen dafür nicht mehr existierten. Aber trotz allem hatte das Marinegruppenkommando West Gedanken vorzulegen, und was sollte ihr Oberbefehlshaber anderes tun, als dem Befehl Folge zu leisten und die Konstruktion eines gepanzerten Schnellbootes in zwei Ausführungen vorzusehen: ein Artillerie-Schnellboot mit schwacher Torpedoarmierung und schnellfeuernden, möglichst automatischen wendigen Geschützen nicht unter 4 cm Kaliber und zweitens ein Torpedo-Schnellboot mit Armierung der derzeitigen Holzboote.

Der Hauptausschuß Schiffbau, der von den Plänen umgehend informiert wurde, lehnte die Neukonstruktion kurzerhand aus Fertigungs- und Materialgründen ab. Das war zu erwarten, doch die Marine blieb bei ihrer Forderung und war sich einig, daß die ablehnende Haltung des HAS auf Dauer kein Hinderungsgrund sein durfte, »wenn erkannt ist, daß dieser Typ der einzige Weg ist, wieder zu Erfolgen zu kommen«[830].

Der Führer der Schnellboote war der erste, der einlenkte. Er erkannte die Aussichtslosigkeit der Situation und forderte statt des gepanzerten Bootes ein stark armiertes Holzfahrzeug[831]. Mit diesem Bootstyp war durchaus ein Kompromiß geschlossen: Er vereinte ein Höchstmaß an Standfestigkeit, Angriffs- und Verteidigungskraft mit ausreichender Geschwindigkeit. Petersen trug dabei der feststehenden Tatsache Rechnung, daß der Gegner zahlenmäßig ohnehin stets überlegen sein würde, und wenn man überhaupt etwas ausrichten wolle, dann nur mit einer konzentrierten, gemeinsamen Seekriegführung von See- und Luftstreitkräften. »Abschließend stehe ich daher auf dem Standpunkt, daß der in der Entwicklung befindliche Schnellboottyp das Optimum dessen darstellt, was für die offensive Schnellbootsführung im 5. Kriegsjahr [soll heißen: 6. Kriegsjahr, d.Vf.] erreicht werden kann. Mit diesem Schnellboot werden auch im Notfall Defensiv-Aufgaben gelöst werden müssen und können«[832].

Das war der »Knackpunkt«, denn die Verwendung eines gepanzerten Artillerie-Schnellbootes für Defensiv-Aufgaben war ausgesprochen unzweckmäßig. In der Defensive kam es darauf an, dem Gegner mit einem Schnellboot-Typ entgegenzutreten, der hinsichtlich der Standfestigkeit des Bootskörpers und der Motoren, der Panzerung, der Seetüchtigkeit und der Bewaffnung überlegen war. Ein Bootstyp, der all diese Forderungen erfüllte, konnte naturgemäß nicht mehr die hohe Geschwindigkeit eines Offensiv-Schnellbootes besitzen, und zwei Bootstypen parallel zu bauen – einen für die Offensive und einen für den Defensiv-Einsatz – war a priori ausgeschlossen.

Auch das Marinegruppenkommando Nord und Flottenkommando (Gruppe Nord/Flotte) schaltete sich in die Diskussionen ein und stimmte der Auffassung des F.d.S. »bei der derzeitigen Lage«[833] zu, da der Bau von reinen Artillerie-Schnellbooten in kurzer Zeit nicht realisierbar war. Nach Ansicht der Gruppe Nord/Flotte kam es vielmehr darauf an, eine möglichst große Zahl von Booten sowohl für die offensive Verwendung als auch für die Abwehr von Landungen zur Hand zu haben. Nachdem der »Landungszerstörer« im Planungsstadium aufgegeben worden war, trat nun das Schnellboot als Alternative ins Zentrum des Interesses, da gerade die Torpedowaffe gegen flachgehende und kleine Ziele, wie sie bei einer Landung erwartet wurden, unter Verwendung neuer Zündungsarten[834] einigen Erfolg versprach.

Es lag auf der Hand, daß schnelle Torpedoträger bei der Bekämpfung von Landungsfahrzeugen weitaus effektiver würden arbeiten können als schwach armierte, wenn auch stark gepanzerte Artillerie-Schnellboote. Auf längere Sicht allerdings, so das Flottenkommando, werde man um den Bau eines reinen Artillerie-Schnellbootes nicht umhinkommen. »Dieser Zeitpunkt erscheint allerdings nach Auffassung der Gruppe Nord/Flotte, soweit dies aus den Kriegstagebüchern und der [sic!] Stellungnahmen des F.d.S. zu erkennen, z. Zt. noch nicht gekommen. Es wird jedoch für richtig gehalten, ein Artillerie-Schnellboot als Typ durchzukonstruieren und soweit zu entwickeln, und in einem Versuchsbau zu erproben, dass, wenn die Lage uns dazu zwingt, ein derartiges Boot für den Serienbau in kürzester Zeit reif ist und dann in entsprechender Zeit anlaufen kann«[835]. Grundsätzlich gingen die Vorstellungen dahin, den herkömmlichen Holztyp mit stärkerer Armierung zu versehen und auf lange Sicht ein stahlgepanzertes Artillerie-Schnellboot ins Auge zu fassen.

Am 8. Februar bezog schließlich auch die Seekriegsleitung Stellung[836] und führte insofern eine Wendung herbei, als nunmehr die möglichst hohe Zahl an Schnellbooten zum obersten Prinzip erhoben wurde und nicht mehr die Schaffung eines neuen Typs. Eine starke Panzerung, so das Argument, ändere nichts an dem Fixum der steigenden Abwehrstreitkräfte des Gegners. Wollte man ihn in Verlegenheit bringen, so nur mit einer möglichst großen Anzahl von Fahrzeugen. Eine Änderung der mißlichen

Lage konnte nach Auffassung der Seekriegsleitung nur durch einen Wechsel der Taktik, durch Erreichen einer starken Diversion der englischen Abwehrkräfte und durch Brechen der feindlichen Luftherrschaft über dem Kanal und der gesamten englischen Küste eintreten. Sie ging mit den Vorschlägen der Marinegruppenkommandos West und Nord hart ins Gericht: »Alle Ideen, die in letzter Zeit über die Schnellbootwaffe niedergelegt worden sind, befassen sich nur damit, ein Fahrzeug zu bauen, das gegen alles gesichert, jedem gleichartigen Gegner überlegen sein soll und dann noch seine Übergabe als vollwertiger, schneller Torpedoträger voll erfüllen muß«[837]. Doch die Gruppenkommandos waren mit ihren Überlegungen lediglich dem Befehl des Ob.d.M. nachgekommen und mußten sich nun die harsche Kritik gefallen lassen, ihnen würde es an taktischen Neuorientierungen mangeln. Auch die Seekriegsleitung unterbreitete keine neuartigen die Taktik betreffenden Vorstellungen, sondern wies nur auf die bekannte Notwendigkeit einer starken Luftunterstützung hin. Der Kriegsmarine bliebe nichts anderes übrig, »als zu fordern, daß die Luftwaffe über See den Schutz übernehmen muß. Wenn das auch nicht voll erreicht werden kann, so muß sie auf diese notwendige Pflicht immerwieder [sic!] hingewiesen werden. Wenn wir nicht rigoros fordern, daß die Luftwaffe die Grundlagen für die Seekriegführung an der Küste schafft (...), werden wir im Schiffbau nicht mehr zu Erfolg versprechenden Typen kommen«[838].

Es war zwar nicht an der Tatsache zu rütteln, daß ohne die Aufklärungskomponente der Luftwaffe eine erfolgreiche Seekriegführung nicht möglich war, aber die Logik, Görings Luftwaffe habe die Voraussetzungen für den Schiffbau zu schaffen, ist dennoch bemerkenswert und kennzeichnet die Ohnmacht der Kriegsmarine, aus eigener Kraft einen Umschwung nicht mehr herbeiführen zu können. Resignativ urteilte die Seekriegsleitung: »Alle Überlegungen, die auf eine Vervollkommnung des Schnellbootes zur Sicherung gegen alle Feindeinwirkungen jeglicher Art abzielen, sind daher (...) von vornherein als müßig anzusehen«[839].

Die Einschätzung mag auch dadurch beeinflußt worden sein, daß unterdessen die Bootswerft *Lürssen* Mitteilung gemacht hatte[840], daß statt der geplanten fünf Schnellboote nur drei zur Ablieferung gebracht werden könnten und weitere Bauverzögerungen unmittelbar bevorstünden, wenn nicht der Hauptausschuß Schiffbau künftig umfassende Abhilfemaßnahmen bereitstellen würde. Je mehr derartige Bauverzögerungen eintraten, desto weniger konnte den Forderungen auf den Kriegsschauplätzen, also Kanal, Mittelmeer und Norwegen, entsprochen werden. Auch die S-Boot-Reparaturkapazität war völlig unzureichend, die Instandsetzungsplätze waren »beschleunigt zu prüfen und zu steigern und das Ergebnis mitzuteilen, andernfalls einschneidende Folgen für das gesamte Aufbauprogramm der Waffe eintreten müssen«[841] – solche Meldungen waren mittlerweile an der Tagesordnung[842].

Am 28. März 1944 fiel die Entscheidung. In Berlin kam es zum Vortrag vor Dönitz über die Panzerschnellboote, wobei die Argumentation des Führers der Schnellboote gegen die gepanzerten Stahlboote kopiert und nur durch den Zusatz erweitert wurde, daß derartige Fahrzeuge höchstens zu Geleitbooten in der Defensive taugten. In diesem Zusammenhang wurde auch die Frage aufgeworfen, ob es nicht überhaupt notwendig sei, ein Panzerschnellboot für den Geleitdienst zu schaffen. Für diesen aber waren die R-Boote – und später auch die MZ-Boote – bestimmt, die den Aufgaben des Geleitdienstes vollauf gerecht werden könnten, so daß die Frage nicht weiter vertieft wurde. Abschließend entschied Dönitz, »daß der Bau von Panzerschnellbooten nicht in Betracht kommt und befiehlt eine entsprechende kurze Unterrichtung dem Obbef. Gruppe West zukommen zu lassen«[843].

Die Ausarbeitung dieser »kurzen Unterrichtung«[844] eilte offenbar nicht, denn sie wurde dem Chef der Gruppe West erst am 11. Mai überstellt. Als Gründe für die Ablehnung wurden vornehmlich die zu erwartende Bootsvergrößerung und der damit verbundene erhebliche Geschwindigkeitsverlust angegeben. Durch Erhöhung des Kalibers und die Zahl der Artilleriewaffen würden überdies Geschwindigkeitseinbußen zu erwarten sein: »Eine Prüfung im OKM hat ergeben, daß das Panzerstahlboot mit Panzerung gem. Ziff. 1 und mit Verstärkung Artillerie auf 2–4 cm und Beibehaltung der anderen leichten Waffen gem Ziff. 2 über 200 Tonnen zu groß werden wird – um überhaupt den Panzer tragen zu können – und im günstigsten Falle eine Geschwindigkeit von 27 sm erreichbar ist«[845]. Ein solches Boot war kaum zum Offensiv-Torpedoträger geeignet, sondern, wenn überhaupt, nur für die Defensive und zum Schutz eigener Geleitzüge.

Die vom Ob.d.M. geforderte Intensivierung des Schnellboot-Krieges war folglich nur mit einer hohen Zahl an Serienbooten mit gesteigerter Geschwindigkeit und weiterer Artillerieverstärkung zu erreichen. Alles andere war indiskutabel. Bemerkenswert ist, daß in den Diskussionen um die Panzerschnellboote nie von den Stahl-Schwierigkeiten die Rede war, die sich unweigerlich ergeben hätten, wäre das Stahl-Schnellboot in Produktion gegangen. Selbst wenn sich nach weiteren Konstruktionsverbesserungen der Bau der Panzerschnellboote abgezeichnet hätte, wäre wahrscheinlich kaum ein Boot zu Wasser gelassen, geschweige denn in den Einsatz geschickt worden.

Die »Schnellboot-Frage« war noch immer nicht endgültig vom Tisch. Zwar waren die Pläne zum gepanzerten Stahl-Schnellboot ad acta gelegt worden, doch nun ist die Verwendung von geringfügig modifizierten S-Booten als Schnellbootjäger und Sicherungsfahrzeuge, also eine Art Artillerie-Schnellboot, geprüft worden. Doch die Gedanken zum Bau eines neuen S-Boot-Typs als Artillerie-Schnellboot wurden abgeschmettert, noch ehe sie recht zur Reife gelangt waren. Der Ob.d.M. vertrat die Ansicht, daß zur Sicherung eigener Geleite das R-Boot aufgrund seiner besseren Standfestigkeit und stärkeren Bewaffnung hervorragend geeignet sei. Es war in der Lage, feindliche S-Boote abzudrängen und wirkungsvoll zu bekämpfen. Da brauchte es keine Neukonstruktion, die zudem wertvollen Werftraum in Anspruch genommen hätte. »Unseren R-Booten sind auf diesem Kriegsschauplätzen [im Kanal und im Polarmeer, d. Vf.] hervorragende Versenkungserfolge bei nur geringen eigenen Verlusten zugefallen«[846]. Das Minenräumboot konnte wegen seiner geringen Geschwindigkeit von nur 23 sm/h feindlichen S-Booten freilich nicht nachstellen, doch die Jagd blieb ebenso auch den Schnellbooten versagt. Es bedurfte daher schon eines neuen Typs, eines spezifischen Schnellbootjägers (Gun-Boot); da jedoch einige Monate vor Kriegsende an einen Neubau nicht mehr zu denken war, blieb es bei Dönitz' Entscheidung, »daß Geleitsicherung durch R-Boot, zumal diese fertigungsmäßig gut laufen, zu stellen ist«[847]. Auf die S-Boot-Jagd mußte zwangsläufig verzichtet werden.

Auch ein drittes Objekt war im Herbst 1944 Gegenstand der Überlegungen, die allerdings sehr kurzlebig gewesen sind.

Einige Tage vor dem Entschluß des Oberbefehlshabers der Kriegsmarine, das Artillerie-Schnellboot von der Produktionsliste zu streichen, war der Versuchslauf eines bei der *Sachsenberg-Werft* gebauten sogenannten »Tragflächenschnellbootes« ausgewertet worden[848], das nur als Minenleger tauglich und gegenüber dem gängigen S-Boot-Typ keine umwälzende Neuerung darstellte. Da bis zu einem kriegsbrauchbaren Boot noch einige Entwicklungs- und Erprobungsarbeiten erforderlich waren, konnte mit einem geplanten Bau vor 1947 nicht gerechnet werden, wobei Fragen der Taktik, des Einsatzes und der Verbandsfahrten noch völlig ungeklärt waren[849].

Aufgrund der Erfahrungen und der Erprobungsergebnisse mit »VS 8« und unter Berücksichtigung des Entwicklungsstandes des »Tragflächenschnellbootes« sowie aufgrund der

Notwendigkeit, den S-Boot-Bau zu steigern, wurde auf den Bau verzichtet, obwohl das »Tragflächenschnellboot« als Prinzip imponierend und elegant war – doch Eleganz und Imponier-Gehabe waren schon seit geraumer Zeit der Zweckmäßigkeit gewichen, und zweckmäßig war allein, so viele S-Boote wie nur möglich abzuliefern. Entsprechend wurde auch die freiwerdende Kapazität bei *Sachsenberg* für den S-Boot-Bau genutzt.

»Der Oberbefehlshaber der Kriegsmarine hat am 7. 11. nach Vortrag durch Flottenabteilung angeordnet, daß der Bau und die Weiterentwicklung von Tragflächenschnellbooten mit sofortiger Wirkung einzustellen ist [sic!], da eine militärische Verwendung von Booten dieses Prinzips noch offen und Fertigungslage den Bau solcher Boote für die Dauer des Krieges nicht zuläßt. Die fertigen Boote VS 6 und VS 7 werden dem Kommando der Kleinkampfverbände zum Verbrauch zugeteilt. Alle übrigen Boote dieses Typs sind auszuschlachten und zu verschrotten«[850].

Das war gleichsam das Ende aller Bemühungen um eine Modifizierung der Schnellboottypen. Die Intensivierung des Schnellboot-Krieges, also der von Dönitz geforderte maßgebliche Anteil der S-Boote an der Bekämpfung feindlicher Tonnage, blieb ein Wunsch.

Monatliche Ablieferung von Schnellbooten auf deutschen Werften 1943-1945[851]

1943	**Lürssen**	**Schlichting**
Januar	2	1
Februar	2	1
März	2	1
April	2	1
Mai	3	1
Juni	1	1
Juli	3	1
August	2	1
September	3	1
Oktober	2	1
November	3	1
Dezember	3	2
Summe	**28**	**13**

1944	**Lürssen**	**Schlichting**	**Danziger Waggon**
Januar	2	-	-
Februar	3	2	-
März	4	1	-
April	3	1	-
Mai	4	1	-
Juni	3	2	1
Juli	5	1	1
August	6	2	1
September	5	2	1
Oktober	1	2	2
November	-	1	1
Dezember	3	-	1
Summe	**39**	**15**	**8**

1945	**Lürssen**	**Schlichting**
Januar	4	-
Februar	2	1
März	2	1
April	-	1
Summe	**8**	**3**

Die Gesamt-Ablieferung von deutschen Werften 1943-1945 betrug 114 Schnellboote. Einst waren 108 Boote pro Jahr im Flottenbauprogramm 43 vorgesehen, ganz zu schweigen von den zwischenzeitlich erhöhten Bauforderungen nach dem Plan des HAS vom 1. Januar 1944[852] auf 157 Boote im laufenden Jahr 1944, 300 Boote im Jahre 1945 und bis Juni 1946 nochmals 150 Schnellboote! Auf ausländischen Werften liefen 1943–1945 insgesamt 32 Schnellboote vom Stapel.

Etwas anders verhielt es sich beim Bau von Minensuchbooten, der auf eine völlig neue Grundlage gestellt wurde. Die M-Boote hatten sich teilweise von ihrer Aufgabe als reine Minensucher zu lösen und, durch Bauabänderungen zu Kampfschiffen umgewandelt, einen Beitrag zur offensiven Kriegführung zu leisten, und man erkennt hier deutlich das oben erwähnte Bestreben der Seekriegsleitung, alle in Frage kommenden schiffbaulichen Möglichkeiten ausschöpfen zu wollen, genauer: ausschöpfen zu müssen, um dem Gegner durch den Einsatz offensiver Kampfmittel möglichst wirksame Verluste zuzufügen; nun auch mit Minensuchbooten, deren Weiterentwicklung Ende 1943 abgeschlossen war.

Das M-Boot 40, das noch 1942 und 1943 in ansehnlicher Stückzahl von in- und ausländischen Werften geliefert wurde, räumte seinen Platz zugunsten eines Bootes mit stärkerer Bewaffnung. So entstand das M-Boot 42, das als Sektionsboot mit Zulieferung der Sektionen durch reichsinnere Stahlbauindustrie zum Minensuchboot M 43 umbenannt und von drei Firmen zusammengeschweißt wurde *(Schichau, Königsberg; Neptun, Rostock, und Korneuburg, Wien)*[853]. Anlaß für den Minensuchboot-Bau in Sektionen war eine Untersuchung von *Schichau* auf Geheiß des OKM, in welcher Anzahl Hellinge auf den Ost-Werften zur Verfügung stehen müßten, um jährlich 58 M-Boote zu bauen[854]. Die Anfrage des Oberkommandos der Kriegsmarine war mit einem niederschmetternden Resultat beantwortet worden. »Der Plan scheiterte, weil im Ostland nicht genügend Bauarbeiter zur Verfügung standen und auch mit erheblichen Schwierigkeiten bei der Beschaffung von Baumaterialien gerechnet werden müßte«[855]. Um das geforderte Programm dennoch erfüllen zu können, wurde dem OKM ein Vorschlag der *Schichau-Werft* unterbreitet, die Minensuchboote nach der im U-Boot-Bau eingeführten Sektionsbauweise zu produzieren. Das Oberkommando hatte den Vorschlag am 12. 6. 1943 gebilligt und wies *Schichau* an, Vorbereitungen für die Durchführung des Sektionsbaus zu treffen. Für den Serienbau von Minensuchbooten Typ 43 waren, abweichend von den bisher im Schiffbau üblichen Methoden, folgende Wege vorgeschlagen worden:

1. *Beschränkung aller Arbeiten auf den geringstmöglichen Umfang für den reinen Werftbetrieb,*
2. *Weitgehende Verlagerung der Arbeiten auf Hilfsindustrien.*

Das Ziel dieser Maßnahmen war, ein Minensuchboot pro Woche zu produzieren, und um ebendieses Ziel zu erreichen, mußten neue Wege beschritten werden – mit der konventionellen Bauweise war der geplante Ausstoß nicht zu bewerkstelligen. Die Arbeiten der Hilfsindustrie sollten sich auf die Verteilung von Einzelwerkstücken auf möglichst viele Unterlieferer, den Zusammenbau der Einzelwerkstücke zu Untergruppen und auf die Vereinigung von Untergruppen zu Baugruppen erstrecken. Die anschließende Werftarbeit hatte im Zusammenbau der Gruppen zu Sektionen, dem Zusammenbau der Sektionen zum Schiffskörper und der Ausrüstung des Schiffskörpers zu bestehen. Auf diesem Produktionsweg wurde die zeitraubende und überdies materialverschlingende Aufstellung von neuen Hellingen eingespart. Das M-Boot 43 wurde in sieben Sektionen aufgeteilt:

Sektion 1: Achterschiff
Sektion 2: Maschinenraum incl. E-Werk
Sektion 3: Kesselraum
Sektion 4: mittleres Vorschiff
Sektion 5: Vorschiff
Sektion 6: Brücke
Sektion 7: Aufbauten

Je nach Größe der Sektion und Arbeitsaufwand kamen drei bis vier Takte zur Anwendung. Jede Woche wurde einmal getaktet, das heißt, die Sektionen wurden aus ihrer »Ruhestellung« mittels Schlitten in den nächstfolgenden Takt gehoben. Nach Fertigstellung der letzten Taktstufe ist die Sektion mit einem Transport-Wagen auf den sogenannten »Zusammenbauplatz« gefahren worden, wo sie angepaßt und verschweißt wurden. In den darauffolgenden 14 Tagen sind die Aufbauten erledigt worden, so daß die Gesamtbauzeit nur acht Wochen betrug (fünf Wochen von Beginn des Bau bis zum Zuwasserbringen, 2 Wochen für die Aufbauten und eine Woche Erprobung). Die Bauzeit nach dem herkömmlichen Verfahren betrug im Schnitt 30 Wochen – mit der Sektionsbauweise gelang eine Bau-Verkürzung um annähernd 74 Prozent. Die Sektionsbauweise für Minensucher war beschlossene Sache, notwendig war nun die Vereinigung der M-Boote 43, der T-Fangboote 43 und der U-Jäger zu einem Schiffstyp, um den Sektionsbau zu vereinfachen.

Nachdem im Flottenbauprogramm 43 die Ablieferung von jährlich 100 Minensuchbooten vorgesehen war, erhob Ende des Jahres die Seekriegsleitung die Forderung nach Änderungen hinsichtlich der Bauausführungen. Ein Teil der Minensucher sollte zu U-Jägern und Torpedoträgern umgebaut werden, um künftig auch mit M-Booten offensiv an den Feind zu gehen – auch eine ganze Anzahl von M 40-Booten sollte durch Wegfall der Minensucheinrichtungen zu Kampfbooten umfunktioniert werden[856].

Die Seekriegsleitung bestimmte am 18. 12. 1943 den Bau von 12 M-Booten als U-Jäger mit schwerer Jagdausrüstung[857]. Die Werft *Neptun* hatte im November 1944, im Februar 1945 und im Juni 1945 jeweils vier Boote herzurichten und *Schichau, Königsberg,* bis Dezember 1945 insgesamt 24 M-Boote mit Torpedorohren. Außer diesen Booten waren auf der Werft *Korneuburg, Wien,* neun M-Boote mit den schiffbaulichen Voraussetzungen für Torpedoarmierung zu schaffen, so daß die Gesamtplanung der Seekriegsleitung folgendes Bild ergab; geplant waren in den Jahren 1944/45 insgesamt 141 M-Boote, und zwar:

30 M-Boote 43 als Torpedofangboote,
12 M-Boote 43 als U-Jäger mit schwerer U-Jagd-Ausrüstung,
33 M-Boote 43 als Torpedoträger,
66 M-Boote als normale Minensuchboote mit mittlerer U-Jagd-Ausrüstung

Durch die von der Schiffbaukommission vorgenommene Typenbereinigung waren nun die Minensuchboote 43, die Torpedofangboote 43 und die U-Jäger in einem Schiffstyp zusammengefaßt worden, was die Durchführung des Sektionsbaus erheblich erleichterte. Dadurch gelang die Bestellung von 141 Booten mit einem Male.

Die Umstellung des Minensuchbootbaus forderte die Einrichtung einer zentralen Steuerstelle, in der die Fäden zusammenliefen. Wie für den U-Boot-Bau das IGB geschaffen wurde, so ist vom Hauptausschuß Schiffbau im Laufe des September 1943 die Errichtung eines Konstruktionsbüros für die Minensuch-Produktion beschlossen worden – vorzugsweise in Königsberg (Ingenieurbüro »Ost« – IBO). Naturgemäß hatte das Ingenieurbüro »Ost« nach der Typenbereinigung mit vielschichtigen Problemen zu tun: Aufgrund der angestellten Stundenermittlung ergab sich, daß die Werkstätten der *Schichau-Werft* für ein Jahresprogramm von 52 Booten nur eine Aufnahmefähigkeit von etwa 45-50 Prozent hatten. Für den Bau von Untergruppen mußten also andere Firmen herangezogen werden. Dafür kamen solche Werften in Frage, die vor dem Beschluß zum Sektionsbau am herkömmlichen M-Boot-Bau beteiligt waren *(Atlas-Werke, Bremen; Rickmerswerft, Wesermünde; Unterweserwerft, Bremen; Norderwerft, Hamburg; Nobiskrug, Rendsburg; Lübecker-Maschinenbaugesellschaft, Lübeck; Stettiner Oderwerke, Stettin und Stettiner Vulkan, Stettin).*

Ein gewichtiges Problem allerdings war noch nicht gelöst: Die angespannte Eisenversorgungslage zwang dazu, Einsparungen von Rohstoffen vorzunehmen. Generaldirektor Merker wies Oberingenieur Schlaak von der *Schichau-Werft* an, den bisherigen Entwurf des M 43 auf Einsparungsmöglichkeiten hin zu überprüfen. Das Resultat war zwar beachtlich, denn der Materialverbrauch konnte pro Boot um 63 Tonnen gekürzt werden, die Begleiterscheinungen waren jedoch unangenehm, da die bisherigen Stabilitätsbedingungen des Fahrzeuges nicht mehr eingehalten wurden. So entstand nach weiteren Überprüfungen und zahlreichen Untersuchungen ein völlig neuer Entwurf, den die Schiffbaukommission am 2. November 1943 billigte. Nach diesem Neuentwurf konnten immerhin noch 53 Tonnen Netto-Stahl-Gewicht eingespart werden. Bei der Erstellung von 112 Booten im Jahr würden auf diese Weise 6.720 Tonnen Stahl frei. Rein kontingentsmäßig konnten somit 12 Boote mehr im Jahr gebaut werden.

Eine Gegenüberstellung der hauptsächlichen Daten ergibt folgendes Bild[858]:

	M-Boot 40	**M-Boot 43**
Länge	57,6 m	63,1 m
Breite	8,5 m	9,0 m
Seitenhöhe	3,65 m	3,65 m
Konstruktionstiefgang	2,20 m	2,20 m
Typverdrängung	554 t	600 t
Verdrängung, voll beladen	776 t	835,9 t
Gewicht des leeren Schiffes (ohne Geräte)	438,4 t	466,48 t
Speisewasservorrat	40 t	46,6 t
Trink- und Waschwasser	23,2 t	20,0 t
Kohlen, einschl. Res.-Kohlen	160 t	156 t
Treiböl	4,9 t	10,1 t
Schmieröl	2,7 t	2,7 t
Höchstgeschwindigkeit	17 kn	17 kn
Fahrtstrecke	4.000 sm	4.000 sm

Die Bewaffnung wurde gegenüber Typ M 40 verstärkt, wie auch der Munitionsvorrat erhöht wurde. Außerdem konnte das M-Boot 43 innerhalb kürzester Zeit mit verstärkter WaBo-Ausrüstung versehen werden[859], um es bei gleicher Artillerie- und Torpedo-Bewaffnung auch als U-Jäger Verwendung zu finden.

Zweifellos hatte die Seekriegsleitung mit dem Übergang auf den Sektionsbau und den in vielen Punkten optimierten M-Booten eine Art Vielzweckboot in Aussicht, das dem geplanten offensiven Einsatz Rechnung tragen konnte. Die schwindenden Einsatzmöglichkeiten Mitte 1944 sorgten indes für den ersten Rückzug. Am 13. Juni 1944 wurde der Bau der M-Boote 43 mit Torpedobewaffnung auf der Werft *Korneuburg, Wien*, eingestellt, da die Verwendung solcher Fahrzeuge im Schwarzen Meer und auf der Donau nicht mehr in Frage kam[860]; die freiwerdende Kapazität wurde zur Reparatur von Donauminenräumfahrzeugen genutzt[861] – zwischenzeitlich hatte die Werft auch für den U-Boot-Bau zur Verfügung stehen sollen, wozu es jedoch nicht kam[862]. Am 3. Oktober 1944 bemerkte das Oberkommando der Kriegsmarine, daß in der Fertigstellung der M-Boote 43 weitere Verzögerungen zu erwarten seien[863], woraufhin die geplanten Ablieferungszahlen fast wöchentlich geändert wurden. Am Ende hatten nur nur 18 M-Boote vom Typ 43 die Werften verlassen können.

Monatliche Ablieferung von Minensuchbooten 1943-1945[864]

1943	**M 35**	**M 40 Ausland**	**M 40 Inland**
Januar	-	7	2
Februar	-	6	1
März	1	8	2
April	-	6	3
Mai	-	6	4
Juni	1	8	3
Juli	-	-	2
August	-	-	2
September	-	-	3
Oktober	-	-	5
November	-	-	1
Dezember	-	-	1
Summe	**2**	**41**	**29**

1944	**M 40**	**M 43**
Januar	2	-
Februar	3	-
März	1	-
April	2	-
Mai	1	-
Juni	1	-
Juli	2	-
August	4	-
September	-	-
Oktober	3	-
November	-	2
Dezember	1	3
Summe	**20**	**5**

1945	M 40	M 43
Januar	-	4
Februar	-	2
März	1	4
April	-	3
Summe	**1**	**13**

Insgesamt sind von 1943-1945 111 Minensuchboote abgeliefert worden. Auch hier – ähnlich wie bei der Schnellboot-Produktion – blieb die Quote mit nur einem Drittel der im Flottenbauprogramm 43 geforderten Ablieferung weit hinter dem Soll zurück. Einst hatte der Plan des Hauptausschusses vom 1. Januar 1944 bis einschließlich Juni 1946 den Bau von 161 Minensuchbooten vom Typ M 43 vorgesehen[865].

Parallel zum Bau von Mehrzweck-M-Booten wurde auch an »reinen« MZ-Booten gearbeitet. Die ersten Informationen über ein solches Boot sind erst für Januar 1944 nachweisbar, da die »vorhanden gewesenen Unterlagen über das MZ-Boot (...) mit der gesamten Kartei verbrannt [sind]«[866]. Das mit Wasserbombenablaufgerüsten versehene Metallfahrzeug sollte möglichst rasch an die Front gehen, doch die Verzögerungen in der Lieferung des Hauptmotors und in der Zuweisung einzelner zum Bau benötigter Materialien sorgten dafür, daß erst im April 1944 mit »MZ 1«[867] das erste Mehrzweckboot halbwegs fertiggestellt war[868] – der Stapellauf war bis zum 20. Juni geplant.

Die fast vollständig geschweißte und recht zweckmäßige Wasserbomben und Torpedos tragende Entwicklung konnte nach den Vorstellungen der Seekriegsleitung bald in Serie gehen, wobei dann vorzugsweise zwei Motoren einzubauen waren; als Bauwerft vorgesehen war die *Flenderwerft, Lübeck*. Zur Posse wurde diese Neuentwicklung allerdings, als die geplanten MZ 2-12 zur Vermeidung von Terminverzögerungen keine U-Jagdausrüstung erhalten konnten, das heißt, daß auf die stärkste Waffe, die WaBos, von vornherein zwangsläufig verzichtet werden mußte. Nur auf lange Sicht, also ab »MZ 13«, sollten wieder alle schiffbaulichen Einrichtungen vorgesehen werden: vier Werfer mit 64 WaBos. Es war im Juni 1944 nicht mehr möglich, für nur 11 MZ-Boote die notwendige Waffenausrüstung zeitgerecht zu liefern! Das sagt alles über den katastrophalen Zustand der Waffen liefernden Industrie aus.

Bis die MZ-Boote in genügender Anzahl vorhanden sein würden – was ohnehin nicht mehr zu erwarten war – sollten sogar Minenräumboote herhalten und den Dienst als U-Jäger versehen. »Die bisherigen Ergebnisse [Versuchslauf mit »R 220«, d.Vf.] zeigen, daß dieser Bootstyp bei ruhiger See als Klein-U-Jäger geeignet ist (...). Stabilitätsmäßig kann R 220 30 WB ohne Änderung der sonstigen Waffenausrüstung tragen, jedoch muß alles Räumgerät von Bord gegeben werden«[869].

Neben den M-Booten waren also auch die R-Boote ihrer eigentlichen Bestimmung enthoben und für den offensiven Einsatz vorgesehen. Weil neue Konstruktionen schon im Anfangsstadium verkümmerten, wurde nun behelfsmäßig »alles umgerüstet, was schwamm«. Die Erprobungen mit R-Booten als U-Jäger hatten allerdings nur eine eingeschränkte Eignung für diese Verwendung ergeben. Für die erfolgreiche Bekämpfung nur eines U-Bootes mußten sich mindestens drei Boote zusammenschließen, um einen WaBo-Teppich werfen zu können. Um ein U-Boot auszuschalten, waren also drei R-Boote bzw. U-Jäger nötig. Wenn die Seekriegsleitung konstatierte: »Nach den vorliegenden Ergebnissen erscheint es noch nicht gerechtfertigt, R-Boote als U-Jäger auszurüsten«[870], so war dies eine allzu positive Auslegung der Tatsache, daß die Marine im Jahre 1944 nicht mehr in der Lage war, drei Fahrzeuge auf ein U-Boot anzusetzen.

Daß nach Aussage der Seekriegsleitung vom 7. September 1944 bis Ende 1945 die Lieferung von nur 11 MZ-Booten in Aussicht stand[871], bedarf eigentlich keines Kommentars. Beim Einsatz aller Ende 1945 zur Verfügung stehenden MZ-Boote würden nur vier U-Boote gleichzeitig bekämpft werden können – wohlgemerkt ohne Wasserbombenausrüstung, die ja erst wieder ab »MZ 13« zur Verfügung stünde. Es ist allzu charakteristisch, daß die Restarbeiten zu »MZ 1« 1945 noch immer nicht abgeschlossen waren[872].

Die Gesamtzahl der 1943-1945 abgelieferten Minenräumboote betrug 165 (der Hauptausschuß Schiffbau hatte vom Januar 1944 bis Juni 1946 den Bau von 232 R-Booten geplant)[873]. An Vorposten-Booten und U-Jägern haben 1943 sechzehn Fahrzeuge, 1944 zwanzig und 1945 zwei Boote die in- und ausländischen Werften verlassen, insgesamt belief sich die Zahl auf 38.

Die Idee von stahlgepanzerten Schnellbooten und von Mehrzweckfahrzeugen war prinzipiell völlig richtig gewesen, der in die Wege geleitete Sektionsbau der Minensuchboote wie auch das geplante, aber nicht mehr umgesetzte Umfunktionieren von M- und R-Booten zu U-Jägern hatte im Angesicht der drohenden Niederlage und der Notwendigkeit von Offensivfahrzeugen zur Schädigung der feindlichen Kampfkraft seine volle Berechtigung. Doch die Neu- und Umkonstruktionen kamen allesamt zu spät; die Schlüsselvoraussetzungen existierten einfach nicht mehr, wenn etwa der Übergang von holz- auf stahlbauende Werften ausgeschlossen und wenn selbst die Wasserbombenablaufgerüste für MZ-Boote nicht pünktlich zum Einbau bereitstanden. Doch war es systemimmanent und charakteristisch für die nationalsozialistische Kriegsmarine, daß nichts unversucht blieb, mit welchen Mitteln auch immer, dem übermächtigen Gegner entgegentreten zu wollen.

Monatliche Ablieferung von Minenräumbooten 1943-1945[874]

1943	**Burmester, Swinemünde u. Bremen**	**Abeking & Rasmussen, Lemwerder**	**Ausland**
Januar	2	2	-
Februar	2	1	-
März	2	2	-
April	3	1	2
Mai	2	3	1
Juni	3	2	-
Juli	1	2	1
August	1	2	1
September	2	1	2
Oktober	3	1	2
November	-	3	-
Dezember	2	-	-
Summe	**23**	**20**	**9**

1944	**s.o.**	**s.o.**	**s.o.**
Januar	3	3	
Februar	3	3	
März	3	2	2
April	3	3	1
Mai	3	1	1
Juni	4	5	1
Juli	4	2	2
August	3	2	2
September	2	2	1
Oktober	5	5	2
November	2	5	1
Dezember	3	3	
Summe	**38**	**36**	**13**

1945	**s.o.**	**s.o.**	**s.o.**
Januar	2	4	1
Februar	1	4	
März	3	3	1
April	4	3	
Summe	**10**	**14**	**2**

3.4 Gleichstellung des Handelsschiffbaus mit dem U-Boot-Bau und alternative Betonkonstruktionen

Der Handelsschiffbau ist in der Forschung hinreichend untersucht[875], doch er darf hier nicht gänzlich ausgeblendet werden, da die Handelsschiffahrt 1939-1945 den Gesetzen des Seekrieges unterlag, folglich Teil der Gesamtkriegführung war und 1944 sogar die Priorität des Baus von Frachtschiffen neben die von U-Booten gestellt wurde.

Bereits kurz nach Kriegsbeginn war die Forderung nach einem umfassenden Handelsbauprogramm erhoben worden, da die Handelsschiffahrt erhebliche Verluste erlitten hatte. Im Frühjahr 1942 hatte die Kriegsmarine 200.000 BRT an die Handelsschiffahrt abgeben müssen, aber noch zwei Drittel der Handelsschiffe im Heimatgebiet blieben unter der Verwaltung des Oberkommandos der Kriegsmarine. 1942 wurde der Gauleiter von Hamburg, Karl Kaufmann, zum Reichskommissar für die Seeschiffahrt (ReKoSe) ernannt, um die Bedürfnisse der Handelsschiffahrt gegenüber der übermächtigen Kriegsmarine stärker geltend zu machen. Er erreichte u.a. die Abgabe weiterer 150.000 BRT von der Kriegsmarine an die Handelsschiffahrt, doch die zivile Schiffahrt hat sich während des gesamten Krieges dem direkten Einflußbereich der Kriegsmarine nie entziehen können, und die Kriegsmarine beschlagnahmte gleichsam den für die Seekriegführung (Hilfskriegsschiffe, Hilfsschiffe, Seetransport von Truppen) notwendigen Teil der Gesamttonnage an Handelsschiffen. Die verbleibende Tonnage stand dem Seeschiffahrtsamt für die Verschiffung von Wirtschaftsgütern zur Verfügung, deren Zuteilung an die einzelnen Bedarfsträger durch das RVM (Reichsverkehrsministerium) in Zusammenarbeit mit dem »Verband deutscher Reeder« erfolgte. Es lag auf der Hand, daß sich die Steuerung der Handelstonnage mit steigendem Wehrmachtbedarf immer schwieriger gestaltete; ein Ausgleich konnte stets nur in Verhandlungen mit den Bedarfsträgern erzielt werden: »Es kann festgestellt werden, daß es an planvoller Tonnage-Ausnutzung nicht gefehlt hat, daß aber eben ausreichende Tonnage im Verhältnis zum Bedarf nicht mehr vorhanden ist«[876].

Immerhin aber konnte auf der Basis der von der Kriegsmarine an die Handelsschiffahrt abgegebenen 350.000 BRT neu geplant werden, und 1942 wurde das sogenannte »Hansa-Programm« aufgestellt, für das acht Reedereien in Hamburg verantwortlich zeichneten[877]. Vorgesehen waren Frachtschifftypen mit 3.000, 5.000 und 9.000 Tonnen Tragfähigkeit sowie je ein Schleppertyp mit 600 und 1.000 PS. Insgesamt 420.000 Tonnen Stahl und die Reservierung von Werftkapazität waren die Voraussetzungen für die Umsetzung des Hansa-Programms, das mit den ersten fehlerreichen 3.000 Tonnen Schiffen »Hansa I« und »Wesergrau« unglücklich anlief[878]. Das 5.000 t-Schiff wurde von der *Bremer Vulkan* und das 9.000 t-Schiff von der *Schichau A.G., Danzig,* konstruiert.

Technische Daten zu den Frachttypen des Hansa-Programms[879]

	3.000 t	5.000 t	9.000 t
Länge über alles	91,83 m	109,5 m	133,9 m
Länge über Steven	85,29 m	101,5 m	126,53 m
Breite auf Spanten	13,5 m	15,5 m	17,37 m
Seitenhöhe bis 2. Deck	5,7 m	6,8 m	8,6 m
Seitenhöhe bis 1. Deck	8,2 m	9,25 m	11,20 m
Tiefgang	5,61 m	6,33 m	7,63 m
Tragfähigkeit	3.240 t	5.280 t	9.270 t
BRT	1.923,28	2.818,76	5.300
NRT	935,48	1.572,28	3.200
Geschwindigkeit	10 kn	11 kn	12 kn

Neben den drei Frachtschifftypen waren ein 1.000 PS-Schlepper und drei Schlepper mit 600 PS auf deutschen und drei 600 PS-Schlepper auf einer finnischen Werft zu bauen. 1944 kam noch eine weitere Schlepperserie hinzu[880], doch von den insgesamt 7 Schleppfahrzeugen und den 1944 geplanten Schiffen hat kein einziges die Werften verlassen, »es ist jedoch anzunehmen, daß beide Schleppertypen, zumal sie von erfahrenen Werften entworfen worden waren, den an sie gestellten Anforderungen genügt hätten«[881].

Nach dem Hansa-Programm sollten 128 3.000-Tonner, 49 5.000-Tonner, 20 9.000-Tonner, 6 Schlepper zu 1.000 PS und 6 Schlepper zu 600 PS abgeliefert werden. Tatsächlich wurden fertiggestellt: 35 3.000 Tonner auf deutschen, 11 auf holländischen, vier auf belgischen und zwei auf dänischen Werften. Von den 5.000-Tonnern gelangten nur fünf Schiffe zur Ablieferung. Das einzige 9.000-t-Schiff ist am 15. Juni 1944 in Dienst gestellt worden (*Schichau, Danzig*).

Die Programmzahlen wurden zwar 1944 geringfügig nach unten verändert[882], doch die Annahme, die Planung bis Ende 1944 abgewickelt zu haben, blieb ein Wunsch. Der Wegfall von Werften im Westraum durch die vorrückenden Alliierten und die Dringlichkeit, über ausreichenden Frachtraum verfügen zu müssen, führten 1944 zur Gleichstellung des Hansa-Programms mit dem U-Boot-Programm und 1945 zur Aufnahme des Handelsschiffbaus in das Schiffbau-Notprogramm[883]. Die Gleichstellung mit dem U-Boot-Programm war allerdings nur auf dem Papier erfolgt; de facto blieb der Bau von Handelsschiffen in der Priorität hinter den U-Booten zurück. »Das ursprüngliche Neubauprogramm ist jetzt zum sechsten Mal durch verkleinerte Eisenkontingente, Arbeiterschwierigkeiten usw. gekürzt worden, fast immer zu Gunsten anderer Programme«[884], und Reparatur- und Neubaukapazität der Handelsschiffahrt ist vielfach dem U-Boot-Bau zugeführt worden; so wurden im Juli 1944 1.200 Mann aus dem Reparatursektor für Handelsschiffe herausgezogen und der U-Boot-Reparatur zugestellt. Die unmittelbare Folge war, daß keine ausreichende Reparaturmöglichkeit für Frachtschiffe zur Verfügung stand und mit dem vorhandenen Schiffsraum die gestellten Anforderungen im Nord- und Ostseeraum nicht mehr zu erfüllen waren. »Bei den weiter anhaltenden schweren Verlusten, denen kaum Neubauten und ein nur geringer Ausstoss an Reparaturschiffen gegenüberstehen, kann man sich den Zeitpunkt ausrechnen, wann nicht einmal mehr die Truppe in Norwegen und Finnland mit dem erforderlichen Nachschub auf dem Seewege versorgt werden kann«[885].

Doch wie konnte Abhilfe geschaffen werden, wenn die Kapazitäten schlicht nicht mehr existierten, der U-Boot-Bau weiter forciert werden sollte und die Auswirkungen des Bombenkrieges eine geregelte Werftarbeit nicht mehr zuließen? Das Admiralquartiermeisteramt hatte völlig recht, wenn es die Lage als »untragbar« einschätzte, doch die Belange der Handelsschiffahrt mußten hinter denen des U-Boot-Krieges zurückstehen – daß sie es eigentlich nicht durften, das liegt auf der Hand, denn ohne die Versorgung der Wehrmacht war die Landkriegführung ernsthaft gefährdet. Darüber hinaus würden die Erztransporte aus Narvik nach Deutschland nicht mehr gesichert sein, wenn die Verluste beständig die Neubau- und Reparaturschiffe überstiegen. »Es besteht kein Zweifel, daß diese ausgeglichen werden müssen, wenn die Handelsschiffahrt ihren Aufgaben weiterhin gerecht werden soll«[886], doch um das Mißverhältnis zwischen Verlust und Neubau auszugleichen, war es viel zu spät. Die Lage war aussichtslos, da konnte man drehen und wenden, wie immer man wollte.

Ähnlich dringlich wie der Bau »normaler« Handelsschiffe war der von Blockade- bzw. Eisbrechern, die sowohl der Handels- als auch der Kriegsmarine zur Verfügung gestellt wurden. Schon 1942 war ein Programm gefordert worden, das die Produktion von Eisbrechern allein für die Verwendung in der Kriegsmarine vorsehen sollte[887]. Dennoch verfügte die Kriegsmarine 1944 mit »Castor«, »Pollux«, »Eisvogel« und »Eisbär« noch immer nur über die alten Typen, da die Durchführung des Eisbrecherprogramms 1942 und 1943 an Materialmangel und der geringen Werftkapazität gescheitert war[888]. Von den vorhandenen Eisbrechern waren nur »Castor« und »Pollux« »rassereine« See-Eisbrecher, wobei »Castor« nicht alle Anforderungen erfüllte, da er als Mehrzweckfahrzeug gebaut worden war. »Eisbär« und »Eisvogel« waren nach dem Muster dänischer und schwedischer Eisbrecher gebaut und deshalb als See-Eisbrecher ungeeignet. Die Kriegsmarine war nach Zahl, Größe und Fähigkeiten der Eisbrecher nicht in der Lage, in einem harten Winter Eisbrecherdienste in ausreichender Weise zu versehen, da es nicht möglich war, »mit ihnen bei starkem Frost einen Serienschub von U-Booten, wie Skl. fordert, von der östlichen Ostsee nach der westlichen durchzuführen oder umgekehrt«[889].

So wurde die Forderung erneuert, starke See-Eisbrecher zu bauen: Zwei Großeisbrecher mit je 10.000 t, sechs Normaleisbrecher zu 6.000 Tonnen und 12–14 Hilfseisbrecher zu je 3.300 bis 5.000 Tonnen. Doch unter Berücksichtigung der Materiallage und der Beschränkung auf das unumgänglich Notwendige war es von vornherein klar, daß die Bauplanungen illusorisch waren. Freilich, die Kriegsmarine war gezwungen, auf lange Sicht sowohl im Atlantik über das Nordkap hinaus als auch in der gesamten Nord- und Ostsee im Winter die Fahrtstraßen für ihre Schiffe offenzuhalten, aber die Verwirklichung des Eisbrecherbauprogramms kam bei der Material- und Personallage nicht mehr in Frage. Entsprechend wurde die Forderung nach Großeisbrechern Ende Juni 1944 »im Einverständnis mit allen Anwesenden vorläufig fallen gelassen«[890]. Als kriegsnotwendig wurden »nur noch« fünf Normaleisbrecher zu je 6.000 Tonnen und 10 Eisbrecher zu je 3.500 bis 5.000 Tonnen eingestuft[891]. Im September 1944 wurde schließlich auch das verminderte Programm gekippt: »Die vom OKM getroffenen Feststellungen haben ergeben, daß die (...) angemeldeten 5 Normaleisbrecher zu je 6000 Tonnen und 10 Eisbrecher zu je 3500 Tonnen bis 5000 Tonnen wegen des großen Arbeitsumfanges z.Zt. nicht erstellt werden können. Der Bau der Eisbrecher ist daher endgültig aus den Überlegungen zu streichen«[892].

Die unhaltbare Überlastung der Werftindustrie und die allseits greifbare Überbeanspruchung der Reparaturkapazitäten – ganz abgesehen von der latenten Mangelware Stahl – hatten dazu geführt, Alternativen zu erwägen. Neben den Holzschiffen wurden während des Krieges auch Betonkonstruktionen in Angriff genommen. Bereits im Ersten Weltkrieg hatte sich herausgestellt, daß ohne weiteres Schiffskörper aus Beton gebaut werden konnten, um vor allem die im damaligen Kriege nicht voll ausgelastete Bauindustrie in die Verantwortung zu nehmen. Die Frage des Betonschiffbaus wurde im Rahmen des Vierteljahresplans 1938 wieder aufgegriffen, doch damals kam die Seekriegsleitung nicht zu dem Entschluß, auf diesem Gebiet weiterzuarbeiten. Erst 1940 wurde eine Versuchsstelle bei Wien eingerichtet, und 1942 war der Betonschiffbau in größerem Umfang für ein Tanker-Programm der Mineralöl-Abteilung des Reichswirtschaftsministeriums aufgenommen worden. Gleichzeitig interessierte sich das – damalige – Reichsministerium für Bewaffnung und Munition für die Neuentwicklung und richtete im Juli 1942 im Rahmen des HAS einen Sonderausschuß Betonschiffbau ein. Seit Frühjahr 1942 waren vier Schiffstypen entwickelt und gebaut worden (Tanker, Binnengüterkräne, Motorfrachter, Frachtdampfer).

Betonschiffe boten zusätzlich zum sonstigen Schiffbau die Möglichkeit, Tonnage zu schaffen, ohne Werftkapazität, Schiffbaufachkräfte und Schiffbaubleche und -profile für die Herstellung der Schiffskörper in Anspruch nehmen zu müssen. Der Betonschiffkörper benötigte nur die halbe Eisenmenge wie das Stahlschiff und dies in geringwertiger Qualität.

Angesichts des eklatanten Stahlmangels im deutschen Machtbereich mußte der Betonschiffbau in Erwägung gezogen werden, doch erst Mitte 1944 wurden Überlegungen zum Bau von Betonschiffen wieder aufgegriffen, die nun auch als Kriegsschiffe Verwendung finden sollten. Oberstleutnant Götsche vom Hauptausschuß Schiffbau in Griechenland hatte eine leistungsfähige Betonschiffbaustelle geschaffen und auch brauchbare Fahrzeuge hergestellt, deren Nachteil jedoch in der Empfindlichkeit gegen Druckbeanspruchung und Stöße bestand; hinzu kam die schlechte Handhabung der Schiffe in den Betrieben infolge des hohen Eigengewichts. Doch all dies schien gegenüber den Vorteilen nicht gravierend zu sein: Eiseneinsparung, leichte Reparaturmöglichkeit und Unempfindlichkeit gegen Brandgefahr waren unzweifelhafte Pluspunkte.

Bis Juli 1944 waren sechs solcher Betonschiffe zum Einsatz gekommen. »Eins der letzten hat Ende Juni – Anfang August durch planmäßig durchgeführte Fahrt mit 5 sm Durchschnittsgeschwindigkeit bei ungünstigem Wetter von Piräus über Volos nach Mytilene und über Chalkis zurück nach Piräus seine Brauchbarkeit auch für größere Reisen bewiesen«[893]. Die ersten Schiffe mit 8 sm Geschwindigkeit, die für den Kreta-Einsatz in Frage kamen, sollten noch im Juli fertig werden.

Die Konstruktion der Schiffe war von Oberstleutnant Götsche aus Pionierbrückenprähmen entwickelt worden und zeigte naturgemäß einige seetechnische Mängel, so daß die Umstellung auf eine andere Betonschiffskonstruktion angeordnet wurde – die sogenannte Schalenbeton-Bauweise[894]. Zu den Vorteilen der von Götsche entwickelten Betonschiffe kamen der besonders simple Bau, die Einsparung an Schalungsholz und Arbeitsaufwand, die Festigkeit gegen Druckbeanspruchungen und Stöße, bessere Seefähigkeit, »normale« Geschwindigkeit und Wirtschaftlichkeit, gute Widerstandsfähigkeit gegen Detonationen und Beschuß hinzu. Nach der erfolgreichen Erprobung der besseren »Schalen-Boote« wurde die Umstellung der Baustelle Perama auf die neue Bauweise eingeleitet; sie erfolgte allerdings nicht schlagartig, sondern allmählich, um eine sonst unvermeidliche Produktionspause und die nutzlose Vergeudung von bereits in der Fertigung befindlichen Ausrüstungsteilen für die bisher vorgesehenen Schiffe der alten Bauart zu vermeiden.

»Die Produktion von durchschnittlich 1200 Ladetonnen Betonschiffsraum je Monat ist von jetzt ab zu erwarten, unter der Bedingung, daß monatlich 450 Tonnen Nachschub mit der Eisenbahn für die Baustelle Perama gefahren werden«[895]. Der Nachschubbedarf von 450 Tonnen (= 30 Waggons monatlich) resultierte aus der vom HAS eingeleiteten Materialbeschaffung – Holz und Eisen – und dem größten Teil der Ausrüstung aus

Deutschland. Die langen Bauzeiten des Götscheschen Betonschiffbaus waren auf die ausschließliche Beschaffung des Materials und Fertigung des Zubehörs im griechischen Raum zurückzuführen. Zwar war der Bau dort billig (die griechische Lohnstunde kostete nur 10 Goldpfennig), doch die griechischen Arbeiter waren nicht mehr empfänglich für Papierdrachmen, deren Wert von Tag zu Tag sank, und so mußten bis Ende des Jahres dem Hauptausschuß Schiffbau in Griechenland 80.000 Goldmark in Form von US-amerikanischen, englischen oder schweizerischen Banknoten oder beliebigen Goldmünzen zugeteilt werden. Für die ersten sechs Monate des Jahres 1945 hätte sich der Devisenmonatsbedarf auf 65.000 Goldmark und danach gar auf 50.000 Goldmark verringert, da die Seekriegsleitung für diese Zeit mit der vermehrten Zulieferung aus dem Reich rechnete[896].

Nach dem insgesamt erfolgreichen Anlaufen des Betonschiffbaus wurde im Ingenieurbüro am Wannsee, Berlin, geprüft[897], ob man den generellen Übergang vom Stahl- zum Betonschiff in Erwägung ziehen könnte. Angesichts der Stahleinsparung konnte man leicht dem Gedanken verfallen, es wäre das einzig Richtige, auf den Betonschiffbau umzuschwenken. Doch die Einschätzung galt nur mit großen Einschränkungen, denn ein Schiff besteht bekanntlich nicht nur aus dem Schiffskörper, sondern es gehören auch die Maschinenanlage und die schiffbauliche Ausrüstung hinzu. Wert- und arbeitsmäßig machte der Schiffskörper nur etwa die Hälfte des Gesamtschiffes aus. Daher durfte nicht allein der Rumpf Zentrum der »Eignungs-Prüfung« sein, sondern das gesamte Schiff, und so konnte es bei Betrachtung des Gesamtkomplexes durchaus sein, daß die Vorteile und Ersparnisse am Schiffskörper durch eine schlechte Ausnutzung der Maschinenanlage und der schiffbaulichen Einrichtungen mehr als ausgeglichen wurden. Es genügte eben nicht, daß ein Betonschiff nur fuhr und seine Aufgabe erfüllte, sondern die Wirtschaftlichkeit gegenüber den Stahlschiffen mußte gewährleistet sein. Es war abzuwägen, ob der Vorteil, einen Rumpf mit wesentlich geringeren Stahlmengen ohne Inanspruchnahme von Werftkapazität zu erhalten, den Nachteil einer schlechteren Ausnutzung der Maschinenanlage etc. überwog, deren Herstellung und Einbau letztlich ebenfalls Werftkapazität verschlang.

Offensichtlich hatten in der Tat die Nachteile überwogen, denn der Betonschiffbau ist in den letzten Monaten des Krieges nicht weiter vertieft worden. Daß es nie zum Bau von Beton-Kriegsschiffen kam, ist wahrscheinlich – ohne in dieser Frage absolute Sicherheit erzielen zu können – auf die oben beschriebenen Zweifel zurückzuführen.

V. Kriegsschiffbau im Zeichen der Niederlage

1. Die Kleinkampfmittel

Die Entwicklung von Klein- und Kleinst-U-Booten der Kriegsmarine war eine Frucht der bevorstehenden Niederlage, eine unmittelbare Reaktion auf die erdrückende Überlegenheit des Gegners und sozusagen die Endstelle der deutschen Kriegsmarine-Rüstung, wenn auch die ersten Projekt-Entwürfe in die Jahre 1941 und 1942 zurückreichen. Damals waren sie jedoch unter Hinweis auf ihre fragwürdige Frontverwendung rundheraus abgelehnt worden[898]. Die Kleinkampfmittel sind gleichsam die Kronzeugen für die zu beobachtende generelle Tendenz zur Miniaturisierung im deutschen Schiffbau während des Zweiten Weltkrieges.

Während die Vorschläge zu Klein-U-Booten 1941 und 1942 nicht weiter vertieft wurden, kam im Herbst 1943 die »Wandlung in der Beurteilung der Erfolgschancen deutscher Kleinst-U-Boote«[899], und bemerkenswerterweise war es der englische Gegner, der die Seekriegsleitung von der Zweckmäßigkeit der Winzlinge überzeugte. Klein-Projekte der Royal Navy, »X 6« und »X 7«, hatten am 23. September 1943 das deutsche Schlachtschiff »Tirpitz« schwer beschädigt und seinen Rückmarsch in die Heimat vereitelt[900] und der Seekriegsleitung eindrucksvoll ad oculos geführt, wie genau Miniatur-U-Boote arbeiten konnten. Kämen solche Boote auch in der deutschen Kriegsmarine zum Einsatz, wäre mit ihnen zweierlei zugleich getan: Die Entwicklung entspräche exakt der materiellen Notlage des Deutschen Reiches, und zum zweiten versprachen die Zwerge, wie die Briten gezeigt hatten, allerhöchste Effizienz. Ein dritter Aspekt mochte dabei mitgeschwungen haben, und das war die verlockende Aussicht auf spektakuläre Unternehmungen der in der zweiten Kriegshälfte nicht gerade vom Erfolg verwöhnten Marine, wenn die Besatzungen der »Boote en miniature« mit unvergleichlichem Wagemut amerikanische und englische Schlachtschiffe und Flugzeugträger gleich dutzendweise seeunfähig sprengten. Soweit war es freilich nie gekommen, aber in der Tat wurden die Kleinst-U-Boote Ausdruck »männlicher Tapferkeit und kühner Kriegslisten«[901].

Die schneidigsten der U-Boot-Männer waren fortan die der Kleinkampfverbände, dort war schneller Ruhm sicher, der »Geist und die Einsatzbereitschaft waren bei den Besatzungen dieser Kleinkampfmittel ebenso wie bei den ‚Kampfschwimmer'-Gruppen über alles Lob erhaben«[902], und so entwickelte sich in den neu aufgestellten Einheiten ein Elite-Bewußtsein besonderer Ausprägung[903]. Den japanischen Kamikaze-Fliegern ähnlich, verkörperten die deutschen Kleinkampf-Piloten – auf sich allein gestellt, selbstlos und todesmutig – ein Heldentum, wie es die nationalsozialistische Kriegsmarine unter ihrem Oberbefehlshaber im »Schicksalskampf des deutschen Volkes« verlangte, und die Kleinkampfverbände rekrutierten sich, so erinnert Dönitz, aus »Freiwilligen aller Dienstgrade und Waffengattungen der Marine und vom Ende des Jahres 1944 an zu einem erheblichen Teil aus jungen Offizieren der U-Bootwaffe«[904].

Der Schwerpunkt der deutschen maritimen Strategie lag nach wie vor auf dem U-Boot-Krieg, daran sollte sich erst etwas ändern, als die Rettung von Flüchtlingen aus dem ostdeutschen Raum ebenso wie der Rücktransport von Heereseinheiten und Verwundeten über die Ostsee begannen[905]. Die Aussicht auf eine Renaissance des U-Boot-Krieges nicht nur mit den modernen U-Boot-Typen XXI und XXIII, sondern auch mit Unterstützung solcher neuen Klein-U-Boote belebte den Geist der Seekriegsleitung, und Dönitz beauftragte den bisherigen Chef des Stabes des Flottenkommandos, Konteradmiral Heye, mit der Aufstellung der Kleinkampfverbände. Hierzu der Oberbefehlshaber der Kriegsmarine:

»Er [Konteradmiral Heye, d.Vf.] meisterte diese Aufgabe sowohl was die Bereitstellung der materiellen Mittel anbelangte, als auch hinsichtlich des personellen Aufbaus der Truppe. Organisatorisch ebnete ich ihm alle Wege. Er war gleichzeitig Frontbefehlshaber und Referent im Oberkommando der Kriegsmarine für seine Frontaufgabe. Diese Lösung war einmalig und widersprach an sich jedem organisatorischem [sic!] Grundsatz«[906].

Die Kleinkampfverbände sind buchstäblich über Nacht aus dem Boden gestampft worden, und die rasche organisatorische Entwicklung entsprach ganz dem Prinzip, in möglichst kurzer Zeit effektive Einheiten an die Front zu geben, um sichere Erfolge erzielen zu können. Die Kriegsmarine-Führung verlor freilich keine Silbe darüber, daß die Kleinkampfmittel nur noch Nadelstiche zufügen konnten, die den Gegner in der Tat zu keinem Zeitpunkt irritiert haben.

Die Ablieferungszahl der verschiedenen Kleinprojekte – in erster Linie der »Einmanntorpedo«, das »Sprengboot«, das tauchfähige »Einmann-Boot« und später das von zwei Mann besetzte Kleinst-U-Boot »Seehund« – war, das sei vorweggenommen, erstaunlich hoch. Das lag zum einen an dem enormen Rüstungsboom des Jahres 1944, der die letzten Ressourcen an Mensch und Material beispiellos verschlang[907], und sicherlich zu einem guten Teil auch an der psychologischen Schubwirkung, die eine Zurverfügungstellung von neuen, vielversprechenden Kampfmitteln auslöste. Die Kleinkampfmittel erzielten noch kurz vor »Toresschluß« einige Erfolge, doch die Übermacht des Feindes, namentlich seiner Luftwaffe, schränkte mehr und mehr die Einsatzmöglichkeiten auch der kleinen Boote ein.

Nach dem mißglückten Auftakt zum Bau von Kleinst-U-Booten 1941 und 1942 nahm die kurze Geschichte der Kleinkampfmittel der Kriegsmarine mit der Entwicklung von »Hecht« (Typbezeichnung XXVII A) und »Seehund« (Typbezeichnung XXVII B 5, später Typ 127) ihren Anfang. Der »Hecht« war mit einem unter dem Kiel aufgehängten Elektrotorpedo bewaffnet; das lösbare Kopfteil konnte entweder eine Haftmine oder zwei Froschmänner oder zusätzliche Batterien zur Erweiterung des Fahrbereichs aufnehmen. Hitler, der die Entwicklung sowohl mit Mine als auch mit Torpedo begrüßte, gab am 18. Januar 1944 sein Einverständnis zum Bau von 50 Kleinst-U-Booten des Typs XXVII A[908]. Am 7. März 1944 wurde Hitlers Anregung zur Aufnahme sowohl einer Mine als auch eines Torpedos in einen Befehl umgesetzt[909], nachdem zwischenzeitlich noch die Möglichkeit in Erwägung gezogen wurde, um die nebeneinander liegenden Schwanzteile zweier G 7e Torpedos das Kleinst-U-Boot gleichsam herumzubauen – mit dem Ziel höherer Kampfkraft[910].

Zwei Tage nach der Entscheidung der Seekriegsleitung, es bei einem Torpedo und einer Mine zu belassen, erhielt die *Germania-Werft* Auftrag über drei Vorläufer. Am 22. Mai konnte Dönitz gemeldet werden: »Ein Boot schwimmt, zweites Boot kommt Ende dieser Woche zu Wasser, drittes Boot etwa gegen Ende Mai«[911]. Die drei ersten Boote waren als Schulboote gedacht, deren erster Einsatz jedoch noch nicht abzusehen war. Als Problem erwies sich die Transportlage, worauf Dönitz bei dieser Gelegenheit aufmerksam gemacht wurde. Die war bereits Anfang Februar Gegenstand der Diskussion gewesen, als K zusammen mit der Luftwaffe zu prüfen beabsichtigte, ob der Transport des Typs XXVII durch die Luft möglich wäre. Nach einer ersten Fühlungnahme schien diese Möglichkeit durchaus in Betracht zu kommen. »Auf das Boot müßte ein

Dreibein fest aufgebaut werden, indem eine Hubschraube von etwa 20 m Durchmesser gelagert ist. Das Boot müßte dann von einem Fahrzeug geschleppt werden. Die Hubschraube würde durch den Fahrtwind angetrieben werden und das Boot in der Luft halten«[912]. Kurz vor dem »Abwurfziel« sollte nach dieser Transport-Variante die Schleppverbindung ausgeklinkt werden und anschließend das Boot wie eine Art Segelflugzeug bis zur Wasseroberfläche gleiten; sobald diese erreicht sein würde, müßte das Dreibein mit der Hubschraube weggesprengt und die Steuerung von dem im Kopfteil sitzenden Mann übernommen werden.

Heye wies Dönitz darauf hin, daß die Transport-Frage derzeit noch vom *Arbeitsausschuß Transportmittel* geprüft werde; offensichtlich hatte sich der »Gleitflug-Transport« als unzweckmäßig herausgestellt, denn die Verladung mittels Kran wurde letztlich der anderen, allzu luftigen Alternative vorgezogen.

Technische Daten zum »Hecht«[913]

Gewicht	12 t
Gesamtfahrbereich (über und unter Wasser) bei 4 kn	60 sm = 15 h
bei 6 kn Höchstgeschwindigkeit (über und unter Wasser)	40 sm = 7 h
bei 4 kn Marschgeschwindigkeit (über und unter Wasser)	? sm = 15 h
Bewaffnung	1 Torpedo und 1 Mine 1 Torpedo und 2 Mann zum Absetzen (Froschmänner) 1 Torpedo und 3 Zusatzbatterien (Fahrbereicherhöhung um 40%)
Tauchtiefe	50 m

Die Planung sah für Juni 1944 die Ablieferung von 50 Booten vor[914], die aber am 13. Juni aufgeteilt wurde. Danach sollten im Juni 25 und im Juli 25 »Hechte« zu Wasser gelassen werden[915]. Aufgrund diverser Lieferschwierigkeiten mußte die Planung abermals abgeändert werden: Im Juli 18 »Hechte«, im August 24 und im September 8[916]. Eine Hecht-Flottille sollte aus 30 dieser »U-bootsähnlichen Geräte« bestehen. Die im Juli anfallenden 18 Boote waren zu Schulzwecken zu nutzen, »wobei gelegentlicher Einzeleinsatz vorgesehen [ist]«[917]. Schließlich wurde zum dritten Male geändert: Nun waren nur noch 15 Boote im Juli, 30 im August und fünf im September in Aussicht. *Monfalcone* bekam zwar den Auftrag über 50 Boote, konnte aber nur die 35 Bootskörper bauen und zur Fertigstellung an *Germania-Werft* schicken. Tatsächlich sind insgesamt 53 Boote vom Typ XXVII A geliefert worden[918], und der überplanmäßige Bau von 43 »Hechten« im September 1944 steht gleichsam stellvertretend für den Höhepunkt der deutschen Rüstungsproduktion im 9. Monat des vorletzten Kriegsjahres, der die deutsche Führung und zumal die Propaganda veranlaßt hatte, von einem »Rüstungswunder« zu sprechen. (Abb. »Hecht«[919])

Von K waren unterdessen zwei weitere Entwürfe ausgearbeitet worden: Typ XXVII B mit 5,5 kn über und 6,9 kn unter Wasser und Typ »K«, eine Version mit Kreislaufantrieb. »Mit der Bezeichnung XXVII B 5 (*Seehund*), später Typ 127, war unter der Leitung von MBR Grim ein völlig ausgereiftes Kleinst-Uboot mit einer relativ starken diesel-elektrischen Antriebsanlage (60 PS Büssing LKW-Diesel und 25 PS AEG E-Motor) entstanden, das fast alle Einrichtungen eines größeren Tauchbootes besaß«[920]. Wie auch der »Hecht«, war der »Seehund« ein Zweimann-Boot, das bei einer Tauchtiefe von bis zu 10 Metern noch immer mit dem Dieselmotorenantrieb lief, »indem die Auspuffgase unter Druck über ein Rückschlagventil außenbords gedrückt wurden«[921].

Technische Daten zum »Seehund«[922]

Gewicht	15 t
Gesamtfahrbereich bei 5 kn über Wasser	250 sm = 50 h
Gesamtfahrbereich bei 3 kn unter Wasser	60 sm = 20 h
bei 8 kn Höchstgeschwindigkeit über Wasser	120 sm = 15 h
bei 5 kn Höchstgeschwindigkeit unter Wasser	20 sm = 4 h
bei 5 kn Marschgeschwindigkeit über Wasser	250 sm = 50 h
bei 3 kn Marschgeschwindigkeit unter Wasser	60 sm = 20 h
Bewaffnung	2 Torpedos mit halber Batterie
Tauchtiefe	50 m

Geplant war für 1944 die Ablieferung von insgesamt 168 »Seehunden« (*Klöckner-Humboldt-Deutz, Ulm; Schichau, Elbing; Germania-Werft, Kiel*) und für 1945 die Lieferung von 1.160 vom Typ 127[923]. Das Programm vom Januar 1945 sah folgende Zahlen vor[924]:

1945	1	2	3	4	5	6	7
Schichau	55	55	55	55	55	55	55
GW, Kiel	25	25	30	30	25	-	-
Süddeutscher Raum	-	3	5	10	20	30	35

Nach dem Ausfall von *Schichau, Elbing,* durch russische Besetzung am 1. Januar 1945 sollte der Bau bei *Klöckner-Humboldt-Deutz, Ulm,* und *W. Schenk, Hall,* beschleunigt weitergeführt werden; doch das geplante Hochziehen der Seehundproduktion scheiterte vor allem an der Zerstörung der Werkstätten in Ulm infolge massiver alliierter Luftangriffe. Insgesamt sind bis Kriegsende immerhin 300 »Seehunde« von den Werften gegangen und teilweise noch zum Einsatz gelangt.

Ablieferung von »Seehunden« 1944[925]

1944	**September**	**Oktober**	**November**	**Dezember**
	3	35	61	70

Ablieferung von »Seehunden« 1945[926]

1945	**Januar**	**Februar**	**März**	**April**
	50	27	46	8

(Abb. »Seehund«[927])

Die Verkleinerungstendenz entwickelte sich gleichsam fort, als mit den Einmann-Booten »Biber« und »Molch« die kleinsten U-Boote der Kriegsmarine gebaut wurden. Am 15. März war das nach dem Direktor der *Flenderwerke*, Bunte, benannte Boot fertiggestellt. Das auf der Trave am 29. März erprobte Fahrzeug zeigte alle Vorzüge: »Zunächst Besichtigung und Besprechung in der Flenderwerft und daran anschließend Vorführung des Bunte-Bootes auf der Trave. Das Boot führte mehrere Bewegungen in aufgetauchtem und getauchtem Zustand vor und schoß einen Torpedo, wass [sic!] allerdings erst nach dessen Auftauchen am Ende der Laufstrecke festgestellt werden konnte. Das Fahrzeug machte einen sehr guten Eindruck«[928]. Zwar wurden Befürchtungen wegen der Verwendung des Benzin-Aggregates vom Hauptamtschef K geäußert, doch bislang war von den Konstrukteuren kein Dieselmotor entwickelt worden, der den Benzin-Motor hätte ersetzen können. »C Gruppe Nord/Flotte und Direktor Bunte hatten keine Bedenken gegen den Benzinmotor«[929], dessen größter Vorteil zweifelsohne in seiner nahezu unbeschränkten Lieferkapazität lag, ein Aspekt, der angesichts des Zerstörer-Dilemmas eine besondere Rolle spielte. (Abb. »Biber«[930])

Die Relation ist interessant: Mit dem Material für 2 1/2 Minensuch-Boote oder 4 MZ-Boote konnten 500 »Biber« gebaut werden – auf diese Nachricht hin gingen 24 Stück in Auftrag, die bis Ende Mai abgeliefert sein sollten[931]. Am 22. Mai wurde angestrebt, die ersten 50 »Biber« am 1. Juli einsatzklar zu haben, doch Schwierigkeiten in der termingerechten Zulieferung verschiedener Teile wie auch der generelle Ausfall durch Fliegerschäden machten die Einsatzplanung zunichte. Der erste Fronteinsatz war erst Ende August 1944 zustande gekommen. Erstaunlich immerhin, daß die Zahl der insgesamt zur Ablieferung gekommenen Boote mit vier Fahrzeugen über der Planung lag (324:320) – 1945 allerdings lief kein »Biber« mehr von der Werft.

Ablieferung von »Bibern«[932]

	März	Mai	Juni	Juli	Aug.	Sept.	Okt.	Nov.
Flender, Lübeck	1	3	6	19	12	83	-	-
K-H-D[933], Ulm	-	-	-	-	37	34	73	56

Technische Daten zum »Biber«[934]

Gesamtfahrbereich	
a) mit Benzinmotor	6,5 kn 100 sm = 14 h
b) mit Batterie	4–6 kn 10 sm = 2 h
Höchstgeschwindigkeit	
a) mit Benzinmotor	7 kn 90 sm = 13 h
b) mit Batterie	6 kn 9 sm = 1,5 h
Marschgeschwindigkeit (nur mit Benzinmotor)	5 kn 115 sm = 23 h
Bewaffnung	2 Torpedos mit halber Batterie
Tauchtiefe	30 m

Die Entwicklung des »Molch« (Kleinst-U-Boot »Thomas II«) war insofern eine Modifizierung der vorangegangenen Typen, als die Notwendigkeit der durchgängigen Unterwasserfahrt auch für die Kleinst-Projekte erkannt und daraufhin ein rein elektro-betriebenes Boot konstruiert wurde. Es lag auf der Hand, daß ein solches ausschließliches Unterwasser-Boot Vor- wie Nachteile in sich barg: Die Batterie ermöglichte zwar einen erheblich größeren Fahrbereich als der »Biber«, ihr Gewicht erhöhte jedoch das Deplacement, und die Konstruktion stellte sich insgesamt als noch zu unreif dar: »Es ähnelt sehr dem Bunte-Boot und hat auch wie dieses zwei Torpedos längsseit [sic!]. Es macht jedoch nicht halbwegs den eleganten Eindruck dieses und ist bedeutend größer«[935]. Dennoch aber ging das Boot, in erster Linie bei *Deschimag Werk, A.G. Weser*, in Serie. Geplant war der Bau von 500 »Molchen«, tatsächlich zur Ablieferung sind aber nur noch 390 Boote gekommen. (Abb. »Molch«[936])

Technische Daten zum »Molch«[937]

Gesamtfahrbereich	bei 3 u. 5 kn 105 sm = 29 h
bei 5 kn Höchstgeschwindigkeit	45 sm = 9 h
bei 3 kn Marschgeschwindigkeit	60 sm = 20 h
Bewaffnung	2 Torpedos
Tauchtiefe	30 m

Ablieferung von »Molchen« 1944/1945[938]

Juli	August	September	Oktober	Dezember	Januar 1945
38	125	110	57	28	32

Neben »Hecht«, »Seehund«, »Biber« und »Molch« sind weitere Fahrzeuge in Serie gegangen, allerdings nur noch solche äußerst simpler Machart. Dazu gehörte der »Neger«[939]. Der war weniger der Kategorie der Schiffe zuzurechnen, vielmehr war er eine reine Waffe, bestehend aus zwei Torpedos: Der Kopf des einen Torpedos war mit einer Plexiglaskuppel versehen und nahm in sich die Steuerorgane auf; unter dem Führertorpedo hing ein zweiter, die eigentliche Waffe. Nach dessen Abschuß konnte der Fahrer mit dem Steuertorpedo den Rückmarsch antreten. »Das Ganze ist eine etwas primitive, aber in ihrer Ausführung und in ihrer Leistung überraschende Angelegenheit. Dieses Kampfmittel kann nur auf kürzester Entfernung verwandt werden. Es hat aber den ungeheuren Vorteil der Einfachheit und der leichten Transportfähigkeit. Der Bootführer hat besonders bei Nacht infolge der sehr geringen Augeshöhe nur geringe Übersicht«[940]. Da der »Neger« nur über Wasser fahren konnte und sich die feindlichen Schnellboote und Jagdflieger einen regelrechten Sport daraus machten, die Kuppeln der Boote aufzufassen und »abzuschießen«, wurde der tauchfähige Nachfolger »Marder« entwickelt. Am 21. Juli wurde der Deckname »Neger« durch »Marder« ersetzt[941]. 13 eher unbekannte Werke, sowohl wassernah als auch im Binnenland, waren mit dem Bau der »Neger« bzw. »Marder« beauftragt. Etwa 500 dieser Waffen haben die Betriebe verlassen – über die Verteilung auf die Werften liegen genaue Unterlagen nicht mehr vor.

In den letzten Monaten des Krieges ist fieberhaft an neuen Projekten gearbeitet worden, die Einmanntorpedos »Hai« und »Delphin« gehörten dazu. Es waren dem »Marder« ähnliche Konstrukte, die in vielem eine Verbesserung der in Serie gegangenen Typen darstellten, aber nicht mehr zum Einsatz kamen. Dazu zählten auch Typ XXXII, der »Seeteufel«, der »Kreislauf-Seehund«, »Schwertwal« und »Manta«, weitere Kleinst- und Sonderprojekte[942], auf die im einzelnen nicht einzugehen ist, da sie nie in Produktion gegeben wurden. Das Ziel der Neuentwicklungen war allesamt, schnell an den Feind heranzukommen, die Waffe ins Ziel zu bringen und im Schutz der Unterwasserfahrt wieder den Hafen bzw. das Basisschiff zu erreichen.

Neben den Kleinst-U-Booten sind auch noch Klein-Schnellboote gebaut worden mit den Bezeichnungen »Hydra« und »Kobra«. Die »Hydra« war ein mit Torpedos und einem MG bewaffnetes Fahrzeug mit vier Mann Besatzung, das nur noch in einer Stückzahl von 39 gefertigt wurde – die »Kobra« gelangte über den Bau von zwei Versuchsbooten nie hinaus.

Die Kleinkampfmittel der Kriegsmarine, die nur noch Gelegenheitserfolge erzielen konnten, hatten alle mehr oder minder Improvisationscharakter gehabt; es waren durchweg einfache Konstruktionen. »Ein Fahrzeug, mit möglichst geringen Mitteln gebaut, in seiner Ausführung möglichst primitiv und in einer möglichst großen Anzahl« – so hätte gleichsam die Weisung für die Entwicklungen lauten können, die konsequentes Resultat des Hitlerschen Erlasses über die Konzentration der Rüstung und Kriegsproduktion vom 19. Juni 1944[943] gewesen waren.

Die projektierten Entwürfe demonstrieren, zumal unter dem enormen Druck des aussichtslos gewordenen Krieges, den noch immer unbeirrten Arbeitseifer deutscher Konstrukteure, die sich vielfach jenseits allen realistisch Machbaren bewegten und »aus der rauhen Wirklichkeit in eine überquellende Phantasie flüchteten«[944]. Wie sehr die gesamte Kleinkampfmittel-Industrie von Illusion und Improvisation gekennzeichnet war, zeigt auch der Bau der Sprengboote mit der Bezeichnung »Linse«[945]. Kurz vor Erreichen des Ziels sollten die Fahrer der »Linsen« ihr Fahrzeug verlassen, und während die 300 kg-Sprengladung auf das Ziel zusteuerte, harrte der Steuermann auf einem Brett treibend der Rettung durch das Führerboot!

Das waren Verzweiflungs-Taten, wie auch die Entwicklung der Kleinkampfmittel letztlich Sinnbild für die Aussichtslosigkeit des Krieges gewesen ist. Die Ohnmacht wird zum tragischen Szenarium, wenn statt ausgebildeter Kampfschwimmer mangels »Leute von ‚Wettkampfgruppe Schwimm' (...) auf Durchschnittssoldaten zurückgegriffen werden muß«[946]. Kampfschwimmer gegen Zerstörer? Die deutsche Kriegsmarine war, wie ihre Rüstung, am Ende.

2. *Konzentration der Rüstung und die neuen Schiffbauprogramme*

Der kontinuierliche Niedergang der deutschen Kriegsmarine-Rüstung, die durch das Flottenbauprogramm 43 auf eine neue Grundlage gestellt werden und wieder Akzente im Seekrieg setzen sollte, fand seinen Tiefpunkt und Abschluß zugleich im Bau von Kleinkampfmitteln – die waren der schiffbauliche Schlußpunkt des jahrelangen Ringens um Menschen, Material und Werftkapazität.

Dönitz hatte dem »Führer« in der ersten Hälfte 1943 ungeahnte Mittel abringen, ihn von der kriegsentscheidenden Notwendigkeit einer starken Marine überzeugen und ein Flottenbauprogramm durchsetzen können, das alles bisher in der Marinerüstung Gewesene in den Schatten stellte. Doch die notwendige materielle Basis für ein Flottenbauprogramm dieses Ausmaßes konnte trotz aller Anstrengungen nicht geschaffen werden. Das lag gewiß nicht am Ob.d.M., der schließlich nichts unversucht ließ, wenn es um ein Mehr an Arbeitern und Rohstoffen für die Marine ging. Größere Kapazitäten hatten der Kriegsmarine-Rüstung nicht zur Verfügung gestellt werden können, so sehr Hitler das auch bedauerte und seinen Ob.d.M. immer wieder mit dem Verweis auf vermeintlich bessere Zeiten vertröstete. Wie erinnerlich, hatte der Großadmiral das »Irgendwie«, das ihm Albert Speer einst in Hinsicht auf die Stahlzuteilung für das IV. Quartal 1943 gab, zur Basis seiner 40-U-Boote-Planung genommen. Der Wertstoff konnte aber nicht »irgendwie« von Speer aus anderen Bereichen herausgebrochen und der Marine überlassen werden – »irgendwie« ließ sich eben kein Krieg führen. So war das Flottenbauprogramm 43 von vornherein aussichtslos gewesen.

Die düsteren Prognosen von Minister Speer im Herbst 1943 waren Vorboten des Untergangs, als in seiner Ansprache u.a. davon die Rede war, daß Deutschland am Ende des entscheidungsvollsten und schicksalschwersten 4. Kriegsjahres stünde[947]. Und zweifellos, das Jahr 1943 hatte Speer die größten Erfolge eingebracht, die er 1942 vorbereitet hatte und die 1944, genauer: in den Monaten August/September 1944, nach Erreichen des höchsten Punktes in der Fieberkurve abfielen, als die Substanz aufgezehrt und das Reich, an Mensch und Material ausgelaugt, nun rasch in sich zusammenfiel. Seit Ende 1943 »diktierten die alliierten Bomberkommandos das Geschehen in der deutschen Rüstungszentrale am Berliner Platz und in den Ausschüssen und Ringen der Industrie. Aus den Aktionen wurden Reaktionen«[948], und es war nur eine Frage der Zeit, wann das Herz der Rüstung aufhörte zu schlagen.

Speer geriet namentlich in der ersten Hälfte des neuen Jahres ins Fadenkreuz der Kritik, sah sich zusehends Spannungen mit Hitler, mit den Gauleitern und den Verantwortlichen der Ausschüsse und Ringe ausgesetzt und mußte sein System immer häufiger gegen Störfeuer aus den eigenen Reihen verteidigen[949]. Die Loyalität Hitlers, auf die Speer in seinen ersten beiden Amtsjahren fest hatte zählen können, war nicht mehr selbstverständlich, die Bedrohung der Mangan- und Nickelquellen im Osten waren Reizthema und Grund für scharfe Zurechtweisungen durch Hitler[950]. Der reagierte oft zornig und übelgelaunt, witterte schwarzen Verrat. Mehr und mehr fürchtete er den Kompetenzverlust vor seinen engsten Mitarbeitern, doch der stimmungslabile »Führer« konnte im allernächsten Augenblick wieder frohgemut mit Scherzen – oder zumindest solchen, die er dafür hielt – aufwarten, wenn ihm auch nur die kleinsten Erfolgsmeldungen zugetragen wurden. Speer lernte die Leichtigkeit der Beeinflussung, nannte daher statt realer Ablieferungszahlen nicht selten Gefechtsgewichte und entlockte Hitler auf diese Weise manches Mal eine freundliche Geste.

Doch die Strapazen der vergangenen Monate hatten an Speers Nervenkostüm gezerrt, und so war es eine zwingende Folge, daß sich der Rüstungsminister im Januar 1944 in ärztliche Behandlung begeben mußte[951] – dort fand er allmählich Distanz zum »Führer« und seiner unmittelbaren Umgebung. Zum ersten Mal, so erinnert Speer, sei er nach der Pause von 10 Wochen Hitler unbefangen gegenübergetreten. Der Abstand zum deutschen Führungszentrum hatte den Rüstungsminister von Grund auf verändert: »Nach Jahren des Rausches und der Hektik hatte ich mir erstmals Gedanken über meinen Weg an seiner Seite gemacht. Während er früher durch wenige Worte oder eine Geste Zustände von Erschlaffung beseitigen und außerordentliche Energien in mir frei machen konnte, fühlte ich mich nun, selbst bei dieser Wiederbegegnung und trotz Hitlers Herzlichkeit, unverändert müde und erschöpft«[952]. Der Elan war verflogen, und Speer bringt seinen Gemütszustand auf den Punkt, wenn er von sich sagt: »ein Ziel hatte ich nicht mehr«[953]. Albert Speer hatte den Glauben an seinen »Führer« verloren.

Wenn Anfang 1944 die Stahlerzeugung trotz der häufigen Unterbrechungen durch Bombenangriffe stieg[954], so war dies ein Ergebnis der 1943 angesammelten Reserven gewesen; darauf beruhte letztlich das Geheimnis des sogenannten und von Goebbels propagandistisch perfekt in Szene gesetzten »Rüstungswunders« 1944, das allein rationales Resultat der rücksichtslosen Ausschöpfung aller Ressourcen sowohl des Reiches als auch des schrumpfenden Machtbereichs und des erbarmungslosen Einsatzes von

Zwangsarbeitern war[955]. Da die von der deutschen Wehrmacht besetzten Gebiete im Verlauf des Jahres 1944 allmählich zurückerobert wurden, sank auch die Zahl der für das Deutsche Reich erzeugenden Länder. Ohne die Zulieferungen aus den Niederlanden, Frankreich, Belgien und Italien mußte schon bald eine Situation eintreten, die das Aufrechterhalten der Rüstungsprogramme nicht mehr möglich machen würde.

Mitte des Jahres 1944, als allseits die Invasion an der französischen Westküste erwartet wurde, reagierte die Seekriegsleitung zum erstenmal auf die bevorstehenden Engpässe mit der Forderung nach umfangreichen Konzentrationsmaßnahmen in der Marinerüstung[956]. Die Grundlage der Kriegsrüstung für die Seestreitkräfte war das Flottenbauprogramm 43, das von Hitler von »vornherein als nicht ausreichend bezeichnet«[957] worden ist. Das meinte der »Führer« allerdings nur insoweit, als eine Steigerung des Bauprogramms in jedem Falle ins Auge gefaßt werden müsse, wenn die materiellen Voraussetzungen wieder geschaffen seien. Die Seekriegsleitung nahm die Einschätzung des Oberbefehlshabers der Wehrmacht jedoch zum willkommenen Anlaß, einer Verminderung des Flottenbauprogramms in jeder Hinsicht eine Absage zu erteilen – und zwar gleich, ob die Rohstoffe vorhanden seien oder nicht, und wenn sie nicht vorhanden seien, um den Status des Bauprogramms aufrechterhalten zu können, müßten sie eben woanders herausgebrochen werden.

Das war ein grundsätzliches Mißverständnis zwischen Führung und Seekriegsleitung, die einige zwangsläufige Verminderungen des Flottenbau-Umfangs ohnehin schon hatte vornehmen müssen, da durch das Hinzukommen neuartiger Kriegsmittel, z.B. der Kleinkampfmittel, zum Zweck des Kontingentierungsausgleichs Verzichte bei verschiedenen Kategorien des Flottenbauprogramms geleistet werden mußten. Für den Flottenbau stand nun einmal nur ein begrenztes Gesamtkontingent zur Verfügung, und es galt, innerhalb dessen Ausgleiche zu finden.

Bevor aber Projekte ganz aus dem Programm zu streichen waren, sollten zunächst alle Möglichkeiten der Konzentration ausgeschöpft werden, dazu zählte vor allem die Vereinfachung der Rüstungsvorhaben (Zusammenlegung verschiedener Waffen und Geräte, Verzicht auf besonders hochgeschraubte Forderungen u.ä.) mit dem Ziel einer primitiven Massenbauweise, welche die Sowjets schon seit Jahren mit Erfolg durchführten[958] und die bei den Kleinkampfmitteln der Kriegmarine auch tatsächlich zur Anwendung gekommen ist. So konnten wesentliche Einsparungen erzielt und die Konzentration der verbleibenden Rüstungskräfte ermöglicht werden. »Wahrscheinlich bieten sich bei der jetzt befohlenen neuerlichen Verschärfung der Maßstäbe noch weitere Möglichkeiten in dieser Richtung. Skl. wird bei der Überprüfung seiner Forderungen auf entsprechende Vorschläge der Fachämter, soweit militärisch irgend vertretbar, eingehen«[959].

Der Hauptausschuß wurde wenige Tage später, am 15. Mai 1944, hinsichtlich der »Ausgleichsbestrebungen« aktiv[960]. Bei Neuanfall von Forderungen hatte der HAS im Einverständnis mit der Seekriegsleitung den Rückgriff auf Zerstörer, Torpedoboote, Vorpostenfahrzeuge und Marinefährprähme – in dieser Reihenfolge – festgelegt. Auf keinen Fall durfte auf die Kapazitäten der U-Boote, Schnell-, Minensuch- und Minenräumboote Rückgriff genommen werden, und nach der Erörterung dieser Kriegsfahrzeuge in den vorhergehenden Abschnitten wird deutlich, warum: Der Produktion von Offensiv-Mitteln gehörte die ganze Aufmerksamkeit, zumal nach dem Auslaufen des Zerstörer-Programms, und der Bau von zu Offensivfahrzeugen teilweise umgewandelten M- und R-Booten mußte ungestört vorangetrieben werden, und die S-Boot-Produktion lief in Erwartung einer bevorstehenden Invasion auf Hochtouren. »In jedem Einzelfall ist aber unter Angabe von Art, Zahl und Zeit der ausfallenden Typen das Einverständnis der Seekriegsleitung einzuholen, da jede Veränderung des Flottenbauprogramms von der Genehmigung des Ob.d.M. selbst abhängig ist«[961].

Der Admiralquartiermeister, Konteradmiral Machens, schlug am 13. Juni 1944 die Einteilung in übersichtliche drei Kategorien vor[962]: Danach blieb der U-Boot-Bau nach wie vor in der höchsten Dringlichkeit, der Bau der Kleinkampfmittel folgte an zweiter Stelle »nach besonderer Forderung«, und an dritter Stelle stand die Produktion von Überwasserstreitkräften, in erster Linie von Schnellbooten, Minensuch- und Räumbooten.

Eine Woche nach dem Vorschlag von Machens nahm Albert Speer Stellung[963]. Die vielfachen Höherstufungen hatten Unklarheiten über die Dringlichkeitseinstufung zur Folge gehabt, und so sah sich der Rüstungsminister genötigt, die Dringlichkeitsfolge unmißverständlich und verbindlich festzulegen. Eine solche Einstufung barg freilich immer das Problem, die an erster Stelle genannten Fertigungen durch Einschränkungen in anderen Rüstungsfertigungen zu bevorzugen. »Die Rüstung und Kriegsproduktion kann nur in einer breiten Front vorwärtsgetriebenwerden [sic!]. Jede Lücke, die in dieser Front zu Gunsten einer anderen Fertigung aufgerissen wird, wird nach kurzer Zeit zur Folge haben, daß die damit vernachlässigte Fertigung in die vorderste Dringlichkeit gerückt werden muß«[964].

Das hieß, daß ein Aufreißen von entscheidenden Lücken in der Rüstung – zugunsten der in der ersten Dringlichkeit stehenden Gerätschaften – im Laufe kürzester Zeit durch eine immer wieder sich ändernde Dringlichkeitsordnung ausgeglichen werden müsse, und es lag auf der Hand, daß der ständige Ausgleich zu erheblichen Ausfällen im Gesamt-Rüstungspotential führen mußte. Speer bezeichnete es daher als »Pflicht aller meiner Dienststellen, die Rüstungs- und Kriegsproduktion auf breiter Front vorwärts zu tragen«[965], wobei darauf geachtet werden mußte, daß die in den Dringlichkeitsgruppen befindlichen Fertigungen nicht durch ihre bevorzugte Dringlichkeit über den Bedarf hinaus eine übermäßige Vorratsbildung an Rohstoffen und Zulieferungen oder Hortung von Arbeitskräften und Werkstoffmaschinen herbeiführen durften. Die Gefahr bestand zweifellos und machte deutlich, daß das System der Dringlichkeitseinstufungen keineswegs den Idealtypus der Wirtschaftslenkung darstellte, sondern vielmehr ein Hilfskonstrukt war, mit dem nichts weiter erreicht wurde als allein Klarheit in der Bau-Rangfolge.

Es sei hier nur die erste Gruppe »0« der von Speer festgelegten Dringlichkeitsfolge aufgeführt[966].

Gruppe »0«

1. U-Boote Typ XXI und XXIII
schwimm-, fahr- und tauchfähig, einschließlich Bewaffnung und Ausrüstung

2. S-Boote und R-Boote
schwimm- und fahrfähig, einschließlich Bewaffnung und Ausrüstung

3. Kleinkampfmittel, einschließlich Torpedos und Sprenggerät:
z.B. »Molch«, »Linse«, »Biber«, »Hecht«, »Seehund«, »Neger« etc.

4. Flakgeräte aus der Liste der Luftwaffe

5. Aufträge der Sonderstufe

Die unter 1-4 genannten Kriegsgeräte waren folglich unbedingt erforderlich, und es schien, als ob die ersten Marinefahrzeuge aufgrund der neuen Anordnung »Federn lassen« mußten. So wurde das Auslaufen des Marinefährprahmbaus am 27. Juni 1944 angeregt[967], doch abgeschmettert, weil man wegen Verzögerungen im Bau von Einheits-Leichtern auf die alten MFP-Versionen zwangsläufig zurückgreifen mußte: »Infolge der eingetretenen Kriegsereignisse [die Invasion in der Normandie, d.Vf.] ist mit der Fertigstellung der Probe- E.L. nicht vor September zu rechnen, d.h. auswertbare Ergebnisse der Versuche sind vor Ende Oktober nicht zu erwarten«[968]. Im RMfRuK wurde am 3. Juli 1944 entschieden, daß unter allen Umständen der MFP-Bau weiterlaufen müsse, bis die Motoren für den Nachfolger, den Einheits-Leichter, zur Verfügung stünden[969], und schon aus diesem Grunde sei es erforderlich, »für die bisherigen Typen von Landungs- und Nachschubfahrzeugen aller[970] Bedarfsträger weitere Anschlußaufträge zu erteilen«[971]. So war zwar der Bau von MFPs gerettet – daß die Frage der Einstellung jedoch überhaupt aufgeworfen worden war, macht deutlich, in welcher Zwangslage sich die Rüstungsfertigung befand.

Die wurde zusehends prekärer, als infolge der wachsenden Anforderungen der Front der Stahl an allen Ecken und Enden zu fehlen begann und Speer deswegen die Beschränkung der Stahlqualitäten durchsetzte[972]. Die weitgehende Verringerung der Qualität aller Eisenwerkstoffe – etwa mittels Ersatz durch Austauschstoffe –, konnte aber nicht durchgehend erfolgen, da einige Bedarfsträger auf hochwertigen Stahl angewiesen waren, und so wurde bestimmt, im einzelnen Bedarfsfall abzuschätzen und danach den Werkstoff zuzuteilen. In Grenzfällen und bei Einsprüchen der Bedarfsträger gegen die zur Verwendung vorgesehene Stahlqualität behielt sich Albert Speer die letzte Entscheidung vor, um Mißwirtschaft und Kungelei zu vermeiden.

»Ich erwarte«, so der Rüstungsminister, »eine rücksichtslose und kurzfristige Durchführung der angeordneten Maßnahmen. Sie sind die entscheidende Voraussetzung, um aus den zur Verfügung stehenden Mengen an Eisen und Stahl den Ausstoß an Munition, Waffen und Gerät für die Front weiterhin zu steigern«[973]. Die stringente Weisung war freilich eine Reaktion, und zwar Reaktion auf den »Erlaß des Führers über die Konzentration der Rüstung und Kriegsproduktion«[974] vom 19. Juni 1944, in der Hitler verschiedene Maßnahmen anordnete, »um diejenigen Waffen und Geräte der deutschen Rüstung [zu fördern], die durch umstürzende neue Eigenschaften in der Lage sind, uns gegenüber der Entwicklung des Feindes bedeutende Vorteile zu bringen (...) und um weiter das Übermass an Änderungen für diejenigen Typen, deren Entwicklung als abgeschlossen gelten kann, abzustellen«[975]. Zusammengefaßt läßt sich die von Hitler verfügte Gesamtaufgabe der Rüstung in vier Abschnitte unterteilen:

1. *Schwerpunkt in der Entwicklung unter besonderer Konzentration der Kräfte,*
2. *Abänderungsstop für in Serienfertigung befindliche Waffen, Geräte und sonstige Gegenstände,*
3. *Entfeinerung der Waffen,*
4. *Ausarbeitungen von Vorstellungen über einzustellende Fertigungen.*

Daraufhin bestimmte Speer einen Tag nach dem Attentat auf Adolf Hitler – mit dem er übrigens zu unrecht in Verbindung gebracht worden war und sich vor Hitler verantworten mußte[976] – gemäß »Führererlaß«, sämtliche Forschungs- und Entwicklungsarbeiten einzustellen, sofern keine Ausnahmeregelung vorlag, und die Neuaufnahme solcher Arbeiten von ihm generell absegnen zu lassen. Darüber hinaus verfügte Speer ein striktes Änderungsverbot von in Serienfertigung befindlichen Geräten (also Fertigtypen)[977] und setzte für solche Gegenstände, für die wegen mangelnder Truppenerprobung oder noch laufender Erprobungen Änderungen zu erwarten waren, die Bezeichnung »Anlauftypen« fest[978]. Die Tendenz zur Vereinfachung setzte sich so auch in der Terminologie durch, wenn es von jetzt nur noch »Fertigtypen« und »Anlauftypen« gab.

Schließlich traf Speer Anordnungen, um dem Befehl Hitlers zur »Entfeinerung« von Waffen und Geräten nachzukommen[979]; danach waren alle Möglichkeiten zur Simplifizierung von Kriegsmaterial auszuschöpfen und alle Instrumente und sonstigen Zulieferungen daraufhin zu überprüfen, ob sie »für die Kampfkraft unabdingbar notwendig und der zu ihrer Herstellung benötigte Arbeits- und Materialaufwand gerechtfertigt ist«[980]. Die Prüfung der Möglichkeiten einer Entfeinerung war Aufgabe der Sonderausschüsse, Sonderringe und Produktionsausschüsse; die Bedarfsträger stellten für eine solche Prüfung zu jeder Instanz einen bevollmächtigten und entscheidungsberechtigten Vertreter ab: »Die Prüfung ist bis zum 30. 9. 1944 durchzuführen«[981].

Alle durch den Wegfall von Entwicklungen freiwerdenden Arbeitskräfte waren unverzüglich dem Rüstungskommando zu benennen, um von Speer neu eingesetzt werden zu können, der die Betriebsführer bei Androhung schärfster Strafen zu einer peinlich genauen Meldung anhielt[982]. Speer hatte alle Vollmachten Hitlers, wenn nötig auch mit härtesten Maßnahmen gegen Betriebschefs vorzugehen, die für den eigenen Vorteil und nicht im Sinne des »Führererlasses« arbeiteten.

Die »5 Anordnungen zum Erlaß des Führers« betrafen die Kriegsmarine vor allem in der Frage des Änderungsverbots von in der Fertigung befindlichen Fahrzeugen und Geräten und in dem Befehl zur Einstellung aller nicht unbedingt erforderlichen Entwicklungsarbeiten. »Die Kriegslage und die äusserst angespannte personelle und materielle Mangellage zwingen unabdinglich, auf alle Änderungs- und Entwicklungswünsche zu verzichten, soweit sie für die Kriegführung oder den Waffeneinsatz nicht von tatsächlich entscheidender Bedeutung sind«[983], so belehrte der Admiralquartiermeister die für die Kriegsmarine arbeitenden Ausschüsse.

Das Oberkommando der Kriegmarine setzte Ende Juli den Erlaß für die spezifischen Marinebelange um; es war aber nicht mehr als ein »Zweitaufguß« des von Hitler und Speer Gesagten, bis auf eine Hinzufügung, die keineswegs übertrieben war: »Zusammenfassend wird bemerkt, dass die angeordneten Maßnahmen im Einzelnen bereits im Laufe der letzten Jahre vielfach Gegenstand von Anordnungen des Führers, des OKW und des RmfRuK gewesen sind, sie sind daher den beteiligten Dienststellen bekannt, und es wird im Bereich der Kriegsmarine bereits sinngemäß gearbeitet«[984].

Der »Führererlaß« vom 19. Juni 1944 war ein deutliches und sicheres Anzeichen für den rapiden Niedergang der Rüstungswirtschaft. Die Reserven gingen zur Neige, und ein kriegführender Staat wird nur dann »unbedingt notwendige« Waffen bauen, wenn er rüstungswirtschaftlich am Ende ist. Die Substanz des Deutschen Reiches war im Sommer 1944 aufgezehrt, die Rüstungskurve sank seit September 1944 ab.

Die Kriegsmarine war den Anordnungen nachgekommen und setzte die in dem Erlaß gestellten Forderungen, so gut es eben ging, um. Die schwerpunktmäßige und straffe Steuerung des Bauplans war ohnehin das »Grundgesetz« des Oberbefehlshabers seit Verabschiedung des Flottenbauprogramms 43 gewesen. Die Umsetzung gestaltete sich gleichwohl kompliziert, da die Bereitstellung von Seestreitkräften naturgemäß lange Zeit in Anspruch nahm und jede Verzögerung in der Zulieferung sich augenblicks auf die Endablieferung auswirkte. Engpässe bei Munition und Gerätschaften konnten großenteils umschifft werden, doch fiel auch nur eine Sektion für ein U-Boot aus, war dieses Boot auf lange Frist nicht lieferbar.

Wichtige Gruppen des Rüstungsindex Januar 1942-Januar 1945[985]

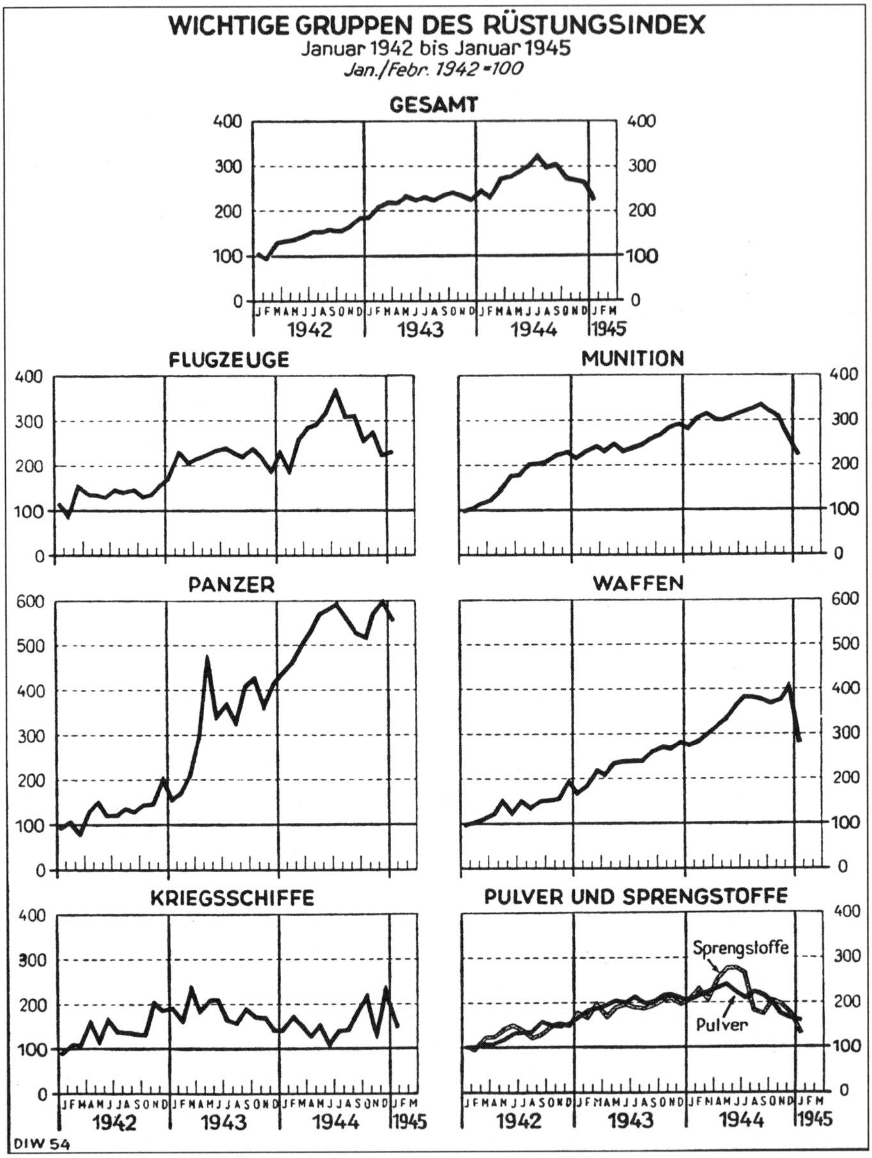

Die Bauausfertigungen etwa der Minensuch- und Minenräumboote beweisen, daß »gem. Führererlaß« mit primitivsten Mitteln produziert und alle Feinarbeiten ausgeschaltet wurden, und gerade die Kleinkampfmittel der Kriegsmarine sind das Paradebeispiel für einfachste Bauausführungen – hier ist konsequent umgesetzt worden, was Hitler am 19. Juni 1944 befohlen hatte – doch nicht, um dem »Führer« zu gefallen, sondern weil alle anderen Möglichkeiten außer Reichweite lagen: Der Zwang der Umstände hatte zu simplen Meereswinzlingen geführt und nicht der »Führerbefehl«.

Hitler hatte auf die Notstandssituation im Reich reagiert, und die Wehrmachtteile waren den Anordnungen gefolgt, doch es lag auf der Hand, daß alle Bemühungen kaum eine Kurskorrektur herbeiführen konnten. Der alliierte Druck wuchs täglich, daran änderte auch das mit Vorrang behandelte Jägerprogramm[986] nichts mehr. Das Jägerprogramm der Luftwaffe, dessen Durchführung eine Grundvoraussetzung für alle Zweige der Kriegführung war, brachte der Kriegsmarine erhebliche Einbußen, weil ihm und nicht mehr den U-Booten die erste Priorität zugesprochen wurde. »Soweit bei Fertigung, Zulieferung, Verlagerung und Arbeitseinsatz in Kapazitäten des Heeres und der Kriegsmarine eingegriffen werden soll, ist von den entsprechenden Mitgliedern des Jägerstabes die Zustimmung der beteiligten Amtschefs des Reichsministers für Rüstung und Kriegsproduktion einzuholen, die erforderlichenfalls meine [Speers, d.Vf.] Entscheidung herbeiführen«[987]. Das hieß, daß die Kriegsmarine vor Eingriffen in ihre Kapazitäten durch die Luftwaffe nicht mehr sicher war.

Durch die Sonderrechte der Luftwaffe hatte die Rüstung der beiden anderen Wehrmachtteile leiden müssen, und Dönitz führte zwar bei Hitler darüber Klage, erhielt jedoch nur zur Antwort, »daß dies zwar sehr nachteilig [ist], aber im großen gesehen, müßte der Jägerstab der Luftwaffe diese Macht haben, sonst würde Industrie noch mehr zerschlagen und damit auch der U-Bootsbau überhaupt erledigt«[988], worauf der Reichsmarschall freilich lebhaft zugestimmt hatte.

Der sich mit Vehemenz abzeichnende Zusammenbruch der Heimatluftverteidigung 1944 ließ die berühmte Bomber-Jäger-Kontroverse auf ihren Höhepunkt gelangen, und sie verdeutlicht in wohl einmaliger Weise das von Starrsinn und Engstirnigkeit begleitete Unvermögen Hitlers in der Spätphase des Krieges, den Notwendigkeiten vollauf Rechnung zu tragen. Er hatte zwar erkannt, daß der Jägerbau vorrangig behandelt werden mußte, doch die Entscheidung für die Me 262 als Jäger und nicht als Bomber kam viel zu spät[989].

Der Zusammenbruch der Luftverteidigung, die Priorität im Jägerbau und die veränderte Gesamtkriegslage nach der Invasion der Alliierten in der Normandie führten im September die Seekriegsleitung zu der Überzeugung, ein neues Flottenbauprogramm auf der Grundlage dieser neuen Voraussetzungen aufstellen zu müssen. Hatte Dönitz bei einer Besprechung in »Koralle« am 24. und 25. August 1944 noch ein Loblied auf den ungebrochenen Kampfgeist des Personals und die ungeheuren Leistungen der Schiffbau- und Waffenindustrie angestimmt[990], so verebbte die Hochstimmung im Angesicht der Forderung nach einem Mindestprogramm – und dies nur drei Wochen später.

Neben der rein zahlenmäßigen Verminderung der Programmzahlen war auch die typenmäßige Verlagerung denkbar. Die Bedarfsrechnung auf lange Sicht und das vorausschauende Planen waren aufgrund der sprunghaften Veränderung der Gesamtkriegslage nicht mehr möglich, es konnte nur noch kurzfristig geplant werden. Der Admiralquartiermeister stellte am 14. September eine erste Liste auf, die eigentlich keine Änderungen beinhaltete, sondern in der vielmehr betont wurde, daß durchweg die Forderungen des Flottenbauprogramms 43 »auch heute und in Zukunft noch die äußerste Mindestforderung dar[stellen]«[991]. Nur bei den Marinefährprähmen konnten Kürzungen besprochen werden, doch jetzt war es die Seekriegsleitung, die sich einer möglichen Herabsetzung der MFP-Zahlen verweigerte, da bei den vordringlich anfallenden Aufgaben, wie Zurücknahme Heeresgruppe Nord, Holland-Schelde-Raum, Schärengebiet-Norwegenraum, Ostsee-Eingänge und östlicher Ostsee den MFPs immer größere Bedeutung zukam[992]. Nach einer Berechnung unter Einschluß voraussichtlicher Verlustzahlen hatte der HAS die monatliche Baurate von 60 MFPs zugesagt[993].

War man nicht zusammengekommen, um Kürzungen im Flottenbauprogramm vorzunehmen? Was zunächst erreicht wurde, war nur die Festlegung einer monatlichen Ausbringung von 60 Marinefährprähmen und die denkwürdige Einschätzung, das Flottenbauprogramm 43 stelle bereits einen Mindestplan dar. »Wir können eigentlich auf nichts verzichten«[994], so die Marginalie zu einer Sitzung beim Chef der Marinerüstung, die stellvertretend für die vorherrschende Überzeugung in der Seekriegsleitung stand.

Am 16. Oktober legte Rüstungsminister Speer – gemäß seiner Verfügung zur Einteilung in »Fertigtypen« und »Anlauftypen« – die »Fertigtypen« der Kriegsmarine fest[995].

1. Kleinkampfmittel (»Marder«, »Linse«, »Biber«, »Molch«, »Hecht«)
2. Endzielbewaffnung, Hauptmaschinen und Rudermaschine der M-Boote 43
3. Die Haupt- und Hilfsmaschinen der Kriegssperrbrecher
4. Endzielbewaffnung der Flottentorpedoboote 40 und 41. Die Boote selbst wurden zu Anlauftypen erklärt
5. Ruderanlagen, Torpedotransport- und Minentransportanlagen, sämtliche Pumpen und sämtliche Motoren der U-Boote XXI
6. Sämtliche Pumpen des U-Boot-Typs XXIII.

Damit war gleichsam ein Änderungsverbot ausgesprochen, das durchaus sinnvoll war, denn so war der Bau des Allernotwendigsten gesichert.

In den Rüstungssitzungen sind beinahe wöchentlich die Bauprioritäten, der Lieferungslage entsprechend, abgeändert und neuen Erkenntnissen und Forderungen angepaßt worden: Bereits am 1. Januar 1944 war schon der Bau der Überwasserstreitkräfte gegenüber dem Flottenbauprogramm modifiziert worden, ebenso galt das für das Ministerprogramm vom 1. Juni 1944, das die neuen U-Boot-Typen und die Kleinkampfmittel miteinbezogen hatte, doch all dies hatte nichts mit einem neuen Flottenbauprogramm gemein. Das Flottenbauprogramm 43 war trotz der verschiedenen Abänderungen die Richtlinie für die Kriegsmarine-Rüstung, wenn auch zu keinem Zeitpunkt die geplanten Programmzahlen verwirklicht worden waren.

Erst im Oktober 1944 wurde ein neues Schiffbauprogramm als Ersatz für das Flottenbauprogramm 43 Gesprächsthema. In den Rüstungsbesprechungen Nr. XXI und XXII, am 4. und 8. Oktober 1944, ist der »Kriegsschiffbauplan für das Jahr 1945« verabschiedet worden (»Merker-Plan«), der nur noch statistischen Wert hatte, denn schon »Anfang 1945 war alles überholt«[996]. Knapp einen Monat später mußte die Seekriegsleitung erkennen, daß auch das minimierte neue Flottenbauprogramm keine ernsthafte Weisung für den Kriegsschiffbau 1945 mehr sein konnte, als das OKW die Forderung nach einem Rüstungsnotprogramm erhob. Natürlich, ein solches Programm galt nur als »Vorsichtsmaßnahme für den Fall, daß Rohstoffquellen und Rüstungszentren innerhalb des Reichsgebietes ausfallen oder durch die feindl. Luftwaffe zerstört bzw. verkehrsmäßig blockiert werden«[997]. Generalfeldmarschall Keitel hatte in der für ihn typischen übertreibenden Manier das Notprogramm eine »Vorsichtsmaßnahme« genannt – diese aber war vielmehr Ausdruck der Ohnmacht des Deutschen Reiches, auf Befehl nur noch das produzieren zu dürfen, was zur unmittelbaren Verteidigung des Reichsgebietes unerläßlich war.

Die Seekriegsleitung reagierte mit der Festlegung neuer Dringlichkeiten und Prioritäten, aufgestellt unter der »Voraussetzung, daß ein wesentlicher Teil der Rüstungszentren und Rohstoffquellen des Reiches aus Kriegsgründen für die Produktion ausfällt«[998]. Die Marineführung betonte, daß sich die der Kriegsmarine zufallenden Aufgaben mit den derzeit zugeteilten Mitteln gerade noch erfüllen ließen, jede Einschränkung jedoch würde sich sofort auch auf den Umfang der Aufgaben auswirken. Die Aufstellung eines Rüstungsnotprogramms für die Kriegsmarine hatte davon auszugehen, »welche Aufgaben der Kriegsmarine unter Zugrundelegung der für das Rüstungsprogramm vom OKW herausgegebenen Richtlinie im Hinblick auf die Reichsverteidigung am ehesten in Fortfall kommen können bzw. fallen gelassen werden müssen«[999]. Die Seekriegsleitung umschrieb diese Aufgaben mit:

1. Sicherung der Küsten des Reiches gegen Feindlandungen,
2. Sicherung der Seewege entlang den deutschen Küsten,
3. Sicherung und Beherrschung der westlichen und mittleren Ostsee und der Ostseezugänge als Voraussetzung für den Besitz einer Basis, ohne die der Aufbau der Ubootswaffe nicht möglich ist,
4. Aufbau einer offensiven Ubootwaffe,
5. Sicherung des Seeweges nach Norwegen und entlang den norwegischen Küsten als Voraussetzung für den Besitz und das Halten von Norwegen.

Falls die materielle Lage die Erfüllung der genannten Aufgaben nicht mehr zuließe, »so müssen sie in der umgekehrten Reihenfolge ihrer Dringlichkeit fallen gelassen werden«[1000]. Die unbedingt zu bauenden Fahrzeuge und Geräte waren nun: Kleinkampfmittel, Schnellboote, Räumboote, AFP, MFP, Küstenbatterien und Minen. Verzichtet werden sollte auf alle U-Boote und Handelsschiffe und alle nicht genannten Kriegsschiffe; die vorhandenen Kriegsschiffe sollten aufgebraucht werden, wobei wenigstens eine beschränkte Werft- und Instandsetzungsmöglichkeit vorzusehen war. Die Seekriegsleitung wies in einem Atemzug auf die verheerenden Folgen hin, sollte das Notprogramm zur Geltung kommen: Die Basis Norwegen-Skagerrak müßte aufgegeben werden, und die Möglichkeit der Wiederaufnahme des U-Boot-Krieges zu einem späteren Zeitpunkt würde außerordentlich erschwert werden.

Dönitz antwortete auf die Forderung nach einem Rüstungsnotprogramm der Kriegsmarine völlig ablehnend mit dem Hinweis, »daß jetziges Rüstungsprogramm der Marine bereits äußerstes Notstandsprogramm darstellt. An Wiederaufnahme des U-Bootkrieges darf unter keinen Umständen gezweifelt werden. Vorbereitungen in dieser Hinsicht sind nicht zu treffen. ObdM wird Chef OKW darauf hinweisen, daß OKW-Weisung (...) in dieser Beziehung mißverstanden werden könnte«[1001]. Dönitz trieb es in seiner Verbitterung in den fanatischen Glauben, Generalfeldmarschall Keitel wolle die von »allen allein gelassene Marine« mit der Forderung nach einem Notprogramm brüskieren, und der Oberbefehlshaber sah nicht oder wollte nicht sehen, daß die Durchführung von Rüstungsnotmaßnahmen allein ein Reflex auf die militärische und rüstungswirtschaftliche Gesamtlage war. Doch Dönitz blieb dabei und lehnte die Aufstellung eines solchen Rüstungsnotprogramms geradewegs ab, indem er am 4. November abermals betonte, daß das Flottenbauprogramm 43 bereits eine Notprogramm sei[1002]. Daß Dönitz das neue Schiffbauprogramm vom 4. bzw. 8. Oktober in diesem Zusammenhang erst gar nicht erwähnte, zeigt sein hartnäckiges Festhalten an seinem größten Triumph: dem Flottenbauprogramm 43, das ihm die Sicht für alle Realitäten versperrte. Der Oberbefehlshaber wollte nicht wahrhaben, daß sein Programm, auf das er einst mit unvergleichlicher, eben fanatischer Energie hingearbeitet hatte, gescheitert war und damit seinem U-Boot-Krieg jede Chance auf einen Neuanfang genommen war.

Dönitz gab dennoch nicht auf. Am 25. Oktober lag eine Denkschrift vor[1003], in der er Hitler ersuchte, die für den Kriegs- und Handelsschiffbau verbliebenen Werftarbeiter der Marine zu belassen und sie von weiteren Abzügen zu verschonen. Seit Mitte des Jahres, so hob Dönitz an, sei der Bau der Sicherungsstreitkräfte hinter den Verlusten zurückgeblieben, ein weiterer Kräfteschwund sei nicht vermeidbar, im Gegenteil, die Lage hätte sich in den letzten Wochen eher verschlechtert. Dönitz erklärte die miserable Situation mit den ständigen Luftangriffen auf die Häfen und Werften, die das Erreichen der Planzahlen auch in der folgenden Zeit nicht möglich machen würden.

Demgegenüber stiegen fortgesetzt die Anforderungen der Wehrmacht an die Seetransporte. Die Aufgaben für die Heeresgruppe Nord und den norwegischen Raum konnten trotz straffer Organisation und Einsatz sämtlicher Mittel nur unvollkommen und unter erheblichen Verlusten erfüllt werden. Die Seekriegsleitung erhielt zwar immer wieder Anträge der Marineoberkommandos auf Verstärkung der viel zu schwachen Sicherungsstreitkräfte, »die ausnahmslos abgelehnt werden müssen, weil keine Kräfte verfügbar sind«[1004]. Es war immer dasselbe: Die Dampfer mußten, unter Abzug von Sicherungsstreitkräften an anderer Stelle, Geleitschutz bekommen, weil dieser von der Luftwaffe nicht übernommen werden konnte, und beschädigte Fahrzeuge waren aufgrund des Arbeitermangels nicht schnell genug reparierbar. Der Abzug von Kräften aus dem Neubau für die Reparatur verzögerte wiederum die Fertigstellung von Neubauten. Durch den Verlust der westfranzösischen Stützpunkte und der im Mittelmeer und Schwarzen Meer waren 9.035 Werftarbeiter verlorengegangen, was sich gerade auf die Reparatur von U-Booten verheerend ausgewirkt hatte. »Schon jetzt können die Restarbeiten und Reparaturen neu indienstgestellter U-Boote wegen Mangel an Reparaturarbeiten erst nach tagelangen Wartezeiten der U-Boote in den Werften in Angriff genommen werden. Das wird noch schlimmer, wenn nun noch weitere Arbeiter von den Werften abgezogen werden; als unmittelbare Folge muß dann eine wochen- und monatelange Verzögerung des Tonnagekrieges mit den neuen U-Booten eintreten«[1005].

Am 1. Oktober 1944 waren auf deutschen Werften 147.000 Arbeiter beschäftigt[1006]. 13.500 Arbeiter sind zum Dienst in die Wehrmacht eingezogen worden, und Dönitz mußte notgedrungen 18.700 Soldaten der Kriegsmarine den Werften zur Verfügung stellen. Im Rahmen weiterer Einziehungen sollten ca. 20.000 deutsche Arbeiter von den Werften geholt werden, das entsprach etwa 25 Prozent der auf den Werften eingesetzten Kräfte. Dönitz konnte unmöglich als Ersatz wiederum Soldaten abziehen, weil die Kriegsmarine ohnehin alles entbehrliche Personal an das Heer hatte abtreten müssen. Gegenüber 200.000 Mann Einbußen (Verluste eingerechnet) waren nur 40.000 Mann eingestellt worden. Angesichts dieser katastrophalen Personallage bat der Oberbefehlshaber Hitler inständig darum, der Kriegsmarine doch wenigstens den Verbleib von 81.000 Werftarbeitern zu garantieren. »Ohne den jetzt noch vorhandenen Rest dieser Menschen entsteht der schwerste Schaden für die Kriegsmarine bei den ihr zufallenden Aufgaben der Seetransporte und der Sicherung im Küstenvorfeld, vor allem aber beim Ingangsetzen des Tonnagekrieges der neuen U-Boote. Dieser Schaden trifft unsere ganze Kriegführung«[1007].

Dönitz hatte allen Ernstes das Warten auf den »neuen« U-Boot-Krieg noch immer nicht aufgegeben und hoffte, die 81.000 Werftarbeiter behalten zu können. Am 31. Oktober besprach Dönitz die Problematik mit Generalfeldmarschall Keitel, und dieser wies ihn bei der Gelegenheit beiläufig darauf hin, daß der »Führer« aufgrund der Denkschrift sein grundsätzliches Einverständnis erteilt habe[1008]. Immerhin: Dönitz hatte bekommen, was er wollte, und wenn es auch nur noch ein Tropfen auf den heißen Stein war – seine Überzeugungskraft hatte er bei Hitler noch immer nicht eingebüßt, der ihm am 1. November in einem Erlaß bestätigte, daß förderhin das Werftpersonal als »Schiffswerft-Sonderpersonal« von jeder Sonderaktion ausgenommen sei, und mehr noch: Hitler verfügte, die im Rahmen des SE 5-Aktion[1009] einberufenen Werftarbeiter ihren Arbeitsplätzen wieder zuzuführen[1010].

Zum »Schiffswerft-Sonderpersonal« im Sinne des Hitler-Befehls gehörten »alle deutschen männlichen Gefolgschaftsmitglieder der in der Anlage aufgeführten Betriebe, die zum Teil Ihrer Zuständigkeit [der Zuständigkeit der Betriebsführer, d. Vf.] unterstehen«[1011]. Damit war für die Werften bis auf weiteres ein Schutz erreicht worden, der gleichwohl nicht von der Pflicht entband, »alle Schulungs- und Anlernmaßnahmen für Frauen und Kz-Häftlinge [sic!] in gesteigertem Umfange weiterlaufen zu lassen, da Einberufungen auch auf dem Werft-Sektor auf Grund besonderer Verhältnisse auch jetzt angeordnet werden können«[1012].

Doch Dönitz waren die 81.000 Werftarbeiter garantiert, er hatte nun Fahrtwind, und wer Dönitz' Hartnäckigkeit kannte, der wußte auch, daß er mit weiteren Forderungen an Hitler herantreten würde, um doch noch möglich zu machen, was längst nicht mehr möglich war, nämlich die materiellen Voraussetzungen für die Marinerüstung zu schaffen: »Dönitz plante und forderte weiter«[1013], als er Hitler eine Denkschrift zum »Rüstungsstand der Seestreitkräfte« mit dem Datum vom 11. November 1944 vorlegte[1014]. Dönitz griff weit aus, als er auf die Genese des Flottenbauprogramms 43 zu sprechen kam, und betonte, daß das damalige Programm unter den Zwängen des Krieges aufgestellt worden sei und folglich nur die Streitkräfte Berücksichtigung gefunden hätten, die für die Kriegsmarine unbedingt erforderlich gewesen wären. Den beigefügten Schaubildern[1015] war die tatsächliche Ablieferung von Neubauten gegenüber dem Plan zu entnehmen. »Aus Ihnen ergibt sich, daß infolge der Schwierigkeiten auf den Werften, in der Zulieferungsindustrie und in letzter Zeit auch im Verkehrswesen durch Luftangriffe, Rohstoff- und Arbeitermangel die Zusagen mit einziger Ausnahme der R-Boote nicht erfüllt werden konnten«[1016].

Bei den Sicherungsstreitkräften hatte, so klagte Dönitz, ein laufender Kräfteschwund stattgefunden, während die Bereitstellung der offensiven Kampfmittel, vor allem der U-Boote, nicht mit der erhofften Schnelligkeit möglich war. »So steht heute die Kriegsmarine erheblich schwächer da, als sie es vor Anlaufen des Flottenbauprogramms, das ja eine Stärkung der Kriegsmarine bringen sollte, gewesen war«[1017]. Und Dönitz kam auf den Punkt, als er von Hitler diejenigen Mittel forderte, um am Flottenbauprogramm festhalten zu können – die Gesamtlage gebiete eben, daß die Kriegsmarine ihre bisherigen Aufgaben fortführe.

»Deutlicher ließ sich die Diskrepanz zwischen Wunsch und Wirklichkeit kaum noch demonstrieren; die Dönitzsche Denkschrift war nicht das Papier wert, auf dem sie stand«[1018]. Hatte Dönitz ernsthaft an die Umsetzung des Flottenbauprogramms geglaubt und daran, von Hitler noch im November 1944 die Mittel für den Bau der Schiffe zu erhalten? Wie entrückt mußte man sein, um sich in derartiges Wunschdenken zu flüchten. Dönitz hatte längst verloren, was einst charakteristisch für ihn gewesen war: Die Sicht für die real existierenden Umstände. Gleichwohl: Dönitz hatte wieder einmal den Eindruck auf Hitler nicht verfehlt, aber das war kaum verwunderlich, denn der »Führer« litt ebenso wie sein Ob.d.M. unter eklatantem Realitätsverlust.

Seekriegsleitung und HAS sahen die Lage offenbar klarer: Am 17. November vermerkte das KTB[1019], daß der Chef der Marinerüstung von Generaldirektor Merker über die verheerende Lage im Ruhrgebiet aufgeklärt worden sei. Hier hatten die feindlichen Bomber eine Trümmerwüste hinterlassen: Die Reichsbahn war schwer angeschlagen, fünf Großbahnhöfe lagen still, die Kohleförderung war im Oktober um 100.000 Tonnen gesunken und die Rohstahlerzeugung auf 800.000 Tonnen abgefallen. Speer war bereits vor Ort, um sich einen Eindruck von der Situation zu verschaffen und um notwendige Maßnahmen einzuleiten. Für den Schiffbau bedeutete dies eine Kürzung von Zuteilungen für das erste Quartal 1945. Der Hauptausschuß Schiffbau bereitete daraufhin einen Vorschlag vor, wie diese Kürzung vom Standpunkt des Schiffbaus aus zweckmäßigerweise auf die verschiedenen Objekte der Gesamtplanung zu verteilen war. Die Seekriegsleitung erbat einen entsprechenden Plan, der die Forderungen der militärischen Seite mit berücksichtigte, da bei der Langfristigkeit der schiffbaulichen Vorhaben zeitig entschieden werden mußte, was im Spätsommer bzw. Herbst 1945 an Fertigstellungen geplant war. »In längerer Erörterung wird seitens Chef Mar.Rüst und seitens Skl übereinstimmend zum Ausdruck gebracht, daß die notwendige Kürzung Uboote und für die Ubootkriegführung unerläßliche Überwasserfahrzeuge in gleichem Maße treffen muß, daß unter Umständen sogar eine Bevorzugung gewisser Überwasserfahrzeuge zu Gunsten der Ubootszahlen notwendig sein wird [soll heißen: gegenüber den Ubootszahlen, d. Vf.]. Entscheidung liegt bei Ob.d.M.«[1020].

Doch die Position von Dönitz war eindeutig: Abstriche vom Bauprogramm kamen überhaupt nicht in Frage. Der Oberbefehlshaber gab sich unbelehrbar, als er wiederholt darauf hinwies, daß das Flottenbauprogramm ein Mindestprogramm sei und das Ingangbringen des »neuen« U-Boot-Krieges für ihn noch immer eine Konstante darstelle. Mehr noch: Die umfangreichen Aufgaben, die der Kriegsmarine zufielen, forderten vielmehr ein verstärktes Herausbringen von Neubauten! Präsident Kehrl, der neben Merker und von dem Borne der Besprechung[1021] beiwohnte, gab unbeeindruckt von den starken Worten des Ob.d.M. einen Überblick über die Stahllage, die sich seit Mitte Oktober infolge des gewaltigen feindlichen Lufteinsatzes beträchtlich verschärft hatte. Durch die planmäßigen Angriffe auf die Verkehrswege zur Isolierung des Ruhrgebietes wurde der Wagenumlauf von täglich 22.000 auf 7.000 Wagen herabgedrückt, und die Stahlerzeugung von 700.000 Tonnen im Oktober war auf 400.000 Tonnen im November zurückgegangen.

Die einzige Möglichkeit, drastische Einbrüche in der Fertigproduktion zu verhindern, war die Aufstellung eines sogenannten »Erzeugungsprogramms«. Der anfallende Stahl sollte so für diejenigen Teile verwendet werden, die am wenigsten oder gar nicht bevorratet waren, »so daß insgesamt möglichst viele fertige Stücke auf jedem Gebiet herauskommen«[1022]. Das hieß, daß materialintensive Typen konsequent von der Produktionsliste gestrichen, zumindest aber zurückgestellt werden mußten. Die Kleinkampfmittel sollten von den Maßnahmen generell unberührt bleiben, weil sie eine schnelle Wirkung versprachen.

Dönitz ließ eine solche Einschränkung des Bauprogramms nicht gelten:

»Ob.d.M. weist darauf hin, daß die Uboote und Kleinkampfmittel mit den Überwasserschiffen ein unteilbares Programm bilden und deswegen auch diese nicht vernachlässigt werden dürfen«[1023]. Er beabsichtigte – nachdem Speer voraussichtlich in ein bis zwei Wochen einen Überblick über die Stahllage gegeben haben würde – in einer Zusammenkunft mit Hitler eine Entscheidung in dieser Frage herbeizuführen. Einen Tag nach der Besprechung vom 2. Dezember betonte Dönitz gegenüber Hitler[1024] nochmals, daß alles geschehen müsse, um das Schiffbauprogramm der Kriegsmarine durchzuziehen. Hitler stimmte dem zu, warum auch nicht? Prinzipiell hatte Dönitz ja vollkommen recht. Daß er dabei die Notstandssituation der Rüstungswirtschaft nicht erkannte oder nicht erkennen wollte, das hatte mit der grundsätzlichen Richtigkeit von Dönitz' Ausführungen nichts zu tun, wenn er eine erfolgreiche Seekriegführung nur bei Einhalten und eventuellem Hochziehen des Flottenbauprogramms gewährleistet sah.

Es kam, wie es kommen mußte, da halfen auch alle Proteste und Starrsinnigkeiten des Großadmirals nichts: Der Bauplan mußte geändert werden. Bei Jahresbeginn 1945 aber war als Kriegsschiffbauplan noch das vom Ob.d.M. und Speer genehmigte Programm des Hauptausschusses Schiffbau vom 4. bzw. 8. Oktober 1944 in der Form bindend, wie es in der XXI. und XXII. Rüstungssitzung festgelegt worden war, wobei interessant ist, daß das Programm für 1945 gegenüber dem Plan vom 1. Juni 1944 für viele Bereiche nur wenig geänderte Zahlen enthielt[1025] (der U-Boot-Bauplan 1945 verhielt sich hinsichtlich der Monatslieferung von 40 Booten völlig analog zum Flottenbauprogramm 43).

Bei Jahreswechsel war der Führung jedoch allmählich klar geworden, daß durch die Auswirkungen des Bombenkrieges und die näherrückenden Fronten das Durchziehen des geplanten Kriegsschiffbaus 1945 in dieser Höhe nicht mehr möglich war. Den wachsenden Schwierigkeiten konnte der Hauptausschuß auch nicht durch das Einsetzen eines

Sonderbevollmächtigten für die dringendsten Bauvorhaben (also Kleinkampfmittel und U-Boote) Herr werden. Wenn durch diese Maßnahme eine wirksame Ausschaltung des verzögernden Instanzenweges und damit eine Beschleunigung dringender Entscheidung gewährleistet war, so zeigte sich dennoch, daß der HAS die schwierige Industrie- und Werftlage – so wie sie sich im Januar und Februar 1945 voraussichtlich entwickeln würde – nicht mehr meistern konnte. Infolge des Zusammenbruchs in Ost und West fielen immer mehr Werke der Zulieferindustrie aus; an ein rechtzeitiges Heranbringen der Zulieferungen war wegen der zerstörten Verkehrswege nicht mehr zu denken.

Erst unter dem Zwang dieser katastrophalen Verhältnisse entschloß sich der Reichsminister – nun endlich auch im Einvernehmen mit Dönitz – zu einem sogenannten »Schiffbau-Notprogramm«, das am 20. Februar 1945 in Kraft trat.

Das »Schiffbau-Notprogramm« vom 20. Februar 1945[1026]

A. U-Boote

Typ XXI	
Bis 19. 2. 45 abgeliefert:	104
Notprogramm	66
Restarbeiten an Schichau-Booten bei *Bremer Vulkan* bzw. in »Fink II«	12
Insgesamt zu liefern:	78
Typ XXIII	
Bis 19. 2. abgeliefert	49
Notprogramm	21
Restarbeiten	2
Insgesamt zu liefern	23
Typ VII C	8
Typ XVII B	3
Typ IX D	2
Typ XXVI W	4
Typ 127 (»Seehund«)	600

B. Überwasserschiffe

a) Stahlbauten

T-Boote	3
M-Boote 40	
Notprogramm	1
Restarbeiten	2
M-Boote 43	
Notprogramm	10
Restarbeiten	4
MZ-Boote	1
Kriegssperrbrecher	1
Hohlstabgeräte	6
Kriegs-U-Jäger	2
U-Jäger und Vorpostenboote	10

Hilfsminensuchboote	2
Motorfischlogger	2
Versuchsfahrzeuge	2
MFP	22
MAL	18
MNL	12
EL1	
Siebelfähren	18
Pionierlandungsboote (Heer)	5/Monat
1.000-PS-Motorboot (Heer)	10/Monat

b) Holzbauten

S-Boote	19
R-Boote	
Notprogramm	20
Restarbeiten	2
KFK	
Notprogramm	64
Hollandlieferung	20
Kleinkampfmittel	
»Hydra«	160
»Linse«	200
Pioniersturmboot 39 (Heer)	20
SS-Frachter	1

c) Handelsschiffe

3.000-t-Hansa-Schiffe	
Notprogramm	2
Restarbeiten	11
5.000-t-Hansa-Schiffe	
Notprogramm	8
Restarbeiten	1
9.000-t-Frachter	6

d) Betonschiffe

300-t-Wiking-Frachter	11

e) Betriebsfahrzeuge

Seeschlepper	2
Küstentanker	8
Sonstige Betriebsfahrzeuge	11

f) Binnenschiffe

Schlepper, Tankkähne etc.	10

Das Liefersoll gemäß »Schiffbau-Notprogramm« ist 1945 in keinem Fall mehr erreicht worden, und das war nicht verwunderlich. Nur in Einzelfällen, etwa bei den Minenräumbooten, wurde noch eine beachtliche Ausbringung erzielt; die Ursache dafür lag wohl weniger in der vorausschauenden Planung als vielmehr in der Tatsache begründet, daß die R-Boote bauenden Werften bis zum Ende des Krieges weitgehend intakt blieben: *Burmester* hatte seinen Werftbetrieb in Swinemünde rechtzeitig westwärts verlegen und so dem Zugriff der Roten Armee entziehen können.

Das neue Schiffbauprogramm vom Oktober 1944 war ein Fehlschlag, es mußte zwangsläufig ein Fehlschlag sein, da ihm schon bei der Aufstellung jede gesunde Grundlage fehlte. Erst um die Jahreswende 1944/45 wurde der Führung allmählich deutlich, daß die militärische Lage zu Illusionen keinen Anlaß mehr gab. Daß das »Schiffbau-Notprogramm« vom Februar 1945, das eine Umstellung und Anpassung an die Verhältnisse krampfhaft versucht hatte, eigentlich nicht mehr ein Programm zu nennen ist, liegt auf der Hand.

Schon wenige Tage nach Inkrafttreten des Notprogramms wußten Führung und Rüstungsgremien, »daß Notprogramm im vorgesehenen Rahmen voraussichtlich nicht erfüllbar«[1027]. Und dennoch: Die Seekriegsleitung trug an den Hauptausschuß im März die Forderung heran, monatlich noch vier S-Boote zu fertigen – die aber wurde kurzerhand mit der Bemerkung abgetan, »daß eine Weiterverfolgung und Durchführung nicht in Betracht kommt. Es ist in der heutigen Lage nicht möglich, Änderungen am Notprogramm, in dem alle irgendmöglichen [sic!] Neubauten bereits aufgenommen sind, vorzunehmen«[1028]. Am »Programm« war nicht mehr zu rütteln, und »weitere derartige Anträge [sind] zwecklos«[1029]. Und noch immer wurde an den Ablieferungszahlen gefeilt, als das OKM einen neuen Plan für Kriegsschiffneubauten nach dem Stand vom 1. März zur Kenntnis brachte[1030]. Außer, daß daraus ein weiteres Absinken der – nicht mehr – zu erwartenden Leistung ablesbar war, ergab sich nichts.

Die letzten Eintragungen des Kriegstagebuches der Seekriegsleitung betrafen schwerpunktmäßig die Zerstörung von Rüstungs- und Industrieanlagen. Am 19. März hatte Hitler den Befehl zu »Zerstörungsmaßnahmen im Reichsgebiet« erlassen, die sogenannten »Nero-Befehle«, in denen er forderte, alle militärischen Verkehrs-, Nachrichten-, Industrie- und Versorgungsanlagen im Deutschen Reich zu vernichten[1031]. Generalfeldmarschall Keitel hatte daraufhin ergänzende Hinweise für die Wehrmacht erlassen. Für sämtliche Seehäfen und den in ihnen liegenden Schiffswerften galt danach eine Sonderregelung[1032], jedoch nicht für die Binnenwerften und im Osten liegende Marinebetriebe – die waren zu zerstören.

Daß für die Kriegsmarine eine Sonderweisung galt, hatte seinen Grund: Sie war an den Auftrag gebunden, den Kampf auf dem Wasser solange wie möglich fortzusetzen. Ihre Aufgaben umfaßten den Nachschub für die Heeresgruppen Kurland und Nord, Überführung der 199. ID von Norwegen nach Dänemark, die Fortführung des U-Boot-Krieges, den Offensiveinsatz der S-Boote und Kleinkampfmittel, die Unterstützung der Heeresoperationen und sonstige »dringende Aufgaben, die auf Grund operativer Lage auf Kriegsschauplätzen entstehen«[1033]. Bei der Erfüllung dieser Aufgaben im April und noch im Mai 1945 war die Marine buchstäblich über sich hinaus gewachsen. Dönitz, der sich genauso wie Speer[1034] den Zerstörungsbefehlen Hitlers widersetzt hatte, »schuf zusammen mit der Konzentration der restlichen Kohlen- und Ölvorräte auf die Evakuierungsaufgaben die Voraussetzung für den erstaunlich reibungslos ablaufenden Rückführungsprozeß«[1035]. Auf das Ende der Kriegsmarine und des Dritten Reiches, die Regierung Dönitz' und deren schließliche Festsetzung in der Marineschule in Flensburg/Mürwik am 23. Mai 1945 ist hier nicht einzugehen[1036].

Das Ersticken der deutschen Rüstungswirtschaft und der Zusammenbruch deutscher geordneter militärischer Operationen fielen etwa zeitgleich zusammen und lassen die unmittelbare Interdependenz zwischen Führung des Krieges und Führung von Kriegswirtschaft erkennen. Das eine war ohne das andere nicht denkbar, und beides war bei dem äußeren Druck nicht mehr möglich. Die Invasion in der Normandie ließ die deutschen Armeen nur noch reagieren, und die rasche Eroberung des deutschen Machtbereichs im Westen nahm dem Reich unentbehrliche Ressourcen. Die alliierte Treibstoffoffensive wie die konzentrierten Bombardements gegen die Zentren der deutschen Rüstungsindustrie und die Verkehrswege sind daneben die sichtbarsten Faktoren für den deutschen Zusammenbruch. Demgegenüber bleibt der Sturm der Roten Armee auf das Reich weniger ausschlaggebend für den Untergang von Wirtschaft und Kriegführung. Das erklärt sich, denn nicht im Osten schlug das Herz der deutschen Industrie, sondern im Westen, und viele der verbliebenen Ostwerke und -werften sind in den letzten Monaten des Krieges hektisch westwärts verlegt worden. Umso erstaunlicher ist es, wenn vielfach die Rote Armee als der eigentliche Bezwinger der deutschen Wehrmacht und Sieger des Zweiten Weltkrieges gilt; freilich, die Sowjetunion hatte die größte Last und schwerste Bürde des Krieges zu tragen, doch ohne die massiven alliierten Luftangriffe auf die produzierenden Betriebe, die gezielte Lahmlegung der Rüstung und die Wegnahme wichtiger Rohstoff-Gebiete im Westen wäre der Krieg im Mai 1945 nicht beendet worden.

Schluss

Abschließend sollen die Ergebnisse der Untersuchung zusammengefaßt werden. Die zentrale Frage war, welche Einheiten in welcher Zahl 1942–1945 unter den gegebenen Umständen gebaut wurden und welche Wege die Marineführung beschritt, um den Krieg zur See unter dem zunehmenden Druck der Alliierten führen zu können.

Die Kriegführung 1942 stand ganz im Zeichen des Ostfeldzuges und der Hoffnung, die Sowjetunion zu besiegen, um die unermeßlichen Rohstoffressourcen für die deutsche Rüstungswirtschaft nutzbar zu machen. Die Programmzahlen nach dem »Schiffsneubauplan« vom Mai 1942 wären nur dann realisierbar gewesen, wenn Rohstoffe und Facharbeiter in entsprechender Quantität zur Verfügung gestanden hätten. Zwar plante Hitler langfristig die Rüstungsverlagerung vom Heer auf Marine und Luftwaffe, um sich mit diesen beiden Wehrmachtteilen schwerpunktmäßig gegen England, die USA – und dermaleinst auch Japan – wenden zu können, doch all dies stand in unmittelbarer Abhängigkeit von der Niederringung der Sowjetunion. Bis dort keine Entscheidung gefallen war, galt dem Heer die kurzfristige, aber alleinige Aufmerksamkeit – darunter litt die Kriegsmarine bis zum schließlichen Ende.

Marineseitig ist das Jahr 1942 von der Hoffnung auf die Bezwingung der UdSSR geprägt, und die Seekriegsleitung hielt an den utopischen Planungszahlen fest, doch die ausreichende Bereitstellung des Materials blieb ebenso ein Wunsch wie die Beendigung des Unternehmens »Barbarossa«. So bildet das Jahr 1942 die Peripetie in der Geschichte der Kriegsmarine-Rüstung im Zweiten Weltkrieg: Von nun an war der sparsame Umgang mit den Mangelmaterialien und Facharbeitern Leitstern für alle Planungen.

Das nach der Übernahme der Rüstungverantwortung durch Albert Speer 1942 eingeführte System der industriellen Selbstverantwortung hat die deutsche Rüstungswirtschaft zwar auf eine neue Grundlage gestellt, doch das neue System konnte den Rohstoff- und Arbeiterengpaß nicht beseitigen – der blieb das Grundproblem der deutschen Rüstung. Umso erstaunlicher ist es, daß die Seekriegsleitung, namentlich die Traditionalisten um Großadmiral Raeder, noch im Sommer 1942 an dem Ausbau einer weltmächtigen Seeflotte festhielt und den Überlegungen zur Produktion von Schlachtschiffen und Flugzeugträgern den Vorzug vor den wesentlich effektiveren U-Booten gab, obwohl die U-Boote und Sicherungsfahrzeuge als Kern der maritimen Strategie ausdrücklich anerkannt waren. Auch Hitler hat sich noch 1942 mit den Gedanken an den Bau von Flugzeugträgern und Schlachtschiffen getragen, sie gegen Ende des Jahres aber angesichts der schlechten Rohstoffsituation und der offensichtlichen Aussichtslosigkeit des Ostkrieges, der alle Spekulationen auf die sowjetischen Rohstoffquellen zunichte machte, fallengelassen. Genährt von vagen strategischen Neuorientierungen (»Großer Plan«) hatte sich die Seekriegsleitung 1942 dazu verleiten lassen, hypertrophe Schiffbaupläne – auch für die Nachkriegszeit – zu schmieden, und so drohte die Kriegsmarine 1942 zu einem Zerrbild militärischer Vernunft zu entarten. Doch mit dem gezwungenermaßen abrupten Stopp aller Großschiffbauten Anfang 1943 war das Ende aller maritimen Weltmachtambitionen besiegelt und damit auch das Ende der klassischen deutschen Marine kaiserlicher Tradition.

Der Abgang von Raeder und der Wechsel zu Dönitz an der Spitze der Kriegsmarine symbolisieren Niedergang der alten und Aufbruch zu einer neuen Marine zugleich. Raeder, der Grandseigneur, hatte dem aufstrebenden Nationalsozialisten Dönitz den Platz räumen müssen. Dönitz riß das Ruder in den ersten Monaten seiner Amtszeit kraftvoll herum, enthob die Marine innerhalb nur weniger Wochen ihrer Sonderstellung, sprengte die Fesseln ihres autistischen Denkens und richtete die Rüstung nach den Erfordernissen der Stunde aus. Um das Kriegsnotwendige ging es dem neuen Oberbefehlshaber, und das war der Bau solcher Seestreitkräfte, die zum Tonnagekrieg und zur Sicherung des Küstenvorfeldes unentbehrlich waren. Von Schlachtschiff- und Flugzeugträgerplanungen frei, konzipierte Dönitz ein Stufenprogramm in der ersten Hälfte des Jahres 1943. Mit enormer Energie rang Großadmiral Dönitz im Schulterschluß mit Rüstungsminister Speer Hitler schrittweise durch seine ungemein geschickte Vorgehensweise Material und Arbeiter ab, überzeugte den »Führer« von der kriegsentscheidenden Notwendigkeit des U-Boot-Krieges, und Hitler unterzeichnete im Juni 1943 das Flottenbauprogramm 43, das die Basis für den verschärften U-Boot-Krieg bilden sollte. Doch die auf U-Booten und leichten Seestreitkräften ruhende Planung – die größte in der Geschichte der deutschen Marine – war von Beginn an zum Scheitern verurteilt, da die zur ihrer Verwirklichung notwendigen Materialien im fünften Kriegsjahr trotz aller Anstrengungen des Großadmirals und des Rüstungsministers nicht mehr zur Verfügung gestellt werden konnten, die feindliche Abwehr ständig stärker wurde und die Luftangriffe gegen die deutsche Rüstungsindustrie zunahmen. Der Wettlauf mit der Zeit war verloren, noch ehe er begonnen hatte.

Es drängt sich die Frage auf, ob 12 Monate zuvor das allein auf den Krieg ausgerichtete Flottenbauprogramm 43 realisierbar gewesen wäre. Ich meine ja. Wäre die ganze Kraft der Seekriegsleitung schon 1942 allein in den U-Boot-Krieg investiert worden und hätte sie anstatt der Planungen für Schlachtschiffe und Flugzeugträger die begonnenen und vielversprechenden neuen U-Boot-Konstruktionen intensiver vorangetrieben und alle Rüstungskapazitäten gebündelt für den U-Boot-Bau und den Bau leichter Seestreitkräfte eingesetzt, so hätte dies weitreichende Veränderungen der seestrategischen Lage bedeuten können. Daß Dönitz seinen Obersten Befehlshaber 1942 von der alleinigen Konzentration auf die U-Boot-Waffe trotz dessen Gedanken an Schlachtschiffe und Flugzeugträger überzeugt hätte, daran gibt es m.E. keine Zweifel: Dönitz hätte 1942 bekommen, was er dann 1943 tatsächlich bekam. Doch die Spekulation, das »Was-wäre-gewesen-wenn«, gehört in den Bereich der Alternativgeschichte. Fakt hingegen und historische Wahrheit ist, daß Dönitz 1942 nicht Ob.d.M. war und er 1943 an Faktoren scheiterte, die er nicht zu verantworten hatte – darin liegt in gewisser Hinsicht etwas wie Tragik.

Das Flottenbauprogramm 43 kam zu spät, der U-Boot-Krieg war im Mai 1943 infolge der Decodierung der deutschen Verschlüsselung und der überlegenen gegnerischen Abwehr verloren. Dönitz ließ zu diesem Zeitpunkt bereits Realitätsverlust erkennen, als er den U-Boot-Krieg mit verbissener Hartnäckigkeit und in blinder Ergebenheit gegenüber Hitler weiterführte.

Alle Hoffnungen des Ob.d.M. lagen auf den neuen U-Boot-Konstruktionen. Die technischen Meisterleistungen XXI und XXIII – nachher noch in der Bundesmarine zum Einsatz gekommen und als Basis für weitergehende Planungen genommen – konnten trotz aller Bemühungen nicht mehr in einer Stückzahl an die Front geliefert werden, die einen Aufbruch zum neuen U-Boot-Krieg verhieß. Der Sektionsbau ließ nun Schwächen erkennen, mit denen die Seekriegsleitung bei seiner Einführung nicht gerechnet hatte. Ähnliche Nachlässigkeiten in der Planung betrafen auch den Zerstörerbau, der eine schier unbegreifliche Ziel- und Richtungslosigkeit offenbart: Erst viel zu spät wurde darauf reagiert, daß durch Feindeinwirkung die Arbeitsabläufe massiv gestört wurden – der Zerstörerbau wurde schließlich eingestellt, weil die Motoren nicht lieferbar waren.

Die Wiederaufnahme des U-Boot-Krieges rückte in immer weitere Ferne, und die Kriegsmarine begann infolge des eklatanten Material- und Facharbeitermangels mit dem hastigen Umbau etwa von M- und R-Booten zu offensiven Kriegsfahrzeugen und schließlich mit der Konstruktion von Kleinkampfmitteln, die schnell herzustellen, robuster Bauart waren und in ihrer Wirkung höchste Effizienz versprachen. Genau genommen trug die Kleinkampfmittel-Planung bereits alle Züge eines echten Notprogramms, und auch dies war kennzeichnend: In Anlehnung an die japanischen Kamikaze-Verbände trat das Hasard-Stückchen des einzelnen aufstrebenden jungen Fähnrichs, Oberfähnrichs oder Leutnants an die Stelle einst geordneter Operationen. Die kühne Tat verwegener Draufgänger wurde im letzten Abschnitt des Krieges für die Kriegsmarine sinnbildend, und die Tendenz zur Miniaturisierung in der Marinerüstung fand ihren Endpunkt im Bau dieser Kleinfahrzeuge. Daß trotz vorherrschender Konfusion – gerade der fortwährende Kompetenzstreit zwischen Marine und Luftwaffe hatte nicht eben zum geordneten Miteinander beigetragen – und unter dem wachsenden Druck der alliierten Luftangriffe dennoch eine beachtliche Anzahl von Kleinkampfmitteln gebaut wurden, geht auf die Konzentrationsmaßnahmen in der Rüstung und den allseits erkennbaren Rüstungsaufschwung des Jahres 1944 zurück – der allerdings war ein letztes, gleichwohl kraftvolles Aushauchen: Die Rüstungskurve fiel seit September 1944 steil ab.

Mit dem neuen Schiffbauprogramm vom Oktober 1944 reagierte die Kriegsmarine auf die offenkundige Misere. Dönitz glaubte bei Jahreswechsel 1944/45 noch immer an eine Renaissance des U-Boot-Krieges, und sein fanatischer Starrsinn, der ihm verbot, die Realität zu erkennen, ist aus der Retrospektive kaum nachvollziehbar – es sei denn, man unterstellte dem Großadmiral einen bewußten Rückzug aus der Wirklichkeit. An die Realisierung des neuen Schiffbauplans war nicht mehr zu denken, ebensowenig an die Umsetzung des noch im Februar 1945 verabschiedeten Schiffbau-Notprogramms.

Die Diskrepanz zwischen technischer Höchstleistung und rüstungswirtschaftlicher Realisierungsmöglichkeit geht mit dem gewaltigen Schrumpfungsprozeß vom »Graf Zeppelin« zum »Molch« einher, einem Prozeß, der gleichsam stellvertretend für das Selbstverständnis der Kriegsmarine steht: Einst konzipiert, um die Weltmeere zu beherrschen, entwickelte sich die Marine innerhalb von drei Jahren unter dem Zwang der Verhältnisse in einem beispiellosen Verkleinerungsprozeß zurück. Der Weg der Marinerüstung aus den nebulösen Gefilden wahrhaft gigantischer Dimension war von Dönitz 1943 in vernunftorientierte, streng markierte Bahnen gelenkt und zu einem sehr rasch gewonnenen Höhepunkt geführt worden. Es war jedoch ein Gipfel gewesen, dem die Basis gefehlt hatte, bzw. die nach und nach immer mehr verlorengegangen war. Was folgte, war der jähe Absturz, und die Erkenntnis der nahen und unausweichlichen Katastrophe hatte in die Unfähigkeit gemündet, die Wahrheit als solche zu akzeptieren.

Anhang

Anlage 1

1. Gesamtübersicht über die auf deutschen und ausländischen Werften gebauten Schiffe 1939-1945 (ohne Betriebsfahrzeuge)[1037]

Schlachtschiffe	2
Schwere Kreuzer	2
Zerstörer	21
U-Boote + ca. 1.000 Klein-U-Boote	1107
Schnellboote	289
Minensuchboote	212
Minenräumboote	308
Torpedoboote	53
Torpedofangboote	24
Kanonenboote	4
Schnelle Geleitboote	7
Kriegs-U-Jäger	20
Marinefährprähme	813
Kriegsfischkutter	498
Gesamt	**3360**

2. Aufschlüsselung im einzelnen (ohne MFP und KFK)[1038]

2.1 Deutsche Werften

Abeking & Rasmussen, Lemwerder	132 R-Boote
A.G. Neptun, Rostock	26 M-Boote, 10 U-Boote, 2 Tender
Atlaswerke, Bremen	9 M-Boote
Blohm und Voss, Hamburg	1 Schlachtschiff, 221 U-Boote
Blohm & Voss/ Flensburger Schiffbaugesellschaft	4 U-Boote
Burmester, Swinemünde	121 R-Boote
Danziger Waggonfabrik	9 S-Boote
Danziger Werft	42 U-Boote
Deschimag Bremen/Bremerhaven	16 Zerstörer, 6 T-Boote, 167 U-Boote, 1 S-Boot
Deutsche Werke, Kiel	1 Schwerer Kreuzer, 55 U-Boote
Deutsche Werft, Hamburg	6 M-Boote, 114 U-Boote, 8 TF-Boote, 4 KUJ
Dornierwerft, Friedrichshafen	11 S-Boote
Elsflether Werft, Elsfleth	9 M-Boote
Engelbrechtwerft, Berlin	4 S-Boote

Flenderwerft, Lübeck	5 M-Boote, 42 U-Boote
Flensburger Schiffbaugesellschaft	28 U-Boote
Germaniawerft, Kiel	1 Schwerer Kreuzer, 3 Zerstörer, 100 U-Boote
Howaldtwerke, Kiel	64 U-Boote
Jos. K. Meyer, Papenburg	4 KUJ
Kriegsmarinewerft, Kiel	3 Tender
Kriegsmarinewerft, Wilhelmshaven	1 Schlachtschiff, 27 U-Boote
Kriegermann, Berlin	10 S-Boote
Lindenauwerft, Memel	7 M-Boote
Lübecker Maschinenbaugesellschaft	9 M-Boote
Lürssenwerft, Vegesack	143 S-Boote
Marinearsenal, Salamis	1 Zerstörer
Nobiskrugwerft, Rendsburg	6 KUJ
Nordseewerke, Emden	30 U-Boote
Oderwerke, Stettin	22 M-Boote, 2 U-Boote
Reinicke, Berlin	4 S-Boote
Rickmerswerft, Bremerhaven	13 M-Boote
Rolandwerft, Bremen	3 S-Boote
Sachsenberg, Roßlau/Elbe	8 S-Boote
Schichau, Danzig/Elbing/Königsberg	30 T-Boote, 25 M-Boote, 94 U-Boote
Schlichtingwerft, Travemünde	51 S-Boote, 5 R-Boote
Stettiner Vulcan, Stettin	1 U-Boot
Stülcken, Hamburg	8 M-Boote, 25 U-Boote, 1 R-Boot, 1 Tender
Unterweserwerft, Bremerhaven	7 M-Boote, 2 KUJ
Vegesacker Werft, Bremen-Vegesack	74 U-Boote
Vertenswerft	1 S-Boot

2.2 Ausländische Werften[1039]

Ansaldo, Sestri-Ponente (Italien, I)	5 T-Boote
Atel. et Chant. de la Loire, St. Nazaire (Frankreich, F)	2 Geleitboote
Atel. et Chant. de Provence, Port de Bouc (F)	3 Geleitboote
Atel. et Chant. de St. Nazaire (F)	2 Geleitboote
Atel. et Chant. Worms et Cie., Le Trait (F)	1 U-Boot
Boels Scheepswerften, Bolnes (Niederlande, NL)	2 M-Boote
Cant. del Tirreno, Riva Trigosa (I)	1 T-Boot
Cant. Riuniti dell'Adriatico, Trieste (I)	6 T-Boote
Cant. Nav. d. Quarnaro, Fiume (I)	3 T-Boote
Chant. de la Mediterranée (F)	6 R-Boote
Chant. d. l. Normandie (F)	1 R-Boot
Cockerill, Hoboken (NL)	1 Kanonenboot, 2 Tender
CRDA Monfalcone (I)	10 S-Boote
De Schelde, Vlissingen (NL)	6 M-Boote
De Vries-Lensch, Amsterdam (NL)	6 R-Boote

Fredrikstad Mek. Verkstad (Norwegen, N)	1 T-Boot
Gebr. Pot, Bolnes (NL)	2 M-Boote
Gusto, Schiedam (NL)	1 Kanonenboot, 10 S-Boote, 6 M-Boote
L. Smit, Konderdijk (NL)	1 M-Boot
Marinewerft Horten (N)	1 T-Boot
Mjellem & Karlsen, Bergen (N)	4 R-Boote
Nederl. Dok Mij., Amsterdam (NL)	5 M-Boote, 2 TF-Boote
Nederl. Scheepsbouw Mij., Amsterdam (NL)	8 M-Boote, 4 TF-Boote
Nordbjaerg & Wedell, Kopenhagen (Dänemark, DK)	15 S-Boote
J. & K. Smit. Kinderdijk (NL)	2 M-Boote
P. Smit. (NL)	2 Kanonenboote, 7 M-Boote
Rasmussenwerft, Svendborg (DK)	24 R-Boote
Rotterdamsche Droogdok Mij. (NL)	1 Zerstörer, 2 U-Boote, 8 M-Boote, 4 TF-Boote
StW Kopenhagen (DK)	3 M-Boote
Van der Giessen, Krimpen (NL)	5 M-Boote, 2 TF-Boote
Verschure & Co., Amsterdam (NL)	1 M-Boot
Wilton, Fijenoord (NL)	8 M-Boote, 1 U-Boot, 4 TF-Boote

Anlage 2

Bau von Kriegsfischkuttern, Vorposten-Booten, U-Jägern und Landungsfahrzeugen (MFP, MAL, MNL) 1943-1945[1040]

1. Kriegsfischkutter[1041]

Monat	**1943**	**1944**	**1945**
Januar	8	13 (1)	6
Februar	14 (4)	20 (4)	8
März	8 (2)	35 (9)	-
April	10 (5)	24 (3)	-
Mai	27 (10)	30 (3)	-
Juni	21 (10)	32 (6)	-
Juli	24 (10)	31 (6)	-
August	28 (14)	23 (7)	-
September	43 (17)	22 (2)	-
Oktober	27 (11)	13	-
November	36 (15)	8	-
Dezember	16 (12)	9	-
Gesamt	**262 (110)**	**260 (41)**	**14**

Vorposten-Boote und U-Jäger

Monat	**1943**	**1944**	**1945**
Januar	-	2	-
Februar	-	1	-
März	1	-	-
April	1	2	1
Mai	1	-	-
Juni	1	-	-
Juli	-	2	-
August	2	2	-
September	-	-	-
Oktober	1	-	-
November	1	-	-
Dezember	-	1	-
Gesamt	**8**	**10**	**1**

Landungsfahrzeuge (MFP, MAL, MNL)

Monat	**1943**	**1944**	**1945**
Januar	12	12	7
Februar	10	6	17
März	6	7	6
April	21	27	4
Mai	27	25	-
Juni	28	25	-
Juli	13	21	-
August	13	19	-
September	26	14	-
Oktober	27	19	-
November	27	8	-
Dezember	16	13	-
Gesamt	**226**	**163**	**34**

Anlage 3[1042]

Geheime Kom[...]sache! Anlage zu B.Nr. [...]

Vfg.
1.) Ausgewertet ~~Vernichten!~~
2.) Z.d.A. IIIa 3-1
IIIa [handwritten initials] 28/8.

Monatliche Ablieferung der Überwasserkriegsschiffe nach dem Plan vom Hauptausschuß vom 1.1.1944

Schiffsart	1944 Jan	Feb	Mrz	Apr	Mai	Jun	Jul	Aug	Sep	Okt	Nov	Dez
Zerstörer	1				1			1		.	1	
Flotten-Torpedoboote		1		1		1		1		3	2	2
M-Boote 40	3	2	2	3	2	4	1	1	1	6	9	
M-Boote 43					2					1	1	1
Torpedofangboote (alt)	3	3	1									8
Torpedofangboote (M-Boote 43)									4			
Sa. aller M- und TF-Boote	6	5	3	3	4	4	1	1	5	7	10	9
S - Boote	5	5	6	7	10	12	14	18	18	20	20	22
R - Boote	5	4	6	4	6	6	7	7	8	9	8	9
Kriegssperrbrecher							1	1	1	1	2	2
Marinefährprähme (Nordraum) .)	11	13	13	13	14	15	16	15	15	15	15	15
Marinefährprähme (Mittelmeer) .)	17	18	21	20	19	15	15	15	15	15	15	15
Marinefährprähme (Schw. Meer) .)	6	10	10	11	11	11	9	10	10	10	10	10
Sa. aller Fährprähme .) werden noch geändert	34	41	44	44	44	41	40	40	40	40	40	40
Kriegsfischkutter (Deutschland)	20	20	20	20	20	20	19	20	20	20	23	23
Kriegsfischkutter (Holland)	4	6	5	6	4	6	4	5	5	5	5	5
Kriegsfischkutter (Südost)	3	3	6	4	4	4	5	5	5	5	2	2
Sa. aller Kriegsfischkutter	27	29	31	30	28	30	28	30	30	30	30	30
MZ - Boote				1	weitere 11 Boote					mit unbestimmten Terminen		

Schiffsart	1945 Jan	Feb	Mrz	Apr	Mai	Jun	Jul	Aug	Sep	Okt	Nov	Dez	1946 Jan	Feb	Mrz	Apr	Mai	Jun
Zerstörer		1			1			1		1			1		1		1	
Flotten-Torpedoboote	1	1	1	1	1	3	1	1	1	1	1	1	2	1	1	1	1	3
M-Boote 40	11	8	9		9	9	11		9	10	9	9	11	2	9	10	9	9
M-Boote 43																		
Torpedofangboote (alt)				10				8						6				O
Torpedofangboote (M-Boote 43)																		
Sa. aller M- und TF-Boote	11	8	9	10	9	9	11	8	9	10	9	9	11	8	9	10	9	9
S - Boote	25	25	25	25	25	25	25	25	25	25	25	25	25	25	25	25	25	25
R - Boote	8	9	8	9	8	9	8	9	8	9	8	9	8	9	8	9	8	9
Kriegssperrbrecher	3	3	3	3	3	3	3	3	3	3	3	3	3	3	3	3	3	3
Marinefährprähme (Nordraum) .)	15	15	15	15	15	15	15	15	15	15	15	15	15	15	15	15	15	15
Marinefährprähme (Mittelmeer) .)	15	15	15	15	15	15	15	15	15	15	15	15	15	15	15	15	15	15
Marinefährprähme (Schw. Meer) .)	10	10	10	10	10	10	10	10	10	10	10	10	10	10	10	10	10	10
Sa. aller Fährprähme .) werden noch geändert	40	40	40	40	40	40	40	40	40	40	40	40	40	40	40	40	40	40
Kriegsfischkutter (Deutschland)	23	24	24	24	24	24	25	25	25	25	25	25	25	25	25	25	25	25
Kriegsfischkutter (Holland)	5	5	5	5	5	5	5	5	5	5	5	5	5	5	5	5	5	5
Kriegsfischkutter (Südost)	2	1	1	1	1	1												
Sa. aller Kriegsfischkutter	30	30	30	30	30	30	30	30	30	30	30	30	30	30	30	30	30	30
MZ - Boote																		

Anlage zu 1 SKL. 960/44 gKdos.

Anlage 4: Baugewicht[1043]

11

Jahr Quartal	R Boote S Boote K F K I a	I b	Zerstörer T Boote M Boote Vorp.Boote MFP,MAL,MNL II a	II b	U Boote	Summe Ia + IIa	Summe IIb + U	Summe Ia + IIa + U
			a = vierteljährliches Gesamtbaugewicht b = Anteil der Deutschen Seeschiffswerften					
39IV	420	420	6900	6900	3600	7320	10500	10920
I	36o	36o	3300	3300	3600	3660	6900	7260
II	720	720	4800	4800	5200	5520	10000	10720
40 III	1760	1460	4800	4600	8400	6560	13200	14960
IV	1960	1660	12450	12450	12200	14410	24650	2661o
I	1840	1840	6450	6450	19600	8290	26050	27890
41 II	1760	1760	11750	11100	32000	13510	43100	45510
III	2o2o	2020	14950	10100	33600	16970	43700	50570
IV	1780	1780	19200	11100	44800	20980	55900	65780
I	1660	1560	16050	4900	34800	17710	39700	52510
42 II	2400	2300	30000	7700	40000	32400	47700	72400
III	1840	1840	31100	9650	42000	32940	51650	74940
IV	3820	3720	28250	6550	44800	32070	51350	76870
I	4820	4220	23850	8800	48400	28670	57200	77070
43 II	8220	5420	35550	11350	46000	43770	57350	89770
III	1168o	718o	2o15o	975o	5oooo	3183o	5975o	8183o
IV	9960	5960	19550	5550	46000	29510	51550	75510
I	9660	8o6o	13500	8500	42000	23160	50500	65160
44 II	11800	10300	22800	7400	40000	34600	47400	74600
III	11620	9620	15900	5100	42000	27520	47100	69520
IV	6400	6100	13600	5600	76000	2oooo	81600	96000
	96500	78300	354900	161850	715000	451400	876850	1166400

Nicht berücksichtigt sind: Bismarck, Tirpitz, Prinz Eugen Blücher, Torpedofangboote, Betriebsfahrzeuge, Schlepper.

Eingesetzte Baugewichte : R Boot: 1oo t, S Boot: 80 t, KFK: 1oo t, Zerstörer: 21oo t, T Boot 35u37: 75o t T Boot 39: 11oo t, M Boot 35: 600 t, M Boot 4o: 450 t, M Boot 43: 500 t Vorp.Boot: 650 t, MFP usw: 200 t

Vierteljährlich ausgebrachtes Baugewicht.

Anlage 7

Anlage 5: Arbeitsstunden[1044]

8

Jahr	Überwasserbaugewicht		U-Bootbaugewicht		Summe der Arbeitsstunden in Millionen
	t	Mill. Arbeitsstunden nach Schätzung	t	Mill. Arbeitsstunden	
1939	22320	12	3600	6	18
194o	84550	40	29400	60	100
1941	8615o	20	130000	81	101
1942	38220	25	161600	77	102
1943	58230	32	190400	56	88
1944	60680	34	200000	77	111
	350150	163	715000	357	520

Überschlägliche Ermittlung der aufgewendeten Arbeitsstunden.

19 Zerstörer	19 x 1 78o000	=	33,80	Millionen	Arbeitsstunden
12 T 35	12 x 1 190000	=	14,30	"	"
10 T 37	10 x 1 04o000	=	10,40	"	"
14 T 39	14 x 840000	=	11,75	"	"
57 M 35	57 x 43o000	=	24,50	"	"
68 M 4o	68 x 220000	=	15,00	"	"
190 S Boote	190 x 40000	=	7,60	"	"
246 R Boote	246 x 40000	=	9,90	"	"
389 KFK	389 x 20000	=	7,80	"	"
35 Vorp.B.	35 x 150000	=	5,20	"	"
			140,25	Millionen	Arbeitsstunden

Fertigstellung Tirpitz 10,0
Bismarck 5,6
Pr.Eugen 2,1
Blücher 0,9
18,6 — 18,60

Summe ca. 159 Millionen Arbeitsstunden.

Überschlägliche Ermittlung der aufgewendeten Arbeitsstunden aus der Zahl der Arbeitsobjekte.

Anlage 12

Anlage 6: Arbeiterzahlen 1944/45[1045]

Monat	Reparaturen 1	Neubau Überw. Schif. 2	Neubau Hand.-Schif. 3	Neubau U Boote 4	Sonst. Fertigung. 5	Kriegsschäden 6	Unproduktive 7	Summe 8	Zahl der Arbeiter 9
	Aufwand in Millionen Arbeitsstunden für								
Febr.	4,3	3,0	0,7	4,2	1,6	-	10,8	24,6	142500
%v.Sp8	17,5	12,2	2,7	17,1	6,5	0	44,0	100,0	
März	5,3	3,3	0,9	5,5	1,8	0	12,3	29,1	142000
% v.8	18,2	11,3	3,1	18,9	6,2	0	42,3	100,0	
April	4,5	2,8	0,7	5,1	1,8	0	11,2	26,1	142000
% v.8	17,2	10,7	2,7	19,5	6,9	0	42,9	100,0	
Mai	4,6	2,9	0,8	5,7	2,0	0	10,5	26,5	141500
% v.8	17,4	10,9	3,0	21,5	7,5	0	39,7	100,0	
Juni	4,4	2,7	0,9	5,6	2,0	1,6	9,3	26,5	140500
% v.8	16,6	10,2	3,4	21,1	7,5	6,0	35,2	100,0	
Juli	4,5	2,8	0,9	5,7	2,1	2,0	9,5	27,5	141000
% v.8	16,4	10,2	3,3	20,7	7,6	7,3	34,5	100,0	
August	4,0	2,9	0,5	6,4	2,3	3,3	9,8	29,2	138500
% v.8	13,7	9,9	1,7	21,9	7,9	11,3	33,6	100,0	
Sept	4,1	2,8	0,7	8,3	2,2	3,3	10,5	31,9	144000
% v.8	12,8	8,8	2,2	26,0	6,9	10,3	33,0	100,0	
Okt	4,5	2,9	0,5	8,8	2,3	3,1	10,1	32,2	145000
% v.8.	14,0	9,0	1,6	27,4	7,1	9,6	31,3	100,0	
Nov	5,0	2,9	0,6	9,0	1,8	2,4	10,2	31,9	150000
% v.8	15,7	9,1	1,9	28,2	5,6	7,5	32,0	100,0	
Dez	5,4	2,8	0,5	8,9	1,7	1,7	10,0	31,0	150000
% v.8	17,4	9,0	1,6	28,7	5,5	5,5	32,3	100,0	
Jan 45	4,0	2,0	0,5	6,2	1,4	2,2	6,8	23,1	136000
% v.8	17,3	8,7	2,2	26,9	6,1	9,5	29,3	100,0	
	54,6	33,8	8,2	79,4	23,0	19,6	121,0	339,6	
	16,0	10,0	2,4	23,4	6,8	5,8	35,6	100,0	

Arbeitseinsatz auf den Deutschen Seeschiffswerften von Februar 1944 - Januar 1945.

Anlage 10

Anlage 7[1046]

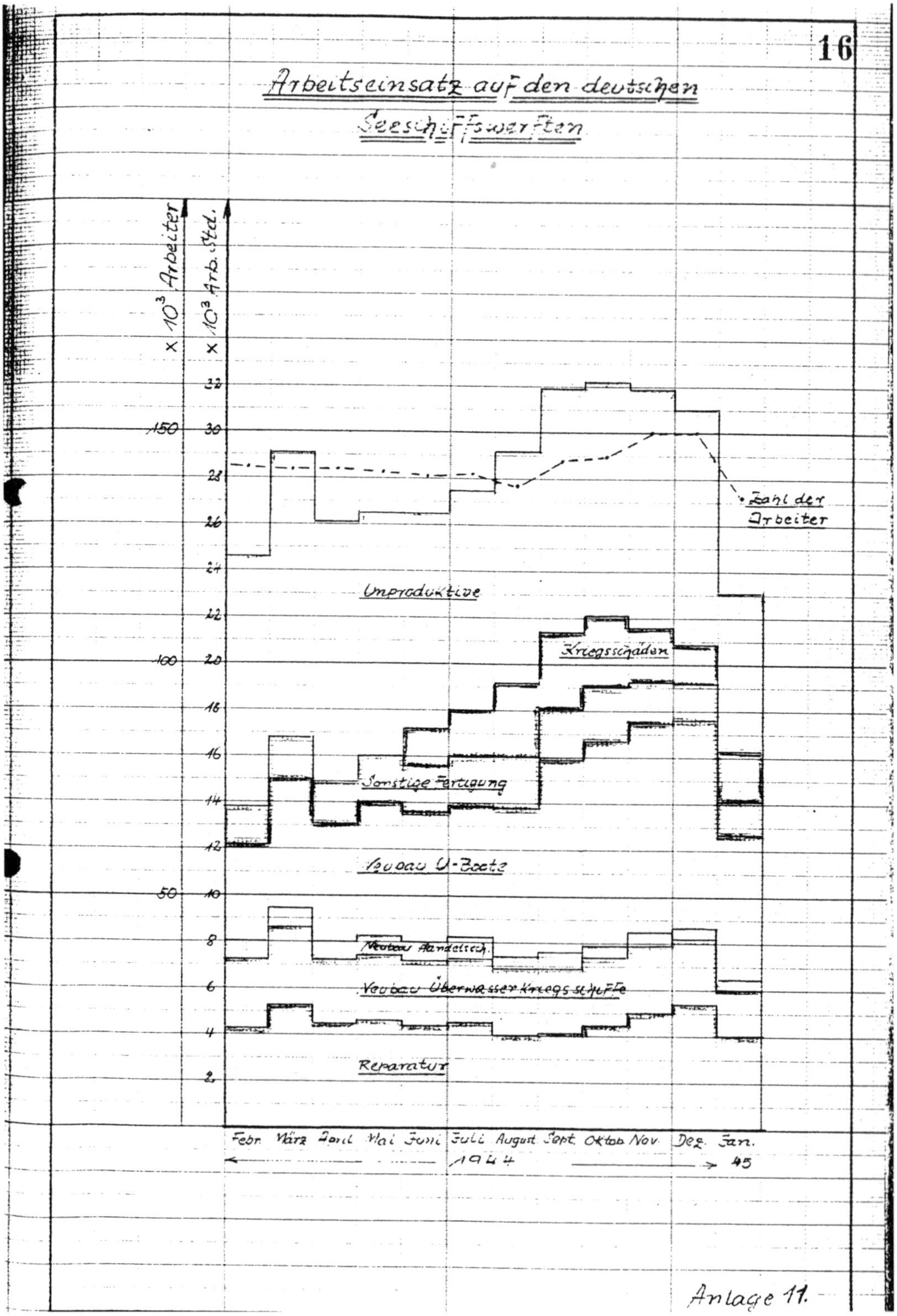

Anlage 8[1047]

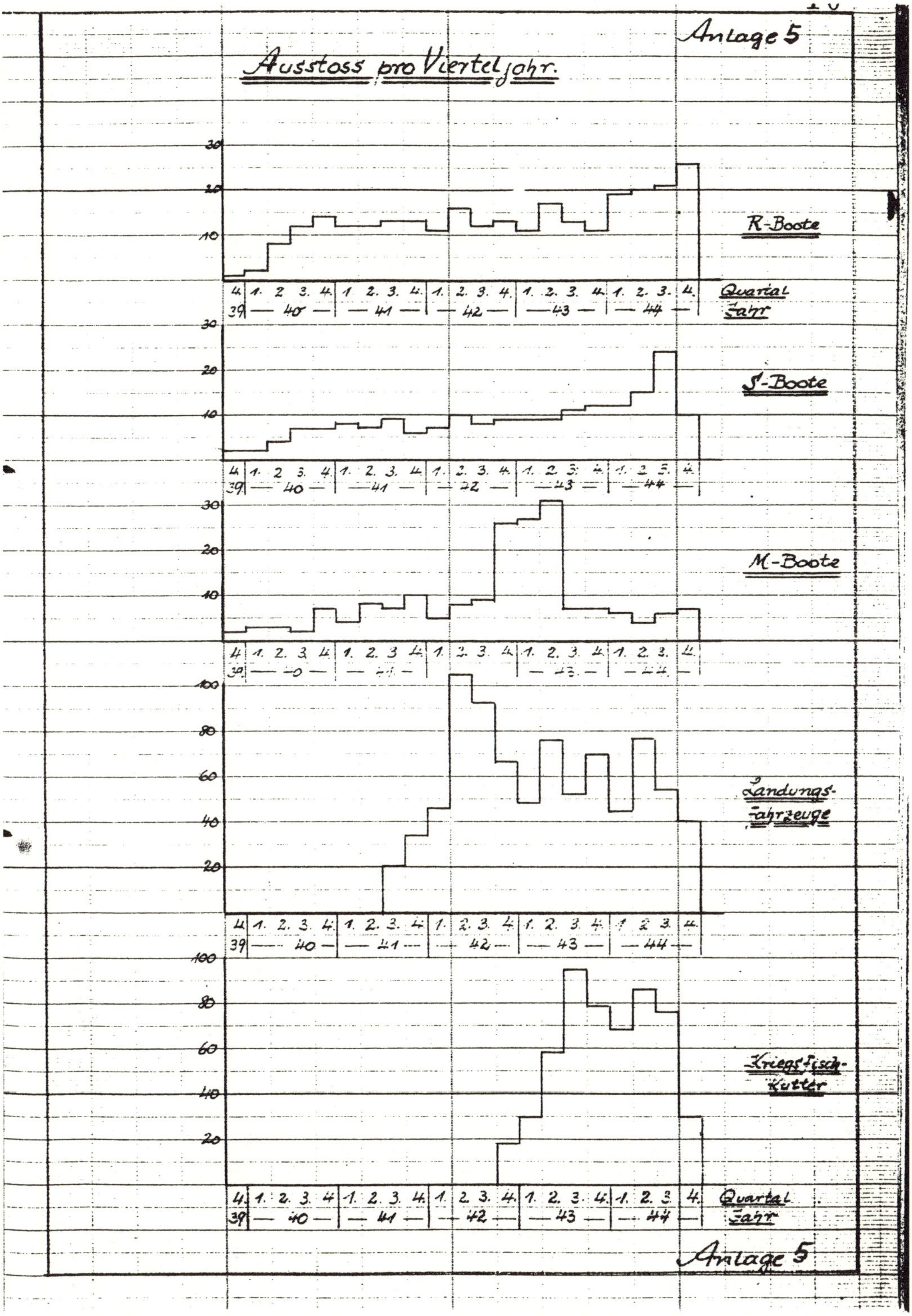

Anlage 9[1048]

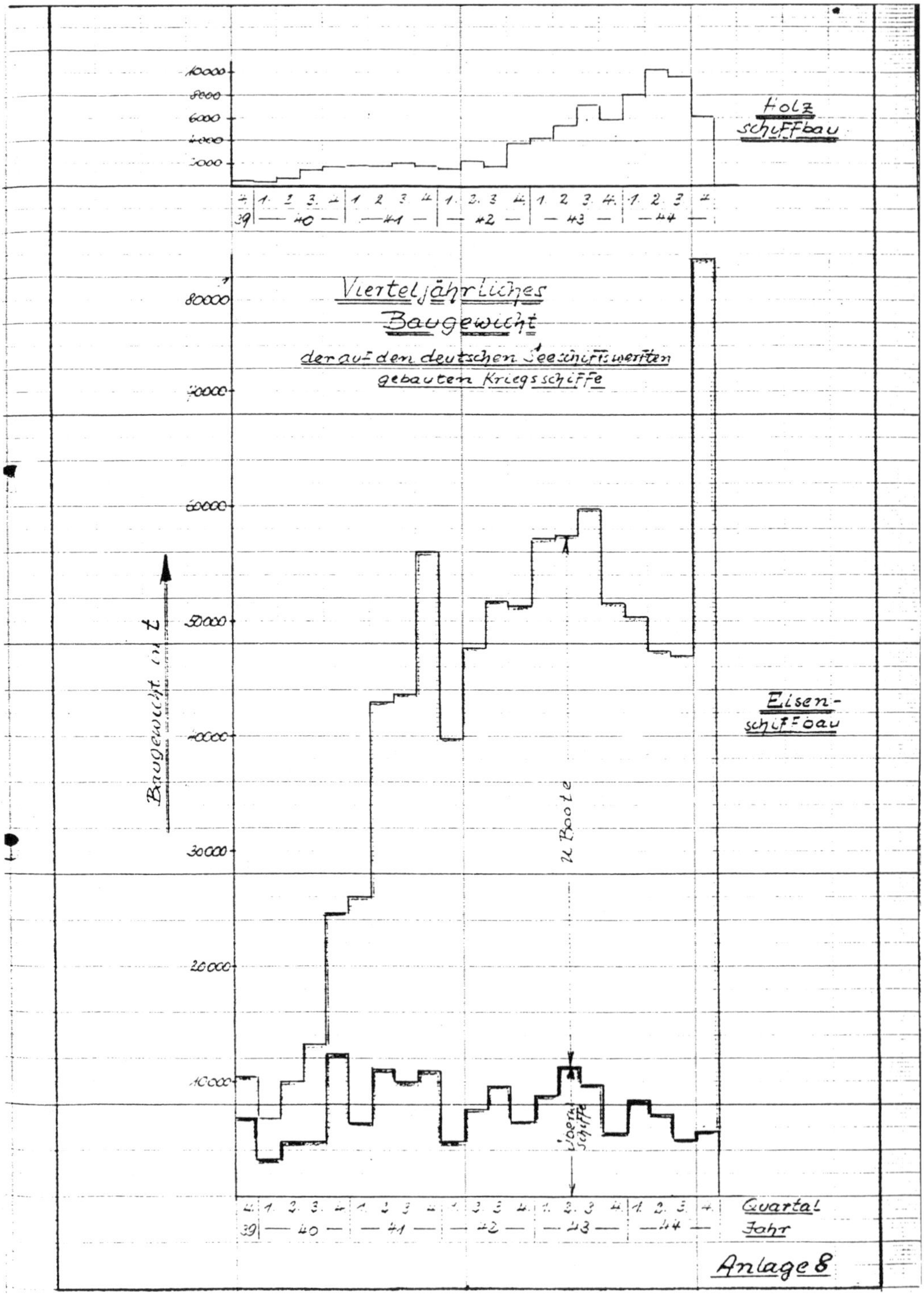

Anlage 10[1049]

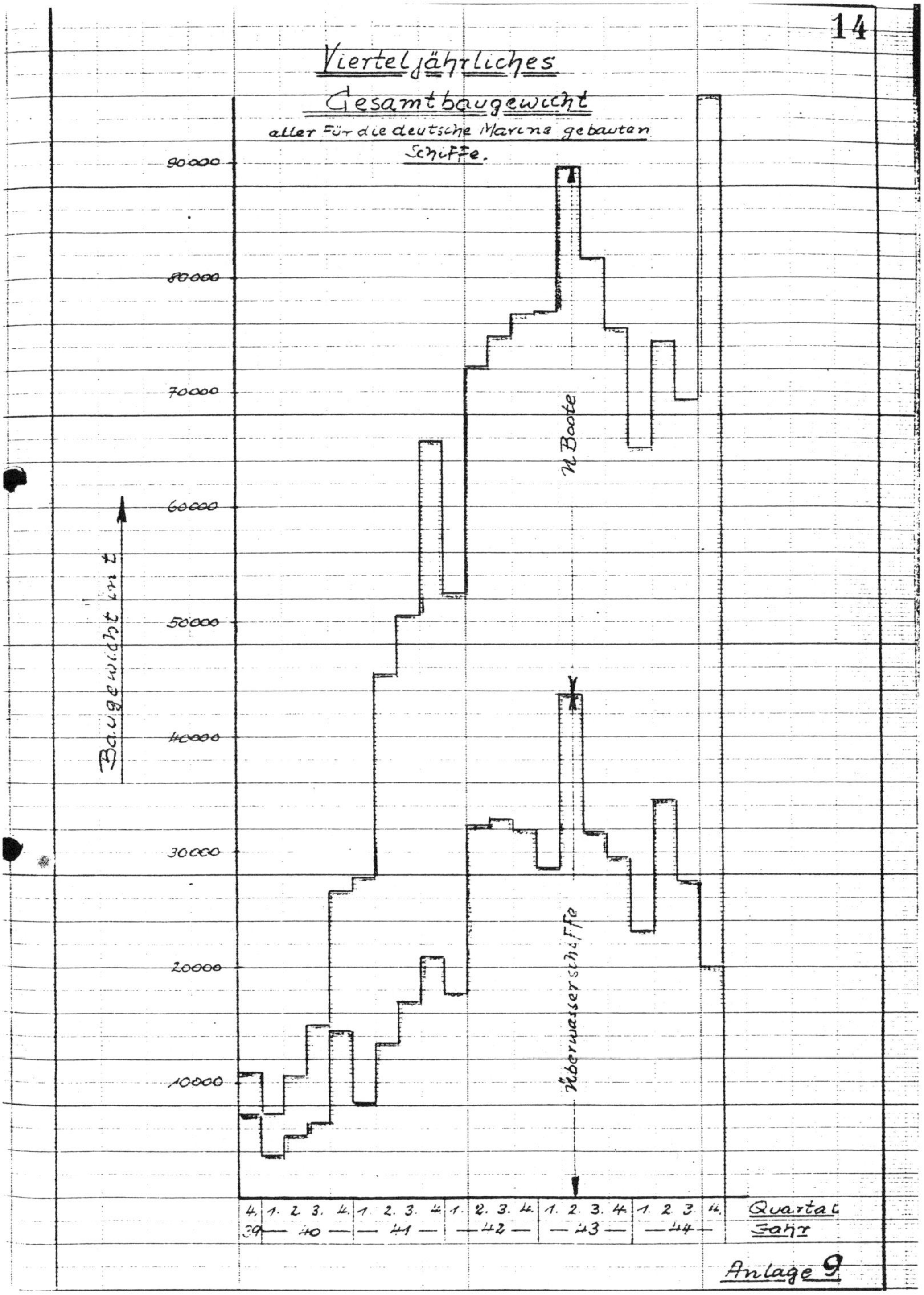

Anmerkungen

1 Hitler in der Konferenz mit Albert Speer am 19. 3. 1942, in: Boelcke, W. A. (Hrsg.), *Deutschlands Rüstung im Zweiten Weltkrieg.* Hitlers Konferenzen mit Albert Speer 1942-1945, Frankfurt a.M. 1969, S. 80 (zit. Boelcke, W. A., Hitlers Konferenzen).

2 Vgl. Salewski, M., *Die deutsche Seekriegsleitung 1935-1945*, Bd. 1: *1935-1941*, Frankfurt a.M. 1970, S. 130, Anm. 98 (zit. Salewski, M., Seekriegsleitung, Bd. 1); ders.: *Die deutsche Seekriegsleitung 1935-1945*, Bd. 2: *1942-1945*, München 1975, S. 272, Anm. 15 (zit. Salewski, M., Seekriegsleitung, Bd. 2); vgl. auch: Rahn, W., *Einsatzbereitschaft und Kampfkraft deutscher U-Boote 1942.* Eine Dokumentation zu den materiellen Voraussetzungen und Problemen des U-Boot-Krieges nach dem Kriegseintritt der USA, in: MILITÄRGESCHICHTLICHE MITTEILUNGEN 47 (1990), S. 73-133, hier: S. 75 (zit. Rahn, W., Einsatzbereitschaft).

3 Siehe S. 13.

4 U.a. eine Folge der Mißachtung des sowjetischen Kriegspotentials im Vorfeld der Planung zum »Unternehmen Barbarossa«. Vgl. Schulze-Wegener, G., *Die Rote Armee im Urteil der deutschen Führung vor dem »Unternehmen Barbarossa«*, in: HISTORISCHE MITTEILUNGEN 7 (1994/1), Stuttgart 1994, S. 102-119.

5 Siehe S. 11ff.

6 Nach Information des Verfassers wird derzeit an einer Studie zu Werften und Werftpolitik im Dritten Reich gearbeitet.

7 So Prof. Dr. Michael North, Historisches Seminar der Universität Kiel, in einem Gespräch mit dem Verfasser.

8 Vgl. Boelcke, W. A., *Die deutsche Wirtschaft 1930-1945.* Interna des Reichswirtschaftsministeriums, Düsseldorf 1983; vgl. ders., *Die Kosten von Hitlers Krieg.* Kriegsfinanzierung und finanzielles Kriegserbe in Deutschland 1933-1948 (Sammlung Schöningh zur Geschichte und Gegenwart), Paderborn 1985.

9 Salewski, M., Seekriegsleitung, Bd. 1, S. 7.

10 Bde. 1 u. 2 siehe Anm. 2, Bd. 3: *Denkschriften und Lagebetrachtungen 1938-1944*, Frankfurt a.M. 1973.

11 Hier im einzelnen nicht aufzuführen, siehe Verzeichnis der gedruckten Quellen und Literatur.

12 Rössler, E., *Geschichte des deutschen Ubootbaus*, Bd. 1: *Entwicklung, Bau und Eigenschaften der deutschen Uboote von den Anfängen bis 1943*, Koblenz [2]1986, Bd. 2: *Entwicklung, Bau und Eigenschaften der deutschen Uboote von 1943 bis heute*, Koblenz [2]1987.

13 Rahn, W., Einsatzbereitschaft.

14 *Das Deutsche Reich und der Zweite Weltkrieg* (Beiträge zur Militär- und Kriegsgeschichte, hrsg. v. Militärgeschichtlichen Forschungsamt), Bd. 1: *Ursachen und Voraussetzungen der deutschen Kriegspolitik*, Stuttgart 1979; Bd. 2: *Die Errichtung der Hegemonie auf dem europäischen Kontinent*, Stuttgart 1979; Bd. 3: *Der Mittelmeerraum und Südosteuropa. Von der »non belligeranza« Italiens bis zum Kriegseintritt der Vereinigten Staaten*, Stuttgart 1984; Bd. 4: *Der Angriff auf die Sowjetunion*, Stuttgart 1983; Bd. 5/1: *Organisation und Mobilisierung des deutschen Machtbereichs.* Erster Halbband: *Kriegsverwaltung, Wirtschaft und Personelle Ressourcen 1939-1941*, Stuttgart 1988; Bd. 6: *Der Globale Krieg. Die Ausweitung zum Weltkrieg und der Wechsel der Initiative 1941-1943*, Stuttgart 1990.

15 »Die Fachhistoriker haben (...) einen großen Bogen um dieses Thema gemacht«. Aus: Schreiben von Eberhard Rössler an den Verfasser v. 4. 12. 1993.

16 *Kriegstagebuch der Seekriegsleitung 1939-1945.* Teil A. Im Auftrag des Militärgeschichtlichen Forschungsamtes in Verbindung mit dem Bundesarchiv-Militärarchiv und der Marine-Offizier-Vereinigung, hrsg. v. Rahn, W. und Schreiber, G. unter Mitwirkung von Maierhöfer, H., Bonn 1988-1995 (zit. KTB Skl, Teil A).

17 *Lagevorträge des Oberbefehlshabers der Kriegsmarine vor Hitler 1939-1945* (hrsg. v. Wagner, G., im Auftrag des Arbeitskreises für Wehrforschung), München 1972 (zit. Wagner, G., Lagevorträge).

18 Boelcke, W. A., Hitlers Konferenzen.

19 Raeder, E., *Mein Leben*, Bd. 1: Bis zum Flottenabkommen mit England 1935, Tübingen 1956 (zit. Raeder, E., Mein Leben, Bd. 1), Bd. 2: *Von 1935 bis Spandau 1955*, Tübingen 1957 (zit. Raeder, E., Mein Leben, Bd. 2).

20 Dönitz, K., *Zehn Jahre und zwanzig Tage.* Erinnerungen 1935 bis 1945, Bonn [10]1991 (zit. Dönitz, K., Zehn Jahre).

21 Speer, A., *Erinnerungen*, Frankfurt a.M., Berlin 1969 (zit. Speer, A., Erinnerungen).

22 Dazu heranzuziehen: Dülffer, J., *Weimar, Hitler und die Marine.* Reichspolitik und Flottenbau 1920-1939, Düsseldorf 1973, S. 370-555 (zit. Dülffer, J., Flottenbau); Salewski, M., Seekriegsleitung, Bd. 1, S. 1-65; Das Deutsche Reich und der Zweite Weltkrieg, Bd. 1, S. 449-473.

23 Vgl. Salewski, M., Seekriegsleitung, Bd. 1, S. 15.

24 Vgl. ebd., S. 17.

25 Vgl. Güth, R., *Die Marine des Deutschen Reiches 1919-1939*, Frankfurt a.M. 1972 (zit. Güth, R., Die Marine), S. 184.

26 Vgl. *Deutsche Militärgeschichte in sechs Bänden 1648-1939*, Bd. 4: *Wehrmacht und Nationalsozialismus*, München 1983, S. 450 (zit. Deutsche Militärgeschichte, Bd. 4).

27 Vgl. Dülffer, J., Flottenbau, S. 379.

28 Ebd., S. 381.

29 Quelle: Deutsche Militärgeschichte, Bd. 4, S. 451.

30 Vgl. ebd. Dort zu Sonderfahrzeugen.

31 Vgl. Salewski, M., Seekriegsleitung, Bd. 1, S. 38ff.

32 Ebd., S. 41.

33 Dazu ebd., S. 44ff.

34 Zum »Z-Plan« im Detail vgl. Dülffer, J., Flottenbau, S. 471-512; Salewski, M., Seekriegsleitung, Bd. 1, S. 38-82; Das Deutsche Reich und der Zweite Weltkrieg, Bd. 1, S. 465-473.

35 Wagner, G., Lagevorträge, S. 20f.

36 »Weisung Nr. 1 für die Kriegführung«, in: *Hitlers Weisungen für die Kriegführung, 1939-1945*. Dokumente des Oberkommandos der Wehrmacht, hrsg. v. Hubatsch, W., Koblenz ^{2}1983, S. 21 (zit. Hubatsch, W., Hitlers Weisungen).

37 Quelle: Deutsche Militärgeschichte, Bd. 4, S. 452.

38 Vgl. Reinhardt, K., *Die Wende vor Moskau*. Das Scheitern der Strategie Hitlers im Winter 1941/42, Stuttgart 1972 (Beiträge zur Militär- und Kriegsgeschichte, Bd. 13) (zit. Reinhardt, K., Wende); Das Deutsche Reich und der Zweite Weltkrieg, Bd. 6; *Kriegswende Dezember 1941*. Referate und Diskussionsbeiträge des internationalen historischen Symposiums in Stuttgart vom 17. bis 19. September 1981, hrsg. von Rohwer, J.; Jäckel, E., Koblenz 1984 (zit. Kriegswende).

39 Der Leitgedanke in Hitlers »improvisiertem Plan« war die Erringung zunächst der Herrschaft über den europäischen Kontinent, der zwangsläufig die Niederschlagung des sowjetischen Reiches vorangehen mußte. Nach Verlust des großen kontinentalen »Festlandsdegens« würde Großbritannien, so Hitlers Überlegungen, zum Frieden bereit sein. Ausführlich zum »improvisierten Plan eines ,Weltblitzkrieges'« Hillgruber, A., *Hitlers Strategie*. Politik und Kriegführung 1940-1941, Bonn ^{3}1993, S. 317ff. (zit. Hillgruber, A., Strategie).

40 Ebd., S. 257.

41 Detailliert dazu im Entwurf der Weisung Nr. 32 »Vorbereitungen für die Zeit nach Barbarossa« vom 11. 6. 1941, in: Hubatsch, W., Hitlers Weisungen, S. 129-133.

42 Die USA hatten seit Kriegsbeginn, insbesondere im Verlauf des Jahres 1941, als nichtkriegführender Verbündeter Großbritanniens schwere deutsch-amerikanische Zwischenfälle provoziert (vgl. Anlage 1 zum Lagevortrag des Ob.d.M. vor dem »Führer« am 9. 7. 1941, in: Wagner, G., Lagevorträge, S. 267ff.), die vor allem von der deutschen Marineführung – da unmittelbar betroffen – scharf verurteilt wurden. Mit der Besetzung Islands durch die USA am 7. Juli 1941 erfuhr die verdeckte amerikanische Kriegführung ihren Höhepunkt. Die Seekriegsleitung forderte daraufhin den »sofortige[n] Waffengebrauch gegen alle USA-Fahrzeuge innerhalb der von uns proklammierten Kriegszone«. KTB Skl, Teil A, Bd. 23, S. 100, Eintragung v. 8. 7. 1941. Hitler lehnte einen Krieg gegen die USA zu diesem Zeitpunkt jedoch kategorisch ab. Vgl. Das Deutsche Reich und der Zweite Weltkrieg, Bd. 3, S. 516ff.

43 Vgl. Reinhardt, K., Wende, S. 180.

44 In der Nacht vom 7. zum 8. Dezember hatten japanische Bomberverbände überraschend den US-Flottenstützpunkt Pearl Harbor auf Hawaii bombardiert. Vgl. Das Deutsche Reich und der Zweite Weltkrieg, Bd. 6, S. 234.

45 Vgl. Martin, B., *Deutschland und Japan im Zweiten Weltkrieg*. Vom Angriff auf Pearl Harbor bis zur deutschen Kapitulation, Göttingen, Zürich, Frankfurt a.M. 1969, S. 34ff.

46 Vgl. *Hitler*. Reden und Proklamationen 1932-1945, hrsg. v. Domarus, M., Bd. 2, 2. Hlbbd., München 1965, S. 1807-1811.

47 »Jedenfalls ist es jetzt einmal gut, daß die Vereinigten Staaten beschäftigt sind und weder nach England noch nach der Sowjetunion nennenswertes Material liefern können«. *Joseph Goebbels*. Tagebücher, Bd. 4: 1940-1942, hrsg. von Reuth, R. G., München ^{2}1992, Eintragung vom 11. 12. 1941, S. 1719 (zit. Goebbels, J., Tagebücher).

48 Vgl. *Staatsmänner und Diplomaten bei Hitler*. Vertrauliche Aufzeichnungen über Unterredungen mit Vertretern des Auslandes 1939-1941, Bd. 2, hrsg. v. Hillgruber, A., Frankfurt a.M. 1967, Dok. 1, S. 41.

49 Die populäre These, Hitler habe nach dem Scheitern der Blitzkriegführung vor Moskau mit der Kriegserklärung an die USA die deutsche Niederlage »so vollständig und katastrophal wie möglich« machen wollen (Haffner, S., *Anmerkungen zu Hitler*, Frankfurt 1988, S. 115), ist in der Forschung, soweit vom Verfasser gesehen wird, nie ernsthaft geprüft worden.
Für eine solche »Untergangsthese« sprechen folgende Indizien:
1. Am 29. November gab Dr. Todt, Minister für Bewaffnung und Munition, Hitler zu verstehen, daß der Krieg militärisch und rüstungswirtschaftlich verloren sei, eine Beendigung, so Todt, sei nur noch auf politischem Wege möglich; auf die Frage Hitlers, wie denn der Krieg beendet werden könne, wußte Todt keine Antwort. Vgl. Ludwig, K.-H., *Die deutschen Flakraketen im Zweiten Weltkrieg*, in: MILITÄRGESCHICHTLICHE MITTEILUNGEN 1 (1969), S. 89.

2. Ende November 1941 äußerte Hitler gegenüber dem dänischen Außenminister Scavenius, das deutsche Volk solle, wenn es nicht mehr stark und opferbereit genug sei, vergehen und von der sowjetischen Macht vernichtet werden. Vgl. Kriegswende, S. 209.
Drei Argumente sprechen gegen die »Untergangsthese«:
1. Es wurden weiterhin alle rüstungswirtschaftlichen und militärischen Anstrengungen unternommen, um den Krieg siegreich zu Ende zu führen.
2. Hitler knüpfte an den Kriegseintritt der USA die Hoffnung auf eine Entlastung des Atlantik-Europa-Krieges, da die amerikanische Zweiozeankriegführung eine Kräfteteilung erforderte.
3. Der Kampf im Osten wurde auch nach der sowjetischen Gegenoffensive nie verlorengegeben, sondern im Gegenteil mit verbissener Härte weitergeführt.
Die harschen »Untergangs-Äußerungen« des stimmungslabilen Hitler Ende November waren m.E. eher verbitterter Ausdruck einer massiven Unzufriedenheit mit der Kriegführung im Osten und müssen daher relativiert werden. Der dem Glauben an die »Vorsehung« verhaftete Hitler begann den Krieg mit dem programmatischen Ziel: »Deutschland wird Weltmacht oder überhaupt nicht sein« (zit. n. Kriegswende, S. 209). Die entscheidende Bewährungsprobe stand dem deutschen Volk nunmehr bevor.

50 Vgl. »Überblick über die Bedeutung des Kriegseintritts der U.S.A. und Japans«, OKW, WFSt/Abt. L (IK Op), Nr. 442173/41 gKdos. Chefs., Vortragsnotiz v. 14. 12. 1941, BA-MA, RH 2/1521.

51 Ebd., Bl. 8. Zu der vom OKW angestellten Einschätzung der gegnerischen Lage und den operativen Möglichkeiten der Westmächte in allen Einzelheiten in: Das Deutsche Reich und der Zweite Weltkrieg, Bd. 6, S. 101ff.

52 BA-MA, RH 2/1521, Bl. 15.

53 Alle vier Annahmen stellten sich nach Ablauf des Jahres 1942 als nicht zutreffend heraus. Vgl. Das Deutsche Reich und der Zweite Weltkrieg, Bd. 6, S. 105.

54 Mit dem »Haltebefehl« forderte Hitler die Soldaten an der Ostfront zu »fanatischem Widerstand« auf. Anordnung in: Der Führer und Oberste Befehlshaber der Wehrmacht, Nr. 442182/41 gKdos. Chefs./WFSt/Abt L (I Op) vom 16. 12. 1941, gez. Hitler, BA-MA III W 59/3, Bl. 172.

55 Zur Führungskrise im Dezember 1941 vgl. Reinhardt, K., Wende, S. 213ff.

56 »Das bißchen Operationsführung kann jeder machen. Die Aufgabe des Ob.d.H. ist es, das Heer nationalsozialistisch zu erziehen. Ich kenne keinen Gen. d. H., der diese Aufgabe in meinem Sinne erfüllen könnte«. Zit. n. Hillgruber, A., Hümmelchen, G., *Chronik des Zweiten Weltkrieges.* Kalendarium militärischer und politischer Ereignisse 1939-1945, Düsseldorf 1978, S. 111 (zit. Hillgruber, A., Hümmelchen, G., Chronik); Der Führung des Heeres warf Hitler vor, die Armee »parlamentarisiert« zu haben und bezweifelte, ob die Generale überhaupt in der Lage seien, »harte Entscheidungen zu treffen«, Generaloberst Halder, *Kriegstagebuch.* Tägliche Aufzeichnungen des Chefs des Generalstabes des Heeres 1939-1942, Bd. 3: *Der Rußland-Feldzug bis zum Marsch auf Stalingrad (22. 6. 1941-24. 9. 1942)*, bearb. von Jacobsen, H.-A., hrsg. v. Arbeitskreis für Wehrforschung, Stuttgart 1964, S. 371ff. (zit. Halder, F., KTB); Goebbels äußerte sich in seinem Tagebuch über die personellen Konsequenzen euphorisch: »Ich bin davon überzeugt, daß er [Hitler, d. Vf.] mit seiner gewohnten Energie und mit der Fähigkeit, im entscheidenden Augenblick brutal durchzugreifen, dem Heer wieder eine feste, klare Spitze gibt. Auch die einzelnen Armeeführer sind für ihre weitere Aufgabe nicht mehr geeignet. Sie sind, wie der Führer mir mitteilt, alle krank, und zwar an Magenleiden. (...) Die frömmsten Generäle sind die erfolglosesten«. Goebbels, J., Tagebücher, Bd. 4., Eintragung vom 19. 12. 1941, S. 1720f.

57 Vgl. Warlimont, W., *Im Hauptquartier der deutschen Wehrmacht 1939-1945.* Grundlagen, Formen, Gestalten, Frankfurt a.M., Bonn 1962, S. 225ff.

58 Zu Konzeptionen der Seekriegsleitung vor dem Krieg vgl. Salewski, M., Seekriegsleitung, Bd. 1, S. 20ff.

59 Vgl. ebd., S. 65ff.

60 Vgl. ebd., S. 354ff.

61 Vgl. »Vortrag des Ob.d.M. beim Führer in Berlin« am 12. 12. 1941, in: Wagner, G., Lagevorträge, S. 325.

62 »Betrachtung der allgemeinen strategischen Lage nach Kriegseintritt Japan/USA«, in: Salewski, M., Seekriegsleitung, Bd. 3, S. 243.

63 »Welche strategischen Forderungen ergeben sich aus der gegenwärtigen Lage für die weitere Kriegführung der Dreierpaktmächte«, in: Ebd., S. 263f.

64 Vgl. ebd., S. 264.

65 Hitler im Tagesbefehl an die Soldaten des Heeres und der Waffen-SS nach der Übernahme des Oberbefehls über das Heer am 19. 12. 1941. Oberkommando der Kriegsmarine Ob.d.M. Persönlich Großadmiral Raeder 1. Juli 1942-31. Januar 1942, BA-MA RM 6/75, Bl. 214.

66 Vgl. Weisung Nr. 32 »Vorbereitungen für die Zeit nach Barbarossa«, in: Hubatsch, W., Hitlers Weisungen, S. 129-134.

67 Vgl. Das Deutsche Reich und der Zweite Weltkrieg, Bd. 5, S. 617ff.; S. 630 die Tabellen »Die Stahlerzeugung der Großmächte 1939-1941«, »Vergleich der Rüstungsproduktion zwischen Großbritannien und dem Deutschen Reich 1940 bis 1943 (Auswahl)«.

68 Anlage zu Ob.d.M. MWaWi 1527/41 gKdos., BA-MA, RM 7/1576, Bl. 70-73.

69 Ebd., Bl. 71.
70 Ebd., Bl. 73.
71 Vgl. »Kriegswirtschaftlicher Lagebericht Nr. 28 Dezember 1941«, Oberkommando der Wehrmacht WiRüAmt Stab Z/SR Nr. 86/41 gKdos., BA-MA, RM 7/232, Bl. 278.
72 Ebd., Bl. 278r.
73 Vgl. »Der Chef des Wehrwirtschafts- und Rüstungsamts betr. Forderungen an die Rüstung (Anlage XXI, 50)« v. 23. 12. 1941, Wehrwirtschafts- und Rüstungsamt Rü (IIa) Nr. 4010/41 gKdos., in: Thomas, G., *Geschichte der deutschen Wehr- und Rüstungswirtschaft (1918-1943/45)* (Schriften des Bundesarchivs, Bd. 14, hrsg. v. Birkenfeld, W., Boppard am Rhein 1966), Anlage Nr. 15, S. 470ff. (zit. Thomas, G., Wehr- und Rüstungswirtschaft).
74 General Thomas schlug im einzelnen vor: Sofortige Entlassung der Arbeiter aus der Wehrmacht, um eine erhöhte Kohlenförderung sicherzustellen; Auskämmung von Ersatzheer und Wehrmachtdienststellen; Verminderung der Stärke von im Heimatgebiet eingesetzten Flak-Einheiten um 25%; Vereinfachung und Beseitigung der Mehrgleisigkeit des Verwaltungsapparates von Staat, Partei und Wirtschaftsorganisationen; Einziehung des männlichen Arbeitsdienstes zur Wehrmacht; Freigabe des weiblichen Arbeitsdienstes zu bislang von Soldaten ausgeübten Diensten; Einsatz von Angehörigen des SDH in der Rüstungsindustrie; Einstellung aller auf Frieden ausgerichteten Arbeiten. Vgl. ebd., S. 476f.
75 Die Munitionsfertigung gestaltete sich infolge der Arbeiterlage immer schwieriger, und entgegen der Vorstellung, in den Wintermonaten sinke der Verbrauch, gingen die Vorräte noch im Dezember dem Ende zu. Vgl. Vortragsnotiz »Beurteilung der Munitionsnachschublage am 1. 1. 1942«, GenStdH/GenQu Az 333 Abt H Vers (Qu 3/1) Nr. I 512/41 gKdos. v. 24. 1. 1942, BA-MA, H 15/15.
76 BA-MA, RM 7/232, Bl. 279r., 280.
77 Ebd., Bl. 280.
78 Thomas, G., Wehr- und Rüstungswirtschaft, S. 471.
79 Ebd., S. 472.
80 Ebd.
81 Ebd.
82 Vgl. KTB Skl, Teil A, Bd. 28, S. 183, Eintragung v. 12. 12. 1941.
83 Thomas, G., Wehr- und Rüstungswirtschaft, S. 474.
84 Ebd.
85 Oberkommando der Wehrmacht Nr. 1/42 gKdos. WFSt/Org-WiRü, v. 3. 1. 1942, in: Ebd., Nr. 16, S. 478ff.
86 Doppelt unterstrichen.
87 Vgl. ebd., S. 478, Anm. 3.
88 Ebd., S. 481.
89 Die übrigen Bedarfsträger (GBK, GBN, Transportchef, Sonstiges, Reserve [Heer]) bleiben hier unberücksichtigt. Gesamte Tabelle: OKW/WiRüAmt/Ro II, Überblick über die Rüstungsmaßnahmen v. 3. 1. 42, BA-MA, RW 19/1922.
90 Der Führer und Oberste Befehlshaber der Wehrmacht Nr. 1/42 gKdos. OKW/WFSt/Org.-WiRü Amt, v. 10. 1. 1942, in: Thomas, G., Wehr- und Rüstungswirtschaft, S. 483ff. Im folgenden werden die aus dem Erlaß zitierten Passagen nicht mit Fußnoten versehen.
91 Vgl. Hubatsch, W., Hitlers Weisungen, S. 129.
92 »C/Skl hält derartigen Versuch jetzt für zu spät«. KTB Skl, Teil A, Bd. 29, S. 76, Eintragung v. 6. 1. 1942.
93 Reinhardt, K., Wende, S. 270.
94 Zit. n. Boelcke, W. A., *Die deutsche Wirtschaft 1930-1945.* Interna des Reichswirtschaftsministeriums, Düsseldorf 1983, S. 244 (zit. Boelcke, W. A., Die deutsche Wirtschaft).
95 Vgl. Das Deutsche Reich und der Zweite Weltkrieg, Bd. 5/1, S. 661ff.; interessant dazu: Kehrl, H., *Führerauslese in der Wirtschaft.* Vortrag, gehalten vor der Deutschen Akademie im Saale des »Kaiserhof« zu Berlin am 15. 1. 1942, Wien 1942.
96 Das Deutsche Reich und der Zweite Weltkrieg, Bd. 5/1, S. 663.
97 Eine vorzügliche Analyse der deutschen Kriegswirtschaft 1939-1942 und Zusammenfassung der Forschungsergebnisse der letzten Jahrzehnte bietet Das Deutsche Reich und der Zweite Weltkrieg, Bd. 5/1, S. 349-689; Ferner sind heranzuziehen: Boelcke, W. A., Die deutsche Wirtschaft; Eichholtz, D., *Geschichte der deutschen Kriegswirtschaft 1939-1945*, Bd. 1 (1939-1941), Bd. 2 (1941-1943), Berlin (Ost) 1984/85; Herbst, L., *Der Totale Krieg und die Ordnung der Welt.* Die Kriegswirtschaft im Spannungsfeld von Politik, Ideologie und Propaganda 1939-1945, Stuttgart 1982; Ludwig, K.-H., *Technik und Ingenieure im Dritten Reich*, Düsseldorf 1974 (zit. Ludwig, K.-H., Technik und Ingenieure); Milward, A. S., *Die deutsche Kriegswirtschaft 1939-1945* (Schriftenreihe der Vierteljahrshefte für Zeitgeschichte, Bd. 12), Stuttgart 1966 (zit. Milward, A. S., Die deutsche Kriegswirtschaft); ders., *Fritz Todt als Minister für Bewaffnung und Munition*, in: VIERTELJAHRSHEFTE FÜR ZEITGESCHICHTE 1 (1966), S. 40-58.
98 Vgl. Erlaß des Führers und Reichskanzlers über die Bestellung eines Reichsministers für Bewaffnung und Munition vom 17. 3. 1940, RGBl. I 1940; Zum Aufstieg Todts bis zur Ernennung zum RMfBuM vgl. Das Deutsche Reich und der Zweite Weltkrieg, Bd. 5/1, S. 453ff.

99 Milward, A. S., Die deutsche Kriegswirtschaft, S. 58f.
100 Vgl. Das Deutsche Reich und der Zweite Weltkrieg, Bd. 5/1, S. 406ff.
101 Ludwig, K.-H., Technik und Ingenieure, S. 364.
102 Thomas, G., Wehr- und Rüstungswirtschaft, S. 202.
103 Milward, A. S., Die deutsche Kriegswirtschaft, S. 57.
104 Exemplarisch die kategorische Forderung von Leebs, des Nachfolgers von Ingenieurgeneral Becker, das »Munitionsministerium« müsse verschwinden. Vgl. Eichholtz, D., Kriegswirtschaft, S. 131.
105 Ludwig, K.-H., Technik und Ingenieure, S. 351.
106 Vgl. Eichholtz, D., Kriegswirtschaft, S. 127ff.
107 Vgl. Janssen, G., Das Ministerium Speer, S. 38.
108 Die untere Preisklasse war steuerfrei; in der mittleren waren Steuern zu entrichten, und die obere Preiskategorie kam nur dann in Betracht, »wenn man nachweisen konnte, daß das Werk mit großen Transport- oder Lagerschwierigkeiten arbeitete, oder mit Hypotheken oder Darlehen schwer belastet ist«. Milward, A. S., Die deutsche Kriegswirtschaft, S. 65.
109 Zur Interdependenz von Blitzkriegführung und militärisch organisierter Kriegswirtschaft vgl. ebd., Kapitel II: Das Funktionieren des Blitzkrieges, S. 31ff.
110 Vgl. ebd., S. 66.
111 Das Deutsche Reich und der Zweite Weltkrieg, Bd. 5/1, S. 677.
112 Zur Herleitung des Absturzes vgl. Seidler, F. W., Fritz Todt, S. 365ff., Schmidt, M., *Albert Speer.* Das Ende eines Mythos, Bern, München 1982, S. 75ff. (zit. Schmidt, M., Albert Speer), Müller, M., *Der Tod des Reichsministers Dr. Fritz Todt*, in: GESCHICHTE IN WISSENSCHAFT UND UNTERRICHT 18 (1967), S. 602-605.
113 Zit. n. ebd., S. 604.
114 Vgl. Reinhardt, R., *Heute vor 25 Jahren starb Fritz Todt als unbequemer Warner*, in: PFORZHEIMER ZEITUNG Nr. 32, v. 8. 2. 1967, S. 3.
115 Speer, A., Erinnerungen, S. 213.
116 Am Tag vor dem Absturz, am 7. Februar, führten Hitler und Todt in der »Wolfsschanze« ein Gespräch über die Beratungen des RMfBuM mit den Vertretern der Ausschüsse, in dessen Verlauf es zu scharfen Auseinandersetzungen kam. Vgl. Seidler, F. W., Fritz Todt, S. 366.
117 Vgl. Speer, A., Erinnerungen, S. 211.
118 Zit. nach Schmidt, M., Albert Speer, S. 78.
119 Vgl. Speer, A., Erinnerungen, passim.
120 Vgl. RGBl. 1942, I, S. 60.
121 Protokoll der Vereidigung vom 15. 2., in: Schmidt, M., Albert Speer, S. 72.
122 Speer spricht von einer »bezwingenden, wenn auch etwas erhabenen Liebenswürdigkeit« Görings. Speer, A., Erinnerungen, S. 215.
123 »(...) wenn irgend etwas gegen Sie unternommen wird, oder wenn Sie Schwierigkeiten haben, dann brechen Sie die Sitzung ab und laden die Teilnehmer in den Kabinettssitzungssaal. Ich werde dann den Herren das Notwendige sagen«. Ebd.
124 Ebd., S. 217.
125 Ebd.
126 Aus dem Erlaß über den »Generalbevollmächtigten für die Rüstung«, zit. n. ebd., S. 221.
127 Protokoll der Konferenz v. 19. 2. 1942, in: Boelcke, W. A., Hitlers Konferenzen, S. 66.
128 Vgl. »Verordnung des Führers zum Schutz der Rüstungswirtschaft vom 21. März 1942«, in: Janssen, G., Ministerium Speer, S. 65.
129 Speer, A., Erinnerungen, S. 219.
130 Ebd., S. 223.
131 Speer, A., Erinnerungen, S. 220.
132 Vgl. Boelcke, W. A., Hitlers Konferenzen, S. 77, Besprechung v. 19. 3. 1942.
133 Vgl. ebd., S. 93, Besprechung v. 4. 4. 1942.
134 Die Kriegsmarine hatte die schwächste Position, da sie nicht in der Zentralen Planung vertreten war.
135 »Erlaß über die ‚Zentrale Planung' im Vierjahresplan« v. 22. 4. 1942, Der Reichsmarschall des Großdeutschen Reiches, Vorsitzender des Ministerrats für die Reichsverteidigung und Beauftragter für den Vierjahresplan, V.P. 6707g., BA-MA, RM 7/232, Bl. 296.
136 Ebd., Bl. 296f.
137 Speer, A., Erinnerungen, S. 235.
138 Der Generalbevollmächtigte für den Arbeitseinsatz (GBA), Sauckel, sah eine Lösung des Arbeiterproblems in der Zuführung von zivilen Kräften und Einsatz von Kriegsgefangenen aus den besetzten Ostgebieten. Trotz der so erzielten Steigerung der Arbeiterzahl konnte Sauckel das bestehende Defizit nicht ausgleichen. Zu den Maßnahmen des Generalbevollmächtigten für den Arbeitseinsatz im einzelnen vgl. Reinhardt, K., Wende, S. 277ff. Aufschlußreich sind die Kommentare zur Arbeitseinsatzlage in den Kriegswirtschaftlichen Lageberichten Nr.

29, 30, 31, 32 (Januar, Februar, März, April 1942), BA-MA, RM 7/232, in denen die Spannungen im Arbeitseinsatz vor allem auf die zahlreichen Einberufungen zur Wehrmacht zurückgeführt werden. Die hohen Verluste an der Ostfront forderten immer neue Aushebungen zu Lasten der Industrie – ein Problem, das die Führung bis Kriegsende nicht zu lösen vermochte.

139 Quelle: Das Deutsche Reich und der Zweite Weltkrieg, Bd. 5/1, S. 681.

140 »Chef M Wa berichtet über Vortrag von Gen.Feldm. Milch beim Führer, in dem verstärkte Rohstoffzuteilung für den Flugzeugbau auf Kosten des Flaprogramms vorgeschlagen wurde. Da der Führer sehr wahrscheinlich seiner bekannten Einstellung entsprechend eine Verkürzung der Luftabwehrmittel nicht zulassen wird, muß mit dem Versuch gerechnet werden, daß die Kontingente der Kriegsmarine für die Luftwaffe herangezogen werden. Daß OKW weitere Streichungen erwägt, wird von M Wa bereits aus einer Reihe anderer Indizien (Anfragen) entnommen«. KTB Skl, Teil A, Bd. 30, S. 40f. Eintragung v. 3. 2. 1942.

141 Vgl. ebd., S. 243, Eintragung v. 13. 3. 1942.

142 Zur Stellenbesetzung vgl. Lohmann, W., Hildebrand, H. H., *Die deutsche Kriegsmarine 1939-1945.* Gliederung-Einsatz-Stellenbesetzung, Bad Nauheim 1956-1964, Bd. 1, Kapitel 4: OKM/MarRüst 34 (zit. Lohmann, W., Hildebrand, H. H., Kriegsmarine).

143 Bis zur Umorganisation im April 1939 trug das Amt Kriegsschiffbau den Namen Konstruktionsamt der Kriegsmarine.

144 Die Militärische Amtsgruppe ging aus der Militärischen Abteilung KIII hervor. Nach der Auflösung der Amtsgruppe Werften wurden deren drei Abteilungen der Militärischen Amtsgruppe angegliedert. Nach der Umorganisation von K im November 1944 wurde die Militärische Amtsgruppe aufgelöst.

145 Detailliert zu den Abteilungen der jeweiligen Amtsgruppen im Hauptamt Kriegsschiffbau mit Stellenbesetzung in: Lohmann, W., Hildebrand, H. H., Kriegsmarine, Bd. 1, OKM/MarRüst 34.

146 »,Von der Wiege bis zur Bahre' muß jeder Schiffstyp vom Anfang der Konstruktion an bis zum Untergang oder zur Verschrottung des Schiffes bei derselben bearbeitenden Stelle bleiben. Auf diesen Grundsatz kann nicht genug hingewiesen werden. Wir haben mit der getrennten Bearbeitung von Neubau bzw. fertigem Schiff durch verschiedene Dienststellen nur schlechte Erfahrungen gemacht. Es ist klar, daß ein in den Typ eingearbeiteter Techniker, der auf ihm ganz zuhause ist, ein ungleich fachkundigerer Sachbearbeiter ist, als z.B. einer, der die ganze fahrende Flotte bezüglich Einbauten oder Änderungen zu bearbeiten hat, mag er auch noch so tüchtig sein. Im Verlauf dieses Krieges spielten nachträgliche Einbauten infolge der steigenden Einwirkung der Luftwaffe immer wiederkehrend eine große Rolle. Um hier schnelle und richtige Entscheidungen treffen zu können, muß man Sachbearbeiter haben, die auf ihrer Schiffstype voll im Bilde sind, besonders was Stabilität, Gewichtsmoment und Bestreichungswinkel der Artillerie betrifft. Dementsprechend wurde das damalige Amt organisiert«. Hagen, W. B., *Die Organisation des deutschen Kriegsschiffbaus*, in: WEHRTECHNISCHE MONATSHEFTE 53 (1956), S. 145-153, hier S. 149 (zit. Hagen, W. B., Kriegsschiffbau).

147 Die Militärische Amtsgruppe war mit Offizieren der Kriegsmarine besetzt, da militärisches Fachwissen gerade in Fragen seemännischer und gefechtsmäßiger Belange unabdingbar war, wohingegen die Amtsgruppe Schiffsmaschinenbau ausschließlich mit Ingenieuroffizieren besetzt war; beide Amtsgruppen arbeiteten eng zusammen.

148 »Auch vom Standpunkt des schnellen Rücklaufs der Erfahrungen ist es erforderlich, daß Neukonstruktionen und fertiges Schiff in ein und derselben Hand bleiben. Sonst läuft man Gefahr, daß der Neuentwurfsmann den Kontakt mit seinen eigenen geistigen Kindern verliert, frontfremd wird und – wie das auch öfters vorgekommen ist – dieselben Fehler wiederholt. Bei uns gingen die Schiffe nach Ablieferung durch die Erprobungen durch die ,Erprobungs-Kommandos für Kriegsschiffe' – und dann erst in [sic!] die Front. Schnellstes Sammeln der Erfahrungen des ,Erprobungskommandos' und der laufenden Erfahrungen während der Fahrtzeit des Schiffes in der Flotte, sowie Hineinarbeiten derselben in die Neuentwürfe und – soweit noch möglich – in die bereits im Bau befindlichen Schiffe ist bei Bearbeitung desselben Schiffstyps in einer Hand durchaus erreichbar«. Hagen, W. B., Kriegsschiffbau, S. 150.

149 Admiral Fuchs bemerkt, daß sich die Trennung der Waffenentwicklung vom Kriegsschiffbau in der deutschen Marine »von jeher bewährt« habe, mit der Begründung, die Gebiete seien zu verschiedenartig und groß, »als daß sie von einem Amtschef beherrscht werden könnten. Bei einer Zusammenfassung käme praktisch heraus, daß über beide Ämter eine gemeinsame Spitze gesetzt würde, die bestenfalls koordinierende Aufgaben lösen könnte. Es wäre damit eine typische Überorganisation erreicht«. Fuchs, W., *Stellungnahme zu den Ausführungen von Dr. Ing. Fischer*, in: WEHRTECHNISCHE MONATSHEFTE 10 (1956), S. 406. Dieser Sicht ließe sich entgegenhalten, daß gerade die Führung einer Dienststelle durch eine – entscheidende – Person modernem Management entspricht; Albert Speer hat hier durchaus beispielgebend gewirkt.

150 Hagen, W. B., Kriegsschiffbau, S. 150.

151 Fuchs, W., *Die Rüstung.* Eine Gemeinschaftsaufgabe des Soldaten und Ingenieurs, in: WEHRTECHNISCHE MONATSHEFTE 9 (1956), S. 358-361; Fischer, K., Hagen, W. B., Kriegsschiffbau; Fischer, K., *Stellungnahme zu dem Aufsatz »Die Organisation des deutschen Kriegsschiffbaues« von Winfried B. Hagen*, in: WEHRTECHNISCHE MONATSHEFTE 7 (1956), S. 279-281; Fuchs, W., *Entwurf und Bau von Kriegsschiffen*, in: WEHRTECHNISCHE

MONATSHEFTE 5 (1956), S. 195-198 (zit. Fuchs, W., Entwurf und Bau); Brandes, F., *Eine Ergänzung zu dem Artikel von Admiral W. Fuchs »Entwurf und Bau von Kriegsschiffen«*, in: WEHRTECHNISCHE MONATSHEFTE 10 (1956), S. 402; Fischer, K., *Stellungnahme zum Aufsatz von Admiral Fuchs über »Entwurf und Bau von Kriegsschiffen«*, in: WEHRTECHNISCHE MONATSHEFTE 10 (1956), S. 403-405; Fuchs, W., *Stellungnahme zu den Ausführungen von Dr. Ing. Fischer*, in: WEHRTECHNISCHE MONATSHEFTE 10 (1956), S. 406.

152 Vgl. ebd. Zu den Kleinst-U-Booten siehe Kapitel V. 1.

153 Zur Stellung der Ingenieuroffiziere aufschlußreich vgl. Bräckow, W., Die *Geschichte des deutschen Marine-Ingenieuroffizierkorps*, Oldenburg, Hamburg 1974, S. 266-299.

154 Fuchs, W., Entwurf und Bau, S. 196.

155 Ebd.

156 Es ist zu vermuten, daß das Aktenmaterial bei dem Großangriff auf Berlin am 22. November 1943 vernichtet wurde. Vgl. »Ausfall von OKM-Gebäuden am 22. 11. 1943«, Bericht vom 15. 12. 1943, BA-MA, RM7/98, Bl. 53-55.

157 Quelle: Lohmann, W., Hildebrand, H. H., Kriegsmarine, OKM/Mar Rüst 28.

158 Zum Flottenbauprogramm 43 siehe Kapitel IV. 2.

159 Vgl. Dönitz, K., Zehn Jahre, S. 342.

160 Zu den Hintergründen der Ernennung vgl. Salewski, M., *Von Raeder zu Dönitz.* Der Wechsel im Oberbefehl der Kriegsmarine 1943, in: MILITÄRGESCHICHTLICHE MITTEILUNGEN 2 (1973), S. 101-146 (zit. Salewski, M., Von Raeder zu Dönitz); vgl. auch Kapitel IV. 1.

161 Dönitz, K., Zehn Jahre, S. 343.

162 Ebd.

163 Die Annahme Janssens, G., Das Ministerium Speer, S. 111, Dönitz sei als Bittsteller zu Speer gekommen, ist im Lichte der Quellen unhaltbar.

164 »Ob.d.M. stellt fest, dass im Jahre 1943 allein der RM.f.BuM. in der Lage ist, ein so umfassendes Programm wie den Flottenbauplan 43 durchzuführen«. »Aussprache Ob.d.M./Reichsminister Speer am 6. 7. 43 über Durchführung des ‚Flottenbauplans 43'«, BA-MA, RM 7/98, Bl. 458.

165 »Die schlichten Verhältnisse wirkten auf mich umso sympathischer, als ich von einem opulenten Mittagsmahl mit vielen Gängen und kostbaren Weinen kam«. Speer, A., Erinnerungen, S. 284.

166 Ebd., S. 285.

167 »Speer ist gewissermaßen heute für Deutschland wichtiger als Hitler, Himmler, Göring, Goebbels oder die Generale. Sie alle sind irgendwie nichts als Mitwirkende dieses Mannes geworden, der tatsächlich die riesige Kraftmaschine führt und aus der er ein Maximum an Leistung herausholt. In ihm sehen wir eine genaue Verwirklichung der Revolution der Manager. Speer ist nicht einer der auffälligen und pittoresken Nazis. Es ist unbekannt, ob er überhaupt irgendwelche andere als konventionelle politische Meinungen hat. Er hätte sich jeder anderen politischen Partei anschließen können, soweit sie ihm Arbeit und Karriere gab. Er ist, auf ausgeprägte Weise, der erfolgreiche Durchschnittsmensch, gut gekleidet, höflich, nicht korrupt; in seinem Lebensstil zusammen mit seiner Frau und sechs Kindern, betont Mittelklasse. Viel weniger als irgendeiner der anderen deutschen Führer gleicht er irgend etwas typisch Deutschem oder typisch Nationalsozialistischem. Er symbolisiert eher einen Typus, der in steigendem Maße in allen kriegführenden Staaten wichtig wird: den reinen Techniker, den klassenlosen, glänzenden (bright) Mann ohne Herkommen, der kein anderes Ziel kennt, als seinen Weg in der Welt zu machen, nur mittels seiner technischen und organisatorischen Fähigkeiten. Gerade das Fehlen von psychologischem und seelischem Ballast und die Ungezwungenheit, mit welcher er die erschreckende technische und organisatorische Maschinerie unseres Zeitalters handhabt, läßt diesen unbedeutenden Typ heutzutage äußerst weit gehen. Dies ist ihre Zeit. Die Hitlers und die Himmlers mögen wir loswerden, aber die Speers, was auch immer diesem einzelnen Mann im besonderen geschehen wird, werden lange mit uns sein«. OBSERVER v. 9. April 1944, in: Ebd., S. 356.

168 Salewski, M., Von Raeder zu Dönitz, S. 106.

169 KTB Skl, Teil A, Bd. 32, S. 403, Eintragung v. 22. 4. 1942.

170 KTB Skl, Teil A, Bd. 33, S. 150, Eintragung v. 8. 5. 1942.

171 »Prüfung Vereinfachung Zerstörerbauten und Vereinigung der Flottentorpedoboote und Zerstörer in einen Typ«, ebd.

172 Ebd.

173 Speer, A., Erinnerungen, S. 284.

174 Vgl. BA-MA, RM 6/76, Bl. 220 (Oberkommando der Kriegsmarine Ob.d.M. Persönlich Großadmiral Raeder, 1. Februar 1942-1. Oktober 1942).

175 Raeder strich »ausgeschaltet« und ersetzte handschriftlich durch »in eine schwierige Lage versetzt worden«.

176 »völlig« hinzugefügt.

177 »Führung« unterstrichen.

178 Speer, A., Erinnerungen, S. 285.

179 Hauptamt Kriegsschiffbau K Stb Nr. 2836/43 gKdos. v. 15. Oktober 1943, BA-MA, RM 7/98 (1/SKL Teil B V Anlagen allgemeinen Inhalts Juni 1943-Dezember 1943), Bl. 191-193.

180 Ebd., Bl. 191v.
181 Ebd.
182 Ebd., Bl. 192.
183 Ebd.
184 Als »bisherige Erfahrungen« war der Befehl vom Januar 1939 gemeint, in dem Hitler den Bau von 6 Schlachtschiffen anordnete. Es zeigte sich, daß die Organisation des OKM dieser Aufgabe schlicht nicht gewachsen war. Dem K-Chef wurden sämtliche Vollmachten übertragen, nach eigenem Ermessen die Mitarbeiter auszuwählen und Entscheidungen zu treffen. »Der Erfolg war, dass von Ende Januar ab, wo nur eine Typskizze vorlag, die Konstruktionen und Lieferungen so schnell durchgezogen werden konnten, daß im Juli bereits 3.000 Tonnen Material für das erste Schiff fertig bearbeitet waren und Kiel gelegt werden konnte. Es waren damit in 5 Monaten bereits 9 Monate erspart, die sonst für die gleichen Arbeiten bei äusserster Anspannung von dem damaligen K-Amt für notwendig gehalten waren (...). Es kann daher nur vorgeschlagen werden, jetzt wieder dasselbe zu machen«. Ebd.
185 Ebd., Bl. 192v.
186 Im Gemeinschaftserlaß war nicht näher erläutert, um welche Abteilungen es sich handelte. Vgl. ebd., Bl. 193.
187 »Für« unterstrichen.
188 BA-MA, RM 7/98, Bl. 3f.
189 Dönitz, K., Zehn Jahre, S. 344.
190 Quelle: BA-MA, RM 7/98, Bl. 442.
191 »Durchführung Flottenbauprogramm 43«, BA-MA, RM 7/98, Bl. 2-4.
192 Es muß hier genau unterschieden werden zwischen der Bearbeitung der Typskizzen, die nun Aufgabe der Schiffbaukommission wurde, und den Typskizzen selbst, die im Hauptamt Kriegsschiffbau angefertigt wurden.
193 Die Stellenbesetzung wurde nach Bestimmung durch den RMfBuM vorgenommen.
194 Dönitz, K., Zehn Jahre, S. 344.
195 Vgl. Der Reichsminister für Bewaffnung und Munition. »Dienstanweisung für die Schiffbaukommission« v. 10. 9. 1943, BA-MA, RM 7/98, Bl. 232-237.
196 Als »Typenbereinigung« wird die Standardisierung von Waffen, Geräten u.ä. bezeichnet.
197 Der Entscheid über die Dringlichkeitseinstufung einer Entwicklung wurde im Einvernehmen zwischen dem RMfBuM und dem Ob.d.M. getroffen, die Kommission unterbreitete lediglich Vorschläge.
198 BA-MA, RM 7/98, Bl. 233.
199 Ebd.
200 Vgl. ebd.
201 Siehe Kapitel IV. 3.1.
202 »Durchführung« unterstrichen.
203 »Gemeinschaftserlaß des Oberbefehlshabers der Kriegsmarine und des Reichsministers für Bewaffnung und Munition« v. 27. 8. 1943, BA-MA, RM 7/98, Bl. 353.
204 Vgl. »Dienstanweisung für die Schiffbaukommission« v. 1. 10. 1943, BA-MA, W-04/16211, Bl. 2f.
205 »Etwa in der Form ‚Im Einvernehmen mit Hauptausschuß und Schiffbaukommission oder Auf Anordnung von Hauptausschuß und Schiffbaukommission oder Gemäß Beschluß der Schiffbaukommission in der Tagung der Unterkommission am ..., mit Zustimmung des Hauptausschusses'«. »Änderungen und Umbauten an Neubauten und fertigen Schiffen der Kriegsmarine« v. 18. 7. 1944, BA-MA, W-04/16211, Bl. 9.
206 Vgl. Dönitz, K., Zehn Jahre, S. 344.
207 Vgl. BA-MA, N 379/v. 146 (Nachlaß Ruge [Schiffbau bis 1945 etc.]), Bl. 38.
208 »allen« jeweils unterstrichen.
209 »laufend« unterstrichen.
210 »kontrollieren« unterstrichen.
211 »noch weiter« unterstrichen.
212 »nur« unterstrichen.
213 Der Admiral nahm das Schreiben u.a. zum Anlaß, massive Kritik an Kommissions-Chef Merker zu üben, dem es seiner Überzeugung nach lediglich darauf ankomme, zu liefern – koste es, was es wolle. Mithin gäbe es im Arbeitsablauf Kriegsschiffbau Punkte, »die nur der Soldat und nicht der liefernde technische Kaufmann übersehen kann«. Ein vielsagendes Zeichen für die noch immer nicht überwundene grundsätzliche Rivalität zwischen Offizier und Techniker!
214 »Meldung an den Oberbefehlshaber der Kriegsmarine über Chef Mar.Rüst. Betr. Die Organisation des K-Amtes«, BA-MA, N 379/v. 146, Bl. 39-41.
215 Vgl. Ruge, F., *In vier Marinen.* Lebenserinnerungen als Beitrag zur Zeitgeschichte, München 1979, S. 254.
216 »Der Vorschlag, auch die Fertigung der Typskizzen an die Schiffbaukommission zu geben, zielt auf eine Vereinfachung hin. Diese ist zweifellos erwünscht«. BA-MA, N 379/v. 146, Bl. 39.
217 »Für die Zusammenarbeit mit der Planungskommission für Kriegsschifftypen sowie dem Hauptausschuß Kriegsschiffbau hat der Ob.d.M. mit sofortiger Wirkung nachstehende Org-Änderung befohlen: Die bisherige

Vereinigung von Entwurf und Bau in denselben Referaten wird gelöst. Für die fachtechnische Durchführung der Neubauten werden je eine Abteilung für Schiffbau und Maschinenbau gebildet«. Aus: »Org-Änderung im Hauptamt Kriegsschiffbau«, Abschrift aus Geheimanlage Nr. 27 zu LB. OKM Bl. 56/1943, BA-MA, W-04/14949.

218 Vgl. ebd.

219 Quelle: Lohmann, W., Hildebrand, H. H., Kriegsmarine, OKM/Mar Rüst 30.

220 Salewski, M., Seekriegsleitung, Bd. 2, S. 108.

221 »Rüstung 1942« v. 20. 1. 1942, BA-MA, RM 7/95 (1. Skl Teil B V. Anlagen verschiedenen Inhalts Dezember 1941-Juli 1942), Bl. 337-339.

222 »Ubootsprogramm und Schiffsneubauplan«, Hauptamt Kriegsschiffbau, .../Stb. Nr. 834/42 gKdos. v. 22. 5. 1942, BA-MA, RM 7/1577 (1. Skl Lagezimmer).

223 BA-MA, RM 7/95, Bl. 339.

224 Vgl. Salewski, M., Seekriegsleitung, Bd. 2, S. 148ff.

225 »Befehlshaber der Unterseeboote, B. Nr. gKdos. 264 Chefs. Seekriegsleitung für den Chef des Stabes, 1. Abtlg Seekriegsleitung«, Skl I U 1186/42 gKdos. Chefs. v. 21. 6. 1942, BA-MA, RM 7/2868, Bl. 66.

226 Rahn, W., Einsatzbereitschaft, S. 74.

227 Zu technischen Details vgl. Rössler, E., Ubootbau, Bd. 1, S. 159-178, 195-201; Herzog, B., *Deutsche U-Boote 1906-1966*, Koblenz 1990, S. 195ff.; Ministry of Defence (Navy) (Hrsg.), German Naval History, *The U-Boat War in the Atlantic 1939-1945*, London: Her Majesty's Stationary Office, 1989, Appendix II: Types and »U« Numbers of German U-Boats commissioned in the Second World War, S. 114-117.

228 Vgl. Rahn, W., *Die Entstehung neuer deutscher U-Boot-Typen im Zweiten Weltkrieg.* Bau, Erprobung und erste operative Erfahrungen, in: MILITÄRGESCHICHTE (NF) 2 (1993), S. 13-20, hier S. 13 (zit. Rahn, W., Entstehung).

229 Vgl. Dönitz, K., Zehn Jahre, S. 192.

230 »Auswirkungen der Arbeiterlage und des Rohstoffmangels auf die Führung des U-Bootskrieges«, BA-MA, RM 7/846 (1. Skl KTB Teil C IC, U-Bootskriegsführung 1942), Bl. 20-53.

231 Vgl. Salewski, M., Seekriegsleitung, Bd. 1, S. 262.

232 »OKW Wehrkraft der Wehrmacht im Frühjahr 1942«, BA-MA, RM 7/395.

233 Ebd., Bl. 34.

234 Wieviel Arbeiter dem Schiffbau im I. Quartal 1942 zur Verfügung standen, läßt sich nicht verifizieren. Gerechnet am Bestand Mitte 1941 mit 136.000 Arbeitern (vgl. Rössler, E., Ubootbau, Bd. 1, S. 212), dürfte sich die Gesamtzahl für das I. Quartal 1942 unwesentlich erhöht haben.

235 BA-MA, RM 7/846, Bl. 20.

236 »Vortrag Ob.d.M. beim Führer am 13. II. 1942 nachmittags«, in: Wagner, G., Lagevorträge, S. 354ff.

237 Ebd., S. 355.

238 Speer versicherte, daß der im Frühjahr 1942 zu erfolgende Abzug von insgesamt 450.000 Rüstungsarbeitern aus den verschiedensten Betrieben der »letzte Eingriff in die Industrie sein soll«. KTB Skl, Teil A, Bd. 31, S. 243, Eintragung v. 13. 3. 1942.

239 »Zusammenstellung der durch Torpedotreffer versenkten und beschädigten Schiffe von Januar 1942-Juni 1942, unterteilt nach Größe und Anzahl der erforderlichen Treffer«, BA-MA, RM 7/96 (1. Skl Teil B V. Anlagen verschiedenen Inhalts August 1942-Dezember 1942), Bl. 131.

240 »Auszug aus Schreiben Skl. U IId B. Nr. 793/42 gKdos. v. 17. 3. 42 Betr. Instandsetzung der U-Boote auf ausländischen und deutschen Werften«, BA-MA, RM 7/846, Bl. 100.

241 Anlage 6 zu B. Nr. 1. Skl. Ib 588/42 gKdos. Chefs. zu: »Vortrag Ob.d.M. beim Führer im Hauptquartier ‚Wolfsschanze' am 12. März 1942 abends«, in: Wagner, G., Lagevorträge, S. 366.

242 Ebd., S. 368.

243 D. h. Instandsetzung und Erhaltung der Überwasserflotte.

244 Wagner, G., Lagevorträge, S. 369.

245 Ebd., S. 362.

246 Vom 15. Januar bis 10. Mai 1942 sind im US-amerikanischen Raum 303 Schiffe mit 2.015.252 BRT versenkt worden. Vgl. »Vortrag des B.d.U. beim Führer am 14. 5. 1942 in Gegenwart des Oberbefehlshabers der Kriegsmarine«, in: Wagner, G., Lagevorträge, S. 393. Zur Seekriegführung in US-Gewässern vgl. Das Deutsche Reich und der Zweite Weltkrieg, Bd. 6, S. 337ff.; Vgl. auch Friedland, K., *Raiding Merchant Shipping*: U-Boats on the North American Coast, 1942, in: THE AMERICAN NEPTUNE. A Quarterly Journal of Maritime History 51, No. 2 (1991), S. 112-114.

247 Der B.d.U. bemerkte schon am 8. Februar resignierend, »daß man mit dem Einsatz von nur 6 statt 12 Booten aus dieser einmaligen Gelegenheit nicht das herausgeholt habe, was möglich gewesen sei«. Das Deutsche Reich und der Zweite Weltkrieg, Bd. 6, S. 340.

248 Quelle: Wagner, G., Lagevorträge, S. 370.

249 »jedes« unterstrichen.

250 »mehr« unterstrichen.

[251] »Schiffsneubauplan«, Seekriegsleitung Amtsgruppe U-Bootswesen, Skl. U II 1957/42 gKdos., Lagebesprechung v. 15. 5. 1942, BA-MA, RM7/1577 (1. Skl. Lagezimmer), Bl. 65f.

[252] »Auswirkungen der Arbeiterlage und des Rohstoffmangels auf die Führung des U-Bootskrieges«, 1. Skl. KTB, Teil C, U-Bootskriegsführung 1942, BA-MA, RM 7/846.

[253] »Schiffbauplan«, Der Hauptamtschef der Marinewaffenämter M Wa 3642/42 gKdos., Schreiben Skl. UII 1957/42 gKdos. v. 15. 5. 1942, BA-MA, RM 7/1577, Bl. 62.

[254] »U-Bootsprogramm und Schiffsneubauplan«, Hauptamt Kriegsschiffbau K/Stb. Nr. 834/42 gKdos. v. 22. 5. 1942, BA-MA, RM 7/1577, Bl. 126.

[255] Ebd., Bl. 127.

[256] Staatsrat Blohm hatte es während der Besprechung am 15. Mai 1942 versäumt oder die Gelegenheit als nicht passend erachtet, Hitler auf das Arbeiterproblem im U-Boot-Bau anzusprechen. Jedenfalls wurde nichts darüber bekannt, ob der Staatsrat »in seinen Vorträgen beim Führer um eine besondere Entlastung der Arbeiterlage zugunsten der U-Bootswerften gebeten oder sie zugesagt erhalten hat«. BA-MA, RM 7/1577, Bl. 126.

[257] Durch die Ausstellung von »Unabkömmlichkeitsbescheinigungen« waren Werftarbeiter von der Einberufung zur Wehrmacht befreit.

[258] BA-MA, RM 7/1577, Bl. 127.

[259] Ebd.

[260] Vgl. KTB Skl, Teil A, Bd. 33, S. 232, Eintragung v. 12. 5. 1942.

[261] Vgl. »Ergebnis der Maßnahmen zur Einsparung von Mangelmetallen. Gegenüberstellung der Kontingentsgewichte. I. Kriegsschiffe (ohne Bewaffnung) und U-Boots-Ausstoßrohre«, BA-MA, RM 7/232, Bl. 324.

[262] Vgl. ebd., Bl. 325.

[263] Die deutsche chemische und technische Industrie arbeitete energisch an der Entwicklung von Kupfer-Ersatzstoffen. Als Ersatz für die Kupfer-Legierung bot sich das um ein vielfaches billigere Aluminium an, ebenso für die Herstellung von U-Boot-Batterien.

[264] KTB Skl, Teil A, Bd. 33, S. 443, Eintragung v. 23. 5. 1942. Ebd. auch der Hinweis auf mögliche Kupferbezüge aus Ostasien, die wegen mangelnden Schiffraumes jedoch als wenig erfolgversprechend beurteilt wurden: »Die bisher für den Blockadebrecherdienst verfügbare Tonnage muß nach der bisherigen Aufschlüsselung des OKW für wichtigste andere Güter, insbesondere auch für Öle und Fette zum Einsatz kommen. Wenn daher die Einfuhr von Kupfer als vordringlich behandelt werden muß, so würde sie nur auf Kosten der übrigen bereits als vordringlich anerkannten Rohstoffe geschehen können«.

[265] Gewinnung durch Querschnittsverringerung überdimensionaler Kabel und Ersatz der Kupferleitungen durch Eisenleitungen.

[266] Vgl. KTB Skl, Teil A, Bd. 33, S. 285, Eintragung v. 15. 5. 1942.

[267] »Kupferfrage« unterstrichen.

[268] KTB Skl, Teil A, Bd. 33, S. 286, Eintragung v. 15. 5. 1942.

[269] BA-MA, RM 7/1577, Bl. 64.

[270] Von den 238 U-Booten wurden 180 VII C und 58 Boote vom Typ IX abgeliefert.

[271] Quelle: Skizze »Bauprogramme 1940/45«, BA-MA, N 379/v. 146, Bl. 1.

[272] Errechnet nach: »Vierteljährlich aufgebrachtes Baugewicht, Anlage 7, Bl. 11, BA-MA, RM 22/2 (Der technische Aufwand für den deutschen Überwasserschiffbau).

[273] Errechnet nach: »Überschlägige Ermittlung der aufgebrachten Arbeitsstunden aus der Zahl der Arbeitsobjekte«, betr. U-Boote, ebd., Anlage 12, Bl. 8.

[274] Vgl. KTB Skl, Teil A, Bd. 32, S. 547, Eintragung v. 30. 4. 1942.

[275] KTB Skl, Teil A, Bd. 34, S. 457, Eintragung v. 25. 6. 1942.

[276] Kollisionen waren an der Tagesordnung: »Weiterer Vortrag Chefs K-Amt über Differenz mit Hauptausschuß betr. Werftzuteilung von U 552 zu Restarbeiten. Hauptausschuß lehnt Einweisung des Bootes in Bauwerft ab, um dortiges Neubauprogramm nicht zu stören, wodurch Verzögerung in Frontbereitschaft U 552 um mehrere Wochen bedingt würde«. KTB Skl, Teil A, Bd. 34, S. 359, Eintragung v. 19. 6. 1942.

[277] Vgl. BA-MA, RM 7/1577, Bl. 65v.

[278] »Wegen Arbeiterentzug bei der Germania-Werft [Kiel, d. Vf.] sind gewisse Einschränkungen beim Ubootsneubau notwendig geworden. K und Skl/U beabsichtigen, diese Einschränkung auf Kosten der 4 Minenboote vornehmen zu lassen, um die Zahl der Boote des VII-C-Typs möglichst auf bisheriger Höhe zu halten, indem die Minenboote auf dem Wege der Füllarbeit fertiggestellt werden sollen. Skl. wendet sich gegen diese Absicht, die praktisch ein Verzicht auf 4 Minenboote bedeutet«. KTB Skl, Teil A, Bd. 29, S. 551, Eintragung v. 29. 1. 1942.

[279] Vgl. »Instandsetzung der U-Boote auf ausländischen und deutschen Werften«, Skl. U IId B. Nr. 793/42 gKdos. v. 17. 3. 1942, BA-MA, RM 7/1576, Bl. 226-249.

[280] Vgl. BA-MA, RM 7/1576, Bl. 229.

[281] Vgl. ebd., Bl. 238.

[282] Vgl. »Vortrag des Ob.d.M. vor dem Führer am 25. Juli nachm. in ‚Wolfsschanze'«, in: Wagner, G., Lagevorträge, S. 272.

283 BA-MA, RM 7/1576, Bl. 238f.

284 Die Luftgefährdung gerade an der französischen Westküste und im norwegischen Küstenbereich nahm zeitweilig bedrohliche Ausmaße an, so daß mit schweren Schäden und Totalausfällen der betreffenden Werften jederzeit zu rechnen war. »Für solche Katastrophenfälle mußte eine gewisse materielle Reserve zur Verfügung stehen«. BA-MA, RM 7/1576, Bl. 239.

285 Ebd., Bl. 240.

286 Ungeachtet der zusätzlichen Belastung durch die Bereitstellung von Instandsetzungskapazitäten waren gerade die Hamburger Werften mit dem Bau von bombensicheren U-Boot-Unterständen betraut.

287 Vgl. BA-MA, RM 7/1576, Bl. 226-244. Auf Einzelverweise wird im folgenden verzichtet.

288 Quelle: »Anlage 2 zu Skl. U IId Nr. 793/42 gKdos.«, BA-MA, RM 7/1576, Bl. 246. Die folgenden Tabellen ebd., Bl. 246ff.

289 Der Zuschlag von 25 Prozent wurde für kleinere Instandsetzungen (Wochenendreparaturen) der beim U.A.K. und in der Ausbildung befindlichen, neu indienstgestellten Front-U-Boote und der Schul- und Versuchs-U-Boote in Rechnung gestellt.

290 Quelle: »Anlage 1 zu Skl. U IId 793/42 gKdos.«, BA-MA, RM 7/1576, Bl. 245.

291 Die in Klammern gesetzten Zahlen waren materielle Reserve und bis zum 1. Januar 1944 noch nicht heranzuziehen.

292 Vgl. BA-MA, RM 7/846, Bl. 20-53.

293 »Erhöhung der Einsatzmöglichkeiten der U-Boote«, Vortrag Kapitän zur See Ernst Kratzenberg vor dem Ob.d.M. v. 14. 7. 1942, BA-MA, RM 7/846, Bl. 165-184, in: Rahn, W., Einsatzbereitschaft, S. 99.

294 Der Einsatz ausländischer Arbeiter erfolgte im allgemeinen nicht an Bord der U-Boote, sondern im Innenbetrieb der Werft, um Sabotage-Akte am Boot zu verhindern.

295 Hauptamt Kriegsschiffbau K III A 1176/42 gKdos. v. 14. 7. 1942, BA-MA, RM 7/846, Bl. 155-157.

296 Ebd., Bl. 157.

297 Ebd., Bl. 159.

298 Gemeint ist vermutlich die von Hitler unterzeichnete Verfügung »Arbeiterbedarf für die Werften (Kriegsschiffbau und Reparatur) sowie deren Dringlichkeitsfolge« v. 3. 7. 1942, BA-MA, RM 7/975.

299 BA-MA, RM 7/846, Bl. 160.

300 Vgl. »Zur Frage Arbeiterbedarf für: ‚Prinz Eugen', Umbau ‚Gneisenau', Fertigbau ‚Graf Zeppelin'«, Anlage 5 zu OKM 1. Skl. Ib 1162/42 gKdos. Chefs., in: Wagner, G., Lagevorträge, S. 404.

301 Vgl. »Vortrag Ob.d.M. beim Führer am 15. 6. 1942 nachmittags auf dem Berghof«, B. Nr. 1. Skl. Ib 1162/42 gKdos. Chefs., in: Ebd., S. 397.

302 Vgl. »Fernschreiben an den Führer und Obersten Befehlshaber z. Hd. Kapitän z. S. von Puttkamer«, Skl. Qu. A 1181/42 gKdos. Chefs., in: Ebd., S. 404.

303 »Anweisung für OKW/Stab z.B.V. General v. Unruh«, Der Chef des Oberkommandos der Wehrmacht, WFSt Nr. 00 3646/42 gKdos. v. 8. 10. 1942, BA-MA, RM 7/96, Bl. 225.

304 Keitels Hinweis, es seien ihm von verschiedenen Seiten »auch durch private Mitteilungen« Nachrichten zugekommen, ist wenig beweiskräftig.

305 Das OKM beschritt aus diesem Grunde gelegentlich Nebenwege, etwa um eine Erhöhung der Zahl an Werftarbeitern zu erwirken. Der Ob.d.M äußerte sich positiv über die Möglichkeit der Gewinnung von französischen Arbeitern auf den Werften in Frankreich aufgrund der Erhebungen der Sauckel-Kommission. Die Kommission glaubte durch Anhebung der Arbeitszeit von im Schnitt 48 auf 54 Stunden pro Woche ca. 3.500 Arbeiter zu gewinnen, durch eine Verringerung der Facharbeiterdichte nach Hinzuführung von ungelernten Arbeitern weitere 6.000 – insgesamt stellte die Kommission 9.500 Kräfte in Aussicht, von denen etwa 4.500 Köpfe innerhalb der französischen Werften für die U-Boot-Reparatur zum Einsatz kämen. Die verbleibenden 5.000, so Sauckel, würden den deutschen Werften zugeführt, nachdem sie vorher durch ungelernte Kräfte auf den französischen Werften ersetzt worden seien.

306 Zur U-Boot-Kriegführung 1942 vgl. Das Deutsche Reich und der Zweite Weltkrieg, Bd. 6, S. 337-369.

307 In der ersten Jahreshälfte 1942 gingen 32 Boote verloren, von August bis Dezember 1942 betrug die Verlustrate immerhin 59 U-Boote. Vgl. Das Deutsche Reich und der Zweite Weltkrieg, Bd. 6, Tabelle S. 369: »Relation Erfolge/Verluste der deutschen U-Boote (nach Kriegsschauplätzen) 1939-1945«.

308 Zum Funkmeßwesen vgl. Calvocoressi, P., *Top Secret ULTRA*, London 1980; Lewin, R., *Entschied ULTRA den Krieg?*, Koblenz, Bonn 1981; Rohwer, J., Jäckel, E., *Die Funkaufklärung und ihre Rolle im Zweiten Weltkrieg*, Stuttgart 1979; Santoni, A., *ULTRA siegt im Mittelmeer.* Die entscheidende Rolle der britischen Funkaufklärung beim Kampf um den Nachschub für Nordafrika von Juni 1940 bis Mai 1943, Koblenz 1985, S. 15-65; Winterbotham, F.W., *The ULTRA Secret*, London 1974.

309 Vgl. »Zerstörer-Abwehr-Geschoß«, Befehlshaber der Unterseeboote B. Nr. gKdos. 344 Chefs. A4. v. 31. 8. 1942, BA-MA, RM 7/2868, S. 88-88d.

310 Ebd., S. 88b.

311 »Allied Submarine Detection Investigation Committee«.

[312] Beide U-Typen erreichten eine Unterwassergeschwindigkeit von ca. 7 kn.
[313] Dönitz, K., Zehn Jahre, S. 258.
[314] Im Detail zur Weiterentwicklung des Typs VII C vgl. Rössler, E., Ubootbau, Bd. 1, S. 233ff.
[315] Vgl. ebd., S. 237.
[316] »Schreiben des Befehlshabers der U-Boote, Admiral Karl Dönitz, an den Oberbefehlshaber der Kriegsmarine, 24. Juni 1942«, in: Rahn, W., Einsatzbereitschaft, S. 108.
[317] Das Deutsche Reich und der Zweite Weltkrieg, Bd. 6, S. 367.
[318] Die folgenden Ausführungen basieren auf den detaillierten Studien von Rössler, E., Ubootbau, Bd. 2, S. 279-294; Ders., *Das Walter-Verfahren*, in: MARINE-RUNDSCHAU 78 (1981/2), S. 98-102.
[319] Vgl. Rössler, E., Ubootbau, Bd. 2, S. 284f.
[320] Rahn, W., Entstehung, S. 14.
[321] Die Seekriegsleitung betrachtete die Neuentwicklung 1940 mit Skepsis, da fragwürdig war, ob sich die neue Antriebsart überhaupt positiv auf die U-Boot-Kriegführung auswirken würde. Vgl. Rahn, W., Entstehung, S. 14.
[322] V 80: Größe ca. 80 t, Leistung 2.000 PS. Die Versuche mit V 80 sind 1940 teils auf der Schlei, teils in der Danziger Bucht durchgeführt worden. Vgl. »U-Boot mit Einheitsmaschine für Über- und Unterwasserfahrt«, Anlage 5 zu 1. Skl. Ib 1663/42 gKdos. Chefs., in: Wagner, G., Lagevorträge, S. 416. Zu V 80 vgl. Rössler, E., *V-80 – The first Walter submarine*, in: AVIATION & MARINE INTERNATIONAL 14 (1974).
[323] KTB Skl, Teil A, Bd. 30, S. 64, Eintragung v. 4. 2. 1942.
[324] »Niederschrift über die Besprechung beim Führer in der Reichskanzlei am Montag dem 28. 9. 1942 1630 bis 1830 Uhr«, in: Wagner, G., Lagevorträge, S. 420.
[325] Ebd., S. 421.
[326] KTB Skl, Teil A, Bd. 30, S. 64, Eintragung v. 4. 2. 1942.
[327] Rössler, E., Ubootbau, Bd. 2, S. 290.
[328] Vgl. KTB Skl, Teil A, Bd. 30, S. 64, Eintragung v. 4. 2. 1942.
[329] Die kleinere Version, V 200, konnte über den Zeitraum von 4 Stunden 25-26 sm/h unter Wasser zurücklegen. Vgl. KTB Skl, Teil A, Bd. 30, S. 63, Eintragung v. 4. 2. 1942.
[330] »Auf Grund der Besprechungen zwischen Skl/U, K und M mit Herrn Walter, die am 16/7. abschließend geführt wurden, ist festgestellt, daß der Bau des Typs V 300 die Absicht, möglichst bald ein atlantikfähiges Boot zu bekommen, nicht mehr fördern würde, als wenn jetzt zunächst die kleinen Typen Wa 201 gebaut würden«. KTB Skl, Teil A, Bd. 36, S. 150, Eintragung v. 9. 8. 1942. Raeder hatte bereits drei Wochen zuvor das Schicksal von V 300 beschlossen: »O.b.d.M. hat entschieden, daß das Walter-Boot V 300 nicht in Bau zu geben ist«. KTB Skl, Teil A, Bd. 35, S. 356, Eintragung v. 18. 7. 1942. Es ist zu vermuten, daß in gleichem Zuge auch der Bauauftrag für die beiden Versuchsboote V 200 zurückgezogen wurde.
[331] »Boot mit Einheitsmaschine für Über- und Unterwasserfahrt«, in: Wagner, G., Lagevorträge, S. 418.
[332] Vgl. Aktenvermerk der *Germania*-Ingenieure Schrödter und Naß am 10. November 1942 in 7 Punkten, in: Rössler, E., Ubootbau, Bd. 2, S. 292f.
[333] Ebd., S. 293.
[334] Je 12 Boote wurden am 4. Januar 1943 bei *Blohm & Voss* und der *Germania-Werft* bestellt. Vgl. ebd.
[335] »U-Boot mit Einheitsmaschine für Über- und Unterwasserfahrt«, in: Wagner, Lagevorträge, S. 418.
[336] Vgl. ebd. S. 418f.
[337] »Niederschrift über die Besprechung beim Führer in der Reichskanzlei am Montag dem 28. 9. 1942 1630 bis 1830 Uhr«, in: Ebd., S. 424.
[338] »U-Boot mit Einheitsmaschine für Über- und Unterwasserfahrt«, in: Ebd., S. 418.
[339] Vgl. »Vortrag O.b.d.M. beim Führer am 22. 12. 1942 im Führerhauptquartier«, in: Ebd., S. 435.
[340] Quelle: Rössler, E., Ubootbau, Bd. 2, S. 283.
[341] Quelle: Ebd., S. 289.
[342] T-Boote zählen zur Klasse der leichten, schnellen Überwasserstreitkräfte, die als Torpedo-Trägerfahrzeuge entwickelt wurden, um ein feindliches Schiff bei möglichst nur einem Treffer zu vernichten oder manövrierunfähig zu torpedieren.
[343] M-Boote sind Minenabwehrfahrzeuge mit geringer Wasserverdrängung. Im Unterschied zum R-Boot, das im Küstenbereich zum Minenräumen und -legen, zur Minensuche und zur Minenaufklärung eingesetzt wurde, nahmen M-Boote diese Aufgaben auch auf hoher See wahr. Das M-Boot der Baureihe 1935 war als Universalfahrzeug für Geleit-, Wach-, Minenleg- und U-Boot-Abwehr-Aufgaben einsetzbar.
[344] R-Boote bezeichnen ein Minenabwehrfahrzeug für die Verwendung im Küstenbereich.
[345] S-Boote, deren Hauptarmierung aus Torpedoausstoßrohren und mehreren Geschützen kleinen und mittleren Kalibers bestand, arbeiteten während der Kampfhandlungen selbständig oder im Zusammenwirken mit anderen Waffengattungen der Flotten vornehmlich im Küstenvorfeld sowie in Rand- und Binnenmeeren.
[346] T-Fang-Boote sind kleine Spezialschiffe für die Suche, das Bergen oder Schleppen aufgeschwommener Übungstorpedos.

[347] Zuverlässige Angaben zu den kleinen Fahrzeugen sind aus den noch vorhandenen Akten nicht zu erschließen, da ein großer Teil des Materials in den Kriegswirren verlorenging oder vernichtet wurde. Es ist ein Glücksfall, daß die Akten, die Aufschluß über a) Planung und b) tatsächliche Ausstoßziffer der maßgeblichen leichten Seestreitkräfte geben, noch vorhanden und zugänglich sind.

[348] »Denkschrift der Skl. zum Bauplan leichter Seestreitkräfte«, BA-MA, RM 7/829

[349] »Die Forderung, S-Boote durch Gestellung von kampfkräftigen Aufnahmestreitkräften gegen den auch in der Schnellbootsbekämpfung stärker werdenden Feind zu schützen, bzw. zu unterstützen, sowie die Notwendigkeit durch verstärktes eigenes angriffsweises Vorgehen gegen die feindlichen Stützpunkte und Streitkräfte (Verminung und ähnl.) die Initiative der Seekriegführung in der Hand zu behalten«. BA-MA, RM 7/829, Bl. 5.

[350] Im Mob-Bauplan der Vorkriegsjahre war die kategorische Forderung erhoben worden, je Jahr 24 Zerstörer, 48 T-Boote und 132 M-Boote zu bauen.

[351] Nach der Festlegung des U-Boot-Programms (nach dem Kriegseintritt Englands) sank die Zahl der durchführbaren Zerstörer-Bauten auf 7, der T-Boote auf 9 und der M-Boote auf 60.

[352] BA-MA, RM 7/829, Bl. 9.

[353] Ebd., Bl. 11.

[354] Forderung 1940: 110 Zerstörer, 120 T-Boote, 400 M-Boote, 400 R-Boote, 160 S-Boote.

[355] Vgl. »Entwicklung der Hauptkontingente«, 4. Beilage zur Anlage 6, in: Wagner, G., Lagevorträge, S. 371.

[356] »Anlage 6 zu B. Nr.1 Skl. Ib 588/42 gKdos. Chefs.«, in: Ebd., S. 368.

[357] Quelle: »Übersicht über fertigwerdende Neubauten im Jahr 1942 und 1943«, 1. Beilage zur Anlage 6, in: Ebd., S. 370.

[358] Quelle: »Bauübersicht der Hauptkriegsschiffe gem. Führerweisung«, 2. Beilage zur Anlage 6, in: Ebd.

[359] Quelle: Ebd.

[360] Quelle: Ebd.

[361] »nunmehr eine« unterstrichen.

[362] »untragbare Situation« unterstrichen.

[363] Hinzu kamen 20 Hilfs-MS-Flottillen, 22 Vorposten-Flottillen und 4 U-Jagd-Flottillen.

[364] Vgl. »Rohstoffkontingente der Kriegsmarine für das I. Vierteljahr 1943 und ihre Auswirkungen«, in: Wagner, G., Lagevorträge, S. 442.

[365] Etwa Vereinfachung der Bewaffnung, der Antriebsanlagen, der Feuerleitung, Einsparung von Reserven u.ä.

[366] T-Boote der Typen »39/41«.

[367] Typ »40«.

[368] BA-MA, RM 7/829, Bl. 19. T-Boote des Typs »40« als Zerstörer waren zunächst in Auftrag gegeben, dann aber aus den bekannten Materialgründen (Kupfer, Messing, Aluminium) wieder zurückgezogen worden. Vgl. KTB FdZ v. 15. 4. 1942 (FdZ gKdos. 804 A I v. 13. 5. 1942, 1. Skl. 13090/42 gKdos.), Oberkommando der Kriegsmarine B. Nr. 1. Skl. Ia 13268/42 gKdos. v. 3. 6. 1942, BA-MA, RM 7/95, Bl. 91-93.

[369] Vgl. »Weiterbau stillgelegter Kriegsschiffneubauten«. K-Stab 880 gKdos. v. 25. 5. 42, Seekriegsleitung B. Nr. 1/Skl. I opa 13280/42 gKdos., v. 2. 6. 1942, BA-MA, RM 7/95, Bl. 94f.

[370] Vgl. »Besprechung des Ob.d.M. beim Führer im Führerhauptquartier ‚Wolfsschanze' am 13. u. 14. Mai 1942, a) Besprechung am 13. Mai 1942 nachm.«, in: Wagner, G., Lagevorträge, S. 388.

[371] Vgl. »Besprechung des Ob.d.M. beim Führer im Führerhauptquartier ‚Wolfsschanze' am 13. u. 14. Mai, 14. Mai 1942 nachm.«, in: Ebd., S. 389 (irrtümlich »14. Mai 1943 nachm.«).

[372] Quelle: »Übersicht über Neubauten für 42 und 43«, 3. Beilage zur Anlage 6, in: Ebd., S. 371.

[373] »Überwasserschiffbau während des Krieges 1939-1945«, vorgelegt von Vize-Admiral Topp, Amt Kriegsschiffbau (Information Office for German Naval Construction), extracted from NID 1454/46, Eckernförde (Torpedo-Versuchs-Anstalt, TVA) v. 19. 2. 1946, BA-MA, RM 22/4 (Überwasserschiffbau 1939-1945).

[374] Quelle: Anlage 1 zu »Der technische Aufwand für den deutschen Überwasserschiffbau«, BA-MA, RM 22/2, Bl. 6. Vgl. auch Gesamtübersicht: »Gesamtzahl der für die Deutsche Kriegsmarine gebauten Kriegsschiffe (Überwasser) und Anteil der Deutschen Seeschiffswerften hieran«, ebd., Anlage 6 , Bl. 12.

[375] Errechnet nach: »Überschlägige Ermittlung der aufgewendeten Arbeitsstunden«, ebd., Anlage 12, Bl. 8.

[376] Errechnet nach: Ebd.

[377] Errechnet nach: Ebd.

[378] Errechnet nach: Ebd.

[379] Quelle: Ebd, Anlage 6, Bl. 8.

[380] Errechnet nach: »Überschlägige Ermittlung der aufgewendeten Arbeitsstunden«, ebd., Anlage 12, Bl. 8.

[381] Errechnet nach: Ebd.

[382] Errechnet nach: Ebd.

[383] Zum Vergleich: 1940 betrug das Gesamtbaugewicht 30.150 Tonnen und 1941: 59.750 t.

[384] Zur Mittelmeerstrategie 1941 vgl. Buttlar, H. v., *Gedanken über die deutsch-italienische Kriegführung im mittleren Mittelmeer 1940/42 und über einige mit ihr zusammenhängende operative Probleme*, in: WEHRWISSENSCHAFTLICHE RUNDSCHAU 9/10 (1951), S. 38-46; Salewski, M., Seekriegsleitung, Bd. 1., S. 470ff. und Bd. 2,

S. 52ff.; Warlimont, W., *Die Entscheidung im Mittelmeer 1942*, in: *Entscheidungsschlachten des Zweiten Weltkrieges*, Frankfurt a.M. 1960; Weichold, E., *Die deutsche Führung und das Mittelmeer unter dem Blickwinkel der Seestrategie*, in: WEHRWISSENSCHAFTLICHE RUNDSCHAU 9 (1959), S. 164-173.

385 Vgl. Salewski, M., Seekriegsleitung, Bd. 2, S. 1-52.

386 Vgl. »Einsatz der Kriegsmarine zur Abwehr feindlicher Landungsversuche in Norwegen«, in: Wagner, G., Lagevorträge, S. 362ff.

387 Hitler hatte die Existenznotwendigkeit schwerer Einheiten bereits Ende 1941 in Zweifel gezogen und Raeder, der sich als »Erbe des Tirpitzschen Gedankenguts verstanden und es seit 1928 als seine Hauptaufgabe angesehen hat, die neue deutsche Marine wieder hochseefähig zu machen (Salewski, M., *Das Ende der deutschen Schlachtschiffe im Zweiten Weltkrieg*, in: MILITÄRGESCHICHTLICHE MITTEILUNGEN 2 (1972), S. 53-73, hier: S. 55, zit. Salewski, M., Schlachtschiffe) in schwere innere Konflikte gestürzt. Der »Führer« stellte die Seekriegsleitung Anfang 1942 vor die Alternative, die Kernflotte entweder nach Norwegen zu führen oder zu desarmieren. Zur Problematik vgl. Salewski, M., Schlachtschiffe, vgl. auch Wagner, G., *Überlegungen der deutschen Marineführung zum Einsatz und Verlust der Schlachtschiffe während des Zweiten Weltkrieges*, in: MILITÄRGESCHICHTLICHE MITTEILUNGEN 15 (1974), S. 99-108.

388 In allen Einzelheiten zum Unternehmen »Cerberus« vgl. Salewski, M., Seekriegsleitung, Bd. 2, S. 1-21.

389 Die Bekämpfung des Geleitzuges »PQ 12« durch »Tirpitz« mißlang.

390 Vgl. Meier-Dörnberg, W., *Die Ölversorgung der Kriegsmarine 1935-1945* (Einzelschriften zur militärischen Geschichte des Zweiten Weltkrieges, Bd. 11, hrsg. v. Militärgeschichtlichen Forschungsamt), Freiburg i. Br. 1973, S. 68ff.

391 Zwei Zerstörer-Vorstöße Ende März und Anfang Mai 1942 führten zur Versenkung von zwei Kreuzern und zwei Frachtern bei eigenem Verlust von jeweils einem Zerstörer. Vgl. Das Deutsche Reich und der Zweite Weltkrieg, Bd. 6, S. 411.

392 »Lagebeurteilung Skl zum Kampf gegen die Seezufuhren im Polarmeer«, 1. Skl Ia 9866/42 gKdos. v. 28. 4. 1942, BA-MA, RM 7/127, Bl. 346-349.

393 So der Flottenchef Admiral Schniewind, zit. n. Salewski, M., Schlachtschiffe, S. 62.

394 Zum Unternehmen »Rösselsprung« vgl. Salewski, M., Seekriegsleitung, Bd. 2, S. 44ff.; Vgl. auch Müller-Meinhard, F. W., *Der Einfluß der Feindlagebeurteilung auf Operationsplanung, Entschlußfassung und Operationsführung, dargestellt am Beispiel des Unternehmens »Rösselsprung«*, in: MARINE-RUNDSCHAU 67 (1970), S. 513-530, 589-603 und Das Deutsche Reich und der Zweite Weltkrieg, Bd. 6, S. 412ff.

395 Von den 34 eingesetzten Schiffen erreichten nur 11 den Zielhafen Archangel'sk, mehr als 65 Prozent der Ladung ging verloren, die Verluste an Kriegsmaterial waren gravierend: 3.350 von 4.246 Fahrzeugen, 430 von 594 Panzern, 210 von 297 Flugzeugen. Vgl. Das Deutsche Reich und der Zweite Weltkrieg, Bd. 6, S. 416f.

396 Admiral Schniewind im KTB Flotte v. 5. 7. 1942, zit. nach Salewski, M., Schlachtschiffe, S. 63.

397 Zit. n. Das Deutsche Reich und der Zweite Weltkrieg, Bd. 6, S. 414.

398 Salewski, M., Seekriegsleitung, Bd. 2, S. 49.

399 KTB Skl, Teil A, Bd. 35, S. 390, Eintragung v. 20. 7. 1942.

400 Vgl. Das Deutsche Reich und der Zweite Weltkrieg, Bd. 6, S. 424.

401 Ende 1942 bezeichnete Hitler die deutsche Marine als eine »miserable Kopie« der englischen, die in Norwegen liegenden Schiffe als »totes Eisen« und verstieg sich gar zu der Bemerkung, daß die Schiffe völlig wertlos, »durch das Herumliegen und Mangel an Einsatzfreudigkeit nur ein Hort der Revolution seien, das bedeute den Tod der Hochseeflotte, es sei nunmehr sein unabänderlicher Entschluß, diese nutzlosen Schiffe endlich zu beseitigen, das gute Personal, die guten Waffen, das Panzermaterial zweckbringender einzusetzen«. Zit. n. Das Deutsche Reich und der Zweite Weltkrieg, Bd. 6, S. 423.

402 Fertigstellung auf *Kriegsmarinewerft Wilhelmshaven*, Stapellauf am 1. 4. 1939, am 12. 11. durch Fliegerbomben vor Tromsö versenkt. Vgl. Gröner, E., *Die Schiffe der deutschen Kriegsmarine und Luftwaffe 1939-45 und ihr Verbleib*, München 81976, S. 14f.

403 Fertigstellung bei *Deutsche Werke Kiel*, Stapellauf am 8. 12. 1936, nach vorübergehender geplanter Verwendung als Hilfsflugzeugträger, Baustopp 1943, Sprengung am 28. 3. 1945. Vgl. ebd.

404 Fertigstellung auf *Kriegsmarinewerft Wilhelmshaven*, Stapellauf am 3. 10. 1936, Versenkung durch schwere britische Einheiten am 26. 12. 1943. Vgl. ebd.

405 Fertigstellung auf *Kriegsmarinewerft Wilhelmshaven*, Stapellauf am 1. 4. 1933, bei *Deutsche Werke Kiel* am 9. 4. 1945 durch Fliegerbomben gekentert. Vgl. ebd.

406 Fertigstellung bei *Deutsche Werke Kiel*, Stapellauf als »Deutschland« am 19. 5. 1931, am 16. 4. 1945 in Swinemünde gebombt und am 4. 5. 1945 auf Grund gelegt. Vgl. ebd.

407 Fertigstellung bei *Deschimag Bremen*, Stapellauf am 19. 1. 1939, am 29. 1. 1945 vor Königsberg gesunken. Vgl. ebd.

408 Fertigstellung bei *Germania-Werft Kiel*, Stapellauf am 22. 8. 1938, USA-Beute und bei Atombombenversuch am 17. 6. 1946 schwer beschädigt, jedoch nicht gesunken, Versenkung am 22. 12. 1946 bei Kwajalein. Vgl. ebd.

[409] Fertigstellung bei *Blohm & Voss Hamburg*, Stapellauf am 6. 2. 1937, Versenkung am 3. 5. 1945 im Dock *Deutsche Werke Kiel*. Vgl. ebd.

[410] Salewski, M., Schlachtschiffe, S. 72.

[411] »Aufbau der Flotte nach dem Kriege«, Skl. Qu.A I Sf 6255/42 gKdos. v. Juli 1942, BA-MA, RM 6/83 (Sammlung Raeder 13), Bl. 64-70.

[412] Vgl. Salewski, M., Seekriegsleitung, Bd. 2, S. 72. Die Bezeichnung »Großer Plan« geht auf M. Salewski zurück. »In sich war dieser Plan durchaus konsistent, ja faszinierend, intellektuell anspruchsvoll – aber er hatte nichts mehr mit der Wirklichkeit des Krieges zu tun«. Salewski, M., *Das maritime Dritte Reich – Ideologie und Wirklichkeit 1933-1945*, in: *Die deutsche Flotte im Spannungsfeld der Politik 1848-1985.* Vorträge und Diskussionen der 25. historisch-taktischen Tagung der Flotte 1985, hrsg. v. Deutschen Marine Institut und v. Militärgeschichtlichen Forschungsamt, Herford 1985, S. 124 (zit. Salewski, M., Das maritime Dritte Reich).

[413] Als Weiterentwicklung der Schlachtschiffe »Bismarck« und »Tirpitz« (»F« und »G«) begannen die Ingenieure bereits vor Ausbruch des Zweiten Weltkrieges routinemäßig mit den Entwürfen »H bis N«. »H 41« ging auf Erstentwürfe aus dem Jahre 1941 zurück, nach denen das geplante Schlachtschiff etwa 30 kn Geschwindigkeit erzielen, ausreichenden Schutz gegen Fliegerbomben und Artilleriegeschosse und entsprechenden Bodenschutz gegen Minentreffer und der Schiffsgröße angemessene Artillerie erhalten sollte. Vgl. »Kurze Entwicklungsgeschichte Schlachtschiff ‚H' bis ‚N'«, Anlage zur B.Nr. K I G 3228/43 gKdos., BA-MA, RM 7/98, Bl. 93-95.Vgl. auch *H 42, H 43, H 44.* Die letzten Schlachtschiffentwürfe. (o. Nennung des Autors), in: MARINE-RUNDSCHAU 1 (1955), S. 63-66.

[414] »Die Verteidigungswaffen müssen auf den gefährlichsten Gegner – feindliche Flugzeuge – abgestellt sein; artilleristische Seezielaufgaben kommen erst in zweiter Linie und müssen von den Flakgeschützen mit übernommen werden. Hierfür ist ein Mindestkaliber von 12,7 cm aber erforderlich«. BA-MA, RM 6/83, Bl. 68. Das 12,7 cm Mehrzweckgeschütz stand 1942 in Erprobung. Bei günstigen Ergebnissen war das Geschütz gegen die vorgesehene 15 cm und 10, 5 cm Armierung – auch für »H 41« – einzutauschen.

[415] Ebd., Bl. 69.

[416] Ebd.

[417] Es ist hier nicht der Ort, auf die strategische Bestimmung einer deutschen Nachkriegsflotte Bezug zu nehmen. Es sei auf die Forschungen von M. Salewski verwiesen, der sich in »Das maritime Dritte Reich« erstmalig zum Problem einer maritimen Zukunft des Dritten Reiches geäußert hat.

[418] »Schlachtschiffneubauten«, Vorg. K Stb. Nr. 140/42 gKdos. v. 20. 2. 1942, K Stb. Nr. 729/42 gKdos. v. 9. 5. 1942, Hauptamt Kriegsschiffbau K Stb. Nr. 919/42 gKdos. Ausfertigung v. 11. 6. 1942, BA-MA, RM 6/83, Bl. 58-61.

[419] »Schlachtschiffneubauten«, Vorg. K/Stb. 140/42 gKdos. v. 20. 2. 1942, K/Stb. 729/42 gKdos. v. 9. 3. 1942, K/Stb. 919/42 gKdos. v. 11. 6. 1942. Hauptamt Kriegsschiffbau K/Stb. Nr. 1020/42 gKdos. v. 23. 6. 1942, BA-MA, RM 6/83, Bl. 62.

[420] »Überschwere Kaliber für Kriegsschiffneubauten«, Chef M Wa B. Nr. 7763/42 gKdos. Vermerk für Ob.d.M. (vorgetragen am 6. 11. 1942 durch Chef AWa im Beisein Chef MWa) v. 5. 11. 1942, BA-MA, RM 7/96, Bl. 173-178.

[421] Es war eine Ladegeschwindigkeit von 30 Sekunden anzustreben, nur so konnte bei Zweiteilung der Batterie in Teilsalven im 15 Sekunden-Takt geschossen werden.

[422] BA-MA, RM 7/96, Bl. 175.

[423] Ebd., Bl. 174.

[424] Vgl. »Werftliegezeit der Schiffe«, Vorgang Flotte gKdos. A 3 v. 21. 7. 1942, Flottenkommando B. Nr. gKdos. 3692 M. v. 25. 7. 1942, BA-MA, RM 7/96, Bl. 364f. Vgl. auch »An Skl.Qu.A«, Seekriegsleitung B. Nr. 1. Skl. I. Op. 19335/42 gKdos. v. 10. 8. 1942, BA-MA, RM 7/96, Bl. 360f.

[425] Vor einer Werftliegezeit wurden folgende Fragen erörtert:
- Bestehen zwingende Gründe für eine Werftliegezeit
- Wann war die letzte Werftliegezeit, die letzte Maschinen-Überholung mit welcher Dauer und auf welcher Werft
- Wann ist voraussichtlich eine Werftliegezeit bzw. Maschinenüberholung gewünscht
- Voraussichtliche Dauer der Werftliegezeit
- Welche Arbeiten sind vordringlich
- Bis wann kann ein Herausschieben der Werftliegezeit bzw. Maschinenüberholung verantwortet werden, wenn a) eine der momentanen Beanspruchung auch weiterhin zugrunde gelegt wird und b) wenn ein Atlantik-Einsatz zugrunde gelegt ist.

[426] »Werftliegezeit der Schiffe«, Vorgang Flotte B. Nr. gKdos. 6353 A III v. 27. 11. 1942, Seekriegsleitung B. Nr.1.Skl. I Op. 31079/42 gKdos. v. 9. 12. 1942, BA-MA 7/96, Bl. 25f.

[427] Quelle: BA-MA, RM 6/83.

[428] Vgl. Hadeler, W., *Der Flugzeugträger.* Sein Wesen und sein Werden von 1911 bis zur Gegenwart, München 1968; vgl. ders., *Die Flugzeugträger in der deutschen Marine 1934-1945*, in: MARINE-RUNDSCHAU (1956), S. 162-169.

[429] Vgl. Israel, U. H. J., *Graf Zeppelin.* Einziger deutscher Flugzeugträger, Herford 1994.

[430] KTB Skl, Teil A, Bd. 15, S. 92, Eintragung v. 8. 11. 1940.
[431] Vgl. KTB Skl, Teil A, Bd. 26, S. 474ff., Eintragung v. 28. 10. 1941.
[432] Vgl. Salewski, M., Seekriegsleitung, Bd. 1, S. 470ff.
[433] Vgl. ebd., S. 482.
[434] Vgl. KTB Skl, Teil A, Bd. 27, Eintragung v. 19. 11. 1941.
[435] »Weisung Nr. 38«, Der Führer und Oberste Befehlshaber der Wehrmacht OKW/WFSt/Abt. L (I Op) 441980/41 gKdos. Chefs. v. 2. 12. 1941, in: Hubatsch, W., Hitlers Weisungen, S. 169-171.
[436] Salewski, M., Seekriegsleitung, Bd. 1, S. 484.
[437] Vgl. Warlimont, W., *Die Insel Malta in der Mittelmeer-Strategie des Zweiten Weltkrieges*, in: WEHRWISSENSCHAFTLICHE RUNDSCHAU 1958, S. 433.
[438] »Weisung Nr. 41«, in: Hubatsch, W., Hitlers Weisungen, S. 183-188.
[439] KTB Skl, Teil A, Bd. 31, S. 299, Eintragung v. 16. 3. 1942.
[440] Vgl. Salewski, M., Seekriegsleitung, Bd. 2, S. 7.
[441] Vgl. KTB Skl, Teil A, Bd. 29, S. 142, Eintragung v. 9. 1. 1942.
[442] »Weiterbau Flugzeugträger ‚Graf Zeppelin'«, Oberkommando der Wehrmacht, Wehrmachtführungsstab, B. Nr. 55497/42 Op. gKdos. Chefs. v. 13. 3. 1942, BA-MA, RM 7/171 (1/Skl Teil C V Luftkrieg 14. 11. 1941-7. 1. 1945), Bl. 62.
[443] »Ergebnis der Besprechung bei LC über Trägerflugzeuge am 20. 4. 1942«, Neu I L 1. Skl 9361/42 gKdos. v. 21. 4. 1942, BA-MA, RM 7/171, Bl. 94.
[444] Ebd., Bl. 89.
[445] Ebd., Bl. 87f.
[446] Ebd., Bl. 95.
[447] Vgl. »Trägerflugzeuge für ‚Graf Zeppelin'«, Aktenvermerk über Besprechung bei Chef Genst. am 23. 4. in »Robinson« zwischen Generalstab d.Lw./OKM/GL: GL/C-E 2, Nr. 1094/42 gKdos. v. 23. 4. 1942. Der Reichsmarschall des Großdeutschen Reiches und Oberbefehlshaber der Luftwaffe, Luftwaffenführungsstab I Tonnen v. 6. 5. 1942, BA-MA, RM 7/171, Bl. 111-113.
[448] Vgl. »Trägerflugzeuge«, Vorgang Ob.d.L. Führungsstab Gruppe Tonnen B. Nr. 760/42 gKdos. v. 6. 5. 1942, Oberkommando der Kriegsmarine 1. Skl. B. Nr. 11 044/42 gKdos. v. 14. 5. 1942, BA-MA, RM 7/171, Bl. 128-130.
[449] Vgl. auch »Vortrag Ob.d.M. beim Führer in ‚Wolfsschanze' am 13. 4. 42 abends«, in: Wagner, G., Lagevorträge, S. 379.
[450] BA-MA, RM 7/171, Bl. 112.
[451] Ebd., Bl. 113.
[452] »Flugzeugträger ‚Graf Zeppelin'«, Oberkommando der Kriegsmarine B. Nr. 1. Skl. 12 839/42 gKdos. v. 30. 5. 1942, BA-MA, RM 7/171, Bl. 140-143.
[453] Vgl. BA-MA, RM 7/171, Bl. 129.
[454] »Fertigbau des Flugzeugträgers ‚Graf Zeppelin'«, Oberkommando der Wehrmacht WiRüAmt/Rü II d 663/42 gKdos. v. 11. 3. 1942, BA-MA, RM 7/171, Bl. 60.
[455] Vgl. »Vortrag Ob.d.M. beim Führer in Wolfsschanze am 13. 4. 1942 abends«, in: Wagner, G., Lagevorträge, S. 378.
[456] Vgl. KTB Skl, Teil A, Bd. 31, S. 351, Eintragung v. 19. 3. 1942.
[457] »Aufstellung über den zusätzlichen Bedarf an Arbeitskräften für die Instandsetzung ‚Prinz Eugen', Umbau ‚Gneisenau' und Fertigbau ‚Graf Zeppelin'«, Anlage zu OKM – MWaWi V 885/42 gKdos., BA-MA, RM 7/95, Bl. 51f.
[458] »Potsdam« und »Gneisenau« waren noch am 7. 3. 1942 für den Soforteinsatz als Transporter geplant worden. Vgl. »‚Potsdam', ‚Gneisenau'«, Neu Skl. Qu A VI sa 1917/42 gKdos., BA-MA, RM 7/1576, Bl. 191f.
[459] Vgl. »Besprechung des Ob.d.M. beim Führer im Führerhauptquartier ‚Wolfsschanze' am 13. u. 14. Mai 1942, a) Besprechung am 13. V. nachm.«, in: Wagner, G., Lagevorträge, S. 388.
[460] KTB Skl, Teil A, Bd. 33, S. 567, Eintragung v. 30. 5. 1942.
[461] Ebd.
[462] Ebd.
[463] Vgl. ebd., S. 568.
[464] Vgl. ebd., S. 286, Eintragung v. 15. 5. 1942.
[465] Vgl. »Hilfsflugzeugträger«, BA-MA, RM 7/98, Bl. 87f.
[466] »Besprechung des Ob.d.M. beim Führer im Führerhauptquartier ‚Wolfsschanze' am 13. u. 14. Mai 1942«, a) Besprechung am 13.V. nachm.«, in: Wagner, G., Lagevorträge, S. 388.
[467] Vgl. »Vortrag Ob.d.M. beim Führer am 15. 6. 42 nachmittags auf dem Berghof«, in: Ebd., S. 397.
[468] Vgl. »Vortragsnotiz zur Vorlage der Umbauzeichnungen für Hilfsflugzeugträger«, K Stb. Nr. .../42, Juni 1942, BA-MA, RM 7/86, Bl. 1f.
[469] Vgl. Wagner, G., Lagevorträge, S. 397.

470 Bislang nicht nachweisbar.
471 »Zusätzlicher Arbeitskräftebedarf für die Werften«, Der Oberbefehlshaber der Kriegsmarine, MWaWi V 885/42 gKdos. v. 19. 6. 1942, BA-MA, RM 7/95, Bl. 46.
472 Vgl. »Arbeiterbedarf für die Werften (Kriegsschiffbau und Reparatur) sowie deren Dringlichkeitsfolge«, Der Führer an Reichsminister Speer, Staatsrat Blohm, OKW, OKM, Abschrift v. 3. 7. 1942, BA-MA, RM 7/95, Bl. 41.
473 »Besprechung des Ob.d.M. beim Führer im Führerhauptquartier ‚Wolfsschanze' am 13. u. 14. Mai 1942«, b) 14. Mai 1943 nachm., in: Wagner, G., Lagevorträge, S. 389.
474 Vgl. »Hilfsflugzeugträger«, BA-MA, RM 7/98, Bl. 87.
475 »Forderung für Bau von Flugzeugträgern für den Handelskrieg in ausserheimischen Gewässern«, Oberkommando der Kriegsmarine, B. Nr. 1/Skl. IIIa 12215/42 gKdos. v. 29. 6. 1942, BA-MA, RM 7/121 (1. Skl Teil C I. Kreuzerkrieg in außerheimischen Gewässern 1942), Bl. 131-141.
476 Die behelfsmäßige Ausrüstung eines Hilfskreuzers mit Landedeck und Schleuderanlage machte folgende Arbeiten nötig: »Erstellen eines Landedecks von 100 m Länge und 27-30 m Breite. Das Landedeck muss an der Stirnseite frei von Aufbauten sein. 4 Flugzeuge der Größe der »Ju 87« erfordern einen Hallenraum von 30 m Länge, 17 m Breite und 5,7 m Höhe. Hierzu kommt eine entsprechende Bevorratung an Ersatzteilen und Flugbetriebsstoffen«. Ebd., Bl. 133.
477 Ebd., Bl. 134.
478 »ohne« unterstrichen.
479 Doppelt unterstrichen.
480 Ausrüstung im einzelnen:
Operative Eigenschaften: 20.000/19 sm; Geschwindigkeit: Höchste Dauerfahrt 32-34 kn, Spitzengeschwindigkeit: 34 kn; Seetüchtigkeit: festes, hochbordiges Schiff mit guten Stabilitätsverhältnissen.
Flugzeugausrüstung: 12 MZ-Flugzeuge, 9 Jagdflugzeuge (+50 Prozent Materialreserve), Treibstoff für 20-fachen Einsatz, 100 Torpedos, 100 Bomben zu 500 kg, 200 Bomben zu 250 kg, 10-facher Nebeleinsatz für 2 Flugzeuge.
Bewaffnung: Schwere Flak, zugleich Seezielartillerie: 12,7 cm (mindestens 12 Rohre in 6 Doppellafetten, besser 16 in 8; leichte Flak: zahlreiche 5 cm, 3,7 cm und 2 cm Geschütze; Torpedoarmierung: 2 Drillingsrohre mit 20 Torpedos. Vgl. BA-MA, RM 7/121, Bl. 138f.
481 Ebd., RM 7/121, Bl. 140.
482 »Der Bau von Schlachtschiffen darf aber noch nicht endgültig aufgegeben werden«. »Schlachtschiffe und Träger«, Vortragsnotiz für Ob.d.M. beim Führer August 1942, BA-MA, RM 6/86 (Handmaterial Ob.d.M. Flugzeugträger Juni-Oktober 1942), Bl. 7.
483 »Bemerkungen zu der von III a am 28. 9. 42 gefertigten Ausarbeitung über Flugzeugträger im Flottenverband«, Seekriegsleitung I L, v. 2. 10. 1942, BA-MA, RM 6/86, Bl. 8.
484 »Flugzeugträger im Flottenverband (Typenfragen, Verhältniszahlen)«, BA-MA, RM 6/86, Bl. 13.
485 Ebd., Bl. 14.
486 Ebd., Bl. 16.
487 Die kleinen Flugzeugträger sollten folgende Ausrüstung erhalten:
Operative Eigenschaften:
Aktionsradius: 20.000/19 sm; Geschwindigkeit: 30-32 kn, Spitzengeschwindigkeit: 34 kn; Seetüchtigkeit: festes, hochbordiges Schiff mit besonders sicherer Seelage.
Flugzeugausrüstung:
mind. 12 MZ-Flugzeuge, mind. 9 Jagdflugzeuge (+50 Prozent Materialreserve), Treibstoff für 20-fachen Einsatz, 75 Torpedos, 75 Bomben zu 500 kg, 100 Bomben zu 250 kg, 19-facher Nebeleinsatz für 2 Flugzeuge.
Bewaffnung:
Schwere Flak, zugleich Seezielartillerie: 12, 7 cm, mind. 12 Rohre in 6 Doppellafetten, besser 16 in 8, zahlreiche leichte Flak bis 4 cm.
488 Vgl. KTB Skl, Teil A, Bd. 39/1, S. 19, Eintragung v. 2. 11. 1942.
489 Vgl. KTB Skl, Teil A, Bd. 39/2, S. 632, Eintragung v. 24. 11. 1942.
490 Vgl. »Hilfsflugzeugträger«, BA-MA, RM 7/98, Bl. 87f.
491 »Bedeutung der deutschen Überwasserstreitkräfte für die Kriegführung der Dreierpaktmächte«, 1/Skl Ib. 154/43 Chefs., BA-MA, RM 7/260, Bl. 21-45. Es ist wahrscheinlich, daß Großadmiral Raeder die Schrift selbst verfaßt hat.
492 »ebenso große« unterstrichen.
493 Im Nordschottland-Island-Bereich lagen vier der modernsten Schlachtschiffe, zwei moderne Flugzeugträger, drei Kreuzergeschwader und fünf Zerstörerflottillen.
494 BA-MA, RM 7/260, Bl. 31.
495 Aus den vorhandenen großen Schiffen konnten gewonnen werden: 2 Batterien zu je 2-38 cm Doppeltürmen, 7 Batterien zu je 3-28 cm Drillingstürmen und 4 Batterien zu je 4-20,3 cm Doppeltürmen, wobei später weitere 6-38 cm Doppeltürme aus der Armierung von »Gneisenau« hinzugerechnet werden müßten. Vgl. ebd., Bl. 33.

496 Ebd., Bl. 35.
497 Ebd., Bl. 39.
498 Ebd., Bl. 42.
499 Ebd., Bl. 45. Dieser Teil ist zunächst vom Ob.d.M. handschriftlich umgeändert worden in: »Ich bin der Überzeugung, daß ohne die Kernflotte die im großdeutschen Freiheitskampf der Kriegsmarine gestellten offensiven und defensiven Aufgaben nicht mehr zu lösen sein werden«. Raeder strich daraufhin den Abschnitt ganz.
500 »Der Oberbefehlshaber der Kriegsmarine an den Führer und Obersten Befehlshaber der Wehrmacht«, Anlage zu OKM 1/Skl. 258/43 Chefs., BA-MA, RM 7/260 (1/Skl Teil C a Grundlegende Fragen der Kriegführung Januar 1943-Dezember 1943), Bl. 51.
501 »Ständiger Vertreter des Ob.d.M. beim Führer. An O.b.d.M.« C/Skl gKdos. v. 17. 1. 1943, BA-MA, RM 7/260, Bl. 52.
502 Ebd., Bl. 53.
503 Ebd., Bl. 54.
504 Raeder, E., Mein Leben, Bd. 2, S. 288.
505 Ebd., S. 291.
506 Quelle: BA-MA, RM 7/98.
507 Bei 19kn.
508 Vgl. Dönitz, K., Zehn Jahre, S. 292.
509 Schreiben Raeders an Hitler v. 14. 1. 1943, in: Salewski, M., Von Raeder zu Dönitz, S. 133. Die folgenden Zitate ebd.
510 Salewski, M., Seekriegsleitung, Bd. 2, S. 227.
511 Dönitz, K., Zehn Jahre, S. 299. Die folgenden Passagen ebd., passim.
512 Salewski, M., Seekriegsleitung, Bd. 2, S. 225. Dort umfassend zur Umorganisation der Kriegsmarine nach dem Kommandowechsel.
513 Vgl. Erlaß von Dönitz an das Oberkommando der Kriegsmarine vom 5. 2. 1943, in: Salewski, M., Von Raeder zu Dönitz, S. 145f.
514 Zur »neuen Marine« vgl. die Ausführungen von Salewski, M., Seekriegsleitung, Bd. 2, S. 249f.
515 »Bekämpfung Englands im Winter 1942/43«, BA-MA, RM 7/97, Bl. 17.
516 Vgl. auch Wagner, G., *Überlegungen der deutschen Marineführung zum Einsatz und Verlust der Schlachtschiffe während des Zweiten Weltkrieges*, in: Militärgeschichtliche Mitteilungen 1 (1974), S. 99-108, hier: S. 105.
517 Salewski, M., Seekriegsleitung, Bd. 2, S. 247.
518 Die Literatur zur Katastrophe von Stalingrad ist mittlerweile Legion. In allen Belangen grundlegend bleibt die Studie von Kehrig, M., *Stalingrad*. Analyse und Dokumentation einer Schlacht (Beiträge zur Militär- und Kriegsgeschichte, Bd. 15), Stuttgart [3]1979. Es sei des weiteren auf die vorzügliche zusammenfassende und neuere Forschungsergebnisse berücksichtigende Untersuchung von Bernd Wegner zur Stalingrad-Schlacht verwiesen, in: Das Deutsche Reich und der Zweite Weltkrieg, Bd. 6, S. 1024-1063; Förster, J. (Hrsg.), *Stalingrad – Ereignis, Wirkung, Symbol*, hrsg. im Auftrag des Militärgeschichtlichen Forschungsamtes, München 1992.
519 Vgl. Das Deutsche Reich und der Zweite Weltkrieg, Bd. 6, S. 710-739.
520 Einen Überblick über »Seekrieg und Nachschub 1942/43« bietet Das Deutsche Reich und der Zweite Weltkrieg, Bd. 6, S. 746-757. Immer heranzuziehen Salewski, M., Seekriegsleitung, Bd. 2, S. 229-268.
521 Ebd., S. 229.
522 Zur Aufgabe von Tunis vgl. Salewski, M., Seekriegsleitung, Bd. 2, S. 245ff.
523 »Erlaß von Dönitz an das Oberkommando der Kriegsmarine vom 5. 2. 1943, in: Salewski, M., Von Raeder zu Dönitz, S. 146.
524 Ebd.
525 Salewski, M., Seekriegsleitung, Bd. 2, S. 228.
526 Am 31. 12. 1942 liefen »Admiral Hipper«, »Lützow« und sechs Zerstörer gegen den alliierten Konvoi JW 51B im Nordmeer aus; der Angriff mißlang. »Admiral Hipper« wurde schwer beschädigt und ein Zerstörer versenkt. Die britische Konvoi-Sicherung verlor einen Zerstörer und ein Minensuchboot. Vgl. Salewski, M., Von Raeder zu Dönitz, S. 112ff.
527 Skl. Qu A, 1./Skl v. 27. 1. 1943, BA-MA, RM 7/97 (1./Skl Teil B V Anlagen verschiedenen Inhalts Januar 1943-Juni 1943).
528 Ebd.
529 Folgende Fragen waren bis zum 2. Februar zu klären:
»1. Zusammensetzung des zukünftigen Ausbildungsverbandes und die für ihn notwendigen Liegehäfen. Genügender Schutz gegen Luftangriffe ist sicherzustellen.
2. Zeitpunkt der Rückführung der schweren Schiffe in die Heimat.
3. Liegehäfen der ausser Dienst zu stellenden Schiffe und ihr Schutz.
4. Form der Ausserdienststellung.
5. Überblick über Umfang und Zeitpunkt des Gewinns an Werftkapazität, Arbeitern, Soldaten und Waffen

zugunsten des U-Bootsbaues bzw. zur Verbesserung des Flakschutzes der U-Bootsstützpunkte.

6. Vorschlag zur Verteilung der bereits zur Verfügung stehenden (Träger) bzw. anfallenden Flakgeschütze in den U-Bootsstützpunkten.

7. Vorschlag über Neuorganisation nach Fortfall der schweren Schiffe für Kriegseinsatz.

8. Weitere Überlegungen werden sich bei der Durcharbeit dieser Fragen ergeben und sind zu behandeln«. Ebd., Bl. 78.

530 Salewski, M., Seekriegsleitung, Bd. 2, S. 232.

531 »Außerdienststellung der schweren Schiffe und Kreuzer. Beitrag 1/Skl«, BA-MA, RM 7/97, Bl. 79f.

532 Salewski, M., Seekriegsleitung, Bd. 2, S. 233.

533 Zum Zeitpunkt des Befehls wurde »Leipzig« instandgesetzt, daher war der Kreuzer während des Werftaufenthaltes außer Dienst zu stellen. Für »Köln« und »Hipper« ging es würdiger zu: »Vor Anlaufen Werft in feierlicher Form auf bevorstehende Außerdienststellung hinweisen. Besatzung zu striktester Geheimhaltung gegenüber allen nicht beteiligten Stellen verpflichten«. BA-MA, RM 7/97, Bl. 99, auch Bl. 100.

534 Die Außerdienststellung der drei Kreuzer erstreckte sich auf

1. die Abgabe des gesamten beweglichen Inventars und Materials,

2. auf den Ausbau der gesamten ausbaufähigen Waffen und Geräte durch die Werft, ihre Lagerung und Konservierung an Land

3. die Abgabe des jeweiligen Schiffes an die Werft. Vgl. ebd., Bl. 90, 99f.

535 Ebd.

536 Vgl. KTB Skl, Teil A, Bd. 42, S. 15, Eintragung v. 2. 2. 1943.

537 »Die Bedeutung der Ostsee schätzte Dönitz außerordentlich hoch ein; dieses Binnenmeer war das einzig mögliche Ausbildungsgebiet für die U-Boote. Der Schutz der Ostsee gehörte deswegen zu den wichtigsten strategischen Aufgaben der Marine«. Salewski, M., Seekriegsleitung, Bd. 2, S. 233.

538 Ebd.

539 »Niederschrift über die Besprechung des Ob.d.M. beim Führer am 8. 2. 1943 im Führerhauptquartier Wolfsschanze«. Seekriegsleitung 1. Skl Ib 497/43 gKdos. Chefs. v. 13. 2. 1943, in: Wagner, G., Lagevorträge, S. 466.

540 250 Offiziere, 8.000 Unteroffiziere und Mannschaften und 1.300 Werftarbeiter.

541 Vgl. Salewski, M., Seekriegsleitung, Bd. 2, S. 234f.

542 Ebd., S. 237.

543 »Niederschrift über den Vortrag des Ob.d.M. beim Führer im Führerhauptquartier Winniza am 26. II. 1943«. Der Oberbefehlshaber der Kriegsmarine. B. Nr. 1. Skl. Ib 680/43 gKdos. Chefs. v. 5. 3. 1943, in: Wagner, G., Lagevorträge, S. 470f.

544 Ebd., S. 471.

545 Ebd.

546 M. Salewskis Interpretation, Dönitz habe eine »simple Wiederholung von Raeders Argumentation vom Winter 1942 und Januar 1943«, Salewski, M., Schlachtschiffe, S. 71, vorgebracht, kann ich mich aus den o.g. Gründen nicht anschließen.

547 »Niederschrift über die Besprechung des Ob.d.M. beim Führer am 8. 2. 1943 im Führerhauptquartier Wolfsschanze«. Seekriegsleitung 1. Skl Ib 497/43 gKdos. Chefs. v. 13. 2. 1943, in: Wagner, G., Lagevorträge, S. 465.

548 Zit. n. Salewski, M., Seekriegsleitung, Bd. 2, S. 270. Salewski weist allerdings darauf hin, daß von Göring in dieser Frage nicht allzu viel erwartet werden durfte, denn lediglich die »He 177« war aller Voraussicht nach als Fernaufklärer für den U-Boot-Krieg im Herbst 1943 frontreif.

549 Vgl. »Kriegsschiffbau«, Anlage 4 zu 1/Skl I b 2772/42 gKdos. Chefs., in: Wagner, G., Lagevorträge, S. 443. Übersicht über Werftbauvorhaben sowie Fertigung von Waffen und Munition, die hier nicht zu behandeln sind: Ebd., S. 443f.

550 Zu diesem Zeitpunkt war der Umbau von Hilfsflugzeugträgern noch Bestandteil der Dringlichkeitsstufe, da der Befehl zum Einstellen ja erst im neuen Jahr erging.

551 Vgl. Dönitz, K., Zehn Jahre, S. 340.

552 Ebd.

553 »Denkschrift der Seekriegsleitung zur Frage der Stahlzuteilung für die Kriegsmarine vom 1. März 1943«. Der Oberbefehlshaber der Kriegsmarine und Chef der Seekriegsleitung. B. Nr. 1. Skl. 642/42 gKdos. Chefs., BA-MA, RM 7/1750 (Handakte Ib 1./Skl Allgemeine Berichte und Erfahrungen).

554 Ebd., Bl. 151.

555 Ebd., Bl. 152.

556 In Norwegen patrouillierten noch 1943 alte norwegische Torpedoboote aus den 1880er Jahren als deutsche Sicherungsfahrzeuge!

557 Salewski, M., Seekriegsleitung, Bd. 2, S. 274.

558 Der norwegische Raum konnte infolge fehlender Landverbindungen nur durch Seetransport versorgt werden.

559 Petsamo-Nickel, Kupfer, Aluminium.

560 Die Fischerei hatte im Jahre 1943 mindestens 500.000 Tonnen Fische nach Deutschland zu liefern.

561 BA-MA, RM 7/1750, Bl. 155.
562 Ebd., Bl. 156.
563 Ebd., Bl. 157.
564 1942 waren 1.024 U-Boot-Geleite durchgeführt worden.
565 133 Schiffe mit 470.000 BRT (etwa 13%); 176 Schiffe mit 596.500 BRT (16,6%) = 29,6%, vgl. BA-MA, RM 7/1750, Bl. 159.
566 Ebd., Bl. 158.
567 »Norwegen kann ohne Seeverkehr nicht von uns gehalten werden [‚nicht' unterstrichen, d. Vf.]. Der Erz- und Kohletransport ist von entscheidender Bedeutung [‚entscheidend' unterstrichen, d.Vf.]. Der Kanal muß überwacht und gesichert werden, weil sonst der Kampf der Schnellboote aufhört, die Verbindung über See nach Westfrankreich abreißt und keine Sicherung gegen Landungen mehr vorhanden ist. Die Bedeutung von Westfrankreich für den Ubootskrieg ist eine entscheidende [‚entscheidende' unterstrichen, d.Vf.]«. Ebd., Bl. 159.
568 Die Roheisenerzeugung Deutschlands erfolgte im Frühjahr 1943 zu 46 Prozent aus Inlandserzen, aus dem Ausland wurden 54 Prozent bezogen, davon 11 Prozent per Landtransport.
569 Ohne den Anteil an hochwertigen Erzen aus dem Ausland wäre die deutsche Wirtschaft auch dann nicht ausgekommen, wenn Koks und Hochöfen in Deutschland in ausreichendem Maße zur Verfügung gestanden hätten.
570 BA-MA, RM 7/1750, Bl. 160f.
571 Ebd., Bl. 164.
572 Vgl. KTB Skl, Teil A, Bd. 43, S. 147, Eintragung v. 8. 3. 1943; S. 184, Eintragung v. 10. 3. 1943; Bd. 44, S. 98, Eintragung v. 6. 4. 1943.
573 Vgl. Dönitz, K., Zehn Jahre, S. 341.
574 Die Bezeichnung geht auf Michael Salewski zurück, Seekriegsleitung, Bd. 2, S. 275: »Die Stahldenkschrift des Jahres 1943 dürfte zweifellos zu den wirkungsvollsten Dokumenten gehören, die die Seekriegsleitung während des Krieges entworfen hat. Gewiß, auch sie war im Rahmen der allgemeinen Stabstätigkeit der Seekriegsleitung entstanden, ihren Impetus, ihre Durchschlagskraft aber erhielt sie durch Dönitz persönlich«.
575 »Die Notwendigkeit weiterer Erhöhung des Eisenkontingents der Kriegsmarine«, BA-MA, RM 7/97, Bl. 3.
576 Quelle: KTB Skl, Teil A, Bd. 44, S. 99, Eintragung v. 6. 4. 1943.
577 Quelle: Ebd., S. 99f
578 Da die Übernahme der Marinerüstung in den Verantwortungsbereich Albert Speers 1943 für die folgende Darstellung grundlegende Bedeutung hat, ist immer heranzuziehen: Kapitel II.
579 Vgl. Dönitz, K., Zehn Jahre, S. 340.
580 Vgl. Tabellen »Wirkungsgrad deutscher U-Boote im Atlantik 1941-1943«, in: Das Deutsche Reich und der Zweite Weltkrieg, Bd. 6, S. 367; »Relation Erfolge/Verluste der deutschen U-Boote (nach Kriegsschauplätzen) 1939-1943, in: Ebd., S. 369.
581 Dönitz, K., Zehn Jahre, S. 342.
582 Vgl. »Führerfragen über Bauprogramm S-Boote und R-Boote«. Skl Qu AISa v. 29. 1. 1943, BA-MA, RM 7/1059.
583 Auch dies nicht zuletzt in Abhängigkeit von den Rohstoffen, denn immerhin benötigte ein S-Boot-Motor 25 Tonnen Eisen (der Gesamtbedarf an Eisen für ein Schnellboot betrug 130 Tonnen).
584 »In kurzem, abschließendem Gespräch unter 4 Augen meldet Ob.d.M. dem Führer die geplanten Maßnahmen zum Hochziehen der U-Bootsfertigung. Der Führer stimmte zu«. »Niederschrift über die Besprechungen des Ob.d.M. beim Führer am 14. und 18. 3. 1943 in Hauptquartier Wolfsschanze, in: Wagner, G., Lagevorträge, S. 473.
585 KTB Skl, Teil A, Bd. 43, S. 454, Eintragung v. 23. 3. 1943.
586 Vgl. »Ubootsprogramm – Leichte Seestreitkräfte«, Der Chef des Stabes und der Seekriegsleitung, B. Nr. 1. Dkl. IOp. 8422/43 gKdos. v. 22. 3. 1943, BA-MA, RM 7/97, Bl. 242.
587 Dönitz, K., Zehn Jahre, S. 342.
588 Aufteilung: 4.200 Tonnen für U-Boote, 6.000 für T- und M-Boote, ca. 5.000 für Torpedorohre und Torpedos, 15.000 für den von Skl geforderten Bau von zusätzlich 70 MFP und 30 MZ-Booten. Die Zusammenfassung im KTB Skl: »Es ergibt sich also insgesamt eine Forderung von 40.000 Tonnen Schiffbaueisen je Monat« beruht offensichtlich auf einem Rechen- oder Schreibfehler. Michael Salewski sucht vergeblich die fehlende Restmenge von 10.000 Tonnen Stahl (vgl. Salewski, M., Seekriegsleitung, Bd. 2, S. 276, Anm. 24), und erst die Erinnerungen von Dönitz bestätigen den Mehrbedarf der Kriegsmarine von 30.000 und nicht von 40.000 Tonnen Baueisen (vgl. Dönitz, K., Zehn Jahre, S. 342).
589 Vgl. ebd.
590 Siehe Kapitel II.
591 »Niederschrift über die Besprechung des Ob.d.M. mit dem Führer am 11. April 1943 auf dem Berghof«. Der Oberbefehlshaber der Kriegsmarine. B. Nr. 1. Skl. Ib 1197/43 gKdos. Chefs., in: Wagner, G., Lagevorträge, S. 475ff.
592 Ebd., S. 475.
593 Ebd.
594 Ebd., S. 475f.

595 Quelle: Anlage 1 zu 1. Skl. Ib 1197/43 gKdos. Chefs., in: Ebd., S. 477.
596 Vgl. ebd., S. 476.
597 Ebd.
598 Ebd.
599 Wagner, G., Lagevorträge, S. 476.
600 Erschwerend wirkte bei dem Hochziehen des Eisenprogramms, daß zunächst eine erhebliche Investierung von Stahl zum Ausbau neuer Anlagen, etwa Hochöfen, und der Erweiterung vorhandener Werke vorgenommen werden mußte.
601 Quelle: Anlage 2 zu 1. Skl. 1197/43 Chefs., BA-MA, RM 7/1422.
602 Vgl. KTB Skl, Teil A, Bd. 45, S. 105, Eintragung v. 6. 5. 1943.
603 Vgl. KTB Skl, Teil A, Bd. 45, S. 209, Eintragung v. 11. 5. 1943.
604 Quelle: Rössler, E., Ubootbau, Bd. 2, S. 346.
605 Vgl. KTB Skl, Teil A., Bd. 45, S. 401, Eintragung v. 23. 5. 1943. Vgl. auch Salewski, M., Seekriegsleitung, Bd. 2, S. 281.
606 »Vortrag von Chef M Wa und Chef M Rü am 24. 5. 43 beim Ob.d.M. über eine Besprechung mit dem Arbeitsstab des Ministers für Munition und Bewaffnung Speer«, in: KTB Skl, Teil A, Bd. 45, S. 415ff., Eintragung v. 24. 5. 1943.
607 Ebd., S. 416.
608 Ebd.
609 Auch Dönitz selbst spricht in seinen Erinnerungen nur davon, daß Speer »die Verantwortung für den Bau von monatlich nunmehr sogar 40 U-Booten« übernahm. Dönitz datiert allerdings falsch, wenn er den 31. März als Zeitpunkt der Genehmigung durch Hitler angibt. (Vgl. Dönitz, K., Zehn Jahre, S. 344) – es war der 31. Mai 1943, auf den im folgenden noch zurückzukommen ist.
610 KTB Skl, Teil A, Bd. 45, S. 417, Eintragung v. 24. 5. 1943.
611 Ebd., S. 467, Eintragung v. 27. 5. 1943.
612 Ebd., S. 513, Eintragung v. 30. 5. 1943.
613 Ebd.
614 Zur Ursachenforschung der U-Boot-Katastrophe gibt es eine Fülle an Literatur, von der hier nur die wichtigste genannt sei: Brennecke, J., *Die Wende im U-Boot-Krieg.* Ursachen und Folgen 1939-1945, Herford 1984, S. 215ff.; Buchheit, G., *Der U-Boot-Krieg in der deutschen Strategie 1939-1945*, in: WEHRFORSCHUNG 1972, S. 21-26; Das Deutsche Reich und der Zweite Weltkrieg, Bd. 6, S. 347-369; Jeschke, H., *U-Boot-Taktik.* Zur deutschen U-Boot-Taktik 1900 bis 1945, Freiburg 1972; Rohwer, J., *Der U-Boot-Krieg und sein Zusammenbruch 1943*, in: *Entscheidungsschlachten des Zweiten Weltkrieges*, Frankfurt a. M. 1960; Roskill, S.W., *The war at sea 1939-1945*, Bd. 2, S. 351-382; Salewski, M., Seekriegsleitung, Bd. 2, Kapitel III,4, S. 293-312.
615 Allein im Atlantik versenkten deutsche U-Boote vom 1. bis zum 20. März 1943 70 Schiffe, die Gesamtschiffsraumverluste des Monats betrugen 646.937 BRT. Vgl. Das Deutsche Reich und der Zweite Weltkrieg, Bd. 6, S. 359.
616 Die Maßnahmen der Abwehr betrafen nicht nur Radar und Luftüberwachung, sondern auch die Einpeilung der deutschen U-Boot-Kurzsignale, die »mindestens die gleiche Bedeutung hatte«. Ebd., S. 369.
617 Ebd., S. 368.
618 »Die Einführung neuer Waffen (z.B. Raketen bei den U-Jagdflugzeugen, U-Jagd-Torpedos), die zahlenmäßige Verstärkung und Modernisierung der Sicherungsfahrzeuge, die wissenschaftlichen Analysen der Operations Research Sections zur Optimierung der Konvoisicherung und der U-Jagd und nicht zuletzt der verstärkte Neubau von Handelsschiffen ab 1942 [sind] ebenfalls noch wichtige Faktoren gewesen, die am alliierten Sieg ihren Anteil hatten«. Ebd., S. 369.
619 Vgl. Dönitz, K., Zehn Jahre, S. 334.
620 Wagner, G., Lagevorträge, S. 507.
621 Mit zusätzlichen Schutzwaffen meinte Dönitz Geräte, mithilfe derer die Frequenz des ortenden Flugzeuges erfaßt werden konnte. »Wir besitzen nichts auf diesem Gebiet. Wir wissen noch nicht einmal, mit welcher Wellenlänge der Gegner uns ortet. Wir wissen überhaupt nicht, ob es Hochfrequenz oder andere Ortungsmittel sind. Alles Mögliche zur Feststellung geschieht«. Ebd., S. 507f.
622 Ebd., S. 509.
623 Wagner, G., Lagevorträge, S. 510.
624 Ebd.
625 So Salewski, M., Seekriegsleitung, Bd. 2, S. 282.
626 Zit. n. ebd., S. 283.
627 KTB Skl, Teil A, Bd. 46, S. 20, Eintragung v. 2. 6. 1943.
628 »Vermerk«, B. Nr. 1. Skl IIIa, 17375/43 gKdos. v. 18. 6. 1943, BA-MA, RM 7/98, Bl. 466.
629 Ebd., Bl. 467.

630 Quelle: »Ausweichen und Verlagerung von Werftbetrieben«, Skl Qu A I 9551/43 gKdos., BA-MA, RM 7/98, Bl. 464f.
631 KTB Skl, Teil A, Bd. 46, S. 36, Eintragung v. 3. 6. 1943.
632 Ebd.
633 Vgl. ebd.
634 Vgl. ebd.
635 »Arbeiterbedarf für Schiffbauprogramm 1943«, BA-MA, W-04/15464, Bl. 16f. Erläuterung zur Signatur: W ist ursprünglich keine BA-MA-Signatur, sondern die des Zentralarchivs der DDR, dessen Bestände nunmehr vollständig in das BA-MA nach Freiburg überstellt worden sind und dort derzeit erfaßt, neu geordnet und mit den Signaturen des BA-MA versehen werden.
636 Quelle: KTB Skl, Teil A, Bd. 46, S. 88, Eintragung v. 7. 6. 1943.
637 Kleine Vorposten-Boote und Sicherungsfahrzeuge.
638 KTB Skl, Teil A, Bd. 46, S. 89, Eintragung v. 7. 6. 1943.
639 Ebd.
640 KTB Skl, Teil A, Bd. 46, S. 257, Eintragung v. 16. 6. 1943.
641 »Niederschrift über den Vortrag des Ob.d.M. beim Führer am 15. 6. 1943 auf dem Berghof«, in: Wagner, G., Lagevorträge, S. 512.
642 Ebd.
643 Quelle: Anlage 2 zu B. Nr 1. Skl. Ib 1836/43 gKdos. Chefs., in: Wagner, G., Lagevorträge, S. 513 und 516.
644 KTB Skl, Teil A, Bd. 46, S. 258, Eintragung v. 16. 6. 1943.
645 Ebd.
646 Dönitz, K., Zehn Jahre, S. 397.
647 Ebd
648 Vgl. »Typ XXI«, BA-MA, N 379/v. 146, Bl. 1-4.
649 Vgl. Milner, M., *The Dawn of Modern Anti-Submarine Warfare.* Allied responses to the U-Boats, 1944-45, in: Journal of the Royal United Services Institute 134 (1989), S. 61-68.
650 Vgl. »Vorteile des Typs XXI gegenüber Typ XVIII«, am 29. 6. 1943 vom K-Chef an Ob.d.M., BA-MA, N 379/v. 146, Bl. 4.
651 Ebd., Bl. 2.
652 Vgl. »Niederschrift über die Besprechung des Ob.d.M. beim Führer am 8. 7. 1943 um 16.30 im Hauptquartier ‚Wolfsschanze', in: Wagner, G., Lagevorträge, S. 517ff.
653 Vgl. Rahn, W., Entstehung, S. 15.
654 Das XXI-Boot erreichte bei 8 kn eine Reichweite von 170 sm, bei 6 kn 285 sm und bei 5 kn 340 sm. Zum Vergleich: Der bisherige Standard-Typ VII C kam bei 4 kn nur auf eine Reichweite von 80 sm. Vgl. ebd.
655 Wagner, G., Lagevorträge, S. 517.
656 Rahn, W., Entstehung, S. 15.
657 Flakwaffen und 23 Torpedos.
658 Wagner, G., Lagevorträge, S. 517.
659 Ebd., S. 521.
660 Rössler, E., Ubootbau, Bd. 2, S. 350.
661 Vgl. »Typ XXI Geschichte«, BA-MA, N 379/v. 146, Bl. 6.
662 Vgl. »Aktenvermerk«, Hauptamt Kriegsschiffbau K Stb 2540/43 gKdos., BA-MA, N 379/v. 146, Bl. 16.
663 Vgl. ebd., Bl. 16v.
664 Vgl. ebd.
665 Vgl. Rössler, E., Ubootbau, Bd. 2, S. 350.
666 Die gesamte Stellungnahme ist abgedruckt in: Ebd., S. 353f.
667 Ausführliche Studien zu den Typen XXI und XXIII bietet ders., *U-Boottyp XXI,* Koblenz [4]1986; ders., *U-Boottyp XXIII,* München 1976.
668 Vgl. Rahn, W., Entstehung, S. 16.
669 Quelle: Rössler, E., Ubootbau, Bd. 2, S. 354.
670 Vgl. »Typ XXI Geschichte«, BA-MA, N 379/v. 146, Bl. 6.
671 Quelle: Rössler, E., Ubootbau, Bd. 2, S. 357.
672 Vgl. »Aktenvermerk Uboots-Sektionsbau«, Hauptamt Kriegsschiffbau, K Stb 2799/43 gKdos. v. 11. 10. 1943, BA-MA, N 379/v. 146, Bl. 25.
673 Ebd.
674 Ebd., Bl. 26.
675 »Aber es ist schwer, daran zu glauben«. Ebd.
676 Rössler, E., Ubootbau, Bd. 2, S. 358.
677 Quelle: »Typ XXI Geschichte«, BA-MA, N 379/v. 146, Bl. 8.
678 Quelle: Ebd.

679 Nach einer Besprechung im IBG vom 25. September 1943.
680 Quelle: Rössler, E., Ubootbau, Bd. 2, S. 359.
681 Quelle: Ebd.
682 »Aktenvermerk«, Hauptamt Kriegsschiffbau K Stb 2799/43 gKdos. v. 11. 10. 1943, BA-MA, N 379/v. 146, Bl. 26.
683 Bislang nicht nachweisbar.
684 BA-MA, N 379/v. 146, Bl. 27.
685 Ebd., Bl. 28.
686 Vgl. »Aktenvermerk«, Hauptamt Kriegsschiffbau, K Stb 2812/43 gKdos. v. 13. 10. 1943, BA-MA, N 379/v. 146, Bl. 198f.
687 Quelle: Rahn, W., Entstehung, S. 16.
688 Für den Einsatz im Atlantik und Nordmeer erfolgte die Fertigung in Hamburg, für den Einsatz im Schwarzen Meer und Mittelmeer auf den Außenstellen in Toulon, Genua, Monfalcone und Nikolaev.
689 Quelle: Rössler, E., Ubootbau, Bd. 2, S. 363.
690 Sektionsbau in der Box 2 des Bunkers »Kilian«. Vgl. ebd., S. 365.
691 Vgl. »U-Bootsprogramm bei der GW Kiel« v. 10. 10. 1943, Hauptausschuß Schiffbau, Der Reichsminister für Rüstung und Kriegsproduktion, Auftragssteuerungsstelle, BA-MA, RM 7/98, Bl. 210.
692 Quelle: Rahn, W., Entstehung, S. 16.
693 Vgl. Dönitz, K., Zehn Jahre, S. 348.
694 BA-MA, RM 7/1234, passim.
695 Der erste U-Boot-Bunker im deutschen Machtbereich war der 1940 fertiggestellte »Ubootunterstand« auf Helgoland mit 16 Plätzen. An der französischen Atlantikküste folgten weitere verbunkerte Anlagen, Norwegen erhielt einen Bunker mit 9 und Drontheim einen mit 8 Plätzen. Erst 1941 wurden die Arbeiten im Reichsgebiet wieder aufgenommen. In Hamburg wurden zwei Boxen bei der *Deutschen Werft* in Finkenwerder gebaut und um zwei weitere Boxen bis Ende 1942 erweitert (»Fink II«). Die *Howaldtwerft* in Hamburg erhielt zeitgleich zwei Boxen (»Elbe II«), und bei den Kieler *Howaldtwerken* ist ein Bunker mit der Bezeichnung »Kilian« errichtet worden. Geplant waren in der Folgezeit ein Großbunker mit dem Decknamen »Valentin« bei Farge an der Weser und ein weiterer Kieler Bunker mit dem Beinamen »Konrad«. Näheres zur Verbunkerung vgl. Neitzel, S., *Die deutschen Ubootbunker und Bunkerwerften.* Bau, Verwendung und Bedeutung verbunkerter Ubootstützpunkte in beiden Weltkriegen, Koblenz 1991 und Rössler, E., Ubootbau, Bd. 2, S. 371ff.
696 Vgl. »Niederschrift über die Besprechungen des Ob.d.M. mit dem Führer auf dem Berghof vom 4.-6. Mai 1944«, in: Wagner, G., Lagevorträge, S. 584f.
697 Ebd., S. 584.
698 Ebd., S. 585.
699 Ursprünglich waren die Sektionsbaubunker U-Reparaturbunker gewesen. Am 20.1. 1944 bat Generaldirektor Merker den Ob.d.M., die vorhandenen geschützten Bunkerhallen für den Sektionsbau freizugeben: 5 Sektionen bei *Deutsche Werft, Finkenwerder* (»Fink II«), 2 bei *Howaldt, Hamburg* (»Elbe II«), bei *Howaldt, Kiel* (»Kilian«) und bei *Deutsche Werke, Kiel* (»Konrad«). Dönitz stimmte der Inanspruchnahme sämtlicher 10 geschützter Bunkerhallen für den Sektionsbau zu. Vgl. »Aktenvermerk über Besprechung beim Oberbefehlshaber Bismarck, den 20. Januar 1944«, Amtsgruppe Schiffsmaschinenbetrieb, K IV Nr. 664/44 geh. v. 20. 1. 1944, BA-MA, N 379/v. 146, Bl. 24.
700 »Niederschrift über die Besprechungen des Ob.d.M. im Führerhauptquartier ‚Wolfsschanze' vom 13.-14. 10. 1944«, in: Wagner, G., Lagevorträge, S. 604.
701 Vgl. »Welche Schwierigkeiten haben nach Werftablieferung der U-Boote Typ 21 zu der Verzögerung der Frontbereitschaft geführt?«, Amt Kriegsschiffbau (Information Office) v. 17. 1. 1946, BA-MA, RM 22/3, Bl. 1-3.
702 Die Frontbereitschaft von relativ vielen U-Booten noch im April 1945 erklärt sich daraus, daß die aufgetretenen Mängel erkannt und bei den Folgebooten ohne wesentlichen Zeitmehraufwand auf den Werften vor der Ablieferung erledigt werden konnten.
703 Vgl. BA-MA, RM 22/3, Bl. 2.
704 Rahn, W., Entstehung, S. 16.
705 So Konteradmiral a.D. Wagner, in: Wagner, G., Lagevorträge, S. 521.
706 »Niederschrift über die Besprechung des Ob.d.M. mit dem Führer am 19./20. 12. 1943 im Hauptquartier ‚Wolfsschanze'«, in: Wagner, G., Lagevorträge, S. 555.
707 Stärkere Flakbewaffnung, Einbau elektronischer Warngeräte.
708 Nach Rahn, W., Entstehung, S. 18, wäre es durchaus möglich gewesen, durch zügigeren Einbau des Schnorchels und schiffbauliche Veränderungen der Form den VII C-Booten »zumindest im Ansatz die Fähigkeiten eines echten Unterseebootes zu geben«.
709 Ebd., S. 17.
710 »Damit entsteht die prinzipielle Frage: soll das Walter- oder Elektro-Boot weitergebaut werden?« Aktenvermerk über die Sitzung beim Ob.d.M. am 22. 2. 1944, Seekriegsleitung, 1. Skl IIIa 5730 gKdos. v. 23. 2. 1944, BA-MA, RM 7/1099 (Anlagen verschiedenen Inhalts Januar 1944 – Juli 1944), Bl. 161.

711 Vgl. ebd.

712 Der Bau der Walter-Boote sollte analog zu dem des Typs XXI mit Rohsektionsbau in den Stahlfirmen, Sektionsbau und schließlich Montage in drei Abschnitten erfolgen.
Sektion 1: *Deutsche Werft*, »Fink II«, Box 4
Sektion 2: *Blohm & Voss*, »Fink II«, Box 3
Sektion 3: *Howaldt*, »Elbe II«
Sektion 4: *Kriegsmarinewerft Wilhelmshaven*, »Fink II«, Box 2
Sektion 5: *Deutsche Werke*, »Fink II«, Box 5. Ausführlich zum Walter-Boot XXVI vgl. Rössler, E., Ubootbau, Bd. 2, S. 391ff.; ders., *Die Bauvorbereitungen für den Walter-U-Boottyp XXVI 1944/45*, in: MARINE-RUNDSCHAU 9 (1972), S. 529ff.

713 Rössler, E., Ubootbau, Bd. 2, S. 441.

714 Vgl. BA-MA, RM 7/1099, B. 164.

715 Vgl. Rössler, E., Ubootbau, Bd. 2, S. 441f.

716 Zu diesen Projekten nirgends besser als ebd., S. 446ff.

717 Vgl. »Aktenvermerk über die Sitzung beim Ob.d.M., am 27. 3. 44«, Seekriegsleitung, 1. Skl IIIa 8514/44 gKdos. v. 27. 3. 1944, BA-MA, RM 7/1099, Bl. 86f.

718 Vgl. »U-Boote Typ XXI E«, Oberkommando der Kriegsmarine, Skl Qu AUa Nr. 903/44 gKdos. v. 1. 4. 1944, BA-MA, RM 7/1236 (1/Skl gKdos. Gen. Referat IIIa 3, Bd. 1 [Forderung an Neubauten November 1943 – Dezember 1944]), Bl. 66.

719 »Vorverlegung Fertigstellungstermine U-Boote XX«, OKM, Skl/Adm. Qu Ua Nr. 1094/44 gKdos. v. 25. 5. 1944, BA-MA, RM 7/1236, o. Num.

720 Siehe Kapitel V. 1.

721 Quelle: Ebd., S. 395.

722 Quelle: Ebd.

723 Quelle: Ebd., S. 401.

724 Nach: Fock, H., *Kampfschiffe*. Marineschiffbau auf deutschen Werften – 1870 bis heute, Hamburg 1995, S. 68ff.

725 Rössler, E., Ubootbau, Bd. 2, S. 386.

726 »Teilnahme des Ob.d.M. an der Führerlage am 17. 2. 45 16.00 Uhr«, in: Wagner, G., Lagevorträge, S. 656.

727 Ebd

728 Vgl. »Aktenvermerk über die Sitzung beim Ob.d.M. am 7. 6. 1943«, Seekriegsleitung, B. Nr. 1/Skl. IIIa 16545/43 gKdos. v. 7. 6. 1943, BA-MA, RM 7/1422 (1/Skl Ib 10870/43 gKdos.), Bl. 175-179.

729 BA-MA, RM 7/1422, Bl. 178.

730 Vgl. »Niederschrift über den am 7. 6. 43 beim Ob.d.M. stattgefundenen Vortrag, in welchem über das Flottenbauprogramm 43 vorgetragen und vom Ob.d.M. entschieden wurde«, BA-MA, RM 7/1422, Bl. 226.

731 Ebd.

732 Quelle: BA-MA, W-04/17371.

733 BA-MA, RM 7/1422, Bl. 179.

734 Ebd., Bl. 227.

735 Grundlegend und daher für die folgenden Ausführungen immer heranzuziehen ist Breyer, S., *Die Deutsche Kriegsmarine 1935-1945*, Bd. 7.: *Die Entwicklungsgeschichte der Zerstörer und Torpedoboote*, Friedberg 1991 (zit. Breyer, S., Die Entwicklungsgeschichte der Zerstörer und Torpedoboote).

736 Vgl. »Flottenbauprogramm«, Vorgang: 1. Sitzung Schiffbaukommission 4. 11. 43; 2. A Wa 7817 gKdos. v. 10. 10. 43; 3. K Stb/KV 1980/43 gKdos. v. 28. 5. 1943, Seekriegsleitung Qu A I Sf 13056/43 gKdos. v. 5. 11. 1943, BA-MA, RM 7/1251 (gKdos.-Akte Gen. Referat IIIa 8 Bd. 1 Schiffstypen [Zerstörer, Torpedoboote]), Bl. 15.

737 Vgl. »Flottenbauprogramm 43«, Vorgang: OKM-Skl Qu A I Sf 13056/43 gKdos. Der Reichsminister für Rüstung und Kriegsproduktion. Die Schiffbaukommission B. Nr. 2259/43 gKdos. v. 12. 11. 1943, BA-MA, RM 7/1251, Bl. 17f.

738 »Torpedoboot- und Zerstörer-Typen im Rahmen des Flottenbauprogramms«, Vorgang: 1. Skl Qu A I Sf 13056/43 gKdos. v. 5. 11. 43; 2. K I Ke 3049/43 gKdos. v. 10. 11. 43; 3. Schiffbaukommission 2259/43 gKdos. v. 12. 11. 43; 4. Skl Qu A I Sf 13328/43 gKdos. v. 16. 11. 43, B. Nr. 1/Skl IIIa 32345/43 gKdos. v. 28. 11. 1943, BA-MA, RM 7/1251, Bl. 21.

739 Vgl. ebd.

740 Ebd.

741 Quelle: Breyer, S., Die Entstehungsgeschichte der Zerstörer und Torpedoboote, S. 165.

742 Quelle: Seekriegsleitung, Skl Qu A I Sf 13328/43 gKdos. v. 16. 11. 1943, BA-MA, RM 7/1251, Bl. 19.

743 BA-MA, RM 7/1251, Bl. 24.

744 »Niederschrift über die Besprechung bei Skl Qu A I am 14. 12. 43. Flottenbauprogramm«, Neu Skl Qu A I Sf 25661/43 gKdos. v. 16. 12. 1943, BA-MA, RM 7/1251, Bl. 2.

745 Vgl. ebd., Bl. 3.

746 Vgl. »Torpedoboot- und Zerstörer-Neubauten«, Marinegruppenkommando Nord und Flottenkommando, B. Nr. gKdos. 12/44 v. 10. 1. 1944, BA-MA, RM 7/1251, Bl. 47f.

747 »Torpedo- und Zerstörer-Neubauten«, Hauptamt Kriegsschiffbau K III M Nr. 202/44 gKdos. v. 22. 1. 1944, BA-MA, RM 7/1251, Bl. 46.

748 Vgl. »Niederschrift über die Besprechung über Neubauplanung Zerstörer 42 A und Torpedoboote 41 A bei Skl Qu A am 22. 1. 1944«, BA-MA, RM 7/1251, Bl. 35-38. Auf Einzelnachweise, sofern keine Zitierung, wird im folgenden verzichtet.

749 Datum bislang nicht nachweisbar.

750 Vgl. »Niederschrift über die Besprechung über die Zerstörer 42 A und T-Boote 41 A bei C/Skl am 9. 2. 1944«, BA-MA, RM 7/1251, Bl. 43.

751 Vgl. »Aktenvermerk über die Sitzung bei C/Skl am 9. 2. 44«. Seekriegsleitung 1./Skl IIIa 4261 gKdos. v. 10. 2. 1944, BA-MA, RM 7/1251, Bl. 39-41.

752 Ebd., Bl. 39.

753 Ebd., Bl. 40.

754 Vgl. »Inbaugabe neuer Zerstörer Typ 42 C«. Oberkommando der Kriegsmarine, Skl Qu A It 2436/44 gKdos. v. 20. 3. 1944, BA-MA, RM 7/1251, Bl. 9.

755 Detaillierte Angaben zum Zerstörer 44 – vom Formwert bis zum Propellerdurchmesser – bei Breyer, S., Die Entwicklungsgeschichte der Zerstörer und Torpedoboote, S. 171.

756 Quelle: Ebd., S. 172.

757 »Entscheidung über Weiterbau Zerstörer 44«, Oberkommando der Kriegsmarine, Skl. Adm. Qu. I 4518/44 gKdos. v. 31. 5. 1944, BA-MA, RM 7/1236, Bl. 170.

758 Ebd.

759 Ebd.

760 »Zerstörer-Neubauten. Vorg.: ohne unmittelbaren«, Oberkommando der Kriegsmarine, Skl. Adm. Qu I b 4156/44 gKdos. v. 22. 5. 1944, BA-MA, RM 7/1236, Bl. 156.

761 »Zurückstellung Zerstörerbau, Vorg.: Mar. Rüst/K III 2319 gKdos. v. 14. 6. 44«, Oberkommando der Kriegsmarine, Skl. Adm. Qu. I b/f 5189/44 gKdos. v. 21. 6. 1944, BA-MA, RM 7/1236, Bl. 174.

762 Für ein Jahr ergaben sich an freiwerdender Kapazität die Tagewerke von vier Zerstörern, die denen von sechs Torpedobooten entsprachen.

763 Vgl. »Zurückstellung Zerstörerbau, Vorg.: Skl. Adm. Qu. I b/f 5189/44 gKdos. v. 21. 6. 44«, Mar Rüst/K III M Nr. 2501/44 gKdos. v. 6. 7. 1944, BA-MA, RM 7/1236, Bl. 177. Vgl. auch KTB Skl, Teil A, Eintragung v. 6. 7. 1944, S. 134 (Hinweis: Da das KTB der Seekriegsleitung vom Juli 1944 zum Zeitpunkt der Niederschrift dieser Studie noch nicht ediert war und die KTB-Mikro-Filme im BA-MA nicht in Bände untergliedert sind, entfällt die Band-Angabe).

764 BA-MA, RM 7/1236, Bl. 177.

765 Vgl. »Indienststellung ‚Z 51'«, Seekriegsleitung, Skl. Adm. Qu. I b 6402/44 gKdos. v. 21. 7. 1944, BA-MA, RM 7/1251, Bl. 54.

766 Vgl. Gröner, E., Die Schiffe der deutschen Kriegsmarine, S. 16.

767 »Zerstörer mit Antrieb durch 8 Motoren«, Hauptamt für Kriegsschiffbau, K II Ei Nr. 4565/43 (muß heißen: 4565/44, Anm. d. Vf.) gKdos. v. 13. 12. 1944, BA-MA, RM 7/1251, Bl. 49.

768 Siehe Kapitel V.

769 Breyer, S., Die Entwicklungsgeschichte der Zerstörer und Torpedoboote, S. 173, ebd. genaue Zahlenangaben zum Zerstörer 45.

770 Quelle: Ebd.

771 Vgl. Salewski, M., Das maritime Dritte Reich.

772 »Der Landungszerstörer«, Anlage zu 1./Skl 40080/43 gKdos. v. 22. 11. 1943, BA-MA, RM 7/1258, Bl. 9-16.

773 Ebd., Bl. 9.

774 Ebenso schwach wurden die Möglichkeiten von Heer und Marineartillerie eingeschätzt: »Dem Heer stehen nur wenige Divisionen mit beschränkter Kampfkraft zur Verfügung, da die kampfkräftigsten Divisionen zwangsweise im Osten gebunden sind (...). Die Marineartillerie wird nur in sehr beschränktem Umfange in die Kämpfe eingreifen können«. Nur die Luftwaffe schien in der Lage zu sein, den entscheidenden Schlag gegen die Landungsflotte führen zu können: »Die Luftwaffe wird in hervorragendem Maße an der Abwehr der Landung beteiligt werden«. Ebd., Bl. 11f.

775 Ebd., Bl. 13.

776 Ebd., Bl. 14.

777 Ebd.

778 Ebd., Bl. 15.

779 Vgl. »Vorschlag für den Bau eines Landungszerstörers, Vorg.: Dort. B. Nr. 3401/43 gKdos. v. 22. 11. 1943«, Seekriegsleitung, B. Nr. 1./ Skl. 42317/43 gKdos. v. 12. 12. 1943, BA-MA, RM 7/1258, Bl. 19f.

780 Ebd., Bl. 19.

781 Ebd., Bl. 20.
782 Die Problematik wird vertieft in Kapitel IV. 3. 3.
783 »An MVO b/OKH Kapitän zur See Weygoldt nachrichtlich«. Der Oberbefehlshaber des Marinegruppenkommandos West, B. Nr. Führstb. gKdos., 6188/43 AI v. 14. 12. 1943, BA-MA, RM 7/1258, Bl. 27.
784 Quelle: »Monatliche Ablieferung der Überwasserkriegsschiffe nach dem Plan vom Hauptausschuß vom 1. 1. 1944«, Anlage zu B. Nr. K I Kp 3330/gKdos. II. Ang., BA-MA, RM 7/1236, o. Num.
785 Quelle: »Der technische Aufwand für den deutschen Überwasserkriegsschiffbau«, Anlage 2, Amt Kriegsschiffbau v. 9. 2. 1946, BA-MA, RM 22/2 , Bl. 7.
786 Quelle: Breyer, S., Die Entwicklungsgeschichte der Zerstörer und Torpedoboote, S. 59. Ebd. sämtliche Details zum Flottentorpedoboot 41.
787 Vgl. »Flottenbauprogramm«, Skl Qu A I Sf 13056/43 gKdos. v. 5. 11. 1943, BA-MA, RM 7/1251, Bl. 14f.
788 Vgl. »Flottenbauprogramm, Flottentorpedoboote 41 A«, Hauptamt Kriegsschiffbau KI Ke 3049/43 gKdos. v. 10. 11. 1943, BA-MA, RM 7/1251, Bl. 16.
789 Vgl. »Flottenbauprogramm 43«, Der Reichsminister für Rüstung und Kriegsproduktion, Die Schiffbaukommission, B. Nr. 2259/43 gKdos. v. 12. 11. 1943, BA-MA, RM 7/1251, Bl. 17. Vgl. auch »Flottenbauprogramm«, Niederschrift über die Besprechung bei Skl Qu A I am 14. 12. 1943, Neu Skl Qu A I Sf 25661/43 gKdos. v. 16. 12. 1943, BA-MA, RM 7/1251, Bl. 1.
790 »Torpedo-Boot- und Zerstörer-Typen im Rahmen des Flottenbauprogramms 43«, Seekriegsleitung B. Nr. 1/Skl. IIIa 41509/43 gKdos. v. 11. 12. 1943, BA-MA, RM 7/1251, Bl. 26.
791 Ebd.
792 Quelle: Seekriegsleitung, Skl Qu A I Sf 13328/43 gKdos. v. 16. 11. 1943, BA-MA, RM 7/1251, Bl. 19.
793 Seekriegsleitung, B. Nr. 1 1/Skl 40781/43 gKdos. v. 6. 12. 1943, BA-MA, RM 7/1251, Bl. 31.
794 Vgl. »Torpedo- und Zerstörer-Neubauten«, Marinegruppenkommando Nord und Flottenkommando, B. Nr. gKdos. 120/44 v. 10. 1. 1944, BA-MA, RM 7/1251, Bl. 47.
795 Am 28. 12. 1943 stießen die 8. Z-Flottille mit drei Zerstörern und die 4. T-Flottille mit sechs Torpedobooten auf zwei britische Kreuzer. »Z 27«, »T 25« und »T 26« gingen verloren. Vgl. Hillgruber, A., Hümmelchen, G., Chronik, S. 196.
796 Ebd.
797 Ebd, Bl. 47v.
798 »Flottentorpedoboote 41 A. Erläuterungen zum Typbild 52000 WPS Schichau-Illies-Anlage«, Hauptamt Kriegsschiffbau zu K I 111/44 gKdos. v. 18. 1. 1944, BA-MA, RM 7/1251, Bl. 52.
799 Eine von *Schichau* entworfene Hauptmaschinenanlage nach Vorschlägen von Korvettenkapitän (Ing.) Illies.
800 Vgl. »Flottentorpedoboot ‚41 A‘. Erläuterungen zur Typskizze«, Hauptamt Kriegsschiffbau zu K I 111/44 gKdos. v. 18. 1. 1944, BA-MA, RM 7/1251, Bl. 53.
801 Vgl. »Niederschrift über die Besprechung über Neubauplanung Zerstörer 42 A und Torpedoboote 41 A bei Skl Qu A am 22. 1. 1944«, Anlage zu OKM Skl. Qu A I St 833/44 gKdos., BA-MA, RM 7/1251, Bl. 35ff.
802 Chef 6. T-Flottille.
803 BA-MA, RM 7/1251, Bl. 37v.
804 Vgl. »Niederschrift über die Besprechung über Zerstörer 42 A und T-Boote 41 A bei C/Skl am 9. 2. 1944«, BA-MA, RM 7/1251, Bl. 43.
805 Ebd., Bl. 44v.
806 »Aktenvermerk über die Sitzung bei C/Skl am 9.2 44«, Seekriegsleitung, 1. Skl IIIa 4261/44 gKdos. v. 10. 2. 1944, BA-MA, RM 7/1251, Bl. 39.
807 Ebd.
808 Vgl. »Aktenvermerk über die Sitzung beim Ob.d.M. am 27. 3. 44, Thema Torpedoboot 44«, Seekriegsleitung 1. Skl IIIa 9464/44 gKdos. v. 28. März 1944, BA-MA, RM 7/1251, Bl. 6f.
809 Hauptamtschef K mit Vertretern, Hauptamtschef M Wa mit Vertretern, C/Skl, Chef 1. Skl i.V., Skl Qu A, Skl Qu A I, Chef S.B.K. mit Vertretern, 1. Skl IIIa.
810 Vgl. die detaillierten Alternativentwürfe »A« und »B« zum Flottentorpedoboot 44 bei Breyer, S., Die Entwicklungsgeschichte der Zerstörer und Torpedoboote, S. 62.
811 Quelle: Ebd.
812 BA-MA, RM 7/1251, Bl. 7.
813 Quelle: »Monatliche Ablieferung der Überwasserkriegsschiffe nach dem Plan vom Hauptausschuß vom 1. 1. 1944«, Anlage B. Nr. K I Kp 3339/gKdos. II. Ang., BA-MA, RM 7/1236, o. Num.
814 Quelle: »Der technische Aufwand für den deutschen Überwasserkriegsschiffbau«, Anlage 2, Amt Kriegsschiffbau v. 9. 2. 1946, BA-MA, RM 22/2, Bl. 7.
815 Technische Daten bei Breyer, S. Die Entwicklungsgeschichte der Zerstörer und Torpedoboote, S. 64f.
816 Ebd., S. 63. Zum Schicksal der Zerstörer und Torpedoboote vgl. »Das Endschicksal der deutschen Torpedoboote und Zerstörer«, in: Ebd., Anhang, S. 187-190.
817 Siehe Kapitel III. 2. 1.

818 Vgl. »Aufbau der Schnellbootswaffe«, Seekriegsleitung, B. Nr. 1. Skl Ib 2093/44 gKdos. v. Dezember 1943, BA-MA, RM 7/98, Bl. 10-15.

819 »Aufbau der Schnellbootswaffe«, Führer der Schnellboote, B. Nr. gKdos. 5883 A 1 v. 24. 12. 1943, BA-MA, RM 7/1241 (gKdos. Gen. Referat IIIa 7. Forderung an Rüstung für die Seestreitkräfte Dezember 1943-November 1944), Bl. 2.

820 Vgl. KTB Skl, Teil A, Eintragung v. 14. 9. 1944.

821 Vgl. »Vermerk! Rum. Neubauprogramm«, Vorg. 1. Skl I ca B. Nr. 53165/43 geh. v. 5. 1. 1944, BA-MA, RM 7/1236, Bl. 32.

822 Etwa Vergrößerung der Schnellbootlehrdivision, Erhöhung der Schulbootsanzahl und Aufstellung von Flottillenkommandos. Vgl. »Aufbau der Schnellbootswaffe«, Vorg. 1. F.d.S. gKdos. 3200 A 1 v. 3. 7. 1943, 2. F.d.S. gKdos. 4000 A 1 v. 20. 8. 1943, Führer der Schnellboote, B. Nr. gKdos. 5883 A 1 v. 24. 12. 1943, BA-MA, RM 7/1241, Bl. 2-5.

823 Vgl. »Rum. Neubauprogramm«, Auszug aus 1. Skl I ca 53165/43 geh. v. 30. 12. 1943, BA-MA, RM 7/1236, Bl. 31.

824 Der 1939 mit »S 26« erreichte Typ blieb Standard während des gesamten Krieges. Vgl. Fock, H., Kampfschiffe, S. 79.

825 »Denkschrift über Panzerschnellboote«, Anlage 1 zu Gr. West Führstab gKdos. 5679 A I Chefs., BA-MA, RM 7/1099, Bl. 244.

826 Ebd., Bl. 245.

827 Ebd., Bl. 246.

828 Ebd., Bl. 247.

829 Ebd.

830 Der Oberbefehlshaber des Marinegruppenkommandos West, B. Nr. Führungsstab gKdos. 5679 Chefs. v. 21. 1. 1944, BA-MA, RM 7/1099, Bl. 243.

831 Vgl. »Artillerie-Schnellboote«, Anlage 2 zu Gr. West Führstab gKdos. 5679 A I Chefs. v. 11. 1. 1944, BA-MA, RM 7/1099, Bl. 249-252.

832 Ebd., Bl. 252.

833 »Artillerie-Schnellboote«, Vorgang: 1. OKM Skl. III A 1511 gKdos. v. 17. 1. 1944, 2. KTB F.d.S. v. 16.-30. 11. 1943, Marinegruppenkommando Nord und Flottenkommando, B. Nr. gKdos. 360/44 A 2 v. 23. 1. 1944, BA-MA, RM 7/1252 (gKdos. Gen. Referat IIIa 19, Bd. 1 Schiffstypen [Schnellboote, Torpedo-, Artillerie und Minenschnellboote]), Bl. 20.

834 Die Abstandspistole, die sich gegenüber der herkömmlichen Aufschlagspistole als effektiver erwiesen hatte.

835 BA-MA, RM 7/1252, Bl. 20.

836 Vgl. »Bemerkungen zur Denkschrift über Panzerschnellboote« v. 8. 2. 1944, BA-MA, RM 7/1252, Bl. 21f.

837 Ebd., Bl. 21.

838 Ebd.

839 Ebd.

840 Vgl. »Flottenbauprogramm S-Bootswaffe«, Oberkommando der Kriegsmarine, Skl. Qu A I St 656/44 gKdos. v. 26. 1. 1944, BA-MA, RM 7/1236, Bl. 208.

841 »S-Boot-Reparaturkapazität bei Stettiner Oderwerken«, Seekriegsleitung Skl Qu A I St 1187/44 gKdos. v. 15. 2. 1944, BA-MA, RM 7/1241, Bl. 19v.

842 Vgl. »Rüstungsbesprechungen« der Kriegsmarine, BA-MA, RM 7/1236, passim.

843 »Aktenvermerk über Vortrag beim Ob.d.M. am 28. 3. 44, Thema: Denkschrift des Oberbefehlshabers Marine Gruppe West über das Panzerschnellboot«, Seekriegsleitung, 1. Skl IIIa 9461 gKdos. v. 28. 3. 1944, BA-MA, RM 7/1099, Bl. 80f.

844 »Panzerschnellboot«, Oberkommando der Kriegsmarine, Skl. Adm. Qu I Tonnen B. Nr. 4635/44 gKdos. v. 11. 5. 1944, BA-MA, RM 7/99, Bl. 192-194v.

845 Ebd., Bl. 192. Im Original unterstrichen.

846 »Schnellboote als Schnellbootsjäger und Sicherungsfahrzeuge, Typ ‚Artillerieschnellboot'«, Skl Adm Qu I schn 9448 gKdos. v. 12. 10. 1944, BA-MA, RM 7/1252, Bl. 54.

847 BA-MA, RM 7/1252, Bl. 55.

848 »VS 8«, von der *Sachsenberg* 1940 für das Heer konstruiertes Tragflächenschnellboot mit der Aufgabe, schnelle Seetransporte von Panzerwagen zu übernehmen. Als seegehendes Fahrzeug wurde das Tragflächenschnellboot 1941 von der Kriegsmarine übernommen. Um das S-Boot-Programm nicht zu beeinträchtigen, konnten jedoch nur zwei solcher Boote mit Merzedes-Benz-Motoren (jeweils 2.000 PS) zur Verfügung gestellt werden.

849 Vgl. »Tragflächenschnellboote«, Skl/Adm Qu I schn. 9340 gKdos. v. 8. 10. 1944, BA-MA, RM 7/1252, Bl. 57-70.

850 »Tragflächenschnellboote«, Oberkommando der Kriegsmarine, Skl/Adm Qu I schn. 10398 gKdos. v. 9. 11. 1944, BA-MA, RM 7/1252, Bl. 74.

851 Quelle: »Überwasserkriegsschiffbau während des Krieges 1939-1945«, BA-MA, RM 22/4, Bl. 5. Nicht miteingerechnet sind die »Tragflächenschnellboote« »VS 6«-»VS 8«.

[852] Vgl. »Monatliche Ablieferung der Überwasserkriegsschiffe nach dem Plan vom Hauptausschuß vom 1. 1. 1944«, Anlage zu B. Nr. K I Kp 3300 gKdos., BA-MA, RM 7/1236.

[853] Vgl. »Bausausführung der M-Boote 43«, Vorg.: Fernmündl. Rücksprache zwischen K III M und Skl Qu A I S a am 14. 12. 1943, Seekriegsleitung Skl. Qu A I S a 25 610/43 gKdos. v. 18. 12. 1943, BA-MA, RM 7/98, Bl. 30.

[854] Vgl. »Schiffbaulicher Vortrag von Herrn Obering. Schlaak«, Vortrag der Herren Obering. Schlaak und Ing. Schweer am 31. Januar 1944 im Sitzungssaal der *Schichauwerft*, Königsberg, Anlage zur Schlußbesprechung M-Boote 43 am 31. 1. 1944 in Königsberg, BA-MA, RM 7/1253 (gKdos. Gen. Referat IIIa 20, Bd. 1 Schiffstypen [Minensuch-Geleit-Kanonen-MZ-R-Boote]), Bl. 26-40.

[855] Ebd., Bl. 27.

[856] Vgl. »M-Boote 40. Herrichtung als Kampfboote«, Oberkommando der Kriegsmarine, K I K M 3265/43 gKdos. v. 21. 12. 1943, BA-MA, RM 7/1253, Bl. 14f.

[857] Vgl. BA-MA, RM 7/98, Bl. 30-33.

[858] Quelle: BA-MA, RM 7/1253, Bl. 32.

[859] Sieben Abläufe zu je 21 WaBos.

[860] Vgl. »M-Boote 43 (M 1001-1009)«, Vorg: Skl Adm Qu Ic 14501/44 geh. v. 24. 5. 1944, Seekriegsleitung, 1. Skl IIIa 18242/44 gKdos. v. 13. 6. 1944, BA-MA, RM 7/1236, Bl. 149.

[861] Vgl. Seekriegsleitung, Skl. Adm. Qu I C 4768/44 gKdos. v. 13. 6. 1944, BA-MA, RM 7/1236, Bl. 148.

[862] Vgl. »M-Boote, hier M 1001-1009«, Skl Adm. Qu I C Nr. 14501/44 geh. v. 24. 5. 1944, BA-MA, RM 7/1236, Bl. 145.

[863] Vgl. »Verteilg. anfallende M-Boote 43«, Oberkommando der Kriegsmarine, Skl Adm Qu I C/r Nr. 35310/44 gKdos. v. 3. 10. 1944, BA-MA, RM 7/1253, Bl. 50.

[864] Quelle: »Überwasserkriegsschiffbau während des Krieges 1939-1945«, BA-MA, RM 22/4, Bl. 5.

[865] Vgl. »Monatliche Ablieferung der Überwasserkriegsschiffe nach dem Plan vom Hauptausschuß vom 1. 1. 1944«, Anlage zu B. Nr. K I Kp 3370 gKdos., BA-MA, RM 7/1236.

[866] »MZ-Boot«, Seekriegsleitung, 1. Skl III a 1623 gKdos. v. 14. 1. 1944, BA-MA, RM 7/1253, Bl. 12.

[867] Armierung: 2–8,8 cm, 1–3,7 cm, 4–2 cm und 1–2 cm Vierling, zunächst 3 Wasserbombenablaufgerüste an back- und steuerbord achtern, später 4 WaBo-Werfer mit 64 WaBos.

[868] »Bericht über Besichtigung ‚MZ 1' und Besprechung bei der Stülkenwerft, Hamburg«, OKM Skl Adm Qu I C 3679/44 gKdos. v. 28. 4. 1944, BA-MA, RM 7/1253, Bl. 41r./v.

[869] »Eignung der MZ- und R-Boote als U-Jäger«, Flottenabteilung, Skl., Adm. Qu. I U-Abw. Nr. 17968/44 geh. v. 29. 6. 1944, BA-MA, RM 7/1253, Bl. 42r./v.

[870] »Eignung der MZ- und R-Boote als U-Jäger«, Vorg.: Skl Adm Qu I U-Abw. 17968/44 geh. v. 29. 6. 44, Seekriegsleitung, 1. Skl. IIIa 24968 geh. v. 30. 6. 1944, BA-MA, RM 7/1253, Bl. 43.

[871] Vgl. »Bau MZ-Boote/Fortfall AF's bzw. AL's«, Vorg.: Mar Rüst/K III Mr 17601/44 geh. v. 31. 8. 1944, Seekriegsleitung, Skl Adm Qu I p 8327/44 gKdos. v. 7. 9. 1944, BA-MA, RM 7/1253, Bl. 47-49.

[872] Vgl. »Der deutsche Kriegsschiffbau im Jahre 1945«, Amt Kriegsschiffbau, Eckernförde, 19. 2. 1946, BA-MA, RM 22/5.

[873] »Monatliche Ablieferung der Überwasserkriegsschiffe nach dem Plan vom Hauptausschuß vom 1. 1. 1944«, Anlage zu B. Nr. K I Kp 3370 gKdos., BA-MA, RM 7/1236.

[874] Quelle: »Überwasserkriegsschiffbau 1939-1945«, BA-MA, RM 22/4, Bl. 5.

[875] Vgl. Albert, H. J., *The Hansa-Programm*, in: THE BELGIAN SHIPLOVER 121 (168), S. 77-100; Kunick, H., *Die Schiffstypen des Hansa-Bauprogramms*, in: SCHIFFS-INGENIEUR-JOURNAL 1 (1985); Witthöft, H. J., *Das Hansa-Bauprogramm*, München 1968 (Wehrwissenschaftliche Berichte, Bd. 6); *Die deutsche Handelsflotte 1939-1945.* Unter besonderer Berücksichtigung der Blockadebrecher; Dinklage, L.: Bd. 1; Witthöft, H. J.: Bd. 2 (Studien und Dokumente zur Geschichte des Zweiten Weltkrieges, Bde. 5a, 5b, hrsg. v. Arbeitskreis für Wehrforschung, Stuttgart), Frankfurt a.M., Zürich 1971 (zit. Witthöft, H. J., Handelsschiffahrt).

[876] »Organisation der Schiffahrt«, Anlage 1 zu B. Nr. 1. Skl. gKdos. 950 Chefs. Skl Qu A I 1230/42 gKdos. v. 12. 5. 1942, in: Wagner, G., Lagevorträge, S. 390.

[877] Bock, Godeffroy & Co; DDG »Hansa«; John T. Essberger & Co.; Deutsche Afrika Linien; Hamburg Amerika Linie; Hamburg Süd; Norddeutscher Lloyd; Schulte & Bruns und Rob. M. Sloman.

[878] Detailliert zur Entstehung der einzelnen Schiffstypen vgl. Witthöft, H. J., Handelsschiffahrt, S. 175ff.

[879] Quelle: Ebd., S. 177.

[880] Darüber hinaus hatte die Wehrmacht acht italienische Schlepper nach dem Machtwechsel in Italien nach Deutschland transportieren können.

[881] Witthöft, H. J., Handelsschiffahrt, S. 178.

[882] Vgl. »Hansa-Programm«, BA-MA, RM 7/1236, Bl. 226.

[883] Siehe Kapitel V. 2, Tabelle »Schiffbau-Notprogramm«.

[884] »Zur Bau- und Reparaturlage der Handelsschiffahrt«, OKM Skl Adm Qu VI, B. Nr. gKdos. 5063/44 v. 13. 7. 1944, BA-MA, RM 7/1236, Bl. 182.

885 Ebd., Bl. 182v.

886 »Bau- und Reparaturlage der Handelsschiffahrt«, Vorg. 1. OKW/WFStb Qu 1 (Trsp.) Nr. 007350/44 gKdos. v. 11. 7.; 2. Skl Adm Qu VI gKdos. 5063/44 v. 12. 7., Seekriegsleitung, 1. Skl IIIa 22013 gKdos., Juli 1944, BA-MA, RM 7/1236, Bl. 183.

887 Vgl. »Bau von Eisbrechern«, Seekriegsleitung Skl Qu A Ib 1156 gKdos. v. 11. 4. 1942, BA-MA, RM 7/1236, Bl. 222b. Es war beabsichtigt, einen Großeisbrecher, 4 Eisbrecher mit 9.000 PS und 9 Eisbrecher mit 4.000 PS in Bau zu geben. Vgl. »Bau von Eisbrechern«, Seekriegsleitung E III Nr. 151/42 gKdos. v. 1. 7. 1942, ebd., Bl. 222e.

888 Vgl. »Niederschrift über die am 17. April 1944 im OKM (K III A) abgehaltene Besprechung über das Eisbrecher-Bauprogramm«, Abschrift von Anlage 1 zu OKM Mar.Rüst K III A 1622 gKdos./44, ebd., Bl. 222k.

889 Ebd., Bl. 222l.

890 »Niederschrift über die am 27. Juni 1944 im OKM K III A abgehaltene Besprechung über den Bau neuer Eisbrecher für die Kriegsmarine«, Anlage 1 zu K III A 2700 gKdos., BA-MA, RM 7/1254, Bl. 5.

891 Vgl. ebd., Bl. 6.

892 »Bau neuer Eisbrecher«, Oberkommando der Kriegsmarine, Mar Rüst/K III As 3995/44 gKdos. v. 11. 9. 1944, ebd., Bl. 9.

893 »Betonschiffbau Götsche«, Oberkommando der Kriegsmarine, Skl. Adm. Qu VI 5356/44 geh. v. 20. 7. 1944, BA-MA, RM 7/1234, Bl. 82.

894 Die Schalenbauweise ging von dem Prinzip einer Eierschale aus, die dank ihrer doppelten Krümmung bekanntlich eine außerordentlich hohe Festigkeit besitzt.

895 BA-MA, RM 7/1234, Bl. 83.

896 Vgl. ebd., Bl. 83f.

897 »Vortrag über ‚Möglichkeiten des Betonbaus bei Kriegs- und Handelsschiffen'«, BA-MA, W-04/159112, Bl. 1-14.

898 Zu den Klein-U-Boot-Projekten bis 1943 vgl. Rössler, E., Ubootbau, Bd. 2, S. 456ff.

899 Rössler, E., Ubootbau, Bd. 2, S. 458.

900 Vgl. Salewski, M., Schlachtschiffe, S. 68.

901 Salewski, M., Seekriegsleitung, Bd. 2, S. 475. »10 Besatzungen von ‚Marder'-Einheiten [konnten] vor dem Einsatz unwidersprochen melden, ‚daß sie ihren Marder bis zur Vernichtung eines lohnenden Zieles ohne Rücksicht auf Aktionsradius und eigene Rückkehr an den Feind führen würden', und tatsächlich kehrten diese 10 Soldaten vom Einsatz nicht zurück, worauf Heye [Konteradmiral und Kommandeur der Kleinkampfverbände, d. Vf.] in seiner Meldung von ‚Winkelrieden' sprach und diesen Selbstmordeinsatz in höchsten Tönen pries«.

902 Dönitz, K., Zehn Jahre, S. 362.

903 Vgl. Bekker, C., *... und sie liebten doch das Leben.* Die Abenteuer deutscher Torpedoreiter, Froschmänner und Sprengbootpiloten, Hannover 1956; Poeschel, G., *Froschmänner – Torpedoreiter – Zwerg-U-Boote*, Berlin 1961; Schulz, W., *Im Kleinst-U-Boot.* Aus dem Nachlaß eines »Seehund«-Fahrers, Berlin 1995.

904 Dönitz, K., Zehn Jahre, S. 362.

905 Eine umfassende wissenschaftliche Darstellung zu den Rettungsaktionen der Kriegsmarine 1945 fehlt noch. Verwiesen sei auf Hubatsch, W., *Flüchtlingstransporte aus dem Osten über die See.* Die letzten Geleitaufgaben der deutschen Kriegsmarine 1945, in: JAHRBUCH DES OSTDEUTSCHEN KULTURRATES 9 (1962), S. 404-427; Populär, doch wegen der eindringlichen Schilderung und des interessanten Dokumententeils lesenswert: Schön, H., *Ostsee '45.* Mensch, Schiffe, Schicksale, Stuttgart [5]1995.

906 Dönitz, K., Zehn Jahre, S. 362.

907 Vgl. Schulze-Wegener, G., *Die deutsche Rüstung im 6. Kriegsjahr*, in: *Kriegsjahr 1944.* Im Großen und im Kleinen, hrsg. v. Salewski, M. und Schulze-Wegener, G. (Beiheft 12 der HISTORISCHEN MITTEILUNGEN DER RANKE-GESELLSCHAFT), Stuttgart 1995, S. 125-143 (zit. Schulze-Wegener, G., Die deutsche Rüstung im 6. Kriegsjahr).

908 Vgl. »Niederschrift über die Besprechung des Ob.d.M. mit dem Führer am 18./19. 1. 1944 im Hauptquartier ‚Wolfsschanze'«, in: Wagner, G., Lagevorträge, S. 570.

909 Vgl. »Uboote Typ XXVII«, Oberkommando der Kriegsmarine K I U E 283/44 gKdos. v. 7. 3. 1944, BA-MA, RM 7/1258, Bl. 33.

910 Vgl. »Aktenvermerk über die Sitzung beim Ob.d.M. am 9. 2. 44. Gegenstand der Besprechung 4 Projekte Kleinst-U-Boote«, Seekriegsleitung, 1. Skl IIIa 4165 gKdos. v. 9. 2. 1944, BA-MA, RM 7/1258, Bl. 29.

911 »Vortrag über den Stand der Einsatzbereitschaft von Fahrzeugen des Kdo. der K-Verbände«, Skl/S v. 22. 5. 44, BA-MA, RM 7/1258, Bl. 53.

912 »Typ XXVII. Kleinst-Uboot. Transport«, Hauptamt Kriegsschiffbau, K I U, K I U e Nr. 126/44 gKdos. v. 2. 2. 1944, BA-MA, RM 7/1258, Bl. 32.

913 Quelle: »Leistungstabelle (Sonderkampfmittel)«, Seekriegsleitung, Skl/S B. Nr. 357/44 gKdos. v. 9. 7. 1944, BA-MA, RM 7/1258, Bl. 65.

914 Vgl. »Terminplan für Sonderkampfmittel Typ XXVII, , Biber', ‚Neger', ‚Linse', ‚Meereskämpfer' und ‚Sturmboote'«, Anlage 1 zu 1. Skl 16263/44 gKdos., BA-MA, RM 7/1258, Bl. 55.

915 Vgl. »Forderung für den Aufbau der Kleinkampfmittel bis zum 1. Oktober 1944«, Kommando der K-Verbände B. Nr. 5000/44 gKdos. v. 13. 6. 1944, BA-MA, RM 7/1241, Bl. 66.

916 Vgl. »Forderung für den Aufbau der Kleinkampfmittel bis 1. Oktober 1944«, Vorgang: Kdo. d. K-Verbände gkdos. 5000/44 v. 13. 6. 44, Kommando der K-Verbände, B. Nr. gKdos. 5000/44 II. Ang. v. 1. 7. 1944, BA-MA, RM 7/1241, Bl. 188-190.

917 Ebd., Bl. 190.

918 Vgl. »Unterwasser-Kleinkampfmittel. Monatlicher Ausstoß nach dem im Jahre 1944 festgesetzten Programm und die tatsächliche Lieferung«, BA-MA, RM 22/6.

919 Quelle: Rössler, E., Ubootbau, Bd. 2, S. 459.

920 Ebd., S. 460, 463.

921 Gebauer, J., Krenz, E., *Marine Enzyklopädie*, Berlin 1994, S. (zit. Gebauer, J., Krenz, E., Enzyklopädie).

922 Quelle: »Leistungstabelle (Sonderkampfmittel)«, BA-MA, RM 7/1258, Bl. 65.

923 Quelle: »Unterwasser-Kleinkampfmittel. Monatlicher Ausstoß nach den im Jahre 1944 festgesetzten Programmen und die tatsächliche Ablieferung«, BA-MA, RM 22/6.

924 Quelle: Rössler, E., Ubootbau, Bd. 2, S. 463.

925 Quelle: »Unterwasser-Kleinkampfmittel. Monatlicher Ausstoß nach den im Jahre 1944 festgesetzten Programmen und die tatsächliche Ablieferung«, BA-MA, RM 22/6.

926 Quelle: Ebd.

927 Quelle: Rössler, E., Ubootbau, Bd. 2, S. 463.

928 »Dienstreise des Kapt z. S. Spörel am 28./29. 3. zur Besichtigung der Sturmkampfmittel«, Seekriegsleitung, 1. Skl III A v. 29. 3. 1944, BA-MA, RM 7/1258, Bl. 48.

929 Ebd.

930 Quelle: Rössler, E., Ubootbau, Bd. 2, S. 465.

931 Vgl. BA-MA, RM 7/1258, Bl. 48.

932 Quelle: »Unterwasser-Kleinkampfmittel«. Monatlicher Ausstoß nach den im Jahre 1944 festgesetzten Programmen und die tatsächliche Lieferung, BA-MA, RM 22/6.

933 Klöckner-Humboldt-Deutz. Aufgrund des Ausfalls der Werft wurden Teile der Endmontage in Lübeck vorgenommen.

934 Quelle: »Leistungstabelle (Sonderkampfmittel)«, Seekriegsleitung, Skl/S B. Nr. 357/44 gKdos. v. 9. 7. 1944, BA-MA, RM 7/1258, Bl. 66.

935 BA-MA, RM 7/1258, Bl. 49.

936 Quelle: Rössler, E., Ubootbau, Bd. 2, S. 466.

937 Quelle: »Leistungstabelle (Sonderkampfmittel)«, Seekriegsleitung, Skl/S B. Nr. 357/44 gKdos., BA-MA, RM 7/1258, Bl. 66.

938 Quelle: »Unterwasser-Kleinkampfmittel«. Monatlicher Ausstoß nach den im Jahre 1944 festgesetzten Programmen und die tatsächliche Ablieferung, BA-MA, RM 22/6.

939 Benannt nach seinem Konstrukteur namens Mohr.

940 BA-MA, RM 7/1258, Bl. 49.

941 »Vermerk«, Seekriegsleitung, B. Nr. 1. Skl I Op a 22659/44 gKdos. v. 21. 7. 1944, BA-MA, RM 7/1258, Bl. 60.

942 Vgl. Rössler, E., Ubootbau, Bd. 2, S. 469ff. Dort detailliert zu den nicht mehr in Serie gegangenen Entwürfen.

943 Siehe Kapitel V. 2.

944 Rössler, E., Ubootbau, Bd. 2, S. 480.

945 Von den »Linsen« sind bei einer Planung von 1.408 immerhin noch 1.165 produziert worden. Vgl. »Überwasser-Kleinkampfmittel«. Monatlicher Ausstoß nach den im Jahre 1944 festgelegten Programmen und die tatsächlichen Ablieferungen, BA-MA, RM 22/6. Die »Tornados« und »Schlitten« waren den »Linsen« ähnliche Konstrukte, über deren Einsatz jedoch nichts mehr bekannt ist.

946 »Vortrag beim Ob.d.M.«, BA-MA, RM 7/1258, Bl. 53.

947 Vgl. Janssen, G., Deutschlands Rüstung, S. 154.

948 Ebd.

949 Vgl. ebd., S. 157ff.

950 Vgl. Speer, A., Erinnerungen, S. 328f.

951 Vgl. ebd., S. 339.

952 Ebd., S. 345.

953 Ebd.

954 Im März 1944 war der Höchststand der deutschen Rohstahlerzeugung mit 3,2 Mill. Tonnen zu verzeichnen. Bis Februar 1945 sank die Menge auf nur noch 0,6 Mill. Tonnen und fiel fortan weiter ab. Vgl. Boelcke, W. A., Hitlers Konferenzen, S. 472.

955 Vgl. Schulze-Wegener, G., Die deutsche Rüstung im 6. Kriegsjahr, S. 137.

956 Vgl. »Konzentrationsmaßnahmen in der Rüstung«, Vorg.: Der Führer OKW/WFSt/Org. Nr. 004194/44 gKdos. v. 22. 4. 44; M Wa 3164/44 gKdos. v. 29. 4. 44, Skl Adm. Qu I 3812 gKdos. v. 4. 5. 1944, BA-MA, RM 7/1234, Bl. 36-38.

957 Ebd., Bl. 36.

958 Etwa mit dem Panzer »T 34«.

959 BA-MA, RM 7/1234, Bl. 37.

960 Vgl. »Dringlichkeit Flottenbauprogramm«, B. Nr. Skl/Adm. Qu 376/44 gKdos. v. 15. 5. 1944, BA-MA, RM 7/1236, Bl. 120.

961 Ebd.

962 Vgl. »Vorschlag Skl für Erweiterung Flottenbauprogramm 43«, Der Admiralquartiermeister, B. Nr. Skl/Adm. Qu. 408/44 gKdos. v. 13. 6. 1944, BA-MA, RM 7/1236, Bl. 172.

963 Vgl. »Dringlichkeitsfolge der Fertigungen«, Der Reichsminister für Rüstung und Kriegsproduktion, Rü A/Rü V Nr. 3100/44 gKdos., Anlage 1 zu M Rü IIIa 25000/44 geh. v. 20. 6. 1944, BA-MA, RM 7/1248, Bl. 65-69.

964 Ebd., Bl. 65.

965 Ebd.

966 Quelle: »Neue Dringlichkeitsfolge der Kriegsmarinerüstung«, B.: Dringlichkeitsfolge, Anlage 2 zu M Rü IIIa 25000/44 geh., BA-MA, RM 7/1248, Bl. 66v.

967 »Auslaufen MFP-Bau/Anschlußbau E.L« (Einheits-Leichter), Oberkommando der Kriegsmarine, K I G l Nr. 1284/44 gKdos. v. 27. 6. 1944, BA-MA, RM 7/1236, Bl. 168f.

968 Ebd.

969 Vgl. »Auslaufen MFP-Bau/Anschlußbau EL.«, Vorg.: OKM K I G l Nr. 1284/44 gKdos. v. 27. 6. 44, Der Reichsminister für Rüstung und Kriegsproduktion, Die Schiffbaukommission, B. Nr. 2897/44 S gKdos. v. 3. 7. 1944, BA-MA, RM 7/1236, Bl. 179-181.

970 Im Original unterstrichen.

971 Ebd., Bl. 180.

972 Vgl. »Beschränkung der Stahlqualitäten«, Der Reichsminister für Rüstung und Kriegsproduktion ZA/Org 223-81/44 v. 14. 7. 1944, BA-MA, RM 7/1241, Bl. 93r./v.

973 Ebd., Bl. 93v.

974 »Erlass des Führers über die Konzentration der Rüstung und Kriegsproduktion vom 19. 6. 1944 (Auszug)«, Der Reichsminister für Rüstung und Kriegsproduktion ZA/Org – 223-79/44 NfD v. 16. 7. 1944, BA-MA, RM 7/1241, Bl. 82f.

975 Ebd., Bl. 82.

976 Vgl. Speer, A., Erinnerungen, S. 387ff.

977 Vgl. »Schwerpunktbildung in der Entwicklung – vom 21. Juli 1944« (»2. Anordnung zum Erlaß des Führers über die Konzentration der Rüstung und Kriegsproduktion vom 19. 6. 1944«), Der Reichsminister für Rüstung und Kriegsproduktion ZA/Org 223-85/44 v. 21. 7. 1944, BA-MA, RM 7/1241, Bl. 86.

978 Vgl. »Verbot von Änderungen an in Serienfertigung befindlichen Gegenständen (Fertigtypen) – vom 22. Juli 1944« (»3. Anordnung zum Erlaß des Führers über die Konzentration der Rüstung und Kriegsproduktion vom 19. Juni 1944«), Der Reichsminister für Rüstung und Kriegsproduktion ZA/Org-223-86/44 v. 22. 7. 1944, BA-MA, RM 7/1241, Bl. 88v.

979 Vgl. »Entfeinerung an den in Serienfertigung befindlichen Gegenständen – vom 22. Juli 1944« (»4. Anordnung zum Erlaß des Führers über die Konzentration der Rüstung und Kriegsproduktion vom 19. Juni 1944«), Der Reichsminister für Rüstung und Kriegsproduktion, ZA/Org 223-87/44 v. 22. 7. 1944, BA-MA, RM 7/1241, Bl. 90r./v.

980 Ebd., Bl. 90v.

981 Ebd.

982 Vgl. »An die Betriebsführer!« (»5. Anordnung zum Erlaß des Führers über die Konzentration der Rüstung und Kriegsproduktion vom 19. 6. 1944«), Der Reichsminister für Rüstung und Kriegsproduktion, ZA/Org 223-88/44 v. 22. Juli 1944, BA-MA, RM 7/1241, Bl. 91-93.

983 »Konzentrationsmaßnahmen in der Rüstung«, Oberkommando der Kriegsmarine, Der Admiralquartiermeister, Skl/Adm Qu V Nr. 490 geh. v. 12. 8. 1944, BA-MA, RM 7/1234, Bl. 102v.

984 »Konzentrationsmaßnahmen in der Rüstung«, Vorg.: Führerbefehl vom 22. 4. 44 (M Wa 3164 gKdos. v. 29. 4. bzw. Mar Rüst/M Rü 1684 gKdos. v. 9. 5. 44, Oberkommando der Kriegsmarine, Mar Rüst/ M Rü IIIa 23295 geh. v. 31. 7. 1944, BA-MA, RM 7/1241, Bl. 81v.

985 Quelle: Die deutsche Industrie im Kriege 1939-1945, hrsg. v. Deutschen Institut für Konjunkturforschung, Berlin 1954, S. 80.

986 Vgl. Schabel, R., Illusion, S. 202ff.

987 »Anordnung über die Errichtung des Jägerstabes«, Der Reichsminister für Rüstung und Kriegsproduktion, 320-922/44 g. v. 1. 3. 1944, BA-MA, RM 7/1234, Bl. 2.

988 »Niederschrift über die Besprechung des Ob.d.M. mit dem Führer im Hauptquartier (Berghof) am 12. und 13. 4. 1944«, in: Wagner, G., Lagevorträge, S. 583.

989 Vgl. Schabel, R., Illusion, S. 181ff.

990 Vgl. »Vortrag Chef Skl bei Besprechung der Oberbefehlshaber in ‚Koralle'«, in: KTB Skl, Teil A, S. 173, Eintragung v. 25. August 1944.

[991] »Besprechung über Grundlinien für ein neues Flottenbauprogramm zwischen 1. Abtl. Skl. und Skl./Adm. Qu I in Koralle am 13. 9. 1944«, Skl./Adm. Qu I B. Nr. 8462/44 gKdos. v. 14. 9. 1944, BA-MA, RM 7/1236, Bl. 233.

[992] Vgl. »Aktenvermerk«, 1. Skl. Ia v. 29. 9. 1944, BA-MA, RM 7/1236, Bl. 234.

[993] Vgl. »Neues Flottenbauprogramm«, Vorg.: Skl/Adm. Qu Ip 8774/44 gKdos. v. 22. 9. 44, Seekriegsleitung, Skl/Adm. Qu. Ip 8774/44 gKdos. 2. Ang. v. 24. 9. 1944, BA-MA, RM 7/1236, Bl. 230f.

[994] »Notiz IIIa für Sitzung bei Chef MarRüst«, 1. Skl 33100/44 gKdos., BA-MA, RM 7/1236, Bl. 258v.

[995] Vgl. »Konzentration der Rüstung/Festlegung der Fertigtypen«, Der Reichsminister für Rüstung und Kriegsproduktion, M 1080/44 geh. v. 16. 10. 1944, BA-MA, RM 7/1234, o. Num.

[996] Salewski, M., Seekriegsleitung, Bd. 2, S. 519.

[997] »Rüstungsnotprogramm«, Generalfeldmarschall Keitel, OKW/WSFt/Org (IV b) 3380/44 gKdos. v. 21. 10. 1944, BA-MA, RM 7/1236, Bl. 254.

[998] »Rüstungsnotprogramm«, Vorg.: Skl Adm Qu V – 430/44 gKdos. v. 24. 10. 44; OKW/WFSt/Org Ivb – 3380/44 gKdos. v. 21. 10. 44, Seekriegsleitung zu B. Nr. 1. Skl Ia 32077/44 gKdos. v. 27. 10. 1944, Ba-MA, RM 7/1236, Bl. 255.

[999] Ebd.

[1000] Ebd., Bl. 255v.

[1001] KTB Skl, Teil A, S. 772, Eintragung v. 30. 10. 1944.

[1002] Vgl. KTB Skl, Teil A, S. 73f., Eintragung v. 4. 11. 1944.

[1003] »Die Notwendigkeit, die für Kriegs- und Handelsschiffbau verbliebenen Werftarbeiter nunmehr von weiteren Abzügen auszunehmen«, Seekriegsleitung, B. Nr. 1. Skl. I b 32080/44 gKdos. v. 25. 10. 1944, BA-MA, RM 7/1234, Bl. 1-8.

[1004] BA-MA, RM 7/1234, Bl. 3.

[1005] Ebd., Bl. 5.

[1006] Davon 81.000 Ausländer und Frauen.

[1007] BA-MA, RM 7/1234, Bl. 8.

[1008] Vgl. »Niederschrift über die Besprechung des Ob.d.M. im Führerhauptquartier/Wolfsschanze vom 31. 10.-2. 11. 1944«, in: Wagner, G., Lagevorträge, S. 616.

[1009] D.h. Einziehung zum Heer und zu sogenannten »Sonderaktionen« (Schanzarbeiten etc.).

[1010] Vgl. »Erlaß über ‚Schiffswerft-Sonderpersonal'«, Der Führer und Oberste Befehlshaber der Wehrmacht, Nr. 0012995/44 gKdos. – OKW/WFSt/Org (II) v. 1. 11. 1944, BA-MA, RM 7/1234, Bl. 114f.

[1011] »Schutz des ‚Schiffswerft-Sonderpersonals'«, Hauptausschuß Schiffbau beim Reichsminister für Rüstung und Kriegsproduktion v. 21. 11. 1944, BA-MA, W-04/15712, Bl. 1.

[1012] Ebd., Bl. 2.

[1013] Salewski, M., Seekriegsleitung, Bd. 2, S. 521.

[1014] »Der Rüstungsstand der Seestreitkräfte Anfang November 1944«, Seekriegsleitung, B. Nr. 1. Skl. I b 33470/44 gKdos. v. 11. 11. 1944, BA-MA, RM 7/1236, Bl. 312-318.

[1015] Siehe Anhang.

[1016] BA-MA, RM 7/1236, Bl. 316.

[1017] Ebd.

[1018] Salewski, M., Seekriegsleitung, Bd. 2, S. 522.

[1019] Vgl. KTB Skl, Teil A, S. 367f., Eintragung v. 17. 11. 1944.

[1020] Ebd., S. 368.

[1021] Vgl. KTB Skl, Teil A, S. 34ff., Eintragung v. 2. 12. 1944.

[1022] Ebd., S. 35.

[1023] Ebd., S. 36.

[1024] Vgl. »3. 12. 17.30 Uhr: Besprechung des Ob.d.M. beim Führer (unter vier Augen)«, in: Wagner, G., Lagevorträge, S. 621.

[1025] Michael Salewski, Seekriegsleitung, Bd. 2, S. 523, erliegt hier einem Trugschluß. Die Seekriegsleitung hat im Dezember kein neues »Gesamtrüstungsprogramm« aufgestellt, denn die für 1945 verbindlichen Ablieferungen gingen auf das »neue« Schiffbauprogramm vom 4. bzw. 8. Oktober zurück.

[1026] Quelle: »Der deutsche Kriegsschiffbau im Jahre 1945«, Amt Kriegsschiffbau, Eckernförde v. 19. 2. 1944, BA-MA, RM 22/5.

[1027] »Rüstungssitzung am 26. 2. in Berlin«, KTB Skl, Teil A, S. 319, Eintragung v. 27. 2. 1944.

[1028] KTB Skl, Teil A, S. 19, Eintragung v. 2. 3. 1945.

[1029] Ebd., S. 19f.

[1030] Vgl. KTB Skl, Teil A, S. 133, Eintragung v. 9. 3. 1945.

[1031] Vgl. »Zerstörungsmaßnahmen im Reichsgebiet«, in: Hubatsch, W., Hitlers Weisungen, S. 303.

[1032] Vgl. KTB Skl, Teil A, S. 76, Eintragung v. 5. 4. 1945.

[1033] KTB Skl, Teil A, S. 208, Eintragung v. 13. 4. 1945.

[1034] In einem atemlosen und »auf einem Baumstumpf sitzend« verfaßten Brief bezichtigte Albert Speer Hitler der Vernichtungsabsicht am deutschen Volk und verweigerte die Durchführung. Abdruck des Originals in: Speer, A., Erinnerungen, Bildteil zw. S. 480 u. 481.

[1035] Salewski, M., Seekriegsleitung, Bd. 2, S. 541.

[1036] Dazu vor allem ebd., S. 529-561.

[1037] Quelle: Fock, H., Kampfschiffe, S. 72.

[1038] Quelle: Ebd., S. 72f.

[1039] Quelle: Ebd., S. 73.

[1040] Quelle: »Überwasserkriegsschiffbau während des Krieges 1939-1945«, BA-MA, RM 22/4, Bl. 5.

[1041] In Deutschland ausschließlich bei *Burmester, Swinemünde*, gebaut. Die in Klammern stehenden Zahlen bezeichnen den Anteil der auf ausländischen Werften gefertigten KFK.

[1042] BA-MA, RM 7/1236.

[1043] BA-MA, RM 22/2, Bl. 11.

[1044] BA-MA, RM 22/4, Bl. 8.

[1045] BA-MA, RM 22/2, Bl. 15.

[1046] BA-MA, RM 22/2, Bl. 16.

[1047] BA-MA, RM 22/2, Bl. 10.

[1048] BA-MA, RM 22/2, Bl. 13.

[1049] BA-MA, RM 22/2, Bl. 14.

Abkürzungen

A & R	Werft Abeking & Rasmussen
Abb.	Abbildung
Abt., Abt	Abteilung
Adm., Adm	Admiral
Adm.Stb., AdmSt	Admiralstab
Ar	Arado
ASDIC	Allied Submarine Detection Investigation Committee
AWa	Artilleriewaffenamt
AZ, Az	Aktenzeichen
B & V	Werft Blohm & Voss
BA-MA	Bundesarchiv-Militärarchiv
B.d.U., BdU	Befehlshaber der U-Boote
Bl.	Blatt
B. Nr.	Buch-Nummer
BRT, Br.R.T.	Brutto-Register-Tonnen
Chefs.	Chefsache
DNB	Deutsches Nachrichtenbüro
E.L., EL	Einheits-Leichter
F.d.S., FdS	Führer der Schnellboote
F.d.Z., FdZ	Führer der Zerstörer
FEP	Amtsgruppe Forschung, Erfindungs- und Patentwesen
FHQu	Führerhauptquartier
Fi	Fiseler
Flak	Flieger-Abwehr-Kanone
FührSt	Führungsstab
g., geh.	geheim
GB	Generalbevollmächtigter
GBK	Generalbevollmächtigter für das Kraftfahrwesen
GBN	Generalbevollmächtigter für das Nachrichtenwesen
gem.	gemäß
Gen. Referat	General-Referat
GenStdH	Generalstab des Heeres
GKdos., gKdos.	geheime Kommandosache
gRS	geheime Reichssache
GW	Germania-Werft
H	Heer
H, HAS	Hauptausschuß Schiffbau
He	Heinkel
I a	Erster Admiralstabsoffizier
I a op	Abt. Operation
I b	Zweiter Admiralstabsoffizier
I c	Dritter Admiralstabsoffizier
I.B.G, IBG	Ingenieur-Büro »Glückauf«
I.B.O., IBO	Ingenieur-Büro »Ost«
ID	Infanterie-Division
Ing.	Ingenieur
Insp.	Inspekteur
IP	Instandsetzungsplätze
JaBo, Jabo	Jagdbomber
jato	Jahres-Tonnen
JU, Ju	Junkers
K	Hauptamt Kriegsschiffbau
K I	Amtsgruppe Gesamtentwurf und Schiffbau
K I/II	Amtsgruppe Schiffbau und Schiffsmaschinenbau (ab November 1944)
K II	Amtsgruppe Maschinenbau

K III	Militärische Amtsgruppe
K IV	Amtsgruppe Schiffsmaschinenbetrieb (ab November 1944: Amtsgruppe Fertige Schiffe und Werften)
K V	Amtsgruppe Werften
K VI	Amtsgruppe Werft-, Hafen- und Strombau
K/Stab	Stabsabteilung des Amtes Kriegsschiffbau
K-Verband	Kleinkampfmittelverband
Kdo	Kommando
Kdr	Kommandeur
KFK	Kriegsfischkutter
KM	Kriegsmarine
KMW	Kriegsmarine-Werft Wilhelmshaven
Kn, kn	Knoten (Seemeile/h)
KT-Schiffe	Kriegstransport-Schiffe
KTB OKW	Kriegstagebuch des Oberkommandos der Wehrmacht
KTB Skl	Kriegstagebuch der Seekriegsleitung
KU-Jäger	siehe U-Jäger
LB	Lagebesprechung
LFZ	Landungsfahrzeuge
L.S.Ö.	»Leitsätze für die Preisermittlung auf Grund der Selbstkosten bei Leistungen für öffentliche Auftraggeber«
LW, Lw	Luftwaffe
M.Bev.Wirü	Marinebevollmächtigter Wirtschaft und Rüstung
M-Boote	Minensuchboote
M., m	Meter
MAL	Marine-Artillerie-Leichter
MAN	Maschinenwerk Augsburg Nürnberg
MarRüst, MaRü	Marine-Rüstung
MBR	Marinebaurat
Me	Messerschmitt
MFP	Marinefährprahm
MGFA	Militärgeschichtliches Forschungsamt
Mill.	Millionen
MNL	Marine-Nachschub-Leichter
Mob-Bauplan	Mobilmachungs-Bauplan
MOBR	Marineoberbaurat
moto	Monats-Tonnen
MWa	Marinewaffenamt
MWaWi	Amtsgruppe Wehrwirtschaft Kriegsmarine (des Marinewaffenhauptamtes)
MWM	Maschinenwerk München
MZ	Mehrzweckboote, Mehrzweckflugzeuge
N	Nachlaß
NfD	Nur für den Dienstgebrauch
NWa	Amtsgruppe Technisches Nachrichtenwesen
o. J.	ohne Jahresangabe
o. Num.	ohne Numerierung
O.K.H., OKH	Oberkommando des Heeres
O.K.M., OKM	Oberkommando der Kriegsmarine
O.K.W., OKW	Oberkommando der Wehrmacht
Ob.d.L., ObdL	Oberbefehlshaber der Luftwaffe
Ob.d.M., ObdM	Oberbefehlshaber der Kriegsmarine
ObdLuRdL	Oberbefehlshaber der Luftwaffe und Reichsminister der Luftfahrt
Oqu	Oberquartiermeister
PiWa	Amtsgruppe Pioniere und Festungen
QU. A., Qu. A.	Quartiermeisteramt
R-Boote	Minenräumboote
r.	recto
RADAR	Radio Detecting and Ranging
Ref.	Referat
ReKoSe	Reichskommissar für Seeschiffahrt

RGBl.	Reichsgesetzblatt
RM	Reichsmarschall
RM.f.B.u.M., RMfBuM, RMinfBuM	Reichsminister für Bewaffnung und Munition
RM.f.R.u.K., RMfRuK, RMinfRuK	Reichsminister für Rüstung und Kriegsproduktion
RüWi	Amt Rüstung und Wehrwirtschaft Kriegsmarine
R.V.M., RVM	Reichsverkehrsministerium (hier: Seeschiffahrtsamt)
schn.	die Schnellboote betreffend
S-Boote	Schnellboote
S.B.K., SBK	Schiffbaukommission
SKL, Skl.	Seekriegsleitung
Skl U	Seekriegsleitung Amtsgruppe U-Bootwesen
sm	Seemeilen
Stuka	Sturzkampfbomber
SWa	Amtsgruppe Sperrwaffen
t	Tonnen
T-Boote	Torpedoboote
T-Fangboote, TF-Boote	Torpedofangboote
T.V.A., TVA	Torpedo-Versuchs-Anstalt
TWa	Amt Torpedowaffe
U-Jäger, KUJ	U-Boot-Jäger
v.	verso
Vers.	Versorgung
Vj.	Vierteljahr
Vorp.-Boote	Vorpostenboote
Wa	Walter-U-Boot-Typ 201
WaBo, Wabo, WB	Wasserbomben
WFSt	Wehrmachtsführungsstab
WFSt/Org	Wehrmachtsführungsstab/Abt. Organisation
WiRüAmt	Wehrwirtschafts- und Rüstungsamt
WK	Walter-Krupp-U-Boot-Typ 202
WPS	Wellen-PS
z.b.V, zbV	zur besonderen Verwendung
zit.	zitiert als
zit. n.	zitiert nach
ZP	Zentrale Planung
zw.	zwischen
↑-Geschwindigkeit	Überwasser-Geschwindigkeit
↓-Geschwindigkeit	Unterwasser-Geschwindigkeit

Quellen- und Literaturverzeichnis

Ungedruckte Quellen (Bundesarchiv/Militärarchiv)

H 15/15	
N 379/v. 146	(Nachlaß Ruge [Schiffbau bis 1945 etc.])
RH 2/1521	(Überblick über die Bedeutung des Kriegseintritts der U.S.A. und Japans)
RM 6/75	(Oberkommando der Kriegsmarine Ob.d.M. Persönlich Großadmiral Raeder 1. Juli 1941-31. Januar 1942)
RM 6/76	(Oberkommando der Kriegsmarine Ob.d.M. Persönlich Großadmiral Raeder 1. Februar 1942-1. Oktober 1942)
RM 6/96	(Sammlung Raeder 19 Handmaterial Ob.d.M. U-Fragen 1939-1942)
RM 6/83	(Sammlung Raeder 13 Schlachtschiffneubau 11. Juni 1942)
RM 6/84	(Handmaterial Ob.d.M.)
RM 6/86	(Handmaterial Ob.d.M.)
RM 7/90	(1/Skl Teil B III Lageübersicht Ostsee vom 15.-28. Februar 1942)
RM 7/95	(1/Skl Teil B V Anlagen verschiedenen Inhalts Dezember 1941-Juli 1942)
RM 7/96	(1/Skl Teil B V Anlagen verschiedenen Inhalts August 1942-Dezember 1942)
RM 7/97	(1/Skl Teil B V Anlagen verschiedenen Inhalts Januar 1943-Juni 1943)
RM 7/98	(1/Skl Teil B V Anlagen allgemeinen Inhalts Juni 1943-Dezember 1943)
RM 7/99	(1/Skl Teil B V Anlagen verschiedenen Inhalts Januar 1944-Juli 1944)
RM 7/101	(1/Skl Teil B V Anlagen verschiedenen Inhalts Juli 1944-Januar 1945)
RM 7/102	(1/Skl Teil B V Anlagen verschiedenen Inhalts bzw. Lageunterrichtungen Dezember 1944-April 1945)
RM 7/121	(1/Skl Teil C I. Kreuzerkrieg in außerheimischen Gewässern 1942)
RM 7/171	(1/Skl Teil C V Luftkrieg 14. 11. 1941-7. 1. 1945)
RM 7/223	(1/Skl Teil C IX Versorgungsfragen Januar 1942-Dezember 1943)
RM 7/225	(1/Skl Teil C IX Versorgungsfragen Januar 1944-Dezember 1944)
RM 7/232	(1/Skl Teil C XII Wirtschaftskriegführung März 1939-November 1943)
RM 7/260	(1/Skl Teil C a Grundlegende Fragen der Kriegführung Januar 1943-Dezember 1943)
RM 7/263	(1/Skl Teil C c Flottenaufbau nach dem Kriege Juli 1940-November 1943)
RM 7/395	(OKW Wehrkraft der Wehrmacht im Frühjahr 1942)
RM 7/829	(Denkschrift 1/Skl IIIa zum Bauplan leichter Seestreitkräfte Mai 1942)
RM 7/846	(1/Skl Teil C IV KTB U-Boot-Kriegführung 1942)
RM 7/847	(1. Skl Teil C IV KTB U-Boot-Kriegführung Januar 1943-Mai 1944)
RM 7/1059	(Bereitschaft und Zuteilung der Überwasserstreitkräfte 26. 7. 1942-29. 7. 1942, Akte IX, 2)
RM 7/1059	(Bereitschaft u. Zuteilung der Überwasserstreitkräfte Juli 1942-Juli 1944, Akte IX, 2)
RM 7/1063	(Zusammenarbeit Deutschland-Japan November 1941-Mai 1943, Akte X, 1)
RM 7/1099	(Anlagen verschiedenen Inhalts Januar-Juli 1944)
RM 7/1234	(1/Skl gKdos. Gen.Referat IIIa 1 Bd.1 Wehrwirtschaft [Forderung an Rüstung, Rohstoffen, Personal, Industrie] November 1943-Dezember 1944)
RM 7/1236	(1/Skl gKdos. Gen.Referat IIIa 3, Bd. 1 Neubauplan [Forderung an Neubauten] November 1943-Dezember 1944)
RM 7/1241	(gKdos. Gen.Referat IIIa 7 Forderung an Rüstung für die Seestreitkräfte Dezember 1943-November 1944)
RM 7/1248	(gKdos. Gen.Referat III a 14 Forderungen an Waffen, Gerät und Munition Oktober 1943-Dezember 1944)
RM 7/1251	(gKdos. Gen.Referat IIIa 8 Bd. 1 Schiffstypen [Zerstörer, Torpedoboote])
RM 7/1252	(gKdos. Gen.Referat IIIa 19 Bd. 1 Schiffstypen [Schnellboote, Torp.-, Art.- Minenschnellboote])
RM 7/1253	(gKdos. Gen.Referat IIIa 20 Bd. 1 Schiffstypen [Minensuch-Geleit-Kanonen-MZ-R-Boote])
RM 7/1254	(gKdos. Gen. Referat IIIa 21 Bd. 1 Schiffstypen [Eisbrecher])

RM 7/1422	(1/Skl Ib 10870/43 gKdos. v. 14.4.1943)
RM 7/1576	(1/Skl Lagezimmer Verschiedenes 6.Mai-3. September 1942)
RM 7/1577	(1/Skl Lagezimmer)
RM 7/1579	
RM 7/1599	(Besprechungspunkte für Vorträge beim Führer 13. Februar-22. Dezember 1942)
RM 7/1750	(Handakte Ib 1/Skl Allgemeine Berichte u. Erfahrungen)
RM 19/75	(Bauten allgemein, Rohstoffe, Vierjahresplan 1942-1944)
RM 22/2	(Der technische Aufwand für den deutschen Überwasserkriegsschiffbau 1939-1945)
RM 22/3	(Welche Schwierigkeiten haben nach Werftablieferung der U-Boote Typ 21 zu der Verzögerung der Frontbereitschaft geführt [Vizeadmiral Topp])
RM 22/4	(Überwasserschiffbau 1939-1945)
RM 22/5	(Der deutsche Kriegsschiffbau im Jahre 1945, v. Heimberg)
RM 22/6	(Kleinkampfmittel und Sonstiges)
RW 19/22	
W-04/17371	(Signatur des Zentralarchivs der DDR, jetzt im Bestand des BA-MA)
W-04/15464 (s.o.)	
W-04/16211 (s.o)	
W-04/14949 (s.o)	

Gedruckte Quellen und Literatur

Albert, H. J., The Hansa-Programm, in: The Belgian Shiplover 121 (1968), S. 77-100

Allmeyer-Beck, C. J., Die Militärgeschichte in ihrem Verhältnis zur historischen Gesamtwissenschaft, in: Geschichte und Militärgeschichte. Wege der Forschung, hrsg. v. Gersdorff, U. v., Frankfurt a.M. 1974, S. 177-199

Arndt, P., Deutsche Sperrbrecher 1914-1945, Stuttgart 1979

Aßmann, K., Großadmiral Dr. h.c. Erich Raeder und der Zweite Weltkrieg, in: Marine-Rundschau 1 (1961), S. 3-17

Bagnasco, E., U-Boote im 2. Weltkrieg, Stuttgart 1988

Baum, W., Marine, Nationalsozialismus und Widerstand, in: Vierteljahrshefte für Zeitgeschichte 11 (1963), S. 16-48

Becker, P. W., The Basic of German War Economy under Albert Speer, 1942-1944, Phil. Diss., Stanford 1971

Beesly, P., Special Intelligence – Geheimdienstkrieg der britischen Admiralität 1939-1945, Darmstadt 1978

Bekker, C., Kampf und Untergang der Kriegsmarine, Hannover 1953

Bekker, C., ...und sie liebten doch das Leben. Die Abenteuer deutscher Torpedoreiter, Froschmänner und Sprengboot-Piloten, Hannover 1956

Bekker, C., Verdammte See. Ein Kriegstagebuch der deutschen Marine, Oldenburg, Hamburg 1971

Bidlingmaier, G., Die strategischen und operativen Überlegungen der Marine 1932-1942, in: Wehrwissenschaftliche Rundschau 13 (1963), S. 312-331

Bird, K. W., German Naval History. A Guide to the Literature, New York, London 1985

Birkenfeld, W., Der synthetische Treibstoff 1933-1945. Ein Beitrag zur nationalsozialistischen Wirtschafts- und Rüstungspolitik (Studien und Dokumente zur Geschichte des Zweiten Weltkrieges, hrsg. v. Arbeitskreis für Wehrforschung, Bd. 8), Berlin, Frankfurt 1964

Blaich, F., Wirtschaft und Rüstung im »Dritten Reich« (Historisches Seminar, Bd. 1), Düsseldorf 1987

Bleyer, W., Staat und Monopole im totalen Krieg. Der staatsmonopolistische Machtapparat und die »totale Mobilisierung« im ersten Halbjahr 1943, Berlin (Ost) 1970

Blohm, E., Planung und Einsatz der deutschen Handelsschiffahrt im Interesse der Umsetzung der faschistischen Seekriegskonzeption 1933-1945, Diss. phil. Potsdam 1990

Böddeker, G., Die Boote im Netz. Der dramatische Bericht über Karl Dönitz und das Schicksal der deutschen U-Boot-Waffe, Bergisch Gladbach 1981

Boelcke, W. A., Deutschland als Welthandelsmacht 1930-1945, Stuttgart, Berlin, Köln 1994

Boelcke, W. A. (Hrsg.), Deutschlands Rüstung im Zweiten Weltkrieg. Hitlers Konferenzen mit Albert Speer 1942-1945, Frankfurt a.M. 1969

Boelcke, W. A., Die deutsche Wirtschaft 1930-1945. Interna des Reichswirtschaftsministeriums, Düsseldorf 1983

Boelcke, W. A., Die Kosten von Hitlers Krieg. Kriegsfinanzierung und finanzielles Erbe in Deutschland 1933-1948, Paderborn 1985

Bole, C., Schiffbau in Deutschland 1945-1952. Die verbotene Industrie, Bad Segeberg 1993

Bräckow, W., Die Geschichte des deutschen Marine-Ingenieuroffizierkorps, Oldenburg, Hamburg 1974

Brandes, F., Entwurf und Bau von Kriegsschiffen. Eine Ergänzung zu dem Artikel von Admiral W. Fuchs, in: WEHRTECHNISCHE MONATSHEFTE 10 (1956), S. 402
Bredemeier, H., Schlachtschiff Scharnhorst, Herford 41994
Brennecke, J., Die deutschen Hilfskreuzer im Zweiten Weltkrieg, Herford 1992
Brennecke, J., Die Wende im U-Boot-Krieg – Ursachen und Folgen 1939-1943, Herford 1984
Brennecke, J., Eismeer, Atlantik, Ostsee. Die Einsätze des schweren Kreuzers »Admiral Hipper« (1940-1945), Jugenheim 1963
Brennecke, J., Haie im Paradies. Der deutsche U-Boot-Krieg in Asiens Gewässern 1943-45, Herford 21967
Brennecke, J., Jäger – Gejagte! Deutsche U-Boote 1939-45, Biberach/Riß 21956
Brennecke, J., Schwarze Schiffe – Weite See. Das Schicksal deutscher Blockadebrecher, Herford 1989
Breyer, S., Die Deutsche Kriegsmarine 1935-1945, Bd. 7: Die Entwicklungsgeschichte der Zerstörer und Torpedoboote, Friedberg 1991
Breyer, S., Großkampfschiffe 1905-1970, Koblenz 1990
Breyer, S., Schlachtschiffe und Schlachtkreuzer 1905-1970, Erlangen 1993
Breyer, S., Großkampfschiffe 1905-1970. Eine Dokumentation in Bildern. 3 Bde., München 1977-1979 (Wehrtechnik im Bild) Bd. 1: Großbritannien und Deutschland, 1977; Bd. 2: USA und Japan, 1978; Bd. 3: Mittelmeeranlieger, Rußland/Sowjetunion, Niederlande und ABC-Staaten Südamerikas, 1979
Breyer, S., Koop, G., Von der »Emden« zur »Tirpitz«, Bd. 1: Linienschiffe, Schlachtschiffe, Panzerschiffe und Flugzeugträger, Bd. 2: Kleine Kreuzer, leichte Kreuzer, schwere Kreuzer und Spähkreuzer, Koblenz, Bonn 1981
Breyer, S., Vor 21 Jahren neue Entwicklungsrichtung der U-Bootwaffe – Die letzte technische Neuerung vor der atomaren Revolution, in: SOLDAT UND TECHNIK 5 (1966), S. 252-259
Broszat, M., Der Staat Hitlers (dtv-Weltgeschichte des 20. Jahrhunderts, Bd. 9), München 1969
Brown, D., Die Tirpitz, München 1980
Brown, D., Warship Losses of World War II, London 1990
Brunswig, H., Feuersturm über Hamburg. Die Luftangriffe auf Hamburg im Zweiten Weltkrieg und ihre Folgen, Stuttgart 31979
Buchanan, R. H., The Era of Erich Raeder 1894-1943. A Study in Historical Continuity. Phil. Diss., Colorado University 1980
Buchheim, C., Die besetzten Länder im Dienste der deutschen Kriegswirtschaft während des Zweiten Weltkriegs. Ein Bericht der Forschungsstelle für Wehrwirtschaft. Dokumentation, in: VIERTELJAHRSHEFTE FÜR ZEITGESCHICHTE 34 (1986), S. 117-145
Buchheim, L.-G., Das Boot. Roman, München 141991
Buchheim, L.-G., Die Festung. Roman, Hamburg 1995
Buchheim, L.-G., U-Boot-Krieg, München 21981
Buchheit, G., Der U-Boot-Krieg in der deutschen Strategie 1939-1945, in: WEHRFORSCHUNG 1972, S. 21-26
Bullock, A., Hitler. Eine Studie über Tyrannei, Düsseldorf 41954
Busch, F. O., Großadmiral Karl Dönitz. Der große Stratege des U-Boot-Krieges, Rastatt 1963
Buttlar, H. v., Gedanken über die deutsch-italienische Kriegführung im mittleren Mittelmeer 1940/42 und über einige mit ihr zusammenhängende operative Probleme, in: WEHRWISSENSCHAFTLICHE RUNDSCHAU 9/10 (1951), S. 38-46
Calvocoressi, P., Top Secret ULTRA, London 1980
Churchill, W. S., Der Zweite Weltkrieg. Mit einem Epilog über die Nachkriegsjahre, Bern, München, Wien 1995
Coffey, T., Entscheidung über Schweinfurt, Berlin, Frankfurt a.M., Wien 1979
Costello, J., Hughes, T., Atlantikschlacht. Der Krieg zur See 1939-1945, Bergisch-Gladbach 1978
Czesany, M., Alliierter Bombenterror. Der Luftkrieg gegen die Zivilbevölkerung Europas 1940-1945, Leoni 1986
Czichon, E., Der Primat der Industrie im Kartell der nationalsozialistischen Macht, in: DAS ARGUMENT 10 (1968), S. 168-192
Dahms, H.G., Geschichte des Zweiten Weltkriegs, Tübingen 1965
Das Deutsche Reich und der Zweite Weltkrieg (Beiträge zur Militär- und Kriegsgeschichte, hrsg. v. Militärgeschichtlichen Forschungsamt), Bd. 1: Deist, W., Messerschmidt, M., Volkmann, H.-E., Wette, W.: Ursachen und Voraussetzungen der deutschen Kriegspolitik, Stuttgart 1979; Bd. 2: Maier, K. A., Rohde, H., Stegemann, B., Umbreit, H.: Die Errichtung der Hegemonie auf dem Europäischen Kontinent, Stuttgart 1979; Bd. 3: Schreiber, G., Stegemann, B., Vogel, D.: Der Mittelmeerraum und Südosteuropa. Von der »non belligeranza« Italiens bis zum Kriegseintritt der Vereinigten Staaten, Stuttgart 1984; Bd. 4: Boog, H., Förster, J., Hoffmann, J., Klink, E., Müller, R.-D., Ueberschär, G. R.: Der Angriff auf die Sowjetunion, Stuttgart 1983; Bd. 5/1: Kroener, B. R., Müller, R.-D., Umbreit, H.: Organisation und Mobilisierung des deutschen Machtbereichs. Erster Halbband: Kriegsverwaltung, Wirtschaft und Personelle Ressourcen 1939-1941, Stuttgart 1988; Bd. 6: Boog, H., Rahn, W., Stumpf, R., Wegner, B.: Der Globale Krieg. Die Ausweitung zum Weltkrieg und der Wechsel der Initiative 1941-1943, Stuttgart 1990
Deist, W., Militär und Innenpolitik im Zweiten Weltkrieg, 2 Bde., Düsseldorf 1970

Deist, W., The Wehrmacht and the German Rearmament, London 1981
Demps, L., Zum weiteren Ausbau des staatsmonopolistischen Apparates der faschistischen Kriegswirtschaft in den Jahren 1943 bis 1945 und zur Rolle der SS und der Konzentrationslager im Rahmen der Rüstungsproduktion, dargestellt am Beispiel der unterirdischen Verlagerung von Teilen der Rüstungsindustrie, Diss., Berlin (Ost) 1970
Der Kaiser ging, der Führer ging, die Waffenschmieden blieben: Rüstungsproduktion in Bremen vom Kaiserreich bis heute, hrsg. v. Arbeitsgruppe Abrüstung, Bremen 1984
Deutsche Militärgeschichte in sechs Bänden 1648-1939. Hrsg. v. Militärgeschichtlichen Forschungsamt, Bd. 4: Wehrmacht und Nationalsozialismus; Bd. 5, Abschnitt VIII: Deutsche Marinegeschichte der Neuzeit, München 1983
Die deutsche Handelsflotte 1939-1945. Unter besonderer Berücksichtigung der Blockadebrecher; Dinklage, L.: Bd. 1; Witthöft, H. J.: Bd. 2 (Studien und Dokumente zur Geschichte des Zweiten Weltkrieges, Bde. 5a, 5b, hrsg. v. Arbeitskreis für Wehrforschung, Stuttgart), Frankfurt a.M., Zürich 1971
Die deutsche Industrie im Kriege 1939-1945, hrsg. v. Deutschen Institut für Wirtschaftsforschung, Berlin 1954
Domarus, M. (Hrsg.), Hitler. Reden und Proklamationen 1932-1945, Bd. 2, 2. Hlbbd., München 1965
Dönitz, K., Die Schlacht im Atlantik in der deutschen Strategie des Zweiten Weltkrieges, in: MARINE-RUNDSCHAU 61 (1964), S. 63-76
Dönitz, K., 40 Fragen an Karl Dönitz, München 1979
Dönitz, K., Mein wechselvolles Leben, Göttingen, Berlin, Zürich, Frankfurt 1968
Dönitz, K., Zehn Jahre und zwanzig Tage, Bonn ^{10}1991
Dülffer, J., Wilhelm II. und Adolf Hitler. Ein Vergleich ihrer Marinekonzeption, in: Kiel, die Deutschen und die See (HISTORISCHE MITTEILUNGEN, Beiheft 3, hrsg. v. Elvert, J., Jensen, J., Salewski, M.), Stuttgart 1992, S. 49-69
Dülffer, J., Überlegungen von Kriegsmarine und Heer zur Wehrmachtspitzengliederung und zur Führung der Wehrmacht im Kriege im Februar-März 1938, in: MILITÄRGESCHICHTLICHE MITTEILUNGEN 1 (1971), S. 145-171
Dülffer, J., Weimar, Hitler und die Marine. Reichspolitik und Flottenbau 1920-1939, Düsseldorf 1973
Duppler, J., Revisionismus oder Weltmachtstreben? Maritimes Denken in der nationalsozialistischen Zeit, in: Kiel, die Deutschen und die See (HISTORISCHE MITTEILUNGEN, Beiheft 3, hrsg. v. Elvert, J., Jensen, J., Salewski, M.), Stuttgart 1992, S. 71-87
Eichholtz, D., Geschichte der deutschen Kriegswirtschaft, Bd. 2, Berlin 1983
Eitner, H.-J., »Der Führer«. Hitlers Persönlichkeit und Charakter, München, Wien 1981
Engelmann, B., Krupp. Die Geschichte eines Hauses – Legenden und Wirklichkeit, München ^{4}1986
Entscheidungsschlachten des Zweiten Weltkrieges, im Auftrag des Arbeitskreises für Wehrforschung Stuttgart, hrsg. v. Jacobsen, H.-A., Rohwer, J., Frankfurt a.M. 1960
Epkenhans, M., Seemacht = Weltmacht. Alfred Thayer Mahan und sein Einfluß auf die Seestrategie des 19. und 20. Jahrhunderts, in: Kiel, die Deutschen und die See (HISTORISCHE MITTEILUNGEN, Beiheft 3, hrsg. v. Elvert, J., Jensen, J., Salewski, M.), Stuttgart 1992, S. 35-47
Epkenhans, M., Die wilhelminische Flottenrüstung 1908-1914. Weltmachtstreben, industrieller Fortschritt, soziale Integration (Beiträge zur Militärgeschichte, Bd. 32), München 1991
Fest, J. C., Hitler. Eine Biographie, Frankfurt a.M., Berlin, Wien ^{10}1981
Fest, J., Das Gesicht des Dritten Reiches. Profile einer totalitären Herrschaft, München ^{10}1993
Fieguth, M., Von der »Answald« zum »Graf Zeppelin«. Deutsche Flugzeugträger und ihre Flugzeuge, in: MARINEFORUM 3 (1987), S. 72-76
Fischer, K., Stellungnahme zu dem Aufsatz von Hagen, W. B. über »Die Organisation des deutschen Kriegsschiffbaus«, in: WEHRTECHNISCHE MONATSHEFTE 7 (1956), S. 279-281
Fischer, K., Stellungnahme zum Aufsatz von Admiral Fuchs über »Entwurf und Bau von Kriegsschiffen«, in: WEHRTECHNISCHE MONATSHEFTE 10 (1956), S. 403-405
Fock, H., Kampfschiffe. Marineschiffbau auf deutschen Werften – 1870 bis heute, Hamburg 1995
Fock, H., Marinekleinkampfmittel (Wehrwirtschaftliche Berichte, Bd. 3), München 1968
Fock, H., Schnellboote. Entwicklung und Einsatz im 2. Weltkrieg, Herford 1973
Förster, J., (Hrsg.), Stalingrad – Ereignis, Wirkung, Symbol, hrsg. im Auftrag des Militärgeschichtlichen Forschungsamtes, München 1992
Friedland, K., Raiding Merchant Shipping: U-Boats on the North American Coast, 1942, in: THE AMERICAN NEPTUNE. A Quarterly Journal of Maritime History, Vol. 51, No. 2 (1991), S. 112-114
Friese, H., Deutsche Marinewerften bis 1945, ihre Organisation und ihre Aufgaben, in: WEHRTECHNISCHE MONATSHEFTE 10 (1956), S. 399-401
Fuchs, W., Die Rüstung. Eine Gemeinschaftsaufgabe des Soldaten und Ingenieurs, in: WEHRTECHNISCHE MONATSHEFTE 9 (1956), S. 358-361
Fuchs, W., Entwurf und Bau von Kriegsschiffen, in: WEHRTECHNISCHE MONATSHEFTE 5 (1956), S. 195-198
Fuchs, W., Stellungnahme zu den Ausführungen von Dr. Ing. Fischer (siehe *Fischer, K., Stellungnahme*), in: WEHRTECHNISCHE MONATSHEFTE 10 (1956), S. 406
Gartzen, W. v., Flottentorpedoboote (SCHIFF UND ZEIT Spezial), Herford 1993
Gebauer, J., Krenz, E. (Hrsg.), Marine-Enzyklopädie, Berlin 1994

Gebauer, J., Krenz, E., Maritimes Wörterbuch, Berlin 1989
Geyer, M., Deutsche Rüstungspolitik 1860-1980, Frankfurt a.M. 1984 (Neue historische Bibliothek, Neue Folge, Bd. 246)
Gibbons, T., The complete Encyclopedia of Battleships and Battlecruisers, London 1983
Giessler, H., Der Marine-Nachrichten- und -Ortungsdienst, München 1971
Görlitz, W., Karl Dönitz. Der Großadmiral, Göttingen 1972
Groehler, O., Bombenkrieg gegen Deutschland, Berlin 1990
Groehler, O., Geschichte des Luftkriegs 1910-1980, Berlin ^{7}1988
Gröner, E., Die Schiffe der deutschen Kriegsmarine und Luftwaffe 1939-1945 und ihr Verbleib, München ^{8}1976
Gröner, E., Die deutschen Kriegsschiffe 1815-1945, begr. von Gröner, E. (†), fortgef. von Jung, D. und Maass, M., 2 Bde., München 1982/83; Bd.1: Panzerschiffe, Linienschiffe, Schlachtschiffe, Flugzeugträger, Kreuzer, Kanonenboote, 1982; Bd. 2: Torpedoboote, Zerstörer, Schnellboote, Minensuchboote, Minenräumboote, 1983
Gruchmann, L., Totaler Krieg. Vom Blitzkrieg zur bedingungslosen Kapitulation (Deutsche Geschichte der Neuesten Zeit vom 19. Jahrhundert bis zur Gegenwart), München 1991
Grundzüge der deutschen Militärgeschichte, Bd. 1: Historischer Überblick. Im Auftrag des Militärgeschichtlichen Forschungsamtes hrsg. v. Neugebauer, K.-V., Freiburg i. Br. 1993
Güth, R., Die Marine des deutschen Reiches 1919-1939, Frankfurt a.M. 1972
Güth, R., Zerstörer Z 34. Ein Kriegstagebuch vom Alltag des Seekrieges 1943-1945, Herford ^{2}1992
H 42, H 43, H 44 – Die letzten deutschen Schlachtschiffentwürfe, in: MARINE-RUNDSCHAU 1 (1956), S. 63-66
Hachtmann, R., Industriearbeit im »Dritten Reich«. Untersuchungen zu den Lohn- und Arbeitsbedingungen in Deutschland 1933-1945 (Kritische Studien zur Geschichtswissenschaft, Bd. 82), Göttingen 1989
Hadeler, W., Kriegsschiffbau, Teil A: Theorie-Einteilung-Entwurf, Teil B: Bau-Ausrüstung-Einrichtung, Darmstadt 1968
Hadeler, W., Der Flugzeugträger. Sein Wesen und sein Werden von 1911 bis zur Gegenwart, München 1968
Hadeler, W., Die Flugzeugträger in der deutschen Marine 1934-1945, in: MARINE-RUNDSCHAU 1 (1956), S. 162-169
Haffner, S., Anmerkungen zu Hitler, Frankfurt a.M. 1988
Hagen, Winfried B., Die Organisation des deutschen Kriegsschiffbaus, in: WEHRTECHNISCHE MONATSHEFTE 4 (1956), S. 145-153
Hahn, F., Waffen und Geheimwaffen des deutschen Heeres 1933-1945, Bd. 1, Koblenz 1986, Bd. 2, Koblenz 1987
Halder, F., Generaloberst Halder. Kriegstagebuch. Tägliche Aufzeichnungen des Chefs des Generalstabes des Heeres 1939-1942, hrsg. v. Arbeitskreis für Wehrforschung Stuttgart, bearb. von Jacobsen, H.-A., in Verbindung mit Philippi, A., Bde. 1-3, Stuttgart 1962-1964
Hallgarten, G. W. F., Radkau, J., Deutsche Industrie und Politik von Bismarck bis in die Gegenwart, überarb. Neuauflage, Frankfurt a.M. 1986
Handbuch für die Dienststellen des Generalbevollmächtigten für den Arbeitseinsatz und die interessierten Reichsstellen im Großdeutschen Reich und in den besetzten Gebieten, hrsg. vom GBA, bearbeitet von F. Didier, Bd. 1, Berlin 1944
Hannemann, L. C. R., Die Justiz der Kriegsmarine 1939-1945 im Spiegel ihrer Rechtsprechung (Theorie und Forschung, Bd. 248, Zeitgeschichte, Bd. 4), Regensburg 1993
Harnack, W., Zerstörer unter deutscher Flagge 1934-1945, Herford 1978
Hartwig, D., Karl Dönitz – Versuch einer kritischen Würdigung, in: DEUTSCHES SCHIFFAHRTSARCHIV 12 (1989), S. 133-152
Heiber, H., Hitlers Lagebesprechungen. Die Protokollfragmente seiner militärischen Konferenzen 1942-1945, Stuttgart 1962
Herbert, U., Fremdarbeiter. Politik und Praxis des »Ausländer-Einsatzes« in der Kriegswirtschaft des Dritten Reiches, Berlin, Bonn 1985
Herbst, L., Der Totale Krieg und die Ordnung der Wirtschaft. Die Kriegswirtschaft im Spannungsfeld von Politik, Ideologie und Propaganda 1939-1945, Stuttgart 1982
Herwig, H., Politics of Frustration: The United States in German Naval Planning 1889-1941, Boston, Mass. 1976
Herzog, B., Der Kriegsverbrecher Karl Dönitz. Legende und Wirklichkeit, in: JAHRBUCH DES INSTITUTS FÜR DEUTSCHE GESCHICHTE 15 (1986), S. 477-489
Herzog, B., Deutsche U-Boote 1906-1966, Herrsching 1990
Herzog, B., Schomaekers, G., Ritter der Tiefe – Graue Wölfe. Die erfolgreichsten U-Boot-Kommandanten der Welt des Ersten und Zweiten Weltkrieges, München-Wels 1965
Heseler, H., Kröger, H. J., Aufstieg und Niedergang des deutschen Schiffbaus, in: Dies. (Hrsg.), »Stell Dir vor, die Werften gehörn uns...« Krise des Schiffbaus oder Krise der Politik, Hamburg 1983, S. 21-49
Hildebrand, H. H., Röhr, A., Steinmetz, H. O., Die deutschen Kriegsschiffe – ein Spiegelbild der Marinegeschichte von 1815 bis zur Gegenwart, Bde. 1-7, Herford 1979-1983
Hildebrandt, H., Die Mobilisierung der Arbeitsreserven. Auf Grund der Verordnung über die Meldung von Männern und Frauen für Aufgaben der Reichsverteidigung vom 27. Januar 1943 und zur Freimachung von Arbeitskräften für kriegswichtigen Einsatz vom 29. Januar 1943, München, Berlin 1943

Hillgruber, A. (Hrsg.), Staatsmänner und Diplomaten bei Hitler. Vertrauliche Aufzeichnungen über Unterredungen mit Vertretern des Auslandes 1939-1941, Bd. 2, Frankfurt a.M. 1967
Hillgruber, A., Der 2. Weltkrieg. Kriegsziele und Strategie der großen Mächte, Stuttgart, Berlin, Köln, Mainz ^{3}1982
Hillgruber, A., Deutschlands Rolle in der Vorgeschichte der beiden Weltkriege, Göttingen ^{3}1986
Hillgruber, A., Die gescheiterte Großmacht: Eine Skizze des Deutschen Reiches 1871-1945, Düsseldorf 1980
Hillgruber, A., Hitlers Strategie. Politik und Kriegführung 1940-1941, Bonn ^{3}1993
Hillgruber, A., Hümmelchen, G., Chronik des Zweiten Weltkrieges. Kalendarium militärischer und politischer Ereignisse 1939-1945, Düsseldorf 1978
Hillgruber, A., Probleme des Zweiten Weltkrieges (Neue Wissenschaftliche Bibliothek), Köln, Bonn 1967
Hinsley, F. H., Hitler's Strategy, Cambridge 1951
Hinsley, F. H., Thomas, E. E., Ransom, C. F. G., Knight, R. C., British Intelligence in the Second World War, Bde. 1-3, London 1979-1983
Hirschfeld, W., Feindfahrten, Wien 1982
Hitler, A., Mein Kampf, 2 Bde., München ^{7}1931
Hoch, G., Zur Problematik der Menschenführung im Kriege. Eine Untersuchung zur Einsatzbereitschaft von deutschen U-Boot-Besatzungen ab 1943, in: Die deutsche Marine. Historisches Selbstverständnis und Standortbestimmung, hrsg. v. Deutschen Marine Institut, Herford, Bonn 1983, S. 191-216
Högel, G., Embleme, Wappen, Malings Deutscher U-Boote 1939-1945, München 1984
Homze, E. L., Arming the Luftwaffe, Lincoln Nebr. 1976
Homze, E. L., Foreign Labor in Nazi Germany, Princeton, New Jersey 1967
Hubatsch, W., Flüchtlingstransporte aus dem Osten über die See. Die letzten Geleitaufgaben der deutschen Kriegsmarine 1945, in: JAHRBUCH DES OSTDEUTSCHEN KULTURRATES 9 (1962), S. 404-427
Hubatsch, W. (Hrsg.), Hitlers Weisungen für die Kriegführung 1939-1945. Dokumente des Oberkommandos der Wehrmacht, Frankfurt a.M. 1962
Hubatsch, W., Schiffbauplanung, technischer Rüstungsstand und politische Zielsetzung beim Aufbau der deutschen Marine 1848-1955, in: MARINE-RUNDSCHAU (1963)
Hümmelchen, G., Handelsstörer, München 1967
Hürten, H., Militärgeschichte in Deutschland. Zur Geschichte einer Disziplin in der Spannung von akademischer Freiheit und gesellschaftlichem Anspruch, in: HISTORISCHES JAHRBUCH 95 (1975), S. 374-395
Israel. U. H. J., Graf Zeppelin. Einziger deutscher Flugzeugträger, Herford 1994
Jäckel, E., Hitlers Herrschaft. Vollzug einer Weltanschauung, Stuttgart 1986
Jäckel, E., Hitlers Weltanschauung. Entwurf einer Herrschaft, Stuttgart ^{3}1986
Jacobsen, H.-A., Der Zweite Weltkrieg. Grundzüge der Politik und Strategie in Dokumenten, Frankfurt a.M., Hamburg 1965
Jäger, J. J., Die wirtschaftliche Abhängigkeit des Dritten Reiches vom Ausland. Dargestellt am Beispiel der Stahlindustrie, Berlin 1969
Janssen, G., Das Ministerium Speer. Deutschlands Rüstung im Krieg, Frankfurt a.M., Berlin 1968
Jeschke, H., U-Boot-Taktik. Zur deutschen U-Boot-Taktik 1900-1945, Freiburg 1972
Jochmann, W. (Hrsg.), Adolf Hitler. Monologe im Führerhauptquartier 1941-1944. Die Aufzeichnungen Heinrich Heims, Hamburg 1980
Johr, B., Roder, H.: Der Bunker. Ein Beispiel nationalsozialistischen Wahns, Bremen-Farge 1943-45, Bremen 1989
Kannapin, H.-E., Wirtschaft unter Zwang. Anmerkungen und Analysen zur rechtlichen und politischen Verantwortung der deutschen Wirtschaft unter der Herrschaft des Nationalsozialismus im Zweiten Weltkrieg, besonders im Hinblick auf den Einsatz und die Behandlung von ausländischen Arbeitskräften und Konzentrationslagerhäftlingen in deutschen Industrie- und Rüstungsbetrieben, Köln 1966
Kehrig, M., Stalingrad. Analyse und Dokumentation einer Schlacht (Beiträge zur Militär- und Kriegsgeschichte, Bd. 15), Stuttgart ^{3}1979
Kehrl, H., Führerauslese in der Wirtschaft 1930-1945. Vortrag, gehalten vor der Deutschen Akademie im Saale des »Kaiserhof« zu Berlin am 15. Januar 1942, Wien 1942
Kehrl, H., Krisenmanager im Dritten Reich. 6 Jahre Frieden – 6 Jahre Krieg. Erinnerungen, Düsseldorf 1973
Kocka, J., Organisierter Kapitalismus oder Staatsmonopolistischer Kapitalismus? Begriffliche Vorbemerkung, in: Organisierter Kapitalismus. Voraussetzungen und Anfänge, hrsg. v. Winkler, H. A., Göttingen 1974 (Kritische Studien zur Geschichtswissenschaft, Bd. 9), S. 19-35
Kraus, H., Karl Dönitz und das Ende des »Dritten Reiches«, in: Ende des Dritten Reiches – Ende des Zweiten Weltkrieges. Eine perspektivische Rückschau, hrsg. v. Volkmann, E., im Auftrag des Militärgeschichtlichen Fortschungsamtes, München 1995, S. 1-23
Krause, G., U-Boot und U-Jagd, Berlin 1984
Kriegstagebuch der Seekriegsleitung 1939-1945. Im Auftrag des Militärgeschichtlichen Forschungsamtes in Verbindung mit dem Bundesarchiv-Militärarchiv und der Marine-Offizier-Vereinigung, hrsg. v. Rahn, W. und Schreiber, G. unter Mitwirkung v. Maierhöfer, H., Herford 1988-1995

Kriegswende Dezember 1941. Referate und Diskussionsbeiträge des internationalen Symposiums in Stuttgart vom 17. bis 19. September 1981, hrsg. v. Rohwer, J., Jäckel, E., Koblenz 1984

Kroener, B. R., Der Kampf um den »Sparstoff Mensch«. Forschungskontroversen um die Mobilisierung der deutschen Kriegswirtschaft 1939-1942, in: Der Zweite Weltkrieg. Analysen, Grundzüge, Forschungsbilanz, hrsg. v. Michalka, W., im Auftrag des Militärgeschichtlichen Forschungsamtes, München ²1990, S. 402-417

Kruska, E., Das Walter-Verfahren, ein Verfahren zur Gewinnung von Antriebsenergie, in: VERBAND DEUTSCHER INGENIEURE 21 (1955), S. 709-713

Kruska, E., Rössler, E., Walter-U-Boote, München 1969

Kuckuk, P., Roder, P., Scharf, G., Spanten und Sektionen. Werften und Schiffbau in Bremen und der Unterweserregion im 20. Jahrhundert, Bremen 1986

Kunick, H., Die Schiffstypen des Hansa-Bauprogramms, in: SCHIFFS-INGENIEUR-JOURNAL 1 (1985)

Kurzak, K. H., German U-Boat Construction, in: U.S. NAVAL INSTITUTE PROCEEDINGS 4 (1955), S. 374-389

Kurzak, K. H., Rössler, E., Unterseeboote und Torpedos mit Kreislaufantrieb, Kiel 1969

Lakowski, R., Reichs- und Kriegsmarine geheim 1919-1945. Mit mehr als 200 bisher unveröffentlichten Dokumenten aus den Akten des Amtes Kriegsschiffbau, Berlin 1993

Lakowski, R., Deutsche U-Boote geheim (1935-1945). Mit 200 bisher unveröffentlichten Dokumenten aus den Akten des Amtes Kriegsschiffbau, Berlin ²1993

Lenton, H.T., German Submarines, Bde. 1-2, London 1965

Lewin, R., Entschied ULTRA den Krieg?, Koblenz, Bonn 1981

Lohmann, W., Hildebrand, H. H., Die deutsche Kriegsmarine 1939-1945. Gliederung – Einsatz – Stellenbesetzung, Bde. 1-3, Bad Nauheim 1956-1964

Loose, B., Oesterle, B., Das große Buch der Kriegsschiffe, Berlin 1993

Ludwig, K.-H., Die deutschen Flakraketen im Zweiten Weltkrieg, in: MILITÄRGESCHICHTLICHE MITTEILUNGEN 1 (1969), S. 87-100

Ludwig, K.-H., Technik und Ingenieure im Dritten Reich, Düsseldorf 1974

Lüdde-Neurath, W., Regierung Dönitz. Die letzten Tage des Dritten Reiches, Leoni ⁵1982

Macintyre, D., The Naval War against Hitler, London 1971

Mallmann-Showell, J. P., Das Buch der deutschen Kriegsmarine 1935-1945, Stuttgart ⁶1991

Mann, G., Des Teufels Architekt. Albert Speers »Erinnerungen«, in: Mann, G., Zeiten und Figuren. Schriften aus vier Jahrzehnten, Frankfurt a.M. 1989

Martin, B., Deutschland und Japan im Zweiten Weltkrieg. Vom Angriff auf Pearl Harbor bis zur deutschen Kapitulation, Göttingen, Zürich, Frankfurt a.M. 1969

Maser, W., Adolf Hitler. Legende-Mythos-Wirklichkeit, München, Esslingen ¹⁰1987

Mason, D., Deutsche U-Boote, Rastatt 1992

Mau, H.-J., Scurell, Ch. E., Flugzeugträger-Trägerflugzeuge, Berlin 1991

Mehl, H., Torpedoboote und Zerstörer, Berlin 1983

Meier-Dörnberg, W., Die Ölversorgung der Kriegsmarine 1935 bis 1945 (Einzelschriften zur militärischen Geschichte des Zweiten Weltkrieges, Bd. 11), Freiburg i. Br. 1973

Merten, K.-F., Nach Kompaß. Lebenserinnerungen eines Seeoffiziers, Herford 1994

Michalka, W. (Hrsg.), Der Zweite Weltkrieg. Analysen, Grundzüge, Forschungsbilanz (im Auftrag des Militärgeschichtlichen Forschungsamtes), München ²1990

Michaux, T., Rohstoffe aus Ostasien. Die Fahrten der Blockadebrecher, in: WEHRWISSENSCHAFTLICHE RUNDSCHAU 11 (1955), S. 485-507

Milner, M., The Dawn of Modern Anti-Submarine Warfare. Allied responses to the U-Boats 1944-45, in: JOURNAL OF THE ROYAL UNITED SEVICES INSTITUTE 134 (1989), S. 61-68

Mollin, G., Montankonzerne und »Drittes Reich«. Der Gegensatz zwischen Monopolindustrie und Befehlswirtschaft in der deutschen Rüstung und Expansion 1934-1944 (Kritische Studien zur Geschichtswissenschaft, Bd. 78), Göttingen 1988

Müller, K.-J., Das Heer und Hitler. Armee und nationalsozialistisches Regime 1933-1940, Stuttgart 1969

Müller, M., Der Tod des Reichsministers Dr. Fritz Todt, in: GESCHICHTE IN WISSENSCHAFT UND UNTERRICHT 18 (1967), S. 602-605

Müller-Meinhard, F. W., Der Einfluß der Feindlagebeurteilung auf Operationsplanung, Entschlußfassung und Operationsführung, dargestellt am Beispiel des Unternehmens »Rösselsprung«, in: MARINE-RUNDSCHAU 67 (1970), S. 513-530, 589-603

Naasner, W., Neue Machtzentren in der deutschen Kriegswirtschaft 1942-1945. Die Wirtschaftsorganisation der SS, das Amt des Generalbevollmächtigten für den Arbeitseinsatz und das Reichsministerium für Bewaffnung und Munition/Reichsministerium für Rüstung und Kriegsproduktion im nationalsozialistischen Herrschaftssystem (Schriften des Bundesarchivs, Bd. 45), Boppard/Rhein 1994

Neitzel, J., Der Einsatz der deutschen Luftwaffe über dem Atlantik und der Nordsee 1939-1945, Bonn 1995

Neitzel, S., Die deutschen Ubootbunker und Bunkerwerften. Bau, Verwendung und Bedeutung verbunkerter Uboot-

stützpunkte in beiden Weltkriegen, Koblenz 1991
Oesterle, B., Minensuch- und räumschiffe, Berlin 1983
Padfield, P., Des Teufels Admiral, Berlin, Frankfurt a.M., Wien 1984
Peillard, L., Geschichte des U-Boot-Krieges 1939-1945, Paris, Wien 1970
Pemsel, H., Seeherrschaft, Bde. 1-2, Koblenz 1985
Pemsel, H., Von Salamis bis Okinawa, München 1975
Petzina, D., Autarkiepolitik im Dritten Reich. Der nationalsozialistische Vierjahresplan (Schriftenreihe der Vierteljahrshefte für Zeitgeschichte, Bd. 16, hrsg. v. Rothfels, H., Eschenburg, T.), Stuttgart 1968
Pfliegensdörfer, D., Rüstungsproduktion und Widerstand auf der AG »Weser«, in: »Wer kämpft, kann verlieren, wer nicht kämpft, hat schon verloren«, Hamburg 1984, S. 112-114
Picker, H., Hitlers Tischgespräche im Führerhauptquartier, Frankfurt a.M., Berlin 1989
Plücher, F., Der schwedische Eisenerzbergbau und seine Beziehungen zur westdeutschen Eisenhüttenindustrie 1880-1965, Diss., Köln 1968
Poeschel., G., Froschmänner - Torpedoreiter - Zwerg-U-Boote, Berlin 1961
Potter, E. B., Nimitz, Ch. W., Rohwer, J., Seemacht, Herrsching 1982
Price, A., Aircraft versus Submarine, London 1973 (deutsche Ausgabe: Flugzeuge jagen Uboote, Stuttgart 1976)
Puttkamer, K.-J. v., Die unheimliche See. Hitler und die Kriegsmarine, (Dokumente zur Zeitgeschichte, Bd. 2), Wien, München 1952
Raeder, E., Mein Leben. Bd. 1: Bis zum Flottenabkommen mit England 1935, Tübingen 1956, Bd. 2: Von 1935 bis Spandau 1955, Tübingen 1957
Rahn, W., Der Atlantik in der strategischen Perspektive Hitlers und Roosevelts 1941, in: Der Zweite Weltkrieg. Analysen, Grundzüge, Forschungsbilanz, hrsg. v. Michalka, W., im Auftrag des Militärgeschichtlichen Forschungsamtes, München, Zürich 1989 (Serie Piper, Bd. 811), S. 667-682
Rahn, W., Einsatzbereitschaft und Kampfkraft deutscher U-Boote 1942. Eine Dokumentation zu den materiellen Voraussetzungen und Problemen des U-Boot-Krieges nach dem Kriegseintritt der USA, in: MILITÄRGESCHICHTLICHE MITTEILUNGEN 47 (1990), S. 73-133
Rahn, W., Die Entstehung neuer deutscher U-Boot-Typen im Zweiten Weltkrieg. Bau, Erprobung und erste operative Erfahrungen, in: MILITÄRGESCHICHTE NF 2 (1993), S. 13-20
Rahn, W., Strategische Wechselwirkung zwischen Nord- und Ostseekriegführung im 19. und 20. Jahrhundert, in: Kiel, die Deutschen und die See (HISTORISCHE MITTEILUNGEN, Beiheft 3, hrsg. von Elvert, J., Jensen, J., Salewski, M.), Stuttgart 1992, S. 89-103
Rahn, W., Weiträumige U-Boot-Operationen 1942/43 und ihre logistische Unterstützung durch U-Tanker, in: Die operative Idee und ihre Grundlagen, Herford, Bonn 1989 (Vorträge zur Militärgeschichte, hrsg. v. Militärgeschichtlichen Forschungsamt, Bd. 10), S. 79-97
Recker, M.-L., Nationalsozialistische Sozialpolitik im Zweiten Weltkrieg (Studien zur Zeitgeschichte, hrsg. vom Institut für Zeitgeschichte, Bd. 29), München 1985
Reif, A., Albert Speer. Kontroversen um ein deutsches Phänomen, München 1978
Reinhardt, K., Die Wende vor Moskau. Das Scheitern der Strategie Hitlers im Winter 1941/42 (Beiträge zu Militär- und Kriegsgeschichte, Bd. 13), Stuttgart 1972
Reinhardt, R., Heute vor 25 Jahren starb Fritz Todt als unbequemer Warner, in: PFORZHEIMER ZEITUNG Nr. 32 v. 8. 2. 1967, S. 3
Reuter, F., Funkmeß. Die Entwicklung und der Einsatz des RADAR-Verfahrens in Deutschland bis zum Ende des Zweiten Weltkrieges, Opladen 1971
Reuth, R. G. (Hrsg.), Joseph Goebbels. Tagebücher 1924-1945, München ^{2}1992
Robertson, T., Jagd auf die ‚Wölfe', Oldenburg, Hamburg 1960
Rohwer, J., Der U-Boot-Krieg und sein Zusammenbruch 1943, in: Entscheidungsschlachten des Zweiten Weltkrieges, Frankfurt a.M. 1960
Rohwer, J., Die Funkführung der deutschen U-Boote im Zweiten Weltkrieg, in: WEHRTECHNIK 9/10 (1969)
Rohwer, J., Die U-Boot-Erfolge der Achsenmächte 1939-1945, München 1969
Rohwer, J., Geleitzugschlachten im März 1943. Führungsprobleme im Höhepunkt der Schlacht im Atlantik, Stuttgart 1975
Rohwer, J., Hümmelchen, G., Chronik des Seekrieges 1939 bis 1945, Oldenburg, Hamburg 1968
Rohwer, J., Jäckel, E., Die Funkaufklärung und ihre Rolle im 2. Weltkrieg, Stuttgart 1979
Rohwer, J., U-Boote. Eine Chronik in Bildern, Oldenburg 1962
Roskill, S. W., The War at Sea 1939-1945, Bd. 1, London 1954
Rössler, E., Das Walter-Verfahren, in: MARINE-RUNDSCHAU 78 (1981/2), S. 98-102
Rössler, E., Die Bauvorbereitungen für den Walter-U-Boottyp XXVI 1944/45, in: MARINE-RUNDSCHAU 9 (1972), S. 529-543
Rössler, E., Die deutsche Torpedofertigung 1939-1943, in: MARINE-RUNDSCHAU 1 (1986), S. 31-34
Rössler, E., Die deutsche U-Bootausbildung und ihre Vorbereitung 1925-1945, in: MARINE-RUNDSCHAU 68 (1978), S. 453-466

Rössler, E., Die deutschen U-Boote und ihre Werften. Eine Bilddokumentation über den deutschen U-Bootbau in zwei Bänden, Bde. 1-2, München 1979-1980

Rössler, E., Die Torpedos der deutschen U-Boote. Entwicklung, Herstellung und Eigenschaften der deutschen Marine-Torpedos, Herford 1984

Rössler, E., Entwicklung des U-Boottyps VII C, in: MARINE-RUNDSCHAU 11 (1970), S. 665-676, 12 (1970), S. 705-722

Rössler, E., Entwicklung und Erprobung von Unterwasser-Schleppkörpern für den Versorgungseinsatz im Zweiten Weltkrieg, in: MARINE-RUNDSCHAU 1 (1977), S. 25-28

Rössler, E., Erprobung des Walter-U-Bootes U 792, in: MARINE-RUNDSCHAU 12 (1971), S. 740-749

Rössler, E., Geschichte des deutschen Ubootbaus, Bd. 1: Entwicklung, Bau und Eigenschaften der deutschen Uboote von den Anfängen bis 1943, Koblenz 1986; Bd. 2: Entwicklung, Bau und Eigenschaften der deutschen Uboote von 1943 bis heute, Koblenz 1987

Rössler, E., U-Boottyp XXI, Koblenz ^{4}1986

Rössler, E., U-Boottyp XXIII, München 1976

Rössler, E., V-80 – The first Walter submarine, in: AVIATION & MARINE INTERNATIONAL 14 (1974)

Ruge, F., In vier Marinen. Lebenserinnerungen als Beitrag zur Zeitgeschichte, München 1979

Ruge, F., Seeoffizier – Oberbefehlshaber – Mensch (Teil 1 von: Ruge, F., Salewski, M., Erich Raeder zum hundertsten Geburtstag), in: MARINEFORUM 4 (1976), S. 89-91

Salewski, M., 1944 – Nach 50 Jahren, in: Kriegsjahr 1944. Im Großen und im Kleinen (HISTORISCHE MITTEILUNGEN, Beiheft 12, hrsg. v. Salewski, M., Schulze-Wegener, G.), Stuttgart 1995, S. 15-28

Salewski, M., Alternativgeschichte: Der großgermanische Seekrieg gegen die USA und Japan im Jahr 1949 (unveröffentlicht)

Salewski, M., Basis Nord – Eine fast vergessene Episode aus dem 2. Weltkrieg, in: SCHIFF UND ZEIT 3 (1976), S. 11-17

Salewski, M., Das Ende der deutschen Schlachtschiffe im Zweiten Weltkrieg, in: MILITÄRGESCHICHTLICHE MITTEILUNGEN 2 (1972), S. 53-73

Salewski, M., Das Kriegstagebuch der deutschen Seekriegsleitung im Zweiten Weltkrieg, in: MARINE-RUNDSCHAU 3 (1967), S. 137-145

Salewski, M., Rezension zu: Das Kriegstagebuch der Seekriegsleitung 1939-1945, in: HISTORISCHE ZEITSCHRIFT 260 (1995), S. 639-643

Salewski, M., Das maritime Dritte Reich – Ideologie und Wirklichkeit 1933-1945, in: Die deutsche Flotte im Spannungsfeld der Politik 1848-1985. Vorträge und Diskussionen der 25. Historisch-Taktischen Tagung der Flotte 1985, hrsg. v. Deutschen Marine Institut und v. Militärgeschichtlichen Forschungsamt (Schriftenreihe des Deutschen Marine Instituts, Bd. 9), Herford 1985, S. 113-152

Salewski, M., Das Offizierkorps der Reichswehr- und Kriegsmarine, in: Das deutsche Offizierkorps 1860-1960. Büdinger Vorträge 1977. In Verbindung mit dem Militärgeschichtlichen Forschungsamt, hrsg. v. Hoffmann, H. H. (Deutsche Führungsschichten der Neuzeit, Bd. 11), Boppard 1980, S. 211-230

Salewski, M., Das Wesentliche von »Weserübung«, in: Neutralität und totalitäre Aggression. Nordeuropa und die Großmächte im Zweiten Weltkrieg (HISTORISCHE MITTEILUNGEN, Beiheft 1, hrsg. v. Elvert, J., Bohn, R., Rebas, H., Salewski, M.), Stuttgart 1991, S. 117-126

Salewski, M., Der letzte Führer. Dönitz und das Ende des »Dritten Reiches« (unveröffentlicht)

Salewski, M., Der Untergang der »Wilhelm Gustloff«. Erinnerung und Mahnung 30. Januar 1933/30. Januar 1945 (unveröffentlicht)

Salewski, M., Deutschland als Seemacht, in: Kiel, die Deutschen und die See (HISTORISCHE MITTEILUNGEN, Beiheft 3, hrsg. v. Elvert, J., Jensen, J., Salewski, M.), Stuttgart 1992, S. 21-34

Salewski, M., Die deutsche Kriegsmarine zwischen Landesverteidigung und Seemachtambitionen, in: Die deutsche Marine. Historisches Selbstverständnis und Standortbestimmung, hrsg. v. Deutschen Marine Institut und der Deutschen Marine-Akademie, Herford, Bonn 1983, S. 73-88

Salewski, M., Die deutsche Seekriegsleitung 1935-1945, Bd. 1: 1935-1941, Frankfurt a.M. 1970, Bd. 2: 1942-1945, München 1975, Bd. 3: Denkschriften und Lagebetrachtungen 1938-1944, Frankfurt a.M. 1973

Salewski, M., Die deutsche Seestrategie des Zweiten Weltkrieges im Spannungsfeld »kontinentalen« und »maritimen« Denkens, in: MOV-Nachrichten 5 (1970), S. 98-105

Salewski, M., Die gesellschaftliche Bedeutung der deutschen Marine im 19. und 20. Jahrhundert (unveröffentlicht)

Salewski, M., Die Perversion der Einheit. Die nationalsozialistischen Ideen, in: HISTORISCHE MITTEILUNGEN 4 (1991/2), S. 200-211

Salewski, M., Die Verteidigung der Ostsee 1933-1945, in: MARINE-RUNDSCHAU 7 (1972), S. 385-401

Salewski, M., England, Hitler und die Marine, in: Vom Sinn der Geschichte, hrsg. v. Franz, O., Stuttgart 1976, S. 163-184

Salewski, M., Erfahrung und Fortschritt. Tradition und Innovation in der Marinegeschichte, in: MARINEFORUM 6 (1977), S. 149-153

Salewski, M., Erfolg – Kampf – Enttäuschung (Teil 2 von Ruge, F., Salewski, M., Erich Raeder zum hundertsten Geburtstag), in: MARINEFORUM 4 (1976), S. 91-92

Salewski, M., Erich Raeder ... und »seine« Marine (Veröffentlichung folgt)
Salewski, M., Flotte und Marine: Zur Wandlung ihrer Begriffe 1898-1945, in: MARINE-RUNDSCHAU 5 (1978), S. 288-292
Salewski, M., Führungsdenken in der Kriegsmarine (unveröffentlicht)
Salewski, M., Historische Anmerkungen zum Krieg mit U-Booten (unveröffentlicht)
Salewski, M., Marineleitung und politische Führung 1931-1935, in: MILITÄRGESCHICHTLICHE MITTEILUNGEN 2 (1971), S. 113-158
Salewski, M., Maritimes Bewußtsein – Herausforderung für die Zukunft, in: Kieler Symposium 1987, hrsg. v. der Landeszentrale für politische Bildung, Kiel 1987
Salewski, M., Meerverschlungen: Vom Ende der Kriegsmarine und Schleswig-Holsteins (unveröffentlicht)
Salewski, M., Menschenführung in der deutschen Kriegsmarine 1933-1945, in: Vorträge zur Militärgeschichte, Bd. 2: Menschenführung in der Marine, hrsg. vom Militärgeschichtlichen Forschungsamt, Herford, Bonn 1981, S. 83-103
Salewski, M., Kiel und die Marine, in: Geschichte der Stadt Kiel, hrsg. v. Jensen, J., Wulf, P., Neumünster 1991, S. 273-286
Salewski, M., Probleme maritimer Rüstungskontrolle und Abrüstung, in: Seemacht und Außenpolitik, hrsg. v. Mahncke, D., Schwarz, H.-P. (Rüstungsbeschränkung und Sicherheit, Schriften des Forschungsinstituts der Deutschen Gesellschaft für Auswärtige Politik e.V., Bonn, Bd. 11), Frankfurt a.M. 1974, S. 494-516
Salewski, M., Selbstverständnis und historisches Bewußtsein der deutschen Kriegsmarine, in: MARINE-RUNDSCHAU 67 (1970), S. 66-88
Salewski, M., Technologie, Strategie und Politik oder: Kann man aus der Geschichte lernen?, in: Militärgeschichtliches Beiheft zur Europäischen Wehrkunde/Wehrwissenschaftlichen Rundschau 2 (1987), S. 1-11
Salewski, M., U-Boot-Krieg: Historisches. Ein Essay, in: Buchheim, L.-G., U-Boot-Krieg, München ²1981
Salewski, M., Von der Wirklichkeit des Krieges. Analysen und Kontroversen zu Buchheims »Boot«, München ²1985
Salewski, M., Von Raeder zu Dönitz. Der Wechsel im Oberbefehl der Kriegsmarine 1943, in: MILITÄRGESCHICHTLICHE MITTEILUNGEN 2 (1973), S. 101-146
Salewski, M., Zur deutschen Marinepolitik in Krieg und Frieden, in: Bergen, C., 1885-1964. Marinemalerei im 20. Jahrhundert, hrsg. v. Scholl, L. U. (Sonderausstellung im Deutschen Schiffahrtsmuseum 04.-26.09.1982), Bremerhaven 1982, S. 7-18
Santoni, A., Ultra siegt im Mittelmeer. Die entscheidende Rolle der britischen Funkaufklärung beim Kampf um den Nachschub für Nordafrika von Juni 1940 bis Mai 1943, Koblenz 1985
Schabel, R., Die Illusion der Wunderwaffen. Düsenflugzeuge und Flugabwehrraketen in der Rüstungspolitik des Dritten Reiches (Schriftenreihe des Militärgeschichtlichen Forschungsamtes, Bd. 35), München 1994
Schiffner, M., Dohmen, K.-H., Friedrich, R., Torpedobewaffnung, Berlin 1987
Schmalenbach, Die Geschichte der deutschen Schiffsartillerie, Herford 1975
Schmidt, M., Albert Speer. Das Ende eines Mythos. Speers wahre Rolle im Dritten Reich, Bern, München 1982
Schmidt, R., Kludas, A., Die deutschen Lazarettschiffe im Zweiten Weltkrieg, Stuttgart 1978
Schön, H., Ostsee '45. Mensch, Schiffe, Schicksale, Stuttgart ⁵1995
Schofield, B. B., Der Untergang der Bismarck, Stuttgart ²1978
Schreiber, G., Revisionismus und Weltmachtstreben: Marineführung und deutsch-italienische Beziehungen 1919-1944, Stuttgart 1978
Schulz, W., Im Kleinst-U-Boot. Aus dem Nachlaß eines »Seehund«-Fahrers, Berlin 1995
Schulz, W., Über dem nassen Abgrund. Als Kommandant und Flottillenchef im Uboot-Krieg, Berlin, Bonn, Herford 1994
Schulze-Wegener, G., Die deutsche Rüstung im 6. Kriegsjahr, in: Kriegsjahr 1944. Im Großen und im Kleinen (HISTORISCHE MITTEILUNGEN, Beiheft 12, hrsg. v. Salewski, M., Schulze-Wegener, G.), Stuttgart 1995, S. 125-143
Schulze-Wegener, G., Die Rote Armee im Urteil der deutschen Führung vor dem »Unternehmen Barbarossa«, in: HISTORISCHE MITTEILUNGEN 7 (1994/1), S. 102-119
Seidler, Franz W., Fritz Todt. Baumeister des Dritten Reiches, Frankfurt a.M., Berlin 1988
Sembritzki, H., Schiffsartillerie, Berlin 1989
Setzer, M., Probleme der Uboot-Kriegführung, in: MARINEFORUM 6 (1993), S. 212-216
Showell, J. P., The German Navy in World War Two: A Reference Guide to the Kriegsmarine 1935-1945, London 1979
Sjöstedt, L., Das Programm des Großadmirals Dönitz bei seinem Regierungsantritt 1945, in: Probleme deutscher Zeitgeschichte, Stockholm 1971 (Lund Studies in International History, Bd. 2), S. 195-233
Sohler, H., U-Bootkrieg und Völkerrecht, Frankfurt a.M. 1956 (Beiheft 1 der MARINE-RUNDSCHAU)
Spachmann, F., Das Projekt ‚Manta' des Versuchskommandos 456, in: MARINE-RUNDSCHAU 3 (1972), S. 146-152
Spachmann, F., Versuchskommando 456 des Kleinkampfverbandes der Kriegsmarine und die zukunftsweisenden Entwicklungen ‚Schwertwal' und ‚Seeteufel' mit den dazugehörigen Spezialwaffen sowie dem Tiefsee-Tauchgerät ‚Grundhai', in: MARINE-RUNDSCHAU 3 (1970), S. 129-151

Speer, A., Erinnerungen, Frankfurt a.M., Berlin 1969
Speer, A., Spandauer Tagebücher, Frankfurt a.M., Berlin, Wien 1975
Steinert, M., Die 23 Tage der Regierung Dönitz, Düsseldorf, Wien 1967
Steinert, M., Hitler. Aus dem Französischen von Montag, G., Wieland, V., München 1994
Strecker, K. G., Das Ende einer technischen Revolution. Der Walter-Antrieb, in: MARINEFORUM 5 (1992), S. 168-169
Strohbusch, E., Deutsche Marine. Kriegsschiffbau seit 1884 (Führer des Deutschen Schiffahrtsmuseums Nr. 8), Bremerhaven, ²1984
Strobel, D., Dame, G., Schiffbau zwischen Elbe und Oder 1945-1992, Herford 1993
The U-Boat-War in the Atlantic 1939-1945, Ed. by Ministry of Defense (Navy) Facs. Ed. with Introduction by Whiters, A. J. (German Navy History Series), London 1989
Thomas, C. S., German Navy in the Nazi Era, London, Sidney, Wellington 1990
Thomas, G., Geschichte der deutschen Wehr- und Rüstungswirtschaft (1918-1943/45) (Schriften des Bundesarchivs, hrsg. v. Birkenfeld, W., Bd. 14), Boppard am Rhein 1968
Topp, E., Fackeln über dem Atlantik. Lebensbericht eines U-Boot-Kommandanten, Herford ²1992
Trenkle, F., Deutsche Ortungs- und Navigationsanlagen (Land und See 1935-1945), Düsseldorf 1964
Trenkle, F., Die deutschen Funkmeßverfahren bis 1945, Stuttgart 1979
Trenkle, F., Die deutschen Funkpeil- und Horch-Verfahren bis 1945, Ulm 1982
Trenkle, F., Die deutschen Funkstörverfahren bis 1945, Ulm 1982
Treue, W., Möller, E., Rahn, W., Deutsche Marinerüstung 1919-1942. Die Gefahren der Tirpitz-Tradition, Herford, Bonn 1992
Volkmann, E. (Hrsg.), Ende des Dritten Reiches – Ende des Zweiten Weltkrieges. Eine perspektivische Rückschau, München 1995
Waddington, C. H., O. R. in World War 2 – Operational Research against the U-boat, London 1973
Wagner, G. (Hrsg.), Lagevorträge des Oberbefehlshabers der Kriegsmarine vor Hitler 1939-1945, München 1972
Wagner, G., Überlegungen der deutschen Marineführung zum Einsatz und Verlust der Schlachtschiffe während des Zweiten Weltkrieges, in: MILITÄRGESCHICHTLICHE MITTEILUNGEN 15 (1974), S. 99-108
Walle, H., Marinebauten und -denkmäler in Kiel. Bildende Kunst als Ausdruck politischer Zielsetzung und technischen Selbstverständnisses, 1888-1945, in: Kiel, die Deutschen und die See (HISTORISCHE MITTEILUNGEN, Beiheft 3, hrsg. v. Elvert, J., Jensen, J., Salewski, M.), Stuttgart 1992, S. 207-234
Walle, H., Marineoffiziere im Widerstand gegen Hitler und das NS-Regime, in: MARINEFORUM 7/8 (1994), S. 244-247
Warlimont, W., Die Entscheidung im Mittelmeer 1942, in: Entscheidungsschlachten des Zweiten Weltkrieges, Frankfurt a. M 1960
Warlimont, W., Die Insel Malta in der Mittelmeer-Strategie des Zweiten Weltkrieges, in: WEHRWISSENSCHAFTLICHE RUNDSCHAU 8 (1958), S. 421-436
Warlimont, W., Im Hauptquartier der deutschen Wehrmacht 1939-1945. Grundlagen, Formen, Gestalten, Frankfurt a.M., Bonn 1962
Waters, J. M., Blutiger Winter. Höhepunkte und Ende der großen Geleitzugschlachten im Atlantik, Winter 1942/43, München 1969
Watts, A. J., The Loss of the »Scharnhorst«, London 1972
Webster, C., Frankland, N., The Strategic Air Offensive against Germany 1939-1945, London 1961
Wegener, E., Selbstverständnis und historisches Bewußtsein der deutschen Kriegsmarine, in: MARINE-RUNDSCHAU 6 (1970), S. 321-340
Wegener, G. S., Die Normalität des Anormalen – Ein Essay, in: Kriegsjahr 1944. Im Großen und im Kleinen (HISTORISCHE MITTEILUNGEN, Beiheft 12, hrsg. v. Salewski, M., Schulze-Wegener, G.), Stuttgart 1995, S. 187-195
Wegener, G. S., Erinnerungen eines alternden Kadetten (unveröffentlicht)
Weichold, E., Die deutsche Führung und das Mittelmeer unter dem Blickwinkel der Seestrategie, in: WEHRWISSENSCHAFTLICHE RUNDSCHAU 9 (1959), S. 164-173
Westwood, D., The type VII U-Boat, London 1984
Weyres von Levetzow, H.-J., Die deutsche Rüstungswirtschaft von 1942 bis zum Ende des Krieges, Diss. phil., München 1975
Winterbotham, F. W., The ULTRA Secret, London 1974
Wippermann, W., Der konsequente Wahn. Ideologie und Politik Adolf Hitlers, Gütersloh, München 1989
Witthöft, H. J., Das Hansa-Bauprogramm (Wehrwissenschaftliche Berichte, Bd. 6), München 1968
Witthöft, H. J., Lexikon zur deutschen Marinegeschichte, 2 Bde., Herford 1977-1978
Wittmann, K., Schwedens Wirtschaftsbeziehungen zum Dritten Reich 1933-1945, München, Wien 1978
Y'Blood, W. T., Hunter-Killer, Annapolis 1983
Zilbert, E., Albert Speer and the Nazi Ministry of Arms. Economic Institutions and Industrial Productions in the German War Economy, London 1981

Personen- und Ortsregister

Adolf Hitler sowie Ortsnamen im Anhang sind nicht in das Register aufgenommen

Afghanistan, 14
Afrika, 80, 100, 107, 114
Ägäis, 108
Archangel'sk, 101
Aschaffenburg, 134
Atlantik, atlantischer Ozean, 16, 18, 45, 59, 69, 79-81, 92, 99, 106, 119-121, 128, 144, 183
Audorf (bei Rendsburg), 134
Azoren, 14, 120

Backenköhler, Admiral, 31, 41, 117, 118
Baltikum, 108
Bechtolsheim, Kapitän z. S., 152
Belgien, 18, 194
Bergen, 55
Berlin, 134, 171, 185
Biscaja, 160
Blankenburg, 39
Blohm, Staatsrat, 26, 35, 36
Blomberg, Reichskriegsminister, 11
Bock, von, Generalfeldmarschall, 14
Bodenwerder, 134
Bordeaux, 55
Borne, von dem, Vizeadmiral, 117, 204
Brandes, Ministerialdirektor, 31
Bremen, 68, 69, 85, 138, 156, 160, 162, 176, 180, 181
Brest, 55
Bretagne, 99
Bunte, Baudirektor, 189

Carls, Generaladmiral, 96
Chalkis, 184
Churchill, Winston, 46
Cyrenaika, 80

Dänemark, 124, 206
Danzig, 50, 53, 54, 123, 132, 134, 135, 140, 147, 166
Danziger Bucht, 142
Deutschland, Deutsches Reich, Drittes Reich, Reich, 8, 9, 11, 12, 14, 16, 51, 54, 99, 109, 120, 128, 158, 160, 182, 185, 193, 198, 207, 208
Dönitz, Karl, Großadmiral, 12, 16, 34, 41, 49, 55-58, 60, 71, 93, 96-134, 142-154, 165, 168-173, 186-188, 192, 196-211
Dorsch, Ministerialdirektor, 142
Dresden, 134
Drontheim, 55, 71, 81, 83
Duisberg, Vertreter der Rüstungsindustrie, 114
Dünkirchen, 99
Düsseldorf-Oberbilk, 134

Eckhardt, Ministerialdirektor, 31
Elbing, 68, 161, 163, 165, 189
Elsfleth, 122
Emden, 133
England, 11, 12, 14, 46, 62, 63, 78, 86-88, 91, 98, 100, 121, 209

Finnland, 106, 182
Fischer, Baudirektor, 145
Flensburg, 50-53, 132, 207
Frankfurt a.M., 134
Frankreich, 11, 18, 54, 55, 194
Französisch-Nordafrika, 45
Freiburg i.Br., 10
Fricke, Admiral, 101
Friedeburg, von, Generaladmiral, 41, 42
Fuchs, Admiral, 31, 32, 35, 36, 40, 41, 133, 138, 139, 148, 149, 154
Funk, Generalbevollmächtigter zivile Wirtschaft, 22

Gelsenkirchen, 132
Genua, 140
Gibraltar, 45, 91, 120, 144
Goebbels, Joseph, Reichspropagandaminister, 97, 193
Gor'kij, 14
Göring, Hermann, Reichsmarschall, 22, 24-28, 93, 105, 129, 143, 171
Gotenhafen, 50, 53, 54, 86, 123, 135
Götsche, Oberstleutnant, 184
Griechenland, 68, 185
Grim, Marinebaurat, 188
Großbritannien s. England
Grünberg (Schlesien), 134

Hall, 189
Hamburg, 50-54, 59, 74, 75, 85, 132-135, 138, 140, 142, 176, 181
Hannover, 134
Heye, Konteradmiral, 187, 188
Himmler, Heinrich, Reichsführer SS, 131
Holland, Niederlande, 18, 68, 106, 194, 199

Illies, Korvettenkapitän, 163
Indischer Ozean, 17
Island, 94
Italien, 17, 79, 80, 110, 194

Japan, 14-17, 46-49, 157, 209, 159, 211
Jodl, Generaloberst, 103
Just, Ministerialdirektor, 31

Kaufmann, Reichskommissar für die Seeschiffahrt, 181
Kehrl, Industrie-Präsident, 204
Keitel, Generalfeldmarschall, 57, 86, 120, 131, 200-203, 207

Kesselring, Generalfeldmarschall, 79
Kiel, 50-53, 61, 74, 76-79, 86, 132, 135, 189, 212
Kirkenes, 107
Kluge, von, Generalfeldmarschall, 16
Königsberg, 50, 53, 54, 123, 174-176
Koppenhagen, Korvettenkapitän, 164
Körner,
Staatssekretär des Vierjahresplans, 28
Krancke, Vizeadmiral, 102, 103, 105
Kreta, 108, 184
Küchler, von, Generaloberst, 16
Kurland, 207

La Pallice, 55
La Rochelle, 55
La Spezia, 55
Lange, Konteradmiral, 45-48
Leeb, Ritter von,
Generalfeldmarschall, 16, 24
Lemwerder, 69, 180
Libau, 123
Libyen, 80
Lorient, 55
Lottmann, Ministerialdirektor, 31
Lübeck, 50-53, 132-135, 176, 178, 200
Ludwigshafen, 134

Machens, Konteradmiral, 208, 224, 267
Mainz-Gustavsburg, 134
Malta, 80
Marienfelde, 167
Memel, 50-54
Merker, Generaldirektor, 541, 132, 138, 139, 176, 200, 203, 204
Milch, Generalluftzeugmeister, 24, 28, 30
Mittelmeer, 15, 16, 45, 55, 71, 73, 79-81, 91, 92, 100, 107, 108, 126, 167, 171, 202
Monfalcone (bei Triest), 140
Moskau, 14, 17, 99
Murmansk, 85
Mürwik s. Flensburg
Mussolini, Benito, 80
Mytilene, 184

Nantes, 147
Narvik, 107, 183
Nikolaev, 140
Nordafrika, 80, 90, 107, 108
Nordkap, 144, 184
Nordmeer, 16, 71, 81
Nordsee, 108, 135, 158, 159
Nordwestafrika, 14
Normandie, 195, 199, 208
Norwegen, 20-22, 45, 55, 66, 71, 72, 91, 107, 171, 182, 199, 201, 207

Oberhausen-Sterkrade, 134
Oshima, japanischer Botschafter, 15
Ostsee, 16, 50, 62, 102, 107, 108, 123, 142, 182, 183, 186, 199, 201

Pazifik, 14-16
Pearl Harbor, 14
Perama, 184
Petersen, Kapitän z. S., 167, 170
Pillau, 83
Piräus, 184
Pola, 55
Porsche, Ferdinand, 24
Portugal, 15
Potsdam, 10
Puttkamer, Kapitän z.S., 103, 120

Raeder, Erich, Großadmiral, 10,12, 16, 35, 36, 44-47, 57, 71, 75, 79, 86, 90-100, 103, 104, 109, 113, 120, 209
Rahn, Werner, Kapitän z. S., 9
Rastenburg, 25, 26
Reich, Baudirektor, 31
Rendsburg, 134, 176
Reval, 123
Rheinhausen, 134
Riesa, 134
Riga, 123
Röchling, Vertreter der Rüstungsindustrie, 114
Rohland, Walter, 24
Rössler, Eberhard, 9
Rostock, 50, 53, 174
Ruge, Vizeadmiral, 10, 31, 43
Rußland s. Sowjetunion

Salamis, 55, 80
Salerno, 158
Salewski, Michael, 9, 158
Sande (bei Wilhelmshaven), 134
Schlaak, Oberingenieur, 176
Schlesien, 134
Schmundt, Admiral, 31
Schniewind, Admiral, 72
Schürer, Ministerialdirektor, 31, 139
Schwarzes Meer, 19, 100, 108, 167, 176, 202
Schweden, 15, 108
Seebeck, 182, 228
Sizilien, 80
Skagerrak, 201
Skandinavien, 109
Sowjetunion, 8, 14, 16, 17, 19, 24, 71, 80, 101, 208, 209
Spanien, 15, 109
Speer, Albert, 7, 10, 23, 25-30, 34-42, 48, 49, 56, 86, 93, 105, 113-122, 129-132, 136, 145, 167, 193-200, 203, 204, 207, 209, 210
St. Nazaire, 55
Stalingrad, 28, 99, 100
Stettin, 50-54, 134,, 176
Stiegel, Vizeadmiral, 31
Straßburg-Neudorf, 134
Südfrankreich, 108, 110
Swinemünde, 69, 123, 180, 207

Thomas, General, 18-19
Tirpitz, Alfred, Großadmiral, 76, 77, 97, 98
Todt, Fritz, 22-28, 36